스프링으로 하는 마이크로서비스 구축

2/e

스프링으로 하는 마이크로서비스 구축

2/e

스프링 부트와 스프링 클라우드, 이스티오를
이용한 확장 가능한 마이크로서비스 구축

매그너스 라슨 지음

박규태 옮김

에이콘

에이콘출판의 기틀을 마련하신 故 정완재 선생님 (1935-2004)

지은이 소개

매그너스 라슨 Magnus Larsson

35년 이상 IT 산업에 종사했으며 볼보Volvo, 에릭슨Ericsson, 아스트라제네카AstraZeneca 등 스웨덴 대기업의 컨설턴트로 일하고 있다. 예전에 겪었던 분산 시스템과 관련된 어려운 문제를 스프링 클라우드Spring Cloud, 쿠버네티스Kubernetes, 이스티오Istio 등의 오픈 소스 도구를 이용해 해결하고 있다. 지난 몇 년 동안 고객이 이런 도구를 사용하도록 도왔고 해당 주제에 대해 여러 번 발표했으며 블로그 게시물도 작성했다.

다음 분들에게 감사드린다.

팩트출판사Packt Publishing의 케이틀린 메도우즈Caitlin Meadows, 루시 완Lucy Wan, 리아나 로드리게스Rianna Rodrigues, 아니켓 셰티Aniket Shetty에게 감사한다.

이 책을 쓰는 동안 이해해주고 지원해준 내 아내 마리아Maria에게 감사한다.

| 기술 감수자 소개 |

키릴 메르쿠쉐프^{Kirill Merkushev}

서버 측 개발, 인프라, 테스트 자동화에 대한 폭넓은 배경 지식을 갖춘 엔지니어다. 얀덱스
^{Yandex}의 개인 서비스 인턴으로 시작해 빠르게 팀 리더가 됐으며 사람들이 온갖 종류의 개
발 프로세스를 자동화할 수 있도록 도왔다. 자기 일을 정말 사랑하는 멋진 사람들과 함께
여러 내부 프로젝트를 진행했다. 멋진 팀원들과 함께했기에 새로운 접근 방식, 프레임워크,
언어를 쉽게 배울 수 있었으며, 얀덱스의 규모와 서비스에 적합한 다양한 작업을 시도해볼
좋은 기회를 가졌다. 예를 들면 자바 리액티브 라이브러리를 초기 단계에서 사용했고 스프
링 부트^{Spring Boot}가 출시되자마자 사용하기 시작했다. 아파치 카멜^{Apache Camel}, Golang은
항시 사용하고 있다.

얀덱스에 근무하는 동안 젠킨스^{Jenkins} 깃허브^{GitHub} 플러그인, Aerokube Selenoid, 다수의
작은 라이브러리 등 여러 프로젝트를 유지보수하면서 오픈 소스 전문가가 됐다. 얀덱스에
서 7년을 보낸 후에는 독일에 있는 작지만 매우 유망한 의료 기술 스타트업인 비비^{Vivy}에서
일하고자 베를린으로 이사했다. 비비에선 이벤트 소스 시스템 구축, 암호화, 내부 아파치
펄사^{Apache Pulsar} 클러스터 운영 등의 새로운 과제를 수행하고 있다.

이제 그는 행복한 Testcontainers 파워 유저, 두 아이의 아빠, 명품 자전거 브롬톤^{Brompton}
라이더이며 이 책의 기술 감수자다!

저와 많은 지식을 공유한 세르게이 예고로프^{Sergei Egorov}에게 감사한다. 처음 마주친 서
버 측 개발 문제를 도와준 안드레이 안드랴신^{Andrei Andryashin}과 첫 공개 강연 때 어떻게
해야 하는지 가르쳐준 아르템 에로셴코^{Artem Eroshenko}에게 감사한다. 특히 온종일 편안한
환경에서 코딩하고 책을 리뷰할 수 있게 해주는 아내에게 감사한다. 그리고 아빠가 하루
종일 PC 앞에 앉아서 일해야 한다는 것을 이해해주는 내 아들들에게 감사한다.

| 옮긴이 소개 |

박규태(kyutae.park@live.co.kr)

엔터프라이즈 자바 환경에서 오랫동안 일했다. CMS, 웹 오피스, 쿠버네티스 기반 GPU 플랫폼을 개발했으며, 지금은 OpenTelemetry 기반 모니터링 솔루션을 개발하고 있다.

| 옮긴이의 말 |

시스템 통합이나 엔터프라이즈 업계에서 일하는 자바 개발자라면 갑작스럽게 밀어닥친 마이크로서비스 열풍과 이를 보조하는 도커Docker, 쿠버네티스 등 컨테이너 기반 환경의 인기에 부담감을 느낄 수밖에 없을 것이다. 좀 더 유연하고 확장성 있는 서비스를 위한 시대적인 요구에 따른 것이라곤 하지만, 개발 자체가 아닌 기반 환경의 변화에 따라 맞닥뜨린 급격한 학습 곡선은 개발자에게 그리 달가운 상황은 아니기 때문이다.

이런 새로운 변화에 따른 학습이 필요하다고 느낀다면 이 책이 좋은 선택이 될 것이다. 개발자와 아키텍트가 편하게 볼 수 있도록 이론과 실습을 적절히 조합했고, 스프링 부트와 스프링 클라우드를 이용해 마이크로서비스를 구축하는 방법을 설명한다. 또한 다양한 오픈소스 도구를 도입해야 하는 이유와 스프링 애플리케이션과의 연동 방법을 친절하게 알려준다. 넓은 범위를 다루지만 각 기술 요소의 소개보다는 소스 코드 중심으로 실무에 필요한 범위에 맞춰 핵심을 전달하는 책이라고 말할 수 있다. 책을 번역하는 내내 아낌없는 지원과 함께 곁을 지켜준 사랑하는 아내 은영에게 감사한다.

| 차례 |

1부 — 스프링 부트를 사용한 마이크로서비스 개발

1장   마이크로서비스 소개   035

7장 리액티브 마이크로서비스 개발   233

2부 — 스프링 클라우드를 활용한 마이크로서비스 관리

8장   스프링 클라우드 소개   293

9장   넷플릭스 유레카를 사용한 서비스 검색   309

12장   구성 중앙화

13장   Resilience4j를 사용한 복원력 개선   427

3부 — 쿠버네티스를 사용한 경량 마이크로서비스 개발

16장 쿠버네티스에 마이크로서비스 배포   507

| 들어가며 |

스프링 부트와 스프링 클라우드를 사용해 상용 마이크로서비스를 구축하는 방법을 설명하는 책이다. 내가 처음 마이크로서비스 학습을 시작한 8년 전에 바로 이런 책을 찾아 헤맸다.

나는 공조 마이크로서비스 환경을 개발, 테스트, 배포, 관리할 때 사용하는 오픈 소스 소프트웨어를 학습하고 익숙해진 후에 이 책을 썼다.

주로 스프링 부트, 스프링 클라우드, 도커, 쿠버네티스, 이스티오, EFK 스택Elasticsearch, Fluentd, Kibana stack, 프로메테우스Prometheus, 그라파나Grafana에 대해 다룬다. 이런 오픈 소스 도구는 개별적으로는 훌륭하게 작동하지만, 여러 도구를 어떤 방식으로 조합하는 게 좋을지 알아내기 어렵다. 어떤 영역에서는 상호 보완적이지만 다른 영역에서는 겹쳐서 특정 상황에 맞는 명확한 조합이 있는 것이 아니기 때문이다.

이런 오픈 소스 도구를 함께 사용하는 방법을 실습을 바탕으로 단계별로 설명한다. 내가 마이크로서비스 학습을 시작한 8년 전에 이런 책을 찾긴 했지만 오픈 소스 도구는 업데이트된 버전을 사용한다.

⠿ 이 책의 대상 독자

쿠버네티스를 컨테이너 오케스트레이터container orchestrator로 사용하고 이스티오를 서비스 메시service mesh로 사용해, 기반 마이크로서비스 환경을 구축하고 온프레미스onpremise나 클라우드로 배포하는 방법을 배우려는 자바, 스프링 개발자와 아키텍트를 위한 책이다. 마이크로서비스 아키텍처microservice architecture에 익숙하지 않더라도 문제없이 읽을 수 있다.

⁂ 이 책에서 다루는 내용

1장, 마이크로서비스 소개 이 책의 기본 전제인 마이크로서비스의 필수 개념과 디자인 패턴을 설명한다.

2장, 스프링 부트 소개 스프링 부트와 책의 앞부분에서 사용할 오픈 소스 프로젝트를 소개한다. RESTful API 개발에 사용하는 스프링 웹플럭스, OpenAPI 기반 API 문서를 생성하는 springdoc-openapi, SQL 및 NoSQL 데이터베이스에 데이터를 저장할 때 사용하는 스프링 데이터, 메시지 기반의 마이크로서비스에서 사용하는 스프링 클라우드 스트림, 마이크로서비스를 컨테이너로 실행하는 도커 등을 소개한다.

3장, 공조 마이크로서비스 집합 생성 공조 마이크로서비스 집합을 생성하는 방법을 설명한다. 스프링 이니셜라이저Spring Initializr를 사용해 스프링 프레임워크 5.3 및 스프링 부트 2.5 기반의 골격 프로젝트를 생성하고 세 가지 핵심 서비스를 만든다. 또한 세 가지 핵심 서비스에서 얻은 정보를 집계해 복합적 결과를 만드는 복합 서비스도 만든다. 3장의 뒷부분에선 스프링 웹플럭스Spring WebFlux를 기반으로 기본적인 RESTful API를 추가하는 방법을 배우며, 4장에서는 더 많은 기능을 마이크로서비스에 추가한다.

4장, 도커를 사용한 마이크로서비스 배포 도커를 사용해 마이크로서비스를 배포하는 방법을 설명한다. Dockerfile이나 docker-compose 파일을 이용해 전체 마이크로서비스 환경을 하나의 커맨드로 시작하는 방법을 배우고, 여러 스프링 프로필을 사용해 도커용 구성과 이외의 구성을 분리해서 처리하는 방법도 살펴본다.

5장, OpenAPI를 사용한 API 문서화 OpenAPI를 사용해, 마이크로서비스에서 공개하는 API를 빠르게 문서화하는 방법을 배운다. 서비스 코드에 붙인 애노테이션annotation을 검사해 OpenAPI 기반의 API 문서를 생성하는 springdoc-openapi와 웹 브라우저에서 API를 테스트하는 스웨거 UISwagger UI를 사용해본다.

6장, 영속성 추가 마이크로서비스 데이터에 영속성을 부여하는 방법을 배운다. 스프링 데이터를 사용해 두 핵심 마이크로서비스의 데이터를 문서 데이터베이스인 MongoDB에 저장 및 접근하게 하고, 나머지 마이크로서비스의 데이터는 관계형 데이터베이스인 MySQL에 두고 접근하게 한다. 통합 테스트를 실행할 때는 Testcontainers를 사용해 데이터베이스를 시작한다.

7장, 리액티브 마이크로서비스 개발   리액티브^{reactive} 방식을 사용해야 하는 이유와 사용 시기, 종단 간^{end-to-end} 리액티브 서비스를 개발하는 방법을 배운다. 논블로킹^{non-blocking} 동기 방식 RESTful API, 이벤트 기반 비동기 방식 서비스를 개발하고 테스트하는 방법도 배운다. 또한 MongoDB용 리액티브 논블로킹 드라이버 사용 방법과 일반적인 MySQL용 블로킹 코드 사용 방법을 배운다.

8장, 스프링 클라우드 소개   이 책에서 사용하는 스프링 클라우드 및 스프링 클라우드 컴포넌트를 소개한다.

9장, 넷플릭스 유레카를 사용한 서비스 검색   스프링 클라우드에 넷플릭스 유레카^{Netflix Eureka}를 사용해 서비스 검색 기능을 추가하는 방법을 알아본다. 즉 넷플릭스 유레카 기반의 서비스 검색 서버를 시스템 환경에 추가하고, 스프링 클라우드 로드 밸런서^{LoadBalancer}를 사용해 다른 마이크로서비스를 찾도록 마이크로서비스를 구성한다. 또한 자동으로 마이크로서비스를 등록하는 방법과 스프링 클라우드 로드 밸런서를 통해 전달된 트래픽을 활성화된 새 인스턴스로 자동 로드 밸런싱하는 방법을 배운다.

10장, 스프링 클라우드 게이트웨이를 에지 서버로 사용   스프링 클라우드 게이트웨이를 사용해 마이크로서비스를 에지 서버^{edge server} 뒤로 숨기고, 골라낸 일부 API만 외부 소비자에게 공개하는 방법을 배운다. 또한 외부 소비자가 볼 수 없도록 마이크로서비스 내부의 복잡성을 숨기는 방법을 살펴본다. 즉 스프링 클라우드 게이트웨이 기반의 에지 서버를 시스템 환경에 추가하고 공개 API만 노출하도록 에지 서버를 구성한다.

11장, API 접근 보안   OAuth 2.0 및 OpenID Connect를 사용해 공개 API를 보호하는 방법을 설명한다. Spring Authorization Server 기반의 OAuth 2.0 권한 서버를 시스템 환경에 추가하는 방법과 해당 권한 서버에서 발급한 유효한 접근 토큰을 가진 클라이언트만 에지 서버와 복합 서비스에 접근할 수 있도록 구성하는 방법을 배운다. 또한 에지 서버를 통해 권한 부여 서버를 공개하고 HTTPS를 사용해 외부 소비자와의 통신을 보호하는 방법을 알아본다. 마지막으로, 내부 OAuth 2.0 인증 서버를 외부 OpenID Connect 공급자인 Auth0로 교체하는 방법을 배운다.

12장, 구성 중앙화   하나의 중앙 구성 저장소에서 모든 마이크로서비스의 구성 파일을 가져오고, 구성 서버를 사용해 런타임^{runtime}에 마이크로서비스로 구성을 배포하는 방법을 배운다. 또한 시스템 환경에 스프링 클라우드 컨피그 서버^{Spring Cloud Config Server}를 추가하고 스프링 컨피그 서버^{Spring Config Server}에서 구성을 가져오도록 마이크로서비스를 구성하는 방법을 살펴본다.

13장, Resilience4j를 사용한 복원력 개선   Resilience4j의 기능을 이용해 연쇄 장애^{chain of failure} 같은 안티 패턴^{anti-pattern}을 방지하는 방법을 설명하며, 복합 서비스에 재시도 메커니즘과 서킷 브레이커^{circuit breaker}를 추가하는 방법을 배운다. 서킷이 열려 있을 때 빠른 실패 로직이 작동하도록 서킷 브레이커를 구성하는 방법과 폴백 메서드^{fallback method}를 사용해 최적화된 응답을 생성하는 방법도 배운다.

14장, 분산 추적   집킨^{Zipkin}을 사용해 추적 정보를 수집하고 시각화하는 방법을 설명한다. 또한 스프링 클라우드 슬루스^{Spring Cloud Sleuth}로 요청에 추적 ID를 추가해 공조 마이크로서비스 간의 요청 체인을 시각화하는 방법을 배운다.

15장, 쿠버네티스 소개   쿠버네티스의 핵심 개념과 샘플 디플로이먼트^{sample deployment} 생성 방법을 설명한다. 미니큐브^{Minikube}를 사용해 개발 및 테스트 용도의 쿠버네티스를 로컬에 설치하는 방법을 배운다.

16장, 쿠버네티스에 마이크로서비스 배포   쿠버네티스에 마이크로서비스를 배포하는 방법을 설명하며, 헬름^{Helm}을 사용해 쿠버네티스에 배포할 마이크로서비스를 패키징하고 구성하는 방법을 배운다. 테스트 환경, 상용 환경 등 다양한 런타임 환경에 헬름을 사용해 마이크로서비스를 배포한다. 또한 쿠버네티스 서비스 객체와 kube-proxy 런타임 컴포넌트를 기반으로 하는, 쿠버네티스에 내장된 서비스 검색 기능으로 넷플릭스 유레카를 대체하는 방법을 알아본다.

17장, 쿠버네티스로 기존 시스템 환경 대체   앞에서 소개한 스프링 클라우드 서비스를 쿠버네티스 기능으로 대체하는 방법을 설명한다. 스프링 클라우드 컨피그 서버를 쿠버네티스 시크릿과 컨피그맵^{ConfigMap}으로 대체하는 이유와 방법을 배운다. 또한 스프링 클라우드 게이트웨이를 쿠버네티스 인그레스^{Kubernetes Ingress} 객체로 대체하는 방법과 cert-manager를 사용해 외부 HTTPS 엔드포인트를 위한 인증서를 자동으로 프로비저닝하고 갱신하는 방법을 배운다.

18장, 서비스 메시를 사용해 관찰 가능성 및 관리 편의성 개선 서비스 메시 개념을 소개하고 이스티오를 사용해 쿠버네티스에 서비스 메시를 구현하는 방법을 설명한다. 서비스 메시를 사용해 마이크로서비스 환경의 복원력, 보안, 트래픽 관리, 관찰 가능성을 향상하는 방법을 배운다.

19장, EFK 스택을 사용한 로깅 중앙화 일래스틱서치Elasticsearch, 플루언티드Fluentd, 키바나Kibana를 사용해 마이크로서비스의 로그 스트림log stream을 수집, 저장, 시각화하는 방법을 설명한다. 미니큐브에 EFK 스택을 배포하는 방법과 EFK 스택으로 수집한 로그 레코드를 분석하는 방법, 여러 마이크로서비스가 관련된 요청을 처리하면서 발생하는 마이크로서비스 로그 출력을 찾는 방법을 배운다. 또한 EFK 스택을 사용해 근본 원인 분석을 수행하는 방법을 알아본다.

20장, 마이크로서비스 모니터링 프로메테우스와 그라파나를 이용해 쿠버네티스에 배포된 마이크로서비스를 모니터링하는 방법을 설명한다. 기존 그라파나 대시보드를 활용해 다양한 유형의 메트릭을 모니터링하는 방법과 직접 대시보드를 만드는 방법을 배운다. 마지막으로, 그라파나에서 특정 메트릭에 임곗값을 구성하고, 이를 초과하면 이메일을 전송하는 경고를 생성하는 방법을 배운다.

21장, 맥OS용 설치 지침 맥OSmacOS에 이 책에서 사용하는 도구를 설치하는 방법을 설명한다.

22장, 윈도우용 설치 지침 윈도우 PC에 리눅스용 윈도우 하위 시스템 v2(WSL 2, Windows Subsystem for Linux 2)를 사용해 이 책에서 사용하는 도구를 설치하는 방법을 설명한다.

23장, 자바 마이크로서비스의 네이티브 컴파일 스프링 네이티브Spring Native 베타 버전과 그랄VM 네이티브 이미지 컴파일러GraalVM native-image compiler를 사용해 스프링 기반 마이크로서비스를 네이티브 코드로 컴파일하는 방법을 설명한다. 자바 VMJava Virtual Machine 기반 마이크로서비스보다 시작 속도가 월등히 빠른 마이크로서비스를 생성할 수 있다.

각 장의 말미에는 해당 장에서 다루는 내용을 정리하는 데 도움이 되는 간단한 질문이 몇 개씩 있다. 질문에 대한 답은 깃허브 저장소에 있는 Assessments 파일에 있다.

⁂ 이 책을 활용하는 방법

이 책을 잘 소화하려면 자바와 스프링 프레임워크에 대한 기본 지식이 필요하다.

책에 있는 모든 콘텐츠를 실행해보려면 최소 16GB의 메모리가 있는 맥이나 윈도우 PC가 필요하다. 하지만 책의 뒷부분으로 갈수록 마이크로서비스 환경이 복잡해지고 리소스 요구량이 증가하므로 24GB 이상을 권장한다.

필수 소프트웨어 요구 사항과 이 책의 내용을 실습하기 위한 환경 설정 방법에 대해서는 21장(맥OS)과 22장(윈도우)을 참고한다.

예제 코드 다운로드

이 책의 예제 코드 파일은 깃허브(https://github.com/PacktPublishing/Microservices-with-Spring-Boot-and-Spring-Cloud-2E)에서 다운로드할 수 있다. 코드의 업데이트가 필요한 경우가 생기면 깃허브 저장소에 업데이트된다. 동일한 코드를 에이콘출판사 도서정보 페이지(http://acornpub.co.kr/book/microservices-spring-2nd)에서도 다운로드할 수 있다.

컬러 이미지 다운로드

이 책에 사용된 스크린샷과 다이어그램의 컬러 이미지가 포함된 PDF 파일도 제공된다. 다음 링크(https://static.packt-cdn.com/downloads/9781801072977_ColorImages.pdf)와 에이콘출판사 도서정보 페이지(http://acornpub.co.kr/book/microservices-spring-2nd)에서 다운로드할 수 있다.

편집 규약

이 책에는 다음과 같은 편집 규약을 사용한다.

문단 내 코드: 문단 내에 있는 코드 조각, 데이터베이스 테이블 이름, 사용자 입력, 트위터 핸들에 포함된 코드 단어를 나타낸다.

"테스트 클래스, PersistenceTests에는 @BeforeEach 애노테이션이 붙은 setupDb() 메서드가 있는데 이 메서드는 각 테스트 메서드에 앞서 실행된다."

코드 블록은 다음과 같이 표시한다.

```
public interface ReviewRepository extends CrudRepository<ReviewEntity, Integer> {
    @Transactional(readOnly = true) List<ReviewEntity>
    findByProductId(int productId);
}
```

코드 블록에서 강조할 부분은 다음과 같이 굵게 표시한다.

```
public interface ReviewRepository extends CrudRepository<ReviewEntity, Integer> {
    @Transactional(readOnly = true) List<ReviewEntity>
    findByProductId(int productId);
}
```

명령줄 입력이나 출력은 다음과 같이 표시한다.

```
kubectl config get-contexts
```

고딕체: 화면에 표시되는 새로운 용어, 중요한 단어 또는 단어를 나타낸다. 예를 들어, 메뉴나 대화 상자의 단어는 굵게 표시되며 다음과 같이 사용된다.

"스프링 데이터 프로그래밍 모델의 핵심 개념은 **엔티티**entity와 **리포지터리**repository다."

IMPORTANT

> 경고나 중요한 내용은 이와 같이 나타낸다.

NOTE

> 팁과 요령은 이와 같이 나타낸다.

⠿ 문의

독자의 의견은 언제나 환영이다.

일반적인 의견: 이 책의 제목을 메일 제목에 넣어 feedback@packtpub.com으로 이메일을 보내면 된다. 이 책의 내용에 대한 질문이 있다면 questions@packtpub.com으로 이메일을 보내면 된다. 한국어판에 관한 질문은 이 책의 옮긴이나 에이콘출판사 편집 팀(editor@acornpub.co.kr)으로 문의할 수 있다.

오탈자: 정확한 내용을 전달하기 위해 모든 노력을 기울였지만 실수가 있을 수 있다. 책에서 발견한 오류를 알려준다면 감사하겠다. 다음 링크(http://www.packtpub.com/submit-errata)에 방문해서 이 책을 선택한 후 Errata Submission Form 링크를 클릭하고 자세한 내용을 넣어주길 바란다. 한국어판의 정오표는 에이콘출판사의 도서정보 페이지(http://www.acornpub.co.kr/book/microservices-spring-2nd)에서 찾아볼 수 있다.

저작권 침해: 인터넷에서 어떤 형태로든 팩트출판사 도서의 불법 복제본을 발견한다면 주소나 웹사이트 이름을 알려주면 감사하겠다. 불법 복제본의 링크를 copyright@packtpub.com으로 보내주길 바란다.

1부

스프링 부트를 사용한 마이크로서비스 개발

1부에서는 스프링 부트^{Spring Boot}의 몇 가지 주요 기능을 사용해 마이크로서비스를 개발하는 방법을 학습한다.

1부는 다음 장으로 이뤄진다.

- **1장**, 마이크로서비스 소개

- **2장**, 스프링 부트 소개

- **3장**, 공조 마이크로서비스 집합 생성

- **4장**, 도커를 사용한 마이크로서비스 배포

- **5장**, OpenAPI를 사용한 API 문서화

- **6장**, 영속성 추가

- **7장**, 리액티브 마이크로서비스 개발

01

마이크로서비스 소개

이 책은 맹목적으로 마이크로서비스를 찬양하는 책이 아니다. 확장성, 복원력, 관리 편의성이 있는 마이크로서비스를 구축할 때 발생하는 문제의 해결 방법과 마이크로서비스의 장점을 활용하는 방법을 설명하는 책이다.

1장은 이 책에 대해 소개하는 장으로 다음과 같은 내용을 다룬다.

- 내 마이크로서비스 학습 과정과 내가 경험한 마이크로서비스의 장점 및 문제점 소개

- 마이크로서비스의 기반 아키텍처 소개

- 마이크로서비스의 문제

- 문제 해결을 위한 디자인 패턴

- 문제 해결을 돕는 소프트웨어

- 이 책에서 다루지 않는 다른 주요 고려 사항

⁑ 기술 요구 사항

1장에서는 새 도구를 설치하지 않으며, 다운로드할 소스 코드가 없다. C4 모델 규약(https://c4model.com)에 대한 기본 지식이 있으면 좋다. 1장에서 사용하는 그림이 C4 모델에서 영감을 받은 것이기 때문이다.

⁑ 내 마이크로서비스 경험

지난 2014년에 마이크로서비스의 개념에 대해 처음 알게 됐을 때 내가 다루는 게 마이크로서비스라는 것도 모르고 수년 동안 마이크로서비스를 개발했다는 것을 깨달았다. 나는 2009년에 시작한 프로젝트에 참여해 여러 개로 분리된 기능을 바탕으로 하는 플랫폼을 개발했다. 이 플랫폼은 많은 고객에게 제공돼 온프레미스에 배포됐다. 고객이 플랫폼에서 사용하려는 기능을 쉽게 찾아 선택할 수 있도록 각 기능은 **독립적인 소프트웨어 컴포넌트**autonomous software component로 개발했다. 즉 각 컴포넌트는 자체 데이터 저장소가 있었고, 다른 컴포넌트와는 명확한 API로 통신했다.

이 프로젝트의 플랫폼에 있는 구체적인 기능을 언급할 수는 없기 때문에 각 컴포넌트를 일반화해서 **컴포넌트 A**에서 **컴포넌트 F**까지로 이름 붙였다. 플랫폼의 컴포넌트 구성은 그림 1.1과 같다.

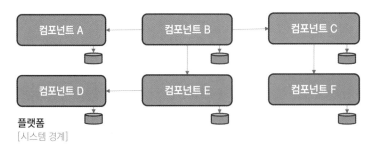

그림 1.1 플랫폼의 컴포넌트 구성

그림 1.1을 보면 각 컴포넌트는 영속 데이터를 저장할 자체 저장소가 있고 다른 컴포넌트와 데이터베이스를 공유하지 않는다는 것을 알 수 있다.

자바^Java와 스프링 프레임워크^Spring Framework로 개발된 각 컴포넌트는 WAR 파일로 패키징해서 아파치 톰캣^Apache Tomcat과 같은 웹 컨테이너에 배포된다. 플랫폼은 고객의 요구 사항에 맞춰서 하나 혹은 여러 개의 서버에 배포할 수 있다. 그림 1.2는 2개의 노드에 배포했을 때의 예다.

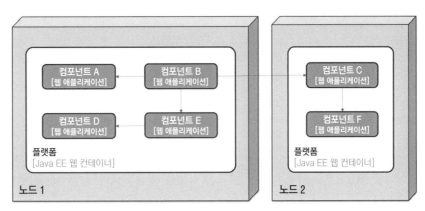

그림 1.2 노드 2개에 배포

독립 소프트웨어 컴포넌트의 장점

이 프로젝트를 수행하다 보니 플랫폼 기능을 독립적인 소프트웨어 컴포넌트로 나누면 생기는 몇 가지 장점이 있다는 것을 알게 됐다.

- 고객은 플랫폼 일부분만을 자체 시스템 환경에 배포할 수 있으며, 명확한 API를 사용해 기존 시스템과 통합할 수 있다. 그림 1.3은 어떤 고객이 **컴포넌트 A**, **컴포넌트 B**, **컴포넌트 D**, **컴포넌트 E**를 배포하고, 고객의 시스템 환경에 있는 기존 시스템인 **시스템 A**, **시스템 B**와 통합했을 때의 예다.

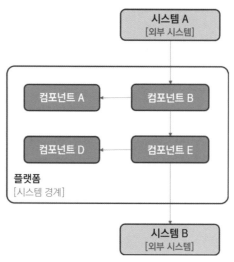

그림 1.3 플랫폼 일부분만 배포

- 어떤 고객은 플랫폼 기능의 일부를 고객의 시스템 환경에 있는 기존 구현으로 대체하는 것을 선택할 수도 있다. 이런 경우에는 기존 기능을 플랫폼 API에 맞추는 작업이 필요하다. 그림 1.4는 플랫폼 **컴포넌트 C**, **컴포넌트 F**를 고객의 자체 구현으로 대체했을 때의 예다.

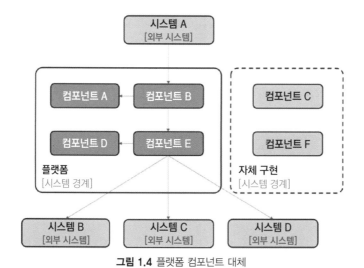

그림 1.4 플랫폼 컴포넌트 대체

- 플랫폼의 각 컴포넌트는 개별적으로 배포, 업그레이드할 수 있다. API가 명확하기 때문에 다른 컴포넌트의 수명 주기와 상관없이 컴포넌트를 업그레이드할 수 있다. 그림 1.5는 **컴포넌트 A**를 v1.1에서 v1.2로 업그레이드할 때의 예다. **컴포넌트 A**를 호출하는 **컴포넌트 B**는 명확한 API를 사용하고 있기 때문에 업그레이드가 필요 없으며, 업그레이드 후에도 하위 호환성을 유지한다.

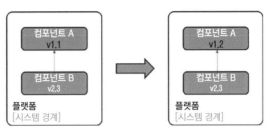

그림 1.5 개별 컴포넌트 업그레이드

- 명확한 API를 사용하면 플랫폼의 각 컴포넌트를 다른 컴포넌트와 상관없이 여러 서버로 스케일 아웃scale out할 수 있다. 스케일링은 고가용성 요구 사항을 충족하거나 많은 양의 요청을 처리하고자 할 때 수행한다. 이 프로젝트에서는 자바 EE 웹 컨테이너를 실행하는 여러 서버의 앞단에 수동으로 로드 밸런서load balancer를 설정하는 방식으로 스케일링을 수행한다. 그림 1.6은 **컴포넌트 A**를 인스턴스 3개로 수평 스케일링했을 때의 예다.

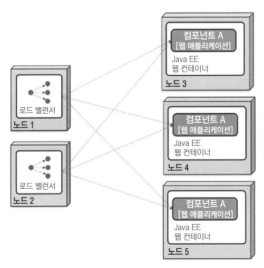

그림 1.6 수평 스케일링

독립 소프트웨어 컴포넌트의 문제

문제별 편차는 있지만, 플랫폼을 나누면 정통적인 일체형 애플리케이션을 개발할 때는 경험할 수 없었던 여러 가지 새로운 문제가 발생한다.

- 컴포넌트의 새 인스턴스를 추가하려면 수동으로 로드 밸런서를 구성하고, 새 노드를 수동으로 설정해야 한다. 이 작업은 시간이 오래 걸리고 오류가 발생하기 쉽다.

- 통신하는 다른 시스템에서 오류가 발생했을 때 플랫폼으로 퍼진다는 근본적인 문제가 있다. 플랫폼에서 보낸 요청에 다른 시스템이 제시간에 응답하지 않으면 플랫폼에 많은 양의 요청이 들어왔을 때 운영체제$^{OS, Operating System}$ 스레드^{thread} 등의 주요 자원이 부족하게 된다. 이에 따라 플랫폼의 컴포넌트가 지연되거나 중단된다. 플랫폼 내부 통신은 대부분 동기식이기 때문에 한 컴포넌트의 중단은 연속적인 오류를 유발한다. 즉 중단된 컴포넌트의 클라이언트 또한 중단된다. 이것을 **연쇄 장애**$^{chain\ of\ failure}$라고 한다.

- 모든 컴포넌트 인스턴스의 구성을 일관성 있게 최신 상태로 유지하는 작업에도 많은 문제점이 있어서 반복적인 수작업이 자주 발생하며, 이에 따른 품질 문제가 발생한다.

- 지연 시간 문제 및 하드웨어 사용량(예: CPU, 메모리, 디스크, 네트워크) 측면에서 플랫폼 상태를 모니터링하는 작업은 일체형 애플리케이션의 인스턴스 하나를 모니터링하는 것과 비교하면 훨씬 더 복잡하다.

- 분산된 여러 컴포넌트에서 로그 파일을 수집하고 관련된 컴포넌트 로그 이벤트를 상호 연관시키는 것도 어려운 작업이다. 그러나 대상 컴포넌트가 무엇인지 알고 있고 그 수가 고정돼 있다면 수행 가능하다.

앞의 목록에서 언급한 대부분의 문제점은 자체 개발 도구와 수동 처리를 위한 문서화된 지침으로 해결할 수 있다. 이상적인 해결책이라고 할 수는 없겠지만, 런타임 문제 처리 및 컴포넌트의 새 버전 출시에 관한 수동 절차를 운영 규모에 맞춰 준비하면 된다.

마이크로서비스 입문

나는 2014년에 마이크로서비스 기반 아키텍처를 학습하면서 다른 프로젝트들도 비슷한 문제로 어려움을 겪고 있다는 것을 알게 됐는데, 일부는 대규모 클라우드 서비스 공급자가 겪는 웹 스케일링 요구 사항과 같이 앞서 설명한 것과는 다른 문제 때문이었다. 많은 마이크로서비스 선구자가 그들이 얻은 상세한 경험을 공개했으며, 이런 경험에서 많은 것을 배울 수 있었다.

많은 선구자가 먼저 일체형 애플리케이션을 개발해 비즈니스 관점의 성공을 이뤘다. 그러나 시간이 지남에 따라 이런 일체형 애플리케이션을 유지 보수하고 개선하는 것은 점점 더 어려워졌다. 이에 더불어 **수직 스케일링**^{vertical scaling}의 한계, 즉 가용한 최고 사양의 머신이 가진 성능을 넘어서 스케일링해야 한다는 난제를 마주하게 됐다. 결국 많은 선구자가 일체형 애플리케이션을 독립적으로 출시 및 스케일링할 수 있는 작은 컴포넌트로 나누는 방식으로 전환하기 시작했다. 앞단에 로드 밸런서를 배치하고 여러 개의 소형 서버에 작은 컴포넌트를 배포하면 **수평 스케일링**^{horizontal scaling}이 가능하다. 클라우드에 배포하는 경우에는 가상 서버를 필요한 만큼 계속해서 추가하면 되기 때문에 거의 무한대로 확장할 수 있다. 내가 알고 있는, 마이크로서비스 개발 및 마이크로서비스 기반 아키텍처에 관련된 문제를 해결하는 데 도움을 주는 몇 가지 오픈 소스 도구와 프레임워크를 소개하면 다음과 같다.

- 피보탈^{Pivotal}이 넷플릭스 OSS^{Netflix Open Source Sofrware}를 래핑^{wrapping}해 출시한 **스프링 클라우드**^{Spring Cloud}는 동적 서비스^{dynamic service} 검색과 구성 관리, 분산 추적, 서킷 브레이커 등의 기능을 제공한다.

- 도커^{Docker} 등의 컨테이너 엔진을 사용하면 개발 환경과 상용 환경 사이의 간격을 최소화할 수 있다. 도커를 실행하는 서버에서는 자바의 war나 jar와 같은 배포 가능한 런타임 아티팩트^{runtime artifact}뿐만 아니라 컨테이너로 실행할 수 있는 이미지로 컴포넌트를 패키징해 실행할 수 있다. 이런 이유로 도커는 개발 및 테스트 환경에서도 매우 유용하다.

> **TIP**
>
> 컨테이너는 격리된 프로세스로 여겨진다. 컨테이너에 대해서는 4장에서 자세히 알아본다.

- 상용 환경에서 컨테이너를 사용하려면 도커와 같은 컨테이너 엔진만으로는 부족하다. 즉 컨테이너를 실행하고 여러 대의 서버로 확장하는 고가용성을 지원하고 컴퓨팅 자원을 추가할 수 있는 무언가가 필요하다.

- 이런 요건을 만족하는 제품을 **컨테이너 오케스트레이터**container orchestrator라고 부른다. 지난 몇 년 동안 아파치 메소스Apache Mesos, 도커 스웜Docker Swarm, 아마존 ECSAmazon Elastic Container Service, 하시코프 노마드HashiCorp Nomad, **쿠버네티스**Kubernetes 등 많은 제품이 등장했다. 쿠버네티스는 구글에서 개발을 시작했다. 구글은 2015년에 쿠버네티스 v1.0을 출시하면서 **클라우드 네이티브 컴퓨팅 재단**CNCF, Cloud Native Computing Foundation (https://www.cncf.io)에 쿠버네티스를 기부했다. 2018년에 이르러서는 쿠버네티스가 사실상의 표준이 됐으며, 온프레미스용으로 사전 패키징된 버전을 사용하거나 주요 클라우드 공급자가 제공하는 관리형 쿠버네티스 서비스를 사용할 수 있게 됐다.

> **TIP**
>
> 쿠버네티스는 구글 내부에서 10년 이상 사용해왔던 Borg라는 컨테이너 오케스트레이터를 오픈 소스 버전으로 새로 작성한 것이다. 다음 링크(https://kubernetes.io/blog/2015/04/borg-predecessor-to-kubernetes/)를 참고하기 바란다.

- **서비스 메시**service mesh 개념도 중요하다. 서비스 메시를 사용하면 컨테이너 오케스트레이터를 보완해 마이크로서비스의 관리 편의성과 복원력을 높일 수 있다.

샘플 마이크로서비스 환경

앞서 언급한 기술의 모든 측면을 다룰 순 없기 때문에 이 책에서는 내가 2014년 이후에 참여한 프로젝트에서 유용하다고 입증된 부분에 중점을 둔다. 이런 여러 가지 방법을 함께 사용해 관리할 수 있고 확장할 수 있으며 탄력적인 공조 마이크로서비스를 만드는 방법을 설명한다.

각 장은 특정한 하나의 주제를 다루며 시연을 위해 책을 진행하면서 점점 진화시킬 공조 마이크로서비스 샘플을 사용할 것이다. 마이크로서비스 환경에 대해서는 3장에서 설명한다. 지금은 그림 1.7을 이해하는 것으로 충분하다.

그림 1.7 이 책에서 사용하는 마이크로서비스 환경

지금까지 마이크로서비스의 장점과 문제점을 살펴봤다. 이제 마이크로서비스를 정의해보자.

⁂ 마이크로서비스 정의

마이크로서비스 아키텍처는 두 가지 목표를 달성하고자 일체형 애플리케이션을 작은 컴포넌트로 나누는 것이다.

- 빠르게 개발해 지속적으로 배포할 수 있어야 한다.

- 수동 혹은 자동으로 쉽게 스케일링할 수 있어야 한다.

마이크로서비스는 기본적으로 독자적인 업그레이드, 대체, 스케일링이 가능한 독립 소프트웨어 컴포넌트다. 독립 컴포넌트로 동작하려면 다음과 같은 기준을 충족해야 한다.

- 아무것도 공유하지 않는 아키텍처를 유지해야 한다. 즉 마이크로서비스는 데이터베이스의 데이터를 공유하지 않는다.

- 명확한 인터페이스를 통해서만 통신해야 한다. API 바탕의 동기^{synchronous} 서비스를 사용하거나 비동기 메시징 방식을 사용할 수 있는데, 이때 사용하는 API와 메시지 형식은 정의된 버전 관리 전략에 따라 안정적으로 문서화되고 개선돼야 한다.

- 개별적인 런타임 프로세스로 배포해야 한다. 각 마이크로서비스 인스턴스를 도커 컨테이너와 같이 독립된 런타임 프로세스로 실행해야 한다.

- 마이크로서비스 인스턴스는 상태가 없다^{stateless}. 따라서 모든 마이크로서비스 인스턴스가 마이크로서비스로 들어오는 요청을 처리할 수 있다.

하나의 대형 서버에 배포해야 하는 애플리케이션과 달리 공조 마이크로서비스는 여러 개의 작은 서버에 배포할 수 있다.

앞서의 조건을 충족한다면 가상 서버를 늘리는 등의 방법으로 단일 마이크로서비스를 여러 개의 인스턴스로 확장하는 것이 일체형 애플리케이션을 확장하는 것에 비해 훨씬 쉽다.

클라우드에서 사용할 수 있는 오토스케일링 기능을 활용할 수도 있겠지만, 일체형 애플리케이션에 맞는 일반적인 방법은 아니다. 단일 마이크로서비스는 업그레이드나 교체 또한 일체형 애플리케이션에 비해 손쉽다.

그림 1.8에서는 일체형 애플리케이션을 6개의 마이크로서비스로 나눠서 개별 서버에 배포했고, 다른 마이크로서비스와는 별개로 일부 마이크로서비스를 확장했다.

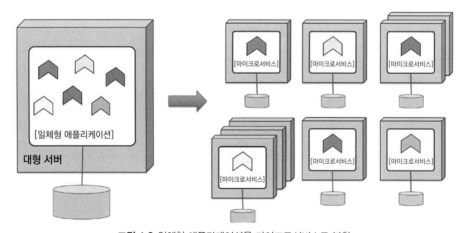

그림 1.8 일체형 애플리케이션을 마이크로서비스로 분할

고객이 가장 많이 하는 질문은 마이크로서비스의 규모에 대한 것이다.

내 경험으로는 다음 기준을 적용하는 것이 좋다.

- 개발자가 다룰 수 있을 만한 크기

- 성능(대기 시간)이나 데이터 일관성을 저해하지 않을 정도의 규모(다른 마이크로서비스에 저장된 데이터와 SQL 외래 키를 맺으면 안 된다)

요약하면 본질적으로 마이크로서비스 아키텍처는 일체형 애플리케이션을 서로 협력하는 독립 소프트웨어 컴포넌트로 나누는 것이며, 애플리케이션을 쉽게 확장하고 빠르게 개발하기 위한 아키텍처다.

이번 절에서는 마이크로서비스를 정의해봤다. 다음 절에서는 마이크로서비스 환경에서 발생할 수 있는 몇 가지 문제를 알아본다.

⁝⁝⁚ 마이크로서비스의 문제

'독립 소프트웨어 컴포넌트의 문제' 절에서는 독립 소프트웨어 컴포넌트가 유발할 수 있는 몇 가지 문제를 미리 살펴봤다. 이런 문제는 마이크로서비스에도 마찬가지로 적용된다.

- 동기식 통신을 사용하는 다수의 소형 컴포넌트는 연쇄 장애를 일으킬 수 있다. 부하가 높은 상황에서는 특히 그렇다.

- 다수의 소형 컴포넌트를 최신 상태로 유지하는 것은 어렵다.

- 많은 컴포넌트가 처리에 관여하는 요청은 추적하기 어렵다. 예를 들어, 각 컴포넌트가 로컬에 로그 레코드를 저장하는 경우에는 근본 원인 분석을 수행하기 어렵다.

- 컴포넌트 수준의 하드웨어 자원 사용량 분석도 어렵다.

- 다수의 소형 컴포넌트를 수동으로 구성하고 관리하는 것은 비용이 많이 들고 오류가 발생하기 쉽다.

애플리케이션을 독립 컴포넌트 그룹으로 나누면 **분산 시스템**을 형성하게 된다는 단점도 있다. 분산 시스템은 본질적으로 다루기가 매우 어렵다고 알려져 있다. 이는 오래전부터 알려진 사실이지만 실체를 알기 전까지는 무시하는 경우가 많다. 이 사실을 밝히는, 내가 좋아하는 인용문은 1994년에 피터 도이치Peter Deutsch가 언급한 것으로 내용은 다음과 같다.

> **분산 컴퓨팅의 여덟 가지 오류:** 분산 애플리케이션을 처음 구축할 때는 누구나 다음과 같은 여덟 가지 가정을 한다. 결국 큰 문제와 고통스러운 학습 경험을 거친 후에야 모든 가정이 틀렸음을 알게 된다.
>
> 1. 네트워크는 안정적이다.
>
> 2. 네트워크 지연은 0이다.
>
> 3. 대역폭은 무한하다.
>
> 4. 네트워크는 안전하다.
>
> 5. 토폴로지는 변하지 않는다.
>
> 6. 관리자는 한 명이다.
>
> 7. 전송 비용은 0이다.
>
> 8. 네트워크는 균일하다.
>
> – 피터 도이치, 1994

보통 이런 잘못된 가정을 기반으로 구축한 마이크로서비스는 일시적인 네트워크 결함이나 다른 마이크로서비스 인스턴스에서 발생한 문제에 취약하게 된다. 시스템 환경의 마이크로서비스가 증가하면 문제가 발생할 가능성도 높아진다. 경험상 가장 좋은 규칙은 시스템 환경에 항상 문제가 있다는 가정을 기반으로 마이크로서비스 아키텍처를 설계하는 것이다. 문제를 감지하고 고장난 컴포넌트를 다시 시작할 수 있도록 마이크로서비스 아키텍처를 설계해야 하며, 클라이언트 측면에서는 고장난 마이크로서비스 인스턴스로 요청을 보내지 않도록 설계해야 한다. 마이크로서비스 클라이언트는 문제가 해결되면 고장났던 마이크로서비스로 다시 요청을 보내는 복원력을 갖추고 있어야 한다. 운영자가 다수 마이크로서비스를 수동으로 관리하는 것은 어려우므로 이 모든 것을 완전히 자동화해야 한다.

다룰 범위가 넓으므로 일단 여기에서 마무리한다. 다음 절에서는 마이크로서비스 디자인 패턴에 대해 배운다.

⠿ 마이크로서비스 디자인 패턴

이 절에서는 디자인 패턴을 사용해 앞 절에서 설명한 마이크로서비스 문제를 완화하는 방법을 설명한다. 이 책의 뒷부분에서 스프링 부트, 스프링 클라우드, 쿠버네티스, 이스티오를 사용해 이런 디자인 패턴을 구현하는 방법을 살펴본다.

디자인 패턴은 1977년에 크리스토퍼 알렉산더Christopher Alexander가 창안한 꽤 오래된 개념으로, 특정 상황에서 발생하는 문제에 대해 재사용 가능한 해결책을 정리한 것이다. 이미 검증 및 테스트된 솔루션인 디자인 패턴을 사용하면 직접 솔루션을 찾고자 소비하는 시간을 절약해 구현 품질을 높일 수 있다.

이 절에서는 다음과 같은 디자인 패턴을 설명한다.

- 서비스 검색service discovery

- 에지 서버edge server

- 리액티브 마이크로서비스reactive microservice

- 구성 중앙화central configuration

- 로그 분석 중앙화centralized log analysis

- 분산 추적distributed tracing

- 서킷 브레이커circuit breaker

- 제어 루프control loop

- 모니터링 및 경고 중앙화centralized monitoring and alarm

TIP

앞에서 설명한 문제를 처리하는 데 필요한 최소한의 디자인 패턴 목록이며, 전체 패턴 목록은 아니다.

다음 사항에 초점을 맞춰 개괄적으로 디자인 패턴을 설명할 것이다.

- 문제점
- 해결책
- 해결책의 필요 조건

이 책 전반에서 디자인 패턴을 적용하는 방법을 깊이 있게 알아볼 것이다. 이 절에서 소개하는 디자인 패턴은 동기식 요청(예: HTTP 사용)이나 비동기식 메시지(예: 메시지 브로커 사용)를 사용해 서로 통신하는 공조 마이크로서비스의 시스템 환경을 위한 것이다.

서비스 검색

서비스 검색 패턴은 다음과 같은 문제점, 해결책, 해결책의 필요 조건이 있다.

문제점

클라이언트가 마이크로서비스와 그 인스턴스를 찾을 수 있어야 한다.

컨테이너 등에서 실행되는 마이크로서비스 인스턴스는 시작하면서 동적 IP 주소를 할당받는 것이 일반적이다. 이런 상황은 마이크로서비스가 노출하는 HTTP 기반의 REST API를 클라이언트에서 호출하는 것을 어렵게 한다. 그림 1.9를 참고한다.

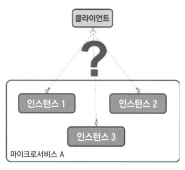

그림 1.9 서비스 검색 문제

해결책

현재 사용 가능한 마이크로서비스와 그 인스턴스를 추적하는 새 컴포넌트(서비스 검색 서비스)를 시스템 환경에 추가한다.

해결책의 필요 조건

해결책의 필요 조건은 다음과 같다.

- 마이크로서비스와 마이크로서비스 인스턴스를 자동으로 등록 및 등록 해지한다.

- 클라이언트는 마이크로서비스의 논리 엔드포인트에 요청을 보낼 수 있어야 한다. 요청은 가용 마이크로서비스 인스턴스 중 하나로 라우팅된다.

- 마이크로서비스에 대한 요청은 가용 인스턴스로 로드 밸런싱돼야 한다.

- 상태가 비정상인 인스턴스를 감지해 요청을 라우팅하지 말아야 한다.

구현 참고: 이 디자인 패턴은 두 가지 전략을 사용해 구현할 수 있다. 9장, 15장, 16장을 참고한다.

- **클라이언트 측 라우팅**: 클라이언트는 서비스 검색 서비스와의 통신을 지원하는 라이브러리를 사용해 요청을 보낼 인스턴스를 찾는다.

- **서버 측 라우팅**: 서비스 검색 서비스의 인프라는 모든 요청을 전달하는 리버스 프록시 reverse proxy를 노출한다. 리버스 프록시는 클라이언트를 대신해 적절한 마이크로서비스 인스턴스로 요청을 전달한다.

에지 서버

에지 서버 패턴은 다음과 같은 문제점, 해결책, 해결책의 필요 조건이 있다.

문제점

마이크로서비스 시스템 환경에서는 일부 마이크로서비스만 시스템 환경 외부에 공개하고, 그 외의 마이크로서비스는 외부에서 접근하지 못하도록 숨기는 것이 바람직하다. 공개된 마이크로서비스는 악의적인 클라이언트의 요청으로부터 보호해야 한다.

해결책

모든 요청이 거치는 시스템 환경에 새 컴포넌트(에지 서버)를 추가한다.

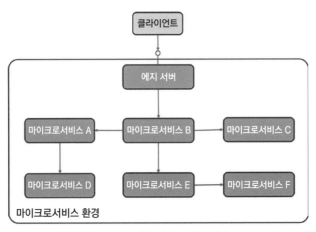

그림 1.10 에지 서버 디자인 패턴

구현 참고: 일반적으로 에지 서버는 리버스 프록시로 동작하며, 동적 로드 밸런싱 기능을 제공하고자 검색 서비스와 통합될 수 있다.

해결책의 필요 조건

해결책의 필요 조건은 다음과 같다.

- 외부로 공개하면 안 되는 내부 서비스는 숨긴다. 즉 외부 요청을 허용하는 마이크로서비스로만 요청을 라우팅한다.

- 서비스를 외부로 공개하되 악의적인 요청으로부터 보호한다. 즉 표준 프로토콜, OAuth, OIDC, JWT 토큰, API 키 등의 모범 사례를 사용해 신뢰할 수 있는 클라이언트인지 확인한다.

리액티브 마이크로서비스

리액티브 마이크로서비스 패턴은 다음과 같은 문제점, 해결책, 해결책의 필요 조건이 있다.

문제점

자바 개발자는 관례적으로 HTTP 기반의 RESTful JSON API와 같은 블로킹 I/O 모델을 사용한 동기식 통신을 구현해왔다. 블로킹 I/O를 사용하면 요청을 처리하는 동안 운영체제의 스레드를 점유하게 된다. 동시 요청 수가 증가하거나 요청과 관련된 컴포넌트가 증가하면 운영체제의 가용 스레드가 부족해 응답 시간이 늦어지거나 서버가 중단되는 문제가 발생할 수 있다. 마이크로서비스 아키텍처를 사용하면 여러 마이크로서비스를 거쳐 요청을 처리하므로 이 문제가 더욱 악화된다. 요청 처리에 관여하는 마이크로서비스가 많을수록 사용 가능한 스레드는 더 빨리 소모된다.

해결책

논블로킹 I/O를 사용해 데이터베이스나 다른 마이크로서비스가 처리하기를 기다리는 동안 스레드가 할당되지 않게 한다.

해결책의 필요 조건

해결책의 필요 조건은 다음과 같다.

- 가능하다면 비동기^{asynchronous} 프로그래밍 모델을 사용한다. 즉 메시지를 보낸 후 수신자가 메시지를 처리하기를 기다리지 않는다.

- 동기식 프로그래밍 모델을 선호한다면 논블로킹 I/O를 사용해 응답을 기다리는 동안에도 스레드 할당 없이 동기식 요청을 실행하는 리액티브 프레임워크를 사용한다.

- 복원력 있고 자가 치유$^{self-healing}$가 가능하도록 마이크로서비스를 설계해야 한다. 복원력이 있어야 의존하는 서비스가 중단되더라도 응답할 수 있으며 자가 치유 능력이 있어야 중단된 서비스가 재개됐을 때 클라이언트가 서비스를 다시 사용할 수 있다.

TIP

> 2013년에 리액티브 시스템 설계의 주요 원칙이 **리액티브 선언문**(The Reactive Manifesto)(https://www.reactivemanifesto.org/)으로 발표됐다.
>
> 선언문에 따르면 리액티브 시스템은 메시지 기반의 비동기 통신을 사용해 탄력성, 확장성, 복원력을 가져서 장애에 강하다. 탄력성과 복원력을 갖춘 리액티브 시스템은 언제나 즉각적으로 반응한다.

구성 중앙화

구성 중앙화 패턴은 다음과 같은 문제점, 해결책, 해결책의 필요 조건이 있다.

문제점

일반적으로 애플리케이션은 여러 환경 변수나 파일에 담긴 구성 정보와 함께 배포되는데, 다수의 마이크로서비스 인스턴스가 배포된 마이크로서비스 아키텍처 기반의 시스템 환경에서는 문제가 조금 있다.

- 실행 중인 모든 마이크로서비스 인스턴스의 구성 정보를 한눈에 보려면 어떻게 해야 하는가?
- 구성을 업데이트하고 관련된 모든 마이크로서비스 인스턴스가 올바르게 업데이트되게 하려면 어떻게 해야 하는가?

해결책

시스템 환경에 모든 마이크로서비스의 구성 정보를 저장하는 새 컴포넌트(구성 서버)를 추가한다. 그림 1.11을 참고한다.

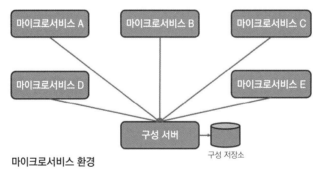

그림 1.11 구성 중앙화 디자인 패턴

해결책의 필요 조건

마이크로서비스 집합에 대한 구성 정보를 한 곳에 저장하고 환경별(예: dev, test, qa, prod) 설정을 지원한다.

로그 분석 중앙화

로그 분석 중앙화 패턴은 다음과 같은 문제점, 솔루션, 해결책의 필요 조건이 있다.

문제점

일반적으로 애플리케이션을 실행하고 있는 서버의 로컬 파일시스템에 애플리케이션 로그 이벤트를 기록한다. 하지만 여러 개의 소규모 서버에 다수의 마이크로서비스 인스턴스를 배포하는 마이크로서비스 아키텍처 기반의 시스템 환경에서는 다음과 같은 문제가 있다.

- 각 마이크로서비스 인스턴스가 로컬에 로그 파일을 기록하는 상황에서 전체 시스템 환경에서 발생하는 사건을 개괄하려면 어떻게 해야 하는가?

- 문제가 발생한 마이크로서비스 인스턴스를 찾아서 로그 파일에 오류 메시지를 쓰게 하려면 어떻게 해야 하는가?

- 최종 사용자가 문제를 보고했을 때 이와 관련된 로그 메시지를 찾으려면 어떻게 해야 하는가? 문제의 근본 원인이 되는 마이크로서비스 인스턴스를 찾으려면 어떻게 해야 하는가? 이런 문제를 다이어그램으로 표현하면 그림 1.12와 같다.

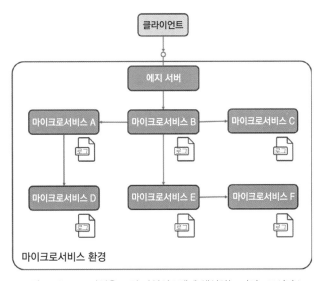

그림 1.12 로그 파일을 로컬 파일시스템에 생성하는 마이크로서비스

해결책

다음과 같은 기능을 갖추고 **로그를 중앙화**해 관리하는 새 컴포넌트를 추가한다.

- 새 마이크로서비스 인스턴스를 감지해 로그 이벤트를 수집

- 로그 이벤트를 해석해 구조적이고 검색 가능한 형식으로 중앙 데이터베이스에 저장

- 로그 이벤트를 조회 및 분석하기 위한 API와 그래픽 도구를 제공

해결책의 필요 조건

해결책의 필요 조건은 다음과 같다.

- 마이크로서비스는 로그 이벤트를 표준 시스템 출력, `stdout`으로 보낸다. 이렇게 하면 각 마이크로서비스의 로그 파일에 로그 이벤트를 기록하는 것에 비해 수월하게 로그 수집기가 로그 이벤트를 찾을 수 있다.

- 마이크로서비스는 로그 이벤트에 상관 ID를 삽입한다. 상관 ID에 관해서는 '분산 추적' 절에서 설명한다.

- 표준 로그 형식을 정의하면 로그 이벤트를 중앙 데이터베이스에 저장하기 전에 로그 수집기가 마이크로서비스에서 수집한 로그 이벤트를 표준 로그 형식으로 변환할 수 있다. 로그 이벤트를 표준 로그 형식으로 저장해야 수집한 로그 이벤트를 질의하고 분석할 수 있다.

분산 추적

분산 추적 패턴은 다음과 같은 문제점, 솔루션, 해결책의 필요 조건이 있다.

문제점

시스템 환경에 대한 외부 요청을 처리하는 동안 마이크로서비스 사이에서 흐르는 요청 및 메시지를 추적할 수 있어야 한다.

다음은 장애 시나리오의 예다.

- 최종 사용자가 특정 장애에 대한 해결을 요청했을 때 문제를 일으킨 마이크로서비스를 찾고 근본 원인을 밝히려면 어떻게 해야 하는가?

- 특정 엔티티와 관련된 문제를 지원하고자 이와 관련된 모든 로그 메시지를 찾고 싶다. 예를 들어, 어떤 주문 번호에 대한 문제가 발생했을 때 해당 주문의 처리에 관여한 모든 마이크로서비스의 로그 메시지를 찾으려면 어떻게 해야 하는가?

- 최종 사용자가 지나치게 긴 응답 시간에 대한 불만을 토로하기 시작했다. 호출 체인에 속한 마이크로서비스 중 어떤 마이크로서비스가 지연을 일으키는지 식별하려면 어떻게 해야 하는가?

그림 1.13을 참고한다.

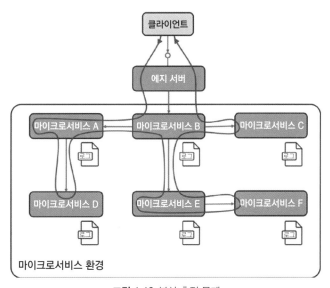

그림 1.13 분산 추적 문제

해결책

공조 마이크로서비스 사이의 처리 과정을 추적하려면 관련된 모든 요청 및 메시지에 **상관 ID**correlation ID를 넣어야 하고, 모든 로그 이벤트에 상관 ID가 있어야 한다. 중앙화된 로깅 서비스에서 상관 ID를 검색하면 관련된 로그 이벤트를 모두 찾을 수 있다. 비즈니스 관련 식별자(예: 고객, 제품, 주문 등)가 포함된 로그 이벤트를 찾은 다음 상관 ID로 검색하면 해당 비즈니스 식별자와 관련된 모든 로그 이벤트를 찾을 수 있다.

공조 마이크로서비스 호출 체인에서 지연 원인을 찾으려면 요청, 응답, 메시지가 각 마이크로서비스에 들어오고 나가는 시간에 대한 타임스탬프를 수집할 수 있어야 한다.

해결책의 필요 조건

해결책의 필요 조건은 다음과 같다.

- 모든 수신 요청과 이벤트에 고유 상관 ID를 할당한다. 상관 ID는 헤더와 같이 찾기 쉬운 위치에 넣는다.

- 마이크로서비스에서 외부로 요청이나 메시지를 보낼 때는 요청과 메시지에 상관 ID를 꼭 넣는다.

- 모든 로그 이벤트에는 사전에 정의한 형식의 상관 ID가 있어야 한다. 중앙화된 로깅 서비스는 로그 이벤트에서 상관 ID를 추출해 검색할 수 있다.

- 요청, 응답, 메시지가 마이크로서비스 인스턴스로 들어가거나 나갈 때마다 추적 레코드를 생성해야 한다.

서킷 브레이커

서킷 브레이커 패턴은 다음과 같은 문제점, 솔루션, 해결책의 필요 조건이 있다.

문제점

동기 방식으로 상호 통신하는 마이크로서비스 시스템 환경은 **연쇄 장애**가 발생할 여지가 있다. 하나의 마이크로서비스가 응답하지 않으면 이 마이크로서비스의 클라이언트 또한 클라이언트의 요청에 응답하지 않게 된다. 이 문제는 시스템 환경 전체에 재귀적으로 전파돼 중요한 부분까지 중단시킬 수 있다.

이런 문제는 블로킹 I/O를 사용해 동기식 요청을 실행하는 경우에 자주 발생한다. 다수의 동시 요청이 발생한 상황에서 서비스의 응답이 예기치 않게 지연되면 스레드 풀^{thread pool}이 빠르게 소진돼 호출이 지연되거나 중단된다. 이런 장애는 빠르게 클라이언트의 클라이언트에게 전파된다.

해결책

대상 서비스에 문제가 있다는 것을 감지해 새 요청을 보내지 않도록 차단하는 **서킷 브레이커**를 추가한다.

해결책의 필요 조건

해결책의 필요 조건은 다음과 같다.

- 서비스에 문제가 감지되면 시간 초과^{timeout}를 무시하고 바로 실패하도록 서킷을 **연다**.
- **반열림 서킷**^{half-open circuit}이라고도 하는 장애 복구용 프로브^{probe}를 사용한다. 즉 서비스가 정상 동작하는지 확인하고자 주기적으로 요청을 보낸다.
- 프로브는 서비스의 정상 동작을 감지하면 서킷을 **닫는다**. 이런 기능은 시스템 환경을 탄력적으로 만들어서 자가 치유를 가능하게 하므로 매우 중요하다.

그림 1.14는 마이크로서비스 시스템 환경 안의 모든 동기 통신이 서킷 브레이커를 통과하는 시나리오를 보여 준다. 서비스의 문제를 감지해서 열려 있는 하나의 서킷 브레이커(마이크로서비스 E) 이외의 모든 서킷 브레이커가 닫혀 있으며, 트래픽을 허용하고 있다. 열려 있는 서킷 브레이커는 빠른 실패^{fast-fail} 로직을 사용한다. 즉 중단된 서비스를 호출하거나 타임아웃이 발생하길 기다리지 않고 바로 응답한다. 응답하기 전에 실행되는 대체 로직을 적용하는 경우도 있다.

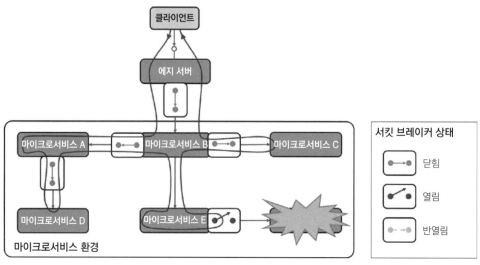

그림 1.14 서킷 브레이커 디자인 패턴

제어 루프

제어 루프^{control loop} 패턴은 다음과 같은 문제점, 솔루션, 해결책의 필요 조건이 있다.

문제점

다수의 마이크로서비스 인스턴스가 여러 서버에 분산돼 있는 시스템 환경에서는 중단되거나 지연된 마이크로서비스 인스턴스를 수동으로 감지하고 대처하는 것이 어렵다.

해결책

시스템 환경의 상태를 관찰하는 새 컴포넌트, 즉 **제어 루프**를 시스템 환경에 추가한다. 그림 1.15를 참고한다.

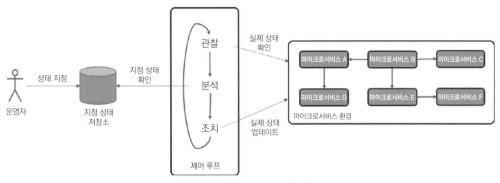

그림 1.15 제어 루프 디자인 패턴

해결책의 필요 조건

제어 루프는 운영자가 **지정한 상태**와 **실제 상태**를 지속적으로 관찰하며, 두 상태가 다른 경우에는 현재 상태가 지정한 상태와 일치하도록 조치를 취한다.

구현 참고: 컨테이너를 기반으로 하는 환경에서는 쿠버네티스와 같은 컨테이너 오케스트레이터로 이 패턴을 구현한다. 쿠버네티스에 대해서는 15장을 참고한다.

모니터링 및 경고 중앙화

모니터링 및 경고 중앙화 패턴은 다음과 같은 문제점, 솔루션, 해결책의 필요 조건이 있다.

문제점

응답 시간이나 하드웨어 자원 사용량이 지나치게 높은 경우 문제의 근본 원인을 찾는 것이 매우 어렵다. 마이크로서비스별 하드웨어 자원 사용량을 분석할 수 있어야 한다.

해결책

마이크로서비스 인스턴스가 사용하는 하드웨어 자원 사용량에 대한 메트릭metric을 수집하는 새 컴포넌트, 즉 **모니터 서비스**monitor service를 시스템 환경에 추가한다.

해결책의 필요 조건

해결책의 필요 조건은 다음과 같다.

- 오토스케일링auto-scaling된 서버를 포함해 시스템 환경에서 사용하는 모든 서버의 메트릭을 수집해야 한다.

- 서버에서 새로 시작된 마이크로서비스 인스턴스를 감지해 메트릭을 수집해야 한다.

- 수집한 메트릭을 조회 및 분석하기 위한 API와 그래픽 도구를 제공해야 한다.

- 특정 메트릭이 지정한 임곗값을 초과할 때 트리거되는 경고를 정의할 수 있어야 한다.

그림 1.16은 프로메테우스Prometheus에서 가져온 메트릭을 시각화하는 그라파나Grafana 화면이다. 그라파나에 대해서는 20장에서 살펴본다.

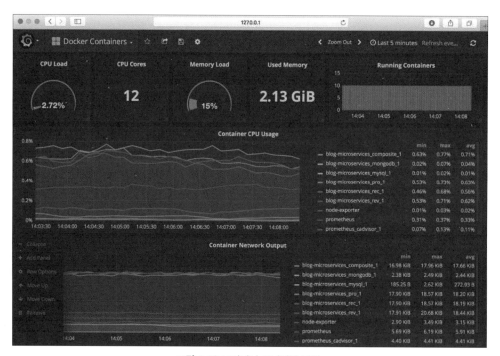

그림 1.16 그라파나 모니터링 화면

지금까지 꽤 많은 디자인 패턴을 알아봤다. 이런 디자인 패턴은 마이크로서비스와 관련된 문제를 파악하는 데 큰 도움을 줄 것이다. 다음 절에서는 필수 소프트웨어를 알아본다.

∷ 필수 소프트웨어

앞에서 언급했듯이 마이크로서비스에 필요한 기능을 제공하고 관련된 문제 해결에 도움을 주는 다양한 오픈 소스 도구가 있다.

- **스프링 부트**: 애플리케이션 프레임워크

- **스프링 클라우드/넷플릭스 OSS**: 바로 사용할 수 있는 서비스이자 애플리케이션 프레임워크

- **도커**: 단일 서버에서 컨테이너를 실행하기 위한 도구

- **쿠버네티스**: 컨테이너를 실행하는 서버 클러스터를 관리하는 컨테이너 오케스트레이터

- **이스티오**: 서비스 메시 구현

다음은 문제 해결을 위한 디자인 패턴과 디자인 패턴을 구현한, 이 책에서 사용하는 오픈 소스 도구를 함께 정리한 표다.

디자인 패턴	스프링 부트	스프링 클라우드	쿠버네티스	이스티오
서비스 검색		넷플릭스 유레카 (Eureka)와 스프링 클라우드 로드 밸런서	쿠버네티스의 kube-proxy 와 서비스 리소스	
에지 서버		스프링 클라우드 와 스프링 시큐리티 OAuth(Spring Security OAuth)	쿠버네티스 인그레스 컨트롤러	이스티오 인그레스 게이트웨이
리액티브 마이크로서비스	리액터 프로젝트와 스프링 웹플럭스 (Spring WebFlux)			
구성 중앙화		스프링 컨피그 서버(Spring Config Server)	쿠버네티스의 컨피그맵과 시크릿(Secret)	

(이어짐)

디자인 패턴	스프링 부트	스프링 클라우드	쿠버네티스	이스티오
로그 분석 중앙화			일래스틱서치 (Elasticsearch), 플루언 티드(Fluentd), 키바나 (Kibana) 참고: 쿠버네티스에 종속되진 않지만 쿠버 네티스에 쉽게 배포하고 구 성할 수 있다.	
분산 추적		스프링 클라우드 슬루스(Sleuth)와 집킨(Zipkin)		예거(Jaeger)
서킷 브레이커		Resilience4j		이상 감지(Outlier detection)
제어 루프			쿠버네티스의 컨트롤러 매니저	
모니터링 및 경고 중앙화				키알리(Kiali), 그라파나, 프로메테우스

스프링 클라우드, 쿠버네티스, 이스티오를 사용해 서비스 검색, 에지 서버, 구성 중앙화 등의 디자인 패턴을 구현할 수 있다. 이 책의 뒷부분에서 각 방식의 장단점을 살펴본다.

지금까지 이 책에서 사용할 디자인 패턴과 도구를 소개했다. 다음 절에서는 이 책에서 다루지 않지만 중요한 몇 가지를 살펴본다.

다른 주요 고려 사항

마이크로서비스 아키텍처를 성공적으로 구현하려면 꼭 살펴봐야 하는 몇 가지 관련 분야가 있다. 이 책에서 다루지 않는 부분이기 때문에 이 절에서 간단히 소개한다.

- 데브옵스^{DevOps}: 마이크로서비스 아키텍처의 장점 중 하나는 빠른 전달이 가능하고 궁극적으로는 새 버전을 지속적으로 전달할 수 있다는 것이다. 이런 빠른 전달이 가능하려면 서비스를 직접 개발 및 운영할 수 있도록 개발과 운영이 함께 일하는 조직을 만들어야 한다. 소프트웨어의 새 버전을 개발팀에서 운영팀으로 전달하는 방식이 아닌, 개발과 운

영 조직이 긴밀하게 협력해 마이크로서비스(또는 관련된 마이크로서비스 집합)의 전체 수명 주기를 전적으로 책임지는 팀을 구성한다. 다양한 배포 환경에 마이크로서비스를 빌드 build, 테스트, 패키징, 배포하는 전달 체인delivery chain 자동화도 필수다. 이것을 전달 파이 프라인delivery pipeline이라고 한다.

- **조직 구성과 콘웨이Conway의 법칙**: 조직 구성이 마이크로서비스 아키텍처에 미치는 영향을 다른 관점에서 보려면 콘웨이의 법칙에 주목해야 한다.

  > "소프트웨어 구조는 그 소프트웨어를 개발한 조직의 의사소통 구조를 반영한다."
  >
  > – 멜빈 콘웨이Melvyn Conway, 1967

기존 접근 방식에 따라 기술 전문성(예: UX, 비즈니스 로직, 데이터베이스) 기반의 **IT** 팀을 구성해 대규모 애플리케이션을 만들면 커다란 3계층 애플리케이션이 나온다. 즉 UI, 비즈니스 로직, 데이터베이스를 따로 배포하는 대규모 일체형 애플리케이션이 탄생한다. 마이크로서비스 아키텍처를 기반으로 애플리케이션을 잘 전달하려면 개별 마이크로서비스나 관련된 마이크로서비스 집합을 한 팀에서 맡도록 조직을 정비해야 한다. 각 팀은 비즈니스 로직을 위한 언어나 프레임워크, 데이터 저장을 위한 데이터베이스 기술 등 담당 마이크로서비스에 필요한 기술을 보유해야 한다.

- **일체형 애플리케이션을 마이크로서비스로 분해**: 가장 어렵고 비용이 많이 드는 방식은 일체형 애플리케이션을 공조 마이크로서비스 집합으로 나누는 것이다. 제대로 수행하지 못하면 다음과 같은 문제가 발생한다.

  - **느린 전달**: 비즈니스 요구 사항이 변경되면 수많은 마이크로서비스에 영향을 미치기 때문에 추가 작업이 발생한다.

  - **성능 저하**: 특정 비즈니스 기능을 수행하려면 여러 마이크로서비스 간에 많은 요청이 오가야 하므로 응답 시간이 길어진다.

  - **일관성 없는 데이터**: 마이크로서비스별로 관련 데이터가 나뉘기 때문에 시간이 지남에 따라 보유한 데이터와 다른 마이크로서비스가 관리하는 데이터가 어긋난다.

적절한 경계를 찾아 마이크로서비스를 나누려면 **도메인 주도 설계**^{domain-driven design}와 도메인 주도 설계의 핵심 개념인 **경계가 있는 콘텍스트**^{bounded context}를 적용하는 게 좋다. 에릭 에반스^{Eric Evans}에 따르면 경계가 있는 콘텍스트의 의미는 다음과 같다.

> "서브 시스템이나 특정 팀의 담당 업무와 같은, 특정 모델을 정의하고 적용할 수 있는 경계를 명시한 것"

따라서 경계가 있는 콘텍스트를 이용해 정의한 마이크로서비스의 데이터는 명확한 모델을 가진다.

- **API 설계**: 외부에서 마이크로서비스에 접근하는 공통 API를 공개하는 경우 쉽게 이해할 수 있도록 설계해야 한다. 다음 지침을 따라 API를 설계한다.

  - 여러 API에서 동일한 개념을 사용하는 경우에는 이름과 데이터 유형에 대한 설명이 일치해야 한다.

  - API가 독립적이지만 통제된 방식으로 발전할 수 있게 해야 한다. API에 시멘틱 버전(https://semver.org/)과 같은 적절한 버전 관리 스키마를 적용하고, 클라이언트가 여유 있게 마이그레이션^{migration}할 수 있도록 여러 버전의 주요 API를 일정 기간 제공해야 한다.

- **온프레미스에서 클라우드로 마이그레이션**: 온프레미스에서 워크로드^{workload}를 실행하는 많은 기업이 일부 워크로드를 클라우드로 마이그레이션하는 방법을 모색하고 있다. 대부분의 클라우드 공급자는 관리형 쿠버네티스^{Kubernetes as a Service}를 제공한다. 따라서 먼저 워크로드를 온프레미스의 쿠버네티스로 이동한 후 선호하는 클라우드 공급자가 서비스하는 관리형 쿠버네티스로 재배치하는 마이그레이션 전략이 매력적이다.

- **마이크로서비스를 위한 설계 원칙**: 클라우드 애플리케이션의 열두 가지 요소^{Twelve-Factor app}(https://12factor.net)는 클라우드에 배포 가능한 소프트웨어를 구축하기 위한 설계 원칙이다. 이런 설계 원칙의 대부분은 배포 위치(클라우드 혹은 온프레미스)와 상관없이 마이크로서비스를 구축할 때도 적용할 수 있다. 이 책에서는 구성, 프로세스, 로그와 같은 일부 설계 원칙만 다룬다.

이제 1장을 마무리하자. 1장에서는 마이크로서비스의 기본 개념과 해결해야 하는 도전 과제, 앞으로 이 책에서 다룰 큰 주제를 위한 배경 지식을 학습했다.

⁝⁝ 요약

1장에서는 마이크로서비스에 대한 내 경험을 공유하고, 마이크로서비스의 역사를 알아봤다. 마이크로서비스를 명확한 요구 사항이 있는 일종의 독립된 분산 컴포넌트라고 정의했으며, 마이크로서비스 기반 아키텍처의 장점과 문제점을 살펴봤다.

도출된 문제를 해결하기 위한 디자인 패턴을 정의하고, 스프링 부트, 스프링 클라우드, 쿠버네티스, 이스티오 등의 오픈 소스 제품의 기능을 디자인 패턴과 간략하게 매핑해봤다.

지금 당장 첫 번째 마이크로서비스를 개발하고 싶어졌을 것이다. 2장에서는 첫 번째 마이크로서비스를 개발할 때 사용할 스프링 부트와 그 밖의 오픈 소스 도구를 소개한다.

02

스프링 부트 소개

2장에서는 비즈니스 가치를 제공하는 기능 개발에 중점을 두고, 스프링 부트로 공조 마이크로서비스 집합을 구축하는 방법을 소개한다. 1장에서 언급한 마이크로서비스 문제는 일정 부분만 다루고, 이후의 장들에서 더 자세히 살펴본다.

2장에서 개발하는 마이크로서비스는 **스프링 빈**Spring Bean을 기반으로 비즈니스 로직을 작성하고 **스프링 웹플럭스**Spring WebFlux를 사용해 REST API를 작성한다. API는 **springdoc-openapi**를 사용해 OpenAPI 사양을 기반으로 문서화한다. 마이크로서비스에서 처리한 데이터는 **스프링 데이터**Spring Data를 사용해 SQL/NoSQL 데이터베이스에 저장한다.

2018년 3월에 출시된 스프링 부트 v2.0을 사용하면 논블로킹 동기 REST API를 포함한 리액티브 마이크로서비스 개발이 한결 쉬워진다. 메시지 기반의 비동기 서비스는 **스프링 클라우드 스트림**Spring Cloud Stream을 사용해 개발한다. 자세한 내용은 1장의 '리액티브 마이크로서비스' 절을 참고한다.

마지막으로 **도커**를 사용해 마이크로서비스를 컨테이너로 실행한다. 컨테이너를 사용하면 데이터베이스 서버와 메시지 브로커를 포함한 마이크로서비스 환경을 단일 커맨드로 시작하고 중지할 수 있다.

우리가 사용할 다양한 기술과 프레임워크의 역할을 간략히 살펴보자.

2장에서는 다음과 같은 오픈 소스 프로젝트를 소개한다.

- 스프링 부트

- 스프링 웹플럭스

- springdoc-openapi

- 스프링 데이터

- 스프링 클라우드 스트림

- 도커

TIP

각 프로젝트에 대한 자세한 내용은 이어지는 장들에서 다룬다.

⠿ 기술 요구 사항

2장에서는 새 도구를 설치하지 않으며 다운로드할 소스 코드가 없다.

⠿ 스프링 부트

스프링 부트와 스프링 부트의 기반이 되는 스프링 프레임워크는 자바로 마이크로서비스를 개발할 때 사용하는 뛰어난 프레임워크다.

2004년에 출시된 스프링 프레임워크 v1.0은 무거운 배포 설명자로 악명 높은 **J2EE**^{Java 2 Platforms, Enterprise Edition}의 지나친 복잡성을 해결하고자 나왔다. 스프링 프레임워크는 **의존성 주입**^{DI, Dependency Injection} 개념을 기반으로 매우 가벼운 개발 모델을 제공하며, J2EE의 배포 설명자와 비교해 훨씬 가벼운 XML 구성 파일을 사용한다.

스프링 프레임워크는 오랫동안 인기를 끌었고 기능이 많이 증가했으나 스프링 애플리케이션을 설정하고자 복잡한 XML 구성 파일을 사용하는 것은 부담스러워졌다.

이런 문제를 해결하고자 2014년에 스프링 부트 v1.0이 출시됐다.

설정보다 관례와 팻 JAR 파일

스프링 부트는 스프링 프레임워크와 서드파티^{third-party} 제품으로 구성된 핵심 모듈(예: 데이터베이스 접속 라이브러리, 로그 라이브러리)의 설정 방식을 개선해 상용 스프링 애플리케이션을 빠르게 개발하기 위한 프레임워크다. 스프링 부트는 다양한 관례를 기본 적용해서 구성을 최소화하며 필요한 경우에만 구성을 작성해 기존 규칙을 대신할 수 있다. 초기 구성을 최소화하는 이 디자인 패턴은 **설정보다 관례**^{convention over configuration}라는 이름으로 알려져 있다.

스프링 부트는 설정보다 관례뿐 아니라 **팻 JAR**^{fat JAR} 파일이라고 알려진 독립형 JAR 파일 기반의 런타임 모델도 지원한다. 스프링 부트가 나오기 전에는 스프링 애플리케이션을 아파치 톰캣^{Apache Tomcat}과 같은 Java EE 웹 서버에 WAR 파일로 배포해 실행하는 것이 일반적이었다.

> 팻 JAR 파일은 애플리케이션의 클래스와 리소스 파일뿐만 아니라 애플리케이션이 의존하는 모든 JAR 파일을 포함하므로 팻 JAR 파일만 있어도 문제없이 애플리케이션을 실행할 수 있다. 따라서 애플리케이션 JAR 파일과 애플리케이션이 의존하는 모든 JAR 파일을 함께 보낼 필요 없이 애플리케이션 JAR 파일만 애플리케이션 실행 환경으로 보내면 된다.

팻 JAR는 아파치 톰캣과 같은 Java EE 웹 서버를 별도로 설치하지 않아도 시작할 수 있다. 예를 들어, HTTP를 사용해 REST API를 공개하는 스프링 부트 애플리케이션은 내장형 웹 서버를 포함한다. 팻 JAR는 java -jar app.jar과 같은 간단한 커맨드로 시작할 수 있으므로 도커 컨테이너에서 실행하기에 매우 적합하다.

스프링 부트 애플리케이션 설정에 대한 코드 예제

앞 절에서 설명한 내용의 이해를 위해 소스 코드 예제를 살펴보자.

> 이 절에서는 주요 기능에 주목하고자 작은 코드 조각만 살펴본다. 제대로 동작하는 코드 예제는 3장에서 볼 수 있다.

@SpringBootApplication 애노테이션

static main 메서드가 포함된 애플리케이션 클래스에 @SpringBootApplication 애노테이션을 붙여서 설정보다는 관례 메커니즘을 사용해보자. 다음 코드를 참고한다.

```
@SpringBootApplication
public class MyApplication {

  public static void main (String [] args) {
    SpringApplication.run (MyApplication.class, args);
  }
}
```

애노테이션이 제공하는 기능은 다음과 같다.

- 컴포넌트 검색을 활성화해 애플리케이션 클래스의 패키지와 모든 하위 패키지에서 스프링 컴포넌트와 구성 클래스를 검색한다.

- 애플리케이션 클래스 자체를 구성 클래스로 만든다.

- 자동 설정을 활성화해 스프링 부트가 설정 가능한 JAR 파일을 클래스패스^{classpath}에서 자동으로 찾게 한다. 예를 들어, 톰캣이 클래스패스에 있는 경우 스프링 부트는 톰캣을 내장형 웹 서버로 자동 구성한다.

컴포넌트 검색

애플리케이션 클래스의 패키지나 하위 패키지에 다음과 같은 스프링 컴포넌트가 있다고 가정하자.

```
@Component
public class MyComponentImpl implements MyComponent { ...
```

@Autowired 애노테이션을 사용하면 **오토 와이어링**^{auto-wiring}이 가능하다. 즉 자동으로 다른 애플리케이션 컴포넌트를 주입할 수 있다.

```
public class AnotherComponent {

  private final MyComponent myComponent;

  @Autowired
  public AnotherComponent(MyComponent myComponent) {
    this.myComponent = myComponent;
  }
```

TIP

> 컴포넌트의 상태를 변경할 수 없도록 생성자 주입(필드 주입이나 설정자 주입 대신)을 사용하는 것이 좋다. 다중 스레드 런타임 환경에서 컴포넌트를 실행하려면 불변 상태가 중요하다.

애플리케이션 패키지를 벗어난 다른 패키지에 선언된 컴포넌트(예: 여러 스프링 부트 애플리케이션이 공유하는 유틸리티 컴포넌트)를 사용하려면 애플리케이션 클래스에 @ComponentScan 애노테이션을 사용해 @SpringBootApplication 애노테이션을 보완한다.

```
package se.magnus.myapp;

@SpringBootApplication
@ComponentScan({"se.magnus.myapp", "se.magnus.utils"})
public class MyApplication {
```

이제 애플리케이션 코드에 다음과 같이 패키지가 se.magnus.utils인 유틸리티 컴포넌트를 자동으로 주입할 수 있다.

```
package se.magnus.utils;

@Component
public class MyUtility {...
```

다음과 같이 애플리케이션 컴포넌트를 구성하면 앞의 유틸리티 컴포넌트가 자동 주입된다.

```
package se.magnus.myapp.services;

public class AnotherComponent {

  private final MyUtility myUtility;

  @Autowired
  public AnotherComponent(MyUtility myUtility) {
    this.myUtility = myUtility;
  }
```

자바 기반 구성

스프링 부트의 기본 구성을 재정의하거나 자체 구성을 추가하려면 앞 절에서 설명한 메커니즘에 의해 주입되도록 구성 클래스에 @Configuration 애노테이션을 붙인다.

예를 들어, HTTP 요청을 처리(다음 절에서 설명하는 스프링 웹플럭스로 처리)하는 부분에 필터를 삽입해 요청 처리 이전과 이후에 로그 메시지를 넣으려면 다음과 같이 로그 필터를 구성한다.

```
@Configuration
public class SubscriberApplication {

  @Bean
  public Filter logFilter() {
    CommonsRequestLoggingFilter filter = new CommonsRequestLoggingFilter();
    filter.setIncludeQueryString(true);
    filter.setIncludePayload(true);
    filter.setMaxPayloadLength(5120);
    return filter;
  }
}
```

TIP

@SpringBootApplication 애노테이션은 @Configuration 애노테이션이기도 하므로 애플리케이션 클래스에 구성 코드를 넣어도 된다.

스프링 부트를 배웠으니 이제 스프링 웹플럭스를 알아보자.

::: 스프링 웹플럭스

스프링 프레임워크 5.0을 기반으로 하는 스프링 부트 2.0은 리액티브 애플리케이션 개발을 기본 지원한다. 스프링 프레임워크는 **프로젝트 리액터**project reactor를 기본 구현으로 사용해 리액티브를 지원하며, 새로운 웹 프레임워크인 스프링 **웹플럭스**로 논블로킹 HTTP 클라이언트와 서비스의 개발을 지원한다.

스프링 웹플럭스는 두 가지 프로그래밍 모델을 지원한다.

- 애노테이션 기반 명령형 방식: 기존 웹 프레임워크인 스프링 웹 MVCSpring Web MVC와 유사하지만 리액티브 서비스를 지원

- 함수 지향function-oriented 모델 기반의 라우터 및 핸들러 방식

이 책에서는 스프링 웹 MVC로 구현한 REST 서비스를 애노테이션 기반 명령형 방식의 스프링 웹플럭스로 바꾸는 방법을 소개한 후 서비스가 리액티브하게 동작하도록 리팩터링 refactoring한다.

스프링 웹플럭스가 사용하는 HTTP 클라이언트는 리액티브를 지원하도록 기존의 RestTemplate 클라이언트를 보완한 WebClient다.

스프링 웹플럭스는 서블릿 사양 v3.1 이상을 지원하는 톰캣 등의 서블릿 컨테이너에서 실행되며, 네티Netty(https://netty.io/)와 같은 서블릿 기반이 아닌 내장형 리액티브 서버도 지원한다.

TIP

> 서블릿 사양은 HTTP와 같은 웹 프로토콜을 사용해 통신하는 자바 애플리케이션의 개발 방법을 표준화하는 Java EE 플랫폼 사양이다.

REST 서비스 설정에 대한 코드 예제

스프링 웹플럭스 기반의 REST 서비스를 만들려면 먼저 스프링 웹플럭스와 필수 의존성을 스프링 부트 클래스패스에 추가해 애플리케이션이 시작할 때 감지 및 구성하도록 해야 한다. 스프링 부트는 특정 기능을 위한 다양한 **스타터 의존성**starter dependency과 각 기능에 필요한 일반적인 의존성을 함께 제공한다. 스프링 웹플럭스의 스타터 의존성을 사용해 간단한 REST 서비스를 만들어보자.

스타터 의존성

이 책에서는 그래들Gradle을 빌드 도구로 사용하므로 build.gradle 파일에 스프링 웹플럭스 스타터 의존성을 추가한다. 코드는 다음과 같다.

```
implementation ( 'org.springframework.boot : spring-boot-starter-webflux')
```

TIP

> 버전 번호를 지정하지 않는 이유는 3장에서 전체 소스 코드와 함께 설명한다.

스프링 부트는 마이크로서비스가 시작될 때 클래스패스에서 스프링 웹플럭스를 감지해 구성하고, 내장형 웹 서버를 시작하는 데 필요한 다른 것들도 구성한다. 로그 출력을 보면 스프링 웹플럭스는 네티를 기본으로 사용한다.

```
2018-09-30 15:23:43.592 INFO 17429 --- [ main] o.s.b.web.embedded.netty.
NettyWebServer : Netty started on port(s): 8080
```

내장형 웹 서버를 네티에서 톰캣으로 전환하려면 스타터 의존성에서 네티를 제외하고 톰캣을 추가한다.

```
implementation('org.springframework.boot:spring-boot-starter-webflux')
{
  exclude group: 'org.springframework.boot', module: 'spring-boot-starter-
reactor-netty'
}
implementation('org.springframework.boot:spring-boot-starter-tomcat')
```

마이크로서비스를 다시 시작하면 네티 대신 톰캣을 사용하게 된다.

```
2018-09-30 18:23:44.182 INFO 17648 --- [ main] o.s.b.w.embedded.tomcat.
TomcatWebServer : Tomcat initialized with port(s): 8080 (http)
```

속성 파일

앞의 예에서 봤듯이 웹 서버는 8080 포트를 사용한다. 포트를 변경하고 싶다면 속성 파일을 사용해 기본값을 재정의하면 된다. 스프링 부트 애플리케이션의 속성 파일은 .properties 파일이나 YAML 파일 중에 선택할 수 있다. 각 파일의 기본 이름은 application.properties, application.yml이다.

이 책에서는 YAML 파일을 사용한다. 그리고 동일한 서버에서 실행 중인 다른 마이크로서비스와의 포트 충돌을 피하고자 내장형 웹 서버의 HTTP 포트를 7001로 변경한다. 이를 위해 application.yml 파일에 다음 행을 추가한다.

```
server.port : 7001
```

> 컨테이너로 마이크로서비스를 개발하는 4장부터는 포트 충돌이 문제가 되지 않는다. 각 컨테이너에는 고유한 호스트 이름과 포트 범위가 있으므로 모든 마이크로서비스는 충돌 없이 같은 포트(예: 8080 포트)를 사용할 수 있다.

샘플 RestController

이제 스프링 MVC를 사용할 때와 같은 방식으로 스프링 웹플럭스 및 내장형 웹 서버를 사용해 RestController로 REST 서비스를 만들 수 있다.

```
@RestController
public class MyRestService {

  @GetMapping(value = "/my-resource", produces = "application/json")
  List<Resource> listResources() {
    ...
  }
```

@GetMapping 애노테이션을 사용해 listResources() 메서드를 host:8080/my-resource URL에 연결된 HTTP GET API로 만들었다. List<Resource> 유형의 반환 값은 JSON으로 변환된다.

지금까지 스프링 웹플럭스에 대해 알아봤다. 다음 절에서는 스프링 웹플럭스를 사용해 개발한 API를 문서화하는 방법을 살펴보자.

⁂ springdoc-openapi

RESTful 서비스를 만들고자 API를 개발하는 경우, 사용하기 쉽도록 API를 문서화하는 것이 중요하다. RESTful 서비스를 문서화할 때는 스마트베어 소프트웨어^{SmartBear Software}의 스웨거 사양을 사용하는 경우가 많다. 다수의 주요 API 게이트웨이가 스웨거를 사용해 RESTful 서비스 문서를 공개하는 기능을 내장하고 있다.

스마트베어 소프트웨어는 2015년에 리눅스 재단^{Linux Foundation} 산하의 **OpenAPI 이니셔티브**^{OpenAPI Initiative}에 스웨거 사양을 기부하고 **OpenAPI 사양**^{OpenAPI Specification}을 만들었다. 스마트베어 소프트웨어에서 제공하는 도구에서는 지금도 스웨거라는 이름을 사용하고 있다.

springdoc-openapi는 스프링 프레임워크와는 별개의 오픈 소스 프로젝트로 런타임에 OpenAPI 기반의 API 문서를 생성한다. springdoc-openapi는 문서 생성을 위해 애플리케이션을 검사하는데, 예를 들면 웹플럭스나 스웨거 기반의 애노테이션을 검사한다.

그림 2.1은 API 문서 샘플로 "..."으로 생략된 부분을 표시했다. 전체 소스 코드 예제는 5장에서 살펴본다.

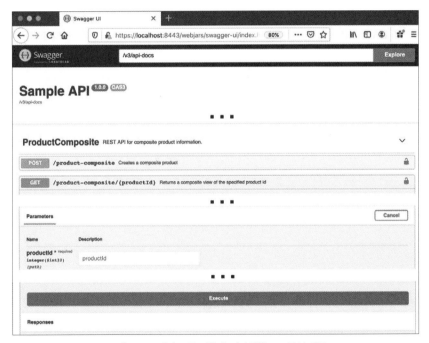

그림 2.1 스웨거 UI를 사용해 시각화한 API 문서 샘플

WARNING

길쭉한 **Execute** 버튼을 누르면 API를 실제로 시험해볼 수 있다. 그냥 문서가 아니다!

springdoc-openapi를 사용하면 마이크로서비스가 노출하는 API를 쉽게 문서화할 수 있다. 이제 스프링 데이터를 살펴볼 차례다.

⫶⫶⫶ 스프링 데이터

스프링 데이터는 전통적인 관계형 데이터베이스(SQL 데이터베이스)부터 문서 데이터베이스(예: MongoDB), 키-값 데이터베이스(예: 레디스), 그래프 데이터베이스(예: Neo4J)와 같은 여러 유형의 NoSQL 데이터베이스 엔진에 이르는 다양한 유형의 데이터베이스 엔진에 데이터를 저장하기 위한 공통 프로그래밍 모델을 제공한다.

스프링 데이터 프로젝트는 여러 하위 프로젝트로 나뉘어 있으며, 이 책에서는 JPA 및 스프링 데이터 MongoDB 하위 프로젝트를 사용한다. JPA는 MySQL 데이터베이스와 매핑해 사용한다.

WARNING

> JPA는 Java Persistence API를 의미하며, 관계형 데이터를 처리하는 방법에 대한 자바 사양이다. 최신 사양(현시점에서는 JPA 2.2)은 다음 링크(https://jcp.org/aboutJava/communityprocess/mrel/jsr338/index.html)를 참고한다.

스프링 데이터 프로그래밍 모델의 핵심 개념은 **엔티티**[entity]와 **리포지터리**[repository]다. 엔티티와 리포지터리는 다양한 유형의 데이터베이스에 데이터를 저장하고 접근하는 방법을 일반화한다. 스프링 데이터는 엔티티와 리포지터리로 공통 추상화를 제공하는 한편, 특정 데이터베이스를 위한 추가 기능을 지원한다. 2장에서는 코드 예제와 함께 엔티티와 리포지터리를 간략히 설명하며, 더 자세한 내용은 이후의 장들에서 알아본다.

WARNING

> 스프링 데이터가 다양한 유형의 데이터베이스를 위한 공통 프로그래밍 모델을 제공하긴 하지만, 기술적 배경이 다른 데이터베이스 사이에서는 코드를 공유할 수 없다. 예를 들어, SQL 데이터베이스에서 NoSQL 데이터베이스로 전환하는 경우에는 소스 코드를 변경해야 한다.

엔티티

엔티티는 스프링 데이터가 저장하는 데이터를 의미한다. 보통 엔티티 클래스에는 일반 스프링 데이터 애노테이션과 데이터베이스 기술에 따른 애노테이션을 혼합해 사용한다.

예를 들어, 관계형 데이터베이스에 저장할 엔티티에는 다음과 같이 JPA 애노테이션을 붙인다.

```
import javax.persistence.Entity;
import javax.persistence.Id;
import javax.persistence.IdClass;
import javax.persistence.Table;

@Entity
@IdClass(ReviewEntityPK.class)
@Table(name = "review")
public class ReviewEntity {
  @Id private int productId;
  @Id private int reviewId;
  private String author;
  private String subject;
  private String content;
```

엔티티를 MongoDB 데이터베이스에 저장하는 경우에는 일반 스프링 데이터 애노테이션과 스프링 데이터 MongoDB 하위 프로젝트의 애노테이션을 함께 사용한다. 다음 코드를 참고한다.

```
import org.springframework.data.annotation.Id;
import org.springframework.data.annotation.Version;
import org.springframework.data.mongodb.core.mapping.Document;

@Document
public class RecommendationEntity {

  @Id
  private String id;

  @Version
  private int version;
```

```
    private int productId;
    private int recommendationId;
    private String author;
    private int rate;
    private String content;
```

@Id, @Version 애노테이션은 일반 애노테이션이며, @Document 애노테이션은 스프링 데이터 MongoDB 하위 프로젝트의 고유 애노테이션이다.

TIP

> import 문(statement)을 보면 구분할 수 있다. import 문에 mongodb 문자열이 있으면 스프링 데이터 MongoDB에 속한 것이다.

리포지터리

리포지터리는 여러 유형의 데이터베이스에 데이터를 저장하고 접근하고자 사용한다. 리포지터리는 대개 자바 인터페이스로 선언되며, 스프링 데이터가 독자적인 규칙에 맞춰서 상황에 따른 구현을 생성한다. 구성을 추가해 규칙을 재정의하거나 보완할 수 있으며, 필요한 경우에는 약간의 자바 코드를 사용할 수도 있다. 스프링 데이터는 리포지터리를 간단히 정의할 수 있도록 CrudRepository 등의 몇 가지 자바 인터페이스를 제공한다. 기본 인터페이스인 CrudRepository는 생성, 읽기, 업데이트, 삭제 작업을 위한 표준 메서드를 제공한다.

JPA 엔티티인 ReviewEntity를 위한 리포지터리는 다음과 같이 선언한다.

```
import org.springframework.data.repository.CrudRepository;

public interface ReviewRepository extends
  CrudRepository<ReviewEntity, ReviewEntityPK> {

  Collection<ReviewEntity> findByProductId(int productId);
}
```

이 예제에서는 ReviewEntityPK 클래스를 사용해 복합 기본 키를 표현했다. ReviewEntityPK 클래스의 구현은 다음과 같다.

```
public class ReviewEntityPK implements Serializable {
  public int productId;
  public int reviewId;
}
```

또한 findByProductId 메서드를 추가해 기본 키의 하나인 productId로 Review 엔티티를 조
회한다. 스프링 데이터가 정의한 이름 지정 규칙에 따라 메서드 이름을 지정하면 스프링 데
이터가 이 메서드의 구현을 알아서 생성한다.

리포지터리를 사용하는 경우에는 리포지터리를 주입한 후 사용하면 된다.

```
private final ReviewRepository repository;

@Autowired
public ReviewService(ReviewRepository repository) {
  this.repository = repository;
}

public void someMethod() {
  repository.save(entity);
  repository.delete(entity);
  repository.findByProductId(productId);
}
```

스프링 데이터는 CrudRepository 인터페이스 외에도 리액티브 리포지터리를 만드는, 리액
티브 기반 인터페이스인 ReactiveCrudRepository를 제공한다. 이 인터페이스의 메서드는 객
체나 객체 집합을 반환하는 대신 **Mono**나 **Flux** 객체를 반환한다. 7장에서 살펴보겠지만,
Mono와 Flux 객체는 이용 가능한 스트림상의 0...1이나 0...m 엔티티를 반환하는 리액티브
스트림이다. 리액티브 기반 인터페이스는 논블로킹 I/O 기반의 리액티브 데이터베이스 드
라이버를 지원하는 스프링 데이터 하위 프로젝트에서만 사용할 수 있다. 스프링 데이터
MongoDB 하위 프로젝트는 리액티브 리포지터리를 지원하지만 스프링 데이터 JPA는 지
원하지 않는다.

MongoDB 엔티티인 RecommendationEntity를 위한 리액티브 리포지터리를 만들려면 다음
과 같이 선언한다.

```
import org.springframework.data.repository.reactive.ReactiveCrudRepository;
import reactor.core.publisher.Flux;

public interface RecommendationRepository extends ReactiveCrudRepository
<RecommendationEntity, String> {
  Flux<RecommendationEntity> findByProductId(int productId);
}
```

지금까지 스프링 데이터를 알아봤다. 이제 스프링 클라우드 스트림을 사용해 메시지 기반 비동기 서비스를 개발하는 방법을 살펴보자.

스프링 클라우드 스트림

스프링 클라우드에 대해서는 2부의 8장부터 14장에 걸쳐 자세히 알아보며, 1부에서는 스프링 클라우드의 모듈 중 하나인 **스프링 클라우드 스트림**만 살펴본다. 스프링 클라우드 스트림은 **게시-구독**publish-subscribe 통합 패턴을 기반으로 하는 메시징 방식의 스트리밍 추상화를 제공한다. 스프링 클라우드 스트림은 현재 아파치 카프카Apache Kafka와 RabbitMQ를 기본 지원한다. 또한, 인기 있는 다른 메시징 시스템과의 통합을 지원하는 프로젝트가 여럿 있다. 자세한 내용은 다음 링크(https://github.com/spring-cloud?q=binder)를 참고한다.

스프링 클라우드 스트림의 핵심 개념은 다음과 같다.

- **메시지**message: 메시징 시스템과 주고받는 데이터를 설명하는 데이터 구조다.

- **게시자**publisher: 메시징 시스템에 메시지를 보낸다. 공급자supplier라고도 한다.

- **구독자**subscriber: 메시징 시스템에서 메시지를 받는다. 소비자consumer라고도 한다.

- **목적지**destination: 메시징 시스템과 통신하는 데 사용한다. 게시자는 출력 목적지를 사용하고 구독자는 입력 목적지를 사용한다. 목적지는 특정 바인더에 의해 기본 메시징 시스템의 대기열queue과 토픽topic에 매핑된다.

- **바인더**binder: 특정 메시징 시스템과의 통합 기능을 제공한다. JDBC 드라이버가 특정 데이터베이스를 지원하는 것과 유사하다.

어떤 메시징 시스템을 사용할지는 런타임에 클래스 패스를 검색한 결과에 따라 결정된다. 스프링 클라우드 스트림에는 메시징 처리 방법에 대한 독자적인 규칙이 있으며, 메시징 기능을 구성해 재정의할 수 있다. 소비자 그룹consumer group, 파티셔닝partitioning, 영속성persistence, 내구성durability 등의 메시징 기능과 오류 처리를 위한 재시도retry, 데드 레터 대기열dead letter queue 등을 재정의할 수 있다.

메시지 송수신에 대한 코드 예제

앞 절에서 설명한 내용을 파악하기 위해 몇 가지 소스 코드 예제를 살펴보자.

스프링 클라우드 스트림은 두 가지 프로그래밍 모델을 제공한다. 하나는 예전에 사용하던 애노테이션(예: @EnableBinding, @Output, @StreamListener) 기반 모델이고, 다른 하나는 함수를 만들어 사용하는 새 모델이다. 이 책에서는 함수를 구현하는 방식을 사용할 것이다.

게시자를 만들려면 함수형 인터페이스functional interface인 java.util.function.Supplier를 스프링 빈으로 구현하면 된다. 다음은 메시지를 문자열string로 게시하는 게시자의 구현 예다.

```
@Bean
public Supplier<String> myPublisher() {
    return () -> new Date().toString();
}
```

구독자를 만들려면 함수형 인터페이스인 java.util.function.Consumer를 구현하는 스프링 빈을 구현하면 된다. 다음은 문자열로 된 메시지를 소비하는 구독자의 구현 예다.

```
@Bean
public Consumer<String> mySubscriber() {
    return s -> System.out.println("ML RECEIVED: " + s);
}
```

메시지 게시 및 소비 양쪽에 관여해 메시지를 처리process하는 스프링 빈을 정의할 수도 있는데, 함수형 인터페이스인 java.util.function.Function을 구현하면 된다. 다음은 들어오는 메시지를 소비하고 해당 메시지를 처리한 다음 게시하는 스프링 빈의 예다. 이 예에서는 모든 메시지가 문자열 유형이다.

```
@Bean
public Function<String, String> myProcessor() {
    return s -> "ML PROCESSED: " + s;
}
```

스프링 클라우드 스트림이 이런 함수를 인식하게 하려면 spring.cloud.function.definition 구성 속성을 사용해야 한다. 예를 들어, 앞서의 세 함수를 인식하게 하려면 다음과 같이 선언하면 된다.

```
spring.cloud.function:
  definition: myPublisher;myProcessor;mySubscriber
```

끝으로 각 함수가 사용할 목적지를 스프링 클라우드 스트림에 알려야 한다. 다음은 프로세서가 게시자의 메시지를 소비하고 구독자가 프로세서의 메시지를 소비하도록 세 함수를 연결하는 구성이다.

```
spring.cloud.stream.bindings:
  myPublisher-out-0:
    destination: myProcessor-in
  myProcessor-in-0:
    destination: myProcessor-in
  myProcessor-out-0:
    destination: myProcessor-out
  mySubscriber-in-0:
    destination: myProcessor-out
```

이렇게 구성하면 다음과 같은 메시지 흐름이 생성된다.

```
myPublisher → myProcessor → mySubscriber
```

스프링 클라우드 스트림은 기본적으로 매초마다 공급자를 트리거한다. 따라서 앞에서 설명한 함수와 구성을 포함한 스프링 부트 애플리케이션을 시작하면 다음과 같은 내용이 출력된다.

```
ML RECEIVED: ML PROCESSED: Wed Jan 06 16:28:30 CET 2021
ML RECEIVED: ML PROCESSED: Wed Jan 06 16:28:31 CET 2021
ML RECEIVED: ML PROCESSED: Wed Jan 06 16:28:32 CET 2021
ML RECEIVED: ML PROCESSED: Wed Jan 06 16:28:33 CET 2021
```

타이머가 아닌 외부 이벤트에 의해 공급자를 트리거해야 하는 경우에는 StreamBridge 헬퍼 클래스^{helper class}를 사용하면 된다. 예를 들어, REST API인 sampleCreateAPI를 호출했을 때 프로세서에 메시지를 게시해야 하는 경우라면 다음과 같이 코드를 작성할 수 있다.

```
@Autowired
private StreamBridge streamBridge;

@PostMapping
void sampleCreateAPI(@RequestBody String body) {
  streamBridge.send("myProcessor-in-0", body);
}
```

지금까지 다양한 스프링 API에 대해 알아봤다. 다음 절에서는 도커와 컨테이너에 대해 알아보자.

▦ 도커

도커와 컨테이너 개념을 깊이 있게 다룰 필요는 없을 것 같다. 도커는 2013년에 가상머신^{virtual machine}을 대체하는 경량 컨테이너 개념을 만들고 일반화했다. 컨테이너는 리눅스 **네임스페이스**^{namespace}를 사용해 사용자, 프로세스, 파일 시스템, 네트워킹 등의 전역 시스템 리소스를 격리해서 여러 컨테이너에 제공하는 리눅스 호스트 프로세스이며, 리눅스 **제어 그룹**^{cgroup, control group}을 사용해 컨테이너가 사용할 수 있는 CPU와 메모리를 제한한다.

하이퍼바이저^{hypervisor}를 사용해 운영체제 전체를 실행하는 가상머신과 비교하면 컨테이너의 구동 오버헤드^{overhead}는 매우 적은 편이다. 따라서 시작 시간이 훨씬 단축되며 CPU와 메모리 사용량 측면의 오버헤드도 크게 줄어든다.

그러나 격리 수준 관점에서 보면 컨테이너의 안전성은 가상머신에 비해 낮다. 마이크로소프트는 윈도우 서버 2016^{Windows Server 2016} 버전부터 도커를 지원한다.

TIP

> 최근 몇 년 사이에 경량 가상머신이라는 새로운 유형이 나타났다. 경량 가상머신은 기존 가상머신과 컨테이너의 장점을 모두 갖고 있는데, 컨테이너와 유사한 설치 공간과 시작 시간을 제공하고 기존 가상머신과 같은 수준의 보안 격리를 제공한다. Amazon Firecracker와 **리눅스용 윈도우 하위 시스템 v2**(WSL 2)이 대표적이다. 자세한 정보는 다음 링크(https://firecracker-microvm.github.io)(https://docs.microsoft.com/en-us/windows/wsl/)를 참고한다.

컨테이너는 개발과 테스트에 매우 유용하다. 공조 마이크로서비스 및 자원 관리자(예: 데이터베이스 서버, 메시징 브로커 등)를 포함한 전체 시스템 환경을, 테스트를 위해 단일 커맨드로 시작할 수 있다는 것은 놀라운 일이다.

마이크로서비스 환경에 대한 종단 간 테스트를 자동화하는 스크립트가 좋은 예다. 테스트 스크립트로 마이크로서비스 환경을 시작하고 공개된 API를 이용해 테스트를 실행한 후 테스트 환경을 중단할 수 있다. 이런 자동 테스트 스크립트가 있으면 저장소로 코드를 푸시해 전달 파이프라인으로 보내기 전에 개발자의 로컬 PC에서 실행해 코드를 검증할 수 있기 때문에 매우 유용하다. 빌드 서버에서는 지속적인 통합 및 배포 프로세스에 이런 자동화 테스트 단계를 추가해서 개발자가 소스 저장소에 코드를 푸시할 때마다 테스트를 실행한다.

WARNING

> 상용 환경에서 사용하려면 쿠버네티스와 같은 컨테이너 오케스트레이터가 필수다. 컨테이너 오케스트레이터와 쿠버네티스는 이 책의 뒷부분에서 설명한다.

이 책에서 살펴볼 대부분의 마이크로서비스는 다음과 같은 **Dockerfile**을 사용해 도커 컨테이너로 실행할 수 있다.

```
FROM openjdk:16

MAINTAINER Magnus Larsson <magnus.larsson.ml@gmail.com>
```

```
EXPOSE 8080
ADD ./build/libs/*.jar app.jar
ENTRYPOINT ["java","-jar","/app.jar"]
```

단일 커맨드로 여러 컨테이너를 시작 및 중지하고 싶다면 **도커 컴포즈**^{Docker Compose}를 사용하는 것이 좋다. 도커 컴포즈는 YAML 파일을 사용해 관리할 컨테이너를 설정한다. 뒤에서 살펴볼 마이크로서비스는 다음과 같이 설정할 수 있다.

```
product:
  build: microservices/product-service

recommendation:
  build: microservices/recommendation-service

review:
  build: microservices/review-service

composite:
  build: microservices/product-composite-service
  ports:
    - "8080:8080"
```

앞의 소스 코드를 설명하면 다음과 같다.

* build 디렉티브로 각 마이크로서비스에 사용할 Dockerfile을 지정한다. 도커 컴포즈는 이 Dockerfile을 사용해 도커 이미지를 빌드하고 만들어진 이미지를 사용해 도커 컨테이너를 시작한다.

* composite 마이크로서비스의 ports 디렉티브는 도커를 실행하는 서버의 8080 포트와 컨테이너의 8080 포트를 매핑한다. 따라서 개발자 컴퓨터에서 localhost:8080에 접속하면 composite 서비스로 연결된다.

다음과 같은 간단한 커맨드로 YAML 파일에 정의한 모든 컨테이너를 관리할 수 있다.

* docker-compose up -d: 모든 컨테이너를 시작한다. 컨테이너를 백그라운드에서 실행하고, 커맨드를 실행한 터미널을 잠그지 않고자 -d 스위치를 사용한다.

- docker-compose down: 모든 컨테이너를 중지하고 제거한다.

- docker-compose logs -f --tail=0: 모든 컨테이너의 로그 메시지를 출력한다. 커맨드를 종료하지 않고 새 로그 메시지를 기다리게 하고자 -f 스위치를 사용하며, 이전 로그 메시지는 생략하고 새 로그 메시만 보고자 --tail=0 스위치를 사용한다.

> **TIP**
>
> 도커 컴포즈 커맨드의 전체 목록은 다음 링크(https://docs.docker.com/compose/reference/)를 참고한다.

지금까지 도커를 간단히 소개했다. 도커에 대해서는 4장에서 더 자세히 설명한다.

⫶ 요약

2장에서는 공조 마이크로서비스 구축에 사용하는 스프링부트와 그 밖의 오픈 소스 도구를 소개했다.

스프링 부트를 사용하면 스프링 프레임워크와 서드파티 라이브러리의 핵심 모듈을 편하게 설정할 수 있어서 마이크로서비스 등의 스프링 기반 상용 애플리케이션을 쉽게 개발할 수 있다. 스프링 웹플럭스를 사용하면 리액티브, 즉 논블로킹 REST API를 노출하는 서비스를 개발할 수 있다. 이런 REST 서비스는 springdoc-openapi를 사용해 OpenAPI 기반으로 문서화할 수 있다. 스프링 데이터는 엔티티와 리포지터리로 영속 데이터에 접근하고 조작하기 위한 우아한 추상화를 제공한다. 프로그래밍 모델이 유사하긴 하지만 여러 데이터베이스 유형(예: 관계형, 문서, 키-값, 그래프 데이터베이스) 사이의 이식성은 없다.

마이크로서비스 간의 비동기 메시지 전송을 선호한다면 메시징 방식의 스트리밍 추상화를 제공하는 스프링 클라우드 스트림을 사용할 수 있다. 스프링 클라우드 스트림은 아파치 카프카와 RabbitMQ를 기본 지원하며, 다른 메시징 브로커를 지원하도록 사용자 정의 바인더를 사용해 확장할 수 있다. 끝으로 도커는 가상머신을 대체하는 경량 컨테이너 도구다. 컨테이너는 리눅스 네임스페이스와 제어 그룹을 기반으로 종래의 가상머신과 유사한 격리 기능을 제공하며, CPU와 메모리 사용 측면의 오버헤드를 크게 줄인다.

3장에서는 스프링 부트와 스프링 웹플럭스를 사용해 필수 기능만 가진 마이크로서비스를 개발해본다.

질문

1. @SpringBootApplication 애노테이션이 제공하는 기능은 무엇인가?

2. REST 서비스 개발을 위한 컴포넌트인 스프링 웹 MVC와 스프링 웹플럭스의 주요 차이점은 무엇인가?

3. springdoc-openapi를 사용해 REST API를 문서화했을 때의 장점은 무엇인가?

4. 스프링 데이터의 리포지터리가 제공하는 기능은 무엇이며, 가장 단순한 리포지터리 구현은 무엇인가?

5. 스프링 클라우드 스트림의 바인더가 제공하는 기능은 무엇인가?

6. 도커 컴포즈가 제공하는 기능은 무엇인가?

03

공조 마이크로서비스 집합 생성

3장에서는 몇 가지 마이크로서비스를 만들면서, 기능을 최소화한 공조 마이크로서비스를 만드는 방법을 배운다. 이후의 장들에서는 마이크로서비스에 점점 더 많은 기능을 추가할 것이다. 3장을 마치면 복합 마이크로서비스의 RESTful API를 사용할 수 있다. 복합 마이크로서비스는 다른 마이크로서비스 3개의 RESTful API를 호출해서 집계한 결과를 반환한다.

3장에서는 다음과 같은 내용을 다룬다.

- 마이크로서비스 환경 소개

- 골격 마이크로서비스 생성

- RESTful API 추가

- 복합 마이크로서비스 추가

- 예외 처리 추가

- API 수동 테스트

- 자동화된 마이크로서비스 테스트

- 반자동화된 마이크로서비스 환경 테스트

기술 요구 사항

이 책에서 사용하는 도구의 설치 방법과 이 책의 소스 코드를 다운로드하는 방법은 다음을 참고한다.

- 21장, 맥OS용 설치 지침

- 22장, 윈도우용 설치 지침

3장의 모든 소스 코드 예제는 $BOOK_HOME/Chapter03 폴더에 있다.

도구와 소스 코드를 갖췄다면 이제 3장에서 만들 마이크로서비스의 시스템 환경에 대해 알아볼 차례다.

마이크로서비스 환경 소개

1장에서는 이 책 전반에서 사용할 마이크로서비스 기반의 시스템 환경을 간략하게 소개했다.

그림 3.1 마이크로서비스 환경

시스템 환경은 복합 서비스인 **product composite**와 핵심 서비스인 **product**, **review**, **recommendation**으로 구성된다. 세 가지 핵심 서비스는 각기 하나의 자원 유형을 담당하며, 복합 마이크로서비스인 product composite 서비스는 세 가지 핵심 서비스의 정보를 집계한다.

마이크로서비스가 처리하는 정보

이 책의 코드 예제는 쉽게 이해할 수 있도록 비즈니스 로직을 최소화했다. 같은 이유로, 비즈니스 로직을 처리할 때 사용하는 정보 모델 또한 최소화했다. 이 절에서는 인프라 관련 정보를 포함해 각 마이크로서비스가 처리하는 정보를 살펴본다.

product 서비스

product 서비스는 제품 정보를 관리한다. 제품 정보의 속성은 다음과 같다.

- 제품 ID^product ID
- 이름^name
- 무게^weight

review 서비스

review 서비스는 리뷰 정보를 관리한다. 리뷰 정보의 속성은 다음과 같다.

- 제품 ID
- 검토 ID^review ID
- 작성자^author
- 제목^subject
- 콘텐츠^content

recommendation 서비스

recommendation 서비스는 추천 정보를 관리한다. 추천 정보의 속성은 다음과 같다.

- 제품 ID

- 추천 ID^{recommendation ID}

- 작성자

- 평점^{rate}

- 콘텐츠

product composite 서비스

product composite 서비스는 핵심 서비스에서 수집한 제품 관련 정보를 제공한다.

- 제품 정보(product 서비스에서 가져옴)

- 특정 제품의 리뷰 목록(review 서비스에서 가져옴)

- 특정 제품의 추천 목록(recommendation 서비스에서 가져옴)

인프라 관련 정보

마이크로서비스는 이를 관리하는 인프라^{infrastructure}(예: 도커, 쿠버네티스)에서 컨테이너로 실행되므로 어떤 컨테이너가 사용자의 요청에 응답하는지 추적할 수 있어야 한다. 이를 위해 모든 응답에는 hostname/ip-address:port 형식의 serviceAddress 속성을 추가한다.

> **TIP**
>
> 18장과 19장에서는 마이크로서비스에서 처리하는 요청을 추적하는 보다 강력한 솔루션에 대해 학습한다.

임시로 검색 서비스 대체

현 단계에서는 서비스 검색 메커니즘이 없다. 따라서 각 마이크로서비스의 포트 번호를 직접 지정해 localhost에서 모든 마이크로서비스를 실행한다. 포트 번호는 다음과 같다.

- product composite 서비스: 7000

- product 서비스: 7001

- review 서비스: 7002

- recommendation 서비스: 7003

TIP

> 나중에 도커나 쿠버네티스를 사용하게 되면 하드 코딩한 포트 번호를 제거할 것이다.

이 절에서는 우리가 만들 마이크로서비스와 마이크로서비스가 처리하는 정보에 대해 알아봤다. 다음 절에서는 스프링 이니셜라이저Spring Initializr로 마이크로서비스용 골격 코드를 생성한다.

⋮⋮ 골격 마이크로서비스 생성

이제 마이크로서비스를 위한 프로젝트를 만들어보자. 이 절의 최종 결과는 $BOOK_HOME/Chapter03/1-spring-init 폴더에 있다. 프로젝트를 쉽게 설정하고자 **스프링 이니셜라이저**를 사용해 각 마이크로서비스를 위한 골격 프로젝트를 생성한다. 골격 프로젝트 안에는 마이크로서비스를 위한 프로젝트 빌드 파일, 빈 main 클래스, 테스트 클래스가 있다. 프로젝트를 생성한 다음에는 그래들의 멀티 프로젝트 빌드multi-project build를 이용해 전체 마이크로서비스를 하나의 커맨드로 빌드하는 방법을 살펴본다.

스프링 이니셜라이저로 골격 코드 생성

스프링 이니셜라이저라는 도구로 골격 코드를 생성해 마이크로서비스 개발을 시작한다. 스프링 이니셜라이저는 스프링 팀에서 제공하는 도구로 새 스프링 부트 애플리케이션을 구성하고 생성할 때 사용한다. 개발자는 이 도구를 사용해서 애플리케이션에서 사용할 스프링 모듈을 간편하게 선택하고 선택한 모듈과 호환되는 버전을 사용하도록 의존성을 구성할 수 있다. 스프링 이니셜라이저는 자바, 코틀린^{Kotlin}, 그루비^{Groovy} 소스 코드를 생성할 수 있으며 메이븐^{Maven} 및 그래들^{Gradle} 빌드 시스템을 지원한다.

스프링 이니셜라이저를 사용하려면 웹 브라우저로 다음 링크(https://start.spring.io/)에 접속하거나 커맨드라인 도구로 spring init 커맨드를 실행하면 된다. 여기에서는 쉽게 마이크로서비스를 재작성하고자 커맨드라인 도구를 사용한다.

다음과 같은 사항을 감안해 마이크로서비스를 위한 스프링 부트 프로젝트를 생성한다.

- 빌드 도구로 그래들 사용

- 자바 8과 호환되는 코드 생성

- 팻 JAR로 프로젝트 패키징

- Actuator 모듈과 WebFlux 모듈 의존성 추가

- 스프링 부트 v2.5.2(스프링 프레임워크 v5.3.8에 의존) 버전 기반

WARNING

> **스프링 부트 액추에이터(Spring Boot Actuator)**는 관리 및 모니터링에 유용한 여러 가지 엔드포인트를 지원한다. 뒤에서 이런 엔드포인트를 사용해볼 것이다. **스프링 웹플럭스**는 RESTful API를 생성하고자 사용한다.

다음 커맨드로 product-service 마이크로서비스용 골격 코드를 생성한다.

```
spring init \
--boot-version=2.5.2 \
--build=gradle \
```

```
--java-version=1.8 \
--packaging=jar \
--name=product-service \
--package-name=se.magnus.microservices.core.product \
--groupId=se.magnus.microservices.core.product \
--dependencies=actuator,webflux \
--version=1.0.0-SNAPSHOT \
product-service
```

TIP

spring help init 커맨드를 실행하면 spring init CLI의 도움말을 볼 수 있다. 추가할 수 있는 의존성의 목록
은 spring init ─list 커맨드로 확인한다.

깃허브 저장소의 소스를 사용하지 않고 직접 프로젝트를 생성하려면 다음과 같이 $BOOK_
HOME/Chapter03/1-spring-init/create-projects.bash 스크립트를 실행한다.

```
mkdir some-temp-folder
cd some-temp-folder
$BOOK_HOME/Chapter03/1-spring-init/create-projects.bash
```

create-projects.bash로 프로젝트를 생성했을 때의 폴더 구조는 다음과 같다.

```
microservices/
 ├── product-composite-service
 ├── product-service
 ├── recommendation-service
 └── review-service
```

각 프로젝트에 생성된 파일을 확인해보자. product-service 프로젝트는 다음 커맨드로 확인
할 수 있다.

```
find microservices/product-service -type f
```

실행 결과는 다음과 같다.

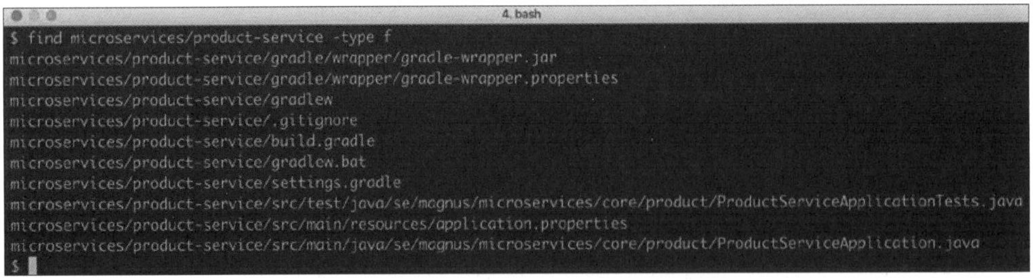

그림 3.2 product-service 프로젝트의 파일 목록

스프링 이니셜라이저는 그래들 파일 여럿과 .gitignore 파일, 스프링 부트 파일 3개를 생성한다.

- ProductServiceApplication.java: 메인 애플리케이션 클래스

- application.properties: 빈 속성 파일

- ProductServiceApplicationTests.java: 제이유닛^{JUnit}을 사용해 스프링 부트 애플리케이션을 테스트하도록 구성된 테스트 클래스

메인 애플리케이션 클래스(ProductServiceApplication.java)는 2장의 '@SpringBootApplication 애노테이션' 절에서 본 것과 유사하다.

```
package se.magnus.microservices.core.product;

@SpringBootApplication
public class ProductServiceApplication {

  public static void main(String[] args) {
    SpringApplication.run(ProductServiceApplication.class, args);
  }
}
```

테스트 클래스는 다음과 같다.

```
package se.magnus.microservices.core.product;
```

```
@SpringBootTest
class ProductServiceApplicationTests {

  @Test
  void contextLoads() {
  }
}
```

@SpringBootTest 애노테이션은 2장에서 설명한 @SpringBootApplication과 같은 방식으로
시작 시점에 애플리케이션을 초기화한다. 즉 테스트 실행 전에 컴포넌트 검색 및 자동 구성
을 사용해 스프링 애플리케이션 콘텍스트를 설정한다.

가장 중요한 그래들 파일인 build.gradle을 살펴보자. 이 파일에는 의존성을 해결하고 소스
코드를 컴파일, 테스트, 패키징하는 등의 프로젝트 빌드 방법이 기술돼 있다. 파일의 앞부
분에는 적용할 플러그인 목록이 선언돼 있다.

```
plugins {
   id 'org.springframework.boot' version '2.5.2'
   id 'io.spring.dependency-management' version '1.0.11.RELEASE'
   id 'java'
}
```

각 플러그인의 사용 목적은 다음과 같다.

- java 플러그인은 프로젝트에 자바 컴파일러를 추가한다.

- org.springframework.boot 플러그인은 그래들의 팻 JAR 파일 빌드를 지원한다.
  io.spring.dependency-management 플러그인은 스프링 부트 스타터의 의존성을 관리한다.
  즉 명시적으로 버전 번호를 지정하지 않아도 org.springframework.boot 플러그인의 버전
  (2.5.2)을 참고해 의존성을 관리한다.

빌드 파일의 뒷부분에는 프로젝트의 그룹group 이름과 버전, 자바 버전, 의존성이 선언돼
있다.

```
group = 'se.magnus.microservices.composite.product'
version = '1.0.0-SNAPSHOT'
sourceCompatibility = 1.8

repositories {
  mavenCentral()
}

dependencies {
  implementation('org.springframework.boot:spring-boot-starter-actuator')
  implementation('org.springframework.boot:spring-boot-starter-webflux')
  testImplementation('org.springframework.boot:spring-boot-starter-test')
  testImplementation('io.projectreactor:reactor-test')
}
test {
  useJUnitPlatform()
}
```

의존성과 파일 끝의 test 선언에 대해 설명하면 다음과 같다.

- 의존성은 앞의 플러그인과 마찬가지로 중앙 메이븐 저장소에서 가져온다.

- Actuator 모듈과 WebFlux 모듈, 유용한 테스트 모듈 몇 가지에 대한 의존성을 선언했다.

- 끝으로 그래들 빌드에서 테스트를 실행하도록 제이유닛 의존성을 추가했다.

다음 커맨드로 각 마이크로서비스를 따로 빌드할 수 있다.

```
cd microservices/product-composite-service;  ./gradlew build; cd -; \
cd microservices/product-service;            ./gradlew build; cd -; \
cd microservices/recommendation-service;     ./gradlew build; cd -; \
cd microservices/review-service;             ./gradlew build; cd -;
```

TIP

스프링 이니셜라이저가 생성한 gradlew 실행 파일을 사용하면 그래들을 설치하지 않아도 된다.

gradlew를 처음 실행하면 자동으로 그래들을 다운로드한다. 사용할 그래들 버전은 gradle/wrapper/gradle-wrapper.properties 파일의 distributionUrl 속성에 의해 결정된다.

그래들에 멀티 프로젝트 빌드 설정

그래들에 멀티 프로젝트 빌드를 설정하면 전체 마이크로서비스를 하나의 커맨드로 빌드할 수 있다. 다음 단계를 수행한다.

1. 먼저 settings.gradle 파일을 생성하고 그래들이 빌드할 프로젝트를 입력한다.

```
cat <<EOF > settings.gradle
include ':microservices:product-service'
include ':microservices:review-service'
include ':microservices:recommendation-service'
include ':microservices:product-composite-service'
EOF
```

2. product-service 프로젝트에서 그래들 실행 파일을 복사한다. 복사한 파일은 멀티 프로젝트 빌드에서 재사용한다.

```
cp -r microservices/product-service/gradle .
cp microservices/product-service/gradlew .
cp microservices/product-service/gradlew.bat .
cp microservices/product-service/.gitignore .
```

3. 이제 각 프로젝트에서는 그래들 실행 파일이 필요 없으므로 다음 커맨드로 제거한다.

```
find microservices -depth -name "gradle" -exec rm -rfv "{}" \;
find microservices -depth -name "gradlew*" -exec rm -fv "{}" \;
```

설정 결과는 $BOOK_HOME/Chapter03/1-spring-init 폴더의 코드와 비슷해야 한다.

4. 이제 하나의 커맨드로 전체 마이크로서비스를 빌드할 수 있다.

```
./gradlew build
```

앞의 단계를 수행하지 않았다면 다운로드한 코드를 빌드한다.

```
cd $BOOK_HOME/Chapter03/1-spring-init

./gradlew build
```

실행 결과는 다음과 같다.

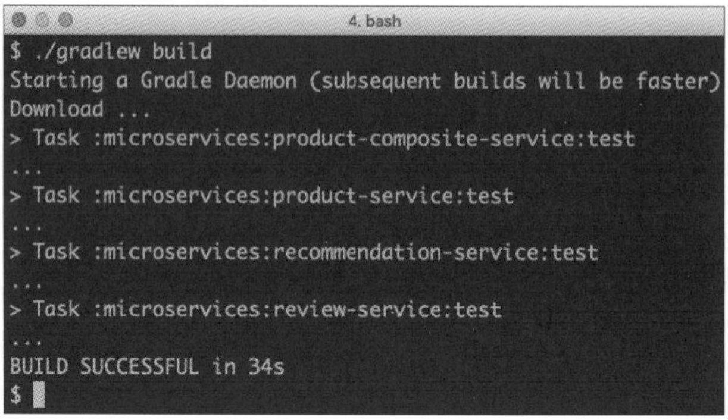

그림 3.3 전체 마이크로서비스의 빌드 결과

이 절에서는 스프링 이니셜라이저로 각 마이크로서비스를 위한 골격 프로젝트를 생성한 후 그래들로 빌드했다. 다음 절에서는 마이크로서비스에 코드를 추가해보자.

WARNING

> 데브옵스(DevOps) 관점에서 보면 멀티 프로젝트 설정은 바람직하지 않다. 대신, 각 마이크로서비스가 자체 적인 빌드 및 릴리스 주기를 갖도록 프로젝트별로 빌드 파이프라인을 설정하는 것이 좋다. 이 책에서는 손 쉽게 전체 시스템 환경을 하나의 커맨드로 구축하고 배포하고자 멀티 프로젝트 설정을 사용한다.

RESTful API 추가

마이크로서비스를 위한 프로젝트의 설정을 마쳤으므로 이제 세 가지 핵심 마이크로서비스에 RESTful API를 추가해보자.

이 절과 나머지 절을 진행하면서 나온 최종 결과는 $BOOK_HOME/Chapter03/2-basic-rest-services 폴더에 있다.

먼저 모든 마이크로서비스 프로젝트가 공유하는 코드를 가진 api, util 프로젝트를 추가한다. 그런 다음 RESTful API를 구현하자.

api 프로젝트와 util 프로젝트 추가

다음 단계를 수행해 api 프로젝트를 추가한다.

1. 먼저 API 정의를 배치할 별도의 그래들 프로젝트를 생성한다. RESTful API를 설명하는 자바 인터페이스와 API 요청 및 응답에 사용할 데이터를 정의하는 모델 클래스를 작성한다. API에서 반환할 수 있는 오류 유형을 설명하는 여러 개의 예외 클래스도 정의한다. 자바 클래스를 직접 사용하지 않고, 자바 인터페이스로 RESTful API를 설명하는 것은 API 정의를 구현에서 분리하는 좋은 방법이다. 나중에 OpenAPI 사양을 사용해 더 많은 API 정보를 자바 인터페이스에 추가할 때 이 패턴을 확장할 것이다. 자세한 내용은 5장을 참고한다.

   > **WARNING**
   >
   > 여러 마이크로서비스가 사용하는 API의 정의를 공통 API 모듈에 두는 것이 좋은 관례인지는 논란의 여지가 있다. 이는 잠재적으로 마이크로서비스 간에 원치 않는 종속성을 추가할 수 있으며, 그 결과 일체형 애플리케이션의 특성인 복잡하고 느린 개발 프로세스를 유발할 수 있다. 내 관점에서는 마이크로서비스와 공통 API 모듈의 릴리스를 한 전달 조직에서 모두 관리하는 경우에 좋은 선택이다. **도메인 주도 설계**의 **경계가 있는 콘텍스트** 개념에 맞춰보면 우리의 마이크로서비스는 하나의 경계가 있는 콘텍스트 안에 있기 때문이다. 1장에서 언급했듯이 같은 경계가 있는 콘텍스트 안의 마이크로서비스는 공통 정보 모델을 기반으로 API를 정의해야 한다. 따라서 이런 API 정의를 같은 API 모듈에 저장하더라도 의도하지 않은 종속성이 추가되지는 않는다.

2. 다음으로는 전체 마이크로서비스가 공유하는 헬퍼 클래스를 배치할 util 프로젝트를 만든다.

   > **WARNING**
   >
   > 데브옵스 관점에서 보면 모든 프로젝트를 각자의 빌드 파이프라인에서 빌드하고, 각 마이크로서비스가 사용할 api 및 util 프로젝트의 버전을 선택하도록 api 및 util 프로젝트에 대한 버전 제어 의존성을 갖게 하는 것이 바람직하다. 이 책에서는 빌드와 배포 단계를 단순하게 유지하고자 api와 util 프로젝트를 멀티 프로젝트 빌드에 포함시킨다.

API 프로젝트

api 프로젝트는 메인 애플리케이션 없이 라이브러리로만 구성된다. 아쉽게도 스프링 이니셜라이저는 라이브러리 프로젝트 생성을 지원하지 않으므로 수동으로 라이브러리 프로젝트를 만들어야 한다. api 프로젝트의 소스 코드는 $BOOK_HOME/Chapter03/2-basic-rest-services/api 폴더에 있다.

라이브러리 프로젝트의 구조는 메인 애플리케이션 클래스가 없고 build.gradle 파일이 약간 다르다는 점만 빼면 애플리케이션 프로젝트와 동일하다. org.springframework.boot 그래들 플러그인은 implementation platform 항목으로 대체했다.

```
ext {
  springBootVersion = '2.5.2'
}
dependencies {
  implementation platform("org.springframework.boot:spring-boot-dependencies:
${springBootVersion}")
```

앞의 설정 때문에 프로젝트 클래스와 속성 파일만 담고 있는 일반 JAR 파일을 팻 JAR 파일로 대체하는 빌드 단계에서 스프링 부트 의존성이 유지된다.

api 프로젝트의 자바 파일은 다음과 같다.

```
$BOOK_HOME/Chapter03/2-basic-rest-services/api/src/main/java/se/magnus/api/core
├── product
│   ├── Product.java
│   └── ProductService.java
├── recommendation
│   ├── Recommendation.java
│   └── RecommendationService.java
└── review
    ├── Review.java
    └── ReviewService.java
```

자바 클래스 구조가 세 가지 핵심 마이크로서비스와 매우 유사하므로 product 서비스의 소스 코드만 살펴보자.

자바 인터페이스인 ProductService.java의 코드는 다음과 같다.

```
package se.magnus.api.core.product;

public interface ProductService {

  @GetMapping(
    value = "/product/{productId}",
    produces = "application/json")
  Product getProduct(@PathVariable int productId);
}
```

이 자바 인터페이스에 대해 설명하면 다음과 같다.

- product 서비스는 getProduct() API 메서드 하나만 공개한다. 6장에서 API를 확장할 예정이다.

- HTTP GET 요청에 메서드를 매핑하고자 @GetMapping 스프링 애노테이션을 사용한다. URL 경로 /product/{productId}에 메서드를 매핑했고, 응답 형식을 JSON으로 지정했다.

- URL 경로의 {productId}에는 경로 변수 productId가 매핑된다.

- 메서드 매개 변수 productId에는 HTTP 요청으로 전달된 값을 매개 변수에 매핑하는 @PathVariable 애노테이션이 붙어 있다. 예를 들어, /product/123에 HTTP GET 요청을 보내면 productId 매개 변수를 123으로 설정해 getProduct() 메서드를 호출한다.

이 메서드는 일반 POJO 기반 모델 클래스인 Product 객체를 반환한다. Product 객체의 멤버 변수는 앞에서 설명한 제품 정보 속성과 일치한다. Product.java 파일의 내용은 다음과 같다. 생성자와 접근자는 생략했다.

```
public class Product {
  private final int productId;
  private final String name;
  private final int weight;
  private final String serviceAddress;
}
```

util 프로젝트

util 프로젝트는 api 프로젝트와 같은 방식을 따라 라이브러리로 패키징된다. util 프로젝트의 소스 코드는 $BOOK_HOME/Chapter03/2-basic-rest-services/util에 있다. util 프로젝트에는 유틸리티 클래스인 GlobalControllerExceptionHandler, HttpErrorInfo, ServiceUtil이 있다.

GlobalControllerExceptionHandler와 HttpErrorInfo는 재사용 가능한 유틸리티 클래스로 자바 예외를 적절한 HTTP 상태 코드와 매핑한다. 예외 처리 추가 절에서 살펴볼 예정이다. ServiceUtil.java의 핵심 기능은 마이크로서비스의 호스트 이름, IP 주소, 포트를 검색하는 것이다. ServiceUtil.java 클래스의 getServiceAddress() 메서드를 사용해 '인프라 관련 정보' 절에서 설명한 마이크로서비스의 호스트 이름, IP 주소, 포트를 검색할 수 있다.

API 구현

이제 핵심 마이크로서비스의 API를 구현해보자.

세 가지 핵심 마이크로서비스의 구현은 매우 비슷하므로 product 서비스의 소스 코드만 살펴본다. 그 밖의 파일은 $BOOK_HOME/Chapter03/2-basic-rest-services/microservices 폴더에 있다. product 서비스를 구현해보자.

1. product-service 프로젝트의 build.gradle 파일에 있는 의존성 항목에 api 및 util 프로젝트를 추가한다.

```
dependencies {
  implementation project(':api')
  implementation project(':util')
```

2. 스프링 부트의 자동 구성 기능이 동작해 api 및 util 프로젝트의 스프링 빈을 감지하도록 메인 애플리케이션 클래스에 @ComponentScan 애노테이션을 추가한다. 이렇게 하면 api 및 util 프로젝트 패키지가 구성에 포함된다.

```java
@SpringBootApplication
@ComponentScan("se.magnus")
public class ProductServiceApplication {
```

3. ProductService 인터페이스를 구현하는 ProductServiceImpl.java를 생성하고, 인터페이스에 정의한 URL 경로로 요청이 오면 호출되도록 @RestController 애노테이션을 붙인다.

```java
package se.magnus.microservices.core.product.services;

@RestController
public class ProductServiceImpl implements ProductService {
}
```

4. 생성자를 이용해 util 프로젝트의 ServiceUtil 클래스를 주입한다.

```java
private final ServiceUtil serviceUtil;

@Autowired
public ProductServiceImpl(ServiceUtil serviceUtil) {
  this.serviceUtil = serviceUtil;
}
```

5. ProductService 인터페이스의 getProduct() 메서드를 재정의해 API를 구현한다.

```java
@Override
public Product getProduct(int productId) {

  return new Product(productId, "name-" + productId, 123, serviceUtil.
getServiceAddress());
}
```

아직 데이터베이스가 없으므로 ServiceUtil 클래스에서 받은 서비스 주소와 인자로 들어온 productId를 이용해서 하드 코딩한 응답을 반환한다.

로깅 및 예외 처리를 포함한 최종 결과는 ProductServiceImpl.java 파일을 참고한다.

6. 포트 번호 및 로깅 수준과 같은 런타임 속성을 설정한다. application.yml 속성 파일에 다음 내용을 추가한다.

```
server.port: 7001

logging:
  level:
    root: INFO
    se.magnus.microservices: DEBUG
```

TIP

스프링 이니셜라이저가 생성하는 application.properties 파일은 YAML 파일인 application.yml로 대체됐다. YAML 파일을 사용하면 .properties 파일에 비해 손쉽게 관련 속성을 그룹화할 수 있다. 위의 로그 레벨 설정을 참고한다.

7. product 서비스를 직접 실행해보자. 다음 커맨드로 마이크로서비스를 빌드하고 시작한다.

```
cd $BOOK_HOME/Chapter03/2-basic-rest-services
./gradlew build
java -jar microservices/product-service/build/libs/*.jar &
```

터미널에 다음과 같은 내용이 출력될 때까지 기다린다.

그림 3.4 ProductServiceApplication 실행

8. product 서비스를 호출해 테스트한다.

```
curl http://localhost:7001/product/123
```

실행 결과는 다음과 같다.

```
                                    4. bash
$ curl http://localhost:7001/product/123
{"productId":123,"name":"name-123","weight":123,"serviceAddress":"Magnus-MBP32.local/192.168.1.185:7001"}
$
```

그림 3.5 테스트 실행 결과

9. 끝으로 product 서비스를 중지한다.

```
kill $(jobs -p)
```

이 절에서는 처음으로 마이크로서비스를 빌드하고 실행 및 테스트해봤다. 다음 절에서는
지금까지 만든 세 가지 핵심 마이크로서비스를 이용해 복합 마이크로서비스를 구현한다.

TIP

스프링 부트 v2.5.0부터는 ./gradlew build 커맨드를 실행했을 때 jar 파일이 2개 생성된다. 기존 jar 파일
과 스프링 부트 애플리케이션에서 자바 파일을 컴파일해 생성한 클래스 파일만 들어 있는 일반 jar 파일이
다. 다음과 같이 와일드카드로 기존 jar 파일을 참조하는 커맨드를 사용해 스프링 부트 애플리케이션을 실행
하려면 필요 없는 새 일반 jar 파일의 생성을 비활성화해야 한다.

```
java -jar microservices/product-service/build/ libs/*.jar
```

새 일반 jar 파일의 생성을 비활성화하기 위해 각 마이크로서비스의 build.gradle 파일에 다음 행을 추가한다.

```
jar {
  enabled = false
}
```

자세한 내용은 다음 링크(https://docs.spring.io/spring-boot/docs/2.5.2/gradle-plugin/reference/
htmlsingle/#packaging-executable.and-plain-archives)를 참고한다.

⠿ 복합 마이크로서비스 추가

이제 세 가지 핵심 서비스를 호출하는 복합 서비스를 추가해 여러 마이크로서비스를 하나로 묶어보자.

복합 서비스의 구현은 핵심 서비스로의 발신 요청을 처리하는 통합 컴포넌트와 복합 서비스 자체 구현의 두 부분으로 나뉜다. 책임을 이렇게 나누는 것은 단위 테스트와 통합 테스트를 간편하게 자동화하고 통합 컴포넌트를 모의 객체^{mock}로 대체해 개별적으로 서비스 구현을 테스트하기 위해서다.

> **TIP**
>
> 뒤에서 살펴보겠지만, 책임을 분담하면 서킷 브레이커를 쉽게 도입할 수 있다.

두 컴포넌트의 소스 코드를 살펴보기 전에 복합 마이크로서비스가 사용할 API 클래스를 살펴보고 런타임 속성을 사용해 핵심 마이크로서비스의 주소 정보를 유지하는 방법을 알아보자.

통합 컴포넌트와 복합 서비스의 전체 구현은 se.magnus.microservices.composite.product. services 패키지에 있다.

API 클래스

이 절에서는 $BOOK_HOME/Chapter03/2-basic-rest-services/api 폴더에 있는, 복합 컴포넌트의 API를 설명하는 클래스를 살펴본다. 다음과 같은 API 클래스가 있다.

```
$BOOK_HOME/Chapter03/2-basic-rest-services/api
└── src/main/java/se/magnus/api/composite
    └── product
        ├── ProductAggregate.java
        ├── ProductCompositeService.java
        ├── RecommendationSummary.java
        ├── ReviewSummary.java
        └── ServiceAddresses.java
```

자바 인터페이스 ProductCompositeService.java는 핵심 서비스에서 사용하는 것과 동일한 패턴을 따른다. 소스 코드는 다음과 같다.

```java
package se.magnus.api.composite.product;

public interface ProductCompositeService {

  @GetMapping(
      value = "/product-composite/{productId}",
      produces = "application/json")
  ProductAggregate getProduct(@PathVariable int productId);
}
```

모델 클래스 ProductAggregate.java는 추천 목록과 리뷰 목록 필드가 있어서 핵심 모델보다 복잡하다.

```java
package se.magnus.api.composite.product;

public class ProductAggregate {
  private final int productId;
  private final String name;
  private final int weight;
  private final List<RecommendationSummary> recommendations;
  private final List<ReviewSummary> reviews;
  private final ServiceAddresses serviceAddresses;
```

나머지 API 클래스는 일반 POJO 기반 모델 객체로 핵심 API 모델 객체와 구조가 같다.

속성

복합 마이크로서비스의 소스 코드에 핵심 서비스의 주소 정보를 하드 코딩하지 않고자 핵심 서비스의 주소 정보를 속성 파일에 저장한다. 속성 파일인 application.yml의 내용은 다음과 같다.

```
server.port: 7000

app:
  product-service:
    host: localhost
    port: 7001
  recommendation-service:
    host: localhost
    port: 7002
  review-service:
    host: localhost
    port: 7003
```

앞서 언급했듯이 이런 구성은 나중에 서비스 검색 메커니즘으로 대체된다.

통합 컴포넌트

이제 복합 마이크로서비스의 첫 부분이자 통합 컴포넌트인 ProductCompositeIntegration.
java를 살펴보자. 이 클래스는 @Component 애노테이션을 사용해 스프링 빈으로 선언돼 있으
며, 세 가지 핵심 서비스의 API 인터페이스를 구현하고 있다.

```
package se.magnus.microservices.composite.product.services;

@Component
public class ProductCompositeIntegration implements ProductService,
RecommendationService, ReviewService {
```

통합 컴포넌트는 스프링 프레임워크에서 제공하는 헬퍼 클래스인 RestTemplate.java를 사
용해 핵심 마이크로서비스에 HTTP 요청을 보낸다. 먼저 RestTemplate.java를 구성한 후에
통합 컴포넌트에 주입해야 한다. 메인 애플리케이션 클래스인 ProductCompositeService
Application.java에 다음 코드를 추가한다.

```
@Bean
RestTemplate restTemplate() {
  return new RestTemplate();
}
```

RestTemplate은 다양하게 구성할 수 있지만 지금은 기본값을 사용한다.

TIP

> 2장의 '스프링 웹플럭스' 절에서 리액티브 HTTP 클라이언트인 WebClient를 소개했다. 3장에서
> RestTemplate 대신 WebClient를 사용하려면 API 프로젝트의 RESTful API 선언과 복합 마이크로서비스
> 의 소스 코드를 포함해 WebClient를 사용하는 모든 소스 코드가 리액티브해야 한다. 리액티브 프로그래밍
> 모델을 따르도록 마이크로서비스 구현을 변경하는 방법은 7장에서 배우며, RestTemplate 헬퍼 클래스를
> WebClient 클래스로 교체하는 것은 이런 변경의 일환이다. 따라서 리액티브 개발에 대해 배우기 전까지는
> RestTemplate 클래스를 사용한다.

이제 오류가 발생했을 때 오류 메시지에 접근하고자 사용하는 JSON 매퍼와 속성 파일에
정의한 구성 값과 함께 RestTemplate을 통합 컴포넌트에 주입할 수 있다. 주입 과정을 살펴
보자.

1. 객체와 구성 값은 다음과 같이 생성자에 주입된다.

```
private final RestTemplate restTemplate;
private final ObjectMapper mapper;

private final String productServiceUrl;
private final String recommendationServiceUrl;
private final String reviewServiceUrl;

@Autowired
public ProductCompositeIntegration(
  RestTemplate restTemplate,
  ObjectMapper mapper,

  @Value("${app.product-service.host}")
  String productServiceHost,

  @Value("${app.product-service.port}")
  int productServicePort,

  @Value("${app.recommendation-service.host}")
  String recommendationServiceHost,

  @Value("${app.recommendation-service.port}")
  int recommendationServicePort,
```

```
    @Value("${app.review-service.host}")
    String reviewServiceHost,

    @Value("${app.review-service.port}")
    int reviewServicePort
)
```

2. 생성자 구현 코드에서는 다음과 같이 주입된 객체를 할당하고 주입된 값을 이용해 URL 을 구성한다.

```
{
  this.restTemplate = restTemplate;
  this.mapper = mapper;

  productServiceUrl = "http://" + productServiceHost + ":" + productServicePort
+ "/product/";
  recommendationServiceUrl = "http://" + recommendationServiceHost + ":" +
recommendationServicePort + "/recommendation? productId=";
  reviewServiceUrl = "http://" + reviewServiceHost + ":" + reviewServicePort
+ "/review?productId=";
}
```

3. 끝으로 통합 컴포넌트에 RestTemplate으로 세 가지 핵심 서비스를 호출하는 API 메서드 를 구현한다.

```
public Product getProduct(int productId) {
  String url = productServiceUrl + productId;
  Product product = restTemplate.getForObject(url, Product.class);
  return product;
}

public List<Recommendation> getRecommendations(int productId) {
  String url = recommendationServiceUrl + productId;
  List<Recommendation> recommendations =
  restTemplate.exchange(url, GET, null, new
  ParameterizedTypeReference<List<Recommendation>>(){}).getBody();
  return recommendations;
}
```

```
public List<Review> getReviews(int productId) {
  String url = reviewServiceUrl + productId;
  List<Review> reviews = restTemplate.exchange(url, GET, null,
  new ParameterizedTypeReference<List<Review>>() {}).getBody();
  return reviews;
}
```

다음은 메서드 구현과 관련해 참고할 만한 사항 몇 가지다.

1. getProduct() 메서드는 RestTemplate의 getForObject() 메서드를 사용해 구현했다. getForObject() 메서드를 호출할 때 Product.class를 JSON 응답을 매핑할 클래스로 지정했기 때문에 Product 객체를 반환하게 된다.

2. getRecommendations() 메서드와 getReviews() 메서드는 RestTemplate의 exchange() 메서드를 사용해 구현했다. exchange() 메서드를 사용하는 이유는 JSON 응답을 RestTemplate에서 지정한 모델 클래스로 자동 매핑하기 때문이다. getRecommendations() 메서드와 getReviews() 메서드는 제네릭 리스트 객체를 반환해야 한다. 즉 List<Recommendation>과 List<Review>를 반환한다. 제네릭은 런타임에 유형 정보를 갖지 않으므로 메서드의 반환 값으로 제네릭 리스트를 지정할 수 없다. 대신 이런 문제를 해결하고자 런타임에 유형 정보를 유지하도록 설계된 헬퍼 클래스(ParameterizedTypeReference)를 사용할 수 있다. 즉 이 클래스를 사용하면 RestTemplate이 JSON 응답을 매핑할 클래스를 파악할 수 있다. getForObject() 메서드로는 이 헬퍼 클래스를 사용할 수 없으므로 조금 복잡하더라도 exchange() 메서드를 사용한다.

복합 API 구현

복합 마이크로서비스의 마지막 구현이자 API 클래스인 ProductCompositeServiceImpl.java 를 단계적으로 살펴보자.

1. 핵심 서비스에 적용했던 것처럼 복합 서비스도 API 인터페이스인 ProductCompositeService 를 구현하고 @RestController 애노테이션을 붙여서 REST 서비스로 동작하게 한다.

```
package se.magnus.microservices.composite.product.services;

@RestController
public class ProductCompositeServiceImpl implements ProductCompositeService {
```

2. 구현 클래스에서 사용할 ServiceUtil 클래스 및 통합 컴포넌트를 생성자를 통해 주입한다.

```
private final ServiceUtil serviceUtil;
private ProductCompositeIntegration integration;

@Autowired
public ProductCompositeServiceImpl(ServiceUtil serviceUtil,
ProductCompositeIntegration integration) {
  this.serviceUtil = serviceUtil;
  this.integration = integration;
}
```

3. 다음과 같이 API 메서드를 구현한다.

```
@Override
public ProductAggregate getProduct(int productId) {

  Product product = integration.getProduct(productId);
  List<Recommendation> recommendations =
  integration.getRecommendations(productId);
  List<Review> reviews = integration.getReviews(productId);

  return createProductAggregate(product, recommendations, reviews,
  serviceUtil.getServiceAddress());
}
```

통합 컴포넌트로 세 가지 핵심 서비스를 호출하며, 헬퍼 메서드인 createProductAggregate() 는 통합 컴포넌트의 반환 값을 바탕으로 ProductAggregate 유형의 응답 객체를 만든다. createProductAggregate() 메서드는 구현이 꽤 길고 중요한 내용이 없으므로 설명을 생략한다. 구현은 다운로드한 소스 코드를 참고한다.

통합 컴포넌트와 복합 서비스의 전체 구현은 se.magnus.microservices.composite.product. services 패키지에 있다.

지금까지 기능적 관점에서 복합 마이크로서비스의 구현을 살펴봤다. 다음 절에서는 예외 처리 방법을 알아본다.

예외 처리 추가

다수의 마이크로서비스가 동기 API를 기반으로 HTTP와 JSON으로 통신하는 마이크로서비스 환경에서는 체계적이고 신중한 예외 처리가 필수다. HTTP 상태 코드와 같은 프로토콜에 종속된 예외 처리 방식을 비즈니스 로직에서 분리하는 것도 중요하다.

> **WARNING**
>
> 비즈니스 로직 계층을 마이크로서비스 구현에 추가하면 비즈니스 로직과 프로토콜별 코드가 분리돼 테스트와 재사용이 쉽다. 이 책의 예제에서는 불필요한 복잡성을 피하고자 비즈니스 로직 계층을 생략하고 마이크로서비스의 비즈니스 로직을 @RestController 컴포넌트에서 직접 구현했다.

API 구현과 API 클라이언트에서 함께 사용하는 몇 가지 예외 클래스(InvalidInputException, NotFoundException)가 util 프로젝트에 있다. se.magnus.util.exceptions 패키지를 살펴보자.

전역 REST 컨트롤러 예외 핸들러

프로토콜별 예외 처리를 REST 컨트롤러의 비즈니스 로직, 즉 API 구현에서 분리하기 위한 유틸리티 클래스(GlobalControllerExceptionHandler.java)가 util 프로젝트에 있다. 이 클래스에는 @RestControllerAdvice 애노테이션을 붙였다.

유틸리티 클래스의 예외 처리 메서드는 API 구현에서 던지는 여러 가지 자바 예외를 적절한 HTTP 상태 코드와 응답 본문으로 구성된 HTTP 응답으로 바꾼다.

예를 들어, API 구현 클래스에서 InvalidInputException을 던지면 유틸리티 클래스는 상태 코드가 422(UNPROCESSABLE_ENTITY)인 HTTP 응답으로 바꾼다. 다음 코드를 참고한다.

```
@ResponseStatus(UNPROCESSABLE_ENTITY)
@ExceptionHandler(InvalidInputException.class)
public @ResponseBody HttpErrorInfo handleInvalidInputException(
  ServerHttpRequest request, InvalidInputException ex) {

  return createHttpErrorInfo(UNPROCESSABLE_ENTITY, request, ex);
}
```

같은 방식으로 NotFoundException은 상태 코드가 404(NOT_FOUND)인 HTTP 응답으로 바뀐다.

REST 컨트롤러에서 이런 예외를 던질 때마다 스프링은 유틸리티 클래스를 사용해 HTTP 응답을 생성한다.

WARNING

> 스프링은 유효하지 않은 요청을 감지하면 HTTP 상태 코드 400(BAD_REQUEST)을 반환한다. 예를 들어, API 정의에서는 productId가 정수이므로 요청에 숫자가 아닌 제품 ID가 있으면 400을 반환한다.

유틸리티 클래스의 전체 소스 코드는 GlobalControllerExceptionHandler.java 파일을 참고한다.

API 구현의 예외 처리

API 구현에서는 util 프로젝트의 예외를 사용해 오류 발생을 알린다. 예외는 문제 상황을 알리는 HTTP 상태 코드로 전환돼 REST 클라이언트에게 다시 전달된다. 예를 들어, Product 마이크로서비스의 구현 클래스인 ProductServiceImpl.java는 InvalidInputException 예외를 반환해 입력이 유효하지 않다는 것을 알리고, NotFoundException 예외로 요청한 제품이 존재하지 않음을 알린다. 구현 코드는 다음과 같다.

```
if (productId < 1) throw new InvalidInputException("Invalid productId: "
+ productId);
if (productId == 13) throw new NotFoundException("No product found for productId: "
+ productId);
```

API 클라이언트의 예외 처리

API 클라이언트, 다시 말해 복합 마이크로서비스의 통합 컴포넌트는 HTTP 상태 코드 422(UNPROCESSABLE_ENTITY)를 InvalidInputException에 매핑하고, HTTP 상태 코드 404(NOT_FOUND)를 NotFoundException에 매핑한다. API 클라이언트의 예외 처리 로직은 Product CompositeIntegration.java의 getProduct() 메서드를 참고한다. 소스 코드는 다음과 같다.

```
catch (HttpClientErrorException ex) {

    switch (ex.getStatusCode()) {

    case NOT_FOUND:
        throw new NotFoundException(getErrorMessage(ex));

    case UNPROCESSABLE_ENTITY :
        throw new InvalidInputException(getErrorMessage(ex));

    default:
        LOG.warn("Got a unexpected HTTP error: {}, will rethrow it",
        ex.getStatusCode());
        LOG.warn("Error body: {}", ex.getResponseBodyAsString()); throw ex;
    }
}
```

통합 컴포넌트의 getRecommendations()와 getReviews() 메서드는 예외 처리가 느슨하다. 즉 제품 정보를 잘 가져왔다면 추천 목록이나 리뷰 목록을 못 가져왔더라도 경고 수준으로 로그에 기록할 뿐 성공으로 간주한다.

상세 구현은 ProductCompositeIntegration.java 파일을 참고한다.

지금까지 핵심 서비스와 복합 마이크로서비스의 구현 내용을 살펴봤다. 다음 절에서는 마이크로서비스의 공개 API를 테스트한다.

⠿ API 수동 테스트

마이크로서비스의 수동 테스트는 다음과 같은 단계로 진행된다.

1. 마이크로서비스를 빌드하고, 백그라운드 프로세스로 시작한다.

2. curl로 복합 API를 호출한다.

3. 종료한다.

먼저 각 마이크로서비스를 빌드한다.

```
cd $BOOK_HOME/Chapter03/2-basic-rest-services/
./gradlew build
```

빌드가 끝나면 터미널에서 백그라운드 프로세스로 마이크로서비스를 시작한다.

```
java -jar microservices/product-composite-service/build/libs/*.jar &
java -jar microservices/product-service/build/libs/*.jar &
java -jar microservices/recommendation-service/build/libs/*.jar &
java -jar microservices/review-service/build/libs/*.jar &
```

많은 로그 메시지가 터미널에 출력되지만 몇 초가 지나면 출력이 멈추고, 다음과 같은 로그가 출력된다.

그림 3.6 애플리케이션을 실행한 후 출력된 로그 메시지

마이크로서비스가 모두 시작되면 다음 커맨드를 실행한다.

```
curl http://localhost:7000/product-composite/1
```

로그 메시지가 출력된 후에 다음과 같은 JSON 응답을 볼 수 있다.

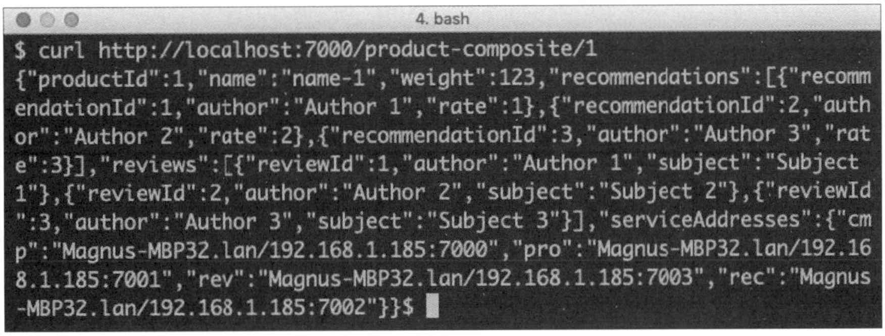

```
● ● ●                              4. bash
$ curl http://localhost:7000/product-composite/1
{"productId":1,"name":"name-1","weight":123,"recommendations":[{"recomm
endationId":1,"author":"Author 1","rate":1},{"recommendationId":2,"auth
or":"Author 2","rate":2},{"recommendationId":3,"author":"Author 3","rat
e":3}],"reviews":[{"reviewId":1,"author":"Author 1","subject":"Subject
1"},{"reviewId":2,"author":"Author 2","subject":"Subject 2"},{"reviewId
":3,"author":"Author 3","subject":"Subject 3"}],"serviceAddresses":{"cm
p":"Magnus-MBP32.lan/192.168.1.185:7000","pro":"Magnus-MBP32.lan/192.16
8.1.185:7001","rev":"Magnus-MBP32.lan/192.168.1.185:7003","rec":"Magnus
-MBP32.lan/192.168.1.185:7002"}}$
```

그림 3.7 요청 후 출력된 JSON 응답

JSON 응답을 보기 좋게 출력하려면 jq를 사용한다.

```
curl http://localhost:7000/product-composite/1 -s | jq .
```

결과는 다음과 같다. 가독성을 위해 출력 일부를 …으로 대체했다.

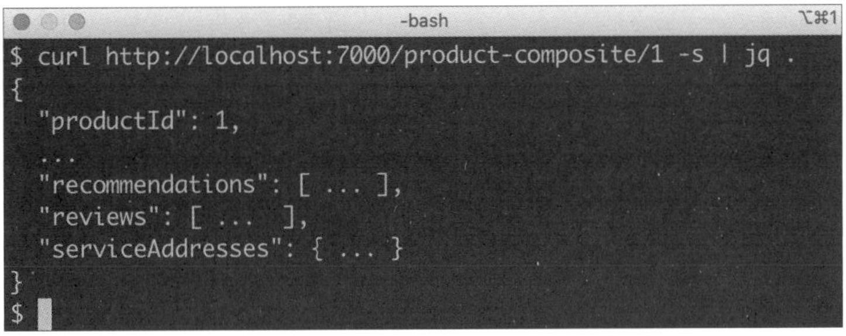

```
● ● ●                              -bash                        ⌥⌘1
$ curl http://localhost:7000/product-composite/1 -s | jq .
{
  "productId": 1,
  ...
  "recommendations": [ ... ],
  "reviews": [  ...  ],
  "serviceAddresses": { ... }
}
$
```

그림 3.8 보기 좋게 출력된 JSON 응답

다음 커맨드로 예외 처리가 예상대로 작동하는지 확인한다.

```
# 존재하지 않는 productId(13)를 조회하고 404(Not_Found)가 반환되는지 검증한다.
curl http://localhost:7000/product-composite/13 -i

# productId 113을 조회하고 추천 목록이 없는지 검증한다.
curl http://localhost:7000/product-composite/113 -s | jq .
```

```
# productId 213을 조회하고 리뷰 목록이 없는지 검증한다.
curl http://localhost:7000/product-composite/213 -s | jq .

# 범위를 벗어난 productId(-1)를 조회하고 422(Unprocessable Entity)가 반환되는지 검증한다.
curl http://localhost:7000/product-composite/-1 -i

# 숫자가 아닌 productId(invalidProductId)를 조회하고 400(Bad Request)가 반환되는지 검증한다.
curl http://localhost:7000/product-composite/invalidProductId -i
```

다음 커맨드로 마이크로서비스를 종료한다.

```
kill $(jobs -p)
```

비주얼 스튜디오 코드Visual Studio Code, Spring Tool Suite, IntelliJ IDEA Ultimate Edition 등의 통합 개발 환경IDE, Integrated Development Environment을 사용한다면 해당 도구의 스프링 부트 대시보드를 사용해 마이크로서비스를 시작 및 종료할 수 있다.

비주얼 스튜디오 코드의 스프링 부트 대시보드는 그림 3.9와 같다.

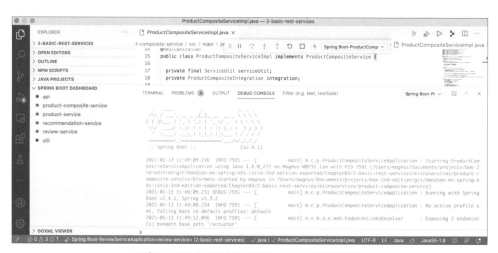

그림 3.9 비주얼 스튜디오 코드의 스프링 부트 대시보드

122

Spring Tool Suite의 스프링 부트 대시보드는 그림 3.10과 같다.

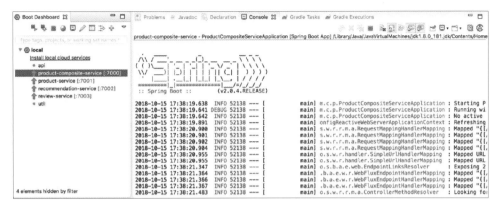

그림 3.10 Spring Tool Suite의 스프링 부트 대시보드

IntelliJ IDEA Ultimate Edition의 스프링 부트 대시보드는 그림 3.11과 같다.

그림 3.11 IntelliJ IDEA Ultimate Edition의 스프링 부트 대시보드

이 절에서는 공조 마이크로서비스의 시스템 환경을 수동으로 시작, 테스트, 종료하는 방법을 배웠다. 이런 테스트는 시간이 오래 걸리므로 자동화가 필요하다. 이어지는 두 절에서는 테스트를 자동화하는 방법을 배운다. 단독으로 마이크로서비스를 테스트하고 전체 공조 마이크로서비스 시스템 환경도 테스트한다. 테스트 방법은 이 책 전반에 걸쳐 개선될 것이다.

⁑ 자동화된 마이크로서비스 테스트

구현을 마무리하려면 테스트를 자동화해야 한다.

테스트할 비즈니스 로직이 많지 않으므로 단위 테스트는 작성하지 않는다. 대신 마이크로 서비스의 공개 API를 집중적으로 테스트한다. 즉 통합 테스트에서 내장형 웹 서버로 API를 시작한 후 테스트 클라이언트를 사용해 HTTP 요청을 보내고 결과를 검증한다. 스프링 웹플럭스와 함께 나온 테스트 클라이언트인 WebTestClient는 요청을 보내고 결과를 검증하는 다양한 API를 제공한다.

다음과 같이 product composite 서비스의 API를 테스트한다.

- 정상 제품의 productId를 보내고 결과를 검증한다. HTTP 응답 코드는 200이고 JSON 응답은 전송한 productId와 각각 하나의 추천, 리뷰 객체를 포함하고 있어야 한다.

- 존재하지 않는 제품의 productId를 보내고 결과를 검증한다. HTTP 응답 코드가 404고 JSON 응답은 관련 예외 정보를 포함하고 있어야 한다.

이제 두 테스트 코드의 구현을 살펴보자. 첫 번째 테스트는 다음과 같다.

```
@Autowired
private WebTestClient client;

@Test
void getProductById() {
  client.get()
    .uri("/product-composite/" + PRODUCT_ID_OK)
    .accept(APPLICATION_JSON_UTF8)
    .exchange()
    .expectStatus().isOk()
    .expectHeader().contentType(APPLICATION_JSON_UTF8)
    .expectBody()
    .jsonPath("$.productId").isEqualTo(PRODUCT_ID_OK)
    .jsonPath("$.recommendations.length()").isEqualTo(1)
    .jsonPath("$.reviews.length()").isEqualTo(1);
}
```

테스트 코드는 다음과 같이 동작한다.

- WebTestClient의 API를 사용해 호출 URL은 "/product-composite/" + PRODUCT_ID_OK로 지정하고, 응답 형식은 JSON으로 지정한다.

- exchange() 메서드로 요청을 실행한 후, 응답 코드가 200이고 응답 형식이 JSON인지 확인한다.

- 응답 본문을 검사해 추천 및 리뷰 개수와 productId가 예상 값과 일치하는지 확인한다.

두 번째 테스트는 다음과 같다.

```
@Test
void getProductNotFound() {
  client.get()
    .uri("/product-composite/" + PRODUCT_ID_NOT_FOUND)
    .accept(APPLICATION_JSON_UTF8)
    .exchange()
    .expectStatus().isNotFound()
    .expectHeader().contentType(APPLICATION_JSON_UTF8)
    .expectBody()
    .jsonPath("$.path").isEqualTo("/product-composite/" + PRODUCT_ID_NOT_FOUND)
    .jsonPath("$.message").isEqualTo("NOT FOUND: " + PRODUCT_ID_NOT_FOUND);
}
```

앞의 테스트 코드에서는 다음 사항에 유의한다.

- 테스트 구조는 앞의 테스트와 유사하다. 이 테스트의 응답 코드가 404고 응답 본문의 오류 메시지가 예상 값과 일치하는지 확인한다.

product composite 서비스의 API를 독립적으로 테스트하려면 통합 컴포넌트(Product CompositeIntegration)가 다른 세 가지 마이크로서비스로 보내는 요청, 즉 의존성을 모의 객체로 대체해야 한다. 다음과 같이 모키토^{Mockito}를 사용해 모의 객체를 만든다.

```java
private static final int PRODUCT_ID_OK = 1;
private static final int PRODUCT_ID_NOT_FOUND = 2;
private static final int PRODUCT_ID_INVALID = 3;

@MockBean
private ProductCompositeIntegration compositeIntegration;

@BeforeEach
public void setUp() {

  when(compositeIntegration.getProduct(PRODUCT_ID_OK)).
    thenReturn(new Product(PRODUCT_ID_OK, "name", 1, "mock-address"));
  when(compositeIntegration.getRecommendations(PRODUCT_ID_OK)).
    thenReturn(singletonList(new Recommendation(PRODUCT_ID_OK, 1, "author", 1,
    "content", "mock address")));
  when(compositeIntegration.getReviews(PRODUCT_ID_OK)).
    thenReturn(singletonList(new Review(PRODUCT_ID_OK, 1, "author", "subject",
    "content", "mock address")));

  when(compositeIntegration.getProduct(PRODUCT_ID_NOT_FOUND)).
    thenThrow(new NotFoundException("NOT FOUND: " + PRODUCT_ID_NOT_FOUND));

  when(compositeIntegration.getProduct(PRODUCT_ID_INVALID)).
    thenThrow(new InvalidInputException("INVALID: " + PRODUCT_ID_INVALID));
}
```

모의 객체는 다음과 같이 동작한다.

- 먼저 PRODUCT_ID_OK, PRODUCT_ID_NOT_FOUND, PRODUCT_ID_INVALID 상수를 선언한다. 선언한 상수는 테스트 클래스에서 사용한다.

- 다음으로 @MockBean 애노테이션을 사용해 ProductCompositeIntegration 인터페이스의 모의 객체를 만들도록 모키토를 구성한다.

- 통합 컴포넌트에서 productId를 PRODUCT_ID_OK로 설정하고 getProduct(), getRecommendations(), getReviews() 메서드를 호출한 경우에는 정상 응답을 반환한다.

- getProduct() 메서드를 호출하면서 productId가 PRODUCT_ID_NOT_FOUND인 경우에는 NotFoundException을 던진다.

- getProduct() 메서드를 호출하면서 productId가 PRODUCT_ID_INVALID로 설정된 경우에는 InvalidInputException을 던진다.

자동 통합 테스트의 전체 소스 코드는 ProductCompositeServiceApplicationTests.java 테스트 클래스를 참고한다.

세 가지 핵심 마이크로서비스의 공개 API에 대한 자동 통합 테스트도 비슷하지만, 모의 객체가 필요 없기 때문에 더 단순하다. 테스트 코드는 각 마이크로서비스의 테스트 폴더에 있다.

그래들 빌드를 수행하면 자동으로 테스트가 실행된다.

```
./gradlew build
```

빌드를 수행하지 않고 테스트만 실행할 수도 있다.

```
./gradlew test
```

마이크로서비스를 독립적으로 테스트하는 자동 통합 테스트를 살펴봤다. 다음 절에서는 마이크로서비스 환경에 대한 반자동 테스트를 만든다. 4장에서는 테스트를 크게 개선해 완전히 자동화할 것이다.

⁝⁝▶ 반자동화된 마이크로서비스 환경 테스트

개발 단계에서는 일반 자바 코드, 제이유닛, 그래들을 사용해 개별 마이크로서비스에 대한 단위 테스트와 통합 테스트를 자동으로 실행하는 것이 매우 유용하지만 운영 관점에서는 충분하지 않다. 운영 환경에서는 공조 마이크로서비스의 시스템 환경이 우리가 기대하는 바와 같은지 자동으로 검증하는 방법이 필요하다. 언제든지 실행해 전체 공조 마이크로서비스가 예상대로 동작하는지 확인하는 스크립트를 갖출 필요가 있으며 마이크로서비스가 많을수록 이런 검증 스크립트의 가치는 높아진다.

따라서 마이크로서비스가 공개하는 RESTful API를 호출하고 배포된 시스템 환경의 기능을 확인하는 간단한 bash 스크립트를 작성했다. 이 스크립트는 앞에서 배우고 사용한 curl 커맨드에 기반을 두며 jq를 이용해 상태 코드와 JSON 응답을 확인한다. 헬퍼 메서드인 assertCurl()과 assertEqual()은 간결하고 가독성 높은 테스트 코드 작성을 위해 추가했다.

정상 요청을 보내고 확인하는 다음 코드는, 결과 상태 코드가 200인지 검증하고 반환된 JSON 응답에 요청한 productId가 있으며 추천, 리뷰가 3개씩 있는지 검증한다.

```
# 정상 요청을 검증한다. 추천 3개, 리뷰 3개가 있는지 검증한다.
assertCurl 200 "curl http://$HOST:${PORT}/product-composite/1 -s"
assertEqual 1 $(echo $RESPONSE | jq .productId)
assertEqual 3 $(echo $RESPONSE | jq ".recommendations | length"),
assertEqual 3 $(echo $RESPONSE | jq ".reviews | length")
```

존재하지 않는 제품을 조회하고 HTTP 응답 코드가 404(Not_Found)인지 확인하는 코드는 다음과 같다.

```
# 존재하지 않는 productId(13)를 조회하고 404(Not_Found)가 반환되는지 검증한다.
assertCurl 404 "curl http://$HOST:${PORT}/product-composite/13 -s"
```

테스트 스크립트(test-em-all.bash)는 'API 수동 테스트' 절에서 설명한 수동 테스트를 구현한다. 전체 소스 코드는 최상위 폴더인 $BOOK_HOME/Chapter03/2-basic-rest-services에 있다. 나중에 시스템 환경에 더 많은 기능을 추가할 때 테스트 스크립트의 기능을 확장할 것이다.

TIP

20장에서 작동 중인 시스템 환경을 자동으로 감시하는 보완 기술에 대해 배운다. 배포된 마이크로서비스의 상태를 지속적으로 모니터링하는 모니터링 도구에 대해 알아보고 수집한 메트릭이 CPU나 메모리의 과사용(overuse)과 같은 구성된 임곗값을 초과하면 경고를 발생하는 방법을 학습한다.

테스트 스크립트 실행

다음 단계를 수행해 테스트 스크립트를 실행한다.

1. 앞에서 했던 것처럼 마이크로서비스를 시작한다.

```
cd $BOOK_HOME/Chapter03/2-basic-rest-services
java -jar microservices/product-composite-service/build/libs/*.jar &
java -jar microservices/product-service/build/libs/*.jar &
java -jar microservices/recommendation-service/build/libs/*.jar &
java -jar microservices/review-service/build/libs/*.jar &
```

2. 마이크로서비스가 모두 시작되면 테스트 스크립트를 실행한다.

```
./test-em-all.bash
```

실행 결과는 다음과 같다.

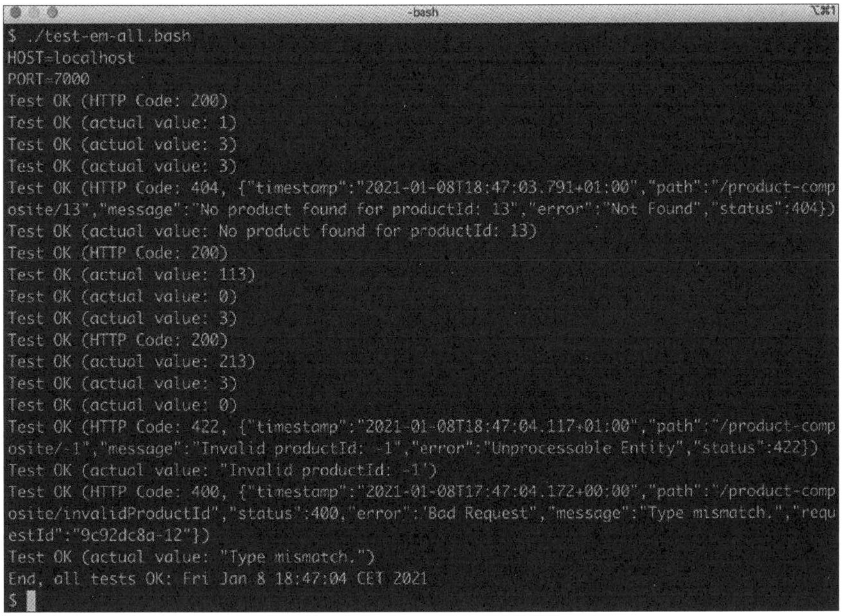

그림 3.12 테스트 스크립트를 실행한 후의 출력

3. 다음 커맨드로 마이크로서비스를 종료한다.

```
kill $(jobs -p)
```

이 절에서는 공조 마이크로서비스 시스템 환경을 자동으로 테스트하기 위한 첫걸음을 내디뎠다. 모든 테스트는 계속해서 개선될 것이다.

⠿ 요약

3장에서는 스프링 부트로 몇 개의 마이크로서비스를 구축했다. 또한, 이 책 전반에 걸쳐 사용할 마이크로서비스 환경을 소개하고 스프링 이니셜라이저를 사용해 각 마이크로서비스를 위한 골격 프로젝트를 생성하는 방법을 설명했다.

세 가지 핵심 마이크로서비스에 스프링 웹플럭스를 사용해 API를 추가했고, 세 가지 핵심 서비스의 API로 정보를 집계하는 복합 서비스를 구현했다. 복합 서비스는 스프링 프레임워크의 RestTemplate 클래스를 사용해 핵심 서비스가 공개한 API로 HTTP 요청을 보낸다. 모든 서비스에 예외 처리 로직을 추가한 후에는 마이크로서비스 환경을 수동으로 테스트했다.

독립적으로 마이크로서비스를 테스트하는 방법과 시스템 환경의 전체 서비스를 테스트하는 방법을 알아보면서 3장을 마무리했다. 복합 서비스를 격리해 테스트하고자 모키토로 만든 모의 객체로 핵심 서비스에 대한 의존성을 대체했다. curl을 사용해 복합 서비스의 API를 호출하는 bash 스크립트를 만들어서 전체 시스템 환경을 테스트했다.

3장에서 배운 기술을 모두 습득했다면 다음 단계인 도커와 컨테이너의 세계로 진입할 준비가 된 것이다. 4장에서는 도커 및 완전히 자동화된 테스트 스크립트를 사용해 공조 마이크로서비스의 시스템 환경을 테스트하는 방법을 배운다.

∷ 질문

1. 스프링 이니셜라이저로 스프링 부트 프로젝트를 생성할 때 사용 가능한 의존성 목록을 보는 커맨드는 무엇인가?

2. 그래들이 여러 개의 관련 프로젝트를 하나의 커맨드로 빌드하도록 설정하려면 어떻게 해야 하는가?

3. @PathVariable과 @RequestParam 애노테이션의 사용 목적은 무엇인가?

4. API 구현 클래스의 비즈니스 로직과 프로토콜별 예외 처리를 분리하려면 어떻게 해야 하는가?

5. 모키토의 사용 목적은 무엇인가?

04

도커를 사용한
마이크로서비스 배포

4장에서는 도커를 사용해 마이크로서비스를 컨테이너에서 실행하는 방법을 알아본다.

4장을 마치면 모든 마이크로서비스를 도커 컨테이너에서 실행하게 되고, 이런 마이크로서비스 환경에 대한 완전히 자동화된 테스트를 갖추게 되며, 도커 엔진 이외의 다른 인프라가 필요 없게 된다. 마이크로서비스가 예상대로 동작하는지 확인하는 여러 가지 테스트를 수행하고 테스트 실행의 잔재 없이 전체 마이크로서비스를 종료하는 방법도 살펴본다.

컨테이너를 사용해 공조 마이크로서비스를 테스트하는 것은 매우 유용하다. 개발자가 자신의 로컬 컴퓨터에서 동작을 검증할 수 있고 동일한 테스트를 빌드 서버에서 실행해 소스 코드 변경으로 인한 테스트 실패 여부를 시스템 수준에서 자동으로 확인할 수도 있다. 또한 테스트를 실행하고자 전용 인프라를 할당할 필요가 없다. 이후의 장들에서는 테스트 환경에 도커 컨테이너로 실행되는 데이터베이스와 대기열 관리자를 추가하는 방법을 살펴본다.

WARNING

> 컨테이너를 사용한 테스트가 유용하긴 하지만 개별 마이크로서비스를 단독으로 테스트하는 자동화된 단위 테스트와 통합 테스트를 대체할 수는 없다. 단위 테스트와 통합 테스트는 항상 중요하다.
>
> 앞에서 언급했듯이 상용 환경에서 컨테이너를 사용하려면 쿠버네티스와 같은 컨테이너 오케스트레이터가 필요하다. 컨테이너 오케스트레이터와 쿠버네티스는 이 책의 뒷부분에서 살펴본다.

4장에서는 다음과 같은 내용을 다룬다.

- 도커 소개

- 도커와 자바. 예전에는 자바와 컨테이너가 잘 맞지 않았지만 자바 10부터는 상황이 달라졌다. 도커와 자바를 잘 조합해보자.

- 도커로 단일 마이크로서비스 실행

- 도커 컴포즈를 사용한 마이크로서비스 환경 관리

- 자동화된 공조 마이크로서비스 테스트

기술 요구 사항

이 책에서 사용하는 도구의 설치 방법과 이 책의 소스 코드를 다운로드하는 방법은 다음을 참고한다.

- 21장, 맥OS용 설치 지침

- 22장, 윈도우용 설치 지침

4장의 모든 소스 코드 예제는 $BOOK_HOME/Chapter04 폴더에 있다.

4장에서 도커에 대한 지원을 추가하기 위해 변경한 부분을 확인하고 싶다면 3장의 소스 코드와 비교하면 된다. 선호하는 파일 비교 도구를 사용해 $BOOK_HOME/Chapter03/2-basic-rest-services 폴더와 $BOOK_HOME/Chapter04 폴더를 비교해보자.

도커 소개

2장에서 미리 언급했듯이 도커는 2013년에 가상머신을 대체하는 경량 컨테이너 개념을 만들고 일반화했다. 컨테이너는 **리눅스 네임스페이스**Linux namespace를 사용해 사용자, 프로세스, 파일 시스템, 네트워킹 등의 전역 시스템 리소스를 격리해서 여러 컨테이너에 제공하는

리눅스 호스트 프로세스이며, **리눅스 제어 그룹**을 사용해 컨테이너가 사용할 수 있는 CPU
와 메모리를 제한한다.

하이퍼바이저를 사용해 운영체제 전체를 실행하는 가상머신과 비교하면 컨테이너의 구동
오버헤드overhead는 매우 적은 편이다. 따라서 훨씬 빠르게 시작하고 자원을 적게 사용한다.
그러나 컨테이너의 안전성은 가상머신에 비해 낮다. 그림 4.1을 참고하자.

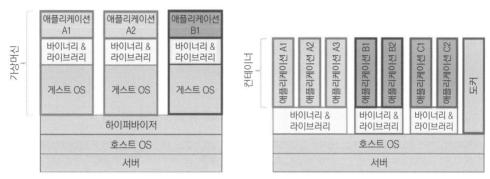

그림 4.1 가상머신과 컨테이너 비교

그림 4.1은 가상머신과 컨테이너 사이의 자원 사용량 차이를 보여 준다. 서버 사양이 같다
면 가상머신에 비해 훨씬 많은 컨테이너를 실행할 수 있다. 컨테이너는 가상머신처럼 자체
운영체제 인스턴스를 실행할 필요가 없기 때문에 이런 차이가 생긴다.

첫 도커 커맨드 실행

도커의 run 커맨드를 사용해 우분투Ubuntu 컨테이너를 시작해보자.

```
docker run -it --rm ubuntu
```

앞의 커맨드는 공식 우분투 도커 이미지 최신 버전을 사용해 우분투 컨테이너를 생성한다.
터미널을 통해 컨테이너와 상호 작용하고자 -it 옵션을 사용했고, 터미널 세션을 마치면 컨
테이너를 제거하도록 --rm 옵션을 사용했다. --rm 옵션을 생략하면 컨테이너는 종료 상태로
도커 엔진에 남아 있게 된다.

직접 빌드하지 않은 도커 이미지를 처음 사용하면 도커는 기본 레지스트리인 도커 허브 Docker Hub(https://hub.docker.com)에서 이미지를 다운로드한다. 다운로드에 시간이 걸리기는 하지만, 도커 이미지를 다 받으면 몇 초 안에 컨테이너가 시작된다.

도커 이미지를 다운로드하고 컨테이너가 시작되면 그림 4.2와 같이 우분투 서버 셸이 실행된다.

```
● ● ●  ☐  4. root@435dc56d39f6: / (docker)
$ docker run -it --rm ubuntu
root@435dc56d39f6:/#
```

그림 4.2 우분투 서버 실행 결과

다음 커맨드로 컨테이너에서 실행 중인 우분투 버전을 확인해보자.

```
cat /etc/os-release | grep 'VERSION='
```

실행 결과는 그림 4.3과 같다.

```
● ● ●      4. root@435dc56d39f6: / (docker)
root@435dc56d39f6:/# cat /etc/os-release | grep 'VERSION='
VERSION="18.04.3 LTS (Bionic Beaver)"
root@435dc56d39f6:/#
```

그림 4.3 우분투 버전 확인 결과

exit 커맨드로 컨테이너에서 나온 후 docker ps -a 커맨드로 컨테이너 목록을 확인하면 우분투 컨테이너가 보이지 않는다. -a 옵션은 중지된 컨테이너까지 보고자 사용한다.

우분투보다 CentOS를 선호한다면 docker run --rm -it centos 커맨드로 시작할 수 있다. CentOS 서버를 컨테이너로 실행했다면 cat /etc/redhat-release 커맨드로 CentOS 버전을 확인한다. 실행 결과는 그림 4.4와 같다.

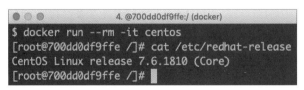

```
● ● ●      4. @700dd0df9ffe:/ (docker)
$ docker run --rm -it centos
[root@700dd0df9ffe /]# cat /etc/redhat-release
CentOS Linux release 7.6.1810 (Core)
[root@700dd0df9ffe /]#
```

그림 4.4 CentOS 버전 확인 결과

exit 커맨드로 나오면 컨테이너는 삭제된다.

이 절에서는 도커에 대해 배웠다. 다음 절에서는 도커에서 자바를 실행할 때 발생하는 문제를 살펴본다.

⁝⁝ 도커에서 자바를 실행할 때의 문제

지난 몇 년 동안 도커에서 자바를 제대로 작동시키기 위한 많은 노력이 있었다. 자바가 도커 컨테이너에 설정된 메모리 및 CPU 관련 제한 사항을 지키지 않는 것으로 악명이 높았기 때문이다.

현재 자바의 공식 도커 이미지(https://hub.docker.com/_/openjdk/)는 **OpenJDK** 프로젝트에서 만든 것이지만 우리는 **AdoptOpenJDK** 프로젝트에서 만든 다른 도커 이미지를 사용한다. 이 이미지는 OpenJDK 프로젝트와 같은 바이너리를 사용하지만 우리의 목적에 맞는 유연성을 갖추고 있다.

이 절에서는 **JDK**^Java Development Kit 와 다른 도구가 모두 포함된 도커 이미지를 사용한다. 마이크로서비스를 도커 이미지로 패키징하는 '도커로 단일 마이크로서비스 실행' 절에서는 런타임에 필요한 자바 도구만 포함된 **JRE**^Java Runtime Environment 기반의 가벼운 도커 이미지를 사용한다.

이미 언급했듯이 예전에는 자바가 리눅스 제어 그룹으로 지정한 자원 할당량을 무시했기 때문에 도커와는 잘 맞지 않았다. 자바는 컨테이너에 허용된 메모리를 JVM에 할당하는 것이 아니라 도커 호스트의 전체 메모리를 할당했다. 허용된 것보다 많은 메모리를 할당하려고 시도하는 자바 컨테이너는 '메모리 부족out of memory' 오류 메시지를 남기면서 호스트에 의해 종료된다. 자바는 또한 컨테이너에 허용된 CPU 코어만 JVM에 할당하는 것이 아니라 도커 호스트 스레드 풀 등의 CPU 관련 전체 자원을 컨테이너의 JVM에 할당했다.

자바 SE 9 버전부터 컨테이너의 CPU와 메모리 관련 제약 조건을 지원하기 시작했으며 자바 SE 10에서 크게 개선됐다.

제약 조건을 설정한 컨테이너에서 자바 SE 16을 실행하고 제약 조건을 잘 지키는지 살펴보자.

맥북 프로MacBook Pro의 가상머신에 도커 호스트 역할의 도커 엔진을 실행해 테스트를 진행한다. 도커 호스트는 **12개의 CPU** 코어와 **16GB의 메모리**를 사용하도록 구성한다.

먼저 자바 컨테이너의 사용 가능한 CPU 수를 제한하고 살펴본다. 그런 다음 메모리를 제한해본다.

사용 가능한 CPU 제한

먼저 어떤 제약 조건도 없을 때 자바가 사용할 수 있는 프로세서의 수, 즉 CPU 코어 수를 알아보자. 자바 CLI 도구인 jshell에서 Runtime.getRuntime().availableprocessors() 커맨드를 실행하면 확인할 수 있다. 전체 JDK를 내장한 도커 이미지를 사용해 컨테이너에서 jshell을 실행한다. 이 이미지의 도커 태그는 acceptopenjdk:16이다. 다음 커맨드를 실행한다.

```
echo 'Runtime.getRuntime().availableProcessors()' | docker run --rm -i
adoptopenjdk:16 jshell -q
```

이 커맨드는 도커 컨테이너로 Runtime.getRuntime().availableProcessors() 문자열을 보내고 jshell을 사용해 처리하게 한다. 실행 결과는 그림 4.5와 같다.

그림 4.5 사용 가능한 CPU 코어 수를 보여주는 실행 결과

12개의 코어를 사용할 수 있다고 나온다. 12개의 CPU 코어를 사용하도록 도커 호스트를 구성했으므로 예상한 바와 같다. 이제 도커에 --cpus 3 옵션을 사용해 CPU 코어를 3개만 사용할 수 있도록 컨테이너를 제한하고 JVM이 사용할 수 있는 프로세서 수를 확인해보자.

```
echo 'Runtime.getRuntime().availableProcessors()' | docker run --rm -i
--cpus=3 adoptopenjdk:16 jshell -q
```

이제 JVM은 Runtime.getRuntime().availableProcessors()$1 ==> 3으로 응답한다. 즉 자바 SE 16은 컨테이너의 설정을 준수한다. 따라서 자바 SE 16을 사용하면 스레드 풀과 같은 CPU 관련 리소스를 올바르게 구성할 수 있다.

사용 가능한 메모리 제한

사용할 수 있는 메모리 양을 알아보고자 힙heap에 할당 가능한 최대 메모리를 JVM에 질의해보자. -XX:+PrintFlagsFinal 자바 옵션을 사용해 JVM에 추가 런타임 정보를 요청하고, grep 커맨드로 MaxHeapSize 매개 변수를 필터링하면 된다. 다음 커맨드를 실행한다.

```
docker run -it --rm adoptopenjdk:16 java -XX:+PrintFlagsFinal | grep "size_t
MaxHeapSize"
```

도커 호스트에는 16GB의 메모리를 할당했으며 실행 결과는 그림 4.6과 같다.

그림 4.6 MaxHeapSize를 보여주는 실행 결과

JVM 매개 변수 -Xmx를 사용해 JVM에 메모리 제약 조건을 걸지 않으면 자바는 컨테이너가 사용할 수 있는 메모리의 1/4을 힙에 할당한다. 따라서 최대 4GB를 힙에 할당할 것이다. 그림 4.6을 보면 힙 크기는 4,198,498,304바이트이며 $4,198,498,304/1024^2$ = 4004MB로 예상했던 4GB에 가깝다.

도커에 -m=1024M 옵션을 사용해 최대 1GB의 메모리만 사용할 수 있도록 컨테이너를 제한하면 할당되는 최대 메모리의 양은 더 낮아질 것이다. 다음 커맨드를 실행한다.

```
docker run -it --rm -m=1024M adoptopenjdk:16 java -XX:+PrintFlagsFinal | grep
"size_t MaxHeapSize"
```

실행 결과는 268,435,456바이트다. $268{,}435{,}456/1024^2$ = 256MB이며 256MB는 1GB의 1/4이므로 역시 예상한 바와 같다.

JVM의 최대 힙 크기를 직접 설정할 수도 있다. 총 1GB의 메모리 중 600MB를 힙에 할당하려면 다음과 같이 JVM 옵션 -Xmx600m을 사용하면 된다.

```
docker run -it --rm -m=1024M adoptopenjdk:16 java -Xmx600m -XX:+PrintFlagsFinal
-version | grep "size_t MaxHeapSize"
```

JVM은 예상대로 629,145,600바이트 = $600 * 1024^2$ = 600MB로 응답한다.

메모리 제약 조건이 제대로 작동하는지 확인하기 위해 메모리 부족 테스트를 수행해보자.

메모리가 1GB(최대 힙 크기는 256MB)인 컨테이너의 JVM에 jshell로 메모리를 할당한다.

먼저 100MB의 바이트 배열을 할당한다.

```
echo 'new byte[100_000_000]' | docker run -i --rm -m=1024M adoptopenjdk:16
jshell -q
```

커맨드의 실행 결과는 $1 ==>로 문제가 없다.

TIP

> 보통 jshell은 커맨드의 실행 결과를 출력하지만, 100MB의 바이트 배열은 너무 크기 때문에 출력하지 않는다.

이제 최대 힙 크기를 초과하는 500MB의 바이트 배열을 할당해보자.

```
echo 'new byte[500_000_000]' | docker run -i --rm -m=1024M adoptopenjdk:16
jshell -q
```

JVM이 컨테이너의 최대 메모리 설정을 준수하므로 해당 동작을 수행하지 못하고, Exception java.lang.OutOfMemoryError: Java heap space와 함께 즉시 응답한다.

지금까지 자바가 컨테이너에 할당된 CPU와 메모리 설정을 잘 준수하는지 살펴봤다. 이제 마이크로서비스의 도커 이미지를 빌드해보자.

도커로 단일 마이크로서비스 실행

자바의 작동 방식을 파악했으므로 도커를 사용해 단일 마이크로서비스를 실행해보자. 마이크로서비스를 도커 컨테이너로 실행하려면 도커 이미지로 패키징해야 한다. 먼저 도커 이미지 빌드에 필수인 Dockerfile을 만든 후, 도커에 맞춰 마이크로서비스를 구성한다. 컨테이너에서 실행되는 마이크로서비스는 자체 IP 주소, 호스트 이름, 포트를 가지며 다른 마이크로서비스와 격리되기 때문에 다른 마이크로서비스와 같은 호스트에서 실행할 때와는 구성을 달리한다.

도커를 사용하면 다른 마이크로서비스와는 별개의 호스트에서 실행되므로 포트 충돌이 발생하지 않는다. 따라서 포트 충돌을 걱정하지 않고 모든 마이크로서비스가 기본 포트인 8080을 사용할 수 있다. 반면 다른 마이크로서비스와 통신할 때는 같은 호스트에서 실행했을 때처럼 localhost로 통신할 수는 없다.

TIP

> 마이크로서비스를 컨테이너에서 실행하더라도 소스 코드를 변경할 필요는 없으며, 마이크로서비스의 구성만 변경하면 된다.

마이크로서비스를 로컬에서 실행할 때와 도커 컨테이너로 실행할 때의 구성이 다르므로 이를 처리하고자 스프링 프로필을 사용한다. 3장에서는 기본 스프링 프로필을 사용해 로컬에서 마이크로서비스를 실행했으므로 도커 컨테이너로 실행할 때 사용할 docker라는 새 스프링 프로필을 생성한다.

소스 코드 변경

$BOOK_HOME/Chapter04/microservices/product-service/ 폴더에 있는 product 마이크로서비스의 소스 코드를 변경한다. 다음 절에서 다른 마이크로서비스에도 적용한다.

먼저 도커 환경을 위한 스프링 프로필을 속성 파일(application.yml) 끝에 추가한다.

```
---
spring.config.activate.on-profile: docker

server.port: 8080
```

> **TIP**
>
> 스프링 프로필을 사용해 환경별 구성을 할 수 있다. docker 프로필은 도커 컨테이너에서 마이크로서비스를 실행할 때만 사용하는 구성이다. dev, test, production 환경별로 구성을 나누기도 한다. 프로필 값은 기본 프로필 값보다 우선한다. ---로 구분하면 .yaml 파일 하나에 여러 개의 스프링 프로필을 넣을 수 있다.

변경할 매개 변수는 포트뿐이다. 컨테이너에서 마이크로서비스를 실행할 때는 기본 포트 8080을 사용한다.

다음으로 도커 이미지를 빌드하는 데 사용할 Dockerfile을 생성한다. 2장에서 살펴봤듯이 Dockerfile의 내용은 단순하다.

```
FROM openjdk:16

EXPOSE 8080

ADD ./build/libs/*.jar app.jar

ENTRYPOINT ["java","-jar","/app.jar"]
```

주목해야 할 사항은 다음과 같다.

- 도커 이미지는 자바 16 버전의 OpenJDK 공식 도커 이미지 기반이다.

- 다른 도커 컨테이너에 8080 포트를 공개한다.

- 그래들 빌드 폴더(build/libs)에 있는 fat-jar 파일을 도커 이미지에 추가한다.

- 도커 이미지로 컨테이너를 시작할 때 도커에서 사용할 커맨드(java -jar /app.jar)를 지정한다.

이런 단순한 접근법에는 몇 가지 단점이 있다.

1. 컴파일러와 기타 개발 도구가 모두 포함된 자바 SE 16 JDK를 사용하고 있다. 이로 인해 도커 이미지가 불필요하게 커지며 필요 없는 도구까지 이미지에 추가하는 것은 보안 관점에서 좋지 않다. 따라서 자바 프로그램을 실행하는 데 필수적인 프로그램과 라이브러리만 내장한 자바 SE 16 JRE의 도커 이미지를 사용하는 것이 더 좋다. 불행히도 OpenJDK 프로젝트는 자바 SE 16 JRE의 도커 이미지를 제공하지 않는다.

2. 도커 컨테이너를 시작하면서 fat-jar 파일의 압축을 푸는 데 시간이 걸린다. 도커 이미지를 빌드하면서 fat-jar 파일의 압축을 푸는 것이 낫다.

3. 나중에 살펴보겠지만 fat-jar 파일은 약 20MB로 꽤 크다. 도커 이미지의 애플리케이션 코드를 계속 변경하면서 개발을 진행하면 도커 이미지를 최적화할 수 없다. 도커 이미지는 여러 개의 레이어로 구성되므로 자바 클래스 하나만 변경해도 매우 큰 레이어가 매번 교체되기 때문이다.

   더 나은 접근 방법은 콘텐츠를 여러 레이어로 나누는 것이다. 변경이 잦지 않은 파일은 첫 번째 레이어에 넣고 변경이 빈번한 파일을 마지막 레이어에 두면 효율적으로 도커의 캐싱 메커니즘caching mechanism을 사용할 수 있다. 애플리케이션 코드를 변경하더라도 첫 번째 레이어는 변경되지 않고 안정적으로 유지되므로 도커는 레이어를 새로 빌드하지 않고 캐시를 사용한다. 이렇게 하면 마이크로서비스의 도커 이미지를 더 빠르게 빌드할 수 있다.

OpenJDK 프로젝트는 자바 SE 16 JRE의 도커 이미지를 제공하지 않는다. 하지만 OpenJDK 바이너리를 도커 이미지로 패키징하는 여러 오픈 소스 프로젝트가 있는데 이 중 **AdoptOpenJDK**(https://adoptopenjdk.net)가 가장 널리 쓰인다. AdoptOpenJDK는 2020년 6월에 이클립스Eclipse 재단에 합류했으며 전체 JDK를 내장한 도커 이미지와 최소화된

JRE 버전의 도커 이미지를 모두 제공한다.

스프링 부트 v2.3.0부터는 fat-jar 파일을 최적화해 도커 이미지로 패키징하고자 fat-jar 파일의 내용을 여러 개의 폴더로 추출한다. 스프링 부트는 압축 해제한 fat-jar 파일로 다음과 같은 폴더를 구성한다.

1. dependencies: 모든 의존성 jar 파일이 있다.

2. spring-boot-loader: 애플리케이션을 시작할 때 사용하는 스프링 부트 클래스가 있다.

3. snapshot-dependencies: 모든 스냅샷 의존성 파일이 있다.

4. application: 애플리케이션 클래스와 리소스 파일이 있다.

스프링 부트 문서에서는 위에 나열한 순서에 맞춰 각 폴더별로 도커 레이어를 만드는 것을 권장한다. 다음은 JDK 기반 도커 이미지를 JRE 기반 이미지로 교체하고 fat-jar 파일을 적절한 도커 이미지 레이어로 나누도록 구성한 Dockerfile이다.

```
FROM adoptopenjdk:16_36-jre-hotspot as builder
WORKDIR extracted
ADD ./build/libs/*.jar app.jar
RUN java -Djarmode=layertools -jar app.jar extract

FROM adoptopenjdk:16_36-jre-hotspot
WORKDIR application
COPY --from=builder extracted/dependencies/ ./
COPY --from=builder extracted/spring-boot-loader/ ./
COPY --from=builder extracted/snapshot-dependencies/ ./
COPY --from=builder extracted/application/ ./

EXPOSE 8080

ENTRYPOINT ["java", "org.springframework.boot.loader.JarLauncher"]
```

다단계 빌드^{multi-stage build}를 사용해 fat-jar 파일에서 추출한 폴더를 처리한다. 첫 번째 단계인 builder 단계에서는 추출을 처리하고, 두 번째 단계에서는 첫 번째 단계의 파일에서 필

144

요한 파일만 선택해 런타임에 사용할 도커 이미지를 빌드한다. 이렇게 다단계 빌드를 사용하도록 Dockerfile을 구성하면 전체 패키징 로직 처리와 최종 도커 이미지 크기의 최소화가 모두 가능하다.

1. 다음 행으로 첫 번째 단계를 시작한다.

```
FROM adoptopenjdk:16_36-jre-hotspot as builder
```

이 행에서는 AdoptOpenJDK 프로젝트에서 만든 16_36 버전의 JRE 도커 이미지를 사용한다고 명시하고 단계^{stage}의 이름을 builder로 명명하고 있다.

2. builder 단계에서는 extracted 폴더를 작업 디렉터리로 설정하고 이 폴더에 그래들 빌드 폴더(build/libs)의 fat-jar 파일을 넣는다.

3. 다음으로 java -Djarmode=layertools -jar app.jar extract 커맨드를 실행해 작업 디렉터리인 extracted 폴더로 fat-jar 파일을 추출한다.

4. 마지막 단계는 다음 행으로 시작한다.

```
FROM adoptopenjdk:16_36-jre-hotspot
```

첫 번째 단계와 같은 도커 이미지를 사용하고 application 폴더를 작업 디렉터리로 사용한다. builder 단계에서 폴더별로 추출한 파일을 application으로 복사한다. 이렇게 하면 앞에서 설명한 대로 폴더별로 레이어가 생성된다. --from=builder 매개 변수는 도커가 builder 단계의 파일 시스템에서 파일을 선택하도록 지시하고자 사용한다.

5. Dockerfile의 마지막 두 행은 적절한 포트(8080)를 외부로 노출하고 자바 클래스(org. springframework.boot.loader.JarLauncher)를 실행해 마이크로서비스를 시작한다.

이 절에서는 변경이 필요한 소스 코드를 수정했다. 이제 도커 이미지를 빌드할 차례다.

도커 이미지 빌드

도커 이미지를 빌드하려면 product-service의 배포 아티팩트, 즉 fat-jar 파일을 먼저 빌드해야 한다.

```
cd $BOOK_HOME/Chapter04
./gradlew :microservices:product-service:build
```

TIP

> product-service 및 의존 프로젝트(api, util)만 빌드하면 되기 때문에 마이크로서비스 전체를 빌드하는 일반 빌드 커맨드를 사용하지 않고, :microservices:product-service:build 태스크로 product-service 프로젝트만 빌드했다.

fat-jar 파일은 그래들 빌드 폴더(build/libs)에 있다. 다음과 같이 `ls -l microservices/product-service/build/libs` 커맨드를 실행하면 확인할 수 있다.

```
6. @b394afed9384:/ (bash)
$ ls -l microservices/product-service/build/libs
-rw-r--r--  1 magnus  staff  19618829 Aug 30 18:59 product-service-1.0.0-SNAPSHOT.jar
$
```

그림 4.7 fat-jar 파일 확인

TIP

> 보다시피 JAR 파일의 크기는 20MB에 가깝다. 어째서 뚱뚱한 JAR(fat-jar)라고 부르는지 알 만하다!
>
> 실제 내용물을 확인하고 싶다면 다음 커맨드를 사용한다.
>
> ```
> unzip -l microservices/product-service/build/libs/product-service-1.0.0-
> SNAPSHOT.jar
> ```

다음과 같이 이름을 product-service로 지정한 도커 이미지를 빌드한다.

```
cd microservices/product-service
docker build -t product-service .
```

도커는 현재 폴더의 Dockerfile을 사용해 도커 이미지를 빌드한다. 태그를 product-service로 지정한 이 이미지는 도커 엔진 내부에 로컬로 저장된다. 다음 커맨드로 도커 이미지를 확인한다.

```
docker images | grep product-service
```

실행 결과는 다음과 같다.

그림 4.8 빌드한 도커 이미지 확인

이미지 빌드를 마쳤으니 서비스 시작 방법을 살펴보자.

서비스 시작

다음 커맨드로 product 마이크로서비스를 컨테이너로 실행한다.

```
docker run --rm -p8080:8080 -e "SPRING_PROFILES_ACTIVE=docker" product-service
```

앞의 커맨드를 설명하면 다음과 같다.

1. `docker run`: 컨테이너를 시작하고 터미널에 로그를 출력한다. 컨테이너를 실행하는 중에는 터미널이 잠긴다.

2. `--rm`: 이 옵션은 앞에서 살펴봤다. 터미널에서 **Ctrl+C**를 입력해 컨테이너를 중지하면 도커가 컨테이너를 제거한다.

3. `-p8080:8080`: 이 옵션은 컨테이너의 8080 포트를 도커 호스트의 8080 포트에 매핑해 외부에서 호출할 수 있게 한다. 로컬 리눅스 가상머신에서 도커를 실행하는 맥용 도커 데스크톱^{Docker Desktop for Mac}의 경우 `localhost`로 접근할 수 있도록 맥OS로 포트 포워딩^{port-forwarding}된다. 도커 호스트의 특정 포트에는 컨테이너를 하나만 매핑할 수 있다.

4. -e: 이 옵션으로 컨테이너의 환경 변수를 지정할 수 있다. 앞의 커맨드에서는 SPRING_
   PROFILES_ACTIVE=docker 환경 변수를 사용해 스프링 프로필을 docker로 지정했다.

5. product-service: 앞에서 빌드한 도커 이미지의 이름이다. 도커는 이 도커 이미지로 컨테
   이너를 실행한다.

실행 결과는 그림 4.9와 같다.

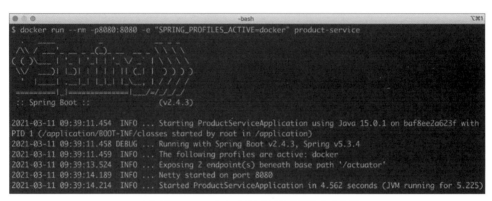

```
$ docker run --rm -p8080:8080 -e "SPRING_PROFILES_ACTIVE=docker" product-service

  .   ____          _            __ _ _
 /\\ / ___'_ __ _ _(_)_ __  __ _ \ \ \ \
( ( )\___ | '_ | '_| | '_ \/ _` | \ \ \ \
 \\/  ___)| |_)| | | | | || (_| |  ) ) ) )
  '  |____| .__|_| |_|_| |_\__, | / / / /
 =========|_|==============|___/=/_/_/_/
 :: Spring Boot ::        (v2.4.3)

2021-03-11 09:39:11.454  INFO ... Starting ProductServiceApplication using Java 15.0.1 on baf8ee2a623f with
PID 1 (/application/BOOT-INF/classes started by root in /application)
2021-03-11 09:39:11.458 DEBUG ... Running with Spring Boot v2.4.3, Spring v5.3.4
2021-03-11 09:39:11.459  INFO ... The following profiles are active: docker
2021-03-11 09:39:13.524  INFO ... Exposing 2 endpoint(s) beneath base path '/actuator'
2021-03-11 09:39:14.189  INFO ... Netty started on port 8080
2021-03-11 09:39:14.214  INFO ... Started ProductServiceApplication in 4.562 seconds (JVM running for 5.225)
```

그림 4.9 product 마이크로서비스를 실행한 후의 출력

앞의 그림을 보면 다음과 같은 내용을 알 수 있다.

- 스프링은 docker 프로필을 사용한다. 출력에 The following profiles are active:
  docker 문자열이 있다.

- 컨테이너에 할당된 포트는 8080이다. 출력에 Netty started on port(s): 8080 문자열이
  있다.

- 마이크로서비스가 요청을 받을 준비가 되면 Started ProductServiceApplication 문자열
  이 출력된다.

앞에서 설명했듯이 localhost에서 포트 8080을 사용해 마이크로서비스와 통신할 수 있다.
다른 터미널 창에서 다음 커맨드를 실행한다.

```
curl localhost:8080/product/3
```

```
● ● ●                          6. @b394afed9384:/ (bash)
$ curl localhost:8080/product/3
{"productId":3,"name":"name-3","weight":123,"serviceAddress":"9dc086e4a88b/172.17.0.2:8080"}
$ ▮
```

그림 4.10 product 3에 대한 정보 요청

3장에서 본 것과 비슷하지만 한 가지 큰 차이점이 있는데 "service Address":"9dc086e4a8
8b/172.17.0.2:8080" 항목이다. 포트가 8080이라는 것은 이미 알고 있는 사실이고, IP 주소
(172.17.0.2)는 도커의 내부 네트워크에서 컨테이너에 할당한 IP 주소다. 그런데 호스트 이
름인 9dc086e4a88b은 어디에서 온 값일까?

실행 중인 모든 도커 컨테이너를 확인한다.

```
docker ps
```

실행 결과는 다음과 같다.

```
● ● ●                          6. @b394afed9384:/ (bash)
$ docker ps
CONTAINER ID    IMAGE            COMMAND             CREATED        STATUS         PORTS                    NAMES
9dc086e4a88b    product-service  "java -jar /app.jar" 3 minutes ago  Up 3 minutes   0.0.0.0:8080->8080/tcp   eloquent_jones
$ ▮
```

그림 4.11 실행 중인 전체 컨테이너

앞의 출력에서 봤듯이 컨테이너 ID와 호스트 이름이 같으므로 어떤 컨테이너가 요청에 응
답했는지 쉽게 알 수 있다.

터미널에서 **Ctrl+C**를 입력해 컨테이너를 중지하고 마무리하자. 다음 절에서는 컨테이너를
백그라운드 프로세스로 실행한다.

컨테이너를 분리 모드로 실행

터미널 창에서 컨테이너를 실행하면 해당 터미널 창을 더 이상 사용할 수 없어서 불편하다.
컨테이너를 시작한 터미널 창을 계속 사용하고자 잠기지 않게 하려면 어떻게 해야 할까? **분
리**detached 모드로 컨테이너를 시작하면 된다.

-d 옵션을 사용해 분리 모드로 컨테이너를 시작하고, --name 옵션으로 컨테이너의 이름을
지정한다. 이름을 지정하는 것은 선택 사항이다. 이름을 지정하지 않으면 도커가 이름을 생
성하지만 직접 지정한 이름을 사용해 커맨드를 보내는 것이 편리하다. 컨테이너를 사용한
후에는 직접 컨테이너를 중지하고 제거할 것이므로 더 이상 --rm 옵션이 필요 없다.

```
docker run -d -p8080:8080 -e "SPRING_PROFILES_ACTIVE=docker" --name my-prd-srv
product-service
```

docker ps 커맨드를 다시 실행하면 my-prd-srv라는 새 컨테이너가 나타난다.

그림 4.12 분리 모드로 컨테이너 실행

컨테이너의 로그를 보려면 어떻게 해야 할까?

도커의 logs 커맨드를 사용한다.

```
docker logs my-prd-srv -f
```

-f 옵션은 터미널에 로그가 출력되는 동안 커맨드를 종료하지 않고 계속해서 로그를 출력
하게 한다. 오래된 로그 메시지를 생략하고 싶은 경우에는 --tail 0 옵션을 추가해 새로운
로그 메시지만 표시할 수 있다. 이전 로그 메시지를 보고 싶은 경우에는 --since 옵션에 타
임스탬프나 상대 시간을 입력하면 된다. 예를 들어, --since 5m을 사용하면 5분 전의 로그
메시지를 볼 수 있다.

curl로 새로운 요청을 보내면 새 로그 메시지가 터미널에 출력되는 것을 확인할 수 있다.

컨테이너를 중지 및 제거하고 마무리하자.

```
docker rm -f my-prd-srv
```

-f 옵션을 사용하면 컨테이너가 실행 중이더라도 도커가 컨테이너를 제거한다. 도커는 자동으로 컨테이너를 중지한 다음 제거한다.

도커 컨테이너로 마이크로서비스를 실행하는 방법을 배웠다. 이제 도커 컴포즈를 사용해 마이크로서비스 환경을 관리하는 방법을 살펴보자.

⠿ 도커 컴포즈를 사용한 마이크로서비스 환경 관리

단일 마이크로서비스를 도커 컨테이너로 실행하는 방법은 이미 살펴봤다. 전체 마이크로서비스 시스템 환경을 관리하려면 어떻게 해야 할까?

도커 컴포즈를 사용하면 전체 시스템 환경을 관리할 수 있다. 단일 커맨드로 도커 컨테이너 기반 공조 마이크로서비스 그룹의 로그를 기록하고 빌드, 시작, 종료할 수 있다.

소스 코드 변경

도커 컴포즈를 사용하려면 도커 컴포즈가 관리할 마이크로서비스를 설명하는 구성 파일(docker-compose.yml)을 만들어야 한다. 또한 나머지 마이크로서비스를 위한 Dockerfile을 만들고, 각 마이크로서비스에 docker 프로필을 추가해야 한다. 4개의 마이크로서비스 모두 자체 Dockerfile을 갖고 있으며, 내용은 앞에서 본 것과 같다.

세 가지 핵심 서비스(product, recommendation, review-service) 모두가 docker 프로필을 사용하며, docker 프로필에서는 컨테이너의 기본 포트를 8080으로 지정한다.

product-composite-service는 핵심 서비스를 찾을 수 있어야 하기 때문에 좀 더 복잡하다. 모든 서비스를 localhost에서 실행할 때는 핵심 서비스의 호스트 이름이 모두 localhost였고 포트 번호는 7001-7003으로 달랐다. 그러나 도커에서 실행할 때는 모든 서비스의 호스트 이름이 서로 다르고, 포트 번호는 8080으로 같다. product-composite-service의 docker 프로필은 다음과 같다.

```
---
spring.config.activate.on-profile: docker

server.port: 8080

app:
  product-service:
    host: product
    port: 8080
  recommendation-service:
    host: recommendation
    port: 8080
  review-service:
    host: review
    port: 8080
```

이 구성은 application.yml 속성 파일에 있다.

docker 프로필에서 사용한 호스트 이름인 product, recommendation, review는 $BOOK_
HOME/Chapter04 폴더에 있는 docker-compose.yml 파일에 지정돼 있다. 파일 내용은
다음과 같다.

```
version: '2.1'

services:
  product:
    build: microservices/product-service
    mem_limit: 512m
    environment:
      - SPRING_PROFILES_ACTIVE=docker

  recommendation:
    build: microservices/recommendation-service
    mem_limit: 512m
    environment:
      - SPRING_PROFILES_ACTIVE=docker

  review:
    build: microservices/review-service
    mem_limit: 512m
    environment:
```

```
      - SPRING_PROFILES_ACTIVE=docker

  product-composite:
    build: microservices/product-composite-service
    mem_limit: 512m
    ports:
      - "8080:8080"
    environment:
      - SPRING_PROFILES_ACTIVE=docker
```

각 마이크로서비스에 대해 다음과 같은 사항을 지정했다.

- 마이크로서비스의 이름. 도커 내부 네트워크에서 사용하는 컨테이너의 호스트 이름이기도 하다.

- 도커 이미지 빌드에 사용할 Dockerfile의 위치를 지정하는 빌드 지시문

- 메모리를 512MB로 제한. 이렇게 해야 이 책에서 다루는 모든 마이크로서비스가 충분한 메모리를 사용할 수 있다. 4장에서는 더 낮은 값으로 설정해도 되지만 마이크로서비스에 더 많은 기능을 추가할수록 필요한 메모리도 증가하게 된다.

- 컨테이너에서 사용할 환경 변수. 스프링 프로필을 지정하고자 환경 변수를 사용했다.

product-composite 서비스만 도커 외부에서 접근할 수 있도록 외부로 포트를 매핑했으며, 다른 마이크로서비스는 외부에서 접근할 수 없다. 다음 절에서는 마이크로서비스 환경을 시작한다.

TIP

> 10장과 11장에서 마이크로서비스의 시스템 환경에 대한 외부 접근을 차단하고 보안을 강화하는 방법을 자세히 알아본다.

마이크로서비스 환경 시작

필요한 코드 변경이 완료되면 도커 이미지를 빌드하고 마이크로서비스 환경을 시작한 다음, 테스트를 실행해 예상대로 작동하는지 확인한다. 다음 단계를 수행한다.

1. 그래들로 배포 아티팩트를 빌드한 후 도커 컴포즈로 도커 이미지를 생성한다.

```
cd $BOOK_HOME/Chapter04
./gradlew build
docker-compose build
```

2. 다음 커맨드로 생성한 도커 이미지를 확인한다.

```
docker images | grep chapter04
```

결과는 그림 4.13과 같다.

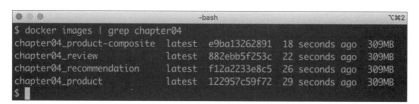

그림 4.13 도커 이미지 확인

3. 다음과 같이 마이크로서비스 환경을 시작한다.

```
docker-compose up -d
```

도커 옵션과 기능이 같은 -d 옵션을 사용해 분리 모드로 컨테이너를 실행한다.

다음 커맨드로 각 컨테이너의 시작 로그를 모니터링할 수 있다.

```
docker-compose logs -f
```

TIP

docker compose logs 커맨드는 앞에서 설명한 docker logs 커맨드와 동일하게 -f 및 —tail 옵션을 지원한다.

도커 컴포즈의 logs 커맨드는 로그 출력을 특정 컨테이너 그룹으로 제한하는 기능도 지원한다. logs 커맨드 뒤에 로그 출력을 보려는 컨테이너 이름을 추가하면 된다. 예를 들어, product 및 review 서비스의 로그 출력만 보려면 docker-compose logs -f product review 커맨드를 사용한다.

마이크로서비스 환경을 테스트하려면 4개의 마이크로서비스가 모두 시작돼야 한다. 그림 4.14와 같은 시작 로그가 있는지 확인한다.

```
6. @b394afed9384:/ (bash)
$ docker-compose logs -f
...
review_1 | 2018-11-04 09:22:03.618 INFO 1 --- [ main] s.m.m.c.review.ReviewServiceApplication
: Started ReviewServiceApplication in 6.051 seconds (JVM running for 6.952)
...
product-composite_1 | 2018-11-04 09:22:03.151 INFO 1 --- [ main] m.c.p.ProductCompositeServic
eApplication : Started ProductCompositeServiceApplication in 6.414 seconds (JVM running for 6
.936)
...
recommendation_1 | 2018-11-04 09:22:03.542 INFO 1 --- [ main] m.m.c.r.RecommendationServiceAp
plication : Started RecommendationServiceApplication in 6.199 seconds (JVM running for 7.131)
...
product_1 | 2018-11-04 09:22:04.250  INFO 1 --- [ main] s.m.m.c.p.ProductServiceApplication :
 Started ProductServiceApplication in 6.212 seconds (JVM running for 7.614)
```

그림 4.14 4개의 마이크로서비스 시작

TIP

> 각 로그 메시지의 앞부분에 출력을 생성한 컨테이너 이름이 붙는다.

이제 테스트를 실행해 예상대로 작동하는지 확인하자. 3장에서 localhost로 복합 서비스를 직접 실행하고 호출했을 때와 다른 점은 포트 번호뿐이다. 이번에는 8080 포트로 호출한다.

```
curl localhost:8080/product-composite/123 -s | jq .
```

실행 결과는 이전과 크게 다르지 않다.

```
6. @b394afed9384:/ (bash)
$ curl localhost:8080/product-composite/123 -s | jq .
{
  "productId": 123,
  ...
  "recommendations": [ ... ],
  "reviews": [ ... ],
  "serviceAddresses": { ... }
}
$
```

그림 4.15 product–composite 서비스 호출

serviceAddresses 항목의 호스트 이름과 포트만 이전과 다르다.

```
 ● ● ●                6. @b394afed9384:/ (bash)
"serviceAddresses": {
    "cmp": "98059be902bf/172.21.0.2:8080",
    "pro": "99774d9be7b8/172.21.0.4:8080",
    "rev": "a89da16763d9/172.21.0.5:8080",
    "rec": "2a846794a1d0/172.21.0.3:8080"
}
```

그림 4.16 서비스 주소 확인

그림 4.16을 보면 각 도커 컨테이너에 할당된 호스트 이름과 IP 주소를 알 수 있다.

이제 마지막 한 단계가 남았다.

```
docker-compose down
```

앞의 커맨드로 마이크로서비스 환경을 종료한다. 이 절에서는 수동으로 bash 커맨드를 사용해 공조 마이크로서비스를 테스트하는 방법을 살펴봤다. 다음 절에서는 테스트 스크립트를 개선해 수작업을 자동화하는 방법을 살펴본다.

공조 마이크로서비스의 테스트 자동화

마이크로서비스 그룹을 수동으로 관리한다면 도커 컴포즈가 매우 유용하다. 이 절에서는 한 단계 더 나아가 테스트 스크립트 test-em-all.bash에 도커 컴포즈를 통합한다. 테스트 스크립트는 마이크로서비스 환경을 자동으로 시작하고, 필요한 모든 테스트를 실행해 마이크로서비스 환경이 예상대로 작동하는지 확인하며, 끝으로 테스트 실행의 잔재를 제거한다.

테스트 스크립트는 $BOOK_HOME/Chapter04/test-em-all.bash에 있다.

테스트 스크립트는 start 인수가 있는지 확인한 다음 테스트 스위트를 실행한다. 만약 start 인수가 있으면 다음 코드로 컨테이너를 다시 시작한다.

```
if [[ $@ == *"start"* ]]
then
    echo "Restarting the test environment..."
    echo "$ docker-compose down --remove-orphans"
    docker-compose down --remove-orphans
    echo "$ docker-compose up -d"
    docker-compose up -d
fi
```

컨테이너를 재시작한 후에는 product-composite 서비스가 OK로 응답할 때까지 기다린다.

```
waitForService http://$HOST:${PORT}/product-composite/1
```

배시bash 함수인 waitForService의 구현은 다음과 같다.

```
function testUrl() {
    url=$@
    if curl $url -ks -f -o /dev/null
    then
            return 0
    else
            return 1
    fi;
}

function waitForService() {
    url=$@
    echo -n "Wait for: $url... "
    n=0
    until testUrl $url
    do
        n=$((n + 1))
        if [[ $n == 100 ]]
        then
            echo " Give up"
            exit 1
        else
            sleep 3
            echo -n ", retry #$n "
        fi
```

```
    done
    echo "DONE, continues..."
}
```

waitForService 함수는 curl을 사용해 지정한 URL로 HTTP 요청을 보내며 요청이 성공할 때까지 반복적으로 요청을 보낸다. 각 요청 사이에는 3초의 대기 시간이 있으며 요청을 100번 보낸 후에도 성공하지 못하면 실패로 간주하고 스크립트를 중지한다.

다음으로는 이전과 같이 모든 테스트를 실행한다. 테스트가 끝나면 stop 인수와 함께 테스트 스크립트를 실행해 테스트 환경을 제거한다.

```
if [[ $@ == *"stop"* ]]
then
    echo "We are done, stopping the test environment..."
    echo "$ docker-compose down"
    docker-compose down
fi
```

TIP

> 테스트 스크립트는 일부 테스트가 실패하는 경우에는 테스트 환경을 제거하지 않는다. 테스트만 중단하고 테스트 환경은 오류 분석을 위해 남겨 둔다.

도커 없이 마이크로서비스를 실행할 때는 테스트 스크립트의 기본 포트가 7000이었으나, 도커를 사용하면서 8080으로 변경됐다.

이제 테스트 스크립트를 실행하자. 다음 커맨드로 테스트를 실행하면 테스트 환경을 시작한 다음 테스트를 실행하고 완료 후 제거한다.

```
./test-em-all.bash start stop
```

그림 4.17은 테스트를 실행했을 때의 출력 샘플로 테스트 시작 및 종료 단계의 출력만 추린 것이다. 3장에서 본 것과 같으므로 실제 테스트 실행 결과는 생략했다.

```
$ ./test-em-all.bash start stop
Start Tests: Fri Jan 15 09:43:26 CET 2021
HOST=localhost
PORT=8080
Restarting the test environment...
$ docker-compose down
Removing network chapter04_default
WARNING: Network chapter04_default not found.
$ docker-compose up -d
Creating network "chapter04_default" with the default driver
Creating chapter04_product-composite_1 ... done
Creating chapter04_product_1          ... done
Creating chapter04_recommendation_1   ... done
Creating chapter04_review_1           ... done
Wait for: curl http://localhost:8080/product-composite/1... ,
retry #1 , retry #2 , retry #3 , retry #4 DONE, continues...
...Tests OK...
We are done, stopping the test environment...
$ docker-compose down
Stopping chapter04_review_1           ... done
Stopping chapter04_recommendation_1   ... done
Stopping chapter04_product_1          ... done
Stopping chapter04_product-composite_1 ... done
Removing chapter04_review_1           ... done
Removing chapter04_recommendation_1   ... done
Removing chapter04_product_1          ... done
Removing chapter04_product-composite_1 ... done
Removing network chapter04_default
End, all tests OK: Fri Jan 15 09:43:46 CET 2021
$
```

그림 4.17 테스트를 실행했을 때의 출력 샘플

다음 절에서는 테스트를 마친 후 실패한 테스트의 문제를 해결하는 방법을 살펴본다.

테스트 실행 문제 해결

./test-em-all.bash start stop 커맨드로 실행한 테스트가 실패했다면 다음 단계에 따라
문제를 찾아서 해결한 다음 다시 테스트를 실행한다.

1. 다음 커맨드로 실행 중인 마이크로서비스의 상태를 확인한다.

```
docker-compose ps
```

모든 마이크로서비스가 정상 작동한다면 실행 결과는 그림 4.18과 같다.

그림 4.18 실행 중인 마이크로서비스의 상태 확인

2. Up 상태가 아닌 마이크로서비스가 있다면 `docker-compose logs` 커맨드로 오류가 있는지 로그를 확인한다. 예를 들어, product 서비스의 로그를 확인하려면 다음 커맨드를 사용한다.

```
docker-compose logs product
```

매우 단순한 마이크로서비스라서 현 상태에서는 오류가 발생할 일이 없기 때문에 6장에서 오류 로그 샘플을 가져왔다. 그림 4.19와 같은 오류 로그가 출력됐다고 가정하자.

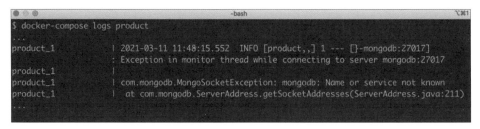

그림 4.19 샘플 오류 로그 출력

앞의 로그 출력을 보면 product 마이크로서비스에서 MongoDB 데이터베이스에 접속할 수 없는 것 같다. 데이터베이스도 같은 도커 컴포즈 파일로 관리하는 도커 컨테이너로 실행되므로 docker-compose logs 커맨드를 사용해 데이터베이스의 문제를 확인할 수 있다.

필요하다면 docker-compose restart 커맨드를 사용해 실패한 컨테이너를 다시 시작할 수 있다. 예를 들어, product 마이크로서비스를 다시 시작하려면 다음 커맨드를 사용한다.

```
docker-compose restart product
```

충돌이 발생하는 등의 이유로 실행되지 않은 컨테이너가 있다면 docker-compose up -d --scale 커맨드로 컨테이너를 시작할 수 있다. 예를 들어, product 마이크로서비스를 시작하려면 다음 커맨드를 사용한다.

```
docker-compose up -d --scale product=1
```

만약 로그에 도커의 디스크 용량 부족과 관련된 오류가 있다면 다음 커맨드로 복구한다.

```
docker system prune -f --volumes
```

3. 모든 마이크로서비스가 정상 동작하게 되면 테스트 스크립트를 start 인수 없이 다시 실행한다.

```
./test-em-all.bash
```

이제 테스트가 잘 실행되는지 확인한다.

4. 테스트가 끝나면 다음 커맨드로 테스트 환경을 정리한다.

```
docker-compose down
```

소스 코드를 이용해 런타임 아티팩트와 도커 이미지를 빌드하고 전체 테스트를 실행하는 커맨드는 다음과 같다.

```
./gradlew clean build && docker-compose build &&
./test-em-all.bash start stop
```

새 코드를 깃 저장소에 푸시하기 전에 검증하고자 빌드 서버의 빌드 파이프라인에 검증 절차를 넣을 때 사용하면 좋다.

ꞏꞏ 요약

4장에서는 도커를 사용해 공조 마이크로서비스 환경을 간단하게 테스트하는 방법을 살펴봤다.

자바 SE 10 이상 버전은 컨테이너에 설정한 사용 가능한 CPU 및 메모리 양에 관한 제약 조건을 준수한다는 것을 배웠다. 손쉽게 자바 기반 마이크로서비스를 도커 컨테이너로 실행할 수 있다는 것도 배웠다. 스프링 프로필을 사용하면 코드를 변경하지 않고도 도커에서 마이크로서비스를 실행할 수 있다.

마지막으로, 도커 컴포즈를 사용해 단일 커맨드로 공조 마이크로서비스 환경을 관리하는 방법을 살펴봤고, test-em-all.bash와 같은 테스트 스크립트와 도커 컴포즈를 통합해 테스트를 자동화하는 방법도 살펴봤다.

5장에서는 OpenAPI/스웨거를 사용해 API를 문서화한다.

⁘ 질문

1. 가상머신과 도커 컨테이너의 주요 차이점은 무엇인가?

2. 도커가 네임스페이스, cgroup을 사용하는 목적은 무엇인가?

3. 컨테이너의 최대 메모리 설정을 무시하고, 허용량을 초과해 메모리를 할당한 자바 애플리케이션은 어떻게 되는가?

4. 스프링 기반 애플리케이션을 소스 코드 수정 없이 도커 컨테이너로 실행하려면 어떻게 해야 하는가?

5. 다음의 도커 컴포즈 코드가 작동하지 않는 이유는 무엇인가?

```
review:
  build: microservices/review-service
  ports:
    - "8080:8080"
  environment:
    - SPRING_PROFILES_ACTIVE=docker

product-composite:
  build: microservices/product-composite-service
  ports:
    - "8080:8080"
  environment:
    - SPRING_PROFILES_ACTIVE=docker
```

05

OpenAPI를 사용한
API 문서화

RESTful 서비스에서 제공하는 API는 사용 편의성이 매우 중요하다. 즉 접근이 쉬운 좋은 문서가 있어야 유용하게 API를 사용할 수 있다. 5장에서는 외부에서 마이크로서비스 환경에 접근할 때 참고할 수 있도록 **OpenAPI 사양**에 맞춰 API를 문서화하는 방법을 배운다.

2장에서 언급했듯이 예전에는 스웨거 사양이라고 했던 OpenAPI 사양은 RESTful 서비스를 문서화할 때 가장 일반적으로 사용하는 사양이며 주요 API 게이트웨이의 상당수가 스웨거를 기본 지원한다. 5장에서는 오픈 소스 프로젝트인 **springdoc-openapi**를 사용해 API를 문서화하는 방법과 API 문서를 검사하고 호출할 때 사용하는 API 문서 뷰어인 **스웨거 UI**를 내장하는 방법을 배운다.

5장의 뒷부분에서는 product-composite-service의 공개 API를 OpenAPI 기반으로 문서화하며, 내장된 스웨거 UI 뷰어를 사용해 API를 시각화하고 테스트한다.

5장에서는 다음과 같은 내용을 다룬다.

- springdoc-openapi 소개

- 소스 코드에 springdoc-openapi 추가

- 마이크로서비스 환경 구축 및 시작

- OpenAPI 문서 사용법

⁞⁞· 기술 요구 사항

이 책에서 사용하는 도구의 설치 방법과 이 책의 소스 코드를 다운로드하는 방법은 다음을 참고한다.

- 21장, 맥OS용 설치 지침

- 22장, 윈도우용 설치 지침

5장의 모든 소스 코드 예제는 $BOOK_HOME/Chapter05 폴더에 있다.

5장에서 springdoc-openapi로 OpenAPI 기반 API 문서를 작성하고자 변경한 부분을 확인하고 싶다면 4장의 소스 코드와 비교하면 된다. 선호하는 파일 비교 도구를 사용해 $BOOK_HOME/Chapter04 폴더와 $BOOK_HOME/Chapter05 폴더를 비교해보자.

⁞⁞· springdoc-openapi 소개

springdoc-openapi를 사용하면 API를 구현하는 소스 코드와 연동해 API를 문서화할 수 있다. springdoc-openapi는 코드의 자바 애노테이션을 조사해 런타임에 즉석에서 API 문서를 생성한다. 이런 기능은 매우 중요한데 자바 코드와 API 문서의 수명 주기를 같게 유지하지 않으면 시간이 지나면서 쉽게 어긋나기 때문이다. 내 경험으로는 많은 부분이 생각보다 빠르게 어긋난다.

> springdoc-openapi가 등장하기 전에는 유사한 기능을 제공하는 다른 오픈 소스 프로젝트인 **스프링 폭스**
> (SpringFox)(http://springfox.github.io/springfox/)를 많이 사용했다. 최근 몇 년 동안 스프링 폭스 프로
> 젝트의 활동이 저조했기 때문에 이에 대한 대응으로 springdoc-openapi 프로젝트가 떠올랐다. 스프링 폭
> 스 사용자를 위한 마이그레이션 가이드는 다음 링크(https://springdoc.org/#migrating-from-
> springfox)에서 볼 수 있다.

컴포넌트의 인터페이스와 구현을 분리하는 것은 언제나 중요하다. RESTful API의 문서화 관점에서 보면 API 문서는 API를 구현하는 자바 클래스가 아니라 API를 설명하는 자바 인터페이스에 추가하는 것이 낫다. 또한 긴 설명과 같은 API 문서 텍스트를 쉽게 업데이트하려면 설명 부분을 자바 코드가 아닌 속성 파일에 넣는 것이 좋다.

springdoc-openapi는 API 사양을 즉석에서 생성할 뿐만 아니라 스웨거 UI라는 API 뷰어도 제공한다. 스웨거 UI에서 `product-composite-service` 서비스의 API를 사용할 수 있도록 구성해보자.

> 스웨거 UI는 개발 및 테스트 단계에서 매우 유용하지만 보안상의 이유로 운영 환경의 API를 공개하지는 않
> 는다. 보통은 API 게이트웨이를 사용해 API를 공개한다. 오늘날 대부분의 API 게이트웨이 제품은
> OpenAPI에 기반한 API 문서를 공개하는 기능이 있다. 따라서 스웨거 UI를 공개하는 대신 springdoc-
> openapi로 생성한 OpenAPI 문서를 API 게이트웨이로 내보내면 안전하게 API 문서를 게시할 수 있다.
>
> API를 서드파티 개발자가 사용해야 한다면 서드파티 개발자가 가입해 사용할 수 있는 개발자 포털을 만들
> 어서 문서와 도구를 볼 수 있게 하면 좋다. 개발자는 개발자 포털에서 스웨거 UI를 사용해 문서를 읽거나 테
> 스트 인스턴스를 사용해 API를 시험함으로써 API를 학습할 수 있다.
>
> 11장에서 OAuth 2.1을 사용해 API 접근을 차단하는 방법을 배운다. 또한 OAuth 2.1 접근 토큰을 얻도록 스
> 웨거 UI 컴포넌트를 구성하고 사용자가 스웨거 UI로 API를 호출할 때 접근 토큰을 사용하는 방법을 배운다.

그림 5.1은 앞으로 구성할 스웨거 UI의 예다.

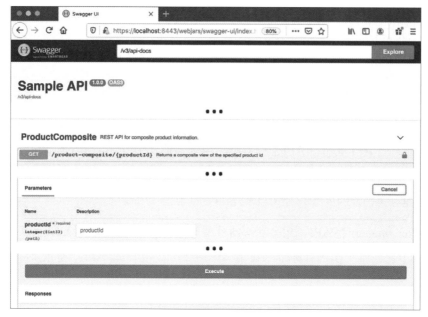

그림 5.1 스웨거 UI

springdoc-openapi로 API 문서를 생성하려면 빌드 파일에 몇 가지 의존성을 추가하고 RESTful 서비스를 정의하는 자바 인터페이스에 애노테이션을 추가해야 한다. 또한 앞에서 언급했듯이 속성 파일에 API 문서의 설명 부분을 넣는다.

지금까지 springdoc-openapi에 대해 간략하게 알아봤다. 다음 절에서는 springdoc-openapi를 사용할 수 있도록 소스 코드를 변경한다.

⁝⁝⁝ 소스 코드 변경

product-composite-service 마이크로서비스가 노출하는 공개 API에 대한 OpenAPI 기반 문서를 추가하려면 다음 두 프로젝트의 소스 코드를 변경해야 한다.

- product-composite-service: 자바 애플리케이션 클래스 ProductCompositeServiceApplication에 springdoc-openapi 구성을 설정하고 API에 대한 일반 정보를 기술한다.
- api: 자바 인터페이스 ProductCompositeService에 RESTful 서비스와 오퍼레이션에 대해 설명하는 애노테이션을 추가한다. 지금은 /product-composite/{productId}로 HTTP GET 요청을 받는 오퍼레이션만 하나 있는데, 이 오퍼레이션은 특정 제품의 복합 정보에 대한 요청을 처리한다.

API 오퍼레이션에 대한 설명은 product-composite-service 프로젝트의 기본 속성 파일인 application.yml에 넣는다.

springdoc-openapi를 사용하려면 그래들 빌드 파일에 의존성을 추가해야 한다. 다음 절에서 알아보자.

그래들 빌드 파일에 의존성 추가

springdoc-openapi 프로젝트는 여러 모듈로 나뉜다. 이 중 api 프로젝트는 API를 문서화하는 데 사용할 애노테이션을 제공하는 모듈을 필요로 한다. 다음과 같이 api 프로젝트의 빌드 파일(build.gradle)에 의존성을 추가한다.

```
implementation 'org.springdoc:springdoc-openapi-common:1.5.9'
```

product-composite-service 프로젝트는 스웨거 UI 뷰어와 스프링 웹플럭스를 모두 지원하는 다양한 기능을 갖춘 모듈을 필요로 한다. 다음과 같이 빌드 파일(build.gradle)에 의존성을 추가한다.

```
implementation 'org.springdoc:springdoc-openapi-webflux-ui:1.5.9'
```

의존성 추가를 마쳤다. 다음 절에서는 구성 방법을 알아본다.

ProductCompositeServiceApplication에 구성과 API 정보 추가

product-composite-service 마이크로서비스에 springdoc-openapi를 활성화하려면 구성을 추가해야 한다. 소스 코드를 간결하게 유지하고자 애플리케이션 클래스(ProductComposite ServiceApplication.java)에 직접 구성을 추가한다.

> **TIP**
>
> 원한다면 별도의 스프링 구성 클래스에 springdoc-openapi의 구성을 넣어도 된다.

먼저 OpenAPI 빈[bean]을 반환하는 스프링 빈을 정의해야 한다. 소스 코드는 다음과 같다.

```
@Bean
public OpenAPI getOpenApiDocumentation()
  { return new OpenAPI()
    .info(new Info().title(apiTitle)
      .description(apiDescription)
      .version(apiVersion)
      .contact(new Contact()
        .name(apiContactName)
        .url(apiContactUrl)
        .email(apiContactEmail))
      .termsOfService(apiTermsOfService)
      .license(new License()
        .name(apiLicense)
        .url(apiLicenseUrl)))
    .externalDocs(new ExternalDocumentation()
      .description(apiExternalDocDesc)
      .url(apiExternalDocUrl));
}
```

앞의 코드를 보면 다음과 같은 API에 대한 일반 정보 및 설명이 구성에 포함된다는 것을 알수 있다.

- API의 이름, 설명, 버전, 연락처 정보

170

- 이용 약관 및 라이선스 정보

- API와 관련된 외부 정보에 대한 링크

OpenAPI 빈을 구성하는 api* 변수는 속성 파일에서 가져오며 스프링의 @Value 애노테이션으로 초기화한다. @Value 애노테이션의 사용 예는 다음과 같다.

```
@Value("${api.common.version}")        String apiVersion;
@Value("${api.common.title}")          String apiTitle;
@Value("${api.common.description}")    String apiDescription;
@Value("${api.common.termsOfService}") String apiTermsOfService;
@Value("${api.common.license}")        String apiLicense;
@Value("${api.common.licenseUrl}")     String apiLicenseUrl;
@Value("${api.common.externalDocDesc}") String apiExternalDocDesc;
@Value("${api.common.externalDocUrl}") String apiExternalDocUrl;
@Value("${api.common.contact.name}")   String apiContactName;
@Value("${api.common.contact.url}")    String apiContactUrl;
@Value("${api.common.contact.email}")  String apiContactEmail;
```

실제 값은 다음과 같이 속성 파일(application.yml)에 있다.

```
api:
  common:
    version: 1.0.0
    title: Sample API
    description: Description of the API...
    termsOfService: MY TERMS OF SERVICE
    license: MY LICENSE
    licenseUrl: MY LICENSE URL

    externalDocDesc: MY WIKI PAGE
    externalDocUrl: MY WIKI URL
    contact:
      name: NAME OF CONTACT
      url: URL TO CONTACT
      email: contact@mail.com
```

springdoc-openapi의 구성 정보도 속성 파일에 있다.

```
springdoc:
  swagger-ui.path: /openapi/swagger-ui.html
  api-docs.path: /openapi/v3/api-docs
  packagesToScan: se.magnus.microservices.composite.product
  pathsToMatch: /**
```

구성 매개 변수의 목적은 다음과 같다.

- `springdoc.swagger-ui.path` 및 `springdoc.api-docs.path`는 내장된 스웨거 UI 뷰어의 URL 경로를 /openapi로 지정한다. 이 책의 뒷부분에서는 보안 문제를 해결하고자 다양한 유형의 에지 서버를 앞단에 추가하는데 이런 구성이 에지 서버의 구성을 단순화한다. 자세한 내용은 다음의 각 장을 참고한다.

  - 10장, 스프링 클라우드 게이트웨이를 에지 서버로 사용

  - 11장, API 접근 보안

  - 17장, 쿠버네티스로 기존 시스템 환경 대체

  - 18장, 서비스 메시를 사용해 관찰 가능성 및 관리 편의성 개선

- `springdoc.packagesToScan` 및 `springdoc.pathsToMatch`는 springdoc-openapi가 어디에서 애노테이션을 검색할지 제어한다. springdoc-openapi가 검색할 범위가 좁을수록 검색이 빠르다.

자세한 내용은 애플리케이션 클래스(`ProductCompositeServiceApplication.java`)와 `product-composite-service` 프로젝트의 속성 파일(application.yml)을 참고한다. 이제 api 프로젝트의 자바 인터페이스(`ProductCompositeService.java`)에 API 정보를 추가하는 방법을 알아보자.

ProductCompositeService 인터페이스에 API 정보 추가

실제 API와 RESTful 오퍼레이션을 문서화하고자 api 프로젝트의 자바 인터페이스(`ProductCompositeService`) 선언에 `@Tag` 애노테이션을 추가한다. 각 RESTful 오퍼레이션의 담당 자바 메서드에는 오퍼레이션과 예상 응답을 설명하는 `@ApiResponse` 애노테이션과

@Operation 애노테이션을 추가한다. 성공했을 때의 예상 응답과 오류가 발생했을 때의 예상 응답을 모두 기술한다.

springdoc-openapi는 앞에서 언급한 애노테이션을 런타임에 읽을 뿐만 아니라 스프링 애노테이션도 검사한다. 예를 들면 @GetMapping 애노테이션을 검사해 오퍼레이션에 필요한 입력 인수와 작업이 성공했을 때의 응답 유형을 파악한다. springdoc-openapi는 예상되는 오류 응답의 구조를 파악하기 위해 @RestControllerAdvice 및 @ExceptionHandler 애노테이션을 찾는다.

3장에서 @RestControllerAdvice 애노테이션을 추가한 유틸리티 클래스(GlobalController ExceptionHandler.java)를 util 프로젝트에 추가했다. 자세한 내용은 3장의 '전역 REST 컨트롤러 예외 핸들러' 절을 참고한다. 예외 핸들러는 404(NOT_FOUND)와 422(UNPROCESSABLE_ ENTITY) 오류를 처리한다. 스프링 웹플럭스가 요청에서 잘못된 입력 인수를 발견했을 때 생성하는 400(BAD_REQUEST) 오류를 springdoc-openapi가 제대로 문서화할 수 있도록 400(BAD_REQUEST)를 처리하는 @ExceptionHandler 애노테이션을 GlobalControllerException Handler.java에 추가한다.

다음과 같이 자바 인터페이스 선언에 API에 대한 설명을 붙인다.

```
@Tag(name = "ProductComposite", description =
  "REST API for composite product information.")
public interface ProductCompositeService {
```

API 오퍼레이션에 붙는 @Operation 및 @ApiResponse 애노테이션에 들어가는 설명 문자열은 속성 파일에서 추출한다. 각 애노테이션에는 ${속성 이름} 형식의 속성 자리 표시자placeholder 가 있으며, springdoc-openapi는 런타임에 이 자리 표시자를 사용해 속성 파일에서 실제 문자열을 꺼낸다. 다음과 같이 API 오퍼레이션을 문서화한다.

```
@Operation(
  summary =
    "${api.product-composite.get-composite-product.description}",
  description =
    "${api.product-composite.get-composite-product.notes}")
@ApiResponses(value = {
```

```
    @ApiResponse(responseCode = "200", description =
      "${api.responseCodes.ok.description}"),
    @ApiResponse(responseCode = "400", description =
      "${api.responseCodes.badRequest.description}"),
    @ApiResponse(responseCode = "404", description =
      "${api.responseCodes.notFound.description}"),
    @ApiResponse(responseCode = "422", description =
      "${api.responseCodes.unprocessableEntity.description}")
})
@GetMapping(
    value = "/product-composite/{productId}",
    produces = "application/json")
ProductAggregate getProduct(@PathVariable int productId);
```

springdoc-openapi는 앞의 소스 코드에서 다음과 같은 오퍼레이션 관련 정보를 추출한다.

- 오퍼레이션은 /product-composite/{productid} URL로 들어오는 HTTP GET 요청을 처리한다. URL의 마지막 부분인 {productid}는 요청에 대한 입력 매개 변수다.

- 성공 응답은 ProductAggregate 자바 클래스 형식의 JSON 구조를 생성한다.

- 오류가 발생하면 앞에서 설명한 util 프로젝트의 GlobalControllerExceptionHandler. java 클래스의 @ExceptionHandler에 설정한 대로 본문의 오류 정보와 400, 404, 422 HTTP 오류 코드를 함께 반환한다.

@Operation 및 @ApiResponse 애노테이션에 값을 지정할 때는 스프링의 @Value 애노테이션을 사용하지 않고 속성 자리 표시자를 직접 사용한다. 실제 값은 다음과 같이 속성 파일 (application.yml)에서 설정한다.

```
api:
  responseCodes:
    ok.description: OK
    badRequest.description: Bad Request, invalid format of the request. See
response message for more information
    notFound.description: Not found, the specified id does not exist
    unprocessableEntity.description: Unprocessable entity, input parameters
caused the processing to fail. See response message for more information
```

```
    product-composite:

    get-composite-product:
      description: Returns a composite view of the specified product id
      notes: |
        # 정상 응답
        If the requested product id is found the method will return information
regarding:
        1. Base product information
        1. Reviews
        1. Recommendations
        1. Service Addresses\n(technical information regarding the addresses
of the microservices that created the response)

        # 오류가 발생해 일부 응답만 반환하는 경우
        In the following cases, only a partial response be created(used to
simplify testing of error conditions)

        ## 제품 ID가 113인 경우
        200 - Ok, but no recommendations will be returned

        ## 제품 ID가 213인 경우
        200 - Ok, but no reviews will be returned

        ## 제품 ID가 숫자가 아닌 경우
        400 - A **Bad Request** error will be returned

        ## 제품 ID가 13인 경우
        404 - A **Not Found** error will be returned

        ## 제품 ID가 음수인 경우
        422 - An **Unprocessable Entity** error will be returned
```

앞의 구성을 보면 다음과 같은 사항을 알 수 있다.

- ${api.responseCodes.ok.description} 속성 자리 표시자는 OK로 변환된다. 속성 파일은
  YAML 형식이므로 계층 구조에 유의한다.

```
    api:
      responseCodes:
        ok.description: OK
```

- 여러 줄 값은 | 기호로 시작한다. `api.get-composite-product.description.notes` 속성을 참고한다. springdoc-openapi는 **마크다운**^{Markdown} 문법을 사용한 여러 줄 입력을 지원한다.

자세한 내용은 api 프로젝트의 서비스 인터페이스 클래스(ProductCompositeService.java)와 **product-composite-service** 프로젝트의 속성 파일(application.yml)을 참고한다.

> **TIP**
>
> YAML 파일의 구조에 대해 더 자세히 알고 싶다면 다음 링크(https://yaml.org/spec/1.2/spec.html)의 사양을 참고한다.

⠿ 마이크로서비스 환경 구축 및 시작

마이크로서비스 환경을 구축 및 시작한 뒤 OpenAPI 문서를 시험해보자.

다음 커맨드를 실행한다.

```
cd $BOOK_HOME/Chapter05
./gradlew build && docker-compose build && docker-compose up -d
```

다음과 같이 8080 포트가 이미 사용 중이라는 오류 메시지가 출력될 수 있다.

```
ERROR: for product-composite Cannot start service
product-composite: driver failed programming external
connectivity on endpoint chapter05_product-composite_1
(0138d46f2a3055ed1b90b3b3daca92330919a1e7fec20351728633222db5e737):
Bind for 0.0.0.0:8080 failed: port is already allocated
```

4장에서 실행한 마이크로서비스 환경을 중지하지 않았기 때문에 발생한 오류다. 다음 커맨드로 실행 중인 컨테이너의 이름을 찾는다.

```
docker ps --format {{.Names}}
```

아직 4장에서 실행한 마이크로서비스 환경을 실행 중이라면 결과는 다음과 같을 것이다.

```
chapter05_review_1
chapter05_product_1
chapter05_recommendation_1
chapter04_review_1
chapter04_product-composite_1
chapter04_product_1
chapter04_recommendation_1
```

커맨드 실행 결과에 4장이나 다른 장에서 실행한 컨테이너가 있다면 해당 장의 소스 코드 폴더로 이동해 컨테이너를 종료한다.

```
cd ../Chapter04
docker-compose down
```

이제 5장에서 사용할 컨테이너를 시작하자.

```
cd ../Chapter05
docker-compose up -d
```

커맨드를 실행하면 앞에서 실행에 실패한 product-composite 컨테이너만 시작된다.

```
Starting chapter05_product-composite_1 ... done
```

마이크로서비스 환경이 시작되길 기다렸다가 다음 커맨드로 작동을 확인한다.

```
./test-em-all.bash
```

성공적으로 마이크로서비스를 실행했다면 내장된 스웨거 UI 뷰어를 이용해 product-composite 마이크로서비스가 공개하는 OpenAPI 문서를 사용해보자.

⁂ OpenAPI 문서 사용법

내장된 스웨거 UI 뷰어를 사용해 OpenAPI 문서를 살펴보자. 웹 브라우저에서 다음 링크 (http://localhost:8080/openapi/swagger-ui.html)를 열면 그림 5.2와 같은 웹 페이지가 나타난다.

그림 5.2 스웨거 UI 뷰어로 OpenAPI 문서 열람

이 웹 페이지에서는 다음을 확인할 수 있다.

1. springdoc-openapi OpenAPI 빈에 지정한 일반 정보와 실제 OpenAPI 문서의 링크(/ openapi/v3/api-docs). 이 링크는 http://localhost:8080/openapi/v3/api-docs로 연결된다.

> **TIP**
>
> 앞의 'springdoc-openapi 소개' 절에서 설명했듯이 OpenAPI 문서에 대한 링크를 API 게이트웨이로 내보낼 수 있다.

2. API 리소스 목록: 지금은 **ProductComposite** API만 있다.

3. 페이지 하단의 항목을 이용하면 API의 스키마를 살펴볼 수 있다.

다음과 같이 API 문서를 검토한다.

1. ProductComposite API 리소스를 클릭해 확장하면 리소스에 있는 사용 가능한 오퍼레이션의 목록이 표시된다. 지금은 /product-composite/{productId} 오퍼레이션만 있다.

2. /product-composite/{productId} 오퍼레이션을 클릭해 확장한다. ProductComposite Service 자바 인터페이스에 입력한 오퍼레이션 설명 문서를 볼 수 있다.

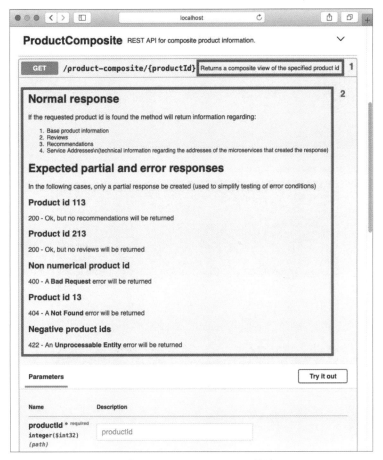

그림 5.3 ProductComposite API 문서

그림 5.3에는 다음과 같은 항목이 있다.

- 오퍼레이션에 대한 한 줄 설명
- 지원하는 입력 매개 변수 등 오퍼레이션을 자세히 설명하는 항목. 마크다운 문법으로 @ApiOperation 애노테이션에 입력한 내용이 멋지게 렌더링돼 있다.

웹 페이지를 아래로 스크롤하면 그림 5.4와 같은 화면이 나타난다. 이 화면에서는 예상하는 200(OK) 정상 응답의 내용과 구조를 볼 수 있다.

그림 5.4 200 응답에 대한 문서

그림 5.5는 앞에서 정의한 여러 가지 4xx 오류 응답에 대한 문서다.

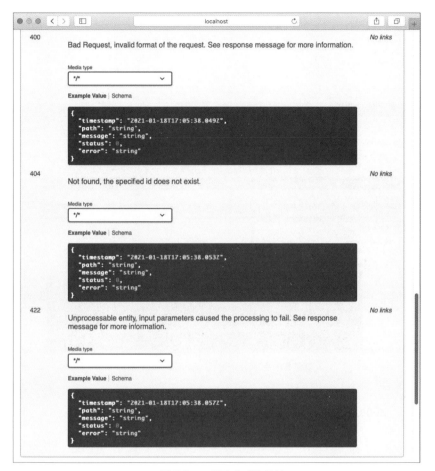

그림 5.5 4xx 응답에 대한 문서

앞의 문서를 보면 발생할 수 있는 여러 가지 오류 응답의 내용과 구조를 확인할 수 있다.

매개 변수 설명(Parameters) 쪽으로 되돌려 스크롤하면 **Try it out** 버튼이 있다. 이 버튼을 클릭하고 실제 매개 변수 값을 입력한 다음 **Execute** 버튼을 클릭하면 API로 요청을 보낼 수 있다. 예를 들어, **productId**에 123을 입력하고 실행하면 그림 5.6과 같이 응답한다.

그림 5.6 존재하는 제품을 조회했을 때의 응답

응답 코드는 200(OK)이고 응답 본문은 많이 봤던 JSON 구조다.

만약 -1 등의 잘못된 값을 입력하면 적절한 오류 코드가 응답 코드(422)로 반환되고, 해당 오류에 대한 JSON 기반 설명이 응답 본문으로 반환된다.

그림 5.7 잘못된 값으로 조회했을 때의 응답

응답 본문의 **message** 필드의 값(Invalid productid: -1)을 보면 문제를 명확히 지적하고 있다.

스웨거 UI 뷰어를 사용하지 않고 API 호출을 시도하고 싶다면 앞 화면의 **Response** 항목에서 curl 커맨드를 복사해 터미널 창에서 실행한다. 예를 들면 다음과 같다.

```
curl -X GET "http://localhost:8080/product-composite/123" -H "accept:
application/json"
```

대단하다! 그렇지 않은가?

⁑ 요약

API를 잘 문서화해야 사용자가 쉽게 받아들일 수 있다. OpenAPI는 RESTful 서비스를 문서화할 때 가장 일반적으로 사용하는 사양이다. springdoc-openapi는 스프링 웹플럭스와 스웨거 애노테이션을 검사해 OpenAPI 기반 API 문서를 런타임에 즉시 생성하는 오픈 소스 프로젝트다. API를 설명하는 텍스트는 자바 소스 코드의 애노테이션에 넣을 수 있으며, 쉽게 텍스트를 편집할 수 있도록 속성 파일에 넣을 수도 있다. 마이크로서비스에서 스웨거 UI 뷰어를 내장하도록 springdoc-openapi를 구성할 수도 있는데, 스웨거 UI 뷰어를 사용하면 마이크로서비스가 공개하는 API 정보를 쉽게 확인하고 실행할 수 있다.

이제 영속성, 즉 데이터베이스에 데이터를 저장하는 기능을 추가해 마이크로서비스에 생명을 불어넣어보자. 영속성을 추가하려면 마이크로서비스가 처리하는 정보를 생성하고 삭제하는 API를 추가해야 한다. 6장에서 자세한 내용을 알아보자.

⁑ 질문

1. springdoc-openapi로 RESTful 서비스의 API 문서를 작성할 때의 장점은 무엇인가?

2. springdoc-openapi가 지원하는 API 문서화 사양은 무엇인가?

3. springdoc-openapi `OpenAPI` 빈의 사용 목적은 무엇인가?

4. springdoc-openapi가 API 문서 작성을 위해 런타임에 검사하는 애노테이션에는 어떤 것들이 있는가?

5. YAML 파일에서 ': |' 코드의 의미는 무엇인가?

6. 내장된 스웨거 UI 뷰어로 수행했던 API 호출을 뷰어를 사용하지 않고 반복하려면 어떻게 해야 하는가?

06

영속성 추가

6장에서는 마이크로서비스 데이터에 영속성을 부여하는 방법을 배운다. 2장에서 언급했듯이 스프링 데이터 프로젝트를 사용하며, MongoDB 및 MySQL 데이터베이스에 데이터를 저장한다.

product 및 recommendation 마이크로서비스는 스프링 데이터 MongoDB^{Spring Data for MongoDB}를 사용해 MongoDB에 접속하고, review 마이크로서비스는 스프링 데이터 JPA^{Spring Data for JPA}를 사용해 MySQL 데이터베이스에 접속한다. 또한 기존의 데이터 읽기용 API를 업데이트해 데이터베이스에 데이터를 생성하거나 삭제하는 오퍼레이션^{operation}을 RESTful API에 추가한다. 마이크로서비스와 마찬가지로 도커 컴포즈가 관리하는 도커 컨테이너를 사용해 데이터베이스를 실행한다.

6장에서는 다음과 같은 내용을 다룬다.

- 핵심 마이크로서비스에 영속성 계층^{persistence layer} 추가

- 영속성에 중점을 둔 자동 테스트 작성

- 서비스 계층에서 영속성 계층 사용

- 복합 서비스 API 확장

- 도커 컴포즈 환경에 데이터베이스 추가

- 새로운 API와 영속성 계층의 수동 테스트

- 마이크로서비스 환경의 자동 테스트 업데이트

⠿ 기술 요구 사항

이 책에서 사용하는 도구의 설치 방법과 이 책의 소스 코드를 다운로드하는 방법은 다음을 참고한다.

- 21장, 맥OS용 설치 지침

- 22장, 윈도우용 설치 지침

데이터베이스에 수동으로 접근하고자 데이터베이스 실행에 사용한 도커 이미지에 있는 CLI 도구를 사용한다. 도커 컴포즈에서는 각 데이터베이스에서 사용하는 표준 포트(MySQL은 3306, MongoDB는 27017)를 공개한다. 이렇게 포트를 공개하면 로컬 컴퓨터에서 데이터베이스를 실행했을 때처럼 자주 사용하는 로컬 데이터베이스 도구를 사용해 데이터베이스에 접근할 수 있다.

6장의 모든 소스 코드 예제는 $BOOK_HOME/Chapter06 폴더에 있다.

6장에서 스프링 데이터로 마이크로서비스에 영속성을 추가하면서 변경한 부분을 확인하고 싶다면 5장의 소스 코드와 비교하면 된다. 선호하는 파일 비교 도구를 사용해 $BOOK_HOME/Chapter05 폴더와 $BOOK_HOME/Chapter06 폴더를 비교해보자.

진행 방향을 확인한 후에 더 자세한 내용을 살펴보자.

:: 목표

6장을 마치면 마이크로서비스의 내부 계층이 그림 6.1과 같이 변경된다.

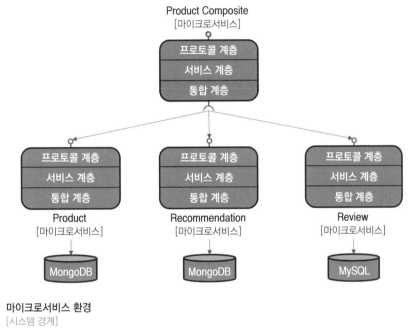

그림 6.1 목표 마이크로서비스 환경

프로토콜 계층^{protocol layer}은 프로토콜 관련 로직만 처리한다. 프로토콜 계층은 api 프로젝트의 `RestController` 애노테이션과 공통 클래스인 util 프로젝트의 `GlobalController ExceptionHandler`로 구성되는 매우 얇은 계층이다. 각 마이크로서비스의 주요 기능은 **서비스 계층**^{service layer}에 있다. `product-composite` 서비스에는 세 가지 핵심 마이크로서비스와 통신하는 **통합 계층**^{integration layer}이 있고, 모든 핵심 마이크로서비스에는 자체 데이터베이스와 통신하는 **영속성 계층**이 있다.

다음 커맨드로 MongoDB에 저장된 데이터를 확인할 수 있다.

```
docker-compose exec mongodb mongo product-db --quiet --eval "db.products.find()"
```

커맨드의 실행 결과는 그림 6.2와 같다.

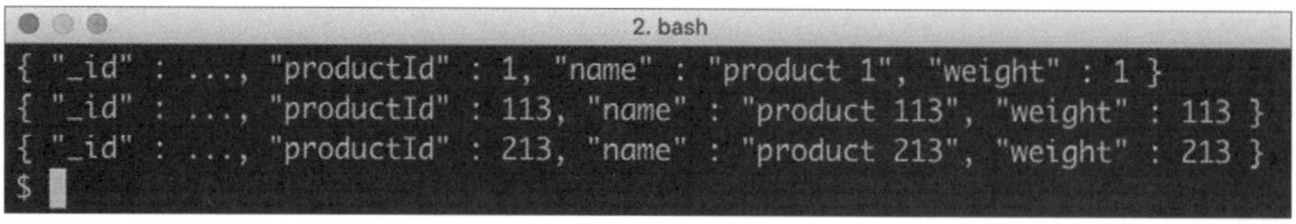

```
● ● ●                          2. bash
{ "_id" : ..., "productId" : 1, "name" : "product 1", "weight" : 1 }
{ "_id" : ..., "productId" : 113, "name" : "product 113", "weight" : 113 }
{ "_id" : ..., "productId" : 213, "name" : "product 213", "weight" : 213 }
$
```

그림 6.2 MongoDB에 저장된 데이터에 접근

다음 커맨드로 MySQL에 저장된 데이터에 접근할 수 있다.

```
docker-compose exec mysql mysql -uuser -p review-db -e "select * from reviews"
```

커맨드의 실행 결과는 그림 6.3과 같다.

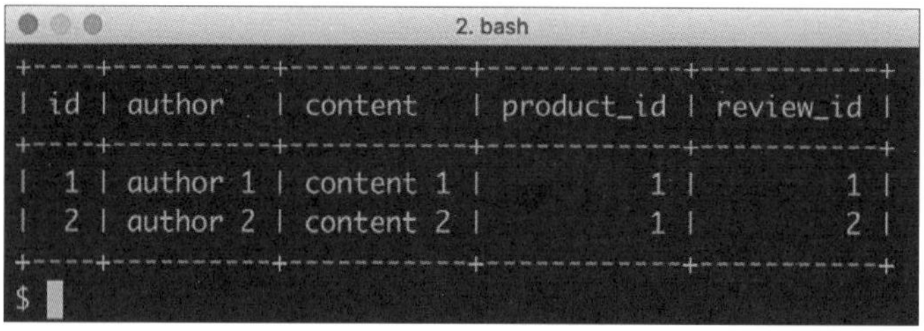

```
● ● ●                          2. bash
+----+----------+-----------+------------+-----------+
| id | author   | content   | product_id | review_id |
+----+----------+-----------+------------+-----------+
|  1 | author 1 | content 1 |          1 |         1 |
|  2 | author 2 | content 2 |          1 |         2 |
+----+----------+-----------+------------+-----------+
$
```

그림 6.3 MySQL에 저장된 데이터에 접근

TIP

참고: 가독성을 위해 mongo 및 mysql 커맨드의 출력은 생략했다.

이제 구현을 시작해보자!

⚙ 핵심 마이크로서비스에 영속성 계층 추가

먼저 핵심 마이크로서비스에 영속성 계층을 추가하자. 스프링 데이터와 자바 빈 매핑 도구
Java bean mapping tool인 **MapStruct**를 함께 사용한다. MapStruct를 사용하면 스프링 데이터
엔티티 객체와 API 모델 클래스를 쉽게 상호 변환할 수 있다. 자세한 내용은 다음 링크
(http://mapstruct.org/)를 참고한다.

188

먼저 MapStruct와 스프링 데이터, 사용할 데이터베이스의 JDBC 드라이버 의존성을 추가한 다음 스프링 데이터 엔티티 클래스와 리포지터리를 정의한다. 스프링 데이터 엔티티 클래스와 리포지터리는 persistence 패키지에 넣는다. 예를 들어, product 마이크로서비스에 속한 엔티티 클래스의 패키지 경로는 se.magnus.microservices.core.product.persistence다.

의존성 추가

먼저 각 핵심 마이크로서비스의 빌드 파일(build.gradle)에 MapStruct의 버전 정보를 담을 변수를 선언한다. 사용할 MapStruct 버전은 1.3.1이다.

```
ext {
  mapstructVersion = "1.3.1"
}
```

다음으로 MapStruct 의존성을 추가한다.

```
implementation("org.mapstruct:mapstruct:${mapstructVersion}")
```

MapStruct가 컴파일 타임compile time에 애노테이션을 처리해 빈bean 매핑 구현을 생성하게 하려면 annotationProcessor 및 testAnnotationProcessor 의존성을 추가해야 한다.

```
annotationProcessor "org.mapstruct:mapstruct-processor:${mapstructVersion}"
testAnnotationProcessor "org.mapstruct:mapstruct-processor:${mapstructVersion}"
```

IntelliJ IDEA 등의 IDE에서 컴파일 타임 생성을 하기 위해 다음 의존성도 추가한다.

```
compileOnly "org.mapstruct:mapstruct-processor:${mapstructVersion}"
```

TIP

IntelliJ IDEA를 사용한다면 애노테이션 처리 지원을 활성화해야 한다. **Preferences**를 열고 **Build, Execute, Deployment > Compiler > Annotations Processors** 메뉴로 이동한 후 **Enable annotation processing** 체크 박스가 선택돼 있는지 확인한다.

product 및 recommendation 마이크로서비스를 위해 다음과 같이 스프링 데이터 MongoDB 의존성을 추가한다.

```
implementation 'org.springframework.boot:spring-boot-starter-data-mongodb'
```

review 마이크로서비스를 위해서는 다음과 같이 스프링 데이터 JPA와 MySQL용 JDBC 드라이버 의존성을 추가한다.

```
implementation 'org.springframework.boot:spring-boot-starter-data-jpa'
implementation 'mysql:mysql-connector-java'
```

자동화된 통합 테스트를 실행할 때 MongoDB와 MySQL에 접근하려면 Testcontainers와 이를 지원하는 JUnit 5, MongoDB, MySQL 의존성이 필요하다. product 및 recommendation 마이크로서비스를 위해 다음과 같은 테스트 의존성을 추가한다.

```
implementation platform('org.testcontainers:testcontainers-bom:1.15.2')
testImplementation 'org.testcontainers:testcontainers'
testImplementation 'org.testcontainers:junit-jupiter'
testImplementation 'org.testcontainers:mongodb'
```

review 마이크로서비스를 위해서는 다음과 같은 테스트 의존성을 추가한다.

```
implementation platform('org.testcontainers:testcontainers-bom:1.15.2')
testImplementation 'org.testcontainers:testcontainers'
testImplementation 'org.testcontainers:junit-jupiter'
testImplementation 'org.testcontainers:mysql'
```

통합 테스트에서 Testcontainers를 활용하는 방법에 대한 자세한 내용은 뒤에 나오는 '영속성에 중점을 둔 자동 테스트 작성' 절을 참고한다.

엔티티 클래스를 사용해 데이터 저장

엔티티 클래스와 이에 대응하는 API 모델 클래스는 갖고 있는 필드가 비슷하다. API 모델 클래스의 소스 코드는 api 프로젝트의 se.magnus.api.core 자바 패키지를 참고한다. id 필드와 version 필드는 엔티티 클래스에만 추가하며, API 모델 클래스에는 추가하지 않는다.

저장된 각 엔티티의 데이터베이스 ID(관계형 데이터베이스의 기본 키)는 id 필드에 보관한다. id 필드의 고윳값 생성은 스프링 데이터가 처리하도록 위임한다. 스프링 데이터는 직접 고윳값 생성을 처리할 때도 있고, 특정 데이터베이스를 사용하는 경우에는 데이터베이스 엔진이 고윳값 생성을 담당하도록 위임할 때도 있다. 어디에서 생성하든 간에 애플리케이션 코드에서는 데이터베이스 ID의 고윳값 설정에 관여하지 않는다. id 필드는 보안 관점의 모범 사례를 따라 API로 공개하지 않는다. 엔티티를 식별하는 모델 클래스 필드는 해당 엔티티 클래스의 고유 색인으로 지정해 비즈니스 관점에서의 데이터베이스 일관성을 보장한다.

version 필드는 낙관적 잠금^{optimistic locking}을 구현하고자 사용한다. 즉 스프링 데이터가 동시 업데이트에 의한 겹쳐 쓰기를 확인하고 엔티티를 업데이트하고자 사용한다. 데이터베이스에 저장된(version) 필드 값이 업데이트 요청에 있는 version 필드 값보다 크면 업데이트하려는 데이터가 이미 다른 사용자가 업데이트한 스테일 데이터^{stale data}에 대한 업데이트라는 것을 알 수 있다. 스프링 데이터는 스테일 데이터의 업데이트를 허용하지 않는다. 영속성 테스트를 작성하는 절에서 스프링 데이터의 낙관적 잠금 메커니즘을 검증하는 테스트를 통해 스테일 데이터의 업데이트 방지를 살펴본다. 우리는 생성, 읽기, 삭제 작업을 위한 API만 구현하므로 version 필드는 API에 공개하지 않는다.

MongoDB에 엔티티를 저장할 때 사용하는 ProductEntity 클래스에서 주목할 부분은 다음과 같다.

```java
@Document(collection = "products")
public class ProductEntity {

    @Id
    private String id;

    @Version
```

```
private Integer version;

@Indexed(unique = true)
private int productId;

private String name;
private int weight;
```

앞의 소스 코드를 설명하면 다음과 같다.

- @Document(collection="products") 애노테이션은 이 클래스가 MongoDB 엔티티 클래스며, products라는 이름의 MongoDB 컬렉션에 매핑된다는 것을 표시한다.

- @Id 및 @Version 애노테이션은 스프링 데이터의 id 및 version 필드라는 것을 표시한다.

- @Indexed(unique = true) 애노테이션은 비즈니스 키, productId에 생성된 고유 색인을 가져온다.

RecommendationEntity 클래스에서 주목할 부분은 다음과 같다. 이 클래스도 MongoDB에 엔티티를 저장할 때 사용한다.

```
@Document(collection = "recommendations")
@CompoundIndex(name = "prod-rec-id", unique = true, def = "{'productId': 1,
'recommendationId' : 1}")
public class RecommendationEntity {

    @Id
    private String id;

    @Version
    private Integer version;

    private int productId;
    private int recommendationId;
    private String author;
    private int rating;
    private String content;
```

앞에서 설명한 ProductEntity와 비슷하지만, @CompoundIndex 애노테이션이 추가됐다. @CompoundIndex 애노테이션으로 productId와 recommendationId 필드로 구성된 복합 비즈니스 키를 위한 고유 복합 인덱스를 생성한다.

ReviewEntity 클래스에서 주목할 부분은 다음과 같다. 이 클래스는 MySQL과 같은 SQL 데이터베이스에 엔티티를 저장할 때 사용한다.

```java
@Entity
@Table(name = "reviews", indexes = { @Index(name = "reviews_unique_idx",
unique = true, columnList = "productId,reviewId") })
public class ReviewEntity {

  @Id @GeneratedValue
  private int id;

  @Version
  private int version;

  private int productId;
  private int reviewId;
  private String author;
  private String subject;
  private String content;
```

앞의 소스 코드를 설명하면 다음과 같다.

- @Entity 및 @Table 애노테이션은 이 클래스가 JPA 엔티티 클래스이며, SQL 데이터베이스의 reviews 테이블에 매핑된다는 것을 표시한다.

- @Table 애노테이션은 productId와 reviewId 필드로 구성된 복합 비즈니스 키를 위한 고유 복합 인덱스를 생성하는 역할도 한다.

- @Id 및 @Version 애노테이션은 스프링 데이터의 id 및 version 필드라는 것을 표시한다. @GeneratedValue 애노테이션은 스프링 데이터 JPA가 id 필드에 고유한 id 값을 자동으로 생성하도록 지시한다.

엔티티 클래스의 전체 소스 코드는 각 핵심 마이크로서비스의 persistence 패키지를 참고한다.

스프링 데이터 리포지터리 정의

스프링 데이터는 리포지터리를 정의하기 위한 기본 클래스 집합을 제공한다. 우리는 기본 클래스인 CrudRepository와 PagingAndSortingRepository를 사용한다.

- CrudRepository 클래스는 데이터베이스에 데이터를 생성하거나 데이터베이스에 저장된 데이터를 읽고 업데이트하고 삭제하기 위한 표준 메서드를 제공한다.

- PagingAndSorting Repository는 CrudRepository 클래스에 페이징 및 정렬 기능을 추가한 클래스다.

Recommendation 및 Review 리포지터리는 CrudRepository 클래스를 기본 클래스로 사용하고 Product 리포지터리는 PagingAndSortingRepository 클래스를 기본 클래스로 사용한다.

비즈니스 키인 productId로 엔티티를 검색하기 위한 쿼리 메서드 몇 가지도 리포지터리에 추가한다.

스프링 데이터는 메서드 서명의 명명 규칙에 따른 쿼리 메서드 정의를 지원한다. 예를 들어, 메서드 서명이 findByProductId(int productId)라면 스프링 데이터는 기본 컬렉션이나 테이블에서 해당 엔티티를 찾아 반환하는 쿼리를 자동으로 작성한다. 따라서 위의 메서드는 productId 매개 변수에 지정한 값이 productId 필드에 있는 엔티티를 찾아 반환한다. 추가 쿼리를 선언하는 방법에 대한 자세한 내용은 다음 링크(https://docs.spring.io/spring-data/data-commons/docs/current/reference/html/#repositories.query-methods.query-creation)를 참고한다.

Product 리포지터리 클래스는 다음과 같다.

```java
public interface ProductRepository extends PagingAndSortingRepository<
ProductEntity, String> {
    Optional<ProductEntity> findByProductId(int productId);
}
```

findByProductId 메서드는 0개 혹은 1개의 ProductEntity를 반환할 수 있으므로 Optional 객체로 감싸서 반환 값이 선택적이라는 것을 표시한다.

Recommendation 리포지터리 클래스는 다음과 같다.

```java
public interface RecommendationRepository extends CrudRepository<
RecommendationEntity, String> {
    List<RecommendationEntity> findByProductId(int productId);
}
```

findByProductId 메서드는 0개 혹은 다수의 RecommendationEntity를 반환하므로 반환 값을 목록으로 정의했다.

Review 리포지터리 클래스는 다음과 같다.

```java
public interface ReviewRepository extends CrudRepository<ReviewEntity,
Integer> {
    @Transactional(readOnly = true)
    List<ReviewEntity> findByProductId(int productId);
}
```

SQL 데이터베이스는 트랜잭션 방식이므로 쿼리 메서드인 findByProductId()의 기본 트랜잭션 유형을 읽기 전용readOnly으로 지정한다.

이제 핵심 마이크로서비스에 대한 영속성 계층 설정을 마쳤다.

리포지터리 클래스의 전체 소스 코드는 각 핵심 마이크로서비스의 persistence 패키지를 참고한다.

다음 절에서는 테스트를 만들면서 영속성 클래스를 사용해보고 의도한 대로 작동하는지 확인한다.

⁝⁝ 영속성에 중점을 둔 자동 테스트 작성

영속성 테스트는 테스트를 시작할 때 내장형 데이터베이스를 시작하고 테스트가 완료되면 데이터베이스를 중지한다. 하지만 런타임에 필요한 웹 서버(예: 네티) 등의 다른 자원이 시작되길 기다리지는 않는다.

스프링 부트에는 이런 요구 사항에 맞게 만들어진 클래스 수준 애노테이션이 두 가지 있다.

- `@DataMongoTest`: 테스트를 시작할 때 MongoDB 데이터베이스를 시작한다.

- `@DataJpaTest`: 테스트를 시작할 때 SQL 데이터베이스를 시작한다.

  ○ 기본적으로 스프링 부트는 다른 테스트에 의한 부작용을 최소화하고자 SQL 데이터베이스에 업데이트한 내용을 롤백^{roll back}하도록 테스트를 구성한다. 이런 이유로 일부 테스트가 실패하기 때문에 클래스 수준 애노테이션인 `@Transactional(propagation = NOT_SUPPORTED)`을 사용해 자동 롤백을 비활성화한다.

통합 테스트를 수행할 때 사용하는 데이터베이스의 시작 및 종료를 처리하고자 Testcontainers를 사용한다. 영속성 테스트를 작성하기 전에 Testcontainers 사용 방법을 알아보자.

Testcontainers 사용법

Testcontainers(https://www.testcontainers.org)는 데이터베이스 또는 메시지 브로커와 같은 자원 관리자를 도커 컨테이너로 실행해 자동화된 통합 테스트를 손쉽게 실행할 수 있게 해주는 라이브러리다. Junit 테스트를 시작할 때 자동으로 도커 컨테이너를 시작하고 테스트가 끝나면 컨테이너를 종료하도록 테스트 컨테이너를 구성할 수 있다.

이 책의 마이크로서비스와 같은 기존 스프링 부트 애플리케이션 테스트 클래스에서 Testcontainers를 사용하려면 테스트 클래스에 `@Testcontainers` 애노테이션을 추가하면 된다. 예를 들면 review 마이크로서비스의 통합 테스트에 `@Container` 애노테이션을 선언하면 MySQL 도커 컨테이너를 사용할 수 있다. 다음 코드를 참고한다.

```
@SpringBootTest
@Testcontainers
class SampleTests {

    @Container
    private static MySQLContainer database = new MySQLContainer("mysql:5.7.32");
```

이런 방식의 단점은 각 테스트 클래스가 자체 도커 컨테이너를 사용한다는 것이다. MySQL 을 도커 컨테이너로 가져오는 데 몇 초 정도 걸린다. 내 맥Mac에서는 10초가 걸렸다. 같은 유 형의 테스트 컨테이너를 사용하는 여러 개의 테스트 클래스를 실행하면 테스트 클래스 수만 큼 대기 시간이 추가된다. 이 추가 대기 시간을 피하려면 **단일 컨테이너 패턴**Single Container Pattern을 사용하면 된다. 자세한 내용은 다음 링크(https://www.testcontainers.org/test_ framework_integration/manual_lifecycle_control/#singleton-containers)를 참고한다. 이 패턴을 따르면 단일 MySQL 도커 컨테이너를 시작하는 기본 클래스를 사용할 수 있다. review 마 이크로서비스에서 사용하는 기본 클래스(MySqlTestBase)는 다음과 같다.

```
public abstract class MySqlTestBase {

    private static MySQLContainer database = new MySQLContainer("mysql:5.7.32");

    static {
        database.start();
    }

    @DynamicPropertySource
    static void databaseProperties(DynamicPropertyRegistry registry) {
        registry.add("spring.datasource.url", database::getJdbcUrl);
        registry.add("spring.datasource.username", database::getUsername);
        registry.add("spring.datasource.password", database::getPassword);
    }
}
```

앞의 소스 코드를 설명하면 다음과 같다.

- 첫 번째 예와 같은 방식으로 데이터베이스 컨테이너를 선언한다.

- JUnit 코드를 호출하기 전에 데이터베이스 컨테이너를 시작하고자 정적static 블록을 사용한다.

- 데이터베이스 컨테이너를 시작하기 전에 포트 번호 등의 필수 속성 몇 가지를 정의해야 하는데 이런 속성을 동적으로 생성해 애플리케이션 콘텍스트에 등록하기 위해 정적 메서드인 databaseProperties()를 정의한다. 이 메서드에 붙인 @DynamicPropertySource 애노테이션은 애플리케이션 콘텍스트 구성 파일(application.yml)의 데이터베이스 구성을 재정의한다.

테스트 클래스의 기본 클래스는 다음과 같다.

```
class PersistenceTests extends MySqlTestBase {
class ReviewServiceApplicationTests extends MySqlTestBase {
```

MongoDB를 사용하는 product 및 recommendation 마이크로서비스는 MongoDbTestBase를 기본 클래스로 사용한다.

Testcontainers의 기본 로그 출력은 다소 광범위한데, **로그백**Logback 구성 파일을 src/test/resource 폴더에 넣어 로그 출력을 제한할 수 있다. 로그백(http://logback.qos.ch)은 로깅 프레임워크이며 spring-boot-starter-webflux가 의존성을 갖기 때문에 마이크로서비스에 포함된다. 자세한 내용은 다음 링크(https://www.testcontainers.org/supported_docker_environment/logging_config/)를 참고한다. 6장에서 사용하는 구성 파일은 src/test/resources/logback-test.xml이며 파일 내용은 다음과 같다.

```
<?xml version="1.0" encoding="UTF-8" ?>
<configuration>
  <include resource="org/springframework/boot/logging/logback/defaults.xml"/>
  <include resource="org/springframework/boot/logging/logback/console-
appender.xml"/>
```

```
    <root level="INFO">
        <appender-ref ref="CONSOLE" />
    </root>
</configuration>
```

앞의 XML 파일을 설명하면 다음과 같다.

- 이 구성 파일은 기본값을 정의하기 위해 스프링 부트에서 제공하는 2개의 구성 파일을 포함하고 있으며, 로그 어펜더^{log appender}는 콘솔에 로그 이벤트를 출력하도록 구성돼 있다.

- 이 구성 파일은 로그 출력을 INFO 로그 수준으로 제한하고 있다. 따라서 Testcontainers 라이브러리의 DEBUG 및 TRACE 로그 레코드를 출력하지 않는다.

스프링 부트의 로깅 지원과 로그백 사용 방법에 대한 자세한 내용은 다음 링크(https://docs.spring.io/spring-boot/docs/current/reference/html/howto.html#howto-configure-logback-for-logging)를 참고한다.

MongoDB 및 SQL 데이터베이스만 실행한 채로 통합 테스트를 수행하고자 @SpringBootTest 애노테이션을 @DataMongoTest와 @DataJpaTest 애노테이션으로 대체할 때 고려해야 할 사항이 있다. @DataMongoTest와 @DataJpaTest 애노테이션은 기본적으로 내장^{embedded} 데이터베이스를 실행하도록 설계돼 있다. 하지만 우리는 컨테이너화된 데이터베이스를 사용할 것이므로 이 기능을 비활성화해야 한다. @DataJpaTest 애노테이션의 경우 다음과 같이 @AutoConfigureTestDatabase 애노테이션을 추가하면 된다.

```
@DataJpaTest
@AutoConfigureTestDatabase(replace = AutoConfigureTestDatabase.Replace.NONE)
class PersistenceTests extends MySqlTestBase {
```

@DataMongoTest 애노테이션의 경우 excludeAutoConfiguration 매개 변수를 사용해 Embedded MongoAutoConfiguration 클래스를 제외하도록 지정하면 된다. 다음 코드를 참고한다.

```
@DataMongoTest(excludeAutoConfiguration = EmbeddedMongoAutoConfiguration.class)
class PersistenceTests extends MongoDbTestBase {
```

지금까지 Testcontainers 사용 방법을 알아봤다. 이제 영속성 테스트를 작성해보자.

영속성 테스트 작성

세 가지 핵심 마이크로서비스에 대한 영속성 테스트는 모두 비슷하므로 product 마이크로 서비스의 영속성 테스트만 살펴본다.

테스트 클래스(PersistenceTests)에는 @BeforeEach 애노테이션이 붙은 setupDb() 메서드가 있는데 이 메서드는 각 테스트 메서드에 앞서 실행된다. setupDb 메서드는 앞선 테스트에서 만든 엔티티를 제거하고 테스트 메서드가 테스트 기본값으로 사용할 엔티티를 삽입한다.

```
@DataMongoTest
class PersistenceTests {

  @Autowired
  private ProductRepository repository;
  private ProductEntity savedEntity;

  @BeforeEach
  void setupDb() {
    repository.deleteAll();
    ProductEntity entity = new ProductEntity(1, "n", 1);
    savedEntity = repository.save(entity);
    assertEqualsProduct(entity, savedEntity);
  }
```

다양한 테스트 메서드가 뒤따른다. 첫 번째는 create 테스트다.

```
@Test
public void create() {
  ProductEntity newEntity = new ProductEntity(2, "n", 2);
  savedEntity = repository.save(newEntity);

  ProductEntity foundEntity = repository.findById(newEntity.getId()).get();
  assertEqualsProduct(newEntity, foundEntity);

  assertEquals(2, repository.count());
}
```

이 테스트는 새 엔티티를 생성한 다음 findById() 메서드로 검색이 되는지 확인하며, 데이터베이스에 2개의 엔티티(setupDB 메서드가 생성한 엔티티와 create 메서드 자신이 생성한 엔티티)가 있는지도 확인한다.

update 테스트는 다음과 같다.

```
@Test
void update() {
  savedEntity.setName("n2");
  repository.save(savedEntity);

  ProductEntity foundEntity =
  repository.findById(savedEntity.getId()).get();
  assertEquals(1, (long)foundEntity.getVersion());
  assertEquals("n2", foundEntity.getName());
}
```

이 테스트는 setupDb 메서드에서 생성한 엔티티를 업데이트한 다음 findById() 메서드로 데이터베이스에서 엔티티를 다시 가져와서 필드 값이 예상한 바와 일치하는지 확인한다. 스프링 데이터는 새로 생성된 엔티티의 version 필드 값을 0으로 설정한다. 따라서 업데이트 후에는 1이 된다는 점에 유의한다.

delete 테스트는 다음과 같다.

```
@Test
void delete() {
  repository.delete(savedEntity);
  assertFalse(repository.existsById(savedEntity.getId()));
}
```

이 테스트는 setupDb 메서드가 생성한 엔티티를 삭제한 후 데이터베이스에 남아 있지는 않은지 검증한다.

read 테스트는 다음과 같다.

```
@Test
void getByProductId() {
```

```
    Optional<ProductEntity> entity =
    repository.findByProductId(savedEntity.getProductId());
    assertTrue(entity.isPresent());
    assertEqualsProduct(savedEntity, entity.get());
  }
```

이 테스트는 findByProductId() 메서드로 setupDb 메서드가 생성한 엔티티를 찾아서 존재 여부를 확인한다. 그런 다음 로컬 헬퍼 메서드[helper method]인 assertEqualsProduct()를 사용해 findByProductId()가 반환한 엔티티와 setupDb 메서드가 저장한 엔티티가 같은지 확인한다.

다음으로는 오류 상황에 대한 대체 흐름을 확인하는 테스트 메서드가 2개 있다. 키 중복이 제대로 처리되는지 확인하는 테스트를 먼저 살펴보자.

```
  @Test
  void duplicateError() {
    assertThrows(DuplicateKeyException.class, () -> {
      ProductEntity entity = new ProductEntity(savedEntity.getProductId(), "n", 1);
      repository.save(entity);
    });
  }
```

이 테스트는 setupDb 메서드가 생성한 엔티티와 같은 비즈니스 키를 가진 엔티티를 생성하려고 시도한다. 저장에 성공하거나 DuplicateKeyException 이외의 다른 예외 때문에 엔티티를 저장하지 못하면 테스트에 실패한다.

두 번째 테스트는 이 테스트 클래스에서 가장 흥미로운 테스트다. 낙관적 잠금 메커니즘이 잘 작동하는지 확인하고자 스테일 데이터를 업데이트하는 경우에 오류 처리가 제대로 되는지 확인한다. 코드는 다음과 같다.

```
  @Test
  void optimisticLockError() {

    // 데이터베이스에서 가져온 엔티티를 변수 2개에 저장한다.
    ProductEntity entity1 = repository.findById(savedEntity.getId()).get();
    ProductEntity entity2 = repository.findById(savedEntity.getId()).get();
```

```
// 첫 번째 엔티티 객체를 업데이트한다.
entity1.setName("n1");
repository.save(entity1);

// 두 번째 엔티티 객체를 업데이트한다.
// 두 번째 엔티티 객체의 버전이 낮으므로 실패한다.
// 즉 낙관적 잠금 오류가 발생해 실패한다.
assertThrows(OptimisticLockingFailureException.class, () -> {
  entity2.setName("n2");
  repository.save(entity2);
});

// 데이터베이스에서 업데이트된 엔티티를 가져와서 새로운 값을 확인한다.
ProductEntity updatedEntity = repository.findById(savedEntity.getId()).get();
assertEquals(1, (int)updatedEntity.getVersion());
assertEquals("n1", updatedEntity.getName());
}
```

앞의 소스 코드를 설명하면 다음과 같다.

1. 테스트는 동일한 엔티티를 2개 가져온 후 각각 entity1 변수와 entity2 변수에 저장한다.

2. 다음으로 entity1 변수의 엔티티를 업데이트한다. 데이터베이스 엔티티를 업데이트했기 때문에 스프링 데이터는 엔티티의 버전 필드를 자동으로 증가시킨다. 다른 변수인 entity2의 버전 필드에 저장된 값은 데이터베이스에 저장된 값보다 작은 값이다.

3. 테스트는 스테일 데이터가 있는 entity2 변수의 엔티티를 업데이트하려고 하면 Optimistic LockingFailureException 예외가 발생할 것이라고 예상한다.

4. 데이터베이스에서 가져온 엔티티와 첫 번째로 업데이트한, 이름이 "n1"이고 버전 값이 1인 엔티티를 비교한다. 즉 업데이트가 한 번만 수행됐는지 확인하고 테스트를 마무리한다.

product 서비스의 마지막 테스트는 스프링 데이터가 제공하는 정렬 및 페이징 기능의 사용법을 보여주기 위한 테스트다.

```
@Test
void paging() {
  repository.deleteAll();
  List<ProductEntity> newProducts = rangeClosed(1001, 1010)
    .mapToObj(i -> new ProductEntity(i, "name " + i, i))
    .collect(Collectors.toList());
  repository.saveAll(newProducts);

  Pageable nextPage = PageRequest.of(0, 4, ASC, "productId");
  nextPage = testNextPage(nextPage, "[1001, 1002, 1003, 1004]", true);
  nextPage = testNextPage(nextPage, "[1005, 1006, 1007, 1008]", true);
  nextPage = testNextPage(nextPage, "[1009, 1010]", false);
}
```

앞의 소스 코드를 설명하면 다음과 같다.

1. 테스트는 기존 데이터를 모두 제거한 후 productId 필드 값이 1001에서 1010인 10개의 엔티티를 생성한다.

2. 다음으로 페이지당 엔티티가 4개이고 productId를 기준으로 오름차순 정렬된 페이지를 요청하는 PageRequest를 생성한다.

3. 마지막으로, 헬퍼 메서드인 testNextPage 메서드를 사용해 새 페이지를 읽고, 각 페이지에 포함된 productId가 예상 값과 맞는지 확인한다. 세 번째 페이지를 확인할 때는 스프링 데이터가 남은 페이지의 유무를 제대로 보고하는지 검증한다.

헬퍼 메서드인 testNextPage의 소스 코드는 다음과 같다.

```
private Pageable testNextPage(Pageable nextPage, String expectedProductIds,
boolean expectsNextPage) {
  Page<ProductEntity> productPage = repository.findAll(nextPage);
  assertEquals(expectedProductIds, productPage.getContent()
  .stream().map(p -> p.getProductId()).collect(Collectors.
  toList()).toString());
  assertEquals(expectsNextPage, productPage.hasNext());
  return productPage.nextPageable();
}
```

헬퍼 메서드는 페이지 요청 객체인 nextPage를 사용해 리포지터리 메서드 findAll()을 호출해 다음 페이지를 가져온다. 그런 다음 가져온 결과 엔티티의 productId를 문자열로 추출한 후 expectedProductIds와 비교한다. 끝으로 가져올 수 있는 남은 페이지가 있는지 예상 값인 expectsNextPage와 비교한다.

영속성 테스트의 전체 소스 코드는 각 핵심 마이크로서비스 프로젝트의 PersistenceTests 테스트 클래스를 참고한다.

다음 커맨드로 그래들을 실행해 product 마이크로서비스의 영속성을 테스트한다.

```
cd $BOOK_HOME/Chapter06
./gradlew microservices:product-service:test --tests PersistenceTests
```

테스트에 성공한 후의 출력은 그림 6.4와 같다.

그림 6.4 테스트 실행 결과

영속성 계층을 갖췄으니 핵심 마이크로서비스의 서비스 계층에서 영속성 계층을 사용하도록 업데이트하자.

⫶ 서비스 계층에서 영속성 계층 사용

이 절에서는 서비스 계층에서 영속성 계층을 사용해 데이터를 저장하고 데이터베이스의 데이터를 검색하는 방법을 배운다. 다음 단계를 수행한다.

1. 데이터베이스 연결 URL 기록

2. 새 API 추가

3. 서비스 계층에서 영속성 계층 사용

4. 자바 빈 매퍼mapper 선언

5. 서비스 테스트 업데이트

데이터베이스 연결 URL 기록

자체 데이터베이스와 연결된 마이크로서비스를 확장하는 경우 각 마이크로서비스가 실제로 사용하는 데이터베이스가 무엇인지 파악하기 힘든 문제가 있다. 따라서 마이크로서비스가 시작된 직후에 데이터베이스 접속 정보를 기록하는 로그 문을 추가해 혼란을 방지한다.

예를 들어, product 서비스의 시작 코드는 다음과 같다.

```
public class ProductServiceApplication {
  private static final Logger LOG = LoggerFactory.getLogger(
ProductServiceApplication.class);

  public static void main(String[] args) {
    ConfigurableApplicationContext ctx = SpringApplication.
run(ProductServiceApplication.class, args);
    String mongodDbHost = ctx.getEnvironment().getProperty("spring.data.
mongodb.host");
    String mongodDbPort = ctx.getEnvironment().getProperty("spring.data.
mongodb.port");
    LOG.info("Connected to MongoDb: " + mongodDbHost + ":" + mongodDbPort);
  }
}
```

LOG.info 메서드를 호출해 기록한 로그 출력은 그림 6.5와 같다.

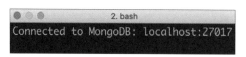

그림 6.5 예상 로그 출력

전체 소스 코드는 각 핵심 마이크로서비스 프로젝트의 메인 애플리케이션 클래스를 참고한다. product-service 프로젝트의 경우 ProductServiceApplication 클래스를 보면 된다.

새 API 추가

영속성 계층을 사용해 데이터베이스에 정보를 생성하고 삭제하려면 핵심 서비스 API에 API 오퍼레이션을 추가해야 한다.

product 엔티티를 생성하고 삭제하는 API 오퍼레이션은 다음과 같다.

```
@PostMapping(
  value = "/product",
  consumes = "application/json",
  produces = "application/json")
Product createProduct(@RequestBody Product body);

@DeleteMapping(value = "/product/{productId}")
void deleteProduct(@PathVariable int productId);
```

TIP

삭제 오퍼레이션의 구현은 **멱등성**(idempotent)이 있어야 한다. 즉 여러 번 호출하더라도 같은 결과를 반환 해야 하는데 오류 상황 시나리오에서는 이런 특성이 중요하다. 예를 들어, 클라이언트가 삭제 작업을 호출 하는 동안 네트워크 시간 초과가 발생했더라도 삭제 작업을 다시 호출하는 데는 문제가 없다. 즉 첫 번째 호 출에 대한 응답이 200(OK)였다면 다시 호출했을 때의 응답이 404(Not_Found)가 되거나 다른 부작용이 발생하는 일이 없으며, 엔티티가 더는 데이터베이스에 존재하지 않더라도 오퍼레이션은 200(OK) 상태 코 드를 반환한다.

recommendation 및 review 엔티티의 API 오퍼레이션도 비슷하다. 하지만 recommendation이 나 review 엔티티를 삭제할 때는 해당 productId와 연관된 모든 recommendation 및 review도 삭제된다는 점에 유의한다.

전체 소스 코드는 api 프로젝트에 있는 핵심 마이크로서비스의 인터페이스 선언(Product Service, RecommendationService, RevewService)을 참고한다.

서비스 계층에서 영속성 계층 호출

서비스 계층에서 영속성 계층을 사용하는 소스 코드는 모든 마이크로서비스에서 같은 방식 으로 구성되므로 product 마이크로서비스의 소스 코드만 살펴본다.

먼저 영속성 계층의 리포지터리 클래스와 자바 빈 매퍼 클래스를 생성자에 주입한다.

```java
private final ServiceUtil serviceUtil;
private final ProductRepository repository;
private final ProductMapper mapper;

@Autowired
public ProductServiceImpl(ProductRepository repository, ProductMapper mapper,
ServiceUtil serviceUtil) {
  this.repository = repository;
  this.mapper = mapper;
  this.serviceUtil = serviceUtil;
}
```

자바 매퍼 클래스의 구현은 다음 절에서 살펴본다.

createProduct 메서드의 구현은 다음과 같다.

```java
public Product createProduct(Product body) {
  try {
    ProductEntity entity = mapper.apiToEntity(body);
    ProductEntity newEntity = repository.save(entity);
    return mapper.entityToApi(newEntity);
  } catch (DuplicateKeyException dke) {
    throw new InvalidInputException("Duplicate key, Product Id: " +
    body.getProductId());
  }
}
```

create 메서드는 리포지터리의 save 메서드를 사용해 새 엔티티를 저장한다. 매퍼 메서드 apiToEntity()와 entityToApi()를 사용해 API 모델 클래스와 엔티티 클래스를 상호 변환한다는 점에 유의한다. create 메서드는 DuplicateKeyException 예외만 처리하며, 이 예외는 InvalidInputException 예외로 변환된다.

getProduct 메서드는 다음과 같다.

```java
public Product getProduct(int productId) {
  if (productId < 1) throw new InvalidInputException("Invalid productId: " +
```

```
   productId);
   ProductEntity entity = repository.findByProductId(productId)
     .orElseThrow(() -> new NotFoundException("No product found for productId: "
     + productId));
   Product response = mapper.entityToApi(entity);
   response.setServiceAddress(serviceUtil.getServiceAddress());
   return response;
}
```

productId가 음수인지 확인하는 기본적인 입력 유효성 검사를 수행한 후 리포지터리의
findByProductId() 메서드로 product 엔티티를 찾는다. 리포지터리 메서드는 Optional로 감
싼 product 객체를 반환하는데 product 엔티티가 없는 경우에는 Optional 클래스의
orElseThrow() 메서드로 NotFoundException 예외를 던진다. product 객체를 반환하기 전에
serviceUtil 객체를 사용해 지금 사용 중인 마이크로서비스의 주소를 채운다.

deleteProduct 메서드는 다음과 같다.

```
public void deleteProduct(int productId) {
   repository.findByProductId(productId).ifPresent(e -> repository.delete(e));
}
```

delete 메서드도 리포지터리의 findByProductId() 메서드와 Optional 클래스의 ifPresent()
메서드를 사용해 엔티티가 있는 경우에만 엔티티를 삭제한다. 멱등성을 갖도록 구현됐기
때문에 엔티티를 찾지 못하더라도 무시한다는 점에 유의한다.

전체 소스 코드는 각 핵심 마이크로서비스의 서비스 구현 클래스를 참고한다. product-
service 프로젝트의 경우 ProductServiceImpl 클래스를 보면 된다.

자바 빈 매퍼 선언

자바 빈 매퍼에 대해 알아보자.

이미 언급했듯이 MapStruct로 매퍼 클래스를 선언한다. 세 가지 핵심 마이크로서비스가
모두 비슷한 방식으로 MapStruct를 사용하므로 product 마이크로서비스에 있는 매퍼 객체
의 소스 코드만 살펴본다.

product 서비스의 매퍼 클래스는 다음과 같다.

```java
@Mapper(componentModel = "spring")
public interface ProductMapper {

  @Mappings({
    @Mapping(target = "serviceAddress", ignore = true)
  })
  Product entityToApi(ProductEntity entity);

  @Mappings({
    @Mapping(target = "id", ignore = true),
    @Mapping(target = "version", ignore = true)
  })
  ProductEntity apiToEntity(Product api);
}
```

앞의 소스 코드를 설명하면 다음과 같다.

- entityToApi() 메서드는 엔티티 객체를 API 모델 객체에 매핑한다. 엔티티 클래스에는 serviceAddress 필드가 없으므로 entityToApi() 메서드에 애노테이션을 붙여서 API 모델 객체의 serviceAddress 필드를 무시하게 한다.

- apiToEntity() 메서드는 API 모델 객체를 엔티티 객체에 매핑한다. apiToEntity() 메서드에 애노테이션을 붙여서 API 모델 클래스에 없는 id, version 필드를 무시하도록 한다.

MapStruct는 이름이 같은 필드의 매핑만 지원하는 것이 아니라 이름이 다른 필드의 매핑도 지원한다. recommendation 서비스의 매퍼 클래스는 다음과 같은 애노테이션을 사용해 엔티티의 rating 필드와 API 모델의 rate 필드를 매핑한다.

```java
@Mapping(target = "rate", source="entity.rating"),
Recommendation entityToApi(RecommendationEntity entity);

@Mapping(target = "rating", source="api.rate"),
RecommendationEntity apiToEntity(Recommendation api);
```

210

그래들 빌드가 성공하면 각 프로젝트의 build/classes 폴더에 매핑 구현이 생성된다. product-service 프로젝트의 경우 ProductMapperImpl.java 클래스가 생성된다.

전체 소스 코드는 각 핵심 마이크로서비스의 매퍼 클래스를 참고한다. product-service 프로젝트의 경우 ProductMapper 클래스를 보면 된다.

서비스 테스트 업데이트

핵심 마이크로서비스의 공개 API에 대한 테스트에 5장에서는 없었던 생성 및 삭제 API 오퍼레이션에 대한 테스트를 추가한다.

추가한 테스트는 세 가지 핵심 마이크로서비스 모두가 비슷하므로 product 마이크로서비스의 서비스 테스트 코드만 살펴본다.

각 테스트를 초기화하고자 설정 메서드인 setupDb()에 @BeforeEach 애노테이션을 붙여 각 테스트에 앞서 실행되게 한다. 설정 메서드로 앞선 테스트에서 만든 엔티티를 제거한다.

```
@Autowired
private ProductRepository repository;

@BeforeEach
void setupDb() {
  repository.deleteAll();
}
```

create API의 테스트 메서드는 product 엔티티를 생성한 다음 검색이 되는지 확인하고, 같은 productId로 다른 product 엔티티를 생성해 API 요청의 응답이 예상했던 오류(UNPROCESSABLE_ENTITY)가 맞는지 확인한다.

```
@Test
void duplicateError() {
  int productId = 1;
  postAndVerifyProduct(productId, OK);
  assertTrue(repository.findByProductId(productId).isPresent());
```

```
  postAndVerifyProduct(productId, UNPROCESSABLE_ENTITY)
    .jsonPath("$.path").isEqualTo("/product")
    .jsonPath("$.message").isEqualTo("Duplicate key, Product Id: " + productId);
}
```

delete API의 테스트 메서드는 product 엔티티를 삭제한 다음 다시 삭제 요청을 보내 멱등성이 있는지 확인한다. 즉 엔티티가 데이터베이스에 존재하지 않더라도 OK 상태 코드를 반환하는지 확인한다.

```
@Test
void deleteProduct() {
  int productId = 1;
  postAndVerifyProduct(productId, OK);
  assertTrue(repository.findByProductId(productId).isPresent());

  deleteAndVerifyProduct(productId, OK);
  assertFalse(repository.findByProductId(productId).isPresent());

  deleteAndVerifyProduct(productId, OK);
}
```

생성, 읽기, 삭제 요청을 API로 전송하고 응답 상태를 확인하고자 다음의 헬퍼 메서드를 만들었다.

- postAndVerifyProduct()

- getAndVerifyProduct()

- deleteAndVerifyProduct()

postAndVerifyProduct() 메서드는 다음과 같다.

```
private WebTestClient.BodyContentSpec postAndVerifyProduct(int productId,
HttpStatus expectedStatus) {
  Product product = new Product(productId, "Name " + productId, productId, "SA");
  return client.post()
    .uri("/product")
    .body(just(product), Product.class)
```

```
        .accept(APPLICATION_JSON)
        .exchange()
        .expectStatus().isEqualTo(expectedStatus)
        .expectHeader().contentType(APPLICATION_JSON)
        .expectBody();
    }
```

이 메서드는 실제 HTTP 요청을 수행하고 응답 코드를 확인하기 위한 헬퍼 메서드로, 호출자가 추가 검증을 할 수 있도록 응답 본문을 반환한다. 읽기 및 삭제 요청을 위한 다른 두 헬퍼 메서드는 구현이 비슷하다.

전체 소스 코드는 각 핵심 마이크로서비스의 서비스 테스트 클래스를 참고한다. product-service 프로젝트의 경우 ProductServiceApplicationTests 클래스를 보면 된다.

다음 절에서는 복합 서비스 API를 확장하는 방법을 살펴본다.

복합 서비스 API 확장

이 절에서는 composite 엔티티의 생성 및 삭제 오퍼레이션을 위해 복합 API를 확장하는 방법을 살펴본다. 다음 단계를 수행한다.

1. 복합 서비스 API에 새 오퍼레이션 추가

2. 통합 계층에 메서드 추가

3. 새 복합 API 오퍼레이션 구현

4. 복합 서비스 테스트 업데이트

복합 서비스 API에 새 오퍼레이션 추가

복합 서비스 API가 엔티티를 생성, 삭제하고 집계된 엔티티를 처리하는 방식은 핵심 서비스 API와 비슷하다. 가장 큰 차이는 OpenAPI 기반 문서를 위한 애노테이션을 추가한다는 점이다. OpenAPI 애노테이션인 @Operation, @ApiResponses에 대한 설명은 5장의 'Product

CompositeService 인터페이스에 API 정보 추가' 절을 참고한다.

product-composite 엔티티를 생성하는 API 오퍼레이션의 코드는 다음과 같다.

```
@Operation(
  summary = "${api.product-composite.create-composite-product.description}",
  description = "${api.product-composite.create-composite-product.notes}")
@ApiResponses(value = {
  @ApiResponse(responseCode = "400", description = "${api.responseCodes.
badRequest.description}"),
  @ApiResponse(responseCode = "422", description = "${api.responseCodes.
unprocessableEntity.description}")
})
@PostMapping(
  value = "/product-composite",
  consumes = "application/json")
void createProduct(@RequestBody ProductAggregate body);
```

product-composite 엔티티를 삭제하는 API 오퍼레이션의 코드는 다음과 같다.

```
@Operation(
  summary = "${api.product-composite.delete-composite-product.description}",
  description = "${api.product-composite.delete-composite-product.notes}")
@ApiResponses(value = {
  @ApiResponse(responseCode = "400", description = "${api.responseCodes.
badRequest.description}"),
  @ApiResponse(responseCode = "422", description = "${api.responseCodes.
unprocessableEntity.description}")
})
@DeleteMapping(value = "/product-composite/{productId}")
void deleteProduct(@PathVariable int productId);
```

전체 소스 코드는 api 프로젝트의 ProductCompositeService 인터페이스를 참고한다.

앞에서 했던 것처럼 API 문서를 위한 설명문을 product-composite 프로젝트의 속성 파일 (application.yml)에 추가한다.

```
create-composite-product:
  description: Creates a composite product
```

```
    notes: |
      # 정상 응답
      The composite product information posted to the API will be split up and
stored as separate product-info, recommendation and review entities.

      # 예상되는 오류 응답
      1. If a product with the same productId as specified in the posted
information already exists, an **422 - Unprocessable Entity** error with a
"duplicate key" error message will be Returned

delete-composite-product:
  description: Deletes a product composite
  notes: |
      # 정상 응답
      Entities for product information, recommendations and reviews related to
the specified productId will be deleted.
      The implementation of the delete method is idempotent, that is, it can be
called several times with the same response.
      This means that a delete request of a non-existing product will return
**200 Ok**.
```

업데이트된 OpenAPI 문서를 스웨거 UI 뷰어를 사용해 확인해보면 그림 6.6과 같다.

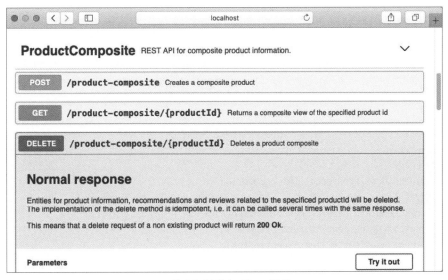

그림 6.6 업데이트된 API 문서

6장의 뒷부분에서 스웨거 UI 뷰어를 사용해 새 복합 API 오퍼레이션을 테스트한다.

통합 계층에 메서드 추가

복합 서비스의 생성 및 삭제 API를 구현하기 전에 핵심 마이크로서비스 API의 생성 및 삭제 오퍼레이션을 호출할 수 있도록 통합 계층을 확장해야 한다.

세 가지 핵심 마이크로서비스의 생성 및 삭제 오퍼레이션을 호출하는 통합 계층의 메서드는 단순하며 모두 비슷하므로 product 마이크로서비스를 호출하는 메서드의 소스 코드만 살펴본다.

createProduct() 메서드는 다음과 같다.

```
@Override
public Product createProduct(Product body) {
  try {
    return restTemplate.postForObject(productServiceUrl, body, Product.class);
  } catch (HttpClientErrorException ex) {
    throw handleHttpClientException(ex);
  }
}
```

createProduct 메서드는 HTTP 요청을 보내는 책임을 RestTemplate 객체에 위임하고, 오류 처리는 헬퍼 메서드인 handleHttpClientException에 위임한다.

deleteProduct() 메서드는 다음과 같다.

```
@Override
public void deleteProduct(int productId) {
  try {
    restTemplate.delete(productServiceUrl + "/" + productId);
  } catch (HttpClientErrorException ex) {
    throw handleHttpClientException(ex);
  }
}
```

create 메서드와 비슷하게 구현됐으나 HTTP 삭제 요청을 수행한다.

통합 계층의 전체 소스 코드는 product-composite 프로젝트의 ProductCompositeIntegration 클래스를 참고한다.

새 복합 API 오퍼레이션 구현

이제 복합 서비스의 생성 및 삭제 메서드를 구현해보자.

복합 서비스의 생성 메서드는 ProductAggregate 객체를 product, recommendation, review 객체로 나눈 후 유형별로 통합 계층의 create 메서드를 호출한다.

```
@Override
public void createProduct(ProductAggregate body) {
  try {
    Product product = new Product(body.getProductId(), body.getName(),
    body.getWeight(), null);
    integration.createProduct(product);

    if (body.getRecommendations() != null) {
      body.getRecommendations().forEach(r -> {
        Recommendation recommendation = new
        Recommendation(body.getProductId(),
        r.getRecommendationId(), r.getAuthor(), r.getRate(),
        r.getContent(), null);
        integration.createRecommendation(recommendation);
      });
    }

    if (body.getReviews() != null) {
      body.getReviews().forEach(r -> {
        Review review = new Review(body.getProductId(),
        r.getReviewId(), r.getAuthor(), r.getSubject(),
        r.getContent(), null);
        integration.createReview(review);
      });
    }
  } catch (RuntimeException re) {
    LOG.warn("createCompositeProduct failed", re);
```

```
      throw re;
    }
  }
```

복합 서비스의 delete 메서드는 통합 계층의 delete 메서드 3개를 호출해 데이터베이스에서 해당 엔티티를 삭제한다.

```
@Override
public void deleteProduct(int productId) {
  integration.deleteProduct(productId);
  integration.deleteRecommendations(productId);
  integration.deleteReviews(productId);
}
```

서비스 구현의 전체 소스 코드는 product-composite 프로젝트의 ProductCompositeServiceImpl 클래스를 참고한다.

정상 시나리오에서는 이 구현이 잘 작동하지만 다양한 오류 시나리오를 고려하면 문제가 발생할 수 있는 구현이다.

예를 들어, 내부 네트워크나 데이터베이스 문제로 일부 마이크로서비스를 일시적으로 사용할 수 없는 상황이 발생할 수 있다.

이런 상황 탓에 product-composite이 일부만 생성되거나 삭제될 수 있다. 삭제 오퍼레이션이 수행된 경우에는 요청자가 성공할 때까지 복합 서비스의 delete 메서드를 호출해 문제를 해결할 수 있다. 그러나 근본적인 문제가 해결되지 않는다면 요청자 또한 포기할 테고 product-composite은 일관성이 없는 상태로 남게 될 것이다.

7장에서는 동기 방식으로 RESTful API를 사용해 이런 유형의 문제를 해결하는 방법을 살펴본다.

깨지기 쉬운 디자인이라는 점을 염두에 두고 계속 진행하자.

복합 서비스 테스트 업데이트

3장의 '자동화된 마이크로서비스 테스트' 절에서 언급했듯이 복합 서비스는 실제 핵심 서비스를 대신하는 간단한 모의 컴포넌트를 사용해 테스트한다. 모의 객체를 사용하면 데이터베이스에 중복된 객체가 입력되는 경우의 오류 처리 같은 복잡한 시나리오는 테스트할 수 없다. 따라서 복합 서비스의 생성 및 삭제 오퍼레이션에 대한 테스트는 비교적 간단하다.

```
@Test
void createCompositeProduct1() {
  ProductAggregate compositeProduct = new ProductAggregate(1, "name", 1, null,
  null, null);
  postAndVerifyProduct(compositeProduct, OK);
}

@Test
void createCompositeProduct2() {
  ProductAggregate compositeProduct = new ProductAggregate(1, "name", 1,
    singletonList(new RecommendationSummary(1, "a", 1, "c")), singletonList(new
    ReviewSummary(1, "a", "s", "c")), null);
  postAndVerifyProduct(compositeProduct, OK);
}

@Test
void deleteCompositeProduct() {
  ProductAggregate compositeProduct = new ProductAggregate(1, "name",
    1,singletonList(new RecommendationSummary(1, "a", 1, "c")),
    singletonList(new ReviewSummary(1, "a", "s", "c")), null);
  postAndVerifyProduct(compositeProduct, OK);
  deleteAndVerifyProduct(compositeProduct.getProductId(), OK);
  deleteAndVerifyProduct(compositeProduct.getProductId(), OK);
}
```

서비스 테스트의 전체 소스 코드는 product-composite 프로젝트의 ProductCompositeService ApplicationTests 클래스를 참고한다.

필요한 소스 코드의 수정을 마쳤다. 다음 절에서는 도커 컴포즈로 관리하는 시스템 환경에 데이터베이스를 추가한다. 그 이후에 전체 마이크로서비스를 통합 테스트한다.

⸭ 도커 컴포즈 환경에 데이터베이스 추가

이제 소스 코드가 모두 준비됐다. 마이크로서비스 환경을 시작하고 새로운 API와 영속성 계층을 함께 테스트하려면 먼저 데이터베이스를 시작해야 한다.

도커 컴포즈가 제어하는 시스템 환경에 MongoDB와 MySQL을 추가하고, 마이크로서비스에 구성을 추가해 실행 중에 데이터베이스를 찾을 수 있게 한다.

도커 컴포즈 구성

도커 컴포즈 구성 파일(docker-compose.yml)에 다음과 같이 MongoDB와 MySQL을 선언한다.

```
mongodb:
  image: mongo:4.4.2
  mem_limit: 512m
  ports:
  - "27017:27017"
  command: mongod
  healthcheck:
    test: "mongo --eval 'db.stats().ok'"
    interval: 5s
    timeout: 2s
    retries: 60

mysql:
  image: mysql:5.7.32
  mem_limit: 512m
  ports:
    - "3306:3306"
  environment:
    - MYSQL_ROOT_PASSWORD=rootpwd
    - MYSQL_DATABASE=review-db
    - MYSQL_USER=user
    - MYSQL_PASSWORD=pwd
  healthcheck:
    test: "/usr/bin/mysql --user=user --password=pwd --execute \"SHOW DATABASES;\""
    interval: 5s
    timeout: 2s
    retries: 60
```

앞의 코드를 설명하면 다음과 같다.

1. MongoDB v4.4.2 및 MySQL v5.7.32의 공식 도커 이미지를 사용하며, 맥용 도커 데스크톱을 사용할 때 로컬 호스트를 바탕으로 접근할 수 있도록 기본 포트인 27017 및 3306을 도커 호스트로 전달한다.

2. MySQL 구성에는 다음과 같은 환경 변수를 선언한다.

   ○ root 암호

   ○ 컨테이너 시작 시 생성되는 데이터베이스의 이름

   ○ 컨테이너 시작 시 설정되는 데이터베이스의 사용자 이름 및 암호

3. MySQL 구성에는 도커가 MySQL 데이터베이스의 상태를 확인하기 위한 상태 점검 방법도 선언한다.

데이터베이스가 동작하기 전에 마이크로서비스에서 데이터베이스에 연결을 시도하는 문제를 방지하고자 product 및 recommendation 서비스는 다음과 같이 MongoDB 데이터베이스에 의존하도록 선언한다.

```
depends_on:
  mongodb:
    condition: service_healthy
```

같은 이유로 review 서비스는 MySQL 데이터베이스에 의존하도록 선언한다.

```
depends_on:
  mysql:
    condition: service_healthy
```

도커는 위의 구성에 따라 데이터베이스 컨테이너를 실행하고 상태 점검 결과가 정상일 때까지 마이크로서비스 컨테이너를 시작하지 않는다.

데이터베이스 연결 구성

데이터베이스를 준비했으면 이제 핵심 마이크로서비스가 데이터베이스에 연결할 수 있도록 설정해야 한다. product-service, recommendation-service, review-service 프로젝트에 있는 각 핵심 마이크로서비스의 구성 파일(application.yml)을 변경한다.

product 및 recommendation 서비스는 구성이 비슷하므로 product 서비스의 구성만 살펴본다. 구성의 다음 부분에 주목하자.

```
spring.data.mongodb:
  host: localhost
  port: 27017
  database: product-db

logging:
  level:
    org.springframework.data.mongodb.core.MongoTemplate: DEBUG

---
spring.config.activate.on-profile: docker

spring.data.mongodb.host: mongodb
```

앞의 코드를 설명하면 다음과 같다.

1. 도커를 사용하지 않는 기본 스프링 프로필로 실행하면 localhost:27017로 데이터베이스에 연결한다.

2. MongoTemplate의 로그 레벨을 DEBUG로 설정하면 어떤 MongoDB 문이 실행되는지 로그에서 확인할 수 있다.

3. 도커 컨테이너를 사용하는 docker 스프링 프로필로 실행하면 mongodb:27017로 데이터베이스에 연결한다.

다음은 review 서비스를 SQL 데이터베이스에 연결하기 위한 구성이다.

```yaml
spring.jpa.hibernate.ddl-auto: update

spring.datasource:
  url: jdbc:mysql://localhost/review-db
  username: user
  password: pwd

spring.datasource.hikari.initializationFailTimeout: 60000

logging:
  level:
    org.hibernate.SQL: DEBUG
    org.hibernate.type.descriptor.sql.BasicBinder: TRACE

---
spring.config.activate.on-profile: docker

spring.datasource:
  url: jdbc:mysql://mysql/review-db
```

앞의 코드를 설명하면 다음과 같다.

1. 기본적으로 스프링 데이터 JPA는 하이버네이트[Hibernate]를 JPA 엔티티 관리자로 사용한다.

2. spring.jpa.hibernate.ddl-auto 속성을 설정해 시작하는 동안 기존 SQL 테이블을 새로 만들거나 업데이트하도록 스프링 데이터 JPA에 지시한다.

   TIP

   > 상용 환경에서는 스프링 데이터 JPA가 SQL 테이블의 구조를 변경할 수 없도록 spring.jpa.hibernate.ddl-auto 속성을 none이나 validate로 설정해야 한다. 자세한 내용은 다음 링크(https://docs.spring.io/spring-boot/docs/current/reference/htmlsingle/#howto-database-initialization)를 참고한다.

3. 기본 스프링 프로필을 사용해 도커 없이 실행하면 기본 포트인 3306 포트로 localhost의 데이터베이스에 연결한다.

4. 스프링 데이터 JPA는 HikariCP를 기본 JDBC 연결 풀^{connection pool}로 사용하며 하드웨어 자원이 한정된 컴퓨터에서 시작 문제를 최소화하고자 `initializeFailTimeout` 속성 값을 60초로 설정한다. 즉 스프링 부트 애플리케이션을 시작할 때 최대 60초 동안 데이터베이스 연결을 기다린다.

5. 하이버네이트의 로그 레벨을 `DEBUG`로 설정해 하이버네이트가 사용하는 SQL 문과 실제 사용 값을 출력한다. 상용 환경에서는 개인 정보 보호를 위해 실제 값을 로그에 쓰는 것은 지양한다.

6. `docker` 스프링 프로필을 사용해 도커 환경에서 실행하면 기본 포트인 `3306` 포트로 `mysql` 호스트에 접속해 데이터베이스에 연결한다.

시스템 환경을 시작할 준비를 완료했고 모든 구성을 마쳤다. 다음 절에서는 데이터베이스 CLI 도구를 실행하는 방법을 알아본다.

MongoDB 및 MySQL CLI 도구

마이크로서비스를 테스트하다보면 마이크로서비스의 데이터베이스에 저장되는 실제 데이터를 확인하고 싶어진다. 각 데이터베이스 도커 컨테이너는 데이터베이스 테이블 및 컬렉션을 질의할 수 있는 CLI 기반 도구를 제공한다. 도커 컴포즈의 exec 커맨드로 데이터베이스의 CLI 도구를 실행할 수 있다.

이 절에서 설명하는 커맨드는 다음 절에서 수동 테스트를 수행할 때 사용하니 지금 실행하진 말자. 아직 동작 중인 데이터베이스가 없으므로 실패한다.

다음 커맨드를 실행하면 mongodb 컨테이너를 사용해 MongoDB CLI 도구인 mongo를 시작할 수 있다.

```
docker-compose exec mongodb mongo --quiet
>
```

exit를 입력해 mongo CLI를 종료한다.

다음 커맨드를 실행하면 mysql 컨테이너를 사용해 MySQL CLI 도구인 mysql을 시작하고 데이터베이스를 시작할 때 설정한 사용자로 review-db에 로그인할 수 있다.

```
docker-compose exec mysql mysql -uuser -p review-db
mysql>
```

TIP

> MySQL CLI에서 암호 입력을 요구하면 docker-compose.yml 파일에 있는 MYSQL_PASSWORD 환경 변수의 값을 입력한다.

exit를 입력해 MySQL CLI를 종료한다.

다음 절에서 각 CLI 도구의 사용법을 살펴본다.

TIP

> MongoDB 및 MySQL 컨테이너는 로컬 호스트로 표준 포트를 노출한다. GUI 데이터베이스 도구를 선호한다면 로컬 컴퓨터에서 도구를 실행하고 연결하면 된다.

⠿ 새 API 및 영속성 계층의 수동 테스트

전체 마이크로서비스를 테스트하기 위한 준비가 끝났다. 이제 도커 컴포즈를 사용해 여러 도커 이미지에 기반을 둔 새 도커 이미지를 빌드하고 시스템 환경을 시작한다. 그런 다음, 스웨거 UI 뷰어를 사용해 몇 가지 수동 테스트를 실행한다. 끝으로 데이터베이스 CLI 도구를 사용해 데이터베이스에 입력된 데이터를 확인한다.

다음 커맨드로 시스템 환경을 빌드하고 시작한다.

```
cd $BOOK_HOME/Chapter06
./gradlew build && docker-compose build && docker-compose up
```

웹 브라우저에서 스웨거 UI(http://localhost:8080/openapi/swagger-ui.html)에 접속한 후 다음 단계를 수행한다.

1. **ProductComposite** 서비스와 **POST** 메서드를 클릭해 확장한다.

2. **Try it out** 버튼을 클릭하고 body 필드로 이동한다.

3. `productId` 필드의 기본값 0을 123456으로 바꾼다.

4. 아래로 스크롤해 **Execute** 버튼을 클릭한다.

5. 반환된 응답 코드가 **200**인지 확인한다.

그림 6.7은 **Execute** 버튼을 클릭한 후 나타난 화면이다.

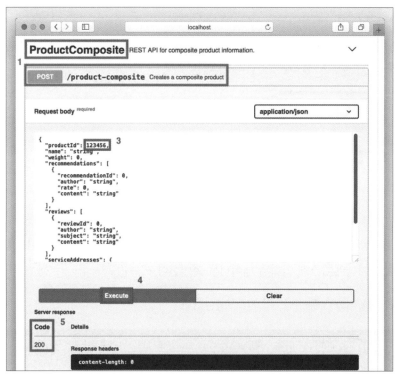

그림 6.7 서버 응답 테스트

docker-compose up 커맨드의 로그 출력에 그림 6.8과 같은 내용이 있어야 한다(가독성을 위해 일부 출력을 생략했다).

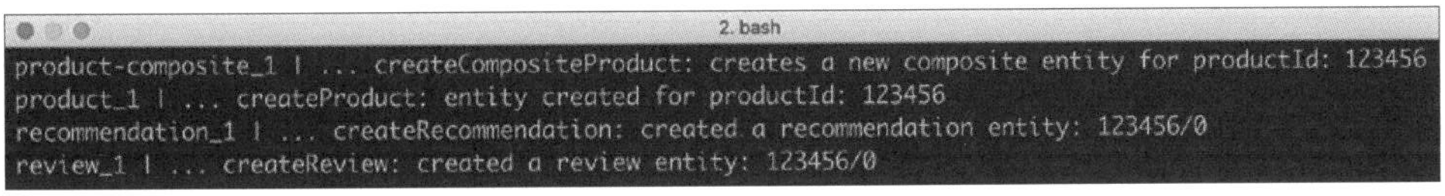

그림 6.8 docker-compose up 커맨드의 로그 출력

데이터베이스 CLI 도구를 사용해 각 데이터베이스에 입력된 데이터를 확인할 수 있다.

다음 커맨드로 product 서비스의 콘텐츠, 즉 MongoDB의 product 컬렉션을 확인한다.

```
docker-compose exec mongodb mongo product-db --quiet --eval "db.products.find()"
```

결과는 그림 6.9와 같다.

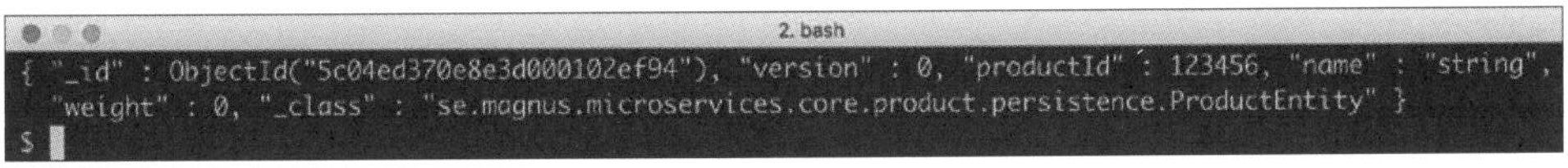

그림 6.9 products 컬렉션 조회

다음 커맨드로 recommendation 서비스의 콘텐츠, 즉 MongoDB의 recommendation 컬렉션을 확인한다.

```
docker-compose exec mongodb mongo product-db --quiet --eval "db.products.find()"
```

결과는 그림 6.10과 같다.

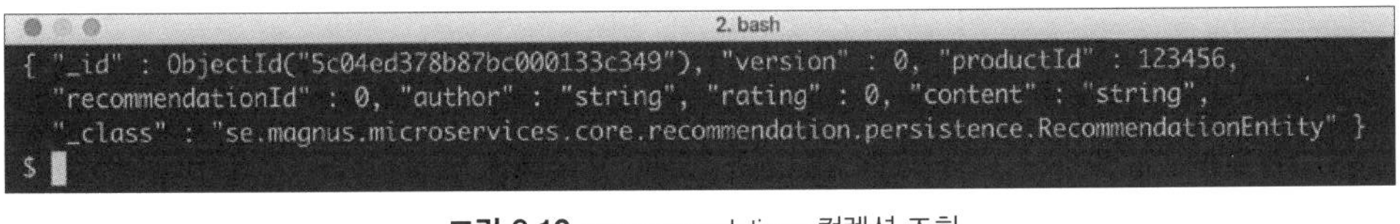

그림 6.10 recommendations 컬렉션 조회

다음 커맨드로 review 서비스의 콘텐츠, 즉 MySQL의 reviews 테이블을 확인한다.

```
docker-compose exec mysql mysql -uuser -p review-db -e "select * from reviews"
```

MySQL CLI에서 암호 입력을 요구하면 docker-compose.yml 파일에 있는 MYSQL_PASSWORD 환경 변수의 값을 입력한다. 실행 결과는 그림 6.11과 같다.

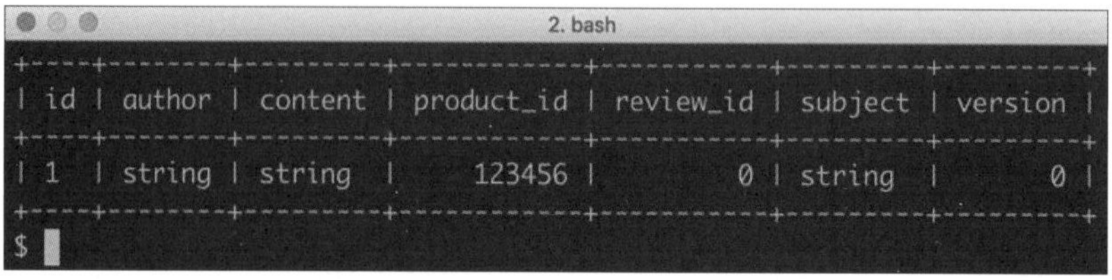

그림 6.11 reviews 테이블 조회

Ctrl+**C**로 docker-compose up 커맨드를 중지한 후 docker-compose down 커맨드를 실행해 시스템 환경을 종료한다. 다음 절에서는 마이크로서비스 환경의 자동 테스트를 업데이트한다.

마이크로서비스 환경의 자동 테스트 업데이트

테스트를 실행하기 전에 마이크로서비스 환경의 자동 테스트(test-em-all.bash)를 업데이트해 각 마이크로서비스의 데이터베이스를 기본 상태로 초기화한다.

스크립트의 설정 함수인 setupTestdata()를 확장해 테스트에서 사용하는 테스트 데이터를 복합 서비스의 생성 및 삭제 API를 사용해 다시 생성하게 한다.

setupTestdata 함수는 다음과 같다.

```
function setupTestdata() {

    body=\
    '{"productId":1,"name":"product 1","weight":1, "recommendations":[
        {"recommendationId":1,"author":"author
```

228

```
                1","rate":1,"content":"content 1"},
              {"recommendationId":2,"author":"author
               2","rate":2,"content":"content 2"},
              {"recommendationId":3,"author":"author
               3","rate":3,"content":"content 3"}
        ], "reviews":[
              {"reviewId":1,"author":"author 1","subject":"subject
                1","content":"content 1"},
              {"reviewId":2,"author":"author 2","subject":"subject
                2","content":"content 2"},
              {"reviewId":3,"author":"author 3","subject":"subject
                3","content":"content 3"}
    ]}'
    recreateComposite 1 "$body"

    body=\
    '{"productId":113,"name":"product 113","weight":113, "reviews":[
    {"reviewId":1,"author":"author 1","subject":"subject
     1","content":"content 1"},
    {"reviewId":2,"author":"author 2","subject":"subject
     2","content":"content 2"},
    {"reviewId":3,"author":"author 3","subject":"subject
     3","content":"content 3"}
    ]}'
    recreateComposite 113 "$body"

    body=\
    '{"productId":213,"name":"product 213","weight":213,
    "recommendations":[
      {"recommendationId":1,"author":"author
       1","rate":1,"content":"content 1"},
      {"recommendationId":2,"author":"author
       2","rate":2,"content":"content 2"},
      {"recommendationId":3,"author":"author
       3","rate":3,"content":"content 3"}
    ]}'
    recreateComposite 213 "$body"


}
```

헬퍼 함수인 recreateComposite()을 사용해 삭제 API와 생성 API를 호출한다.

```
function recreateComposite() {
  local productId=$1
  local composite=$2

  assertCurl 200 "curl -X DELETE http://$HOST:$PORT/product-
composite/${productId} -s"
  curl -X POST http://$HOST:$PORT/product-composite -H "Content-Type:
application/json" --data "$composite"
}
```

waitForService 함수를 호출하고 곧바로 setupTestdata 함수를 호출한다.

```
waitForService curl -X DELETE http://$HOST:$PORT/product-composite/13

setupTestdata
```

waitForService 함수를 사용해 모든 마이크로서비스가 동작 중인지 확인한다. 4장에서는
product-composite 서비스의 get API를 사용했으나, 6장에서는 delete API를 사용한다.
get API는 엔티티를 찾을 수 없는 경우에는 product 마이크로서비스만 호출하며,
recommendation 및 review 서비스의 동작 여부는 확인하지 않는다. delelete API 호출은
productId가 13인 제품이 없는지 확인하는 역할도 한다. 마이크로서비스 환경의 상태를 확
인하는 API는 7장에서 정의한다.

다음 커맨드를 사용해 업데이트한 테스트 스크립트를 실행한다.

```
cd $BOOK_HOME/Chapter06
./test-em-all.bash start stop
```

그림 6.12와 같은 로그 메시지를 출력한 후 실행이 종료된다.

그림 6.12 테스트 종료 후의 로그 출력

230

이로써 마이크로서비스 환경의 자동 테스트를 모두 업데이트했다.

⠿ 요약

6장에서는 스프링 데이터를 사용해 핵심 마이크로서비스에 영속성 계층을 추가했으며, 스프링 데이터의 핵심 개념인 엔티티와 리포지터리를 사용해 MongoDB와 MySQL에 데이터를 저장했다. MongoDB와 같은 NoSQL 데이터베이스와, MySQL과 같은 SQL 데이터베이스의 프로그래밍 모델은 비슷하긴 하나 완전한 이식성을 보장하진 않는다. 스프링 부트의 @DataMongoTest, @DataJpaTest 애노테이션을 사용해 간편하게 영속성 검증 테스트를 설정하는 방법도 알아봤다. 테스트를 실행하기 전에 내장형 데이터베이스를 자동으로 시작하고자 이 애노테이션을 사용했으며, 마이크로서비스가 런타임에 사용하는 다른 인프라(예: 네티와 같은 웹 서버)는 시작하지 않았다. 데이터베이스의 시작 및 종료를 처리하기 위해 컨테이너로 데이터베이스를 실행하는 Testcontainers를 사용했다. 그 결과 시작 오버헤드가 최소화됐고 영속성 테스트의 설정이 간편해졌다.

또한, 서비스 계층에서 영속성 계층을 사용하는 방법을 살펴보고 모든 핵심 엔티티와 복합 엔티티를 위한 생성 및 삭제 API를 추가했다.

마지막으로, 도커 컴포즈를 사용해 MongoDB 및 MySQL 등의 데이터베이스를 런타임에 시작하는 방법을 배웠고, 새로운 생성 및 삭제 API로 테스트 데이터를 설정한 후에 마이크로서비스 기반 시스템 환경용 테스트를 자동으로 시작하는 방법을 배웠다.

그런데 6장에서 도출된 주요 관심사가 하나 있다. 동기 API를 사용해 여러 마이크로서비스 엔티티로 구성된 복합 엔티티를 업데이트(생성 또는 삭제)하면 관련된 마이크로서비스가 함께 업데이트되지 않아 일관성이 깨지는 경우가 생기는데 이는 바람직하지 않다. 확장성 있고 견고한 리액티브 마이크로서비스가 필요한 이유와 구축 방법을 설명하는 7장에서 이런 문제에 대해 알아본다.

1. 엔티티와 리포지터리에 기반한 공통 프로그래밍 모델인 스프링 데이터는 다양한 유형의 데이터베이스 엔진을 지원한다. 6장에 나온 코드 예제에서 MySQL과 MongoDB 영속성 코드의 가장 큰 차이점은 무엇인가?

2. 스프링 데이터로 낙관적 잠금을 구현하기 위한 필수 요소는 무엇인가?

3. MapStruct의 사용 목적은 무엇인가?

4. 오퍼레이션이 멱등성을 가진다는 것의 의미는 무엇인가? 어째서 유용한가?

5. API를 사용하지 않고 MySQL 및 MongoDB 데이터베이스에 저장된 데이터에 접근하려면 어떻게 해야 하는가?

07

리액티브 마이크로서비스 개발

7장에서는 리액티브 마이크로서비스^{reactive microservice} 개발 방법, 즉 비동기 이벤트 기반 서비스와 논블로킹 동기 REST API를 개발하는 방법을 배우고, 이 두 가지 방식의 선택 기준을 배운다. 끝으로 리액티브 마이크로서비스 환경을 위한 수동 및 자동 테스트를 작성하고 실행하는 방법을 알아본다.

1장에서 설명했듯이 리액티브 시스템은 메시지 기반의 비동기 통신을 토대로 탄력성, 즉 확장성 및 복원력을 확보하므로 장애에 강하다. 리액티브 시스템은 탄력성과 복원력을 바탕으로 적시에 반응한다.

7장에서는 다음과 같은 내용을 다룬다.

- 논블로킹 동기 API와 이벤트 기반 비동기 서비스의 선택 기준
- 논블로킹 동기 REST API 개발
- 이벤트 기반 비동기 서비스 개발
- 리액티브 마이크로서비스 환경의 수동 테스트
- 리액티브 마이크로서비스 환경의 자동 테스트

기술 요구 사항

이 책에서 사용하는 도구의 설치 방법과 이 책의 소스 코드를 다운로드하는 방법은 다음을 참고한다.

- 21장, 맥OS용 설치 지침
- 22장, 윈도우용 설치 지침

7장의 모든 소스 코드 예제는 $BOOK_HOME/Chapter07 폴더에 있다.

7장에서 마이크로서비스를 리액티브하게 만들면서 변경한 부분을 확인하고 싶다면 6장의 소스 코드와 비교하면 된다. 선호하는 파일 비교 도구를 사용해 $BOOK_HOME/Chapter06 폴더와 $BOOK_HOME/Chapter07 폴더를 비교해보자.

논블로킹 동기 API와 이벤트 기반 비동기 서비스의 선택 기준

리액티브 마이크로서비스를 개발할 때 논블로킹 동기 API와 이벤트 기반 비동기 서비스 중 어떤 것을 사용할지 정해져 있는 것은 아니다. 일반적으로 견고하고 확장성 있는 마이크로서비스를 만들려면 가능한 한 자율적으로 만드는 것이 중요하다. 예를 들면 런타임 의존성을 최소화해야 하는데 이런 것을 **느슨한 결합**loose coupling이라고도 한다. 보통 동기 API 방식보다는 이벤트 기반 비동기 메시지 전달 방식을 선호하는데, 그 이유는 다른 여러 마이크로서비스에 동기 방식으로 접근하는 대신 런타임에 메시징 시스템에만 접근하면 되기 때문이다.

그러나 다음과 같이 동기 API 방식을 선호하는 경우도 있다.

- 최종 사용자가 응답을 기다리는 읽기 작업일 때
- 모바일 앱이나 SPA 웹 애플리케이션처럼 동기 API가 알맞은 클라이언트 플랫폼일 때
- 클라이언트가 다른 조직의 서비스에 연결할 때(여러 조직이 공통 메시징 시스템을 공유해 사용할 수 없을 때)

이 책에서는 시스템 환경을 다음과 같이 구성한다.

- product-composite 마이크로서비스가 공개하는 생성, 읽기, 삭제 서비스는 논블로킹 동기 API 기반이다. 복합 마이크로서비스는 웹 및 모바일 플랫폼을 대상으로, 시스템 환경을 운영하는 조직이 아닌 다른 조직의 클라이언트를 주로 상대한다고 가정하기 때문에 동기 API가 적합하다.

- 핵심 마이크로서비스가 제공하는 읽기 서비스는 최종 사용자가 응답을 기다리고 있기 때문에 논블로킹 동기 API로 개발한다.

- 핵심 마이크로서비스가 제공하는 생성 및 삭제 서비스는 이벤트 기반 비동기 서비스로 개발한다. 즉 각 마이크로서비스용 토픽으로 들어오는 생성 및 삭제 이벤트를 구독한다.

- 제품 집계 정보의 생성 및 삭제를 위해 복합 마이크로서비스에서 제공하는 동기 API는 생성 및 삭제 이벤트를 각 마이크로서비스용 토픽에 게시한다. 이벤트 게시에 성공하면 202(Accepted) 응답을 반환하고 게시에 실패하면 오류 응답을 반환한다. 202 응답은 200(OK) 응답과는 다른데, 요청을 수락했지만 처리는 끝나지 않았다는 뜻이다. 요청은 202 응답과는 무관하게 비동기적으로 처리된다.

다음 다이어그램을 참고한다.

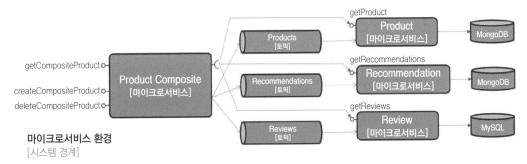

그림 7.1 마이크로서비스 환경

먼저 논블로킹 동기 REST API를 개발하는 방법을 배운 후 이벤트 기반 비동기 서비스를 개발하는 방법을 살펴본다.

⫶ 논블로킹 동기 REST API 개발

이 절에서는 논블로킹 버전의 읽기 API를 개발하는 방법을 배운다. 복합 서비스를 리액티브하게 만들어 세 가지 핵심 서비스를 논블로킹 방식으로 동시에 호출하게 한다. 복합 서비스는 모든 핵심 서비스의 반환 결과를 조합한 응답을 생성해 호출자에게 반환한다. 그림 7.2를 참고한다.

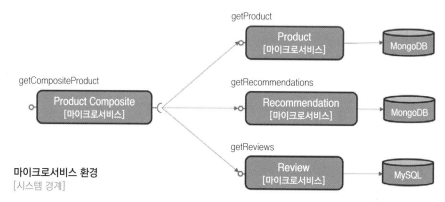

그림 7.2 getCompositeProduct와 관련된 마이크로서비스 환경

이 절에서는 다음과 같은 내용을 다룬다.

- 프로젝트 리액터 소개

- 스프링 데이터 MongoDB를 사용한 논블로킹 영속성

- 핵심 서비스의 논블로킹 REST API 및 블로킹 방식의 JPA 영속성 계층

- 복합 서비스의 논블로킹 REST API

프로젝트 리액터 소개

2장의 '스프링 웹플럭스' 절에서 언급했듯이 스프링 5의 리액티브 지원은 **프로젝트 리액터** (https://projectreactor.io) 기반이다. 프로젝트 리액터는 리액티브 애플리케이션 구축의 표준인 리액티브 스트림 사양(http://www.reactive-streams.org)을 기반으로 한다. 스프링 웹플럭

스, 스프링 웹클라이언트, 스프링 데이터는 프로젝트 리액터를 사용해 리액티브 및 논블로킹 관련 기능을 제공한다.

프로젝트 리액터는 데이터를 스트림으로 처리하는 프로그래밍 모델을 사용하고 **Flux**와 **Mono**를 핵심 데이터 유형으로 사용한다. Flux 객체는 $0...n$개의 요소를 스트림으로 처리할 때 사용하고 Mono 객체는 비어 있거나 하나의 요소를 반환하는 스트림을 처리할 때 사용한다. 7장에서 다수의 예를 살펴볼 것이다. 먼저 다음 테스트를 통해 개략적인 내용을 알아보자.

```
@Test
void testFlux() {

  List<Integer> list = Flux.just(1, 2, 3, 4)
    .filter(n -> n % 2 == 0)
    .map(n -> n * 2)
    .log()
    .collectList().block();

  assertThat(list).containsExactly(4, 8);
}
```

앞의 소스 코드를 설명하면 다음과 같다.

1. 정수 1, 2, 3, 4를 인자로 정적 헬퍼 메서드인 Flux.just()를 호출해 스트림을 시작한다.

2. 짝수만 허용하도록 홀수를 필터링filtering한다. 짝수인 2, 4만 남는다.

3. 스트림 값에 2를 곱해서 4, 8로 값을 변환(또는 map)한다.

4. map 오퍼레이션이 완료되면 스트림 데이터를 로그에 기록한다.

5. collectList 메서드로 모든 스트림 항목을 모아서 List에 넣는다.

6. 지금까지는 스트림 처리 방법에 대해서만 선언했는데, 스트림을 처리하려면 구독자가 있어야 한다. 끝으로 block 메서드를 호출해 처리가 끝날 때까지 기다리는 구독자를 등록한다.

7. 결과 목록은 멤버 변수인 list에 저장된다.

8. 끝으로 스트림 처리 결과가 담긴 list에 예상 값(정수 4, 8)이 들어 있는지 검증한다.

로그 출력은 그림 7.3과 같다.

```
● ● ●                              -bash                              ⌥⌘2
20:01:45.714 [main] INFO reactor.Flux.MapFuseable.1 - | onSubscribe([Fuseable]
FluxMapFuseable.MapFuseableSubscriber)
20:01:45.716 [main] INFO reactor.Flux.MapFuseable.1 - | request(unbounded)
20:01:45.716 [main] INFO reactor.Flux.MapFuseable.1 - | onNext(4)
20:01:45.717 [main] INFO reactor.Flux.MapFuseable.1 - | onNext(8)
20:01:45.717 [main] INFO reactor.Flux.MapFuseable.1 - | onComplete()
```

그림 7.3 테스트 코드의 로그 출력

앞의 로그를 설명하면 다음과 같다.

1. 스트림을 구독하는 구독자가 스트림 처리를 시작하고 스트림 콘텐츠를 요청한다.

2. log 오퍼레이션으로 처리한 정수 4, 8이 출력된다.

3. 구독자가 onComplete 메서드를 호출해 스트림이 종료됐다는 것을 알리면 처리가 종료된다.

전체 소스 코드는 util 프로젝트의 ReactorTests 클래스를 참고한다.

TIP

> 보통은 직접 스트림 처리를 시작하진 않으며 처리 방법만 정의한다. 스트림 처리를 시작하는 것은 인프라 컴포넌트가 담당한다. 예를 들면 스프링 웹플럭스가 수신한 HTTP 요청에 대한 응답으로 스트림 처리를 시작한다. 블로킹 코드로 리액티브 스트림의 응답을 처리하는 예외적인 경우도 있는데, 이럴 때는 블로킹 코드가 Flux나 Mono 객체의 block() 메서드를 호출하는 블로킹 방식으로 결과를 받는다.

스프링 데이터 MongoDB를 사용한 논블로킹 영속성

product 및 recommendation 서비스의 MongoDB 기반 리포지터리를 리액티브하게 만드는 것은 매우 간단하다.

238

- 리포지터리의 기본 클래스를 ReactiveCrudRepository로 변경한다.

- 사용자 정의 쿼리 메서드가 Mono 또는 Flux 객체를 반환하도록 변경한다.

변경 후의 ProductRepository, RecommendationRepository는 다음과 같다.

```
public interface ProductRepository extends ReactiveCrudRepository
<ProductEntity, String> {
  Mono<ProductEntity> findByProductId(int productId);
}

public interface RecommendationRepository extends ReactiveCrudRepository
<RecommendationEntity, String> {
  Flux<RecommendationEntity> findByProductId(int productId);
}
```

review 서비스는 영속성 코드를 변경하지 않고 JPA 리포지터리를 사용하는 블로킹 방식을 유지한다. review 서비스의 영속성 계층에서 블로킹 코드를 다루는 방법은 뒤에 나오는 '블로킹 코드 처리' 절에서 살펴본다.

전체 소스 코드는 다음 클래스를 참고한다.

- product 프로젝트의 ProductRepository

- recommendation 프로젝트의 RecommendationRepository

테스트 코드 변경

영속성 계층을 테스트하려면 몇 가지 변경할 부분이 있다. 이제 영속성 메서드가 Mono나 Flux 객체를 반환하므로 테스트 메서드는 반환된 리액티브 객체에서 결과를 받을 때까지 기다려야 한다. 테스트 메서드는 Mono/Flux 객체의 block() 메서드를 직접 호출해 결과를 받을 때까지 기다리거나 프로젝트 리액터의 StepVerifier 헬퍼 클래스를 사용해 검증 가능한 비동기 이벤트 시퀀스를 선언한다.

이제 리액티브 버전의 리포지터리에서 작동하도록 테스트 코드를 변경해보자.

```
ProductEntity foundEntity = repository.findById(newEntity.getId()).get();
assertEqualsProduct(newEntity, foundEntity);
```

다음과 같이 repository.findById() 메서드가 반환한 Mono 객체의 block() 메서드를 호출하면 명령형 프로그래밍 스타일을 유지할 수 있다.

```
ProductEntity foundEntity = repository.findById(newEntity.getId()).block();
assertEqualsProduct(newEntity, foundEntity);
```

StepVerifier 클래스를 사용해 리포지터리를 검색하고 결과를 확인하는 처리 절차를 시퀀스로 설정하는 방법도 있다. 설정을 완료한 다음 verifyComplete() 메서드를 호출해 시퀀스를 시작한다.

```
StepVerifier.create(repository.findById(newEntity.getId()))
    .expectNextMatches(foundEntity -> areProductEqual(newEntity, foundEntity))
    .verifyComplete();
```

StepVerifier 클래스를 사용해 작성한 테스트 코드의 예는 product 프로젝트의 Persistence Tests 클래스를 참고한다.

block() 메서드를 사용해 작성한 테스트 코드의 예는 recommendation 프로젝트의 Persistence Tests 클래스를 참고한다.

핵심 서비스의 논블로킹 REST API

논블로킹 방식의 영속성 계층을 구축했다면 이제 핵심 서비스의 API도 논블로킹 방식으로 만들어보자. 다음과 같이 변경한다.

- 리액티브 데이터 유형을 반환하도록 API를 변경한다.
- 서비스 구현을 변경해 블로킹 코드를 제거한다.
- 리액티브 서비스를 테스트할 수 있도록 테스트를 변경한다.
- 논블로킹 코드와 계속 블로킹 방식을 사용해야 하는 코드를 분리한다.

API 변경

핵심 서비스 API를 리액티브하게 만들려면 Mono 또는 Flux 객체를 반환하도록 메서드를 변경해야 한다.

예를 들어, Product 객체가 아닌 Mono<Product> 객체를 반환하도록 product 서비스의 getProduct() 메서드를 변경한다.

```
Mono<Product> getProduct(@PathVariable int productId);
```

전체 소스 코드는 다음과 같은 api 프로젝트 핵심 인터페이스를 참고한다.

- ProductService

- RecommendationService

- ReviewService

서비스 구현 변경

리액티브 영속성 계층을 사용하는 product 및 recommendation 프로젝트의 서비스가 프로젝트 리액터의 다양한 API를 사용하도록 구현을 변경한다. getProduct() 메서드의 구현은 다음과 같다.

```
public Mono<Product> getProduct(int productId) {

  if (productId < 1) {
    throw new InvalidInputException("Invalid productId: " + productId);
  }

  return repository.findByProductId(productId)
    .switchIfEmpty(Mono.error(new NotFoundException("No product found for
    productId: " + productId)))
    .log(LOG.getName(), FINE)
    .map(e -> mapper.entityToApi(e))
    .map(e -> setServiceAddress(e));
}
```

앞의 소스 코드를 설명하면 다음과 같다.

1. 이 메서드는 Mono 객체를 반환하며 처리에 대해서는 선언만 하고 있다. 처리를 트리거하는 것은 웹 프레임워크인 스프링 웹플럭스인데, 웹플럭스가 이 서비스에 대한 요청을 받고 Mono 객체를 구독하면 처리가 시작된다.

2. 영속성 리포지터리의 findByProductId() 메서드를 사용해 데이터베이스에서 productId로 제품을 검색한다.

3. productId로 제품을 찾지 못하면 NotFoundException을 던진다.

4. log 메서드로 로그를 출력한다.

5. mapper.entityToApi() 메서드를 호출해 영속성 계층에서 가져온 엔티티를 API 모델 객체로 변환한다.

6. 마지막 map 메서드는 헬퍼 메서드인 setServiceAddress()를 사용해 모델 객체의 요청을 처리할 마이크로서비스의 DNS 이름과 IP 주소를 설정한다.

성공적으로 처리를 완료했을 때의 로그 출력은 그림 7.4와 같다.

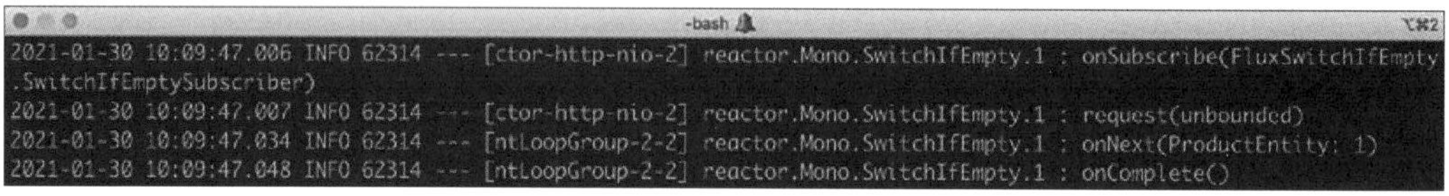

그림 7.4 처리에 성공했을 때의 로그 출력

그림 7.5는 처리에 실패했을 때의 로그 출력이다(NotFoundException 발생).

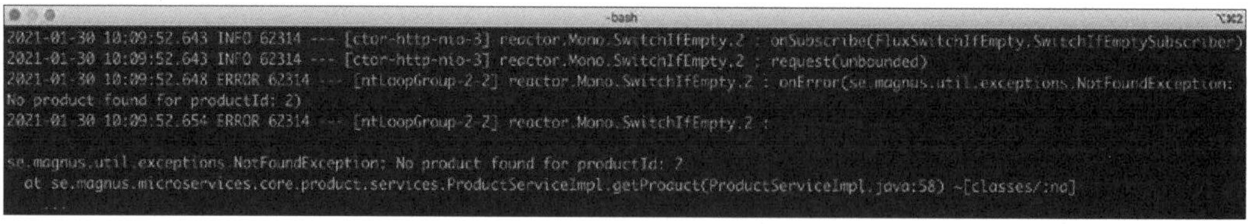

그림 7.5 처리에 실패했을 때의 로그 출력

전체 소스 코드는 다음 클래스를 참고한다.

- product 프로젝트의 ProductServiceImpl

- recommendation 프로젝트의 RecommendationServiceImpl

테스트 코드 변경

앞에서 설명한 영속성 계층 테스트와 같은 방식으로 서비스 구현의 테스트 코드를 변경한다. 비동기 동작을 처리하고자 리액티브 객체인 Mono 및 Flux를 반환하고, 테스트 코드에서는 block() 메서드를 호출하거나 StepVerifier 헬퍼 클래스를 사용한다.

전체 소스 코드는 다음 클래스를 참고한다.

- product 프로젝트의 ProductServiceApplicationTests

- recommendation 프로젝트의 RecommendationServiceApplicationTests

블로킹 코드 처리

JPA를 사용해 관계형 데이터베이스의 데이터에 접근하는 review 서비스는 논블로킹 프로그래밍 모델을 사용하지 않고 Scheduler를 사용해 블로킹 코드를 실행한다. 스케줄러는 일정 수의 스레드를 보유한 전용 스레드 풀의 스레드에서 블로킹 코드를 실행한다. 스레드 풀을 사용해 블로킹 코드를 처리하면 마이크로서비스에서 사용할 스레드의 고갈을 방지하고 마이크로서비스의 동기 논블로킹 처리에 영향을 주지 않는다.

다음 단계에서 설정 방법을 살펴본다.

1. 먼저 메인 클래스인 ReviewServiceApplication에 다음과 같이 스케줄러 빈[scheduler bean]과 스레드 풀을 구성한다.

```
@Autowired
public ReviewServiceApplication(
  @Value("${app.threadPoolSize:10}") Integer threadPoolSize,
  @Value("${app.taskQueueSize:100}") Integer taskQueueSize
```

```
) {
  this.threadPoolSize = threadPoolSize;
  this.taskQueueSize = taskQueueSize;
}

@Bean
public Scheduler jdbcScheduler() {
  return Schedulers.newBoundedElastic(threadPoolSize, taskQueueSize,
"jdbc-pool");
}
```

앞의 코드를 보면 다음과 같은 속성을 사용해 이름이 jdbcScheduler인 스케줄러 빈의 스
레드 풀을 구성하고 있다.

- app.threadPoolSize: 풀의 최대 스레드 수를 지정한다. 기본값은 10이다.

- app.taskQueueSize: 사용 가능한 스레드를 기다리는 대기열에 둘 수 있는 최대 태스크
  task 수를 지정한다. 기본값은 100이다.

2. review 서비스 구현 클래스에 다음과 같이 스케줄러(jdbcScheduler)를 주입한다.

```
@RestController
public class ReviewServiceImpl implements ReviewService {

  private final Scheduler jdbcScheduler;

  @Autowired
  public ReviewServiceImpl(
    @Qualifier("jdbcScheduler")
    Scheduler jdbcScheduler, ...) {
    this.jdbcScheduler = jdbcScheduler;
  }
```

3. 마지막으로, 리액티브 방식으로 구현한 getReviews() 메서드에서 스케줄러의 스레드 풀
   을 사용한다.

```
@Override
public Flux<Review> getReviews(int productId) {
```

```
    if (productId < 1) {
      throw new InvalidInputException("Invalid productId: " + productId);
    }

    LOG.info("Will get reviews for product with id={}", productId);

    return Mono.fromCallable(() -> internalGetReviews(productId))
      .flatMapMany(Flux::fromIterable)
      .log(LOG.getName(), FINE)
      .subscribeOn(jdbcScheduler);
  }

  private List<Review> internalGetReviews(int productId) {

    List<ReviewEntity> entityList = repository.findByProductId(productId);
    List<Review> list = mapper.entityListToApiList(entityList);
    list.forEach(e -> e.setServiceAddress(serviceUtil.getServiceAddress()));

    LOG.debug("Response size: {}", list.size());

    return list;
  }
```

internalGetReviews() 메서드에 있는 블로킹 코드를 Mono.fromCallable() 메서드를 사용해 Mono 객체로 감싸고 있다. getReviews() 메서드는 subscribeOn() 메서드를 사용해 jdbcScheduler의 스레드 풀에서 블로킹 코드를 실행한다.

7장의 뒷부분에서 테스트를 실행하는데, 이때 review 서비스의 로그 출력을 보면 스케줄러 전용 풀의 스레드에서 SQL 문이 실행된다는 것을 확인할 수 있다. 로그 출력은 그림 7.6과 같다.

```
-bash
2021-04-05 09:24:13.376  INFO --- [ctor-http-nio-4] s.m.m.c.r.services.ReviewServiceImpl:
  Will get reviews for product with id=1
2021-04-05 09:24:13.423 DEBUG --- [    jdbc-pool-1] org.hibernate.SQL                   :
  select ... from reviews reviewenti0_ where reviewenti0_.product_id=?
```

그림 7.6 review 서비스의 로그 출력

앞의 로그를 설명하면 다음과 같다.

- 첫 번째 로그 출력은 getReviews() 메서드에서 LOG.info()를 호출해서 출력한 것으로 웹 플럭스가 사용하는 HTTP 스레드(ctor-http-nio-4)에서 실행됐다.
- 두 번째 로그 출력에서는 스프링 데이터 JPA가 내부적으로 사용하는 하이버네이트 Hibernate에서 생성한 SQL 문을 볼 수 있다. 이 SQL 문은 repository.findByProductId() 메서드 호출에 해당하며 jdbc-pool-1이라는 이름의 스레드에서 실행됐다. 즉 예상한 바와 같이 블로킹 코드 전용 스레드 풀의 스레드에서 실행된 것이다.

전체 소스 코드는 review 프로젝트의 ReviewServiceApplication 및 ReviewServiceImpl 클래스를 참고한다.

이 절에서는 핵심 서비스의 블로킹 코드 처리 로직을 대체하고 논블로킹 방식의 REST API를 구현했다. 이제 복합 서비스의 REST API를 논블로킹 방식으로 변경해보자.

복합 서비스의 논블로킹 REST API

복합 서비스의 REST API를 논블로킹 방식으로 변경하려면 다음과 같은 작업이 필요하다.

- 리액티브 데이터 유형을 반환하도록 API를 변경한다.
- 병렬 및 논블로킹 방식으로 핵심 서비스 API를 호출하도록 서비스 구현을 변경한다.
- 논블로킹 HTTP 클라이언트를 사용하도록 통합 계층을 변경한다.
- 리액티브 서비스를 테스트할 수 있도록 테스트를 변경한다.

API 변경

복합 서비스를 리액티브하게 만들려면 앞에서 설명한 핵심 서비스 API와 같은 방식으로 코드를 변경한다. 즉 getProduct 메서드의 반환 유형을 ProductAggregate에서 Mono<ProductAggregate>로 바꿔야 한다. createProduct() 메서드와 deleteProduct() 메서드가 void 대신 Mono<Void>를 반환하도록 업데이트한다. 이렇게 해야 API 호출자에게 오류 응답을 전달할 수 있다.

전체 소스 코드는 api 프로젝트의 ProductCompositeService 클래스를 참고한다.

서비스 구현 변경

서비스 구현은 Mono 클래스의 정적 메서드인 zip()을 사용해 3개의 API를 병렬로 호출한다. zip 메서드는 여러 개의 병렬 리액티브 요청을 처리하며 처리가 끝나면 결과를 한데 모은다. 코드는 다음과 같다.

```java
@Override
public Mono<ProductAggregate> getProduct(int productId) {
  return Mono.zip(

    values -> createProductAggregate(
      (Product) values[0],
      (List<Recommendation>) values[1],
      (List<Review>) values[2],
      serviceUtil.getServiceAddress()),

    integration.getProduct(productId),
    integration.getRecommendations(productId).collectList(),
    integration.getReviews(productId).collectList())

    .doOnError(ex ->
      LOG.warn("getCompositeProduct failed: {}",
      ex.toString()))
    .log(LOG.getName(), FINE);
}
```

앞의 소스 코드를 설명하면 다음과 같다.

- zip 메서드의 첫 번째 매개 변수는 결괏값을 values라는 이름의 배열로 받는 람다^{lambda} 함수다. 이 배열에는 product와 review 목록이 담긴다. API 3개를 호출하고 받은 결과는 앞에서 본 createProductAggregate() 헬퍼 메서드로 처리한다.

- 람다 함수 이후의 매개 변수는 zip 메서드가 병렬로 호출할 요청의 목록이며 각 요청은 Mono 객체를 반환한다. 앞의 코드에서는 각 핵심 마이크로서비스를 호출하는 통합 클래스의 메서드로 생성한 Mono 객체를 사용하고 있다.

전체 소스 코드는 product-composite 프로젝트의 ProductCompositeServiceImpl 클래스를 참고한다.

통합 계층 변경

ProductCompositeIntegration 통합 클래스에서 사용하는 블로킹 방식 HTTP 클라이언트인 RestTemplate을 스프링 5에서 제공하는 논블로킹 방식 HTTP 클라이언트인 WebClient로 대체해보자.

빌더 패턴builder pattern을 사용해 WebClient 인스턴스를 생성한다. 필요한 경우에는 빌더로 공통 헤더header나 필터filter 등을 사용자 정의할 수 있다. 사용 가능한 구성 옵션은 다음 링크 (https://docs.spring.io/spring/docs/current/spring-framework-reference/web-reactive.html#webflux-client-builder)를 참고한다.

다음과 같이 WebClient를 사용한다.

1. WebClient는 생성자로 자동 주입된다. 별다른 구성 없이 WebClient 인스턴스를 빌드한다.

```
public class ProductCompositeIntegration implements ProductService,
RecommendationService, ReviewService {

  private final WebClient webClient;

  @Autowired
  public ProductCompositeIntegration(WebClient.Builder webClient, ...
  ) {
    this.webClient = webClient.build();
  }
```

2. webClient 인스턴스를 사용한 논블로킹 방식으로 product 서비스를 호출한다.

248

```
@Override
public Mono<Product> getProduct(int productId) {
  String url = productServiceUrl + "/product/" + productId;

  return webClient.get().uri(url).retrieve()
    .bodyToMono(Product.class)
    .log(LOG.getName(), FINE)
    .onErrorMap(WebClientResponseException.class,
      ex -> handleException(ex)
    );
}
```

product 서비스의 API 호출에 실패하면 전체 요청이 실패한다. WebClient의 onErrorMap() 메서드는 HTTP 계층에서 발생한 예외를 자체 예외(예: NotFoundException, InvalidInputException)로 변경한다.

하지만 product 서비스를 성공적으로 호출하고 review나 recommendation API 호출에 실패했을 때는 전체 요청이 실패한 것으로 처리하지 않는다. 예외를 전파하는 대신 가능한 한 많은 정보를 호출자에게 돌려주고자 WebClient의 onErrorResume(error-> empty()) 메서드를 사용해 빈 recommendation 혹은 review 목록을 반환한다. 다음 코드를 참고한다.

```
@Override
public Flux<Recommendation> getRecommendations(int productId) {

  String url = recommendationServiceUrl + "/recommendation?productId=" + productId;

  // 오류가 발생하더라도 복합 서비스가 일부 결과를 반환할 수 있도록
  // 빈 결과를 반환한다.
  return webClient.get().uri(url).retrieve()
    .bodyToFlux(Recommendation.class)
    .log(LOG.getName(), FINE)
    .onErrorResume(error -> empty());
}
```

util 프로젝트의 GlobalControllerExceptionHandler 클래스는 예외를 포착하면 적절한 HTTP 오류 응답으로 변환해 복합 API의 호출자에게 전달한다. 이런 방법을 사용하면 기본 API 호출에서 특정한 HTTP 오류 응답을 받았을 때 HTTP 오류 응답을 생성할지 아니면 일부가 비어 있는 응답을 생성할지 결정할 수 있다.

전체 소스 코드는 product-composite 프로젝트의 ProductCompositeIntegration 클래스를 참고한다.

테스트 코드 변경

테스트 클래스에선 모키토^{Mockito} 설정과 통합 클래스를 대체하는 모의 객체^{mock}를 변경한다. 모의 객체는 Mono나 Flux 객체를 반환한다. setup() 메서드는 다음 코드와 같이 헬퍼^{helper} 메서드인 Mono.just()와 Flux.fromIterable()를 사용한다.

```
class ProductCompositeServiceApplicationTests {

  @BeforeEach
  void setUp() {

    when(compositeIntegration.getProduct(PRODUCT_ID_OK)).
      thenReturn(Mono.just(new Product(PRODUCT_ID_OK, "name", 1, "mock-address")));

    when(compositeIntegration.getRecommendations(PRODUCT_ID_OK)).
      thenReturn(Flux.fromIterable(singletonList(new Recommendation(
      PRODUCT_ID_OK, 1, "author", 1, "content", "mock address"))));

    when(compositeIntegration.getReviews(PRODUCT_ID_OK)).
      thenReturn(Flux.fromIterable(singletonList(new Review(PRODUCT_ID_OK, 1,
      "author", "subject", "content", "mock address"))));
```

전체 소스 코드는 product-composite 프로젝트의 ProductCompositeServiceApplicationTests 클래스를 참고한다.

논블로킹 동기 REST API 개발을 마쳤다. 이제 이벤트 기반 비동기 서비스를 개발할 차례다.

⁝⁝ 이벤트 기반 비동기 서비스 개발

이 절에서는 이벤트 기반의 비동기 생성 서비스와 삭제 서비스를 개발하는 방법을 배운다. 복합 서비스는 생성 및 삭제 이벤트를 각 핵심 서비스의 토픽에 게시한 후 핵심 서비스의 처리를 기다리지 않고 호출자에게 OK 응답을 반환한다. 그림 7.7을 참고한다.

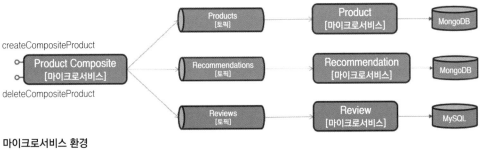

그림 7.7 createCompositeProduct 및 deleteCompositeProduct와 관련된 마이크로서비스 환경

이 절에서는 다음과 같은 내용을 다룬다.

- 메시징 관련 문제 처리

- 토픽 및 이벤트 정의

- 그래들 빌드 파일 변경

- 핵심 서비스에서 이벤트 소비

- 복합 서비스에서 이벤트 게시

메시징 관련 문제 처리

스프링 클라우드 스트림을 사용해 이벤트 기반의 생성 및 삭제 서비스를 구현해보자. 2장에서 스프링 클라우드 스트림을 사용해 손쉽게 메시지를 토픽에 게시하고 소비하는 방법을 이미 살펴봤다. 이런 프로그래밍 모델은 `java.util.function` 패키지의 함수형 인터페이스인 `Supplier`, `Function`, `Consumer`를 구현하는 여러 함수를 연결해 독립적인 이벤트 기반 처리를 수행하는 함수형 패러다임을 기반으로 한다. 이런 함수 기반 처리를 비함수형 코드를 사용해 외부에서 트리거하려면 `StreamBridge` 헬퍼 클래스를 사용하면 된다.

예를 들어, 토픽에 HTTP 요청 본문을 게시하는 코드는 다음과 같다.

```
@Autowired
private StreamBridge streamBridge;

@PostMapping
void sampleCreateAPI(@RequestBody String body) {
  streamBridge.send("topic", body);
}
```

StreamBridge 헬퍼 클래스로 토픽에 메시지를 게시하고 처리를 트리거한다. 다음과 같이 함수형 인터페이스인 java.util.function.Consumer를 구현해 토픽의 이벤트를 소비하는 함수를 정의할 수 있다.

```
@Bean
public Consumer<String> mySubscriber() {
  return s -> System.out.println("ML RECEIVED: " + s);
}
```

여러 함수를 한데 묶도록 구성할 수 있는데, 이런 구성의 예는 '이벤트 게시를 위한 구성 추가' 절과 '이벤트 소비를 위한 구성 추가' 절에서 살펴본다.

이런 프로그래밍 모델은 메시징 시스템(예: RabbitMQ, 아파치 카프카)과 관계없이 사용할 수 있다.

동기 API 호출보다는 비동기 메시지 방식이 선호되기는 하지만 나름의 문제도 있다. 이제 스프링 클라우드 스트림을 사용해 이런 문제를 처리하는 방법을 알아보자. 다음과 같은 스프링 클라우드 스트림 기능을 살펴볼 것이다.

- 소비자 그룹

- 재시도 및 데드 레터(dead-letter) 대기열

- 순서 보장 및 파티션

이어지는 절에서 각 항목을 살펴본다.

소비자 그룹

메시지 소비자의 인스턴스 수를 늘리면, 예를 들어 product 마이크로서비스 인스턴스를 2개 실행하면 그림 7.8과 같이 product 마이크로서비스의 모든 인스턴스가 같은 메시지를 소비한다는 문제가 생긴다.

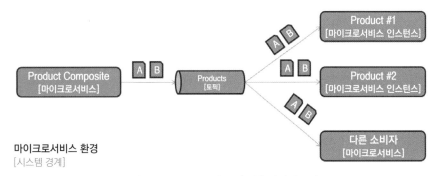

그림 7.8 Product #1과 #2가 같은 메시지 소비

이런 경우 한 메시지가 두 번 처리돼 중복 등의 예상치 못한 불일치가 데이터베이스에서 발생할 수 있다. 이런 문제를 해결하려면 소비자 유형별로 한 인스턴스만 메시지를 처리하게 해야 한다. 그림 7.9와 같이 **소비자 그룹**consumer group을 도입하면 문제를 해결할 수 있다.

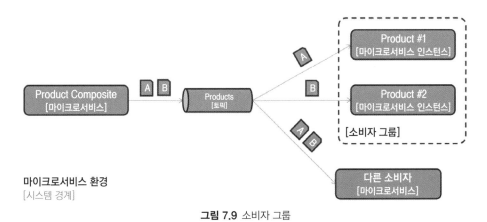

그림 7.9 소비자 그룹

소비자 측에서 스프링 클라우드 스트림의 소비자 그룹을 구성한다. 예를 들면 product 마이크로서비스의 구성은 다음과 같다.

```
spring.cloud.stream:
  bindings.messageProcessor-in-0:
    destination: products
    group: productsGroup
```

앞의 구성을 설명하면 다음과 같다.

- 스프링 클라우드 스트림은 함수 이름을 이용한 명명 규칙을 사용해 바인딩을 구성한다. 함수가 메시지를 받는 경우의 바인딩 이름은 `<functionName>-in-<index>` 형식이다.

  - functionName: 함수 이름으로 앞의 예에서는 `messageProcessor`다.

  - index: 여러 개의 입력 인자나 출력 인자가 필요한 함수가 아니라면 0으로 설정한다. 앞의 함수는 여러 개의 인자를 사용하지 않으므로 0으로 설정했다.

  - 메시지를 발신하는 경우의 바인딩 이름은 `<functionName>-out-<index>` 형식이다.

- destination: 메시지를 꺼내올 토픽의 이름을 지정한다. 앞의 예에서는 `products`다.

- group: product 마이크로서비스의 인스턴스를 추가할 소비자 그룹을 지정한다. 앞의 예에서는 productsGroup이다. 이렇게 설정하면 스프링 클라우드 스트림은 product 마이크로서비스 인스턴스 중 하나로만 product 토픽에 게시된 메시지를 전달한다.

재시도 및 데드 레터 대기열

소비자가 메시지 처리에 실패하면 실패한 소비자가 처리에 성공할 때까지 메시지를 다시 대기열로 보내거나 삭제한다. 내용이 잘못된 메시지, 즉 **포이즌 메시지**poison message인 경우에는 수동으로 메시지를 제거할 때까지 다른 메시지를 처리하지 못하도록 소비자를 차단한다. 네트워크 오류로 데이터베이스에 연결할 수 없는 경우와 같이 일시적인 문제로 실패한 경우에는 여러 번의 재시도로 처리가 성공할 수 있다.

결함 분석과 수정을 위해 메시지를 다른 저장소로 이동하기 전에 몇 번이나 재시도를 수행할 것인지 지정해야 한다. 실패한 메시지는 보통 데드 레터 대기열이라는 전용 대기열로 이동한다. 네트워크 오류와 같은 일시적인 오류로 말미암은 인프라 과부하를 피하려면 재시도 횟수를 지정하고 재시도 간격을 늘리는 것이 바람직하다.

스프링 클라우드 스트림은 소비자 측에서 앞에서 설명한 항목을 구성한다. 다음은 product 마이크로서비스의 예다.

```
spring.cloud.stream.bindings.input.consumer:
  maxAttempts: 3
  backOffInitialInterval: 500
  backOffMaxInterval: 1000
  backOffMultiplier: 2.0

spring.cloud.stream.rabbit.bindings.input.consumer:
  autoBindDlq: true
  republishToDlq: true

spring.cloud.stream.kafka.bindings.input.consumer:
  enableDlq: true
```

앞의 예에서는 스프링 클라우드 스트림이 데드 레터 대기열로 메시지를 옮기기 전에 세 번 재시도하도록 지정한다. 첫 번째 재시도는 500ms 후에 실행되고, 다른 두 번의 재시도는 1000ms 후에 실행된다.

데드 레터 대기열 사용법은 바인딩하는 메시징 시스템에 따라 다르므로 RabbitMQ와 카프카^{Kafka}를 별도로 구성한다.

순서 보장 및 파티션

비즈니스 로직에서 메시지가 전송된 순서대로 메시지를 소비하고 처리해야 하는 경우에는 여러 개의 소비자 인스턴스를 사용해 처리 성능을 높일 수 없다. 즉 소비자 그룹을 사용할 수 없으며 이런 경우 들어오는 메시지를 처리할 때 발생하는 지연 시간이 지나치게 길어질 수 있다.

파티션^{partition}을 사용하면 성능과 확장성을 잃지 않으면서 전송 당시의 순서 그대로 메시지를 전달할 수 있다.

대부분 엄격하게 순서를 지켜서 메시지를 처리해야 하는 경우는 같은 비즈니스 엔티티에만 영향을 미쳐야 할 때다. 예를 들어, 제품 ID가 1인 제품에 영향을 주는 메시지는 대개 제품

ID가 2인 제품에 영향을 주는 메시지와는 독립적으로 처리된다. 즉 제품 ID가 같은 메시지의 순서만 보장한다.

이런 문제를 해결하려면 하위 토픽sub-topic이라고도 알려진 **파티션**을 도입해 메시징 시스템이 같은 **키**key를 가진 메시지 사이의 순서를 보장하고자 사용할 키를 각 메시지에 지정한다. 메시징 시스템은 키를 기준으로 특정 파티션에 메시지를 배치한다.

같은 키를 가진 메시지는 언제나 같은 파티션에 배치되며, 하나의 동일 파티션에 속한 메시지만 전달 순서가 보장된다. 메시지 순서 보장을 위해 소비자 그룹 안의 각 파티션마다 하나의 소비자 인스턴스가 배정된다. 파티션 수가 늘어나면 소비자 인스턴스를 추가해 전달 순서를 유지하면서 성능을 향상시킬 수 있다. 그림 7.10을 참고한다.

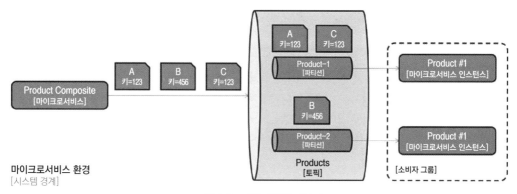

그림 7.10 키를 지정한 메시지

그림 7.10에서 볼 수 있듯이 키를 123으로 설정한 모든 메시지는 항상 Products-1 파티션으로 이동하고 키를 456으로 설정한 메시지는 Products-2 파티션으로 이동한다.

게시자 측과 소비자 측 양쪽에서 스프링 클라우드 스트림을 구성하고, 게시자 측에서는 키 및 파티션 수를 지정해야 한다. 예를 들어, product-composite 서비스의 구성은 다음과 같다.

```
spring.cloud.stream.bindings.products-out-0.producer:
  partition-key-expression: headers['partitionKey']
  partition-count: 2
```

앞의 구성을 사용하면 이름이 partitionKey인 메시지 헤더에서 키를 가져오고 2개의 파티션을 사용하게 된다.

각 소비자는 메시지를 소비할 파티션을 지정할 수 있다. 예를 들어, product 마이크로서비스의 구성은 다음과 같다.

```
spring.cloud.stream.bindings.messageProcessor-in-0:
  destination: products
  group:productsGroup
  consumer:
    partitioned: true
    instance-index: 0
```

앞의 구성을 사용해 소비자가 첫 번째 파티션(파티션 번호 0)의 메시지만 소비한다는 것을 스프링 클라우드 스트림에 알린다.

토픽 및 이벤트 정의

2장의 '스프링 클라우드 스트림' 절에서 언급했듯이 스프링 클라우드 스트림은 게시 및 구독 패턴을 기반으로 한다. 즉 게시자는 토픽에 메시지를 게시하고 구독자는 관심 있는 토픽을 구독해 메시지를 수신한다.

엔티티 유형별로 products, recommendations, reviews 등의 **토픽**을 사용한다.

메시징 시스템은 보통 헤더와 본문으로 구성된 메시지를 다루는데, 어떤 상황이 발생했다는 것을 설명하는 메시지가 바로 **이벤트**[event]다. 이벤트 메시지 본문에는 이벤트 유형, 이벤트 데이터, 타임스탬프(이벤트 발생 시간)가 들어 있다.

이 책에서는 이벤트를 다음과 같이 정의한다.

- **type**: 이벤트 유형(예: 생성, 삭제)

- **key**: 데이터 식별을 위한 키(예: 제품 ID)

- **data**: 실제 이벤트 데이터

- **timestamp**: 이벤트 발생 시간

이벤트 클래스의 코드는 다음과 같다.

```
public class Event<K, T> {

  public enum Type {CREATE, DELETE}

  private Event.Type eventType;
  private K key;
  private T data;
  private ZonedDateTime eventCreatedAt;

  public Event() {
    this.eventType = null;
    this.key = null;
    this.data = null;
    this.eventCreatedAt = null;
  }

  public Event(Type eventType, K key, T data) {
    this.eventType = eventType;
    this.key = key;
    this.data = data;
    this.eventCreatedAt = now();
  }

  public Type getEventType() {
    return eventType;
  }

  public K getKey() {
    return key;
  }

  public T getData() {
    return data;
  }

  public ZonedDateTime getEventCreatedAt() {
    return eventCreatedAt;
  }
}
```

앞의 소스 코드를 설명하면 다음과 같다.

- Event 클래스는 키(K) 및 데이터(T) 필드의 유형을 매개 변수화한 제네릭 클래스다.

- 이벤트 유형은 CREATE, DELETE로 구성된 enum이다.

- Event 클래스의 생성자는 2개다. 하나는 빈 생성자고 나머지 하나는 유형, 키, 데이터를 받아 멤버 변수를 초기화한다.

- Event 클래스엔 멤버 변수를 위한 getter 메서드가 있다.

전체 소스 코드는 api 프로젝트의 Event 클래스를 참고한다.

그래들 빌드 파일 변경

스프링 클라우드 스트림과 RabbitMQ, 카프카 바인더를 사용하려면 spring-cloud-starter-stream-rabbit 및 spring-cloud-starter-stream-kafka 스타터 의존성을 추가해야 한다. 또한 테스트에 필요한 spring-cloud-stream-test-binder 의존성을 product-composite 프로젝트에 추가해야 한다. 다음 코드를 참고한다.

```
dependencies {
  implementation 'org.springframework.cloud:spring-cloud-starter-stream-rabbit'
  implementation 'org.springframework.cloud:spring-cloud-starter-stream-kafka'
  testImplementation 'org.springframework.cloud:spring-cloud-stream::test-binder'
}
```

다음과 같이 변수를 선언해 사용할 스프링 클라우드 버전을 먼저 지정한다.

```
ext {
  springCloudVersion = "2020.0.3"
}
```

다음으로는 변수를 사용해 다음과 같이 스프링 클라우드 의존성을 설정한다.

```
dependencyManagement {
  imports {
    mavenBom "org.springframework.cloud:spring-cloud-
    dependencies:${springCloudVersion}"
  }
}
```

전체 소스 코드는 각 마이크로서비스 프로젝트의 build.gradle 빌드 파일을 참고한다.

그래들 빌드 파일에 필요한 의존성을 추가했다. 다음 절에서는 핵심 서비스에서 이벤트를 소비하는 방법을 살펴본다.

핵심 서비스에서 이벤트 소비

다음 단계를 수행해 핵심 서비스에서 이벤트를 소비한다.

- 핵심 서비스의 토픽에 게시된 이벤트를 소비하는 메시지 프로세서message processor를 선언한다.

- 리액티브 영속성 계층을 사용하도록 서비스 구현을 변경한다.

- 이벤트 소비를 위한 구성을 추가한다.

- 이벤트의 비동기 처리를 테스트할 수 있도록 테스트를 변경한다.

세 가지 핵심 서비스의 이벤트 소비를 위한 소스 코드는 모두 같은 방식으로 구성돼 있으므로 여기에서는 product 서비스의 소스 코드만 살펴본다.

메시지 프로세서 선언

핵심 마이크로서비스의 엔티티 생성 및 삭제 REST API는 각 엔티티 토픽에서 생성 및 삭제 이벤트를 소비하는 **메시지 프로세서**로 대체한다. 토픽에 게시된 메시지를 소비하려면 함수형 인터페이스 java.util.function.Consumer를 구현하는 스프링 빈을 선언해야 한다.

다음과 같이 product 서비스를 위한 메시지 프로세서를 선언한다.

```java
@Configuration
public class MessageProcessorConfig {

  private final ProductService productService;

  @Autowired
  public MessageProcessorConfig(ProductService productService) {
    this.productService = productService;
  }

  @Bean
  public Consumer<Event<Integer,Product>> messageProcessor() {
    ...
```

앞의 소스 코드를 설명하면 다음과 같다.

- 스프링이 클래스에서 스프링 빈을 찾도록 @Configuration 애노테이션을 붙인다.

- 생성자에 ProductService 인터페이스의 구현을 주입한다. ProductService 빈은 제품 엔티티의 생성 및 삭제를 수행하는 비즈니스 로직을 갖고 있다.

- 메시지 프로세서를 스프링 빈으로 선언한다. 메시지 프로세서는 Consumer 함수형 인터페이스를 구현하고 Event<Integer,Product> 유형의 매개 변수로 이벤트를 받는다.

다음은 Consumer 함수 구현이다.

```java
return event -> {

  switch (event.getEventType()) {

    case CREATE:
      Product product = event.getData();
      productService.createProduct(product).block();
      break;

    case DELETE:
      int productId = event.getKey();
```

```
      productService.deleteProduct(productId).block();
      break;

  default:
    String errorMessage = "Incorrect event type: " + event.getEventType() + ",
    expected a CREATE or DELETE event";
    throw new EventProcessingException(errorMessage);
  }

};
```

앞의 소스 코드를 설명하면 다음과 같다.

- Event<Integer,Product> 유형의 매개 변수로 이벤트를 받는다.

- 이벤트 유형에 따라 switch 문을 사용해 제품 엔티티를 생성하거나 삭제한다.

- 주입된 productService 빈을 사용해 생성 및 삭제 오퍼레이션을 수행한다.

- 이벤트 유형이 생성이나 삭제가 아니면 예외가 발생한다.

productService 빈에서 발생한 예외를 메시징 시스템으로 재전파하기 위해 productService
빈에서 받은 응답의 block() 메서드를 호출한다. 이렇게 하면 메시지 프로세서는 product
Service 빈이 기본 데이터베이스에서 생성이나 삭제를 완료할 때까지 대기한다. block() 메
서드를 호출하지 않으면 예외를 전파할 수 없으며 메시징 시스템은 실패한 메시지를 대기
열로 다시 보내거나 데드 레터 대기열로 이동하지 않고 삭제하게 된다.

TIP

> 일반적으로 성능 및 확장성 관점에서 block() 메서드 호출을 나쁜 관행으로 여긴다. 그러나 앞에서 설명했
> 듯이 파티션별로 하나씩 들어오는 몇 개의 메시지만 병렬로 처리하는 경우에는 동시에 차단되는 스레드는
> 몇 개에 불과하므로 성능 및 확장성에 부정적인 영향을 미치지 않는다.

전체 소스 코드는 product, recommendation, review 프로젝트의 MessageProcessorConfig 클
래스를 참고한다.

서비스 구현 변경

MongoDB를 위한 논블로킹 리액티브 영속성 계층을 사용하도록 product 및 recommendation 서비스의 생성 및 삭제 메서드를 새로 작성한다. 예를 들어, product 엔티티를 생성하는 코드는 다음과 같다.

```
@Override
public Mono<Product> createProduct(Product body) {

  if (body.getProductId() < 1) {
    throw new InvalidInputException("Invalid productId: " + body.getProductId());
  }

  ProductEntity entity = mapper.apiToEntity(body);
  Mono<Product> newEntity = repository.save(entity)
    .log(LOG.getName(), FINE)
    .onErrorMap(
      DuplicateKeyException.class,
      ex -> new InvalidInputException
        ("Duplicate key, Product Id: " + body.getProductId()))
    .map(e -> mapper.entityToApi(e));

  return newEntity;
}
```

앞의 코드를 보면 onErrorMap() 메서드는 영속성 예외인 DuplicateKeyException을 자체 예외인 InvalidInputException으로 변경한다.

TIP

> 블로킹 방식의 JPA 영속성 계층을 사용하는 review 서비스의 생성 및 삭제 메서드도 '블로킹 코드 처리' 절에서 설명한 방식으로 업데이트한다.

전체 소스 코드는 다음 클래스를 참고한다.

- product 프로젝트의 ProductServiceImpl

- recommendation 프로젝트의 RecommendationServiceImpl

- review 프로젝트의 ReviewServiceImpl

이벤트 소비를 위한 구성 추가

이벤트를 소비하려면 메시징 시스템을 위한 구성을 설정해야 한다. 다음 단계를 수행해 구성을 설정한다.

1. RabbitMQ를 기본 메시징 시스템으로 사용하고 JSON을 기본 콘텐츠 유형으로 사용한다고 선언한다.

```
spring.cloud.stream:
  defaultBinder: rabbit
    default.contentType: application/json
```

2. 다음과 같이 메시지 프로세서 입력용 토픽 이름을 바인딩한다.

```
spring.cloud.stream:
  bindings.messageProcessor-in-0:
    destination: products
```

3. 끝으로 카프카 및 RabbitMQ에 대한 연결 정보를 선언한다.

```
spring.cloud.stream.kafka.binder:
  brokers: 127.0.0.1
  defaultBrokerPort: 9092

spring.rabbitmq:
  host: 127.0.0.1
  port: 5672
  username: guest
  password: guest

---
spring.config.activate.on-profile: docker
spring.rabbitmq.host: rabbitmq
spring.cloud.stream.kafka.binder.brokers: kafka
```

기본 스프링 프로필을 사용해 도커 없이 localhost에서 시스템 환경을 실행할 때는 사용할 호스트 이름으로 IP 주소인 127.0.0.1을 지정한다. docker 스프링 프로필을 사용해 도커 컴포즈로 도커 환경에서 실행할 때는 호스트 이름을 rabbitmq와 kafka로 지정한다.

구성에 추가한 소비자 관련 구성에서는 소비자 그룹을 지정한다. 재시도 처리, 데드 레터 대기열, 파티션과 관련된 구성은 '메시징 관련 문제 처리' 절에서 설명한 그대로다.

전체 소스 코드는 product, recommendation, review 프로젝트의 application.yml 구성 파일을 참고한다.

테스트 코드 변경

이제 핵심 서비스는 이벤트를 수신해 엔티티를 생성하거나 삭제한다. 따라서 REST API를 호출하는 예전 방식 대신 이벤트를 보내는 방식을 사용하도록 테스트를 업데이트해야 한다. 테스트 클래스에서 메시지 프로세서를 호출할 수 있도록 멤버 변수에 메시지 프로세서 빈을 주입한다.

```
@SpringBootTest
class ProductServiceApplicationTests {

  @Autowired
  @Qualifier("messageProcessor")
  private Consumer<Event<Integer, Product>> messageProcessor;
```

앞의 코드를 보면 단순히 Consumer 함수를 주입하는 것이 아니라 @Qualifier 애노테이션을 사용해 이름이 messageProcessor인 Consumer 함수를 주입한다는 것을 알 수 있다.

생성 및 삭제 이벤트를 메시지 프로세서로 보내기 위해 헬퍼 메서드(sendCreateProductEvent, sendDeleteProductEvent) 2개를 추가한다.

```
private void sendCreateProductEvent(int productId) {
  Product product = new Product(productId, "Name " + productId, productId, "SA");
  Event<Integer, Product> event = new Event(CREATE, productId, product);
  messageProcessor.accept(event);
}

private void sendDeleteProductEvent(int productId) {
  Event<Integer, Product> event = new Event(DELETE, productId, null);
  messageProcessor.accept(event);
}
```

Consumer 함수형 인터페이스의 accept() 메서드를 사용해 메시지 프로세서를 호출한다는 점에 유의한다. 이는 테스트를 위해 메시징 시스템을 건너뛰고 메시지 프로세서를 직접 호출한다는 것을 의미한다.

앞의 헬퍼 메서드를 사용하도록 엔티티 생성 및 삭제 테스트를 업데이트한다.

전체 소스 코드는 다음 테스트 클래스를 참고한다.

- product 프로젝트의 ProductServiceApplicationTests

- recommendation 프로젝트의 RecommendationServiceApplicationTests

- review 프로젝트의 ReviewServiceApplicationTests

지금까지 핵심 서비스에서 이벤트를 소비하는 방법을 살펴봤다. 이제 복합 마이크로서비스에서 이벤트를 게시하는 방법을 살펴보자.

복합 서비스에서 이벤트 게시

복합 서비스는 composite product의 생성 및 삭제에 대한 HTTP 요청을 수신하면 이에 관한 이벤트를 핵심 서비스의 토픽에 게시한다. 복합 서비스는 다음 단계를 수행해 이벤트를 게시한다.

1. 통합 계층에 이벤트를 게시한다.

2. 이벤트 게시를 위한 구성을 추가한다.

3. 이벤트 게시를 테스트할 수 있도록 테스트를 변경한다.

TIP

통합 계층에서 처리하기 때문에 복합 서비스 구현 클래스는 변경하지 않는다.

통합 계층에서 이벤트 게시

통합 계층에서 이벤트를 게시하려면 다음과 같은 작업이 필요하다.

1. HTTP 요청 본문 내용을 이용해 Event 객체를 생성한다.

2. Event 객체를 페이로드^{payload}로 사용하고, Event 객체의 키 필드를 헤더의 파티션 키로
   사용하는 Message 객체를 생성한다.

3. StreamBridge 헬퍼 클래스를 사용해 원하는 토픽에 이벤트를 게시한다.

product 생성 이벤트를 전송하는 코드는 다음과 같다.

```
@Override
public Mono<Product> createProduct(Product body) {

  return Mono.fromCallable(() -> {
    sendMessage("products-out-0",
      new Event(CREATE, body.getProductId(), body));
    return body;
  }).subscribeOn(publishEventScheduler);
}

private void sendMessage(String bindingName, Event event) {
  Message message = MessageBuilder.withPayload(event)
    .setHeader("partitionKey", event.getKey())
    .build();
  streamBridge.send(bindingName, message);
}
```

앞의 소스 코드를 설명하면 다음과 같다.

- 통합 계층은 헬퍼 메서드인 sendMessage()를 사용해 ProductService 인터페이스의
  createProduct() 메서드를 구현한다. 헬퍼 메서드는 출력 바인딩 이름과 이벤트 객체 인
  자로 받는다. 바인딩 이름 products-out-0은 다음 절의 구성에서 product 서비스 토픽에
  바인딩된다.

- sendMessage()는 블로킹 코드를 사용하기 때문에 streamBridge를 호출할 때 전용 스케줄러인 publishEventScheduler에서 제공하는 스레드에서 실행된다. 이 방법은 review 마이크로서비스에서 블로킹 방식으로 JPA 코드를 처리하는 것과 같은 접근 방식이다. 자세한 내용은 '블로킹 코드 처리' 절을 참고한다.

- 헬퍼 메서드인 sendMessage()는 앞에서 설명한 바와 같이 Message 개체를 만들고 페이로드와 partitionKey 헤더를 설정한다. 마지막으로 이벤트를 streamBridge 객체를 사용해 메시징 시스템으로 전송하면 구성에 정의된 토픽에 이벤트가 게시된다.

전체 소스 코드는 product-composite 프로젝트의 ProductCompositeIntegration 클래스를 참고한다.

이벤트 게시를 위한 구성 추가

이벤트를 게시할 수 있도록 메시징 시스템의 구성을 설정해야 한다. 다음 단계를 수행한다. 앞 절에서 소비자를 위해 설정한 것과 유사하다. RabbitMQ를 기본 메시징 시스템으로 사용하고 JSON을 기본 콘텐츠 유형으로 사용한다고 선언한다. 카프카 및 RabbitMQ에 대한 연결 정보는 같다.

다음과 같이 출력 바인딩 이름별로 사용할 토픽을 구성한다.

```
spring.cloud.stream:
  bindings:
    products-out-0:
      destination: products
    recommendations-out-0:
      destination: recommendations
    reviews-out-0:
      destination: reviews
```

파티션을 사용한다면 파티션 키와 사용할 파티션 수도 지정해야 한다.

```
spring.cloud.stream.bindings.products-out-0.producer:
  partition-key-expression: headers['partitionKey']
  partition-count: 2
```

앞의 구성을 설명하면 다음과 같다.

- 바인딩 이름 products-out-0을 위한 구성이다.

- partitionKey 메시지 헤더에서 가져온 파티션 키를 사용한다.

- 파티션을 2개 사용한다.

전체 소스 코드는 product-composite 프로젝트의 application.yml 구성 파일을 참고한다.

테스트 코드 변경

비동기 이벤트 기반 마이크로서비스의 테스트는 본질적으로 어렵다. 보통은 비동기 백그라운드 처리를 동기화해야 테스트 결과를 확인할 수 있다. 스프링 클라우드 스트림이 제공하는 테스트 바인더^{test binder}를 사용하면 테스트 중에 메시징 시스템을 사용하지 않아도 어떤 메시지가 전송됐는지 확인할 수 있다.

> **TIP**
>
> product-composite 프로젝트에 테스트 지원 의존성을 추가하는 방법은 '그래들 빌드 파일 변경' 절을 참고한다.

테스트 지원용 헬퍼 클래스인 OutputDestination을 사용하면 테스트 중에 전송된 메시지를 가져올 수 있다. 메시지가 예상대로 전송되는지 확인하고자 새 테스트 클래스인 Messaging Tests를 추가한다. 이 테스트 클래스의 중요한 부분을 살펴보자.

1. 테스트 클래스에 OutputDestination 빈을 주입하려면 TestChannelBinderConfiguration 클래스에서 관련 구성을 가져와야 한다. 다음 코드를 참고한다.

```
@SpringBootTest
@Import({TestChannelBinderConfiguration.class})
class MessagingTests {

  @Autowired
  private OutputDestination target;
```

2. 메시지를 읽고 토픽을 비울 때 사용할 헬퍼 메서드를 선언한다. 코드는 다음과 같다.

```java
private void purgeMessages(String bindingName) {
  getMessages(bindingName);
}

private List<String> getMessages(String bindingName) {
  List<String> messages = new ArrayList<>();
  boolean anyMoreMessages = true;

  while (anyMoreMessages) {
    Message<byte[]> message = getMessage(bindingName);

    if (message == null) {
      anyMoreMessages = false;

    } else {
      messages.add(new String(message.getPayload()));
    }
  }
  return messages;
}

private Message<byte[]> getMessage(String bindingName) {
  try {
    return target.receive(0, bindingName);
  } catch (NullPointerException npe) {
    LOG.error("getMessage() received a NPE with binding = {}", bindingName);
    return null;
  }
}
```

앞의 코드를 설명하면 다음과 같다.

○ getMessage() 메서드는 target이라는 이름의 OutputDestination 빈을 사용해 지정 토픽의 메시지를 반환한다.

○ getMessages() 메서드는 getMessage() 메서드를 사용해 토픽에 있는 모든 메시지를 반환한다.

○ purgeMessages() 메서드는 getMessages() 메서드를 사용해 토픽을 비운다.

3. 각 테스트는 @BeforeEach 애노테이션이 붙은 setup() 메서드를 사용해 테스트와 관련된 모든 토픽을 비우면서 시작한다.

```
@BeforeEach
void setUp() {
  purgeMessages("products");
  purgeMessages("recommendations");
  purgeMessages("reviews");
}
```

4. 실제 테스트에서는 getMessages() 메서드를 사용해 토픽의 메시지를 확인한다. 다음의 composite product 생성 테스트를 참고한다.

```
@Test
void createCompositeProduct1() {

  ProductAggregate composite = new ProductAggregate(1, "name", 1, null,
null, null);
  postAndVerifyProduct(composite, ACCEPTED);

  final List<String> productMessages = getMessages("products");
  final List<String> recommendationMessages = getMessages("recommendations");
  final List<String> reviewMessages = getMessages("reviews");

  // 대기열에서 꺼낸 product 이벤트가 하나인지 확인한다.
  assertEquals(1, productMessages.size());

  Event<Integer, Product> expectedEvent = new Event(CREATE, composite.
getProductId(), new Product(composite.getProductId(), composite.getName(),
composite.getWeight(), null));
  assertThat(productMessages.get(0), is(sameEventExceptCreatedAt(expectedEvent)));

  // 대기열에 recommendation 및 review 이벤트가 없는 것을 확인한다.
  assertEquals(0, recommendationMessages.size());
  assertEquals(0, reviewMessages.size());
}
```

앞의 코드를 설명하면 다음과 같다.

1. 먼저 HTTP POST 요청을 보내서 composite product 생성을 요청한다.

2. 다음으로 각 기본 핵심 서비스와 연결된 3개의 토픽에서 메시지를 가져온다.

3. 이런 테스트에서는 이벤트가 언제 생성됐는지는 중요하지 않다. 실제 이벤트와 예상 이벤트를 비교할 때는 eventCreatedAt 필드를 무시하고 비교를 수행하는 헬퍼 클래스 IsSameEvent를 사용한다. sameEventExceptCreatedAt() 메서드는 IsSameEvent 클래스의 정적 메서드로 eventCreatedAt 필드를 제외한 모든 필드값이 같으면 Event 객체를 같은 것으로 처리한다.

4. 끝으로 예상 이벤트 이외의 다른 이벤트는 없는지 확인한다.

전체 소스 코드는 product-composite 프로젝트의 MessagingTests 및 IsSameEvent 클래스를 참고한다.

🢒 리액티브 마이크로서비스 환경의 수동 테스트

지금까지 논블로킹 동기 REST API 및 이벤트 기반 비동기 서비스를 사용하는 리액티브 마이크로서비스를 구현했다. 이제 테스트해보자.

RabbitMQ와 카프카를 메시지 브로커로 사용해 테스트를 실행하는 방법을 배운다. RabbitMQ는 파티션을 사용할 수도 있고 사용하지 않을 수도 있으므로 두 경우를 모두 테스트한다. 별도의 도커 컴포즈 파일로 정의한 세 가지 구성을 사용한다.

- 파티션 없이 RabbitMQ 사용

- 토픽당 2개의 파티션으로 RabbitMQ 사용

- 토픽당 2개의 파티션으로 카프카 사용

이 세 가지 구성을 테스트하기 전에 비동기 처리를 테스트할 수 있도록 다음 두 가지 기능을 추가한다.

- RabbitMQ를 사용하는 경우 추후 검사를 위해 이벤트 저장

- 마이크로서비스 환경의 상태를 모니터링하기 위한 상태 점검 API

이벤트 저장

이벤트 기반 비동기 서비스에서 일부 테스트를 실행한 다음 전송된 이벤트를 확인해야한다. 카프카와 함께 스프링 클라우드 스트림을 사용하면 소비자가 이벤트를 처리한 후에도 이벤트가 토픽에 유지된다. 그러나 RabbitMQ와 함께 스프링 클라우드 스트림을 사용하면 성공적으로 처리된 이벤트는 제거된다.

각 토픽에 게시된 이벤트를 확인할 수 있도록 각 토픽에 게시된 이벤트를 별도의 소비자 그룹인 auditGroup에 저장하도록 구성한다. products 토픽을 위한 구성은 다음과 같다.

```
spring.cloud.stream:
  bindings:
    products-out-0:
      destination: products
      producer:
        required-groups: auditGroup
```

RabbitMQ를 사용하는 경우 추후 검사를 위해 이벤트를 저장하는 별도의 대기열이 생성된다.

전체 소스 코드는 product-composite 프로젝트의 application.yml 파일을 참고한다.

상태 점검 API 추가

동기 API와 비동기 메시징을 조합해 사용하는 마이크로서비스의 시스템 환경을 테스트하는 것은 쉽지 않다. 예를 들어, 데이터베이스와 메시징 시스템을 사용하는 새로운 마이크로서비스 환경이 추가된 경우 요청 및 메시지를 처리할 준비가 됐는지 확인할 방법이 필요하다.

마이크로서비스가 준비가 됐는지 쉽게 확인하고자 마이크로서비스에 상태 점검 API를 추가한다. 상태 점검 API는 스프링 부트의 **액추에이터**actuator 모듈에서 제공하는 **상태 점검 엔드포인트**health endpoint를 기반으로 작동한다. 액추에이터 기반의 상태 점검 엔드포인트는 마이크로서비스와 마이크로서비스가 의존하는 모든 의존성(데이터베이스, 메시징 시스템 등)이 정상인 경우에 UP으로 응답하며, HTTP 상태 코드 200을 반환한다. 마이크로서비스나 의존성 중 정상이 아닌 것이 있는 경우에는 DOWN으로 응답하며, HTTP 상태 코드 500을 반환한다.

상태 점검 엔드포인트를 확장하면 스프링 부트가 다루지 않는 부분의 상태도 점검할 수 있다. 세 가지 핵심 서비스의 상태까지 포괄하도록 product-composite 서비스의 상태 점검 엔드포인트를 확장한다. 즉 product-composite 서비스의 상태 점검 엔드포인트는 product-composite 서비스 자신과 세 가지 핵심 마이크로서비스 모두가 정상인 경우에만 UP으로 응답한다. 이 엔드포인트는 수동으로 사용할 수 있으며, test-em-all.bash 스크립트에서 모든 마이크로서비스 및 해당 의존성의 작동 여부를 확인할 때도 사용한다.

ProductCompositeIntegration 클래스에 다음과 같이 세 가지 핵심 마이크로서비스의 상태를 확인하는 헬퍼 메서드를 추가한다.

```
public Mono<Health> getProductHealth() {
  return getHealth(productServiceUrl);
}

public Mono<Health> getRecommendationHealth() {
  return getHealth(recommendationServiceUrl);
}

public Mono<Health> getReviewHealth() {
  return getHealth(reviewServiceUrl);
}

private Mono<Health> getHealth(String url) {
  url += "/actuator/health";
  LOG.debug("Will call the Health API on URL: {}", url);
  return webClient.get().uri(url).retrieve().bodyToMono(String.class)
    .map(s -> new Health.Builder().up().build())
    .onErrorResume(ex -> Mono.just(new Health.Builder().down(ex).build()))
```

```
        .log(LOG.getName(), FINE);
    }
```

이 코드는 이전에 핵심 서비스의 조회 API를 호출할 때 사용한 것과 비슷하다. 기본 상태 점검 엔드포인트가 /actuator/health라는 점에 유의한다.

전체 소스 코드는 product-composite 프로젝트의 ProductCompositeIntegration 클래스를 참고한다.

메인 애플리케이션 클래스 ProductCompositeServiceApplication에서는 이런 헬퍼 메서드와 스프링 액추에이터의 CompositeReactiveHealthContributor 클래스를 사용해 핵심 마이크로 서비스의 상태를 점검한다.

```
@Autowired
ProductCompositeIntegration integration;

@Bean
ReactiveHealthContributor coreServices() {

    final Map<String, ReactiveHealthIndicator> registry = new LinkedHashMap<>();
    registry.put("product", () -> integration.getProductHealth());
    registry.put("recommendation", () -> integration.getRecommendationHealth());
    registry.put("review", () -> integration.getReviewHealth());

    return CompositeReactiveHealthContributor.fromMap(registry);
}
```

전체 소스 코드는 product-composite 프로젝트의 ProductCompositeServiceApplication 클래스를 참고한다.

끝으로 다음과 같은 기능을 수행하도록 네 가지 마이크로서비스의 구성 파일(application. yml)에 스프링 부트 액추에이터 구성을 추가한다.

- UP, DOWN 결과뿐만 아니라 의존성에 대한 정보가 포함된 상태 점검 세부 정보를 표시 한다.

- HTTP를 사용해 모든 엔드포인트를 공개한다.

앞의 기능을 수행하도록 다음과 같은 구성을 추가한다.

```
management.endpoint.health.show-details: "ALWAYS"
management.endpoints.web.exposure.include: "*"
```

전체 소스 코드는 product-composite 프로젝트의 application.yml 파일을 참고한다.

스프링 부트 액추에이터의 엔드포인트에 대한 자세한 정보는 다음 링크(https://docs.spring. io/spring-boot/docs/current/reference/html/production-ready-endpoints.html)를 참고한다.

상태 점검 엔드포인트는 다음 커맨드를 사용해 수동 테스트할 수 있다. 마이크로서비스 환경을 시작해야 사용할 수 있으니 지금 실행하진 말자.

```
curl localhost:8080/actuator/health -s | jq .
```

결과는 그림 7.11과 같다.

앞의 결과를 보면 복합 서비스는 UP 상태, 즉 정상 상태다. 전체 응답을 확인하면 세 가지 핵심 마이크로서비스 모두가 정상이라는 것을 알 수 있다.

상태 점검 API까지 추가했으므로 이제 리액티브 마이크로서비스를 테스트할 준비가 끝났다.

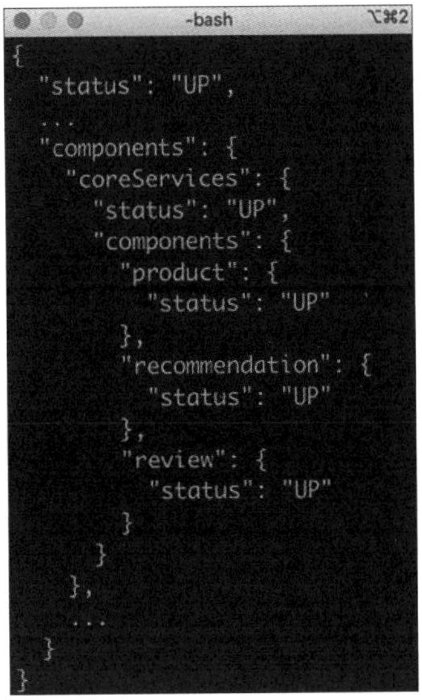

그림 7.11 상태 점검 엔드포인트 호출 결과

파티션 없이 RabbitMQ 사용

이 절에서는 파티션을 사용하지 않고, RabbitMQ와 함께 리액티브 마이크로서비스를 테스트한다.

도커 컴포즈 파일 docker-compose.yml로 테스트 환경을 구성한다. 다음과 같이 파일을 변경한다.

- RabbitMQ 구성을 다음과 같이 추가한다.

```
rabbitmq:
  image: rabbitmq:3.8.11-management
  mem_limit: 512m
  ports:
    - 5672:5672
    - 15672:15672
  healthcheck:
    test: ["CMD", "rabbitmqctl", "status"]
    interval: 5s
    timeout: 2s
    retries: 60
```

앞의 RabbitMQ 구성을 보면 다음과 같은 내용을 알 수 있다.

- 관리 플러그인과 Admin Web UI가 포함된 RabbitMQ v3.8.11 도커 이미지를 사용한다.

- RabbitMQ 표준 포트(5672) 및 Admin Web UI 포트(15672)를 노출한다.

- RabbitMQ가 연결을 수락할 준비가 됐는지 도커에서 알 수 있도록 상태 점검^{healthcheck}을 추가한다.

- 마이크로서비스가 RabbitMQ 서비스에 의존한다고 선언한다. 이제 도커 컴포즈는 RabbitMQ 서비스가 정상 동작할 때까지 기다렸다가 마이크로서비스 컨테이너를 시작한다.

```
depends_on:
  rabbitmq:
    condition: service_healthy
```

다음 단계를 수행해 수동으로 테스트한다.

1. 다음 커맨드로 시스템 환경을 빌드하고 시작한다.

```
cd $BOOK_HOME/Chapter07
./gradlew build && docker-compose build && docker-compose up -d
```

2. 이제 마이크로서비스 환경이 정상 작동할 때까지 기다려야 한다. 다음 커맨드로 확인한다.

```
curl -s localhost:8080/actuator/health | jq -r .status
```

UP으로 응답하면 테스트를 실행할 준비가 된 것이다.

3. 다음 커맨드로 product-composite를 생성한다.

```
body='{"productId":1,"name":"product name C","weight":300,
"recommendations":[
```

```
{"recommendationId":1,"author":"author 1","rate":1,"content":"content 1"},
{"recommendationId":2,"author":"author 2","rate":2,"content":"content 2"},
{"recommendationId":3,"author":"author 3","rate":3,"content":"content 3"}
], "reviews":[
{"reviewId":1,"author":"author 1","subject":"subject 1","content":"content 1"},
{"reviewId":2,"author":"author 2","subject":"subject 2","content":"content 2"},
{"reviewId":3,"author":"author 3","subject":"subject 3","content":"content 3"}
]}'

curl -X POST localhost:8080/product-composite -H "Content-Type:
application/json" --data "$body"
```

스프링 클라우드 스트림을 RabbitMQ와 함께 사용하면 구성에 따라 토픽별로 하나의
RabbitMQ 익스체인지^{exchange}와 대기열 집합이 생성된다. 스프링 클라우드 스트림이
생성한 대기열을 살펴보자.

4. 웹 브라우저에서 http://localhost:15672/#/queues에 접속한 다음 username 및
password에 기본값인 guest를 입력하고 로그인한다. 그림 7.12와 같은 대기열 화면이
나타난다.

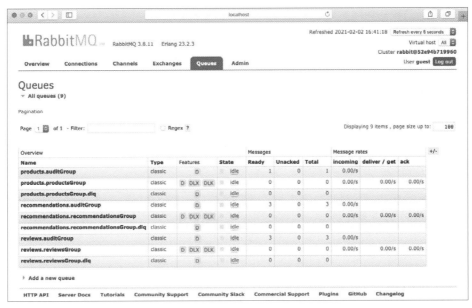

그림 7.12 대기열 목록

토픽별로 해당 핵심 마이크로서비스가 사용하는 소비자 그룹 대기열과 **auditGroup** 대기열, 데드 레터 대기열이 있는 것을 볼 수 있다. 예상했던 대로 **auditGroup** 대기열에 메시지가 들어 있다.

5. **products.auditGroup** 대기열을 클릭하고 아래로 스크롤한 다음 **Get Messages**를 클릭해 확장한다. **Get Messages(s)** 버튼을 클릭해 대기열에 있는 메시지를 표시한다.

그림 7.13 대기열에 있는 메시지 확인

앞의 스크린샷에 표시된 **페이로드**^{Payload}와 헤더의 **파티션 키**^{partitionKey}를 기록해둔다.

6. 다음 커맨드로 product-composite을 조회한다.

```
curl -s localhost:8080/product-composite/1 | jq
```

7. 다음 커맨드로 삭제한다.

```
curl -X DELETE localhost:8080/product-composite/1
```

8. 삭제한 제품을 다시 조회하면 404(Not_Found)를 반환한다.

9. RabbitMQ의 auditGroup 대기열을 다시 살펴보면 삭제 이벤트를 포함한 새 메시지가 있다.

10. 다음 커맨드로 마이크로서비스 환경을 종료해 테스트를 마무리한다.

```
docker-compose down
```

파티션 없이 RabbitMQ를 사용하는 테스트를 완료했다. 이제 파티션을 추가해 RabbitMQ 를 사용해보자.

파티션을 추가해 RabbitMQ 사용

이제 스프링 클라우드 스트림의 파티셔닝 기능을 사용해보자.

토픽당 2개의 파티션으로 RabbitMQ를 사용하고자 별도의 도커 컴포즈 파일 docker-compose-partitions.yml을 준비했다. 이 파일을 사용하면 각 핵심 마이크로서비스의 인스턴스를 2개씩 실행한다. 즉 파티션마다 1개씩 실행한다. 예를 들어, 두 번째 product 인스턴스의 구성은 다음과 같다.

```
product-p1:
  build: microservices/product-service
  mem_limit: 512m
  environment:
    - SPRING_PROFILES_ACTIVE=docker,streaming_partitioned,streaming_instance_1
  depends_on:
    mongodb:
      condition: service_healthy
    rabbitmq:
      condition: service_healthy
```

앞의 구성을 설명하면 다음과 같다.

- 첫 번째 product 인스턴스와 같은 소스 코드 및 Dockerfile을 사용하지만 구성은 다르다.

- 전체 마이크로서비스 인스턴스가 파티션을 사용하도록 SPRING_PROFILES_ACTIVE 환경 변수에 streaming_partitioned을 추가한다.

- 다른 스프링 프로필을 사용하게 해서 2개의 product 인스턴스를 다른 파티션에 할당한다. 첫 번째 product 인스턴스는 streaming_instance_0 스프링 프로필을 사용하고 두 번째 인스턴스(product-p1)는 streaming_instance_1 스프링 프로필을 사용한다.

- 두 번째 product 인스턴스는 비동기 이벤트만 처리하고 API 호출에는 응답하지 않는다. 이름이 product-p1(DNS 이름이기도 하다)이기 때문에 http://product:8080으로 시작하는 URL 호출에는 응답하지 않는다.

다음 커맨드로 마이크로서비스 환경을 시작한다.

```
export COMPOSE_FILE=docker-compose-partitions.yml
docker-compose build && docker-compose up -d
```

앞 절의 테스트를 반복해 composite product를 생성하고 추가로 제품 ID가 2인 composite product도 생성한다. 스프링 클라우드 스트림이 생성한 대기열을 살펴보면 파티션별로 대기열이 하나씩 있다. 각 products.auditGroup 대기열에는 메시지가 하나씩 있는데 제품 ID가 1인 이벤트와 제품 ID가 2인 이벤트가 개별 파티션에 배치됐기 때문이다. 웹 브라우저에서 http://localhost:15672/#/queues에 다시 접속하면 그림 7.14와 같은 화면이 나타난다.

파티션 없이 RabbitMQ를 사용하는 테스트를 완료했다. 다음 커맨드로 마이크로서비스 환경을 종료한다.

```
docker-compose down
unset COMPOSE_FILE
```

이제 파티션 없이 RabbitMQ를 사용하는 테스트와 파티션을 추가해 RabbitMQ를 사용하는 테스트를 모두 마쳤다. 다음 절에서는 카프카를 이용해 마이크로서비스를 테스트한다.

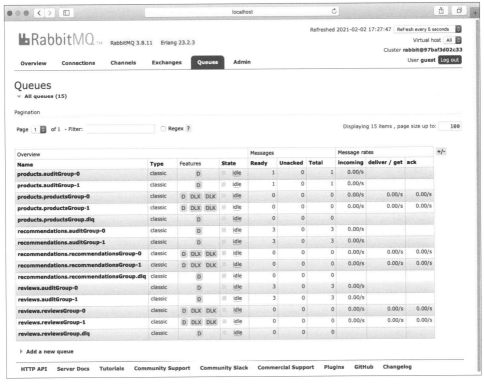

그림 7.14 대기열 목록

토픽당 2개의 파티션으로 카프카 사용

이제 스프링 클라우드 스트림의 멋진 기능을 사용해보자. 메시징 시스템을 RabbitMQ에서 아파치 카프카로 변경한다.

구성 변경은 `spring.cloud.stream.defaultBinder` 속성 값을 rabbit에서 kafka로 바꾸기만 하면 끝이다. RabbitMQ를 카프카와 주키퍼^{Zookeeper}로 대체하는 도커 컴포즈 파일 docker-compose-kafka.yml로 테스트 환경을 구성한다.

```
kafka:
  image: wurstmeister/kafka:2.12-2.5.0
  mem_limit: 512m
  ports:
```

```
      - "9092:9092"
    environment:
      - KAFKA_ADVERTISED_HOST_NAME=kafka
      - KAFKA_ADVERTISED_PORT=9092
      - KAFKA_ZOOKEEPER_CONNECT=zookeeper:2181
    depends_on:
      - zookeeper

  zookeeper:
    image: wurstmeister/zookeeper:3.4.6
    mem_limit: 512m
    ports:
      - "2181:2181"
    environment:
      - KAFKA_ADVERTISED_HOST_NAME=zookeeper
```

카프카도 토픽당 2개의 파티션을 사용하도록 구성되며, 앞서와 같이 핵심 마이크로서비스당 2개의 인스턴스를 시작한다. 즉 파티션마다 1개씩 실행한다. 자세한 내용은 도커 컴포즈 파일 docker-compose-kafka.yml을 참고한다.

다음 커맨드로 마이크로서비스 환경을 시작한다.

```
export COMPOSE_FILE=docker-compose-kafka.yml
docker-compose build && docker-compose up -d
```

앞 절의 테스트를 반복해 제품 ID가 1인 product와 2인 product를 생성한다.

TIP

불행히도 카프카는 토픽, 파티션, 메시지를 점검할 수 있는 그래픽 도구를 제공하지 않는다. 대신 카프카 도커 컨테이너에서 CLI 커맨드를 실행할 수 있다.

다음 커맨드를 실행해 토픽 목록을 확인한다.

```
docker-compose exec kafka /opt/kafka/bin/kafka-topics.sh --zookeeper
zookeeper --list
```

실행 결과는 그림 7.15와 같다.

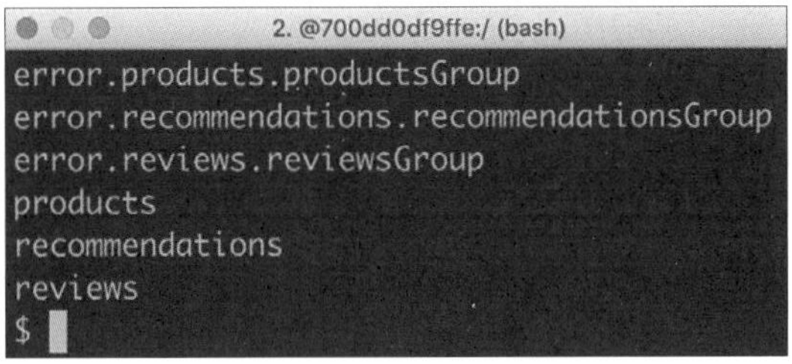

그림 7.15 토픽 목록 확인

앞의 출력을 설명하면 다음과 같다.

- 이름이 error로 시작하는 토픽은 데드 레터 대기열이라고 보면 된다.

- RabbitMQ에서 사용하던 auditGroup은 찾을 수 없다. 이벤트는 소비자가 처리한 후에도 카프카 토픽에 남아 있으므로 auditGroup이 필요 없다.

특정 토픽(예: products 토픽)의 파티션을 확인하려면 다음 커맨드를 실행한다.

```
docker-compose exec kafka /opt/kafka/bin/kafka-topics.sh --describe
--zookeeper zookeeper --topic products
```

실행 결과는 그림 7.16과 같다.

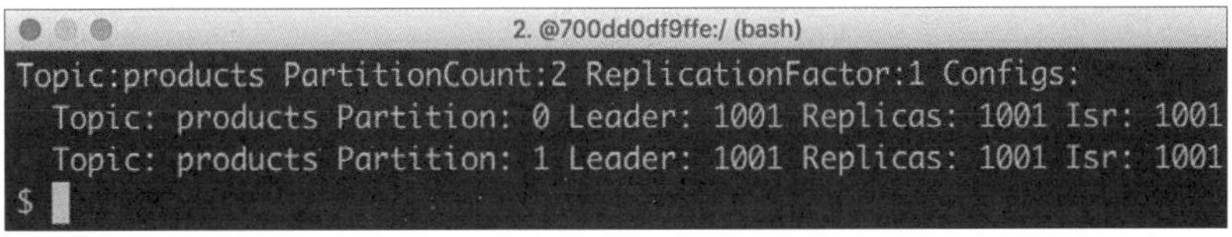

그림 7.16 products 토픽의 파티션 확인

특정 토픽(예: products 토픽)의 모든 메시지를 보려면 다음 커맨드를 실행한다.

```
docker-compose exec kafka /opt/kafka/bin/kafka-console-consumer.sh --bootstrap-
server localhost:9092 --topic products --from-beginning --timeout-ms 1000
```

실행 결과는 그림 7.17과 같다.

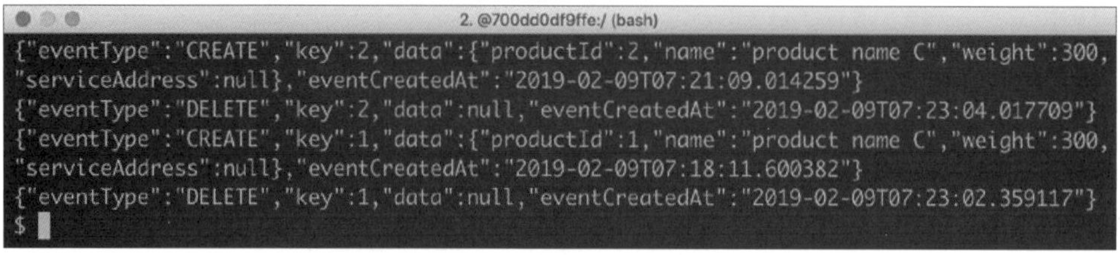

2. @700dd0df9ffe:/ (bash)
{"eventType":"CREATE","key":2,"data":{"productId":2,"name":"product name C","weight":300,
"serviceAddress":null},"eventCreatedAt":"2019-02-09T07:21:09.014259"}
{"eventType":"DELETE","key":2,"data":null,"eventCreatedAt":"2019-02-09T07:23:04.017709"}
{"eventType":"CREATE","key":1,"data":{"productId":1,"name":"product name C","weight":300,
"serviceAddress":null},"eventCreatedAt":"2019-02-09T07:18:11.600382"}
{"eventType":"DELETE","key":1,"data":null,"eventCreatedAt":"2019-02-09T07:23:02.359117"}
$

그림 7.17 products 토픽의 모든 메시지 확인

특정 파티션(예: products 토픽의 첫 번째 파티션)의 모든 메시지를 보려면 다음 커맨드를 실행한다.

```
docker-compose exec kafka /opt/kafka/bin/kafka-console-consumer.sh --bootstrap-
server localhost:9092 --topic products --from-beginning --timeout-ms 1000
--partition 1
```

실행 결과는 그림 7.18과 같다.

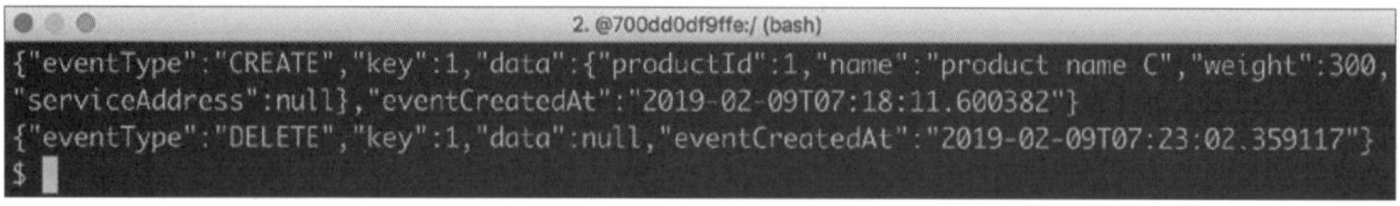

2. @700dd0df9ffe:/ (bash)
{"eventType":"CREATE","key":1,"data":{"productId":1,"name":"product name C","weight":300,
"serviceAddress":null},"eventCreatedAt":"2019-02-09T07:18:11.600382"}
{"eventType":"DELETE","key":1,"data":null,"eventCreatedAt":"2019-02-09T07:23:02.359117"}
$

그림 7.18 pruducts 토픽 첫 번째 파티션의 모든 메시지 확인

커맨드의 응답 대기 시간을 1000ms로 지정했기 때문에, 시간 초과timeout 오류가 발생하면서 출력이 종료된다.

다음 커맨드로 마이크로서비스 환경을 중지한다.

```
docker-compose down
unset COMPOSE_FILE
```

이 절에서는 스프링 클라우드 스트림의 메시지 브로커를 RabbitMQ에서 카프카로 전환하는 방법을 배웠다. 소스 코드 변경 없이 도커 컴포즈 파일만 변경했다.

7장의 마지막 절인 다음 절에서는 앞서 살펴본 테스트를 자동화하는 방법을 배운다.

리액티브 마이크로서비스 환경의 자동 테스트

마이크로서비스 환경 테스트를 수동이 아닌 자동으로 실행하려면 test-em-all.bash 테스트 스크립트를 개선해야 한다. 주요 변경 사항은 다음과 같다.

- 스크립트는 마이크로서비스 환경의 동작 여부를 확인하고자 다음과 같이 새로운 health 엔드포인트를 사용한다.

```
waitForService curl http://$HOST:$PORT/actuator/health
```

- 테스트 데이터를 설정한 후에 호출되는 waitForMessageProcessing() 함수를 스크립트에 추가한다. 이 함수를 실행하면 비동기 생성 서비스가 전체 테스트 데이터를 생성할 때까지 대기한다.

테스트 스크립트를 사용해 RabbitMQ 및 카프카를 이용한 테스트를 자동으로 실행하려면 다음 단계를 수행한다.

1. 다음 커맨드로 기본 도커 컴포즈 파일(docker-compose.yml)을 사용해 파티션 없이 RabbitMQ를 사용하는 테스트를 실행한다.

```
unset COMPOSE_FILE
./test-em-all.bash start stop
```

2. 다음 커맨드로 docker-compose-partitions.yml 도커 컴포즈 파일을 사용해 토픽당 2개의 파티션으로 RabbitMQ를 사용하는 테스트를 실행한다.

```
export COMPOSE_FILE=docker-compose-partitions.yml
./test-em-all.bash start stop
unset COMPOSE_FILE
```

3. 다음 커맨드로 docker-compose-kafka.yml 도커 컴포즈 파일을 사용해 토픽당 2개의 파티션으로 카프카를 사용하는 테스트를 실행한다.

```
export COMPOSE_FILE=docker-compose-kafka.yml
./test-em-all.bash start stop
unset COMPOSE_FILE
```

이 절에서는 `test-em-all.bash` 테스트 스크립트를 사용해 RabbitMQ 및 카프카를 메시지 브로커로 사용하도록 구성된 리액티브 마이크로서비스 환경을 자동으로 테스트하는 방법을 배웠다.

⫶ 요약

7장에서는 리액티브 마이크로서비스를 개발하는 방법을 살펴봤다.

스프링 웹플럭스 및 스프링 웹클라이언트를 사용하면 스레드 차단 없이 유입되는 HTTP 요청을 처리하고, HTTP 요청을 내보내는 논블로킹 동기 API를 구현할 수 있다. 스프링 데이터의 MongoDB 지원 기능을 사용하면 데이터베이스 응답을 기다리는 동안 스레드를 차단하지 않는 논블로킹 방식으로 MongoDB 데이터베이스에 접속할 수 있다. 스프링 웹플럭스, 스프링 웹클라이언트, 스프링 데이터는 스프링 리액터를 사용해 리액티브 및 논블로킹 기능을 제공한다. 예를 들어, 스프링 데이터 JPA로 블로킹 코드를 사용하는 경우 전용 스레드 풀에 블로킹 코드의 처리를 예약해 블로킹 코드의 처리를 캡슐화한다.

또한 스프링 데이터 스트림과 메시징 시스템인 RabbitMQ 및 카프카를 이용해 코드 변경 없이 이벤트 기반 비동기 서비스를 개발하는 방법을 살펴봤다. 구성 설정을 바탕으로 소비자 그룹, 재시도, 데드 레터 대기열, 파티션과 같은 스프링 클라우드 스트림의 기능을 사용해 여러 가지 비동기 메시징 문제를 처리할 수 있다.

리액티브 마이크로서비스로 구성된 시스템 환경을 수동 및 자동으로 테스트하는 방법도 배웠다.

7장을 끝으로 스프링 부트 및 스프링 프레임워크 기본 기능의 학습을 마무리한다.

8장에서는 스프링 클라우드를 소개하고 스프링 클라우드를 사용해 확장성, 견고성, 보안성, 복원력, 구성 가능성이 있고 상용화 준비가 완료된 서비스를 만드는 방법을 살펴본다.

⋮⋮⋮ 질문

1. 리액티브 마이크로서비스 개발 방법을 아는 것이 중요한 이유는 무엇인가?

2. 논블로킹 동기 API와 이벤트/메시지 기반 비동기 서비스의 선택 기준은 무엇인가?

3. 메시지와 이벤트의 차이는 무엇인가?

4. 메시지 기반 비동기 서비스에는 어떤 문제점이 있으며, 어떻게 처리해야 하는가?

5. 다음 테스트가 실패하는 이유는 무엇인가?

```
@Test
void testStepVerifier() {

  StepVerifier.create(Flux.just(1, 2, 3, 4)
    .filter(n -> n % 2 == 0)
    .map(n -> n * 2)
    .log())
    .expectNext(4, 8, 12);
}
```

6. 리액티브 코드로 제이유닛 테스트를 작성할 때 어떤 어려움이 있는가? 어떻게 처리하는 것이 좋은가?

2부

스프링 클라우드를 활용한
마이크로서비스 관리

2부에서는 스프링 클라우드를 사용해 마이크로서비스, 즉 분산 시스템을 구축할 때 발생하는 문제를 관리하는 방법을 학습한다.

2부는 다음 장으로 이뤄진다.

- **8장**, 스프링 클라우드 소개

- **9장**, 넷플릭스 유레카를 사용한 서비스 검색

- **10장**, 스프링 클라우드 게이트웨이를 에지 서버로 사용

- **11장**, API 접근 보안

- **12장**, 구성 중앙화

- **13장**, Resilience4j를 사용한 복원력 개선

- **14장**, 분산 추적

08

스프링 클라우드 소개

지금까지 스프링 부트 기반의 마이크로서비스를 구축하는 방법을 살펴봤다. 스프링 웹플럭스 및 springdoc-openapi로 문서화가 잘 된 API를 만들었고, 스프링 데이터 MongoDB와 JPA를 사용해 MongoDB와 SQL 데이터베이스에 데이터를 저장했다. RabbitMQ, 카프카, 도커, 스프링 클라우드 스트림을 사용해 비동기 서비스를 구축했고, 프로젝트 리액터 기반의 논블로킹 API와 이벤트 기반 비동기 서비스를 사용해 리액티브 마이크로서비스를 구축했다. 또한 마이크로서비스와 데이터베이스, 메시징 시스템으로 구성된 시스템 환경을 구성하고 테스트했다.

이제 **스프링 클라우드**를 사용해 확장성, 견고성, 보안성, 복원력, 구성 가능성이 있고 상용화 준비가 완료된 서비스를 만드는 방법을 살펴보자.

8장에서는 1장의 '마이크로서비스 디자인 패턴' 절에서 설명한 다음의 디자인 패턴을 스프링 클라우드로 구현하는 방법을 소개한다.

- 서비스 검색
- 에지 서버edge server

- 구성 중앙화

- 서킷 브레이커

- 분산 추적

기술 요구 사항

8장에서는 새 도구를 설치하지 않으며 다운로드할 소스 코드가 없다.

스프링 클라우드의 진화

2015년 3월에 출시된 스프링 클라우드 1.0은 다음과 같은 넷플릭스 OSS 도구를 기반으로 한다.

- 넷플릭스 유레카^{Netflix Eureka}: 검색 서버

- 넷플릭스 리본^{Netflix Ribbon}: 클라이언트 측 로드 밸런서

- 넷플릭스 주울^{Netflix Zuul}: 에지 서버

- 넷플릭스 히스트릭스^{Netflix Hystrix}: 서킷 브레이커

스프링 클라우드 1.0은 OAuth 2.0으로 API를 보호하는 스프링 시큐리티^{Spring Security}와 컨 피그 서버^{Configuration Server}와의 통합을 지원하며, 2016년 5월에 출시된 스프링 클라우드 브 릭스턴^{Spring Cloud Brixton} 릴리스(v1.1)는 스프링 클라우드 슬루스^{Spring Cloud Sleuth}와 트위터에 서 만든 집킨^{Zipkin}을 활용해 분산 추적을 지원한다. 이런 스프링 클라우드 컴포넌트를 사용 하면 앞에서 언급한 디자인 패턴을 구현할 수 있다. 자세한 내용은 다음 링크(https://spring. io/blog/2015/03/04/spring-cloud-1-0-0-available-now)(https://spring.io/blog/2016/05/11/ spring-cloud-brixton-release-is-available)를 참고한다.

스프링 클라우드는 처음 출시된 이후 수년에 걸쳐 크게 성장했으며, 다음과 같은 지원 기능 이 추가됐다.

- 하시코프 컨설^{HashiCorp Consul}과 아파치 주키퍼^{Apache Zookeeper} 기반의 서비스 검색 및 구성 중앙화

- 스프링 클라우드 스트림을 사용한 이벤트 기반 마이크로서비스

- 마이크로소프트 애저^{Microsoft Azure}, 아마존 웹 서비스^{AWS, Amazon Web Services}, 구글 클라우드 플랫폼^{GCP, Google Cloud Platform}

TIP

전체 도구 목록은 다음 링크(https://spring.io/projects/spring-cloud)를 참고한다.

스프링 클라우드는 2019년 1월에 스프링 클라우드 그리니치^{Spring Cloud Greenwich} v2.1을 출시하면서 앞서 언급한 넷플릭스 도구 중 일부를 유지보수 모드로 전환했다.

그 이유는 넷플릭스가 몇몇 도구에 더 이상 기능을 추가하지 않고 있고, 스프링 클라우드에 더 나은 대안이 생겼기 때문이다. 스프링 클라우드 프로젝트에서는 다음과 같은 대체 방안을 제시한다.

현재 컴포넌트	대체 컴포넌트
넷플릭스 히스트릭스	Resilience4j
넷플릭스 히스트릭스 대시보드/ 넷플릭스 터빈(Netflix Turbine)	마이크로미터(Micrometer) 및 모니터링 시스템
넷플릭스 리본	스프링 클라우드 로드 밸런서(Spring Cloud LoadBalancer)
넷플릭스 주울	스프링 클라우드 게이트웨이(Spring Cloud Gateway)

자세한 내용은 다음 링크를 참고한다.

- https://spring.io/blog/2019/01/23/spring-cloud-greenwich-release-is-now-available

- https://github.com/Netflix/Hystrix#hystrix-status

- https://github.com/Netflix/ribbon#project-status-on-maintenance

2020년 12월에 스프링 클라우드 일퍼드$^{Spring\ Cloud\ Ilford}$ v2020.0.0이 출시되면서 넷플릭스 컴포넌트 중 넷플릭스 유레카만 스프링 클라우드에 남게 됐다.

이 책에서는 대체^{replacement} 컴포넌트를 사용해 앞에서 언급한 디자인 패턴을 구현한다. 다음은 디자인 패턴과 디자인 패턴을 구현할 소프트웨어 컴포넌트를 매핑한 표다.

디자인 패턴	소프트웨어 컴포넌트
서비스 검색	넷플릭스 유레카 및 스프링 클라우드 로드 밸런서
에지 서버	스프링 클라우드 게이트웨이 및 스프링 시큐리티 OAuth
구성 중앙화	스프링 클라우드 컨피그 서버
서킷 브레이커	Resilience4j
분산 추적	스프링 클라우드 슬루스 및 집킨

이제 디자인 패턴과 구현에 사용할 소프트웨어 컴포넌트를 살펴보자.

넷플릭스 유레카를 검색 서비스로 사용

검색 서비스는 상용화 준비가 완료된 공조 마이크로서비스 환경 구축에 필수인 가장 중요한 지원 기능이다. 1장의 '서비스 검색' 절에서 설명했듯이 기존 마이크로서비스와 해당 인스턴스를 찾고자 서비스 검색 서비스(혹은 줄여서 '검색 서비스')를 사용한다.

스프링 클라우드가 첫 번째로 지원한 검색 서버는 넷플릭스 유레카다.

9장에서는 스프링 클라우드 로드 밸런서 기반의 로드 밸런서와 넷플릭스 유레카를 함께 사용할 예정이다.

스프링 클라우드를 사용해 넷플릭스 유레카에 마이크로서비스를 등록하고, 클라이언트가 RESTful API와 같은 HTTP 방식의 요청을 넷플릭스 유레카에 등록된 인스턴스로 전송하는 방법을 살펴본다. 또한 마이크로서비스의 인스턴스를 늘리는 방법과 마이크로서비스에 대한 요청을 사용 가능한 인스턴스에 맞춰 로드 밸런싱하는 방법(기본 방식은 라운드 로빈 스케줄링 기반)도 살펴본다.

그림 8.1은 등록된 마이크로서비스를 보여 주고 있는 유레카 웹 UI다.

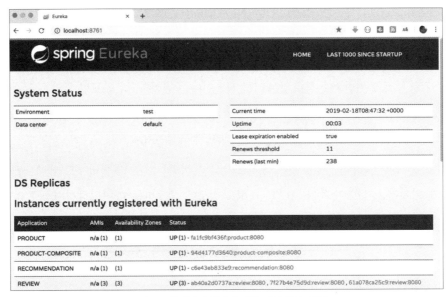

그림 8.1 유레카에 등록된 마이크로서비스 목록

그림 8.1의 스크린샷을 보면 review 서비스에는 인스턴스가 3개 있으며, 다른 3개의 서비스에는 각각 하나의 인스턴스만 있다.

지금까지 넷플릭스 유레카를 소개했다. 다음 절에서는 스프링 클라우드가 에지 서버를 사용해 마이크로서비스 시스템 환경을 어떻게 보호하는지 살펴본다.

스프링 클라우드 게이트웨이를 에지 서버로 사용

에지 서버 또한 중요한 지원 기능이다. 1장의 '에지 서버' 절에서 설명했듯이 마이크로서비스 환경을 보호하고자 에지 서버를 사용한다. 즉 사설 서비스를 외부에서 접근하지 못하도록 숨기고 공개 서비스를 외부 클라이언트로부터 보호한다.

처음에 스프링 클라우드는 넷플릭스 주울 v1을 에지 서버로 사용했으나, 스프링 클라우드 그리니치가 출시된 이후로는 **스프링 클라우드 게이트웨이**로 대체하는 것을 권장한다. 스프링 클라우드 게이트웨이가 제공하는 주요 지원 기능은 URL 경로 기반 라우팅과 **OAuth 2.0, OIDC**^{OpenID Connect}에 기반한 엔드포인트 보호 등이다.

넷플릭스 주울 v1과 스프링 클라우드 게이트웨이의 중요한 차이점은 넷플릭스 주울 v1이 블로킹 API를 사용하는 데 반해, 스프링 클라우드 게이트웨이는 스프링 5와 프로젝트 리액터, 스프링 부트 2 기반의 논블로킹 API를 사용한다는 점이다. 즉 스프링 클라우드 게이트웨이는 넷플릭스 주울 v1에 비해 더 많은 양의 동시 요청을 처리할 수 있으며, 이는 모든 외부 트래픽을 처리해야 하는 에지 서버에게는 중요한 특성이다.

그림 8.2는 외부 클라이언트 요청이 에지 서버로 동작하는 스프링 클라우드 게이트웨이를 어떻게 거쳐가는지 보여 준다. 요청은 URL 경로에 해당하는 마이크로서비스로 라우팅된다.

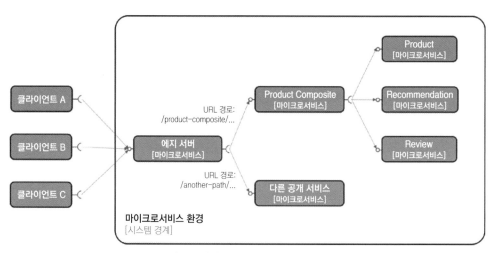

그림 8.2 에지 서버를 거쳐가는 요청 흐름

그림 8.2를 보면 에지 서버가 URL 경로가 /product-composite/로 시작하는 외부 요청을 **product composite** 마이크로서비스로 보내는 방법을 확인할 수 있다. 외부 클라이언트는 핵심 서비스인 **product**, **recommendation**, **review**에 접근할 수 없다.

10장에서는 스프링 클라우드 게이트웨이에서 마이크로서비스를 설정하는 방법을 살펴본다.

11장에서는 스프링 클라우드 게이트웨이와 스프링 시큐리티 OAuth2를 함께 사용해 OAuth 2.0과 OIDC를 기반으로 에지 서버에 대한 접근을 보호하는 방법을 살펴본다. 또한 스프링 클라우드 게이트웨이가 호출자의 신원 정보(예: 발신자의 사용자 이름, 이메일 주소)를 마이크로서비스로 전달하는 방법도 살펴본다.

지금까지 스프링 클라우드 게이트웨이를 소개했다. 다음 절에서는 스프링 클라우드가 마이크로서비스 시스템 환경의 구성을 어떻게 관리하는지 살펴본다.

⫶ 구성 중앙화를 위해 스프링 클라우드 컨피그 사용

스프링 클라우드는 스프링 클라우드 컨피그를 포함하고 있다. 스프링 클라우드 컨피그는 1장의 '구성 중앙화' 절에서 설명한 문제를 해결하고자 마이크로서비스 환경의 구성 정보를 중앙집중식으로 관리한다.

스프링 클라우드 컨피그는 다음과 같은 다양한 저장소에 구성 파일을 저장할 수 있다.

- 깃 저장소(예: 깃허브, 비트버킷^{Bitbucket})

- 로컬 파일 시스템

- 하시코프 볼트^{Hashicorp Vault}

- JDBC 데이터베이스

스프링 클라우드 컨피그를 사용하면 계층 구조로 구성을 관리할 수 있다. 예를 들어, 공통 구성 정보는 공통 파일에 배치하고, 특정 마이크로서비스를 위한 설정은 별도의 구성 파일에 배치할 수 있다.

스프링 클라우드 컨피그는 구성 변경을 감지하며, **스프링 클라우드 버스**^{Spring Cloud Bus}를 사용해 영향받는 마이크로서비스로 알림을 보내는 기능도 지원한다. 스프링 클라우드 버스는 앞에서 설명한 스프링 클라우드 스트림을 바탕으로 RabbitMQ 및 카프카 메시징 시스템을 사용해 알림을 전송한다.

그림 8.3은 스프링 클라우드 컨피그, 해당 클라이언트, 깃 저장소, 스프링 클라우드 버스 사이의 협력 관계를 보여준다.

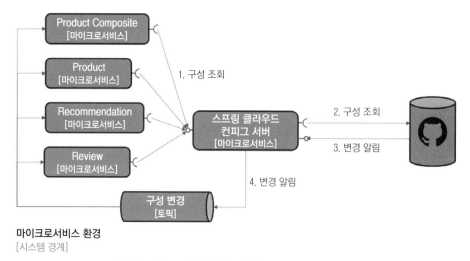

그림 8.3 마이크로서비스 환경에서의 스프링 클라우드 컨피그

그림 8.3의 다이어그램을 설명하면 다음과 같다.

1. 마이크로서비스는 컨피그 서버에 구성을 요청하면서 시작한다.

2. 컨피그 서버는 깃 저장소에서 구성을 가져온다.

3. 깃 저장소에 깃 커밋이 푸시^{push}되면 컨피그 서버에 알림을 보내도록 깃 저장소를 구성한다(선택 사항).

4. 컨피그 서버는 스프링 클라우드 버스를 사용해 변경 이벤트를 게시한다. 변경에 영향받는 마이크로서비스는 이에 반응해 컨피그 서버에서 업데이트된 구성을 받아온다.

스프링 클라우드 컨피그는 자격 증명과 같은 민감한 구성 정보의 암호화도 지원한다.

스프링 클라우드 컨피그에 대한 더 자세한 내용은 12장에서 학습한다.

이 절에서는 스프링 클라우드 컨피그를 소개했다. 다음 절에서는 스프링 클라우드가 시스템 환경에서 발생하는 오류를 처리해 복원력을 향상하는 방법을 살펴본다.

⠿ 복원력 향상을 위해 Resilience4j 사용

대규모의 공조 마이크로서비스 시스템 환경에서는 언제든 문제가 발생할 수 있다고 가정해야 한다. 즉 장애가 있는 것이 당연하다고 간주하고, 장애를 처리할 수 있도록 시스템 환경을 설계해야 한다.

스프링 클라우드에서 최초로 도입한 서킷 브레이커는 잘 알려진 서킷 브레이커인 넷플릭스 히스트릭스였다. 하지만 앞에서 언급했듯이 스프링 클라우드 그리니치가 출시된 이후로는 넷플릭스 히스트릭스를 **Resilience4j**로 교체하는 것을 권장하고 있다. Resilience4j는 히스트릭스에 비해 더 넓은 범위의 내결함성 메커니즘을 제공하는 오픈 소스 기반 내결함성 라이브러리다.

- **서킷 브레이커**: 원격 서비스가 응답하지 않을 경우에 발생하는 연쇄 장애를 방지하고자 사용한다.
- **비율 제한기**^{rate limiter}: 지정한 시간 동안의 서비스 요청 수를 제한하고자 사용한다.
- **격벽**^{bulkhead}: 서비스에 대한 동시 요청 수를 제한하고자 사용한다.
- **재시도**^{retry}: 때때로 발생하는 임의의 오류를 처리하고자 사용한다.
- **시간 제한기**^{time limiter}: 오랫동안 느리거나 응답이 없는 서비스의 응답을 기다리지 않고자 사용한다.

Resilience4j에 대한 더 자세한 내용은 다음 링크(https://resilience4j.readme.io/docs)를 참고한다.

Resilience4j는 그림 8.4의 상태 다이어그램^{state diagram}에 표현된 고전적인 서킷 브레이커 디자인을 따른다. Resilience4j의 서킷 브레이커에 대해서는 13장에서 집중적으로 다룰 예정이다.

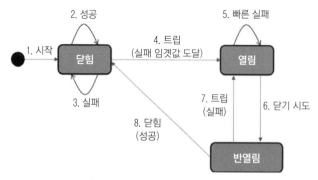

그림 8.4 서킷 브레이커 상태 다이어그램

그림 8.4의 상태 다이어그램을 설명하면 다음과 같다.

1. 서킷 브레이커는 **닫힘**closed 상태에서 시작해 요청을 처리한다.

2. 요청이 성공적으로 처리되는 한 **닫힘** 상태를 유지한다.

3. 요청에 실패하면 카운터 값이 증가하기 시작한다.

4. 지정한 기간 내에 실패 임곗값에 도달하면 서킷 브레이커가 **트립**trip한다. 즉 추가 요청을 처리할 수 없는 **열림**open 상태가 된다. 실패 임곗값 및 기간은 지정할 수 있다.

5. 요청은 **빠르게 실패**fast fail한다. 즉 곧바로 예외를 반환한다.

6. 설정한 기간이 지나면 서킷 브레이커가 **반열림**half open 상태로 전환되며, 프로브 요청을 하나 보내서 장애가 해결됐는지 확인한다.

7. 프로브 요청이 실패하면 서킷 브레이커는 다시 **열림** 상태로 돌아간다.

8. 프로브 요청이 성공하면 서킷 브레이커는 **닫힘** 상태로 초기화되며, 새 요청을 처리할 수 있다.

Resilience4j를 사용한 서킷 브레이커 샘플

Resilience4j의 서킷 브레이커로 보호하고 있는 myService라는 이름의 REST 서비스가 있다고 가정해보자.

의존하는 서비스에 도달할 수 없는 등의 문제로 서비스 내부에서 오류가 발생하기 시작하면 서비스는 500 Internal Server Error와 같은 오류를 반환하게 된다. 요청을 계속 보내서 임 곗값에 도달하면 서킷이 열리면서 빠른 실패 상태로 전환되며, CircuitBreaker 'myService' is open과 같은 오류 메시지를 반환한다. 오류를 해결하고 나면 설정한 대기 시간이 지난 다음에 프로브 요청을 보낸다. 호출에 성공해 서킷이 닫히면 서비스가 정상 동작하게 된다.

Resilience4j와 스프링 부트를 함께 사용하면 스프링 부트 액추에이터의 health 엔드포인 트를 사용해 마이크로서비스의 서킷 브레이커 상태를 모니터링할 수 있다. curl을 사용해 myService의 서킷 브레이커 상태를 확인해보자.

```
curl $HOST:$PORT/actuator/health -s | jq .components.circuitBreakers
```

정상 동작하는 경우, 즉 서킷이 **닫힘** 상태일 때의 실행 결과는 그림 8.5와 같다.

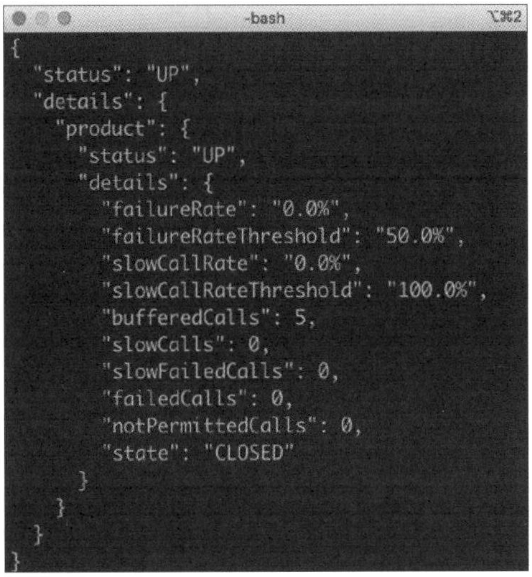

그림 8.5 서킷이 닫힘 상태일 때의 응답

문제가 발생해 서킷이 **열림** 상태일 때의 실행 결과는 그림 8.6과 같다.

```
{
  "status": "UNKNOWN",
  "details": {
    "product": {
      "status": "CIRCUIT_OPEN",
      "details": {
        "failureRate": "60.0%",
        "failureRateThreshold": "50.0%",
        "slowCallRate": "0.0%",
        "slowCallRateThreshold": "100.0%",
        "bufferedCalls": 5,
        "slowCalls": 0,
        "slowFailedCalls": 0,
        "failedCalls": 3,
        "notPermittedCalls": 0,
        "state": "OPEN"
      }
    }
  }
}
```

그림 8.6 서킷이 열림 상태일 때의 응답

지금까지 서킷 브레이커를 중심으로 Resilience4j를 소개하고, 서킷 브레이커를 사용해 REST 클라이언트의 오류를 처리하는 샘플을 살펴봤다. 8장의 마지막 절인 다음 절에서는 스프링 클라우드가 분산 추적을 어떻게 수행하는지 살펴본다.

스프링 클라우드 슬루스와 집킨을 사용한 분산 추적

공조 마이크로서비스의 시스템 환경과 같은 분산 시스템에서 발생하는 상황을 파악하려면 시스템 환경에 대한 외부 호출을 처리하는 과정에서 마이크로서비스 사이를 오가는 요청 및 메시지의 흐름을 추적하고 시각화할 수 있어야 한다.

TIP

분산 추적에 대한 자세한 정보는 1장의 '분산 추적' 절을 참고한다.

스프링 클라우드에서 제공하는 **스프링 클라우드 슬루스**는 **상관 ID**corelation ID를 사용해 하나의 처리 흐름에 포함된 요청과 메시지/이벤트에 표시를 남긴다.

또한 하나의 처리 흐름에서 나오는 여러 마이크로서비스의 로그 레코드를 쉽게 추적할 수 있도록 로그 레코드에 상관 ID를 덧붙인다. 스프링 클라우드 슬루스는 추적 데이터를 저장 및 시각화하고자 분산 추적 시스템인 **집킨**(http://zipkin.io)으로 보낸다. 나중에 19장에서 상관 ID를 사용해 하나의 같은 처리 흐름에서 로그 레코드를 찾고 시각화하는 방법을 배운다.

스프링 클라우드 슬루스와 집킨이 분산 추적 정보를 처리하고자 사용하는 인프라는 구글 대퍼^{Google Dapper}(https://ai.google/research/pubs/pub36356)를 기반으로 한다. 대퍼에서는 전체 워크플로의 추적 정보를 **추적 트리**^{trace tree}라고 부르며, 기본 작업 단위와 같은 트리의 하위 집합을 **스팬**^{span}이라고 부른다. 스팬은 추적 트리를 형성하는 **하위 스팬**^{sub-span}으로 구성된다. 상관 ID는 **TraceId**라고도 부르며, 소속된 추적 트리의 **TraceId**와 고유한 **SpanId**를 사용해 스팬을 식별한다.

> **WARNING**
>
> 분산 추적 구현 표준(사실상의 표준)의 제정 과정에 대해 간략하게나마 알아보자.
>
> 2010년에 구글은 2005년부터 구글 내부에서 사용해온 대퍼(Dapper)에 대한 논문을 발표한다.
>
> 2016년에 **OpenTracing** 프로젝트가 **CNCF**에 합류한다. 대퍼의 영향을 많이 받은 OpenTracing은 분산 추적 측정을 위한 벤더 중립 API와 언어별 라이브러리를 제공하게 된다.
>
> 2019년에 OpenTracing 프로젝트는 **OpenCensus** 프로젝트와 합병해 새로운 CNCF 프로젝트인 **OpenTelemetry**를 발족한다. OpenCensus 프로젝트는 메트릭 및 분산 추적을 수집하는 라이브러리 세트를 제공한다.

> **WARNING**
>
> 더 자세한 내용은 다음 링크를 참고한다.
>
> - https://opentracing.io
> - https://opentelemetry.io
> - https://opencensus.io
>
> 스프링 클라우드 슬루스의 OpenTracing 지원에 대해서는 다음 링크(https://docs.spring.io/spring-cloud-sleuth/docs/current/reference/html/project-features.html#features-brave-opentracing)를 참고한다.
>
> OpenTelemetry를 지원하는 스프링 클라우드 슬루스 인큐베이터 프로젝트에 대해서는 다음 링크(https://github.com/spring-cloud-incubator/spring-cloud-sleuth-otel)를 참고한다.
>
> 이 책에서는 스프링 클라우드 슬루스와 집킨을 직접 통합해 사용한다.

스프링 클라우드 슬루스는 HTTP를 이용한 동기 요청이나 RabbitMQ 및 카프카를 사용한 비동기 요청을 집킨으로 보낸다. 마이크로서비스에 집킨 서버에 대한 런타임 의존성을 추가하고 싶지 않다면 RabbitMQ나 카프카를 사용한 비동기 방식으로 추적 정보를 전송하는 것이 좋다. 그림 8.7을 참고한다.

마이크로서비스 환경
[시스템 경계]

그림 8.7 집킨에 추적 정보를 비동기적으로 전송

14장에서는 스프링 클라우드 슬루스와 집킨을 사용해 마이크로서비스 환경 내부의 처리 과정을 추적하는 방법을 알아본다. 그림 8.8은 제품 집계 정보 생성의 처리 과정을 추적 트리로 시각화해서 보여 주는 집킨 UI 화면이다.

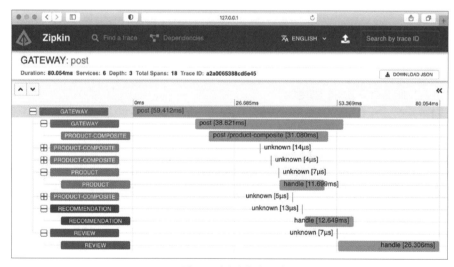

그림 8.8 집킨의 추적 트리

그림 8.8의 스크린샷을 보면 HTTP POST 요청이 게이트웨이(에지 서버)를 통해 **product-composite** 서비스로 전송되고 이에 대한 응답으로 products 및 recommendations 토픽에 생성 이벤트가 게시된다. 이 이벤트는 세 가지 핵심 마이크로서비스가 비동기로 병렬 처리한다. 즉 **product-composite** 서비스는 핵심 마이크로서비스가 작업을 완료할 때까지 기다리지 않는다. 생성 이벤트의 데이터는 각 마이크로서비스의 데이터베이스에 저장된다. 그림 8.8의 스크린샷에서는 수명이 매우 짧은 **unknown**이라는 이름의 스팬도 볼 수 있다. 이런 스팬은 이벤트를 게시하거나 소비할 때 일어나는 메시지 브로커와의 상호 작용을 나타낸다.

이 절에서는 스프링 클라우드 슬루스와 집킨을 도입해 분산 추적을 수행하고, 외부에서 들어오는 동기 HTTP 요청을 처리하는 분산 추적 샘플을 살펴봤다. HTTP 요청 처리 과정에는 비동기 이벤트를 관련된 마이크로서비스로 전달하는 절차도 포함된다.

⠿ 요약

8장에서는 스프링 클라우드가 넷플릭스 OSS 중심에서 벗어나 더 넓은 범위를 포괄하도록 진화해온 과정을 살펴봤다. 또한 스프링 클라우드 그리니치 릴리스의 컴포넌트를 사용해 1장의 '마이크로서비스 디자인 패턴' 절에서 설명한 디자인 패턴을 구현하는 방법을 소개했다. 이런 디자인 패턴은 상용화 준비가 완료된 공조 마이크로서비스 환경을 조성할 때 꼭 필요하다.

9장에서는 넷플릭스 유레카와 스프링 클라우드 로드 밸런서를 사용해 서비스 검색을 구현한다.

⠿ 질문

1. 넷플릭스 유레카의 사용 목적은 무엇인가?

2. 스프링 클라우드 게이트웨이의 주요 기능은 무엇인가?

3. 스프링 클라우드 컨피그는 어떤 백엔드를 지원하는가?

4. Resilience4j가 제공하는 기능은 무엇인가?

5. 분산 추적에 사용하는 추적 트리, 스팬의 개념은 무엇인가? 관련 문서에서는 어떻게 정의하고 있는가?

09

넷플릭스 유레카를 사용한
서비스 검색

9장에서는 넷플릭스 유레카를 스프링 부트 기반의 마이크로서비스를 위한 검색 서버로 사용하는 방법을 배운다. 마이크로서비스는 넷플릭스 유레카 클라이언트 모듈을 사용해 넷플릭스 유레카와 통신한다. 먼저 검색 서버의 필요성과 DNS 서버로는 충분하지 않은 이유를 알아본 후 자세한 내용을 살펴본다.

9장에서는 다음과 같은 내용을 다룬다.

- 서비스 검색 소개

- 넷플릭스 유레카 서버 설정

- 넷플릭스 유레카 서버에 마이크로서비스 연결

- 개발용 구성 설정

- 넷플릭스 유레카를 이용한 서비스 검색

기술 요구 사항

이 책에서 사용하는 도구의 설치 방법과 이 책의 소스 코드를 다운로드하는 방법은 다음을 참고한다.

- 21장, 맥OS용 설치 지침

- 22장, 윈도우용 설치 지침

9장의 모든 소스 코드 예제는 $BOOK_HOME/Chapter09 폴더에 있다.

9장에서 넷플릭스 유레카를 마이크로서비스 환경의 검색 서비스로 사용하기 위해 변경한 부분을 확인하고 싶다면 7장의 소스 코드와 비교하면 된다. 선호하는 파일 비교 도구를 사용해 $BOOK_HOME/Chapter07 폴더와 $BOOK_HOME/Chapter09 폴더를 비교해 보자.

서비스 검색 소개

서비스 검색은 상용화 준비가 완료된 공조 마이크로서비스 환경 구축에 필수인 주요 지원 기능이다. 스프링 클라우드가 첫 번째로 지원한 검색 서버는 넷플릭스 유레카다.

WARNING

> 9장에서는 '서비스 검색'을 위한 '서비스'에 대해 다루지만 '서비스 검색 서비스'라고 부르기보다는 '검색 서비스'라고 부른다. 넷플릭스 유레카 등의 실제 서비스 검색 구현을 언급할 때는 '검색 서버'라는 용어를 사용한다.

스프링 클라우드를 사용해 넷플릭스 유레카에 손쉽게 마이크로서비스를 등록하는 방법을 알아보고 클라이언트가 넷플릭스 유레카에 등록된 인스턴스 중 하나로 스프링 클라우드 로드 밸런서를 통해 HTTP 요청을 보내는 방법을 살펴본다. 또한 마이크로서비스를 확장 및 축소하면서 넷플릭스 유레카가 다양한 유형의 오류 시나리오를 처리하는 방법을 확인하는 몇 가지 파괴적인 테스트를 실행한다.

상세 구현을 살펴보기 전에 다음과 같은 사항에 대해 먼저 알아보자.

- DNS 기반 서비스 검색의 문제
- 서비스 검색의 문제
- 넷플릭스 유레카를 이용한 서비스 검색

DNS 기반 서비스 검색의 문제

어째서 새 마이크로서비스 인스턴스를 시작한 다음 라운드 로빈$^{round-robin}$ 방식의 DNS를 이용하면 안 되는 걸까?

라운드 로빈 DNS의 기본 개념은 각 마이크로서비스 인스턴스가 같은 이름으로 DNS 서버에 IP 주소를 등록하는 것이다. 클라이언트가 DNS 이름에 대한 IP 주소를 요청하면 DNS 서버는 등록된 인스턴스의 IP 주소 목록을 반환한다. 클라이언트는 이 IP 주소 목록을 사용해 라운드 로빈 방식으로 차례대로 마이크로서비스 인스턴스에 요청을 보내게 된다.

실습을 통해 문제점을 파악해보자. 다음 단계를 수행한다.

1. 7장의 지침에 따라 시스템 환경을 시작하고, 다음 커맨드로 테스트 데이터를 입력한다.

```
cd $BOOK_HOME/chapter07
./test-em-all.bash start
```

2. review 마이크로서비스의 인스턴스를 2개로 확장한다.

```
docker-compose up -d --scale review=2
```

3. product-composite 서비스를 통해 review 마이크로서비스의 IP 주소를 찾는다.

```
docker-compose exec product-composite getent hosts review
```

결과는 그림 9.1과 같다.

그림 9.1 review 마이크로서비스의 IP 주소

product-composite 서비스에서 찾은 IP 주소를 2개(172.19.0.8, 172.19.0.9) 찾았다. 이 IP 주소는 각 review 마이크로서비스 인스턴스의 IP 주소다.

4. 원한다면 다음 커맨드로 올바른 IP 주소인지 확인한다. 각 review 마이크로서비스 인스턴스의 IP 주소를 확인하는 커맨드다.

```
docker-compose exec --index=1 review cat /etc/hosts
docker-compose exec --index=2 review cat /etc/hosts
```

각 커맨드 출력의 마지막 행에는 앞에서 확인한 IP 주소 중 하나가 있어야 한다. 예를 들면 그림 9.2와 같다.

그림 9.2 IP 주소 확인

5. 이제 product-composite 서비스를 여러 번 호출해 review 마이크로서비스의 인스턴스 2개를 모두 사용하는지 확인한다.

```
curl localhost:8080/product-composite/1 -s | jq -r .serviceAddresses.rev
```

불행히도 마이크로서비스 인스턴스 중 하나에서만 응답을 받는다.

그림 9.3 한 review 인스턴스에서 받은 응답

어째서 이런 실망스러운 결과가 나왔을까?

DNS 클라이언트는 DNS 서버에 DNS 이름 확인을 요청하고 IP 주소 목록을 받는다. 그런 다음 작동하는 IP 주소를 찾을 때까지 IP 주소 목록에 있는 IP 주소로 접속을 시도하며 대부분 첫 번째 주소로 연결된다. DNS 클라이언트는 일반적으로 사용 중인 IP 주소를 계속 사용하며 요청할 때마다 라운드 로빈 방식을 적용하지는 않는다. 또한 일반적인 DNS 서버 및 DNS 프로토콜은 수시로 생성 및 종료되는 마이크로서비스 인스턴스를 처리하는 데에는 적합하지 않다. 이런 이유로 DNS 기반 라운드 로빈은 이론적으로만 매력적일 뿐 마이크로서비스 인스턴스의 서비스 검색에는 맞지 않는다.

시스템 환경을 종료한 다음 더 나은 서비스 검색 방법을 알아보자.

```
docker-compose down
```

서비스 검색의 문제

앞 절에서 살펴본 바와 같이 사용 가능한 마이크로서비스 인스턴스를 찾으려면 일반 DNS 보다는 조금 더 강력한 기능이 필요하다.

다음 사항을 고려해 마이크로서비스 인스턴스를 추적해야 한다.

- 언제든지 새로운 인스턴스가 시작될 수 있다.

- 언제든지 기존 인스턴스가 응답하지 않을 수 있으며, 결국에는 중단될 수 있다.

- 실패한 인스턴스 중 일부는 얼마 후에 정상 상태로 돌아와서 다시 트래픽을 수신하지만 그렇지 못하는 인스턴스도 있다. 실패에서 복구되지 못한 인스턴스는 서비스 레지스트리에서 제거해야 한다.

- 일부 마이크로서비스 인스턴스는 시작하는 데 시간이 걸릴 수 있다. 즉 HTTP 요청을 수신한다고 해서 즉시 해당 인스턴스로 트래픽을 라우팅할 수 있는 것은 아니다.

- 언제든지 의도하지 않은 네트워크 파티셔닝과 그 밖의 네트워크 관련 오류가 발생할 수 있다.

견고하고 복원력 있는 검색 서버를 구축하는 것은 쉬운 일이 아니다. 넷플릭스 유레카로 이런 문제를 해결하는 방법을 알아보자.

넷플릭스 유레카를 이용한 서비스 검색

넷플릭스 유레카는 클라이언트 측 서비스 검색을 구현한다. 즉 클라이언트는 사용 가능한 마이크로서비스 인스턴스의 정보를 얻고자 소프트웨어를 실행해 검색 서버인 넷플릭스 유레카와 통신한다. 그림 9.4의 다이어그램을 참고한다.

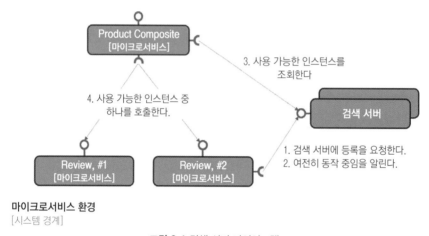

그림 9.4 검색 서버 다이어그램

그림 9.4의 다이어그램을 설명하면 다음과 같다.

1. **Review** 서비스 등의 마이크로서비스 인스턴스는 시작할 때마다 자신을 유레카 서버에 등록한다.

2. 각 마이크로서비스 인스턴스는 자신이 정상이며 요청을 받을 준비가 됐음을 알리고자 정기적으로 유레카 서버에 하트비트^{heartbeat} 메시지를 보낸다.

3. **Product-composite** 서비스와 같은 클라이언트는 클라이언트 라이브러리를 사용해, 사용 가능한 서비스의 정보를 정기적으로 유레카 서비스에 요청한다.

314

4. 클라이언트에서 다른 마이크로서비스로 요청을 보내야 하는 경우에는 검색 서버에 요청하지 않고도 클라이언트 라이브러리에 보존된 사용 가능한 인스턴스 목록에서 대상을 선택할 수 있으며, 보통은 라운드 로빈 방식으로 인스턴스를 선택한다.

> **TIP**
>
> 17장에서는 쿠버네티스의 서비스 개념을 사용해 검색 서비스를 제공하는 대체 방안을 살펴본다.

스프링 클라우드는 넷플릭스 유레카 등의 검색 서비스와 통신하는 방법을 추상화한, DiscoveryClient라는 인터페이스를 제공한다. DiscoveryClient를 사용하면 검색 서비스와 연계해 사용 가능한 서비스 및 인스턴스에 관한 정보를 얻을 수 있다. DiscoveryClient 인터페이스 구현은 자동으로 스프링 부트 애플리케이션을 검색 서버에 등록하는 기능도 갖고 있다.

스프링 부트는 시작하는 동안 DiscoveryClient 인터페이스 구현을 자동으로 찾으므로 연결하려는 검색 서버에 맞는 의존성을 추가할 필요가 있다. 넷플릭스 유레카를 검색 서버로 사용하는 마이크로서비스라면 spring-cloud-starter-netflix-eureka-client 의존성을 추가한다.

> **TIP**
>
> 스프링 클라우드에는 아파치 주키퍼나 하시코프 컨설을 검색 서버로 사용할 수 있도록 지원하는 Discovery Client 구현도 있다.

스프링 클라우드는 로드 밸런서를 통해 검색 서비스에 등록된 인스턴스로 요청을 보내는 방법을 추상화한 LoadBalancerClient 인터페이스를 제공한다. 표준 리액티브 HTTP 클라이언트인 WebClient가 LoadBalancerClient 구현을 사용하도록 구성할 수 있다. WebClient. Builder 객체를 반환하는 @Bean 선언에 @LoadBalanced 애노테이션을 추가하면 LoadBalancerClient 구현이 Builder 인스턴스에 ExchangeFilterFunction으로 주입된다. 뒤에 나오는 '넷플릭스 유레카 서버에 마이크로서비스 연결' 절에서 소스 코드 예제를 통해 RibbonLoadBalancerClient의 사용 방법을 알아본다.

지금까지 서비스 검색을 소개하고 관련된 문제점을 살펴봤으며, 스프링 클라우드에서 넷플릭스 유레카를 사용하는 방법을 알아봤다. 스프링 클라우드를 사용하면 손쉽게 넷플릭스 유레카를 검색 서비스로 사용할 수 있다.

⋮⋮ 넷플릭스 유레카 서버 설정

이 절에서는 서비스 검색을 위해 넷플릭스 유레카 서버를 설정하는 방법을 배운다. 스프링 클라우드로 넷플릭스 유레카 서버를 설정하는 것은 매우 간단하다. 다음 단계를 수행한다.

1. 3장의 '스프링 이니셜라이저로 골격 코드 생성' 절에서 설명한 대로 스프링 이니셜라이 저를 사용해 스프링 부트 프로젝트를 생성한다.

2. `spring-cloud-starter-netflix-eureka-server`에 대한 의존성을 추가한다.

3. 애플리케이션 클래스에 `@EnableEurekaServer` 애노테이션을 추가한다.

4. 마이크로서비스에서 사용하는 Dockerfile을 조금 변경해서 추가한다. 마이크로서비스 에서 사용하는 기본 포트(`8080`)를 유레카 기본 포트인 `8761`로 변경한다.

5. 도커 컴포즈 파일(docker-compose.yml, docker-compose-partitions.yml, docker-compose-kafka.yml)에 다음과 같이 유레카 서버를 추가한다.

```
eureka:
  build: spring-cloud/eureka-server
  mem_limit: 512m
  ports:
    - "8761:8761"
```

6. 마지막으로, 구성을 추가한다. 9장의 '개발용 구성 설정' 절로 이동해 유레카 서버 및 마 이크로서비스에 대한 구성을 추가한다.

이로써 유레카 서버 설정이 끝났다.

유레카 서버의 소스 코드는 $BOOK_HOME/Chapter09/spring-cloud/eureka-server 폴더에 있다.

지금까지 서비스 검색을 위해 넷플릭스 유레카 서버를 설정하는 방법을 알아봤다. 다음 절에서는 마이크로서비스를 넷플릭스 유레카 서버에 연결하는 방법을 배운다.

넷플릭스 유레카 서버에 마이크로서비스 연결

이 절에서는 마이크로서비스 인스턴스를 넷플릭스 유레카 서버에 연결하는 방법을 배운다. 마이크로서비스 인스턴스가 시작하는 동안 유레카 서버에 자신을 등록하는 방법, 클라이언트에서 호출할 마이크로서비스 인스턴스를 찾고자 유레카 서버를 사용하는 방법을 알아본다.

다음 단계를 수행해 유레카 서버에 마이크로서비스 인스턴스를 등록한다.

1. 빌드 파일(build.gradle)에 spring-cloud-starter-netflix-eureka-client를 의존성으로 추가한다.

   ```
   Implementation 'org.springframework.cloud:spring-cloud-starter-netflix-
   eureka-client'
   ```

2. 단일 마이크로서비스를 테스트할 때는 유레카 서버를 실행할 필요가 없다. 따라서 모든 스프링 부트 테스트, 즉 @SpringBootTest 애노테이션을 붙인 모든 제이유닛 테스트를 실행할 때는 넷플릭스 유레카를 비활성화해야 한다. 다음과 같이 @SpringBootTest 애노테이션에 eureka.client.enabled 속성을 추가하고 false로 설정한다.

   ```
   @SpringBootTest(webEnvironment=RANDOM_PORT, properties = {"eureka.client.
   enabled=false"})
   ```

3. 마지막으로, 구성을 추가한다. 9장의 '개발용 구성 설정' 절로 이동해 유레카 서버 및 마이크로서비스에 대한 구성을 설정한다.

09 넷플릭스 유레카를 사용한 서비스 검색 | 317

중요한 구성 속성 중 하나로 spring.application.name이 있다. 이 속성을 사용해 각 마이크로서비스에 가상 호스트 이름, 즉 유레카 서비스가 각 마이크로서비스를 식별하는 데 사용하는 이름을 부여한다. 진행 과정에서 알게 되겠지만, 유레카 클라이언트는 이 가상 호스트 이름을 URL로 사용해 마이크로서비스를 호출한다.

product-composite 마이크로서비스가 유레카 서버를 통해 사용 가능한 마이크로서비스 인스턴스를 찾을 수 있도록 다음 단계를 수행한다.

1. 로드 밸런서 구현을 사용해 WebClient 빌더를 생성하는 스프링 빈을 애플리케이션 클래스인 ProductCompositeServiceApplication에 추가한다.

```
@Bean
@LoadBalanced
public WebClient.Builder loadBalancedWebClientBuilder() {
  return WebClient.builder();
}
```

TIP

WebClient 인스턴스를 로드 밸런서 클라이언트로 사용하는 방법에 대한 자세한 내용은 다음 링크 (https://docs.spring.io/spring-cloud-commons/docs/current/reference/html/#webclinet-loadbalancer-client)를 참고한다.

2. WebClient 빌더 빈을 생성자에 삽입해 통합 클래스 ProductCompositeIntegration에서 사용할 수 있다.

```
private WebClient webClient;

@Autowired
public ProductCompositeIntegration(
  WebClient.Builder webClientBuilder,
  ...
) {
  this.webClient = webClientBuilder.build();
  ...
}
```

생성자로 주입된 빌더를 사용해 `webClient`를 생성한다.

이미 빌드한 `WebClient`는 변경할 수 없다. 따라서 여러 개의 요청을 동시에 처리하더라도 서로 간에 간섭이 생기는 위험성 없이 재사용할 수 있다.

3. 이제 application.yml에 하드 코딩해서 구성했던 사용 가능한 마이크로서비스의 목록을 제거할 수 있다. 즉 다음과 같은 코드를 제거할 수 있다.

```
app:
  product-service:
    host: localhost
    port: 7001
  recommendation-service:
    host: localhost
    port: 7002
  review-service:
    host: localhost
    port: 7003
```

4. 하드 코딩된 구성을 사용하고 있는 통합 클래스(ProductCompositeIntegration)의 코드는 간략화해 핵심 마이크로서비스의 API를 가리키는 기본 URL 선언으로 대체한다. 다음 코드를 참고한다.

```
private static final String PRODUCT_SERVICE_URL = "http://product";
private static final String RECOMMENDATION_SERVICE_URL = "http://recommendation";
private static final String REVIEW_SERVICE_URL = "http://review";
```

URL에 포함된 호스트 이름은 실제 DNS 이름이 아닌, 마이크로서비스가 유레카 서버에 등록할 때 사용한 가상 호스트 이름이다. 즉 `spring.application.name` 속성 값이다.

지금까지 마이크로서비스 인스턴스를 넷플릭스 유레카 서버에 연결하는 방법을 알아봤다. 다음 절에서는 유레카 서버와 유레카 서버에 연결할 마이크로서비스 인스턴스의 구성에 대해 배운다.

⠿ 개발용 구성 설정

이제 넷플릭스 유레카를 검색 서비스로 설정할 때 거쳐야 할 가장 까다로운 과정이 남았다. 유레카 서버와 유레카 서버의 클라이언트인 마이크로서비스 인스턴스에 대한 구성 설정이다.

넷플릭스 유레카는 다양한 사용 사례에 대한 설정을 할 수 있는 구성 가능성이 높은 검색 서버이며, 런타임 특성으로 견고성, 복원력, 내결함성을 가진다. 이런 유연성과 견고성의 단점 중 하나는 너무 많은 구성 옵션이 있다는 것이다. 다행스럽게도 넷플릭스 유레카는 상용화 환경에서 사용하는 대부분의 구성 옵션에 대한 적절한 기본값을 제공한다.

개발 과정에서 넷플릭스 유레카를 사용하는 경우에는 이런 기본 구성 값 때문에 시작 소요 시간이 길어질 수 있다. 예를 들어, 클라이언트가 유레카 서버에 등록된 마이크로서비스 인스턴스를 처음으로 성공적으로 호출하기까지 많은 시간을 소요할 수 있다.

기본 구성 값을 사용하면 최대 2분 정도의 대기 시간이 발생할 수 있다. 유레카 서비스 및 마이크로서비스를 시작하는 데 걸리는 시간에 이 대기 시간이 추가된다. 이런 대기 시간이 발생하는 이유는 관련 프로세스가 서로의 등록 정보를 동기화해야 하기 때문이다. 마이크로서비스 인스턴스는 유레카 서버에 등록돼야 하며, 클라이언트는 유레카 서버에서 정보를 가져와야 한다. 이런 통신은 주로 하트비트 기반이며, 30초마다 발생하는 것이 보통이다. 여러 개의 캐시가 관련돼 있기 때문에 업데이트 전파 속도가 느리다.

개발 과정에서는 이런 대기 시간을 최소화하는 구성을 사용하는 것이 유용하며, 상용화 환경에서는 기본값 바탕의 구성을 사용한다.

> **TIP**
>
> 개발 환경에서는 넷플릭스 유레카 서버 인스턴스를 하나만 사용해도 괜찮지만, 상용화 환경에서는 넷플릭스 유레카 서버의 고가용성을 보장하고자 항상 둘 이상의 인스턴스를 사용해야 한다.

유레카 구성 매개 변수

유레카의 구성 매개 변수는 세 그룹으로 나뉜다.

- `eureka.server` 접두어가 붙은 유레카 서버 관련 매개 변수

- `eureka.client` 접두어가 붙은 유레카 클라이언트 관련 매개 변수. 이는 유레카 서버와 통신하는 클라이언트를 위한 것이다.

- `eureka.instance` 접두어가 붙은 유레카 인스턴스 관련 매개 변수. 이는 유레카 서버에 자신을 등록하려는 마이크로서비스 인스턴스를 위한 것이다.

사용 가능한 매개 변수는 스프링 클라우드 넷플릭스 문서(https://docs.spring.io/spring-cloud-netflix/docs/current/)를 참고한다.

매개 변수를 전반적으로 살펴보려면 소스 코드를 보는 것이 좋다.

- 유레카 서버 관련 매개 변수의 기본값은 `org.springframework.cloud.netflix.eureka.server.EurekaServerConfigBean` 클래스를 확인한다. 관련 문서는 `com.netflix.eureka.EurekaServerConfig` 인터페이스를 확인한다.

- 유레카 클라이언트 관련 매개 변수의 기본값과 문서는 `org.springframework.cloud.netflix.eureka.EurekaClientConfigBean` 클래스를 확인한다.

- 유레카 인스턴스 관련 매개 변수의 기본값과 문서는 `org.springframework.cloud.netflix.eureka.EurekaInstanceConfigBean` 클래스를 확인한다.

다음 절에서는 유레카 서버의 구성 매개 변수를 알아본다.

유레카 서버 구성

개발 환경을 위한 유레카 서버 구성은 다음과 같다.

```
server:
  port: 8761

eureka:
  instance:
    hostname: localhost
```

```
   client:
     registerWithEureka: false
     fetchRegistry: false
     serviceUrl:
       defaultZone: http://${eureka.instance.hostname}:${server.port}/eureka/

   server:
     waitTimeInMsWhenSyncEmpty: 0
     response-cache-update-interval-ms: 5000
```

구성의 첫 부분은 유레카 instance와 client를 위한 구성으로 독립형 유레카 서버의 표준 구성이다. 자세한 내용은 앞에서 언급한 스프링 클라우드 문서를 참고한다. 끝부분에 있는 waitTimeInMsWhenSyncEmpty와 response-cache-update-interval-ms 매개 변수는 유레카 서버의 시작 소요 시간을 최소화하기 위한 것이다.

유레카 서버가 구성을 완료했다. 다음 절에서는 유레카 서버의 클라이언트인 마이크로서비스 인스턴스의 구성 방법을 알아본다.

유레카 서버에 연결할 클라이언트 구성

유레카 서버에 연결할 수 있도록 다음과 같이 마이크로서비스를 구성한다.

```
eureka:
  client:
    serviceUrl:
      defaultZone: http://localhost:8761/eureka/
    initialInstanceInfoReplicationIntervalSeconds: 5
    registryFetchIntervalSeconds: 5
  instance:
    leaseRenewalIntervalInSeconds: 5
    leaseExpirationDurationInSeconds: 5

---

spring.config.activate.on-profile: docker

eureka.client.serviceUrl.defaultZone: http://eureka:8761/eureka/
```

eureka.client.serviceUrl.defaultZone 매개 변수로 유레카 서버를 찾는다. 도커를 사용하지 않는 환경에서는 localhost를 호스트 이름으로 사용하고, 도커를 사용하는 환경에서 컨테이너로 실행할 때는 eureka를 호스트 이름으로 사용해 유레카 서버를 찾는다. 다른 매개 변수는 시작 소요 시간과 중지된 마이크로서비스 인스턴스의 등록을 해지할 때 걸리는 시간을 최소화하기 위한 것이다.

이제 넷플릭스 유레카 서버와 마이크로서비스를 연동해 검색 서비스를 실제로 사용하는 데 필요한 모든 준비를 마쳤다.

⠿ 검색 서비스 사용

모든 준비가 끝났으니 이제 넷플릭스 유레카를 사용해보자.

1. 먼저 다음 커맨드로 도커 이미지를 빌드한다.

```
cd $BOOK_HOME/Chapter09
./gradlew build && docker-compose build
```

2. 이제 다음 커맨드로 시스템 환경을 시작하고 일반적인 테스트를 실행한다.

```
./test-em-all.bash start
```

앞에서 봤던 것처럼 그림 9.5와 같은 내용이 출력된다.

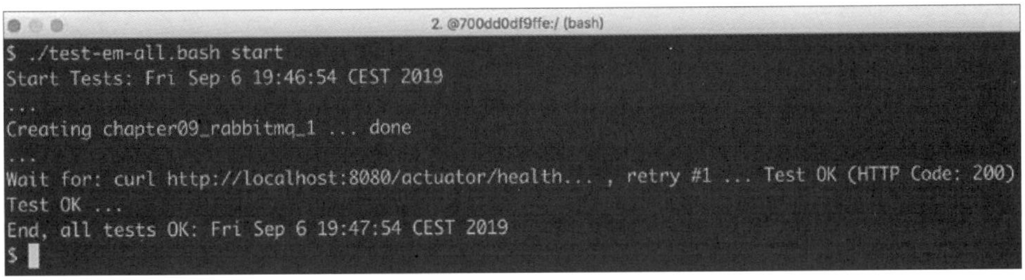

그림 9.5 테스트 실행 결과

이제 모든 시스템 환경을 준비했다. 마이크로서비스의 인스턴스를 확장하는 테스트를 시작해보자.

확장

다음과 같이 커맨드를 실행해 서비스를 확장한다.

1. review 마이크로서비스의 인스턴스를 2개 더 시작한다.

```
docker-compose up -d --scale review=3
```

> **TIP**
>
> 앞의 커맨드로 도커 컴포즈에게 review 서비스의 인스턴스를 3개로 확장해 달라고 요청한다. 하나의 인스턴스가 이미 실행 중이므로 새 인스턴스 2개를 시작한다.

2. 새 인스턴스가 실행된 후 브라우저에서 http://localhost:8761/로 이동하면 그림 9.6과 같은 화면이 나타난다.

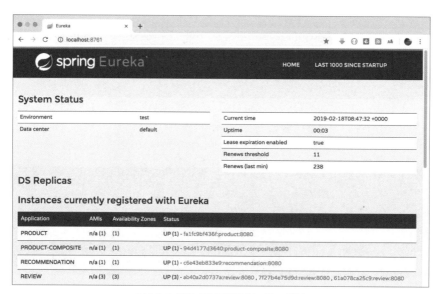

그림 9.6 유레카에 등록된 인스턴스 확인

접속한 넷플릭스 유레카 웹 UI에서 review 인스턴스가 3개인지 확인한다.

3. 다음 커맨드를 실행해 새 인스턴스가 언제 실행됐는지 확인한다.

```
docker-compose logs review | grep Started
```

출력이 그림 9.7과 같은지 확인한다.

그림 9.7 새 인스턴스 확인

4. 유레카 서비스가 제공하는 REST API를 사용하는 방법도 있다. 다음과 같이 curl 커맨드를 실행해 인스턴스의 ID 목록을 가져온다.

```
curl -H "accept:application/json" localhost:8761/eureka/apps -s | jq -r
.applications.application[].instance[].instanceId
```

실행 결과는 그림 9.8과 같다.

그림 9.8 마이크로서비스 인스턴스의 ID 목록

5. 테스트 스크립트(test-em-all.bash)를 살펴보면 유레카의 REST API에 연결할 수 있는지 확인하고 인스턴스가 4개인지도 확인하는 새로운 테스트가 추가된 것을 알 수 있다.

```
# 유레카에 접속이 되는지 확인하고 4개의 마이크로서비스가 유레카에 등록됐는지 확인한다.
assertCurl 200 "curl -H "accept:application/json" $HOST:8761/eureka/apps -s"
assertEqual 4 $(echo $RESPONSE | jq ".applications.application | length")
```

6. 이제 모든 인스턴스가 시작돼 실행 중이므로 클라이언트 측 로드 밸런서로 요청을 보낸 후 결과에 있는 review 서비스의 주소를 확인한다.

```
curl localhost:8080/product-composite/1 -s | jq -r .serviceAddresses.rev
```

실행 결과는 그림 9.9와 같다.

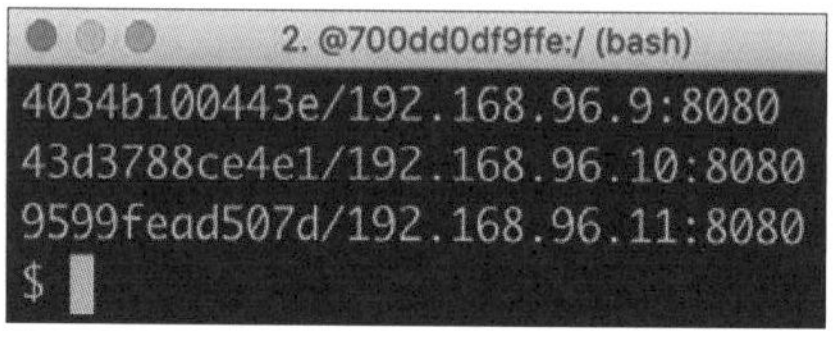

```
● ● ●                2. @700dd0df9ffe:/ (bash)
4034b100443e/192.168.96.9:8080
43d3788ce4e1/192.168.96.10:8080
9599fead507d/192.168.96.11:8080
$
```

그림 9.9 review 서비스의 주소

review 서비스의 주소는 매번 다른데 로드 밸런서가 review 서비스 인스턴스를 호출할 때 라운드 로빈 로직을 사용하기 때문이다.

7. 다음 커맨드로 review 인스턴스의 로그 레코드도 확인할 수 있다.

```
docker-compose logs review | grep getReviews
```

실행 결과는 그림 9.10과 같다.

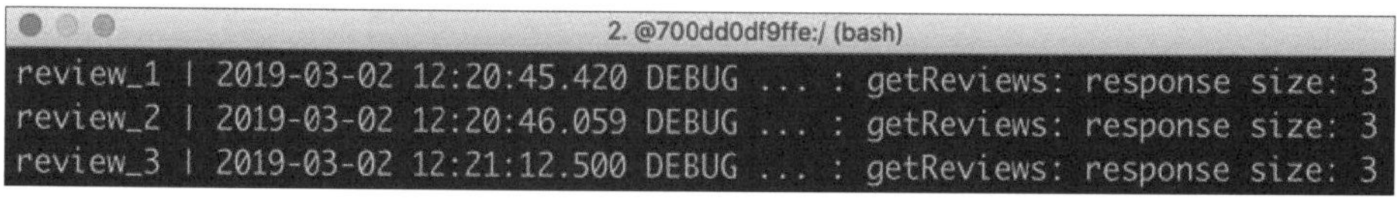

```
● ● ●                2. @700dd0df9ffe:/ (bash)
review_1 | 2019-03-02 12:20:45.420 DEBUG ... : getReviews: response size: 3
review_2 | 2019-03-02 12:20:46.059 DEBUG ... : getReviews: response size: 3
review_3 | 2019-03-02 12:21:12.500 DEBUG ... : getReviews: response size: 3
```

그림 9.10 review 인스턴스의 로그 레코드

앞의 실행 결과를 보면 3개의 review 마이크로서비스 인스턴스(review_1, review_2, review_3)가 돌아가면서 요청에 응답했다는 것을 알 수 있다.

다음 절에서는 마이크로서비스의 인스턴스를 축소해본다.

축소

review 마이크로서비스의 인스턴스 중 하나가 사라지면 어떻게 되는지 알아보자. 다음과
같이 커맨드를 실행한다.

1. 하나의 인스턴스가 예기치 않게 중지되는 상황을 시뮬레이션하고자 다음 커맨드를 실행
한다.

```
docker-compose up -d --scale review=2
```

2. review 인스턴스가 종료된 후에는 얼마간의 공백이 있어서 API 호출이 실패할 수 있다.
이는 사라진 인스턴스에 대한 정보가 클라이언트, 즉 product-composite 서비스에 전파
하는 데 걸리는 시간 때문에 발생한다. 이런 공백이 있는 동안에는 클라이언트 측 로드
밸런서가 이미 사라진 인스턴스를 선택할 수 있다. 이를 방지하고자 13장에서 적용할 예
정인 시간 초과나 재시도 등의 복원 메커니즘을 사용한다. 여기에서는 curl 커맨드에 -m 2
옵션을 지정해 2초 이상 응답을 기다리지 않게 한다.

```
curl localhost:8080/product-composite/1 -m 2
```

시간 초과가 발생하는 경우, 즉 클라이언트 측 로드 밸런서에서 존재하지 않는 인스턴스
를 호출하려고 할 때의 curl 실행 결과는 그림 9.11과 같다.

그림 9.11 curl 실행 후 시간 초과가 발생했을 때의 출력

3. 나머지 두 인스턴스는 정상적으로 응답하며, 그림 9.12와 같이 serviceAddresses.rev 필
드에서 주소를 확인할 수 있다.

그림 9.12 정상인 나머지 인스턴스에 대한 출력

앞의 출력에서는 2개의 컨테이너 이름과 IP 주소를 볼 수 있는데 이는 정상인 2개의 마이크로서비스 인스턴스에서 요청을 처리했다는 것을 의미한다.

마이크로서비스의 인스턴스를 축소해봤다. 다음 절에서는 좀 더 파괴적인 상황을 연출해볼 것이다. 유레카 서버가 멈춰서 일시적으로 검색 서버를 사용할 수 없는 상황에서는 어떤 일이 발생하는지 살펴보자.

유레카 서버의 장애 상황 테스트

유레카 서버에 장애를 유발한 후 시스템 환경에서 어떻게 대처하는지 알아보자.

먼저 유레카 서버가 멈추면 어떤 일이 발생하는지 살펴보자.

유레카 서버가 중단되기 전에 클라이언트가 사용 가능한 마이크로서비스 인스턴스에 대한 정보를 이미 읽었으면 로컬에 정보가 캐시돼 있으므로 문제될 것이 없다. 하지만 새 인스턴스를 사용할 수는 없으며, 실행 중인 인스턴스가 종료되더라도 알 수 없다. 따라서 중단된 인스턴스를 호출해서 오류를 유발할 수 있다.

직접 확인해보자!

유레카 서버 중지

유레카 서버가 멈춘 상황을 시뮬레이션하고자 다음 단계를 수행한다.

1. 먼저 유레카 서버를 중지하고 2개의 review 인스턴스는 계속 실행되도록 한다.

```
docker-compose up -d --scale review=2 --scale eureka=0
```

2. API를 호출해 review 서비스의 주소를 확인한다.

```
curl localhost:8080/product-composite/1 -s | jq -r .serviceAddresses.rev
```

3. 호출 결과를 보면 앞에서 유레카 서버를 중지하기 전에 호출했을 때와 마찬가지로 review 인스턴스 2개의 주소가 포함돼 있다.

그림 9.13 두 review 인스턴스의 주소 출력

이로써 유레카 서버가 없는 상황에서도 클라이언트가 기존 인스턴스를 호출할 수 있다는 것을 확인했다.

review 인스턴스 중지

유레카 서버의 중단이 미치는 영향을 더 조사하고자 나머지 review 마이크로서비스의 인스턴스 중 하나가 멈추는 상황도 시뮬레이션한다.

1. 다음 커맨드로 2개의 review 인스턴스 중 하나를 중지한다.

```
docker-compose up -d --scale review=1 --scale eureka=0
```

유레카 서버가 이미 중단된 상태이므로 클라이언트인 product-composite 서비스는 review 인스턴스 중 하나가 사라졌다는 것을 알지 못하며, 여전히 2개의 인스턴스가 실행 중이라고 생각한다. 클라이언트를 두 번째로 호출할 때마다 이제는 존재하지 않는 review 인스턴스를 호출하기 때문에 호출 결과에서 review 서비스에서 온 정보를 찾을 수 없게 되며, review 서비스의 주소 또한 비어 있게 된다.

2. 앞 절에서 사용한 curl 커맨드를 다시 실행해 review 서비스를 두 번째로 호출할 때마다 서비스 주소가 비어 있는지 확인한다.

```
curl localhost:8080/product-composite/1 -s | jq -r .serviceAddresses.rev
```

앞에서 설명했듯이 시간 초과 및 재시도 등의 복원 메커니즘을 사용해 이를 방지할 수 있다.

product 인스턴스 추가

마지막으로, 유레카 서버가 중단됐을 때 어떤 문제가 생기는지 테스트하고자 product 마이크로서비스의 새 인스턴스를 시작했을 때의 상황을 살펴보자. 다음 단계를 수행한다.

1. product 서비스의 새 인스턴스를 시작한다.

```
docker-compose up -d --scale review=1 --scale eureka=0 --scale product=2
```

2. 다음 커맨드로 API를 호출해 product 서비스의 주소를 확인한다.

```
curl localhost:8080/product-composite/1 -s | jq -r .serviceAddresses.pro
```

유레카 서버가 중단됐으므로 클라이언트는 새로운 product 인스턴스가 나타난 것을 알지 못하며, 그림 9.14와 같이 첫 번째 인스턴스로 모든 호출이 가게 된다.

그림 9.14 첫 번째 product 인스턴스의 주소

넷플릭스 유레카 서버가 중단된 상태에서 발생하는 주요 상황을 살펴봤다. 다음 절에서는 넷플릭스 유레카 서버를 다시 시작해 시스템 환경이 어떻게 복원력을 발휘하는지 확인하면서 중단 테스트를 마무리한다.

⁝⁝⁝ 유레카 서버 다시 시작

이 절에서는 중단 테스트를 마무리하고자 유레카 서버를 다시 시작한다. 시스템 환경의 복원력을 확인하고자 product 마이크로서비스의 새 인스턴스가 넷플릭스 유레카 서버에 등록되고 클라이언트가 유레카 서버를 통해 업데이트되는지 확인한다. 다음 단계를 수행한다.

1. 다음 커맨드로 유레카 서버를 시작한다.

```
docker-compose up -d --scale review=1 --scale eureka=1 --scale product=2
```

2. 다음 주소를 여러 번 호출해서 product 서비스와 review 서비스의 주소를 확인한다.

```
curl localhost:8080/product-composite/1 -s | jq -r .serviceAddresses
```

다음과 같은 상황이 벌어지는지 확인한다.

- 하나 남은 review 인스턴스로 모든 호출이 집중된다. 즉 클라이언트가 두 번째 review 인스턴스가 사라졌다는 것을 감지한다.

- product 서비스에 대한 호출은 2개의 product 인스턴스 간에 로드 밸런싱된다. 즉 클라이언트가 사용 가능한 product 인스턴스가 2개라는 것을 감지한다.

그림 9.15와 그림 9.16의 두 예와 같이 review 인스턴스 2개의 주소는 같고, product 인스턴스 2개의 주소는 서로 다른 것으로 응답한다.

그림 9.15 product 서비스와 review 서비스의 주소

그림 9.16은 두 번째 호출에 대한 응답이다.

그림 9.16 product 서비스와 review 서비스의 주소

192.168.128.3과 192.168.128.7는 product 인스턴스의 IP 주소이고, 192.168.128.9는 하나만 남아 있는 review 인스턴스의 IP 주소다.

유레카 서버는 매우 견고하고 복원력 있는 검색 서비스 구현을 제공한다. 더 높은 가용성을 원한다면 유레카 서버를 여러 개 실행해 서로 통신하도록 구성하면 된다. 유레카 서버를 여러 개 실행하도록 설정하는 방법에 대한 자세한 내용은 스프링 클라우드 문서 (https://docs.spring.io/spring-cloud-netflix/docs/current/reference/html/#spring-cloud-eureka-server-peer-awareness)를 참고한다.

3. 끝으로 다음 커맨드를 실행해 시스템 환경을 종료한다.

```
docker-compose down
```

검색 서버인 넷플릭스 유레카에 대한 테스트를 마쳤다. 마이크로서비스 인스턴스를 확장 및 축소하는 방법을 배웠으며, 넷플릭스 유레카 서버를 중단했다가 재개했을 때 어떤 상황이 발생하는지 살펴봤다.

⁝⁝ 요약

9장에서는 서비스 검색에 넷플릭스 유레카를 사용하는 방법을 배웠다. 먼저 일반적인 DNS 기반 서비스 검색의 단점을 알아보고, 견고하고 복원력 있는 서비스 검색 서버의 필요성을 확인했다.

넷플릭스 유레카는 런타임 특성으로 내결함성, 견고성, 복원력을 가진 매우 뛰어난 서비스 검색 서버다. 개발자 입장에서는 구성이 조금 까다로울 수 있으나 스프링 클라우드를 사용하면 손쉽게 넷플릭스 유레카 서버를 설정할 수 있으며, 스프링 부트 기반 마이크로서비스가 시작하는 동안 자신을 유레카에 등록하게 할 수 있다. 마이크로서비스가 다른 마이크로서비스의 클라이언트 역할일 때는 사용 가능한 마이크로서비스 인스턴스를 추적하도록 돕기도 한다.

9장에서는 검색 서비스를 자세히 알아봤다. 10장에서는 스프링 클라우드 게이트웨이를 에지 서버로 사용해 외부 트래픽을 처리하는 방법을 살펴본다. 이제 10장으로 이동하자!

➤ 질문

1. 스프링 이니셜라이저로 만든 스프링 부트 애플리케이션을 넷플릭스 유레카 서버로 전환하려면 어떻게 해야 하는가?

2. 스프링 부트 기반 마이크로서비스가 시작하는 동안 자동으로 자신을 넷플릭스 유레카에 등록하게 하려면 어떻게 해야 하는가?

3. 스프링 부트 기반 마이크로서비스가 넷플릭스 유레카 서버에 등록된 다른 마이크로서비스를 호출할 수 있게 하려면 어떻게 해야 하는가?

4. 마이크로서비스 A의 인스턴스 1개와 마이크로서비스 B의 인스턴스 2개와 함께 넷플릭스 유레카 서버가 실행 중이라고 가정한다. 모든 마이크로서비스 인스턴스는 자신을 넷플릭스 유레카 서버에 등록한다. 마이크로서비스 A는 유레카 서버에서 얻은 정보를 바탕으로 마이크로서비스 B에 HTTP 요청을 보낸다. 다음과 같은 상황이 발생하면 어떻게 될까?

   ◦ 넷플릭스 유레카 서버 종료

   ◦ 마이크로서비스 B의 인스턴스 중 하나 종료

   ◦ 새로운 마이크로서비스 A 인스턴스 시작

   ◦ 새로운 마이크로서비스 B 인스턴스 시작

   ◦ 넷플릭스 유레카 서버 다시 시작

10

스프링 클라우드 게이트웨이를 에지 서버로 사용

10장에서는 스프링 클라우드 게이트웨이를 에지 서버로 사용하는 방법, 즉 마이크로서비스 기반 시스템 환경의 공개 API를 제어하는 방법을 배운다. 외부에서 마이크로서비스의 공개 API에 에지 서버를 통해 접근하는 방법과 마이크로서비스 환경 내부에서 사설 API에 접근하는 방법을 살펴본다. 우리의 시스템 환경에서는 에지 서버를 통해 product-composite 서비스와 검색 서버인 넷플릭스 유레카만 외부로 노출하며 product, recommendation, review 등의 핵심 서비스는 외부로 공개하지 않는다.

10장에서는 다음과 같은 내용을 다룬다.

- 시스템 환경에 에지 서버 추가

- 라우팅routing 규칙 구성을 포함한 스프링 클라우드 게이트웨이 설정

- 에지 서버 사용

기술 요구 사항

이 책에서 사용하는 도구의 설치 방법과 이 책의 소스 코드를 다운로드하는 방법은 다음을 참고한다.

- 21장, 맥OS용 설치 지침

- 22장, 윈도우용 설치 지침

10장의 모든 소스 코드 예제는 $BOOK_HOME/Chapter10 폴더에 있다.

10장에서 스프링 클라우드 게이트웨이를 에지 서버로서 마이크로서비스 환경에 추가하기 위해 변경한 부분을 확인하고 싶다면 9장의 소스 코드와 비교하면 된다. 선호하는 파일 비교 도구를 사용해 $BOOK_HOME/Chapter09 폴더와 $BOOK_HOME/Chapter10 폴더를 비교해보자.

시스템 환경에 에지 서버 추가

이 절에서는 시스템 환경에 에지 서버를 추가하는 방법과 외부 클라이언트가 마이크로서비스의 공개 API에 접근할 때 에지 서버가 어떤 영향을 미치는지 살펴본다. 그림 10.1은 모든 수신 요청이 에지 서버를 통해 라우팅되는 것을 보여준다.

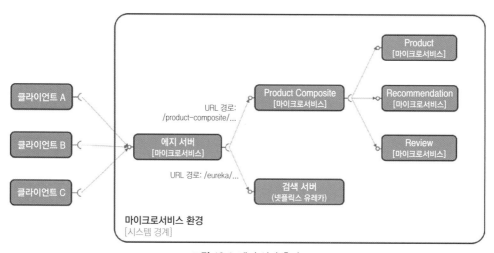

그림 10.1 에지 서버 추가

그림 10.1에서 볼 수 있듯이 외부 클라이언트는 모든 요청을 에지 서버로 보낸다. 에지 서버는 URL 경로를 기반으로 들어오는 요청을 라우팅한다. 예를 들어, URL이 /product-composite/로 시작하는 요청은 product composite 마이크로서비스로 라우팅하고 URL이 /eureka/로 시작하는 요청은 검색 서버(넷플릭스 유레카)로 라우팅한다.

> **TIP**
>
> 검색 서비스가 넷플릭스 유레카와 함께 작동하게 하고자 에지 서버를 통해 노출할 필요는 없다. 내부 서비스는 넷플릭스 유레카와 직접 통신하는데 그 이유는 넷플릭스 유레카의 상태를 확인해야 하는 오퍼레이터가 서비스의 웹페이지와 API에 접근할 수 있게 하고 현재 검색 서비스에 등록된 인스턴스를 확인하기 위함이다.

9장에서는 product-composite 서비스와 검색 서버인 넷플릭스 유레카를 모두 외부에 공개했다. 이런 서비스를 에지 서버 뒤로 숨기려면 도커 컴포즈 파일에 있는 두 서비스의 포트 선언을 제거해야 한다. 다음의 포트 선언을 제거한다.

```
product-composite:
  build: microservices/product-composite-service
  ports:
    - "8080:8080"

eureka:
  build: spring-cloud/eureka-server
  ports:
    - "8761:8761"
```

다음 절에서는 스프링 클라우드 게이트웨이 기반의 에지 서버 설정 방법을 배운다.

스프링 클라우드 게이트웨이 설정

스프링 클라우드 게이트웨이를 에지 서버로 설정하는 것은 간단하다. 다음 단계를 수행한다.

1. 3장의 '스프링 이니셜라이저로 골격 코드 생성' 절에서 설명했던 스프링 이니셜라이저로 스프링 부트 프로젝트를 생성한다.

2. spring-cloud-starter-gateway 의존성을 추가한다.

3. 넷플릭스 유레카로 마이크로서비스 인스턴스를 찾고자 spring-cloud-starter-netflix-eureka-client 의존성도 추가한다.

4. 공통 빌드 파일(settings.gradle)에 에지 서버를 추가한다.

```
include ':spring-cloud:gateway'
```

5. 마이크로서비스가 사용하는 것과 같은 내용의 Dockerfile을 추가한다. $BOOK_HOME/Chapter10/microservices 폴더의 Dockerfile을 참고한다.

6. 3개의 도커 컴포즈 파일에 에지 서버를 추가한다.

```
gateway:
  environment:
    - SPRING_PROFILES_ACTIVE=docker
  build: spring-cloud/gateway
  mem_limit: 512m
  ports:
    - "8080:8080"
```

앞의 코드를 보면 에지 서버의 8080 포트를 도커 엔진 외부로 노출한다. 다른 마이크로서비스에 적용한 것과 마찬가지로 에지 서버의 메모리도 512MB로 제한한다.

7. 에지 서버가 들어오는 모든 트래픽을 처리하므로 product-composite 서비스의 복합 상태 점검composite health check을 에지 서버로 옮긴다. 이에 대해서는 '복합 상태 점검 추가' 절에서 설명한다.

8. 라우팅 규칙 등의 구성을 추가한다. 구성할 것이 많으므로 뒤에 나올 '스프링 클라우드 게이트웨이 구성' 절에서 따로 다룬다.

스프링 클라우드 게이트웨이의 소스 코드는 $BOOK_HOME/Chapter10/spring-cloud/gateway에 있다.

복합 상태 점검 추가

에지 서버를 추가했다면 외부에서의 상태 점검 요청도 에지 서버를 거쳐야 한다. 따라서 모든 마이크로서비스의 상태를 점검하는 복합 상태 점검도 product-composite 서비스에서 에지 서버로 옮긴다. 복합 상태 점검의 구현에 대해서는 7장의 '상태 점검 API 추가' 절을 참고한다.

에지 서버에 다음과 같은 내용을 추가한다.

1. HealthCheckConfiguration 클래스에 ReactiveHealthContributor를 선언한다.

```
@Bean
ReactiveHealthContributor healthcheckMicroservices() {

  final Map<String, ReactiveHealthIndicator> registry = new LinkedHashMap<>();

  registry.put("product", () ->
    getHealth("http://product"));
  registry.put("recommendation", () ->
    getHealth("http://recommendation"));
  registry.put("review", () ->
    getHealth("http://review"));
  registry.put("product-composite", () ->
    getHealth("http://product-composite"));

  return CompositeReactiveHealthContributor.fromMap(registry);
}

private Mono<Health> getHealth(String baseUrl) {
  String url = baseUrl + "/actuator/health";
  LOG.debug("Setting up a call to the Health API on URL: {}", url);
  return webClient.get().uri(url).retrieve()
    .bodyToMono(String.class)
    .map(s -> new Health.Builder().up().build())
    .onErrorResume(ex ->
    Mono.just(new Health.Builder().down(ex).build()))
    .log(LOG.getName(), FINE);
}
```

앞의 코드를 보면 7장에서 사용한 상태 확인 대신 product-composite 서비스에 대한 상태 확인을 사용하고 있다.

2. 다음과 같이 메인 애플리케이션 클래스인 GatewayApplication에 상태 표시기 구현에 사용할 WebClient.builder 빈을 선언한다.

```
@Bean
@LoadBalanced
public WebClient.Builder loadBalancedWebClientBuilder() {
  return WebClient.builder();
}
```

앞의 소스 코드에서는 넷플릭스 유레카 검색 서버에 등록된 마이크로서비스 인스턴스를 인식하도록 WebClient.builder에 @LoadBalanced로 주석을 붙였다. 자세한 내용은 9장의 '넷플릭스 유레카를 이용한 서비스 검색' 절을 참조한다.

복합 상태 점검을 에지 서버로 옮겼다면 이제 스프링 클라우드 게이트웨이에 설정할 구성을 살펴볼 차례다.

스프링 클라우드 게이트웨이 구성

스프링 클라우드 게이트웨이를 구성할 때 가장 중요한 점은 라우팅 규칙 설정이며, 몇 가지 다른 구성도 설정해야 한다.

1. 스프링 클라우드 게이트웨이는 넷플릭스 유레카를 사용해 트래픽을 보낼 마이크로서비스를 찾으므로 유레카 클라이언트를 구성해야 한다. 9장의 '유레카 서버에 연결할 클라이언트 구성' 절을 참고한다.

2. 7장의 '상태 점검 API 추가' 절을 참고해 개발 환경을 위한 스프링 부트 액추에이터를 구성한다.

```
management.endpoint.health.show-details: "ALWAYS"
management.endpoints.web.exposure.include: "*"
```

3. 스프링 클라우드 게이트웨이의 내부 처리 로그를 보고자 로그 레벨을 구성한다. 예를 들어, 들어오는 요청의 라우팅 경로 결정 방법 등 관심 가는 부분의 로그 메시지를 볼 수 있다.

```
logging:
  level:
    root: INFO
    org.springframework.cloud.gateway.route.RouteDefinitionRouteLocator: INFO
    org.springframework.cloud.gateway: TRACE
```

구성 파일의 전체 소스 코드는 src/main/resources/application.yml 파일을 참고한다.

라우팅 규칙

라우팅 규칙은 자바 DSL을 사용한 프로그래밍 방식이나 구성 파일을 사용해 설정할 수 있다. 자바 DSL을 사용해 프로그래밍 방식으로 라우팅 규칙을 설정하는 것은 규칙이 데이터베이스 등의 외부 저장소에 저장돼 있거나 RESTful API나 게이트웨이로 전송된 메시지를 통해 런타임에 제공되는 경우에 유용하다. 보통은 구성 파일 src/main/resources/application.yml에서 라우팅 경로를 선언하는 것이 더 편리하다. 자바 코드에서 라우팅 규칙을 분리하면 마이크로서비스를 새로 배포하지 않고도 라우팅 규칙을 업데이트할 수 있다.

다음과 같은 규칙에 따라 **라우팅 경로**를 정의한다.

1. **조건자**predicate: 수신되는 HTTP 요청 정보를 바탕으로 경로를 선택

2. **필터**filter: 요청이나 응답을 수정

3. **대상 URI**destination URI: 요청을 보낼 대상

4. **ID**: 라우팅 경로 이름

사용 가능한 조건자, 필터의 전체 목록은 다음 링크(https://cloud.spring.io/spring-cloud-gateway/single/spring-cloud-gateway.html)를 참고한다.

product-composite API로 요청 라우팅

URL 경로가 /product-composite/로 시작하는 요청을 product-composite 서비스로 라우팅해야 한다면 라우팅 규칙을 다음과 같이 정의한다.

```
spring.cloud.gateway.routes:
- id: product-composite
  uri: lb://product-composite
  predicates:
  - Path=/product-composite/**
```

앞의 구성을 설명하면 다음과 같다.

- id: product-composite: 경로 이름은 product-composite다.

- uri: lb://product-composite: 조건자에 의해 경로가 선택되면 검색 서비스인 넷플릭스 유레카를 통해 product-composite이라는 서비스로 요청이 라우팅된다. lb://는 스프링 클라우드 게이트웨이가 클라이언트 측 로드 밸런서를 사용해 검색 서비스에서 대상을 찾도록 지시한다.

- predicates: - Path=/product-composite/**는 이 라우팅 규칙이 처리할 요청을 지정한다. **는 0개 이상의 문자와 일치한다.

5장에서 설정한 **스웨거 UI**로 요청을 라우팅할 수 있도록 product-composite 서비스에 대한 라우팅 경로를 추가한다.

```
- id: product-composite-swagger-ui
  uri: lb://product-composite
  predicates:
  - Path=/openapi/**
```

/openapi/로 시작하는 URI를 사용해 에지 서버로 요청을 보내면 product-composite 서비스로 전달된다.

에지 서버를 거쳐서 스웨거 UI에 접근하는 경우라면 product-composite 서비스의 URL을 에지 서버의 URL로 대체해 API의 OpenAPI 사양을 표시해야 한다. product-composite 서비스가 OpenAPI 사양에 맞는 서버 URL을 생성할 수 있도록 product-composite 서비스에 다음 구성을 추가한다.

```
server.forward-headers-strategy: framework
```

더 자세한 내용은 다음 링크(https://springdoc.org/index.html#how-can-i-deploy-springdoc-openapi-ui-behind-a-reverse-proxy)를 참고한다.

OpenAPI 사양에 맞는 서버 URL이 생성되는지 확인하기 위해 테스트 스크립트(test-em-all.bash)에 다음과 같은 테스트를 추가한다.

```
assertCurl 200 "curl -s http://$HOST:$PORT/openapi/v3/api-docs"
assertEqual "http://$HOST:$PORT" "$(echo $RESPONSE | jq -r .servers[].url)"
```

유레카 서버의 API와 웹 페이지로 요청 라우팅

유레카는 API와 웹 페이지 모두를 클라이언트에게 공개한다. 유레카의 API와 웹 페이지를 명확하게 분리하고자 다음과 같이 라우팅 경로를 설정한다.

- 에지 서버로 전송된 경로가 /eureka/api/로 시작하는 요청은 유레카 API에 대한 호출로 처리한다.

- 에지 서버로 전송된 경로가 /eureka/web/으로 시작하는 요청은 유레카 웹 페이지에 대한 호출로 처리한다.

API 요청은 http://${app.eureka-server}:8761/eureka로 라우팅된다. 유레카 API의 라우팅 규칙은 다음과 같다.

```
- id: eureka-api
  uri: http://${app.eureka-server}:8761
  predicates:
  - Path=/eureka/api/{segment}
  filters:
  - SetPath=/eureka/{segment}
```

Path 값의 {segment} 부분은 0개 이상의 문자와 일치하며, SetPath 값의 {segment} 부분을 대체한다.

웹 페이지 요청은 http://${app.eureka-server}:8761로 라우팅된다. 웹 페이지는 .js, .css, .png 파일과 같은 다양한 웹 리소스를 로드한다. 이런 요청은 http://${app.eureka-server}:8761/eureka로 라우팅된다. 유레카 웹 페이지의 라우팅 규칙은 다음과 같다.

```
- id: eureka-web-start
  uri: http://${app.eureka-server}:8761
  predicates:
  - Path=/eureka/web
  filters:
  - SetPath=/

- id: eureka-web-other
  uri: http://${app.eureka-server}:8761
  predicates:
  - Path=/eureka/**
```

앞의 구성을 설명하면 다음과 같다. ${app.eureka-server} 속성은 활성화된 스프링 프로필에 따라 스프링의 속성 메커니즘에 의해 채워진다.

1. 디버깅 등의 목적으로 도커 없이 같은 호스트에서 서비스를 실행할 때는 기본 프로필을 사용하므로 속성 값은 localhost가 된다.

2. 도커 컨테이너로 서비스를 실행할 때는 DNS 이름이 eureka인 컨테이너에서 넷플릭스 유레카 서버가 실행되며, docker 프로필을 사용하므로 속성 값은 eureka가 된다.

이런 속성 값을 정의하는 application.yml 파일의 구성은 다음과 같다.

```
app.eureka-server: localhost
---
spring.config.activate.on-profile: docker
app.eureka-server: eureka
```

조건자와 필터를 이용한 요청 라우팅

스프링 클라우드 게이트웨이의 라우팅 기능을 조금 더 알아보고자 **호스트 기반 라우팅**^{host-based routing}을 실습해보자. 스프링 클라우드 게이트웨이는 수신 요청의 호스트 이름을 사용해 요청을 라우팅할 곳을 결정한다. HTTP 코드 테스트용 사이트인 http://httpstat.us/를 이용해 HTTP 코드를 테스트한다.

http://httpstat.us/${CODE}를 호출하면 ${CODE} HTTP 코드와 코드에 대한 설명이 포함된 응답이 반환된다. 다음 curl 커맨드를 참고한다.

```
curl http://httpstat.us/200 -i
```

앞의 커맨드를 실행하면 HTTP 코드 200이 반환되며, 응답 본문에는 200 OK 문자열이 있다.

요청을 http://${hostname}:8080/headerrouting으로 라우팅하면 다음과 같이 응답해야 한다.

- i.feel.lucky 호스트에 대한 호출은 200 OK를 반환해야 한다.

- im.a.teapot 호스트에 대한 호출은 418 I'm a teapot을 반환해야 한다.

- 다른 호스트 이름에 대한 호출은 501 Not Implemented를 반환해야 한다.

이런 라우팅 규칙을 스프링 클라우드 게이트웨이에서 구현하려면 Host 라우트 조건자로 특정 호스트 이름에 대한 요청을 선택하고, SetPath 필터로 요청 경로에서 기대하는 HTTP 코드를 설정해야 한다. 다음 단계를 수행한다.

1. http://i.feel.lucky:8080/headerrouting을 호출했을 때 200 OK를 반환하도록 다음과 같이 경로를 설정한다.

```
- id: host_route_200
  uri: http://httpstat.us
  predicates:
  - Host=i.feel.lucky:8080
  - Path=/headerrouting/**
```

```
        filters:
        - SetPath=/200
```

2. http://im.a.teapot:8080/headerrouting을 호출했을 때 418 I'm a teapot를 반환하도록
   다음과 같이 경로를 설정한다.

```
- id: host_route_418
  uri: http://httpstat.us
  predicates:
  - Host=im.a.teapot:8080
  - Path=/headerrouting/**
  filters:
  - SetPath=/418
```

3. 다른 호스트 이름으로 호출했을 때 501 Not Implemented를 반환하도록 다음과 같이 경로
   를 설정한다.

```
- id: host_route_501
  uri: http://httpstat.us
  predicates:
  - Path=/headerrouting/**
  filters:
  - SetPath=/501
```

경로 구성을 마쳤으니 테스트해보자.

⠿ 에지 서버 테스트

다음 단계를 수행해 에지 서버를 테스트한다.

1. 다음 커맨드로 도커 이미지를 빌드한다.

```
cd $BOOK_HOME/Chapter10
./gradlew clean build && docker-compose build
```

2. 다음 커맨드로 도커 시스템 환경을 시작하고 일반적인 테스트를 실행한다.

```
./test-em-all.bash start
```

3. 실행 결과는 9장에서 본 것과 비슷하다.

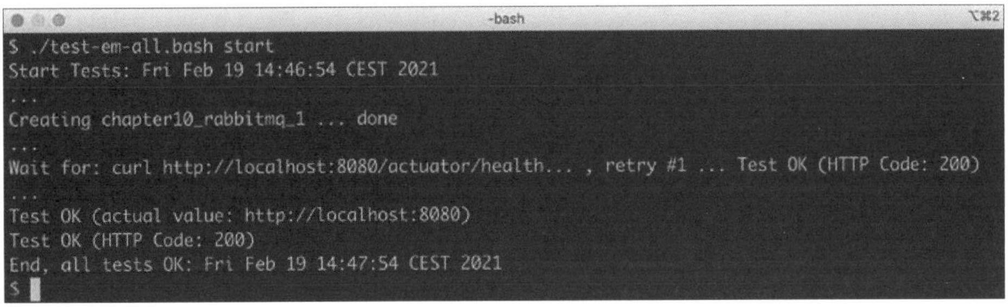

그림 10.2 test-em-all.bash 실행 결과

4. 로그 출력을 보면 끝에서 두 번째 테스트의 결괏값이 http://localhost:8080이다. 이를 통해 스웨거 UI의 OpenAPI 서버 URL이 에지 서버 URL로 재작성됐다는 것을 알 수 있다.

에지 서버를 실행 중인 시스템 환경에서 다음과 같은 항목을 점검한다.

- 도커 엔진을 실행 중인 시스템 환경 외부로 에지 서버를 통해 공개되는 서비스를 확인한다.

- 다음과 같이 자주 사용하는 라우팅 규칙을 테스트한다.

  ○ URL 기반 라우팅을 사용해 에지 서버를 통해 API를 호출한다.

  ○ URL 기반 라우팅을 사용해 에지 서버를 통해 스웨거 UI를 호출한다.

  ○ URL 기반 라우팅을 사용해 에지 서버를 통해 넷플릭스 유레카를 호출하고, 유레카의 API와 웹 기반 UI를 사용해본다.

  ○ 호스트 이름 기반의 요청 라우팅을 위해 헤더 기반 라우팅을 사용하는 방법을 알아본다.

도커 엔진 외부로 공개되는 항목 확인

에지 서버가 시스템 환경 외부로 공개하는 항목을 확인하고자 다음 단계를 수행한다.

1. `docker-compose ps` 커맨드로 서비스가 노출하는 포트를 확인한다.

```
docker-compose ps gateway eureka product-composite product recommendation
review
```

2. 다음의 출력에서 볼 수 있듯이 에지 서버(`gateway`)에서 사용하는 포트(`8080`)만 도커 엔진 외부로 노출된다.

```
2. @700dd0df9ffe:/ (bash)
book-source-code_gateway_1              0.0.0.0:8080->8080/tcp
book-source-code_eureka_1               8761/tcp
book-source-code_product-composite_1    8080/tcp
book-source-code_product_1              8080/tcp
book-source-code_recommendation_1       8080/tcp
book-source-code_review_1               8080/tcp
$
```

그림 10.3 docker-compose ps 실행 결과

3. 에지 서버에 설정된 라우팅 경로를 확인하려면 /actuator/gateway/routes API를 사용한다. 이 API의 응답은 다소 장황하므로 `jq` 필터를 적용해 관심 있는 정보만 추출한다. 다음 커맨드를 사용하면 경로 `id`와 요청 `uri`만 출력한다.

```
curl localhost:8080/actuator/gateway/routes -s | jq '.[] | {"\
(.route_id)": "\(.uri)"}' | grep -v '{\|}'
```

4. 커맨드의 실행 결과는 다음과 같다.

```
-bash                                                        ⌥⌘2
 "product-composite": "lb://product-composite"
 "product-composite-swagger-ui": "lb://product-composite"
 "eureka-api": "http://eureka:8761"
 "eureka-web-start": "http://eureka:8761"
 "eureka-web-other": "http://eureka:8761"
 "host_route_200": "http://httpstat.us:80"
 "host_route_418": "http://httpstat.us:80"
 "host_route_501": "http://httpstat.us:80"
```

그림 10.4 스프링 클라우드 게이트웨이의 라우팅 규칙

에지 서버에 구성된 라우팅 경로를 확인했다. 이제 라우팅 경로를 테스트해보자.

라우팅 규칙 테스트

이 절에서는 에지 서버와 시스템 환경 외부로 노출된 경로를 테스트한다. 먼저 product-composite API와 스웨거 UI를 호출한다. 다음으로 유레카 API를 호출하고 해당 웹 페이지를 방문한다. 끝으로 호스트 이름 기반의 라우팅 경로를 테스트한다.

에지 서버를 통해 product-composite API 호출

다음 단계를 수행해 에지 서버를 통해 product-composite API를 호출한다.

1. 에지 서버에서 진행 중인 작업을 확인하고자 로그 출력을 확인한다.

```
docker-compose logs -f --tail=0 gateway
```

2. 이제 별도의 터미널 창에서 에지 서버를 통해 product-composite API를 호출한다.

```
curl http://localhost:8080/product-composite/1
```

3. product-composite API의 응답이 정상인지 확인한다.

그림 10.5 제품 ID가 1인 composite product의 조회 결과

4. 로그 출력을 살펴보면 그림 10.6과 같은 정보를 볼 수 있다.

그림 10.6 에지 서버의 로그 출력

5. 라우팅 경로를 구성할 때 지정한 조건자를 바탕으로 패턴 검색이 수행됐다는 것을 로그 출력에서 확인할 수 있으며, 에지 서버가 사용 가능한 서버 중에서 어떤 마이크로서비스 인스턴스를 선택했는지도 알 수 있다. 앞의 출력에서는 http://b8013440aea0:8080/product-composite/1로 요청을 전송했다.

에지 서버를 통해 스웨거 UI 호출

5장에서 소개한 스웨거 UI에 에지 서버를 통해 접근할 수 있는지 확인해보자. 웹 브라우저에서 URL http://localhost:8080/openapi/swagger-ui.html에 접속한다. 그림 10.7과 같은 스웨거 UI 페이지가 열릴 것이다.

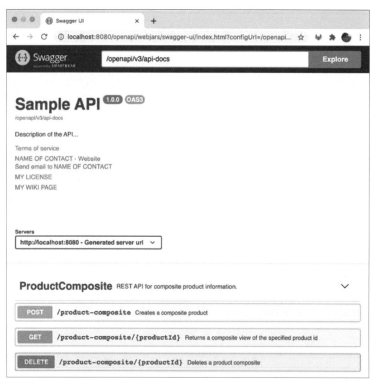

그림 10.7 에지 서버(gateway)를 통해 스웨거 UI 접속

서버 URL이 http://localhost:8080이라는 점에 유의한다. 이는 product-composite API의 자체 URL인 http://product-service:8080/이 스웨거 UI에서 반환한 OpenAPI 사양으로 대체됐음을 의미한다.

원한다면 5장에서 했던 것처럼 스웨거 UI를 이용해 product-composite API를 실제로 시험해 볼 수 있다.

에지 서버를 통해 유레카 호출

다음 단계를 수행해 에지 서버를 통해 유레카를 호출한다.

1. 먼저 에지 서버를 통해 유레카 API를 호출해 검색 서버에 등록된 인스턴스 목록을 확인한다.

```
curl -H "accept:application/json"\
localhost:8080/eureka/api/apps -s | \
jq -r .applications.application[].instance[].instanceId
```

2. 실행 결과는 그림 10.8과 같다.

그림 10.8 REST 호출로 유레카에 등록된 에지 서버(gateway) 확인

> **TIP**
>
> 실행 결과에 에지 서버(gateway)도 있다.

3. 다음으로 웹 브라우저에서 http://localhost:8080/eureka/web에 접속해 유레카 웹 페이지를 연다.

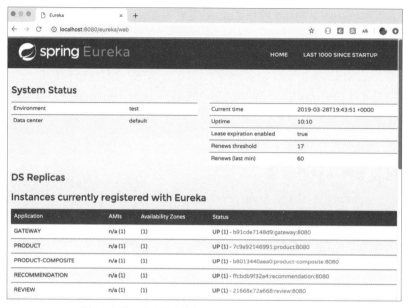

그림 10.9 웹 UI에서 유레카에 등록된 에지 서버(gateway) 확인

4. 그림 10.9를 보면 이전 단계에서 API 호출을 통해 확인한 인스턴스 목록과 동일한 결과
   가 유레카 웹 페이지에도 나타나 있다.

호스트 헤더 기반 라우팅

이번 절에서는 호스트 이름 기반의 라우팅 구성을 테스트한다.

일반적으로 요청 호스트 이름은 HTTP 클라이언트가 자동으로 Host 헤더에 설정한다. 로컬
에서 에지 서버를 테스트하면 호스트 이름이 localhost이므로 호스트 이름 기반 라우팅을
테스트하기 어렵다. 그러나 API를 호출할 때 Host 헤더에 다른 호스트 이름을 지정하는 속
임수를 사용할 수는 있다. 수행 방법을 살펴보자.

1. 다음 커맨드를 사용해 호스트 이름을 i.feel.lucky로 지정해 호출한다.

```
curl http://localhost:8080/headerrouting -H "Host: i.feel.lucky:8080"
```

2. 실행 결과는 200 OK다.

3. 다음 커맨드를 사용해 호스트 이름을 im.a.teapot로 지정해 호출한다.

```
curl http://localhost:8080/headerrouting -H "Host: im.a.teapot:8080"
```

4. 실행 결과는 418 I'm a teapot이다.

5. 마지막으로, Host 헤더를 지정하지 않고, localhost를 Host 헤더로 사용해 호출한다.

```
curl http://localhost:8080/headerrouting
```

6. 실행 결과는 501 Not Implemented다.

로컬 환경의 /etc/hosts 파일에 i.feel.lucky와 im.a.teapot을 추가해 localhost와 같은 IP 주소(127.0.0.1)로 변환하도록 지정하면 i.feel.lucky와 im.a.teapot을 실제 호스트 이름으로 사용해 호출할 수 있다. 다음 커맨드를 실행해 /etc/hosts 파일에 행을 추가한다.

```
sudo bash -c "echo '127.0.0.1 i.feel.lucky im.a.teapot' >> /etc/hosts"
```

이제 Host 헤더 지정 없이 실제 호스트 이름을 사용해 요청을 보내자. 다음 커맨드를 실행한다.

```
curl http://i.feel.lucky:8080/headerrouting
curl http://im.a.teapot:8080/headerrouting
```

실행 결과는 200 OK, 418 I'm a teapot으로 이전과 같다.

다음 커맨드로 시스템 환경을 종료해 테스트를 마무리한다.

```
docker-compose down
```

DNS 이름 변환을 위해 /etc/hosts 파일에 추가한 호스트 이름(i.feel.lucky, im.a.teapot)을 정리한다. /etc/hosts 파일을 편집해 앞에서 추가한 다음 행을 제거한다.

```
127.0.0.1 i.feel.lucky im.a.teapot
```

지금까지 에지 서버의 라우팅 기능을 테스트했다.

∷ 요약

10장에서는 시스템 환경 외부에서 유입되는 호출에 대응할 서비스를 제어하고자 스프링 클라우드 게이트웨이를 에지 서버로 사용하는 방법을 살펴봤다. 조건자, 필터, 대상 URI를 바탕으로 유연한 라우팅 규칙을 정의할 수 있으며, 원한다면 넷플릭스 유레카와 같은 검색 서비스를 사용해 대상 마이크로서비스 인스턴스를 조회하도록 스프링 클라우드 게이트웨이를 구성할 수 있다.

에지 서버가 공개하는 API에 대한 잘못된 접근을 방지하는 방법과 서드 파티에서 트래픽을 가로채지 못하게 하는 방법에 대해서는 다루지 않았다.

11장에서는 HTTPS, OAuth, OpenID Connect 등의 표준 보안 메커니즘으로 에지 서버를 보호하는 방법을 살펴본다.

∷ 질문

1. 스프링 클라우드 게이트웨이에서 라우팅 규칙을 작성하고자 사용하는 요소는 무엇인가?

2. 이런 요소의 사용 목적은 무엇인가?

3. 스프링 클라우드 게이트웨이가 넷플릭스 유레카와 같은 검색 서비스를 통해 마이크로서비스 인스턴스를 찾게 하려면 어떻게 해야 하는가?

4. 도커 환경에서 도커 엔진에 대한 모든 외부 HTTP 요청을 에지 서버로 가게 하려면 어떻게 해야 하는가?

5. http://$HOST:$PORT/api/product-composite에 대한 호출을 처리하는 product-composite 서비스가 http://$HOST:$PORT/api/product URL에 대한 호출을 처리하게 하려면 에지 서버의 라우팅 규칙을 어떻게 변경해야 하는가?

11

API 접근 보안

11장에서는 앞에서 소개한 에지 서버를 통해 공개되는 API 및 웹 페이지에 대한 접근을 보호하는 방법을 살펴본다. HTTPS를 사용해 외부에서 유입되는 API 접근에 대한 도청을 방지하는 방법과 OAuth 2.0 및 OpenID Connect를 사용해 사용자 및 클라이언트 애플리케이션의 API 접근을 인증하고 권한을 부여하는 방법을 배운다. 11장의 뒷부분에서는 HTTP 기본 인증을 사용해 검색 서버인 넷플릭스 유레카에 대한 접근 보안을 강화한다.

11장에서는 다음과 같은 내용을 다룬다.

- OAuth 2.0 및 OpenID Connect 표준 소개

- 시스템 환경을 보호하는 방법에 대한 일반 논의

- HTTPS로 외부 통신 보호

- 검색 서버(넷플릭스 유레카) 접근 보안

- 시스템 환경에 로컬 권한 부여 서버 추가

- OAuth 2.0 및 OpenID Connect를 사용한 API 접근 인증 및 권한 부여

- 로컬 권한 부여 서버를 사용한 테스트

- 외부 OpenID Connect 공급자^{provider}인 Auth0를 사용한 테스트

⁝⁝ 기술 요구 사항

이 책에서 사용하는 도구의 설치 방법과 이 책의 소스 코드를 다운로드하는 방법은 다음을 참고한다.

- 21장, 맥OS용 설치 지침

- 22장, 윈도우용 설치 지침

11장의 모든 소스 코드 예제는 $BOOK_HOME/Chapter11 폴더에 있다.

11장에서 마이크로서비스 환경의 API를 보호하고자 변경한 부분을 확인하고 싶다면 10장의 소스 코드와 비교하면 된다. 선호하는 파일 비교 도구를 사용해 $BOOK_HOME/Chapter10 폴더와 $BOOK_HOME/Chapter11 폴더를 비교해보자.

⁝⁝ OAuth 2.0 및 OpenID Connect 소개

OAuth 2.0 및 OpenID Connect를 소개하기 전에 **인증**^{authentication} 및 **권한 부여**^{authorization}의 의미부터 명확히 하자. 인증은 사용자 이름과 암호 같은, 사용자가 제공한 자격 증명을 확인해 사용자를 식별하는 것이다. 권한 부여는 인증된 사용자에게 여러 API에 대한 접근 권한을 부여하는 것이다.

OAuth 2.0은 **권한 위임**^{authorization delegation}을 위한 공개 표준이며, **OpenID Connect**는 OAuth 2.0에 추가된 기능으로 클라이언트 애플리케이션이 권한 부여 서버에서 받은 자격 증명을 기반으로 사용자의 신원을 확인할 수 있게 한다. OAuth 2.0과 OpenID Connect를 제각기 살펴보고 그 사용 목적을 알아보자.

OAuth 2.0 소개

OAuth 2.0은 권한 부여를 위해 광범위하게 사용되는 공개 표준으로, 사용자에게 권한을 위임받은 서드파티 클라이언트 애플리케이션이 사용자를 대신해 보안 리소스에 접근할 수 있게 한다. 서드파티 클라이언트 애플리케이션이 사용자를 대행해 API 호출과 같은 작업을 할 수 있도록 권한을 부여하는 것을 **권한 위임**이라고 한다.

이 말의 의미는 무엇일까?

몇 가지 개념부터 먼저 정리해보자.

- **자원 소유자**resource owner: 최종 사용자

- **클라이언트**client: 최종 사용자의 권한을 위임받아 보안 API를 호출하는 서드파티 애플리케이션(예: 웹 앱, 네이티브 모바일 앱)

- **자원 서버**resource server: 보호 대상 자원에 대한 API를 제공하는 서버

- **권한 부여 서버**authorization server: 자원 소유자(최종 사용자)를 인증하고 자원 소유자의 승인을 받아서 클라이언트에게 토큰을 발급한다. 사용자 정보 관리 및 사용자 인증은 보통 ID 공급자IdP, Identity Provider에게 위임한다.

권한 부여 서버에 등록된 클라이언트는 **클라이언트 ID**client ID와 **클라이언트 시크릿**client secret을 발급받는다. 클라이언트는 암호와 마찬가지로 클라이언트 시크릿을 보호해야 한다. 클라이언트는 **리다이렉트 URI**redirect-URI를 등록해야 하며, 권한 부여 서버는 사용자 인증을 거쳐 발급한 **권한 코드**authorization code와 **토큰**token을 리다이렉트 URI로 전달한다.

예를 통해 권한 부여 과정을 정리해보자. 서드파티 클라이언트 애플리케이션에 사용자가 접속했고, 사용자에게 서비스를 제공하고자 보안 API를 호출해야 한다고 가정한다. 클라이언트 애플리케이션이 이런 보안 API에 접근하려면 사용자의 권한을 위임받았음을 API에 알릴 방법이 필요하다. 사용자의 자격 증명을 클라이언트 애플리케이션과 공유하지 않고도 클라이언트 애플리케이션에게 사용자 권한을 위임하고자 권한 부여 서버에서 **접근 토큰**access token을 발급받는다. 클라이언트 애플리케이션은 이 토큰으로 선택된 API 집합에 대한 제한적인 접근 권한을 획득한다.

사용자는 자신의 자격 증명을 클라이언트 애플리케이션에 공개하는 대신, 클라이언트 애플리케이션이 사용자를 대신해 특정 API에 접근하는 것을 허락한다. 접근 토큰에는 시간 제한이 있으며, OAuth 2.0 **스코프**scope를 사용해 접근 권한을 제한한다. 권한 부여 서버는 클라이언트 애플리케이션에 **재발급 토큰**refresh token을 발급할 수 있으며, 클라이언트 애플리케이션은 이를 사용해 사용자의 관여 없이 접근 토큰을 새로 발급받을 수 있다.

OAuth 2.0 사양에서는 접근 토큰 발급을 위한 권한 승인 흐름grant flow을 네 가지로 정의하고 있다.

- **권한 코드 승인 흐름**: 가장 안전하지만 가장 복잡한 승인 흐름이다. 이 권한 승인 방식을 사용하면 사용자는 웹 브라우저로 권한 부여 서버와 상호 작용해 클라이언트 애플리케이션에게 권한을 위임한다. 그림 11.1을 참고한다.

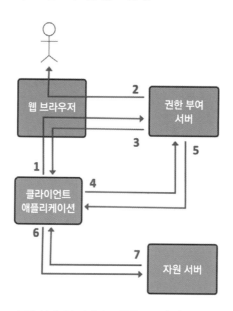

그림 11.1 OAuth 2.0 – 권한 코드 승인 흐름

그림 11.1의 다이어그램을 설명하면 다음과 같다.

1. 클라이언트 애플리케이션은 웹 브라우저를 통해 사용자를 권한 부여 서버로 보내고 권한 승인 흐름을 시작한다.

2. 권한 부여 서버는 사용자를 인증하고 사용자의 동의를 요청한다.

3. 권한 부여 서버는 사용자를 권한 코드와 함께 클라이언트 애플리케이션으로 리다이렉트한다. 권한 부여 서버는 클라이언트가 1단계에서 지정한 **리다이렉트 URI**로 권한 코드를 전송한다. 권한 코드는 웹 브라우저를 통해 클라이언트 애플리케이션으로 전달되는데, 악의적인 자바스크립트^JavaScript 코드가 권한 코드를 가로챌 수 있는 안전하지 않은 환경이므로 짧은 시간에 걸쳐 단 한 번만 허용된다.

4. 클라이언트 애플리케이션은 권한 코드와 접근 토큰을 교환하고자 서버 측 코드를 이용해 권한 부여 서버를 다시 호출한다. 클라이언트 애플리케이션은 권한 부여 서버로 권한 코드를 보낼 때 클라이언트 ID와 클라이언트 시크릿을 함께 보낸다. 클라이언트 시크릿은 보호해야 하는 민감한 정보이므로 이런 호출은 서버 측 코드에서 실행된다.

5. 권한 부여 서버는 접근 토큰을 발급해 클라이언트 애플리케이션으로 보내며, 선택적으로 재발급 토큰을 발급 및 반환할 수도 있다.

6. 클라이언트는 접근 토큰을 사용해 자원 서버가 공개하는 보안 API에 요청을 보낸다.

7. 자원 서버는 접근 토큰을 검사하고 검사가 성공하면 요청을 처리한다. 접근 토큰이 유효하다면 6단계와 7단계를 반복할 수 있으며, 접근 토큰이 만료되면 클라이언트는 재발급 토큰을 사용해 접근 토큰을 새로 발급받을 수 있다.

- **묵시적 승인 흐름**: 이 흐름 또한 웹 브라우저 기반이지만 단일 페이지 웹 애플리케이션과 같이 클라이언트 시크릿을 안전하게 보호할 수 없는 클라이언트 애플리케이션을 대상으로 한다. 웹 브라우저는 권한 부여 서버에서 권한 코드 대신 접근 토큰을 받는다. 묵시적 승인 흐름은 권한 코드 승인 흐름에 비해 안전성이 낮으므로 클라이언트는 재발급 토큰을 요청할 수 없다.

- **자원 소유자 암호 자격 증명 승인 흐름**: 클라이언트 애플리케이션이 웹 브라우저와 상호 작용할 수 없는 경우에 이 승인 흐름을 사용한다. 이 승인 흐름을 사용하면 사용자는 자신의 자격 증명을 클라이언트 애플리케이션과 공유해야 하며, 클라이언트 애플리케이션은 이 자격 증명을 사용해 접근 토큰을 얻는다.

- **클라이언트 자격 증명 승인 흐름**: 클라이언트 애플리케이션이 특정 사용자와 관련 없는 API를 호출해야 하는 경우에 이 승인 흐름을 사용한다. 클라이언트는 자체 클라이언트 ID와 클라이언트 시크릿을 사용해 접근 토큰을 얻는다.

다음 링크(https://tools.ietf.org/html/rfc6749)에서 전체 사양을 확인할 수 있다. OAuth 2.0의 다양한 측면을 자세히 설명하는 추가 사양이 여럿 있으며, 이에 대해서는 다음 링크(https://www.oauth.com/oauth2-servers/map-oauth-2-0-specs/)를 참고한다. 특별히 주의를 기울여야 하는 추가 사양으로 RFC 7636(PKCE, Proof Key for Code Exchange by OAuth Public Clients, https://tools.ietf.org/html/rfc7636)이 있다. 이 사양에서는 네이티브 모바일 앱이나 데스크톱 애플리케이션과 같이 안전성이 낮은 공개 클라이언트의 권한 코드 승인 흐름을 강화하고자 보안 계층을 추가하는 방법을 설명한다.

2012년에 OAuth 2.0 사양이 발표된 후 수년에 걸쳐 잘 동작하는 사례와 그렇지 않은 사례에서 많은 교훈을 얻었다. 2019년에는 OAuth 2.0을 사용하면서 쌓인 많은 모범 사례와 경험을 통합해 OAuth 2.1을 제정하는 작업이 시작됐다. OAuth 2.1 버전의 초안은 다음 링크(https://datatracker.ietf.org/doc/html/draft-ietf-oauth-v2-1-01)에서 찾을 수 있다.

내 생각에 OAuth 2.1의 개선 사항 중 가장 중요한 것은 다음과 같다.

- PKCE가 권한 코드 승인 흐름에 통합된다. 앞에서 설명했듯이 PKCE를 사용해야 공개 클라이언트의 보안을 강화할 수 있다. 인증 서버가 자신의 자격 증명을 확인할 수 있는 비밀 클라이언트는 PKCE 사용을 권장하지만, 필수는 아니다.
- 묵시적 승인 흐름은 안전하지 않으므로 사용을 권장하지 않으며 사양에서 제외한다.
- 자원 소유자 암호 자격 증명 승인 흐름도 같은 이유로 사용을 권장하지 않으며 사양에서 제외한다.

OAuth 2.1 사양의 진행 방향을 따르기 위해 이 책에서는 권한 코드 승인 흐름과 클라이언트 자격 증명 승인 흐름만 사용한다.

OpenID Connect 소개

이미 언급했듯이 **OIDC**OpenID Connect는 클라이언트 애플리케이션에서 사용자의 신원을 확인하고자 OAuth 2.0에 추가된 기능이다. OIDC를 사용하면 승인 흐름이 완료된 후에 클라이언트 애플리케이션이 권한 부여 서버에서 받아오는 토큰인 ID 토큰이 추가된다.

ID 토큰은 **JWT**JSON Web Token로 인코딩되며, 사용자 ID, 이메일 주소와 같은 다수의 클레임을 포함한다. ID 토큰은 JSON 웹 서명으로 디지털 서명된다. 클라이언트 애플리케이션은 권한 부여 서버의 공개 키로 디지털 서명을 검사함으로써 ID 토큰의 정보를 신뢰할 수 있다.

접근 토큰을 ID 토큰과 같은 방식으로 인코딩하고 서명할 수도 있지만, 사양에 따른 필수 사항은 아니다. 또한 OIDC는 **디스커버리 엔드포인트**discovery endpoint를 정의하고 있는데, 이는 주요 엔드포인트에 대한 URL을 설정해 권한 코드 및 토큰을 요청하고 디지털 서명된 JWT를 확인하기 위한 표준이다. 끝으로 **사용자 정보 엔드포인트**user-info endpoint가 있다. 사용자 정보 엔드포인트는 접근 토큰 발급을 승인한 사용자에 대한 추가 정보를 제공한다.

OpenID Connect 사양에 대한 자세한 내용은 다음 링크(https://openid.net/developers/specs/)를 참고한다.

이것으로 OAuth 2.0 및 OpenID Connect 표준의 소개를 마친다. 이런 표준의 사용 방법에 대해서는 11장의 뒷부분에서 배운다. 다음 절에서는 시스템 환경을 보호하는 방법을 개괄적으로 살펴본다.

⁂ 시스템 환경 보안

11장을 시작할 때 설명했듯이 시스템 환경을 보호하고자 다음 단계를 수행한다.

- HTTPS를 사용해 공개된 API에 대한 외부 요청과 응답을 암호화하고 도청을 방지한다.

- OAuth 2.0 및 OpenID Connect를 사용해 API에 접근하는 사용자 및 클라이언트 애플리케이션에 대한 인증 및 권한 부여를 수행한다.

- HTTP 기본 인증을 사용해 검색 서버(넷플릭스 유레카)에 대한 접근을 보호한다.

에지 서버를 통한 외부 통신에는 HTTPS를 적용하고 시스템 환경 안에서는 HTTP로 통신한다.

> **TIP**
>
> 서비스 메시에 대해 다루는 이 책의 18장에서는 서비스 메시를 사용해 자동으로 HTTPS를 적용하고 시스템 환경의 내부 통신을 보호하는 방법을 살펴본다.

테스트를 위해 시스템 환경에 로컬 OAuth 2.0 권한 부여 서버를 추가한다. 권한 부여 서버의 모든 외부 통신은 에지 서버를 통해 라우팅된다. 에지 서버와 `product-composite` 서비스는 OAuth 2.0 자원 서버 역할을 한다. 즉 유효한 OAuth 2.0 접근 토큰이 있어야 접근할 수 있다.

접근 토큰 검사의 오버헤드를 최소화하고자 접근 토큰은 서명된 JWT로 인코딩되고, 권한 부여 서버는 자원 서버가 토큰의 서명을 검사할 때 사용하는 공개 키, 즉 **JSON Web Key Set** 또는 **jwk-set**에 접근할 수 있도록 엔드포인트를 노출한다고 가정한다.

시스템 환경은 다음과 같다.

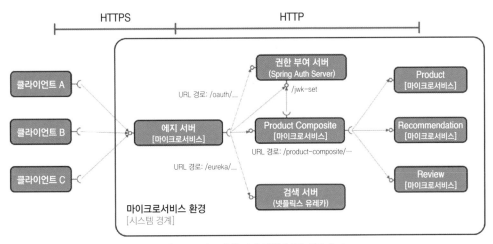

그림 11.2 시스템 환경에 권한 부여 서버 추가

그림 11.2의 다이어그램에서 다음과 같은 내용을 알 수 있다.

1. 외부 통신에는 **HTTPS**를 사용하고 시스템 환경 안에서는 일반 텍스트^{plain text} **HTTP**를 사용한다.

2. 외부에서는 에지 서버를 거쳐야 로컬 **OAuth 2.0** 권한 부여 서버에 접근할 수 있다.

3. 에지 서버와 product-composite 마이크로서비스는 서명된 **JWT**로 접근 토큰을 검사한다.

4. 에지 서버와 product-composite 마이크로서비스는 jwk-set 엔드포인트에서 가져온 권한 부여 서버의 공개 키로 **JWT** 기반 접근 토큰의 서명을 검사한다.

> **TIP**
>
> 이 책에서는 OWASP Top Ten Project에 나오는 웹 애플리케이션 보안 위험 관리 방법과 같은 웹 애플리케이션 보안을 위한 일반적인 모범 사례는 다루지 않으며, HTTP를 통한 API 접근 보안에 중점을 둔다. OWASP Top Ten Project에 대한 자세한 내용은 다음 링크(https://owasp.org/www-project-top-ten/)를 참고한다.

지금까지 시스템 환경을 보호하는 방법을 살펴봤다. 다음 절에서는 **HTTPS**를 사용해 외부 통신에 대한 도청을 방지하는 방법을 살펴본다.

░ HTTPS를 사용한 외부 통신 보호

이 절에서는 에지 서버를 통해 노출되는 공개 API로 유입되는 외부 통신에 대한 도청을 방지하는 방법을 배운다. HTTPS를 사용해 통신을 암호화해야 하며, 이를 위해 다음 단계를 수행한다.

- **인증서 생성**: 개발 목적의 자체 서명 인증서를 생성한다.
- **에지 서버 구성**: 인증서를 사용해 HTTPS 기반 외부 트래픽만 허용하도록 에지 서버를 구성한다.

다음 커맨드로 자체 서명 인증서를 생성한다.

```
keytool -genkeypair -alias localhost -keyalg RSA -keysize 2048 -storetype
PKCS12 -keystore edge.p12 -validity 3650
```

> **TIP**
>
> 샘플 인증서 파일이 소스 코드와 함께 제공되므로 앞의 커맨드를 실행하지 않아도 다음 예제를 실행할 수 있다.

커맨드는 많은 매개 변수를 요구한다. 암호 입력을 요구하면 password를 입력하고, 나머지 매개 변수에 대해서는 엔터 키를 눌러 기본값을 입력한다. 내가 생성한 인증서 파일(edge.p12)은 **gateway** 프로젝트 폴더의 src/main/resources/keystore에 있다. 따라서 프로젝트 빌드 시 .jar 파일에 포함되며, 런타임에 **keystore/edge.p12** 클래스패스로 접근한다.

> **TIP**
>
> 개발 환경에서는 클래스패스로 인증서를 제공해도 되지만, 상용 환경 등의 다른 환경에 적용해선 안 된다. '런타임에 자체 서명 인증서 교체' 절에서 런타임에 클래스패스 인증서를 외부 인증서로 교체하는 방법을 알아본다.

인증서와 HTTPS를 사용하도록 에지 서버를 구성하고자 gateway 프로젝트의 application.yml 파일에 다음 내용을 추가한다.

```
server.port: 8443

server.ssl:
  key-store-type: PKCS12
  key-store: classpath:keystore/edge.p12
  key-store-password: password
  key-alias: localhost
```

앞의 소스 코드를 설명하면 다음과 같다.

- server.ssl.key-store 매개 변수로 인증서 경로를 명시하며, 현재는 classpath:keystore/edge.p12로 설정돼 있다. 즉 인증서는 keystore/edge.p12 클래스패스에 있다.

- 인증서 암호는 server.ssl.key-store-password 매개 변수로 지정한다.

- 에지 서버가 HTTP가 아닌 HTTPS로 통신한다는 것을 나타내고자 포트 번호(server.port)를 8080에서 8443으로 변경한다.

에지 서버 구성뿐만 아니라 다음의 파일에서도 포트는 8080에서 443으로 변경하고 프로토콜은 HTTP에서 HTTPS로 변경해야 한다.

- 3개의 도커 컴포즈 파일(docker-compose*.yml)

- 테스트 스크립트(test-em-all.bash)

앞에서 언급했듯이 클래스패스를 사용해 인증서를 제공하는 것은 개발 환경에서만 사용해야 한다. 다음 절에서는 런타임에 자체 서명 인증서를 외부 인증서로 교체하는 방법을 알아본다.

런타임에 자체 서명 인증서 교체

개발 환경에서는 자체 서명 인증서를 .jar 파일 안에 두는 것이 유용하지만, 테스트나 상용 환경과 같은 런타임 환경에서는 공인된 **인증기관**CA, Certification Authority에서 서명한 인증서를 사용해야 한다.

도커 환경에서 .jar 파일이 포함된 도커 이미지를 사용할 때는 .jar 파일을 다시 빌드할 필요 없이 인증서를 지정해 사용할 수 있어야 한다. 도커 컴포즈로 도커 컨테이너를 관리할 때는 도커 컨테이너의 볼륨과 도커 호스트에 있는 인증서를 매핑한다. 도커 볼륨에 있는 외부 인증서를 가리키는, 도커 컨테이너를 위한 환경 변수를 설정하는 방법도 있다.

TIP

> 쿠버네티스를 배우는 15장에서는 인증서와 같은 보안 정보를 처리할 때 사용하는 보다 강력한 솔루션을 소개한다. 해당 솔루션은 도커 컨테이너를 클러스터에서 실행할 때 유용하다. 클러스터에서는 단일 도커 호스트가 아닌 다수의 도커 호스트 그룹에서 컨테이너를 스케줄링한다.
>
> 이 절에서 설명하는 내용은 깃허브 저장소의 소스 코드에는 적용돼 있지 않으므로 직접 코드를 입력하고 실행해야 한다.

다음 단계를 수행해 .jar 파일에 포함된 인증서를 교체한다.

1. 새 인증서를 생성하고 암호는 testtest로 설정한다.

```
cd $BOOK_HOME/Chapter11
mkdir keystore

keytool -genkeypair -alias localhost -keyalg RSA -keysize 2048 -storetype
PKCS12 -keystore keystore/edge-test.p12 -validity 3650
```

2. 도커 컴포즈 파일(docker-compose.yml)에 새 인증서의 위치 및 암호를 지정하는 환경 변수를 추가하고, 새 인증서가 있는 폴더와 매핑된 볼륨도 추가한다. 변경한 후의 에지 서버 구성은 다음과 같다.

```
gateway:
  environment:
    - SPRING_PROFILES_ACTIVE=docker
    - SERVER_SSL_KEY_STORE=file:/keystore/edge-test.p12
    - SERVER_SSL_KEY_STORE_PASSWORD=testtest
  volumes:
    - $PWD/keystore:/keystore
  build: spring-cloud/gateway
  mem_limit: 512m
  ports:
    - "8443:8443"
```

3. 에지 서버가 동작 중이라면 다음 커맨드로 다시 시작한다.

```
docker-compose up -d --scale gateway=0
docker-compose up -d --scale gateway=1
```

TIP

docker—compose restart gateway 커맨드로 gateway 서비스를 재시작하고 싶을 수도 있다. 하지만
이 커맨드로 컨테이너를 재시작하면 docker—compose.yml 파일에 적용한 변경 사항이 반영되지 않는
다. 따라서 이런 상황에선 유용한 커맨드가 아니다.

이제 에지 서버는 새 인증서를 사용한다!

이 절에서는 HTTPS를 사용해 외부 통신을 보호하는 방법을 배웠다. 다음 절에서는 HTTP
기본 인증을 사용해 검색 서비스(넷플릭스 유레카)에 대한 접근을 보호하는 방법을 배운다.

⠿ 검색 서비스 접근 보안

앞 절에서는 HTTPS를 사용해 외부 통신을 보호하는 방법을 배웠다. 이제 HTTP 기본 인
증을 사용해 사용자 이름과 암호가 있어야 접근할 수 있도록 검색 서버(넷플릭스 유레카) API
및 웹 페이지에 대한 접근을 제한해보자. 다음과 같이 유레카 서버와 유레카 클라이언트를
변경한다.

유레카 서버 변경

다음과 같은 변경 사항을 소스 코드에 적용해 유레카 서버를 보호한다.

1. build.gradle에 스프링 시큐리티 의존성을 추가한다.

```
implementation 'org.springframework.boot:spring-boot-starter-security'
```

2. SecurityConfig 클래스에 보안 구성을 추가한다.

   a. 다음과 같이 사용자를 정의한다.

   ```
   public void configure(AuthenticationManagerBuilder auth) throws Exception {
       auth.inMemoryAuthentication()
         .passwordEncoder(NoOpPasswordEncoder.getInstance())
         .withUser(username).password(password)
         .authorities("USER");
   }
   ```

   b. 구성 파일에서 가져온 사용자 이름과 암호를 생성자에 삽입한다.

   ```
   @Autowired
   public SecurityConfig(
       @Value("${app.eureka-username}") String username,
       @Value("${app.eureka-password}") String password
   ) {
       this.username = username;
       this.password = password;
   }
   ```

   c. HTTP 기본 인증으로 모든 API 및 웹 페이지를 보호하고자 다음과 같이 정의한다.

   ```
   protected void configure(HttpSecurity http) throws Exception {
       http
         .authorizeRequests()
           .anyRequest().authenticated()
           .and()
           .httpBasic();
   }
   ```

3. 사용자 자격 증명은 구성 파일(application.yml)에서 설정한다.

   ```
   app:
     eureka-username: u
     eureka-password: p
   ```

4. 테스트 클래스인 EurekaServerApplicationTests는 구성 파일에 있는 자격 증명을 사용해 유레카 서버의 API를 테스트한다.

```
@Value("${app.eureka-username}")
private String username;

@Value("${app.eureka-password}")
private String password;

@Autowired
public void setTestRestTemplate(TestRestTemplate testRestTemplate) {
  this.testRestTemplate = testRestTemplate.withBasicAuth(username, password);
}
```

이 절에서는 검색 서버(넷플릭스 유레카) API 및 웹 페이지를 보호하기 위한 절차를 수행했다. HTTP 기본 인증이 적용됐기 때문에 이제 사용자 이름과 암호가 있어야 검색 서버에 접근할 수 있다. 다음 절에서는 넷플릭스 유레카 서버에 접근할 때 자격 증명을 전달할 수 있도록 넷플릭스 유레카 클라이언트를 구성한다.

유레카 클라이언트 변경

유레카 클라이언트에서 참조하는 유레카 서버 연결 URL에 자격 증명을 추가해야 한다. 각 클라이언트의 구성 파일(application.yml)을 다음과 같이 변경한다.

```
app:
  eureka-username: u
  eureka-password: p

eureka:
  client:
    serviceUrl:
      defaultZone: "http://${app.eureka-username}:${app.eureka-
                    password}@${app.eureka-server}:8761/eureka/"
```

지금까지 넷플릭스 유레카에 대한 접근을 제한하는 방법을 살펴봤다. '로컬 권한 부여 서버를 사용한 테스트' 절에서 테스트를 실행해 접근이 보호되는지 테스트할 것이다. 다음 절에서는 시스템 환경에 로컬 권한 부여 서버를 추가한다.

로컬 권한 부여 서버 추가

OAuth 2.0 및 OpenID Connect 기반의 보안 API로 로컬 테스트 및 완전히 자동화된 테스트를 실행하고자 시스템 환경에 OAuth 2.0 기반 권한 부여 서버를 추가한다. 불행히도 스프링 시큐리티에서는 권한 부여 서버를 제공하지 않는다. 하지만 스프링 시큐리티 팀이 발족한 커뮤니티 중심의 프로젝트인 **Spring Authorization Server** 프로젝트가 시작됐다. 자세한 내용은 다음 링크(https://spring.io/blog/2020/04/15/announcing-the-spring-authorization-server)를 참고한다.

Spring Authorization Server는 OpenID Connect 디스커버리 엔드포인트와 접근 토큰의 디지털 서명 사용을 모두 지원한다. 또한 디지털 서명을 확인하기 위한 키를 얻고자 디스커버리 정보를 사용해 접근할 수 있는 엔드포인트를 제공한다. 따라서 시스템 환경이 예상대로 동작하는지 확인하는 로컬 테스트와 자동 테스트를 실행하기에 충분한 기능을 지원하다.

이 책에서 사용하는 권한 부여 서버는 Spring Authorization Server 프로젝트에서 제공하는 샘플 권한 부여 서버 기반이다. 자세한 내용은 다음 링크(https://github.com/spring-projects/spring-authorization-server/tree/0.2.0/samples/boot/oauth2-integration/authorizationserver)를 참고한다.

다음과 같이 샘플 프로젝트를 변경한다.

- 이 책의 다른 프로젝트에서 사용하는 빌드 파일과 같은 구조로 빌드 파일을 변경한다.

- 포트는 9999로 설정한다.

- 이 책의 다른 프로젝트와 같은 구조로 Dockerfile을 추가한다.

- 서비스 검색을 할 수 있도록 이 책의 다른 프로젝트와 같은 방식으로 권한 부여 서버와 유레카를 통합한다.

- 외부 접근이 가능하도록 액추에이터 엔드포인트를 노출한다.

WARNING

> 7장에서 경고했듯이 액추에이터 엔드포인트를 공개하는 것은 개발 단계에서는 매우 유용하지만, 상용 시스템의 액추에이터 엔드포인트에서 과도한 정보를 표시하는 것은 보안상 문제가 있다. 따라서 상용 환경에서는 액추에이터 엔드포인트에서 공개하는 정보를 최소화하는 것이 좋다.

- OpenID Connect 사양에 따라 가장 중요한 엔드포인트에 대한 접근을 확인하는 단위 테스트를 추가한다.

- 등록된 사용자의 사용자 이름은 "u"로 암호는 "p"로 설정한다.

- OAuth 클라이언트는 2개(reader, writer)를 등록한다. reader 클라이언트에게는 product: read 스코프를 부여하고 writer 클라이언트에게는 product:read 스코프와 product:write 스코프를 모두 부여한다. 두 클라이언트의 암호는 모두 secret으로 설정한다.

- 클라이언트에게 허용하는 리다이렉션 URI는 다음 URL(https://my.redirect.uri)(https://localhost:8443/webjars/swagger-ui/oauth2-redirect.html)로 설정한다. 첫 번째 URL은 뒤에 나오는 테스트에서 사용하고 두 번째 URL은 스웨거 UI 컴포넌트에서 사용한다.

권한 부여 서버의 소스 코드는 $BOOK_HOME/Chapter11/spring-cloud/authorization-server에 있다.

다음 파일에 변경 사항을 적용해 시스템 환경에 로컬 권한 부여 서버를 통합한다.

- 공통 빌드 파일(settings.gradle)에 서버를 추가한다.

- 3개의 도커 컴포즈 파일(docker-compose*.yml)에 서버를 추가한다.

- 에지 서버(spring-cloud/gateway)

  ○ HealthCheckConfiguration에 권한 부여 서버에 대한 상태 확인을 추가한다.

- /oauth, /login, /error로 시작하는 URI가 권한 부여 서버로 라우트되도록 구성 파일(application.yml)에 내용을 추가한다. 이 URI는 클라이언트 토큰 발급, 사용자 인증, 오류 메시지 표시에 사용한다.

- 이 세 URI는 에지 서버에서 보호하지 않으므로 모든 요청을 허용하도록 새 클래스인 SecurityConfig에서 구성한다.

> **WARNING**
>
> 스프링 부트 2.5.에서 사용하는 스프링 시큐리티 5.5의 회귀 문제(regression) 때문에 11장을 작성하는 시점에서는 Spring Authorization Server와 스프링 부트 2.5를 함께 사용할 수 없었다. 스프링 부트 2.4.4와 스프링 클라우드 2020.0.2를 대신 사용한다. 자세한 내용은 다음 링크(https://github.com/spring-projects-experimental/spring-authorization-server/issues/305)(https://github.com/spring-projects/spring-security/issues/9787)를 참고한다.

이 절에서는 시스템 환경에 로컬 권한 부여 서버를 추가하는 방법을 살펴봤다. 다음 절에서는 OAuth 2.0 및 OpenID Connect를 사용해 API 접근을 인증하고 권한을 부여하는 방법을 알아본다.

⁞⁞ OAuth 2.0과 OpenID Connect를 사용한 API 보안

권한 부여 서버를 추가하면 에지 서버와 product-composite 서비스를 OAuth 2.0 자원 서버로 만들 수 있다. 접근 토큰이 있어야 접근할 수 있도록 에지 서버를 재구성한다. 에지 서버는 권한 부여 서버에서 발급한 디지털 서명을 사용해 접근 토큰의 유효성을 검사한다. product-composite 서비스에 접근하려면 다음과 같은 OAuth 2.0 스코프를 추가한 접근 토큰이 필요하다.

- product:read 스코프: 읽기 전용 API에 접근할 때 필요하다.

- product:write 스코프: 생성 및 삭제 API에 접근할 때 필요하다.

product-composite 서비스의 스웨거 UI 컴포넌트에서 권한 부여 서버와 상호 작용해 접근 토큰을 발급할 수 있도록 product-composite 서비스의 구성을 변경한다. 이렇게 해야 스웨거 UI 웹 페이지의 사용자가 보안 API를 테스트할 수 있다.

테스트를 실행하기 전에 접근 토큰을 가져오고 사용하도록 테스트 스크립트(test-em-all.bash)를 개선하는 작업도 필요하다.

에지 서버와 product-composite 서비스 변경

에지 서버와 product-composite 서비스의 소스 코드에 다음과 같은 변경 사항을 적용한다.

- OAuth 2.0 자원 서버로 만들고자 그래들 빌드 파일(build.gradle)에 스프링 시큐리티 의존성을 추가한다.

```
implementation 'org.springframework.boot:spring-boot-starter-security'
implementation 'org.springframework.security:spring-security-oauth2-
resource-server'
implementation 'org.springframework.security:spring-security-oauth2-jose'
```

- 두 프로젝트의 새 SecurityConfig 클래스에 보안 구성을 추가한다.

```
@EnableWebFluxSecurity
public class SecurityConfig {

  @Bean
  SecurityWebFilterChain springSecurityFilterChain( ServerHttpSecurity http) {
    http
      .authorizeExchange()
        .pathMatchers("/actuator/**").permitAll()
        .anyExchange().authenticated()
        .and()
      .oauth2ResourceServer()
        .jwt();
    return http.build();
  }
}
```

앞의 소스 코드를 설명하면 다음과 같다.

- 스프링 웹플럭스 기반 API에 대한 스프링 시큐리티 지원을 활성화하고자 @Enable
  WebFluxSecurity 애노테이션을 붙였다.

- .pathMatchers("/actuator/**").permitAll(): 액추에이터 엔드포인트와 같은 보호 대
  상이 아닌 URL에 대한 무제한 접근을 허용한다. 보호 대상이 아닌 URL의 목록은 소
  스 코드를 참고한다. 보호 대상이 아닌 URL이라고 하더라도 액추에이터 엔드포인트
  와 같이 상용 환경에선 반드시 보호해야 하는 URL에 대해서는 주의를 기울여야 한다.

- .anyExchange().authenticated(): 다른 모든 URL에 대한 접근은 인증이 필요하다.

- .oauth2ResourceServer().jwt(): JWT로 인코딩된 OAuth 2.0 접근 토큰을 기반으로
  인증 및 권한 부여를 수행한다.

- 권한 부여 서버의 OIDC 디스커버리 엔드포인트를 구성 파일(application.yml)에 추가
  한다.

```
app.auth-server: localhost

spring.security.oauth2.resourceserver.jwt.issuer-uri:
http://${app.auth-server}:9999

---
spring.config.activate.on-profile: docker

app.auth-server: auth-server
```

TIP

11장의 뒷부분에서 시스템 환경을 시작하면 디스커버리 엔드포인트를 테스트할 수 있다. 예를 들어, 다
음 커맨드를 사용해 토큰의 디지털 서명 확인에 필요한 키를 반환하는 엔드포인트를 조회할 수 있다.

```
docker-compose exec auth-server curl localhost:9999/.well-known/openid-
configuration -s | jq -r .jwks_uri
```

다음 절에서는 product-composite 서비스에 추가적인 변경 사항을 적용한다.

product-composite 서비스 변경

앞 절에서 적용한 일반적인 변경 사항 외에 다음과 같은 변경 사항을 product-composite 서비스에 추가로 적용한다.

- 접근 토큰에 있는 OAuth 2.0 스코프를 바탕으로 접근을 허용하도록 SecurityConfig 클래스의 보안 구성을 변경한다.

```
.pathMatchers(POST, "/product-composite/**")
  .hasAuthority("SCOPE_product:write")
.pathMatchers(DELETE, "/product-composite/**")
  .hasAuthority("SCOPE_product:write")
.pathMatchers(GET, "/product-composite/**")
  .hasAuthority("SCOPE_product:read")
```

TIP

관례에 따라 스프링 시큐리티로 권한을 검사하는 경우에는 스코프 이름 앞에 SCOPE_를 붙여야 한다.

- API를 호출할 때마다 관련된 JWT 접근 토큰을 기록하고자 logAuthorizationInfo() 메서드를 추가한다. 스프링 시큐리티의 SecurityContext를 이용하면 접근 토큰을 얻을 수 있다. 리액티브 환경에서는 정적 헬퍼 메서드인 ReactiveSecurityContextHolder. getContext()를 사용해 SecurityContext를 가져온다. 자세한 내용은 ProductComposite ServiceImpl 클래스를 참고한다.

- 스프링 기반 통합 테스트를 실행할 때는 OAuth를 비활성화해야 한다. 다음 단계를 수행해 OAuth를 비활성화한다.

  - 테스트 클래스가 모든 자원에 접근할 수 있도록 허용하고자 테스트용 보안 구성 클래스인 TestSecurityConfig를 추가한다.

```
http.csrf().disable().authorizeExchange().anyExchange().permitAll();
```

○ TestSecurityConfig로 기존 보안 구성을 재정의하고자 모든 스프링 통합 테스트 클래스를 다음과 같이 변경한다.

```
@SpringBootTest(
  classes = {TestSecurityConfig.class},
  properties = {"spring.main.allow-bean-definition-overriding=true"})
```

스웨거 UI 변경

다음과 같이 product-composite 서비스를 변경해 스웨거 UI 컴포넌트에서 보안 API에 접근할 수 있게 한다.

- 스웨거 UI 컴포넌트에서 노출하는 웹 페이지는 공개적으로 사용 가능하도록 구성한다. SecurityConfig 클래스에 다음을 추가한다.

```
.pathMatchers("/openapi/**").permitAll()
.pathMatchers("/webjars/**").permitAll()
```

- security_auth 보안 스키마를 적용해 OpenAPI 사양 API의 보안을 강화한다.

  API 프로젝트의 ProductCompositeService 인터페이스 정의에 다음 코드를 추가한다.

```
@SecurityRequirement(name = "security_auth")
```

- product-composite 프로젝트에 OpenApiConfig 클래스를 추가해 security_auth 보안 스키마를 상세히 정의한다.

```
@SecurityScheme(
  name = "security_auth", type = SecuritySchemeType.OAUTH2,
  flows = @OAuthFlows(
    authorizationCode = @OAuthFlow(
      authorizationUrl = "${springdoc.oAuthFlow.
        authorizationUrl}",
      tokenUrl = "${springdoc.oAuthFlow.tokenUrl}",
      scopes = {
```

```
        @OAuthScope(name = "product:read", description =
          "read scope"),
        @OAuthScope(name = "product:write", description =
          "write scope")
      }
  )))
  public class OpenApiConfig {}
```

앞의 클래스 정의를 보면 다음 사항을 알 수 있다.

a. 보안 스키마는 OAuth 2.0 기반이다.

b. 권한 코드 승인 흐름을 사용한다.

c. springdoc.oAuthFlow.authorizationUrl과 springdoc.oAuthFlow.tokenUrl 매개 변수를 사용해 권한 코드 및 접근 토큰 전달용 URL을 구성한다.

d. 스웨거 UI에서 API를 호출하는 데 필요한 스코프(product:read, product:write)를 정의한다.

- 끝으로 application.yml에 다음 구성을 추가한다.

```
swagger-ui:
  oauth2-redirect-url: https://localhost:8443/webjars/swagger-ui/oauth2-
redirect.html
  oauth:
    clientId: writer
    clientSecret: secret
    useBasicAuthenticationWithAccessCodeGrant: true
  oAuthFlow:
    authorizationUrl: https://localhost:8443/oauth2/authorize
    tokenUrl: https://localhost:8443/oauth2/token
```

앞의 구성에서는 다음과 같은 항목을 지정하고 있다.

a. 스웨거 UI에서 권한 코드 획득에 사용할 리다이렉션 URL

b. 클라이언트 ID와 클라이언트 시크릿

c. HTTP 기본 인증을 사용해 인증 서버에 로그인

d. 앞에서 설명한 `OpenApiConfig` 클래스에서 사용하는 `authorizationUrl` 및 `tokenUrl` 매개 변수의 값. 이런 URL은 product-composite 서비스가 아닌 웹 브라우저에서 사용하므로 웹 브라우저에서 확인할 수 있어야 한다.

스웨거 UI 웹 페이지에 대한 비보안 접근을 허용하려면 스웨거 UI 컴포넌트로 라우팅되는 URL에 대한 무제한 접근를 허용하도록 에지 서버를 구성해야 한다. 에지 서버의 Security Config 클래스에 다음 코드를 추가한다.

```
.pathMatchers("/openapi/**").permitAll()
.pathMatchers("/webjars/**").permitAll()
```

앞서의 변경 사항을 모두 적용하면 에지 서버와 product-composite 서비스는 OAuth 2.0 리소스 서버로 동작하게 되고 스웨거 UI 컴포넌트는 OAuth 클라이언트로 동작하게 된다. OAuth 2.0 및 OpenID Connect 도입의 마지막 단계는 테스트 실행 시 사용할 접근 토큰을 가져오도록 테스트 스크립트를 변경하는 것이다.

테스트 스크립트 변경

상태 점검 API 이외의 모든 API는 접근 토큰이 있어야 호출할 수 있다. 앞서 언급했듯이 OAuth 2.0의 클라이언트 자격 증명 승인 흐름을 사용하면 접근 토큰을 얻을 수 있다. 접근 토큰을 확보해 생성 및 삭제 API를 호출하고자 writer 클라이언트 자격으로 다음 커맨드를 실행한다.

```
ACCESS_TOKEN=$(curl -k https://writer:secret@$HOST:$PORT/oauth2/ token -d
grant_type=client_credentials -s | jq .access_token -r)
```

앞의 커맨드를 보면 클라이언트 ID와 암호(writer:secret@)를 호스트 이름 앞쪽에 넣는 HTTP 기본 인증을 사용하고 있다.

테스트 스크립트에 두 가지 테스트를 추가하고 스코프 기반 권한 부여가 잘 작동하는지 확인해보자.

```
# 접근 토큰 없이 호출했을 때 401 Unauthorized를 반환하는지 확인한다.
assertCurl 401 "curl -k https://$HOST:$PORT/product-composite/$PROD_ID_REVS_
RECS -s"

# 접근 토큰에 read 스코프만 가진 reader 클라이언트로는 읽기 API만 호출할 수 있고 삭제 API는
호출할 수 없음을 확인한다.
READER_ACCESS_TOKEN=$(curl -k https://reader:secret@$HOST:$PORT/oauth2/token
-d grant_type=client_credentials -s | jq .access_token -r)
READER_AUTH="-H \"Authorization: Bearer $READER_ACCESS_TOKEN\""

assertCurl 200 "curl -k https://$HOST:$PORT/product-composite/$PROD_ID_REVS_
RECS $READER_AUTH -s"
assertCurl 403 "curl -k https://$HOST:$PORT/product-composite/$PROD_ID_REVS_
RECS $READER_AUTH -X DELETE -s"
```

테스트 스크립트는 reader 클라이언트의 자격 증명을 사용해 접근 토큰을 획득한다.

- 첫 번째 테스트는 접근 토큰 없이 API를 호출하며, API는 401 Unauthorized HTTP 상태를 반환한다.

- 두 번째 테스트는 reader 클라이언트가 읽기 전용 API를 호출할 수 있는지 확인한다.

- 마지막 테스트는 read 스코프만 있는 접근 토큰을 사용해 삭제 API를 호출한다. 삭제 API는 403 Forbidden HTTP 상태를 반환한다.

전체 소스 코드는 test-em-all.bash를 참고한다.

이 절에서는 OAuth 2.0 접근 토큰을 가져오고 사용하도록 테스트 스크립트를 변경했다. 다음 절에서는 테스트를 수행한다.

⁙ 로컬 권한 부여 서버를 사용한 테스트

이 절에서는 보안 시스템 환경을 테스트한다. 즉 전체 보안 컴포넌트를 테스트하며, 로컬 권한 부여 서버를 사용해 접근 토큰을 발급한다. 다음 단계를 수행한다.

1. 소스 코드를 빌드하고 테스트 스크립트를 실행해 문제가 없는지 확인한다.

2. 검색 서버discovery server의 보안 API와 웹 페이지를 테스트한다.

3. OAuth 2.0 클라이언트 자격 증명 승인 흐름과 권한 코드 승인 흐름을 사용해 접근 토큰을 얻는 방법을 배운다.

4. 발급한 접근 토큰을 사용해 보안 API를 테스트한다. 또한 reader 클라이언트용으로 발급한 접근 토큰으로는 업데이트 API를 호출할 수 없다는 것을 확인한다.

5. 끝으로 스웨거 UI에서 접근 토큰을 발급하고 API를 호출할 수 있는지 확인한다.

자동 테스트 빌드 및 실행

다음 단계를 수행해 자동 테스트를 빌드하고 실행한다.

1. 먼저 다음 커맨드로 도커 이미지를 빌드한다.

```
cd $BOOK_HOME/Chapter11
./gradlew build && docker-compose build
```

2. 다음 커맨드로 도커 시스템 환경을 시작하고 일반적인 테스트를 실행한다.

```
./test-em-all.bash start
```

> **TIP**
>
> 인증되지 않았을 때 Unauthorized 코드가 반환되는지, 권한이 없을 때 403 Forbidden 코드가 반환되는지 확인하는 네거티브 테스트(negative test)를 끝부분에 추가했다.

검색 서버 보안 테스트

검색 서버(유레카)의 보안을 강화했으므로 유효한 자격 증명을 제공해야 API와 웹 페이지에 접근할 수 있다.

예를 들어, 유레카 서버에 등록된 인스턴스 목록을 요청하려면 다음과 같은 curl 커맨드를 사용하면 된다. 이 커맨드에서는 사용자 이름과 암호를 URL로 직접 제공한다.

```
curl -H "accept:application/json" https://u:p@localhost:8443/eureka/api/apps
-ks | jq -r .applications.application[].instance[].instanceId
```

실행 결과는 그림 11.3과 같다.

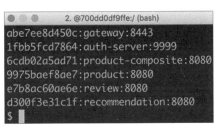

그림 11.3 API를 호출해 유레카에 등록된 서비스 조회

유레카 웹 페이지(https://localhost:8443/eureka/web)에 접근하면 자체 서명한 인증서를 사용하기 때문에 먼저 안전하지 않은 연결에 대한 수락을 한 후에 구성 파일에서 지정한 유효한 자격 증명(사용자 이름 u, 암호 p)을 사용해 로그인해야 한다.

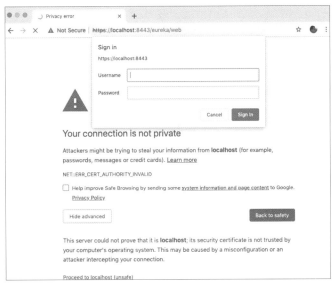

그림 11.4 유레카 접속 인증

로그인에 성공하면 친숙한 유레카 서버 웹 페이지를 볼 수 있다.

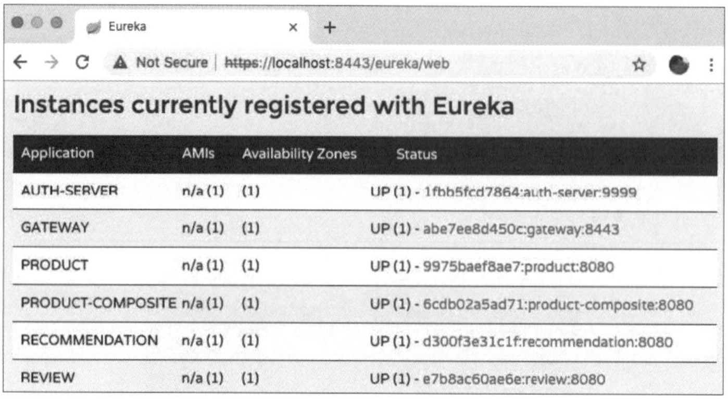

그림 11.5 유레카 웹 페이지를 사용해 등록된 서비스 확인

유레카 서버에 대한 접근이 잘 보호되는지 확인했다. 다음 절에서는 OAuth 접근 토큰을 발급하는 방법을 배운다.

접근 토큰 획득

이제 OAuth 2.0에서 정의하고 있는 다양한 승인 흐름을 사용해 접근 토큰을 얻어보자. 먼저 클라이언트 자격 증명 승인 흐름을 시험한 후 권한 코드 승인 흐름을 시험한다.

클라이언트 자격 증명 승인 흐름을 사용해 접근 토큰 획득

writer 클라이언트를 위한 접근 토큰, 즉 product:read 및 product:write 스코프를 추가한 접근 토큰을 가져오려면 다음 커맨드를 실행한다.

```
curl -k https://writer:secret@localhost:8443/oauth2/token -d grant_
type=client_credentials -s | jq .
```

클라이언트는 HTTP 기본 인증을 사용하며 클라이언트 ID로 writer를 전달하고, 클라이언트 시크릿으로 secret을 전달해 로그인한다.

실행 결과는 그림 11.6과 같다.

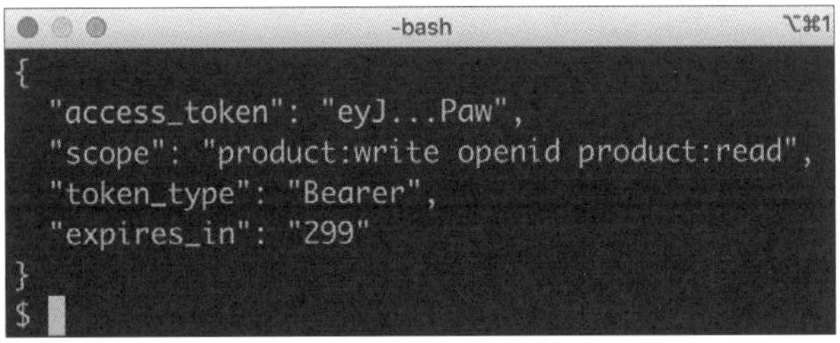

```
{
  "access_token": "eyJ...Paw",
  "scope": "product:write openid product:read",
  "token_type": "Bearer",
  "expires_in": "299"
}
$
```

그림 11.6 토큰 요청 결과

요청 결과를 보면 다음과 같은 정보를 알 수 있다.

- 접근 토큰값

- 토큰에 부여된 스코프. writer 클라이언트에게는 product:write와 product:read 스코프를 모두 부여했고, 이메일 주소 등의 사용자 정보에 대한 접근을 허용하는 openid 스코프도 부여했다.

- 토큰 유형. **Bearer** 유형은 토큰에 부여된 스코프에 맞춰 토큰 전달자에게 접근 권한을 부여한다.

- 접근 토큰의 초 단위 유효 기간. 앞의 토큰은 299초 동안 유효하다.

reader 클라이언트를 위한 접근 토큰, 즉 product:read 스코프만 추가한 접근 토큰을 가져오려면 다음과 같이 클라이언트 ID를 reader로 바꾼 후 실행한다.

```
curl -k https://reader:secret@localhost:8443/oauth2/token -d grant_
type=client_credentials -s | jq .
```

권한 코드 승인 흐름을 사용해 접근 토큰 획득

권한 코드 승인 흐름을 사용해 접근 토큰을 얻으려면 웹 브라우저를 사용해야 한다. 이 승인 흐름은 안전성이 낮은 환경(웹 브라우저)에서 보안을 유지해야 하기 때문에 조금 더 복잡하다.

안전하지 않은 첫 번째 단계에서는 웹 브라우저를 사용해 접근 토큰으로 교환할 수 있는 일회용 권한 부여 코드를 획득한다. 권한 부여 코드는 웹 브라우저에서 보안 계층(예: 서버 측 코드)으로 전달되며, 이 계층에서는 권한 부여 코드를 접근 토큰으로 교환하는 요청을 권한 부여 서버로 보낼 수 있다. 이 교환 과정에서 서버는 자신을 증명하기 위한 클라이언트 암호를 제공해야 한다.

다음 단계를 수행해 권한 부여 코드 승인 흐름을 실행한다.

1. reader 클라이언트를 위한 권한 부여 코드를 얻으려면 자체 서명한 인증서의 사용을 허용하는 크롬 등의 브라우저에서 다음 URL(https://localhost:8443/oauth2/authorize?response_type=code&client_id=reader&redirect_uri=https://my.redirect.uri&scope=product:read&state=35725)에 접속한다.

2. 웹 브라우저에 로그인 화면이 나타나면 구성 파일에서 지정한 자격 증명(사용자 이름 u, 암호 p)을 사용해 로그인한다.

그림 11.7 권한 코드 승인 흐름 사용

3. reader 클라이언트가 사용자를 대신해 API를 호출하는 것에 동의하는지 묻는 동의 페이지가 나타난다.

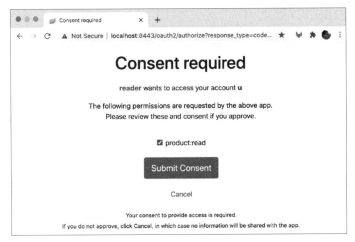

그림 11.8 권한 부여 코드 승인 흐름 동의 페이지

4. **Submit Consent** 버튼을 클릭하면 그림 11.9와 같은 결과가 나타난다.

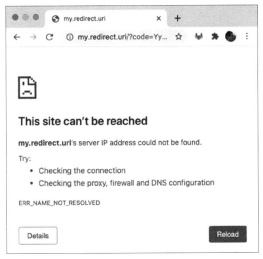

그림 11.9 권한 부여 코드 승인 흐름 리다이렉트 페이지

5. 결과 페이지는 조금 실망스러울 것이다. 권한 부여 서버에서 웹 브라우저로 전달한 리다이렉션 URL은 클라이언트가 요청을 보낼 때 지정한 리다이렉션 URI를 기반으로 한다. URL을 복사해서 텍스트 편집기에 붙여넣어보면 다음과 유사할 것이다.

   https://my.redirect.uri/?code=Yyr...X0Q&state=35725

리다이렉션 URL의 code 매개 변수에서 권한 부여 코드를 찾을 수 있다. code 매개 변수에서 권한 부여 코드를 추출하고 그 값으로 CODE 환경 변수를 정의한다.

```
CODE=Yyr...X0Q
```

6. 이제 백엔드 서버 역할을 대신하는 curl 커맨드를 실행해 인증 코드와 접근 토큰을 교환한다.

```
curl -k https://reader:secret@localhost:8443/oauth/token \
  -d grant_type=authorization_code \
  -d client_id=reader \
  -d redirect_uri=http://my.redirect.uri \
  -d code=$CODE -s | jq .
```

응답 샘플은 그림 11.10과 같다.

그림 11.10 권한 부여 코드 승인 흐름 접근 토큰

그림 11.10의 스크린샷을 보면 다음과 같은 예외 외에는 클라이언트 자격 증명 승인 흐름을 사용해 얻은 것과 결과가 비슷하다.

○ 좀 더 안전한 승인 흐름이기 때문에 재발급 토큰을 발급한다.

○ reader 클라이언트가 사용할 접근 토큰을 요청했기 때문에 product:read 스코프만 있고 product:write 스코프는 없다.

7. writer 클라이언트가 사용할 권한 부여 코드를 얻으려면 다음 URL(https://localhost:8443/ oauth2/authorize?response_type=code&client_id=writer&redirect_uri=https://my.redirect.uri&s cope=product:read+product:write&state=72489)에 접속한다.

8. 코드를 writer 클라이언트가 사용할 접근 토큰으로 교환하려면 다음 커맨드를 실행한다.

```
curl -k https://writer:secret@localhost:8443/oauth2/token \
  -d grant_type=authorization_code \
  -d client_id=writer \
  -d redirect_uri=https://my.redirect.uri \
  -d code=$CODE -s | jq .
```

결과를 확인하면 product:write 스코프도 들어 있다.

접근 토큰을 사용해 보안 API 호출

이제 가져온 접근 토큰을 사용해 보안 API를 호출해보자.

OAuth 2.0 접근 토큰은 HTTP 표준인 authorization 헤더로 전송되며 Bearer 접두사가 붙는다.

다음과 같이 커맨드를 실행해 보안 API를 호출한다.

1. 먼저 유효한 접근 토큰 없이 제품 조회 API를 호출한다.

```
ACCESS_TOKEN=an-invalid-token
curl https://localhost:8443/product-composite/1 -k -H "Authorization:
Bearer $ACCESS_TOKEN" -i
```

실행 결과는 그림 11.11과 같다.

그림 11.11 토큰 문제로 401 Unauthorized 오류 발생

오류 메시지를 보면 접근 토큰이 유효하지 않아서 발생한 오류라는 것을 알 수 있다.

2. 다음으로 앞 절에서 reader 클라이언트를 위해 발급한 접근 토큰을 사용해 제품 조회 API를 호출한다.

```
ACCESS_TOKEN={a-reader-access-token}
curl https://localhost:8443/product-composite/1 -k -H "Authorization:
Bearer $ACCESS_TOKEN" -i
```

이제 200 OK 상태 코드와 응답 본문을 반환한다.

그림 11.12 유효한 접근 토큰을 사용하면 200 OK를 반환한다.

3. reader 클라이언트용 접근 토큰을 사용해 삭제 API를 호출하면 오류가 발생한다.

```
ACCESS_TOKEN={a-reader-access-token}
curl https://localhost:8443/product-composite/999 -k -H "Authorization:
Bearer $ACCESS_TOKEN" -X DELETE -i
```

실행 결과는 그림 11.13과 같다.

그림 11.13 권한이 부족하면 403 Forbidden을 반환한다

실행 결과의 오류 메시지를 보면 접근 토큰에 있는 것보다 높은 권한이 있어야 API를 호출할 수 있다.

4. writer 클라이언트용 접근 토큰을 사용해 삭제 API 다시 호출하면 200 OK를 반환하면서 성공한다.

docker-compose logs -f product-composite 커맨드로 로그 출력을 조사하면 그림 11.14
와 같은 권한 정보를 볼 수 있다.

그림 11.14 로그 출력에서 권한 부여 정보 확인

이 정보는 product-composite 서비스에서 출력한 것으로 JWT로 인코딩된 접근 토큰에
서 추출한 것이다. 즉 product-composite 서비스는 권한 부여 서버와 통신하지 않고도 이
정보를 얻을 수 있다.

지금까지 클라이언트 자격 증명 승인 흐름과 권한 코드 승인 흐름을 사용해 접근 토큰을 발
급하는 방법을 배웠다. 클라이언트가 접근 토큰으로 수행할 수 있는 작업을 제한하고자 스
코프를 사용하는 방법도 살펴봤다. 예를 들어, 읽기 작업만 허용할 수 있다.

스웨거 UI에서 OAuth 2.0 테스트

이 절에서는 스웨거 UI 컴포넌트를 사용해 보안 API에 접근하는 방법을 배운다. 'product-
composite 서비스 변경' 절에서 설명한 내용대로 구성해 스웨거 UI가 사용할 접근 토큰을
발급하고 스웨거 UI에서 API를 호출할 때 이 토큰을 사용한다.

다음 단계를 수행한다.

1. 웹 브라우저에서 다음 URL로 이동해 스웨거 UI 시작 페이지(https://localhost:8443/
   openapi/swagger-ui.html)를 연다.

2. 시작 페이지의 **Servers** 드롭다운 목록 옆쪽에 **Authorize** 버튼이 새로 생겼다.

3. **Authorize** 버튼을 클릭해 권한 코드 승인 흐름을 시작한다.

4. 스웨거 UI는 권한 부여 서버에 요청할 수 있는 스코프의 목록을 표시한다. **select all** 링크를 클릭해 모든 스코프를 선택하고 **Authorize** 버튼을 클릭한다.

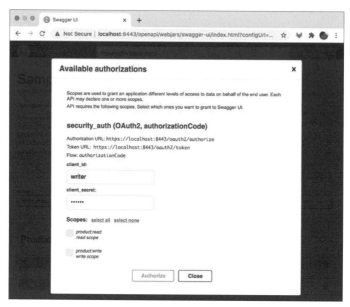

그림 11.15 스웨거 UI의 OAuth 스코프 선택 화면

이제 권한 부여 서버로 리다이렉션된다. 웹 브라우저에서 이전에 로그인하지 않았다면 권한 부여 서버는 권한 코드 승인 흐름을 사용해 '권한 코드 승인 흐름을 사용해 접근 토큰 획득' 절에서와 마찬가지로 자격 증명을 요구한다.

5. 사용자 이름에는 u를 입력하고 암호에는 p를 입력해 로그인한다.

6. 권한 부여 서버에서 동의를 요구한다. 두 스코프를 모두 선택하고 **Submit Consent** 버튼을 클릭한다.

7. 스웨거 UI에서는 완료된 권한 부여 흐름에 대한 정보를 표시하면서 권한 부여 프로세스를 완료한다. **Close** 버튼을 클릭해 시작 페이지로 돌아간다.

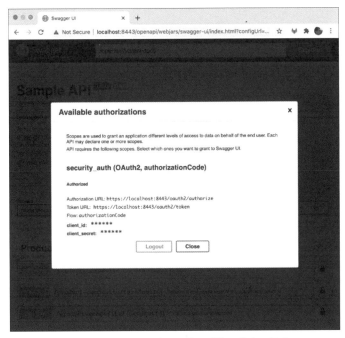

그림 11.16 OAuth 승인 흐름을 요약한 스웨거 UI 화면

8. 이제 5장에서 설명한 방식대로 API를 사용할 수 있다. 스웨거 UI는 요청에 접근 토큰을 추가한다. **Responses** 헤더 항목 아래쪽의 **curl** 커맨드를 살펴보면 접근 토큰을 찾을 수 있다.

지금까지 로컬 권한 부여 서버를 사용한 테스트를 수행했다. 다음 절에서는 로컬 권한 부여 서버를 외부 OpenID Connect 공급자로 교체한다.

⠿ 외부 OpenID Connect 공급자를 사용한 테스트

앞 절에서는 로컬 권한 부여 서버를 바탕으로 OAuth를 사용해봤으며, 잘 작동한다는 것을 확인했다. 로컬 권한 부여 서버를 인증된 OpenID Connect 공급자로 교체하면 어떻게 될까? 이론상으로는 별문제가 없어야 한다. 바로 확인해보자.

인증받은 OpenID Connect 구현의 목록은 다음 링크(https://openid.net/developers/certified/)를 참고한다. 이 책에서는 Auth0(https://auth0.com/)를 외부 OpenID Connect 공급자로 사용해 테스트를 수행한다. 자체 권한 부여 서버를 Auth0로 교체하고자 다음 단계를 수행한다.

- Auth0 사용자 계정과 클라이언트 계정(reader, writer) 설정

- Auth0를 OpenID 공급자로 사용하고 실행하는 데 필요한 변경 사항을 적용

- 테스트 스크립트로 작동 여부 확인

- 다음 단계를 수행해 접근 토큰 획득

  ○ 클라이언트 자격 증명 승인 흐름

  ○ 권한 코드 승인 흐름

- 승인 흐름을 통해 얻은 접근 토큰을 사용해 보안 API 호출

- 사용자 정보 엔드포인트를 사용해 사용자에 대한 추가 정보 획득

이어지는 절에서 각 단계를 살펴본다.

Auth0 사용자 계정의 설정 및 구성

필요한 Auth0 구성의 대부분은 스크립트로 Auth0의 관리 API를 사용해 처리한다. Auth0의 관리 API를 사용하려면 몇 단계의 수작업을 거쳐서 클라이언트 ID와 클라이언트 암호를 생성해야 한다. Auth0 서비스는 멀티 테넌트multi-tenant이므로 자체 OAuth 객체 도메인에 클라이언트, 자원 소유자, 자원 서버를 만들 수 있다.

다음 단계를 수행해 무료 Auth0 계정을 만들고 관리 API에 접근하기 위한 클라이언트를 생성한다.

1. 웹 브라우저로 https://auth0.com에 접속한다.

2. **Sign up** 버튼을 클릭한다.

    a. 사용할 이메일 주소를 입력하고 가입한다.

    b. 가입에 성공하면 테넌트 도메인을 만들라는 메시지가 표시되는데, 원하는 테넌트 도메인 이름을 입력하면 된다. 나는 `dev-ml.eu.auth0.com`을 입력했다.

    c. 요청에 따른 계정 정보를 입력한다.

    d. 메일함에서 제목이 'Please Verify Your Auth0 Account'인 이메일을 찾아 이메일의 지침에 따라 계정을 확인한다.

3. 가입이 끝나면 대시 보드의 **Getting Started** 페이지로 이동하게 된다.

4. 왼쪽 메뉴에서 **Applications**를 클릭해 확장하고 **APIs**를 클릭해 관리 API인 **Auth0 Management API**를 찾는다. 이 API는 테넌트를 생성하는 과정에서 생성된 것이다. 이 API를 사용해 테넌트를 구성할 것이다.

5. **Auth0 Management API**를 클릭하고 **Test** 탭을 선택한다.

6. **Create & Authorize Test Application**라고 쓰여 있는 큰 버튼이 나타난다. 이 버튼을 클릭하면 관리 API에 접근할 수 있는 클라이언트를 생성하게 된다.

7. 클라이언트가 생성되면 제목이 **Asking Auth0 for tokens from my application**인 페이지가 나타난다. 마지막 단계로 생성된 클라이언트에 관리 API를 사용할 수 있도록 권한을 부여한다.

8. **Test** 탭 옆에 있는 **Machine to Machine Applications** 탭을 클릭한다.

9. 관리 API 사용 권한이 있는 **Auth0 Management API (Test Application)**라는 이름의 테스트 클라이언트가 나타난다. **Authorize** 토글 버튼 옆에 있는 아래쪽 화살표를 클릭하면 수많은 사용 가능한 권한이 나타난다.

10. **All** 버튼을 클릭한 다음 **Update** 버튼을 클릭한다. 화면이 그림 11.17과 비슷해야 한다.

그림 11.17 Auth0 관리 API 클라이언트의 권한

11. 모든 테넌트 관리 **API**에 접근할 수 있는 강력한 권한을 가진 클라이언트를 생성한다는 것을 명심하고 **CONTINUE** 버튼을 클릭한다.

12. 이제 생성한 클라이언트의 클라이언트 ID와 클라이언트 암호만 수집하면 된다. 가장 쉬운 방법은 왼쪽 메뉴에서 **Applications** 메뉴(메인 메뉴 Applications)를 선택한 다음, 이름이 **Auth0 Management API (Test Application)**인 애플리케이션을 선택하는 것이다. 그림 11.18과 비슷한 화면이 나타나야 한다.

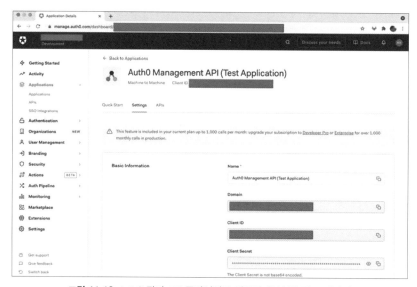

그림 11.18 Auth0 관리 API 클라이언트 애플리케이션의 정보 페이지

13. 그림 11.18의 화면에서 다음 값을 복사해서 $BOOK_HOME/Chapter11/auth0/env. bash 파일의 해당 변숫값으로 넣는다.

a. **Domain** 항목 값을 `TENANT` 변수에 입력

b. **Client ID** 항목 값을 `MGM_CLIENT_ID` 변수에 입력

c. **Client Secret** 항목 값을 `MGM_CLIENT_SECRET` 변수에 입력

14. 스크립트에서 생성할 테스트 사용자의 이메일 주소와 암호를 env.bash 파일의 `USER_EMAIL` 및 `USER_PASSWORD` 변숫값으로 넣는다.

> **TIP**
>
> 앞에서와 같이 사용자의 암호를 입력하는 것은 보안 관점의 모범 사례와 배치된다. Auth0는 사용자가 암호를 직접 등록하는 기능을 제공하지만 설정이 더 복잡하다. 자세한 내용은 다음 링크(https://auth0. com/docs/connections/database/password-change)를 참고한다. 여기에서는 테스트 목적으로 만 사용하기 때문에 암호를 직접 입력했다.

이제 스크립트를 실행해 다음과 같이 구성을 완료한다.

- OAuth 클라이언트 애플리케이션(reader, writer) 생성

- product-composite API에 대한 OAuth 자원 서버 생성. product:read, product:write OAuth 스코프를 가진다.

- OAuth 자원 소유자 생성. 권한 코드 승인 흐름을 테스트할 때 사용한다.

- 끝으로 reader 애플리케이션에 product:read 스코프를 부여하고 writer 애플리케이션에 product:read와 product:writer 스코프를 부여한다.

다음 커맨드를 실행한다.

```
cd $BOOK_HOME/Chapter11/auth0
./setup-tenant.bash
```

실행 결과는 그림 11.19와 같다(일부 출력은 삭제했다).

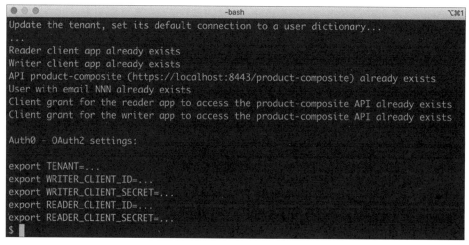

```
●●●                              -bash                           ⌥⌘1
Update the tenant, set its default connection to a user dictionary...
...
Creates reader client app...
...
Creates writer client app...
...
Creates API product-composite (https://localhost:8443/product-composite)...
...
Creates user with email NNN...
...
Create client grant for the reader app to access the product-composite API...
...
Create client grant for the writer app to access the product-composite API...
...
Auth0 - OAuth2 settings:

export TENANT=...
export WRITER_CLIENT_ID=...
export WRITER_CLIENT_SECRET=...
export READER_CLIENT_ID=...
export READER_CLIENT_SECRET=...
$
```

그림 11.19 setup-tenant.bash를 처음 실행했을 때의 출력

출력 끝부분에 있는 export 커맨드를 복사한다. 11장의 뒷부분에서 여러 번 사용할 것이다.

또한 테스트 사용자의 메일함으로 'Verify your email'이라는 제목의 메일을 받으면 이메일의 지침에 따라 테스트 사용자의 이메일 주소를 확인한다.

스크립트는 멱등성을 가진다. 즉 여러 번 실행해도 구성을 훼손하지 않는다. 스크립트를 다시 실행했을 때의 출력은 그림 11.20과 같다.

```
●●●                              -bash                           ⌥⌘1
Update the tenant, set its default connection to a user dictionary...
...
Reader client app already exists
Writer client app already exists
API product-composite (https://localhost:8443/product-composite) already exists
User with email NNN already exists
Client grant for the reader app to access the product-composite API already exists
Client grant for the writer app to access the product-composite API already exists

Auth0 - OAuth2 settings:

export TENANT=...
export WRITER_CLIENT_ID=...
export WRITER_CLIENT_SECRET=...
export READER_CLIENT_ID=...
export READER_CLIENT_SECRET=...
$
```

그림 11.20 setup-tenant.bash를 다시 실행했을 때의 출력

스크립트를 여러 번 실행할 수 있으면 매우 편리하다. 예를 들면 reader 및 writer 애플리케이션의 클라이언트 ID와 클라이언트 암호에 대한 접근 권한을 획득할 수 있다.

Auth0 계정을 생성 및 구성했으니 이에 맞춰 시스템 환경의 구성을 변경해보자.

Auth0를 OpenID 공급자로 사용하기 위해 필요한 변경 사항 적용

이 절에서는 로컬 권한 부여 서버를 Auth0으로 대체하는 데 필요한 구성 변경 사항을 알아보며, OAuth 자원 서버인 product-composite와 gateway 서비스를 변경한다. 또한 로컬 권한 부여 서버에서 받았던 접근 토큰을 Auth0에서 받을 수 있도록 테스트 스크립트를 약간 변경한다. 먼저 product-composite와 gateway 서비스부터 변경해보자.

OAuth 자원 서버의 구성 변경

앞에서 언급했듯이 Auth0를 OpenID Connect 공급자로 사용하려면 OAuth 자원 서버인 product-composite 및 gateway 서비스 구성에 표준 디스커버리 엔드포인트 URI를 추가해야 한다. 스프링 시큐리티는 디스커버리 엔드포인트에서 얻은 정보를 사용해 자원 서버를 구성한다.

product-composite 및 gateway 프로젝트의 OIDC 디스커버리 엔드포인트가 로컬 권한 부여 서버 대신 Auth0를 가리키도록 구성해야 한다. 두 프로젝트의 resource/application.yml 파일을 다음과 같이 변경한다.

1. 먼저 spring.security.oauth2.resourceserver.jwt.issuer-uri 속성을 찾는다.

2. 속성 값을 `https://${TENANT}/`로 변경한다. `${TENANT}`는 앞 절에서 만든 Auth0 테넌트 도메인 이름으로 대체한다. 나는 `dev-ml.eu.auth0.com`로 대체했다. 도메인 이름 뒤에 /를 붙이는 것을 잊지 말자.

내 OIDC 디스커버리 엔드포인트 구성은 다음과 같다.

```
spring.security.oauth2.resourceserver.jwt.issuer-uri: https://dev-ml.eu.auth0.com/
```

> **TIP**
>
> 다음 커맨드를 사용하면 디스커버리 문서의 내용을 볼 수 있다.
>
> ```
> curl https://${TENANT}/.well-known/openid-configuration -s | jq
> ```

다음 커맨드로 product-composite 및 gateway 서비스를 다시 빌드한다.

```
cd $BOOK_HOME/Chapter11
./gradlew build && docker-compose up -d --build product-composite gateway
```

product-composite 및 gateway 서비스를 업데이트한 후에는 테스트 스크립트를 업데이트한다.

Auth0에서 접근 토큰을 얻도록 테스트 스크립트 변경

이 절에서는 OIDC 공급자인 Auth0에서 접근 토큰을 얻도록 테스트 스크립트를 변경한다. 다음과 같이 test-em-all.bash 파일을 변경한다.

1. 다음 커맨드를 찾는다.

```
ACCESS_TOKEN=$(curl -k https://writer:secret@$HOST:$PORT/oauth2/token -d
grant_type=client_credentials -s | jq .access_token -r)
```

다음 커맨드로 대체한다.

```
export TENANT=...
export WRITER_CLIENT_ID=...
export WRITER_CLIENT_SECRET=...

ACCESS_TOKEN=$(curl -X POST https://$TENANT/oauth/token \
  -d grant_type=client_credentials \
  -d audience=https://localhost:8443/product-composite  \
  -d scope=product:read+product:write \
  -d client_id=$WRITER_CLIENT_ID \
  -d client_secret=$WRITER_CLIENT_SECRET -s | jq -r .access_token)
```

TIP

앞의 커맨드를 보면 Auth0는 접근 토큰의 수신자(audience)를 지정하도록 요구한다. 수신자는 접근 토큰을 사용해 호출할 API다. API 구현에서 수신자 필드를 확인하므로 누군가가 다른 목적으로 발급한 접근 토큰을 이용해 API에 대한 접근 권한을 획득하는 상황을 방지할 수 있다.

2. `setup-tenant.bash` 스크립트의 반환 값으로 앞의 커맨드에 있는 환경 변수(`TENANT`, `WRITER_CLIENT_ID`, `WRITER_CLIENT_SECRET`) 값을 설정한다.

TIP

앞에서 언급했듯이 스크립트를 다시 실행해도 아무런 부작용 없이 필요한 값을 얻을 수 있다.

3. 이제 다음 커맨드를 찾는다.

```
READER_ACCESS_TOKEN=$(curl -k https://reader:secret@$HOST:$PORT/oauth2/
token -d grant_type=client_credentials -s | jq .access_token -r)
```

다음 커맨드로 대체한다.

```
export READER_CLIENT_ID=...
export READER_CLIENT_SECRET=...

READER_ACCESS_TOKEN=$(curl -X POST https://$TENANT/oauth/token \
  -d grant_type=client_credentials \
```

```
-d audience=https://localhost:8443/product-composite \
-d scope=product:read \
-d client_id=$READER_CLIENT_ID \
-d client_secret=$READER_CLIENT_SECRET -s | jq -r .access_token)
```

4. setup-tenant.bash 스크립트의 반환 값으로 앞의 커맨드에 있는 READER_CLIENT_ID 및 READER_CLIENT_SECRET 환경 변수 값을 설정한다.

이제 로컬 권한 부여 서버가 아닌 Auth0에서 접근 토큰을 발급한다. API 구현에서는 application.yml 파일로 구성된 Auth0 디스커버리 서비스에서 얻은 정보를 이용해 접근 토큰의 서명 유효성과 만료 여부를 검사한다. 또한 접근 토큰에 있는 스코프를 사용해 클라이언트에게 API 호출 권한을 부여한다.

필요한 변경 사항을 모두 적용했다. 이제 Auth0에서 접근 토큰을 얻을 수 있는지 확인하고자 몇 가지 테스트를 실행해보자.

Auth0를 OpenID Connect 공급자로 사용해 테스트 스크립트 실행

이제 Auth0를 사용할 준비가 됐다!

다음 커맨드로 일반적인 테스트를 실행한다. 이번에는 Auth0를 OpenID Connect 공급자로 사용한다.

```
./test-em-all.bash
```

docker-compose logs -f product-composite 커맨드로 로그를 보면 Auth0에서 발급한 접근 토큰의 권한 부여 정보를 찾을 수 있다. 다음 커맨드를 실행한다.

```
docker-compose logs product-composite | grep "Authorization info"
```

실행 결과는 다음과 같다.

1. product:read, product:write 스코프를 모두 가진 접근 토큰을 사용해 호출하면 그림 11.21과 같이 두 스코프가 모두 출력된다.

그림 11.21 Auth0의 writer 클라이언트에 대한 권한 부여 정보

2. product:read 스코프만 있는 접근 토큰을 사용해 호출한 경우에는 그림 11.22와 같이 product:read 스코프만 출력된다.

그림 11.22 Auth0의 reader 클라이언트에 대한 권한 부여 정보

> **TIP**
>
> 로그 출력을 보면 해당 접근 토큰의 **목표 수신자**(intended audience)에 대한 정보도 확인할 수 있다. 서비스 URL(https://localhost:8443/product−composite)이 수신자 목록에 있는지 확인하는 테스트를 추가하면 보안을 강화할 수 있다. 앞에서 언급했듯이 이렇게 하면 누군가가 다른 목적으로 발급한 접근 토큰을 이용해 API에 접근하는 상황을 방지할 수 있다.

이 절에서는 Auth0를 사용한 자동화 테스트를 수행했다. 이어지는 절에서는 다른 승인 흐름을 사용해 접근 토큰을 얻는 방법을 배운다. 먼저 클라이언트 자격 증명 승인 흐름부터 살펴보자.

클라이언트 자격 증명 승인 흐름을 사용해 접근 토큰 획득

이 절에서는 클라이언트 자격 증명 승인 흐름을 사용해 Auth0에서 접근 토큰을 얻는 방법을 살펴본다. 다음 커맨드를 사용해 Auth0에서 접근 토큰을 얻는다.

```
export TENANT=...
export WRITER_CLIENT_ID=...
export WRITER_CLIENT_SECRET=...
curl -X POST https://$TENANT/oauth/token \
  -d grant_type=client_credentials \
  -d audience=https://localhost:8443/product-composite \
  -d scope=product:read+product:write \
  -d client_id=$WRITER_CLIENT_ID \
  -d client_secret=$WRITER_CLIENT_SECRET
```

setup-tenant.bash 스크립트의 반환 값으로 앞의 커맨드에 있는 환경 변수(TENANT, WRITER_CLIENT_ID, WRITER_CLIENT_SECRET) 값을 설정한다.

'접근 토큰을 사용해 보안 API 호출' 절에서 배운 방법대로 획득한 접근 토큰을 사용해 API를 호출할 수 있어야 한다.

권한 코드 승인 흐름을 사용해 접근 토큰 획득

이 절에서는 권한 코드 승인 흐름을 사용해 Auth0에서 접근 토큰을 얻는 방법을 배운다. 앞 절에서 했던 것처럼 먼저 웹 브라우저를 사용해 권한 부여 코드를 받는다. 그런 다음 서버 측 코드를 이용해 권한 부여 코드를 접근 토큰으로 교환한다.

다음 단계를 수행해 Auth0를 이용한 권한 코드 승인 흐름을 실행한다.

1. 웹 브라우저에서 다음 URL(https://${TENANT}/authorize?audience=https://localhost:8443/product-composite&scope=openid email product:read product:write&response_type=code&client_id=${WRITER_CLIENT_ID}&redirect_uri=https://my.redirect.uri&state=845361)을 사용해 기본 앱 클라이언트에 대한 인증 코드를 획득한다.

   setup-tenant.bash 스크립트에서 반환한 테넌트 도메인 이름과 writer 클라이언트 ID로 앞의 URL에 있는 ${TENANT} 및 ${WRITER_CLIENT_ID}를 대체한다.

Auth0는 그림 11.23과 같은 로그인 화면을 표시한다.

그림 11.23 Auth0의 권한 코드 승인 흐름 테스트 – 로그인 화면

2. 로그인에 성공하면 클라이언트 애플리케이션으로의 권한 위임에 동의하는지 묻는 화면
   이 나타난다.

그림 11.24 Auth0의 권한 코드 승인 흐름 테스트 – 동의 화면

로컬 권한 부여 서버를 사용해 권한 코드 승인 흐름을 테스트했을 때와 마찬가지로 브라우저 주소 표시줄의 URL에서 접근 토큰을 얻을 수 있다.

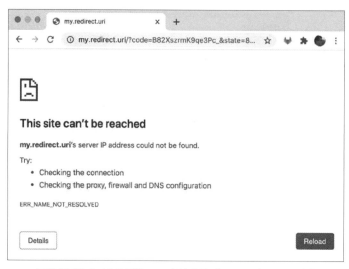

그림 11.25 Auth0의 권한 코드 승인 흐름 테스트 – 접근 토큰 화면

3. URL에서 인증 코드를 추출한 후 다음 커맨드를 사용해 접근 토큰을 가져온다.

```
CODE=...
export TENANT=...
export WRITER_CLIENT_ID=...
export WRITER_CLIENT_SECRET=...
curl -X POST https://$TENANT/oauth/token \
  -d grant_type=authorization_code \
  -d client_id=$WRITER_CLIENT_ID \
  -d client_secret=$WRITER_CLIENT_SECRET \
  -d code=$CODE \
  -d redirect_uri=https://my.redirect.uri -s | jq .
```

setup-tenant.bash 스크립트의 반환 값으로 앞의 커맨드에 있는 환경 변수(TENANT, WRITER_CLIENT_ID, WRITER_CLIENT_SECRET) 값을 설정한다.

지금까지 두 가지 권한 승인 흐름을 사용해 접근 토큰을 얻는 방법을 배웠다. 다음 절에서는 Auth0에서 얻은 접근 토큰을 사용해 외부 API를 호출한다.

Auth0 접근 토큰을 사용해 보안 API 호출

로컬 권한 부여 서버에서 발급한 접근 토큰으로 API를 호출했던 것과 마찬가지로 Auth0에서 발급한 접근 토큰으로도 API를 호출할 수 있다.

다음과 같은 커맨드로 읽기 전용 API를 호출한다.

```
ACCESS_TOKEN=...
curl https://localhost:8443/product-composite/1 -k -H "Authorization:
Bearer $ACCESS_TOKEN" -i
```

업데이트 API는 다음과 같은 커맨드로 호출한다.

```
ACCESS_TOKEN=...
curl https://localhost:8443/product-composite/999 -k -H "Authorization:
Bearer $ACCESS_TOKEN" -X DELETE -i
```

product:read와 product:write 스코프를 모두 추가한 접근 토큰을 사용했으므로 모든 API 호출이 200 OK를 반환한다.

사용자에 대한 추가 정보 획득

'Auth0를 OpenID Connect 공급자로 사용해 테스트 스크립트 실행' 절의 로그 출력(그림 11.21과 그림 11.22)을 보면 API를 호출한 사용자에 대한 정보는 전혀 나오지 않는다. 사용자에 대한 정보를 추가로 제공하는 API를 구현하고 싶다면 Auth0의 userinfo_endpoint를 호출하면 된다. 'OAuth 자원 서버의 구성 변경' 절에서 설명한 OIDC 디스커버리 엔드포인트를 호출하면 엔드포인트 주소를 확인할 수 있다. 다음 커맨드를 실행해 접근 토큰과 관련된 사용자 정보를 얻는다.

```
Export TENANT=...
curl -H "Authorization: Bearer $ACCESS_TOKEN" https://$TENANT/userinfo -s | jq
```

setup-tenant.bash 스크립트의 반환 값으로 앞의 커맨드에 있는 ${TENANT} 환경 변수 값을 설정한다.

응답 샘플은 그림 11.26과 같다.

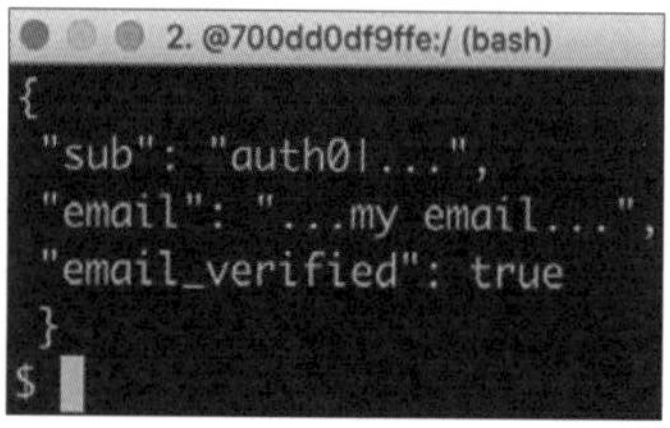

그림 11.26 Auth0에서 사용자에 대한 추가 정보 획득

TIP

사용자가 Auth0 접근 토큰을 취소했는지 확인할 때도 이 엔드포인트를 사용한다.

다음 커맨드로 시스템 환경을 종료해 테스트를 마무리한다.

```
docker-compose down
```

지금까지 로컬 OAuth 2.0 권한 부여 서버를 외부 권한 부여 서버로 대체하는 방법을 배 웠다. 또한 외부 OIDC 공급자로 접근 토큰의 유효성을 확인하고자 마이크로서비스 환경 을 재구성했다.

⠿ 요약

11장에서는 스프링 시큐리티를 사용해 API를 보호하는 방법을 배웠다.

스프링 시큐리티를 사용하면 간단히 HTTPS를 활성화해 외부 도청을 막을 수 있다는 것을 배웠으며, 스프링 시큐리티를 통해 HTTP 기본 인증을 사용하면 검색 서버(넷플릭스 유레카) 에 대한 접근을 제한할 수 있다는 것도 배웠다. 스프링 시큐리티를 사용해 간편하게 OAuth 2.0 및 OpenID Connect를 사용하는 방법과 사용자에게서 자격 증명을 받는 대신, 사용자의 접근 권한을 위임받은 서드파티 클라이언트 애플리케이션이 사용자를 대신해 API에 접근하게 하는 방법을 배웠다. 또한 스프링 시큐리티를 기반으로 로컬 OAuth 2.0 권한 부여 서버를 설정하는 방법과 외부 OpenID Connect 공급자인 Auth0로 로컬 서버를 대체하고자 구성을 변경하는 방법을 배웠다.

이제 마이크로서비스의 구성 관리를 고민할 때가 됐다. 각 마이크로서비스 인스턴스의 구성은 자체적이므로 전체 구성을 개괄하기가 어렵고 여러 마이크로서비스가 관련된 구성을 업데이트하는 것 또한 어렵다. 잘게 나뉘어 있는 구성 정보 중에는 앞에서 살펴봤듯이 자격 증명이나 인증서와 같은 중요한 정보도 있기 때문이다. 여러 공조 마이크로서비스와 관련된 구성을 처리할 더 좋은 방법과 중요한 구성을 처리할 방법을 찾아야 한다.

12장에서는 스프링 클라우드 컨피그 서버를 사용해 마이크로서비스의 구성을 관리하고 구성과 관련된 문제를 다루는 방법을 살펴본다.

⁝⁝⁝⁝ 질문

1. 자체 서명 인증서를 사용할 때의 장점과 단점은 무엇인가?

2. OAuth 2.0 인증 코드의 사용 목적은 무엇인가?

3. OAuth 2.0 스코프의 사용 목적은 무엇인가?

4. JWT가 무엇인지 간략히 설명하라.

5. JWT에 저장된 정보를 신뢰할 수 있는 이유는 무엇인가?

6. 네이티브 모바일 앱에서 사용하기에 적합한 OAuth 2.0 권한 승인 흐름은 무엇인가?

7. OpenID Connect는 OAuth 2.0에 어떤 기능을 추가하는가?

12

구성 중앙화

12장에서는 스프링 클라우드 컨피그 서버를 사용해 마이크로서비스의 구성을 중앙화해 관리하는 방법을 배운다. 1장에서 설명했듯이 일반적으로 마이크로서비스 수가 증가하면 관리하고 업데이트해야 하는 구성 파일 수도 증가한다.

스프링 클라우드 컨피그 서버를 사용하면 모든 마이크로서비스의 구성 파일을 중앙 구성 저장소에 두고 간편하게 다룰 수 있다. 시작할 때 구성 서버에서 구성을 검색하도록 마이크로서비스를 업데이트한다.

12장에서는 다음과 같은 내용을 다룬다.

- 스프링 클라우드 컨피그 서버 소개

- 구성 서버 설정

- 구성 서버의 클라이언트 구성

- 구성 저장소 구조화

- 스프링 클라우드 컨피그 서버 실습

⠿ 기술 요구 사항

이 책에서 사용하는 도구의 설치 방법과 이 책의 소스 코드를 다운로드하는 방법은 다음을 참고한다.

- 21장, 맥OS용 설치 지침

- 22장, 윈도우용 설치 지침

12장의 모든 소스 코드 예제는 $BOOK_HOME/Chapter12 폴더에 있다.

12장에서 마이크로서비스 환경에 스프링 컨피그 서버를 추가하면서 변경한 부분을 확인하고 싶다면 11장의 소스 코드와 비교하면 된다. 선호하는 파일 비교 도구를 사용해 $BOOK_HOME/Chapter11 폴더와 $BOOK_HOME/Chapter12 폴더를 비교해보자.

⠿ 스프링 클라우드 컨피그 서버 소개

스프링 클라우드 컨피그 서버(이하 구성 서버)는 10장에서 선보인 기존 마이크로서비스 환경에 추가되며, 다른 마이크로서비스와 함께 에지 서버 뒤에 있게 된다.

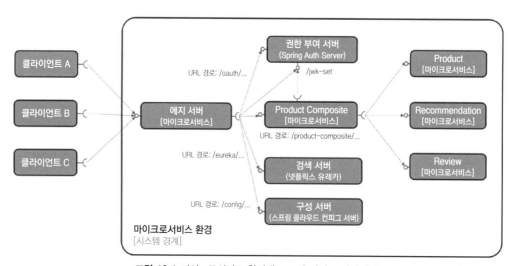

그림 12.1 마이크로서비스 환경에 스프링 컨피그 서버 추가

다음과 같은 사항을 고려해 구성 서버를 설정한다.

- 구성 저장소의 저장 유형을 선택한다.

- 구성 서버와 검색 서버 중에서 클라이언트가 먼저 접속할 서버를 결정한다.

- 구성 보안을 강화한다. API에 대한 무단 접근을 막고 중요한 정보는 일반 텍스트로 저장하지 않게 한다.

각 항목을 살펴보고, 구성 서버의 공개 API에 대해 알아보자.

구성 저장소의 저장 유형 선택

8장에서 설명했듯이 구성 서버는 다양한 저장 유형을 지원한다.

- 깃 저장소

- 로컬 파일 시스템

- 하시코프 볼트

- JDBC 데이터베이스

스프링 클라우드 컨피그 서버 프로젝트에서 지원하는 백엔드의 전체 목록은 다음 링크 (https://cloud.spring.io/spring-cloud-config/reference/html/#_environment_repository)를 참고한다.

다른 스프링 프로젝트에서 추가로 지원하는 백엔드도 있다. 예를 들어, 스프링 클라우드 AWS 프로젝트는 AWS Parameter Store나 AWS Secrets Manager를 백엔드로 사용할 수 있도록 지원한다. 자세한 내용은 다음 링크(https://doc.awspring.io/spring-cloud-aws/docs/current/reference/html/index.html)를 참고한다.

12장에서는 로컬 파일 시스템을 사용한다. 로컬 파일 시스템을 사용하려면 native 스프링 프로필을 활성화한 후 구성 서버를 시작해야 한다. 구성 저장소의 위치는 spring.cloud.config.server.native.searchLocations 속성으로 지정한다.

클라이언트가 먼저 접속할 서버 결정

기본적으로 클라이언트는 구성 서버에 먼저 접속해 구성을 검색하며, 구성에 따라 검색 서버(넷플릭스 유레카)에 자기 자신을 등록한다. 또한 클라이언트는 검색 서버에 먼저 접속해 구성 서버 인스턴스를 찾은 다음 구성 서버에서 구성을 가져올 수도 있는데, 각 접근 방식에는 장단점이 있다.

12장에서는 클라이언트가 구성 서버에 먼저 접속한다. 이 접근 방식을 사용하면 검색 서버의 구성 정보를 구성 서버에 저장할 수 있다.

다른 방식에 대한 자세한 내용은 다음 링크(https://docs.spring.io/spring-cloud-config/docs/3.0.2/reference/html/#discovery-first-bootstrap)를 참고한다.

TIP

> 구성 서버부터 접속했을 때 우려할 만한 일 중 하나는 구성 서버가 단일 장애점(SPOF, Single Point Of Failure)이 될 수 있다는 것이다. 클라이언트가 넷플릭스 유레카와 같은 검색 서버부터 연결할 때는 여러 개의 구성 서버 인스턴스를 등록해 구성 서버가 단일 장애점이 되는 것을 피할 수 있다. 뒤에 나오는 15장에서는 쿠버네티스의 서비스 개념에 대해 배운다. 쿠버네티스는 각 서비스의 뒷단에 구성 서버 컨테이너와 같은 여러 개의 컨테이너를 실행해 단일 장애점 문제를 피한다.

구성 보안

일반적으로 구성 정보는 중요한 정보로 취급해야 하므로 구성 정보를 전송하거나 저장할 때는 보안에 신경 써야 한다. 따라서 런타임 관점에서는 구성 서버가 에지 서버를 통해 외부로 노출될 이유가 없다. 개발이 진행 중일 때는 구성 서버 API에 접근해 구성을 확인하는 것이 유용하지만, 상용 환경에서는 구성 서버에 대한 외부 접근을 차단해야 한다.

구성 전송 보안

마이크로서비스나 구성 서버 API 사용자의 구성 정보 요청은 HTTPS를 사용하는 에지 서버에 의해 도청으로부터 보호된다.

HTTP 기본 인증을 사용해 API 사용자가 올바른 클라이언트인지 확인한다. 구성 서버는 스프링 시큐리티를 사용해 HTTP 기본 인증을 설정하며, `SPRING_SECURITY_USER_NAME` 및 `SPRING_SECURITY_USER_PASSWORD` 환경 변수에 자격 증명을 저장한다.

구성 저장 보안

구성 저장소 접근 권한이 있는 사람이 암호 등의 민감한 정보를 훔쳐가는 상황을 피하고자 구성 서버는 구성 정보를 암호화해서 디스크에 저장한다. 구성 서버는 대칭 키와 비대칭 키를 모두 지원하는데, 비대칭 키가 더 안전하지만 관리가 어렵다.

12장에서는 대칭 키를 사용하며, 구성 서버를 시작할 때 `ENCRYPT_KEY` 환경 변수에 대칭 키를 설정한다. 암호화 키는 일반 문자열이기 때문에 다른 민감한 정보처럼 안전하게 보호해야 한다.

비대칭 키 사용 방법에 대한 자세한 내용은 다음 링크(https://docs.spring.io/spring-cloud-config/docs/3.0.2/reference/html/#_key_management)를 참고한다.

구성 서버 API 소개

구성 서버는 클라이언트가 구성을 검색할 수 있도록 REST API를 공개한다. 12장에서는 다음과 같은 API 엔드포인트를 사용한다.

- `/actuator`: 모든 마이크로서비스가 노출하는 표준 액추에이터 엔드포인트로 주의를 기울여 사용해야 한다. 개발 중에는 매우 유용하지만 상용 환경에서는 잠겨 있어야 한다.
- `/encrypt` 및 `/decrypt`: 중요한 정보를 암호화하고 해독하기 위한 엔드포인트다. 이 역시 상용 환경에서는 잠겨 있어야 한다.
- `/{microservice}/{profile}`: 지정한 마이크로서비스의 스프링 프로필 구성을 반환한다.

구성 서버를 시험할 때 API를 사용해볼 것이다.

구성 서버 설정

다음과 같은 사항을 고려해 구성 서버를 설정한다.

1. 3장의 '스프링 이니셜라이저로 골격 코드 생성' 절에서 설명한 대로 스프링 이니셜라이저를 사용해 스프링 부트 프로젝트를 생성한다.

2. 그래들 빌드 파일(build.gradle)에 spring-cloud-config-server와 spring-boot-starter-security 의존성을 추가한다.

3. 애플리케이션 클래스인 ConfigServerApplication에 @EnableConfigServer 애노테이션을 추가한다.

```
@EnableConfigServer
@SpringBootApplication
public class ConfigServerApplication {
```

4. 기본 속성 파일인 application.yml에 구성 서버를 위한 구성을 추가한다.

```
server.port: 8888

spring.cloud.config.server.native.searchLocations: file:${PWD}/config-repo

management.endpoint.health.show-details: "ALWAYS"
management.endpoints.web.exposure.include: "*"

logging:
  level:
    root: info


---
spring.config.activate.on-profile: docker
spring.cloud.config.server.native.searchLocations: file:/config-repo
```

가장 중요한 구성은 구성 저장소의 위치를 가리키는 spring.cloud.config.server.native.searchLocations 속성이다.

5. 마이크로서비스 환경 외부에서 구성 서버 API에 접근할 수 있도록 에지 서버에 라우팅 규칙을 추가한다.

6. Dockerfile을 추가하고 3개의 도커 컴포즈 파일에 구성 서버 정의를 추가한다.

7. 민감한 구성 매개 변수는 표준 도커 컴포즈 환경 파일인 .env 파일로 외부화한다. 매개 변수에 대해서는 '도커 환경을 위한 구성 서버 설정' 절에서 설명한다.

8. 공통 빌드 파일(settings.gradle)에 구성 서버를 추가한다.

```
include ':spring-cloud:config-server'
```

스프링 클라우드 컨피그 서버의 소스 코드는 $BOOK_HOME/Chapter12/spring-cloud/config-server 폴더에 있다.

이어지는 절에서는 라우팅 규칙 설정 방법과 구성 서버를 사용하고자 도커 컴포즈를 구성하는 방법을 살펴본다.

에지 서버에 라우팅 규칙 설정

마이크로서비스 환경 외부에서 구성 서버 API에 접근할 수 있도록 에지 서버에 라우팅 규칙을 추가한다. 에지 서버로 들어오는 /config로 시작하는 모든 요청은 다음 라우팅 규칙에 의해 구성 서버로 라우팅된다.

```
- id: config-server
  uri: http://${app.config-server}:8888
  predicates:
  - Path=/config/**
  filters:
  - RewritePath=/config/(?<segment>.*), /$\{segment}
```

구성 서버로 전달하기 전에 URL의 앞부분(/config)을 제거하고자 라우팅 규칙에 RewritePath 필터를 추가했다.

에지 서버도 구성 서버에 대한 모든 요청을 허용하도록 구성하고 보안 검사를 구성 서버에 위임한다. 에지 서버의 SecurityConfig 클래스에 다음 행을 추가한다.

```
.pathMatchers("/config/**").permitAll()
```

이 라우팅 규칙을 적용하면 구성 서버 API를 사용할 수 있다. 예를 들어, docker 스프링 프로필을 활성화해 product 서비스를 실행할 때는 다음 커맨드로 구성 정보를 조회한다.

```
curl https://dev-usr:dev-pwd@localhost:8443/config/product/docker -ks | jq
```

나중에 구성 서버를 시험할 때 앞의 커맨드를 사용할 것이다.

도커 환경을 위한 구성 서버 설정

구성 서버의 Dockerfile은 8888 포트가 8080 포트를 대신한다는 점 외에는 다른 마이크로서비스와 같다.

도커 컴포즈 파일에 추가하는 구성 서버에 대한 설정은 다른 마이크로서비스와는 약간 다르다.

```
config-server:
  build: spring-cloud/config-server
  mem_limit: 512m
  environment:
    - SPRING_PROFILES_ACTIVE=docker,native
    - ENCRYPT_KEY=${CONFIG_SERVER_ENCRYPT_KEY}
    - SPRING_SECURITY_USER_NAME=${CONFIG_SERVER_USR}
    - SPRING_SECURITY_USER_PASSWORD=${CONFIG_SERVER_PWD}
  volumes:
    - $PWD/config-repo:/config-repo
```

앞의 소스 코드를 설명하면 다음과 같다.

1. 로컬 파일 기반의 구성 저장소를 사용하도록 구성 서버를 설정하며, 이를 위해 native 스프링 프로필을 추가한다.

2. 구성 서버가 중요한 구성 정보를 암호화하고 해독할 때 사용할 대칭 암호화 키는 ENCRYPT_KEY 환경 변수에 담긴다.

3. HTTP 기본 인증으로 API를 보호할 때 사용하는 자격 증명은 SPRING_SECURITY_USER_ NAME 및 SPRING_SECURITY_USER_PASSWORD 환경 변수에 담긴다.

4. 도커 컨테이너에서 /config-repo에 접근하면 config-repo 폴더에 접근할 수 있도록 볼륨을 정의한다.

도커 컴포즈 파일에 있는 환경 변수(${…}로 표시)의 값은 도커 컴포즈가 .env 파일에서 가져온다.

```
CONFIG_SERVER_ENCRYPT_KEY=my-very-secure-encrypt-key
CONFIG_SERVER_USR=dev-usr
CONFIG_SERVER_PWD=dev-pwd
```

TIP

> 사용자 이름, 암호, 암호화 키와 같은 .env 파일에 저장된 민감한 정보를 개발 및 테스트 이외의 용도로 사용할 때는 반드시 안전하게 보호해야 한다. 암호화 키가 손실되면 구성 저장소에 보관 중인 암호화된 정보를 해독할 수 없게 된다.

⁑ 구성 서버의 클라이언트 설정

다음 단계를 수행해 구성 서버에서 구성을 가져올 수 있도록 마이크로서비스를 업데이트한다.

1. 그래들 빌드 파일(build.gradle)에 spring-cloud-starter-config와 spring-retry 의존성을 추가한다.

2. 구성 파일(application.yml)을 구성 저장소로 옮기고, 이름을 `spring.application.name` 속성에 지정된 클라이언트 이름으로 변경한다.

3. src/main/resources 폴더에 새 application.yml 파일을 추가한다. 이 파일에는 구성 서버에 연결하는 데 필요한 구성 정보를 담는다. 자세한 내용은 '연결 정보 구성' 절에서 설명한다.

4. 도커 컴포즈 파일에 구성 서버 접근에 필요한 자격 증명을 추가한다. product 서비스를 예로 들면 다음과 같다.

```
product:
  environment:
    - CONFIG_SERVER_USR=${CONFIG_SERVER_USR}
    - CONFIG_SERVER_PWD=${CONFIG_SERVER_PWD}
```

5. 스프링 부트 기반의 자동 테스트를 실행할 때는 구성 서버를 사용하지 않도록 비활성화한다. @DataMongoTest, @DataJpaTest, @SpringBootTest 애노테이션에 `spring.cloud.config.enabled=false` 속성을 추가하면 비활성화된다. 다음 코드를 참고한다.

```
@DataMongoTest(properties = {"spring.cloud.config.enabled=false"})

@DataJpaTest(properties = {"spring.cloud.config.enabled=false"})

@SpringBootTest(webEnvironment=RANDOM_PORT, properties = {"eureka.client.
enabled=false", "spring.cloud.config.enabled=false"})
```

WARNING

스프링 부트 2.4.0 부터 여러 개의 속성 파일에 대한 처리 방법이 근본적으로 바뀌었다. 이 책에 적용된 주요 변경 사항은 다음과 같다.

- 속성 파일의 로드 순서가 바뀌었다. 스프링 부트 2.4.0부터는 정의한 순서에 따라 로드한다.
- 속성 재정의(override) 방식이 바뀌었다. 스프링 부트 2.4.0부터는 파일의 아랫부분에 있는 속성이 윗부분에 있는 속성을 재정의한다.
- 추가 속성 파일을 로드하는 새 메커니즘이 생겼다. 스프링 부트 2.4.0 버전부터는 spring.config.import 속성을 사용해 추가 속성 파일을 로드할 수 있다.

이렇게 변경하게 된 이유와 더 자세한 정보는 다음 링크(https://spring.io/blog/2020/08/14/config-file-processing-in-spring-boot-2-4)를 참고한다.

스프링 클라우드 2020.0.0에 포함된 스프링 클라우드 컨피그 v3.0.0은 스프링 부트 2.4.0의 새 속성 파일 로드 메커니즘을 지원한다. 이제 이 메커니즘이 구성 저장소에서 속성 파일을 가져올 때 사용하는 기본 메커니즘이다. 즉 스프링 클라우드 컨피그에서 사용하던 bootstrap.yml 파일을 표준 속성 파일인 application.yml 파일로 대체한다. 또한 spring.config.import 속성을 사용해 구성 서버에서 추가 속성 파일을 가져올 수 있다. 원한다면 레거시 부트스트랩(legacy bootstrap) 방식을 계속 사용할 수도 있다. 더 자세한 내용은 다음 링크(https://docs.spring.io/spring-cloud-config/docs/3.0.2/reference/html/₩#config-data-import)를 참고한다.

연결 정보 구성

앞에서 언급했듯이 src/main/resources/application.yml 파일에는 구성 서버에 연결할 때 필요한 클라이언트 구성이 담겨 있다. 애플리케이션의 이름을 지정하는 `spring.application.name` 속성 외에는 모든 구성 서버 클라이언트의 구성이 같다.

```
spring.config.import: "configserver:"

spring:
  application.name: product
  cloud.config:
  failFast: true
    retry:
      initialInterval: 3000
      multiplier: 1.3
      maxInterval: 10000
      maxAttempts: 20
    uri: http://localhost:8888
    username: ${CONFIG_SERVER_USR}
    password: ${CONFIG_SERVER_PWD}

---
spring.config.activate.on-profile: docker

spring.cloud.config.uri: http://config-server:8888
```

클라이언트는 이 구성에 따라 다음 단계를 수행한다.

1. 클라이언트가 도커 외부에서 실행될 때는 http://localhost:8888 URL로 구성 서버에 접속하고, 도커 컨테이너에서 실행될 때는 http://config-server:8888 URL로 구성 서버에 접속한다.

2. CONFIG_SERVER_USR 및 CONFIG_SERVER_PWD 속성 값을 클라이언트의 사용자 이름 및 비밀번호로 사용해 HTTP 기본 인증을 수행한다.

3. 필요한 경우 시작하는 동안 최대 20번까지 구성 서버에 재접속을 시도한다.

4. 접속에 실패하면 클라이언트는 3초 동안 기다린 후 재접속을 시도한다.

5. 재접속을 다시 시도하면 대기 시간이 1.3배 증가한다.

6. 최대 재접속 대기 시간은 10초다.

7. 20번까지 재접속을 시도해도 구성 서버에 접속하지 못하면 클라이언트는 시작에 실패한다.

앞의 구성으로 일시적인 구성 서버 접속 문제에 대한 복원력이 개선된다. 예를 들어, docker-compose up 커맨드를 사용했을 때처럼 전체 마이크로서비스와 구성 서버가 한꺼번에 시작될 때 특히 유용하다. 이런 시나리오에서는 아직 준비가 안 된 구성 서버로 다수의 클라이언트가 연결을 시도하게 되지만, 재시도 로직이 있기 때문에 클라이언트와 구성 서버가 성공적으로 연결될 수 있다.

구성 저장소 구조화

각 클라이언트 구성 파일을 구성 저장소로 이동한 후에는 액추에이터 엔드포인트나 유레카, RabbitMQ, 카프카 접속 정보와 같이 각 클라이언트가 공통으로 사용하는 구성 정보를 정리해 모든 클라이언트가 공유하는 공통 구성 파일인 application.yml 파일로 옮긴다. 구성 저장소에 있는 파일은 다음과 같다.

```
config-repo/
├── application.yml
├── auth-server.yml
├── eureka-server.yml
├── gateway.yml
├── product-composite.yml
├── product.yml
├── recommendation.yml
└── review.yml
```

구성 저장소는 $BOOK_HOME/Chapter12/config-repo에 있다.

⁝ 스프링 클라우드 컨피그 서버 사용

이제 구성 서버를 직접 사용해보자.

1. 소스 코드를 빌드하고 테스트 스크립트를 실행해 모든 것이 잘 작동하는지 확인한다.

2. 구성 서버 API를 사용해 마이크로서비스의 구성을 조회한다.

3. 사용자 암호와 같은 민감한 정보를 암호화하고 해독하는 방법을 살펴본다.

빌드 및 자동화 테스트 실행

다음과 같이 시스템 환경을 검증하는 테스트를 빌드 및 실행한다.

1. 먼저 커맨드로 도커 이미지를 빌드한다.

```
cd $BOOK_HOME/Chapter12
./gradlew build && docker-compose build
```

2. 다음 커맨드로 도커 시스템 환경을 시작하고 일반적인 테스트를 실행한다.

```
./test-em-all.bash start
```

구성 서버 API로 구성 조회

앞에서 설명했듯이 에지 서버를 통해 구성 서버 API에 접근하려면 URL 접두어 /config를 사용해야 하며, .env 파일에 저장된 자격 증명으로 HTTP 기본 인증을 해야 한다. 예를 들어, docker 스프링 프로필을 활성화해 도커 컨테이너로 product 서비스를 실행할 때는 다음 커맨드로 구성 정보를 조회한다.

```
curl https://dev-usr:dev-pwd@localhost:8443/config/product/docker -ks | jq .
```

응답은 다음과 같다(가독성을 위해 일부 속성을 ...으로 대체했다).

```
{
  "name": "product",
  "profiles": [
    "docker"
  ],
  ...
  "propertySources": [
    {
      "name": "...file [/config-repo/product.yml]...",
      "source": {
        "spring.config.activate.on-profile": "docker",
        "server.port": 8080,
        ...
      }
    },
    {
      "name": "...file [/config-repo/product.yml]...",
      "source": {
        "server.port": 7001,
        ...
      }
    },
    {
      "name": "...file [/config-repo/application.yml]...",
      "source": {
        "spring.config.activate.on-profile": "docker",
        ...
      }
    },
```

```
    {
      "name": "...file [/config-repo/application.yml]...",
      "source": {
        ...
        "app.eureka-password": "p",
        "spring.rabbitmq.password": "guest"
      }
    }
  ]
}
```

앞의 응답을 설명하면 다음과 같다.

- 응답에는 API로 요청할 수 있는 속성 파일 및 스프링 프로필에 따라 나뉘는 여러 개의 **프로퍼티 소스**property source와 속성이 있다. 우선 순위에 따라 프로퍼티 소스를 반환한다. 어떤 속성이 여러 프로퍼티 소스에 존재하는 경우에는 응답의 첫 번째 속성이 우선한다. 앞의 샘플 응답은 다음과 같은 프로퍼티 소스를 포함하고 있다. 우선 순위에 따라 나열했다.

  ○ /config-repo/product.yml: docker 스프링 프로필에 대한 프로퍼티 소스

  ○ /config-repo/product.yml: default 스프링 프로필에 대한 프로퍼티 소스

  ○ /config-repo/application.yml: docker 스프링 프로필에 대한 프로퍼티 소스

  ○ /config-repo/application.yml: default 스프링 프로필에 대한 프로퍼티 소스

  예를 들어, "server.port": 8080이 "server.port": 7001보다 먼저 반환되므로 7001 포트가 아닌 8080 포트를 사용한다.

- 민감한 정보인 유레카와 RabbitMQ의 암호는 일반 텍스트인 "p"와 "guest"로 반환하지만, 디스크에서는 암호화돼 있다. 구성 파일(application.yml)을 보면 다음과 같다.

```
app:
  eureka-password: '{cipher}bf298f6d5f878b342f9e44bec08cb9ac00b4ce57e98316f
030194a225fac89fb'

spring.rabbitmq:
  password: '{cipher}17fcf0ae5b8c5cf87de6875b699be4a1746dd493a99d926c7a26a6
8c422117ef'
```

민감한 정보의 암호화 및 해독

구성 서버에서 공개하는 /encrypt 및 /decrypt 엔드포인트를 사용해 정보를 암호화 및 해독할 수 있다. 앞 절의 예제에서 본 유레카와 RabbitMQ의 암호와 같은 민감한 정보는 /encrpyt 엔드포인트로 암호화한다. 구성 저장소에 저장된 암호화된 정보는 /decrypt 엔드포인트로 확인한다.

다음 커맨드로 hello world 문자열을 암호화한다.

```
curl -k https://dev-usr:dev-pwd@localhost:8443/config/encrypt --data-urlencode
  "hello world"
```

TIP

crul을 사용해 /encrypt 엔드포인트를 호출할 때는 ——data-urlencode 플래그를 사용해 '+' 등의 특수 문자를 제대로 처리해야 한다.

실행 결과는 그림 12.2와 같다.

그림 12.2 암호화한 구성 매개 변숫값

다음 커맨드로 암호화된 값을 해독한다.

```
curl -k https://dev-usr:dev-pwd@localhost:8443/config/decrypt -d
  9eca39e823957f37f0f0f4d8b2c6c46cd49ef461d1cab20c65710823a8b412ce
```

실행 결과는 그림 12.3과 같이 hello world 문자열이다.

그림 12.3 복호화한 구성 매개 변숫값

구성 파일에 암호화된 값을 저장하려면 {cipher}를 접두어로 붙이고 작은따옴표('')로 감싼다. 예를 들어, YAML 형식의 구성 파일에 암호화한 hello world 문자열을 저장하려면 다음 행을 추가한다.

```
my-secret: '{cipher}9eca39e823957f37f0f0f4d8b2c6c46cd49ef461d1cab20c65710823a8
b412ce'
```

구성 서버는 '{cipher}...' 형식의 값을 감지하면 클라이언트로 보내기 전에 암호화 키를 사용해 암호를 해독한다.

이 테스트를 끝으로 구성 중앙화 장을 마친다. 다음 커맨드로 시스템 환경을 종료한다.

```
docker-compose down
```

⋮⋮ 요약

12장에서는 스프링 클라우드 컨피그 서버를 사용해 마이크로서비스의 구성을 중앙화해서 관리하는 방법을 살펴봤으며, 여러 마이크로서비스에서 공유하는 구성을 모은 공통 구성 파일과 각 마이크로서비스별 구성 파일을 중앙 구성 저장소에 보관하는 방법 또한 살펴봤다. 시작할 때 구성 서버에서 구성을 검색하도록 마이크로서비스를 업데이트했으며, 구성 서버에서 구성을 검색하는 동안 일시적인 접속 문제가 있더라도 잘 처리할 수 있도록 구성했다.

구성 서버는 HTTP 기본 인증을 사용해 구성 정보를 보호하므로 자격 증명을 제공하는 사용자만 API를 사용할 수 있다. 구성 서버 API는 도청 방지를 위해 HTTPS를 사용하는 에지 서버를 통해 외부로 노출된다. 디스크에 저장된 구성 파일에 접근한 침입자가 암호와 같은 민감한 정보를 확인할 수 없도록 민감한 정보는 구성 서버의 /encrypt 엔드포인트로 암호화해서 디스크에 저장한다.

개발이 진행 중일 때는 구성 서버 API를 외부로 노출하는 것이 유용하지만, 상용 환경에서는 구성 서버에 대한 외부 접근을 차단해야 한다.

13장에서는 **Resilience4j**를 사용해 마이크로서비스 사이에서 동기식 통신을 과도하게 사용할 때 발생하는 문제를 완화하는 방법을 살펴본다.

⫶⫶ 질문

1. `docker compose up -d` 커맨드로 review 서비스를 시작하는 경우, review 서비스를 시작하면서 구성을 조회하려면 어떤 구성 서버 API를 호출해야 하는가?

2. 다음 커맨드로 구성 서버 API를 호출하면 어떤 구성 정보가 반환되는가?

```
curl https://dev-usr:dev-pwd@localhost:8443/config/application/default -ks | jq
```

3. 스프링 클라우드 컨피그는 어떤 유형의 저장 백엔드를 지원하는가?

4. 스프링 클라우드 컨피그로 민감한 정보를 암호화하려면 어떻게 해야 하는가?

5. 구성 서버 API를 보호하려면 어떤 방법을 사용할 수 있는가?

6. 클라이언트가 구성 서버에 먼저 접속하는 경우와 검색 서버에 먼저 접속하는 경우의 장단점을 모두 설명하라.

13

Resilience4j를 사용한
복원력 개선

13장에서는 Resilience4j를 사용해 마이크로서비스의 오류를 줄이고 복원력을 향상하는 방법을 배운다. 1장의 '서킷 브레이커' 절과 8장의 '복원력 향상을 위해 Resilience4j 사용' 절에서 이미 살펴봤듯이 서킷 브레이커를 사용하면 동기 방식으로 마이크로서비스 사이의 통신이 이뤄지는 대규모 시스템 환경에서 발생하는, 느리거나 응답하지 않는 다운스트림 downstream 마이크로서비스로 말미암은 피해를 최소화할 수 있다. 13장에서는 Resilience4j의 서킷 브레이커와 시간 제한기, 재시도 메커니즘을 함께 사용해 가장 빈번하게 발생하는 다음과 같은 오류 상태를 방지하는 방법을 알아본다.

- 마이크로서비스의 응답이 늦거나 전혀 응답하지 않는 상태
- 일시적인 네트워크 문제 등으로 요청이 무작위로 실패하는 상태

13장에서는 다음과 같은 내용을 다룬다.

- Resilience4j의 서킷 브레이커 및 재시도 메커니즘 소개
- 소스 코드에 서킷 브레이커 및 재시도 메커니즘 추가
- 서킷 브레이커 및 재시도 메커니즘 사용

⁝⁙ 기술 요구 사항

이 책에서 사용하는 도구의 설치 방법과 이 책의 소스 코드를 다운로드하는 방법은 다음을 참고한다.

- 21장, 맥OS용 설치 지침
- 22장, 윈도우용 설치 지침

13장의 모든 소스 코드 예제는 $BOOK_HOME/Chapter13 폴더에 있다.

13장에서 Resilience4j를 사용해 복원력을 향상하면서 변경한 부분을 확인하고 싶다면 12장의 소스 코드와 비교하면 된다. 선호하는 파일 비교 도구를 사용해 $BOOK_HOME/Chapter12 폴더와 $BOOK_HOME/Chapter13 폴더를 비교해보자.

⁝⁙ Resilience4j의 복원 메커니즘 소개

서킷 브레이커, 시간 제한기, 재시도 메커니즘은 마이크로서비스와 같이 동기 방식으로 연결되는 소프트웨어 컴포넌트에 특히 유용하다. 13장에서는 product-composite 서비스에서 product 서비스를 호출하는 부분에 이런 메커니즘을 적용한다. 그림 13.1의 다이어그램을 참고한다.

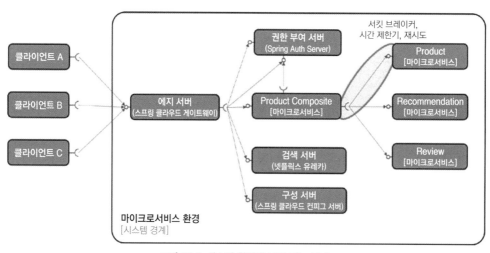

그림 13.1 시스템 환경에 복원 기능 추가

그림 13.1에서는 가독성을 위해 다른 마이크로서비스에서 검색 서버와 구성 서버로 보내는 동기 호출을 생략했다.

서킷 브레이커 소개

8장의 '복원력 향상을 위해 Resilience4j 사용' 절에서 본 상태 다이어그램을 다시 한번 살펴보자.

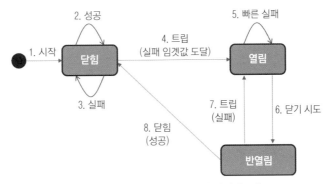

그림 13.2 서킷 브레이커의 상태 다이어그램

서킷 브레이커의 주요 기능은 다음과 같다.

- 서킷 브레이커는 다량의 오류를 감지하면 서킷을 열어 새 호출을 받지 않는다.

- 서킷 브레이커는 서킷이 열려 있을 때 빠른 실패 로직을 수행한다. 즉 이어지는 호출에서 시간 초과 등으로 말미암은 새로운 오류가 발생하지 않게 하며, **폴백 메서드**^{fallback method}로 호출을 리다이렉션한다. 폴백 메서드에 다양한 비즈니스 로직을 적용하면 로컬 캐시의 데이터를 반환하거나 즉각적인 오류 메시지를 반환하는 등의 최적화된 응답을 생성할 수 있다. 이로써 의존하는 서비스의 응답 중단 때문에 마이크로서비스가 응답하지 못하게 되는 문제를 방지할 수 있는데, 이는 고부하^{high load} 상황에서 특히 유용하다.

- 시간이 지나면 서킷 브레이커는 반열림 상태로 전환돼 새로운 호출을 허용하며, 이를 통해 문제를 일으킨 원인이 사라졌는지 확인한다. 서킷 브레이커는 새로운 오류를 감지하면 서킷을 다시 열고 빠른 실패 로직을 다시 수행하며, 오류가 사라지면 서킷을 닫고 정상 작동 상태로 돌아간다. 마이크로서비스는 이런 방법으로 장애에 대한 복원력(자가 치유력)을 가지며, 이는 동기 방식으로 통신하는 마이크로서비스 시스템 환경의 필수 기능이다.

Resilience4j는 런타임에 다양한 방법으로 서킷 브레이커의 정보를 공개한다.

- 서킷 브레이커의 현재 상태는 마이크로서비스 액추에이터의 상태 점검 엔드포인트(actuator/health)를 사용해 모니터링할 수 있다.

- 서킷 브레이커는 상태 전이 등의 이벤트를 액추에이터 엔드포인트(/actuator/circuit breakerevents)에 게시한다.

- 서킷 브레이커는 스프링 부트의 메트릭 시스템과 통합돼 있으며, 이를 이용해 프로메테우스와 같은 모니터링 도구에 메트릭을 게시할 수 있다.

13장에서는 health 및 event 엔드포인트를 사용해보고, 20장에서는 프로메테우스의 작동 방식과 스프링 부트에서 공개하는 메트릭의 수집 방법을 살펴본다.

표준 스프링 부트 구성 파일로 Resilience4j를 구성해 서킷 브레이커 로직을 제어하고자 다음과 같은 구성 매개 변수를 사용한다.

- slidingWindowType: Resilience4j는 슬라이딩 윈도우^{sliding window}를 사용해 가장 최근 이벤트를 계산해 서킷 브레이커를 열어야 할지 결정한다. 고정된 호출 수 기반의 슬라이딩 윈도우와 고정된 경과 시간 기반의 슬라이딩 윈도우가 있으며, 이 매개 변수로 사용할 슬라이딩 윈도우 유형을 결정한다.

  이 매개 변수를 COUNT_BASED로 설정해 카운트 기반^{count-based} 슬라이딩 윈도우를 사용할 것이다.

- slidingWindowSize: 닫힌 상태에서의 호출 수로, 서킷을 열어야 할지 결정할 때 사용한다.

  이 매개 변수는 5로 설정한다.

- failureRateThreshold: 실패한 호출에 대한 임곗값(백분율)으로 이 값을 초과하면 서킷이 열린다.

  이 매개 변수는 50%로 설정한다. slidingWindowSize 매개 변수를 5로 설정했으므로 마지막 5개 호출 중 3개 이상이 실패하면 서킷이 열린다.

- automaticTransitionFromOpenToHalfOpenEnabled: 대기 시간이 끝나면 자동으로 서킷 브레이커를 반개방 상태로 전환할지 결정한다. false로 설정하면 대기 시간이 끝난 후 첫 번째 호출을 기다렸다가 반개방 상태로 전환한다.

  이 매개 변수는 true로 설정한다.

- waitDurationInOpenState: 반열림 상태로 전환하기 전에 서킷을 열린 상태로 유지하는 시간이다.

  이 매개 변수는 10000ms로 설정한다. 앞에서 automaticTransitionFromOpenToHalfOpenEnabled 매개 변수를 true로 설정했으므로 서킷 브레이커는 10초 동안 회로를 열림 상태로 유지한 다음 반개방 상태로 전환된다.

- permittedNumberOfCallsInHalfOpenState: 반열림 상태에서의 호출 수로, 서킷을 다시 열거나 닫힘 상태로 돌아갈지를 결정할 때 사용한다.

이 매개 변수는 3으로 설정한다. 서킷 브레이커는 서킷이 반열림 상태로 전환된 후에 최초로 유입된 3개의 호출을 기준 삼아 서킷의 열림 여부를 결정한다. `failureRateThreshold` 매개 변수를 50%로 설정했으므로 2개 이상의 호출이 실패하면 서킷이 열리며, 이 외의 경우엔 서킷이 닫힌다.

- `ignoreExceptions`: 오류로 간주하지 않을 예외를 지정한다. 보통 `InvalidInputException` 이나 `NotFoundException`과 같이 예상할 수 있는 비즈니스 예외는 서킷 브레이커에서 무시하는데, 존재하지 않는 데이터 검색이나 유효하지 않은 입력으로 발생하는 예외 때문에 서킷을 열면 안 되기 때문이다.

  이 매개 변수는 `NotFoundException`과 `InvalidInputException` 예외를 포함한 목록으로 설정한다.

결국 Resilience4j가 액추에이터 상태 점검 엔드포인트로 서킷 브레이커의 상태를 올바른 방식으로 보고하도록 구성하려면 매개 변수를 다음과 같이 설정해야 한다.

- `registerHealthIndicator = true`: Resilience4j가 서킷 브레이커의 상태에 관한 정보로 상태 점검 엔드포인트를 채우게 한다.

- `allowHealthIndicatorToFail = false`: Resilience4j가 상태 점검 엔드포인트의 상태에 영향을 미치지 않게 한다. 즉 컴포넌트의 서킷 브레이커 중 하나가 열림 또는 반열림 상태인 경우에도 상태 점검 엔드포인트가 "UP"을 보고하게 한다. 닫힘 상태가 아닌 서킷 브레이커가 있더라도 컴포넌트의 상태를 "DOWN"으로 보고하지 않는다는 점이 매우 중요하다. 이는 컴포넌트가 의존하는 컴포넌트 중 하나가 비정상이더라도 해당 컴포넌트를 정상으로 간주한다는 뜻이다.

  TIP

  > 이 매개 변수는 매우 중요하다. 값을 true로 설정하면 서킷 브레이커 도입의 가치를 다소 훼손할 수 있다. 이전 버전의 Resilience4j는 실제로 이렇게 동작했으나 최신 버전에서는 이 문제가 수정됐고 false 가 이 매개 변수의 기본값이다. 하지만 컴포넌트의 상태와 서킷 브레이커의 상태 사이의 연관 관계를 이해하는 것이 매우 중요하다고 생각해 구성에 추가했다.

- 마지막으로, Resilience4j가 생성하는 서킷 브레이커의 상태 정보를 제공할 수 있도록 스프링 부트 액추에이터를 구성하자.

```
management.health.circuitbreakers.enabled: true
```

사용 가능한 구성 매개 변수의 전체 목록은 다음 링크(https://resilience4j.readme.io/docs/circuitbreaker#create-and-configure-a-circuitbreaker)를 참고한다.

시간 제한기 소개

서킷 브레이커에서 느리거나 응답하지 않는 서비스를 처리할 때 시간 초과 메커니즘을 사용하면 도움이 된다. TimeLimiter라고 하는 Resilience4j의 시간 초과 메커니즘은 표준 스프링 부트 구성 파일로 구성한다. 다음의 구성 매개 변수를 사용해 구성할 수 있다.

- timeoutDuration: TimeLimiter 인스턴스가 시간 초과 예외를 던지지 않고 호출이 완료될 때까지 기다리는 시간을 지정한다. 2s로 설정한다.

재시도 메커니즘 소개

재시도 메커니즘은 일시적인 네트워크 결함과 같이 무작위로 드물게 발생하는 오류에 매우 유용하다. 재시도 메커니즘은 설정된 대기 시간을 사이에 두고, 실패한 요청을 여러 번 다시 시도하는 것이다. 재시도 메커니즘을 사용하기 위한 주요 요건 중의 하나는 재시도 대상 서비스에 **멱등성**이 있어야 한다는 점이다. 즉 같은 요청 매개 변수로 서비스를 여러 번 호출하더라도 결과는 항상 같아야 한다. 일반적으로 정보를 읽는 작업에는 멱등성이 있지만, 정보를 생성하는 작업에는 멱등성이 없다. 첫 번째 주문을 생성한 후 네트워크 문제로 응답을 받지 못했더라도 재시도 메커니즘에 의해 주문이 2개 생성되는 일이 발생하면 안 된다.

Resilience4j는 서킷 브레이커와 같은 방식으로 재시도와 관련된 이벤트 및 메트릭 정보를 공개하지만 상태 정보는 전혀 제공하지 않으며, 재시도 이벤트에 관한 정보는 액추에이터 엔드포인트(/actuator/retryevents)에서 얻을 수 있다. 표준 스프링 부트 구성 파일로 Resilience4j를 구성해 재시도 로직을 제어한다. 다음과 같은 구성 매개 변수를 사용한다.

- `maxRetryAttempts`: 첫 번째 호출을 포함한 총 시도 횟수. 첫 번째 호출 실패 후 최대 2번의 재시도까지 허용하도록 3으로 설정한다.

- `waitDuration`: 재시도를 다시 수행하기 전의 대기 시간. 재시도 전에 1초를 대기하도록 `1000ms`로 설정한다.

- `retryExceptions`: 재시도를 트리거하는 예외 목록. HTTP 요청에 대한 응답으로 500 상태 코드가 왔을 때 발생하는 `InternalServerError` 예외에 대해서만 재시도를 트리거하도록 설정한다.

> **TIP**
>
> 재시도 및 서킷 브레이커 설정을 구성할 때는 주의를 기울여야 한다. 예를 들어, 의도한 재시도 횟수에 도달하기 전에 서킷 브레이커가 서킷을 열게 하면 안 된다.

사용 가능한 구성 매개 변수의 전체 목록은 다음 링크(https://resilience4j.readme.io/docs/retry#create-and-configure-retry)를 참고한다.

다음 절에서는 `product-composite` 서비스의 소스 코드에 복원력 메커니즘을 추가하는 방법을 살펴본다.

⫶ 소스 코드에 복원력 메커니즘 추가

소스 코드에 서킷 브레이커 및 재시도 메커니즘을 추가하기 전에 임의로 오류를 발생시키고 지연을 삽입하는 코드를 추가한다. 그런 다음 응답이 늦거나 응답하지 않는 API를 처리하기 위한 서킷 브레이커 및 시간 제한기를 추가하고, 무작위로 발생하는 결함을 처리하고자 재시도 메커니즘을 추가한다. 다음과 같이 앞에서 사용한 스프링 부트 방식에 따라 Resilience4j의 기능을 추가한다.

- Resilience4j에 대한 스타터 의존성을 빌드 파일에 추가한다.

- 복원력 메커니즘을 적용할 소스 코드에 애노테이션을 추가한다.

- 복원력 메커니즘의 동작을 제어하는 구성을 추가한다.

복원력 문제를 처리하는 것은 통합 계층의 책임이므로 복원력 메커니즘은 `ProductComposite Integration` 클래스에 둔다. `ProductCompositeServiceImpl` 클래스에 구현된 비즈니스 로직의 소스 코드에선 복원 메커니즘의 존재를 알지 못한다.

복원력 메커니즘을 적용한 후에는 시스템 환경에 배포한 서킷 브레이커가 예상대로 동작하는지 자동으로 검증할 수 있도록 테스트 스크립트(`test-em-all.bash`)를 확장한다.

프로그래밍 방식으로 지연 및 무작위 오류 추가

복원력 메커니즘을 테스트하려면 임의로 오류 발생 시기를 제어할 수 있어야 한다. 간단하게 도입할 수 있는 방법은 product 및 product-composite 서비스의 검색 API에 선택적인 쿼리 매개 변수를 추가하는 것이다.

> **TIP**
>
> 이 절에서 추가한 지연 및 오류 발생 코드와 API 매개 변수는 개발 및 테스트 중에만 사용해야 하며 상용 환경에서 사용하면 안 된다. 18장에서 서비스 메시의 개념에 대해 배울 때 상용 환경에 사용할 수 있는 더 나은 지연과 오류 발생 방법에 대해 배운다. 서비스 메시를 사용하면 마이크로서비스의 소스 코드에 영향을 미치지 않으면서도 지연 및 오류를 발생해 복원력 기능을 검증할 수 있다.

product-composite 서비스의 API는 매개 변수를 그대로 product API로 전달한다. 두 API에 다음과 같은 쿼리 매개 변수를 추가한다.

- delay: product 마이크로서비스에 있는 getProduct API의 응답을 지연시킨다. 매개 변수는 초 단위로 지정해야 하는데 예를 들어, 매개 변수를 3으로 설정하면 3초간 응답을 늦췄다가 반환한다.

- faultPercentage: product 마이크로서비스에 있는 getProduct API가 쿼리 매개 변수로 지정한 백분율(0~100%)에 따라 무작위로 예외를 발생하게 한다. 예를 들어, 매개 변수를 25로 설정했다면 대체로 API를 네 번 호출할 때마다 예외가 발생한다. 오류가 발생하면 HTTP 상태 코드 500(Internal Server Error)을 반환한다.

API 정의 변경

앞에서 살펴본 쿼리 매개 변수(delay, faultPercentage)를 다음과 같이 api 프로젝트에 있는 두 자바 인터페이스에 추가한다.

- ProductCompositeService:

```
Mono<ProductAggregate> getProduct(
    @PathVariable int productId,
    @RequestParam(value = "delay", required = false, defaultValue = "0")
    int delay,
    @RequestParam(value = "faultPercent", required = false,
    defaultValue = "0") int faultPercent
);
```

- ProductService:

```
Mono<Product> getProduct(
    @PathVariable int productId,
    @RequestParam(value = "delay", required = false, defaultValue = "0")
    int delay,
    @RequestParam(value = "faultPercent", required = false,
    defaultValue = "0") int faultPercent
);
```

쿼리 매개 변수는 오류 메커니즘의 사용을 비활성화하는 기본값과 함께 선택적 매개 변수로 선언한다. 즉 요청에 쿼리 매개 변수가 없으면 지연이 적용되지 않고 오류도 발생하지 않는다.

product-composite 마이크로서비스의 소스 코드 변경

product-composite 마이크로서비스는 매개 변수를 그대로 product API로 전달한다. API 요청을 수신한 서비스 구현에서는 product API를 호출하는 통합 컴포넌트로 매개 변수를 전달한다.

- ProductCompositeServiceImpl 클래스의 통합 컴포넌트 호출 코드는 다음과 같다.

```
public Mono<ProductAggregate> getProduct(int productId, int delay,
int faultPercent) {
    return Mono.zip (
        ...
        integration.getProduct(productId, delay, faultPercent),
        ....
```

- ProductCompositeIntegration 클래스의 product API 호출 코드는 다음과 같다.

```
public Mono<Product> getProduct(int productId, int delay, int faultPercent) {

    URI url = UriComponentsBuilder.fromUriString(
      PRODUCT_SERVICE_URL + "/product/{productId}?delay={delay}"
      + "&faultPercent={faultPercent}")
      .build(productId, delay, faultPercent);

    return webClient.get().uri(url).retrieve()...
```

product 마이크로서비스의 소스 코드 변경

product 마이크로서비스는 ProductServiceImpl 클래스가 MongoDB 데이터베이스에서 제품 정보를 읽을 때 사용하는 기존 스트림을 확장해 지연 및 무작위 오류 생성기를 구현한다. 다음 코드를 참고한다.

```
public Mono<Product> getProduct(int productId, int delay, int faultPercent) {

    ...
    return repository.findByProductId(productId)
```

```
        .map(e -> throwErrorIfBadLuck(e, faultPercent))
        .delayElement(Duration.ofSeconds(delay))
        ...
    }
```

스트림이 스프링 데이터 리포지터리 응답을 반환하면 먼저 throwErrorIfBadLuck 메서드를
적용해 예외를 던져야 할지 확인한다.

이후 Mono 클래스의 delayElement 함수를 사용해 지연을 적용한다. 예외가 발생하지 않으면
제품 엔티티를 스트림에 전달한다. 소스 코드는 다음과 같다.

```
private ProductEntity throwErrorIfBadLuck(ProductEntity entity,
int faultPercent) {

    if (faultPercent == 0) {
        return entity;
    }

    int randomThreshold = getRandomNumber(1, 100);

    if (faultPercent < randomThreshold) {
        LOG.debug("We got lucky, no error occurred, {} < {}",
            faultPercent, randomThreshold);

    } else {
        LOG.debug("Bad luck, an error occurred, {} >= {}",
            faultPercent, randomThreshold);

        throw new RuntimeException("Something went wrong...");
    }

    return entity;
}

private final Random randomNumberGenerator = new Random();

private int getRandomNumber(int min, int max) {

    if (max < min) {
        throw new IllegalArgumentException("Max must be greater than min");
    }
```

```
    return randomNumberGenerator.nextInt((max - min) + 1) + min;
  }
```

프로그래밍 방식으로 지연 및 무작위 오류를 추가하는 함수를 구현했으니 이제 코드에 복원력 메커니즘을 추가할 수 있다. 서킷 브레이커와 시간 제한기부터 추가해보자.

서킷 브레이커 및 시간 제한기 추가

앞에서 언급했듯이 의존성, 애노테이션, 구성을 추가해야 하며 빠른 실패 시나리오를 위한 폴백 로직 구현 코드도 추가한다. 다음 절에서 이런 작업의 수행 방법을 살펴본다.

빌드 파일에 의존성 추가

서킷 브레이커와 시간 제한기를 추가하려면 적절한 Resilience4j 라이브러리 의존성을 그래들 빌드 파일(build.gradle)에 추가해야 한다. 제품 문서(https://resilience4j.readme.io/docs/getting-started-3#setup)를 보면 다음의 세 가지 의존성을 추가해야 한다. 13장을 쓸 때의 최신 버전은 v1.7.0이다.

```
ext {
    resilience4jVersion = "1.7.0"
}
dependencies {
    implementation "io.github.resilience4j:resilience4j-spring-
boot2:${resilience4jVersion}"
    implementation "io.github.resilience4j:resilience4j-
reactor:${resilience4jVersion}"
    implementation 'org.springframework.boot:spring-boot-starter-aop'
    ...
```

스프링 클라우드가 번들로 포함된 이전 버전의 Resilience4j를 사용하는 것을 방지하려면 모든 하위 프로젝트를 나열하고 사용할 버전을 지정해야 한다. dependencyManagement 항목에 관련 의존성을 추가하면 의존성 문제를 해결할 수 있다.

```
dependencyManagement {
    imports {
        mavenBom "org.springframework.cloud:spring-cloud-dependencies:$
{springCloudVersion}"
    }
    dependencies {
        dependency "io.github.resilience4j:resilience4j-
spring:${resilience4jVersion}"
        ...
    }
}
```

소스 코드에 애노테이션 추가

보호 대상 메서드인 ProductCompositeIntegration 클래스의 getProduct() 메서드에
@CircuitBreaker(...) 애노테이션을 붙이면 서킷 브레이커가 적용된다. 서킷 브레이커는
시간 초과로 트리거되지 않으며 예외가 발생해야 트리거된다. 시간 초과가 발생했을 때 서
킷 브레이커를 트리거하려면 @TimeLimiter(...) 애노테이션을 사용해 시간 제한기를 추가
하면 된다. 소스 코드는 다음과 같다.

```
@TimeLimiter(name = "product")
@CircuitBreaker(name = "product", fallbackMethod = "getProductFallbackValue")

public Mono<Product> getProduct(
  int productId, int delay, int faultPercent) {
  ...
}
```

다른 구성과 구별하고자 서킷 브레이커와 시간 제한기 애노테이션의 name 요소 값을
"product"로 지정했다. 서킷 브레이커 애노테이션의 fallbackMethod 요소는 서킷 브레이커
가 열렸을 때 호출할 폴백 메서드를 지정할 때 사용한다. 앞의 코드에서는 getProduct
FallbackValue 메서드를 지정했다. 다음 절에서 사용 예를 볼 수 있다.

서킷 브레이커를 활성화하려면 애노테이션을 붙인 메서드를 스프링 빈으로 동작해야 한다.
앞에서 본 통합 클래스는 스프링에 의해 서비스 구현 클래스(ProductCompositeServiceImpl)에
주입되므로 스프링 빈으로 동작한다.

```
private final ProductCompositeIntegration integration;

@Autowired
public ProductCompositeServiceImpl(... ProductCompositeIntegration
integration) {
  this.integration = integration;
}

public Mono<ProductAggregate> getProduct(int productId, int delay,
int faultPercent) {
  return Mono.zip(
    ...,
    integration.getProduct(productId, delay, faultPercent),
    ...
```

폴백 로직 추가

서킷 브레이커가 열려서 빠른 실패 로직이 수행될 때 적용할 폴백 로직을 지정하려면 앞의
소스 코드에서 본 것과 같이 CircuitBreaker 애노테이션에 폴백 메서드를 지정하면 된다.
폴백 메서드는 서킷 브레이커가 적용된 메서드의 시그니처를 따라야 하며, 끝에 서킷 브레
이커가 트리거하는 예외를 전달하기 위한 매개 변수를 추가해야 한다. 우리가 사용할 폴백
메서드의 시그니처는 다음과 같다.

```
private Mono<Product> getProductFallbackValue(int productId,
  int delay, int faultPercent, CallNotPermittedException ex) {
```

CallNotPermittedException 유형의 예외를 처리할 수 있도록 마지막 매개 변수를 지정한다.
우리는 서킷 브레이커가 열림 상태에 있을 때 발생하는 예외를 처리하는 빠른 실패 로직을
적용해야 하는데 서킷 브레이커가 열려 있으면 기본 메서드 호출을 허용하지 않고 바로
CallNotPermittedException 예외를 던진다. 따라서 CallNotPermittedException 예외만 처리
하면 된다.

폴백 로직은 내부 캐시 등의 다른 곳에서 productId를 이용해 제품 정보를 조회하도록 구현
한다. 우리의 폴백 메서드에서는 캐시에서 가져온 경우를 시뮬레이션하고자 productId 기반
의 하드 코딩된 값을 반환한다. 또한 캐시에 값이 없는 경우를 시뮬레이션하고자 productId

가 13일 때는 NotFoundException을 던진다. 폴백 메서드의 구현은 다음과 같다.

```java
private Mono<Product> getProductFallbackValue(int productId,
  int delay, int faultPercent, CallNotPermittedException ex) {

  if (productId == 13) {
    String errMsg = "Product Id: " + productId
      + " not found in fallback cache!";
    throw new NotFoundException(errMsg);
  }

  return Mono.just(new Product(productId, "Fallback product"
    + productId, productId, serviceUtil.getServiceAddress()));
}
```

구성 추가

다음과 같은 서킷 브레이커 및 시간 제한기 구성을 구성 저장소에 있는 product-composite.yml 파일에 추가한다.

```yaml
resilience4j.timelimiter:
  instances:
    product:
      timeoutDuration: 2s

management.health.circuitbreakers.enabled: true

resilience4j.circuitbreaker:
  instances:
    product:
      allowHealthIndicatorToFail: false
      registerHealthIndicator: true
      slidingWindowType: COUNT_BASED
      slidingWindowSize: 5
      failureRateThreshold: 50
      waitDurationInOpenState: 10000
      permittedNumberOfCallsInHalfOpenState: 3
      automaticTransitionFromOpenToHalfOpenEnabled: true
      ignoreExceptions:
        - se.magnus.api.exceptions.InvalidInputException
        - se.magnus.api.exceptions.NotFoundException
```

구성 값에 대해서는 '서킷 브레이커 소개' 절과 '시간 제한기 소개' 절에서 이미 설명했다.

재시도 메커니즘 추가

서킷 브레이커와 같은 방식으로 의존성, 애노테이션, 구성을 추가해 재시도 메커니즘을 설정한다. 의존성은 '빌드 파일에 의존성 추가' 절에서 추가했으므로 애노테이션을 추가하고 구성을 설정하면 된다.

재시도 애노테이션 추가

메서드에 @Retry(name="nnn") 애노테이션을 붙이면 재시도 메커니즘이 적용된다. nnn은 이 메서드에 사용할 구성 항목의 이름이다. 구성에 대한 자세한 내용은 이어지는 '구성 추가' 절을 참고한다. 서킷 브레이커, 시간 제한기와 마찬가지로 ProductCompositeIntegration 클래스의 getProduct() 메서드에 애노테이션을 붙인다.

```
@Retry(name = "product")
@TimeLimiter(name = "product")
@CircuitBreaker(name = "product", fallbackMethod =
  "getProductFallbackValue")
public Mono<Product> getProduct(int productId, int delay,
  int faultPercent) {
```

구성 추가

서킷 브레이커, 시간 제한기와 같은 방식으로 다음과 같은 재시도 메커니즘 구성을 구성 저장소에 있는 product-composite.yml 파일에 추가한다.

```
resilience4j.retry:
  instances:
    product:
      maxAttempts: 3
      waitDuration: 1000
      retryExceptions:
      - org.springframework.web.reactive.function.client.WebClientResponse
Exception$InternalServerError
```

구성 매개 변수에 대해서는 '재시도 메커니즘 소개' 절에서 이미 설명했다.

그것은 필요한 모든 종속성, 주석, 소스 코드, 구성이다. 배포된 시스템 환경에서 회로 차단기가 예상대로 작동하는지 확인하는 테스트로 테스트 스크립트를 확장해 마무리하겠다.

자동 테스트 추가

별도의 함수(testCircuitBreaker())로 서킷 브레이커를 위한 자동 테스트를 구현해 testTest-em-all.bash 테스트 스크립트에 추가한다.

```
...
function testCircuitBreaker() {
    echo "Start Circuit Breaker tests!"
    ...
}
...
testCircuitBreaker
...
echo "End, all tests OK:" `date`
```

필요한 부분을 검증하려면 product-composite 마이크로서비스의 액추에이터 엔드포인트에 접근해야 하는데, 에지 서버를 통해선 접근할 수 없다. 따라서 도커 컴포즈의 exec 커맨드로 product-composite 마이크로서비스에서 커맨드를 실행해 액추에이터 엔드포인트에 접근한다. 마이크로서비스에서 사용하는 기본 이미지(acceptopenjdk)에는 curl이 설치돼 있으므로 product-composite 컨테이너에서 curl 명령을 실행해 필요한 정보를 얻을 수 있다. 커맨드는 다음과 같다.

```
docker-compose exec -T product-composite curl -s http://product-composite:8080/
actuator/health
```

TIP

-T 인자는 exec 커맨드가 터미널을 사용하지 않도록 비활성화한다. 이 옵션은 터미널이 없는 환경(예: CI/CD에서 사용하는 자동화된 빌드 파이프라인)에서 test-em-all.bash 테스트 스크립트를 실행할 때 꼭 필요하다.

출력을 jq로 보내면 테스트에 필요한 정보를 추출할 수 있다. 예를 들어, 서킷 브레이커의 실제 상태를 추출하고 싶다면 다음 커맨드를 실행하면 된다.

```
docker-compose exec -T product-composite curl -s http://product-composite:8080/
actuator/health | jq -r .components.circuitBreakers.details.product.details.
state
```

이 커맨드는 실제 상태에 따라 CLOSED, OPEN, HALF_OPEN을 반환한다.

다음 커맨드를 실행해 서킷 브레이커가 닫혀 있는지 확인한 후 테스트를 실행한다.

```
assertEqual "CLOSED" "$(docker-compose exec -T product-composite curl
-s http://product-composite:8080/actuator/health | jq -r .components.
circuitBreakers.details.product.details.state)"
```

이제 다음과 같이 커맨드를 세 번 반복 실행해 서킷 브레이커를 연다. delay 매개 변수를 3초로 설정했기 때문에 product 서비스의 응답이 늦어져서 커맨드는 모두 실패한다.

```
for ((n=0; n<3; n++))
do
    assertCurl 500 "curl -k https://$HOST:$PORT/product-composite/$PROD_ID_
REVS_RECS?delay=3 $AUTH -s"
    message=$(echo $RESPONSE | jq -r .message)
    assertEqual "Did not observe any item or terminal signal within 2000ms"
"${message:0:57}"
done
```

TIP

> **구성 재확인:** product 서비스의 시간 초과 구성이 2초이기 때문에 3초가 지연되면 시간 초과가 발생한다.
> 서킷 브레이커의 실패 임곗값은 50%이며 5개의 호출을 평가해 서킷의 닫힘 여부를 결정하므로 3초 지연되
> 는 호출을 세 번 반복하면 서킷이 열린다.

서킷이 열려 있으면 빠른 실패 로직이 실행되므로 시간 초과를 기다리지 않고 바로 응답을 반환하고 폴백 메서드를 호출해 최적화된 응답을 생성한다. 지연을 삽입하지 않는 정상 요청을 보냈을 때도 같은 메커니즘이 적용된다. 다음 커맨드로 확인하자.

```
assertEqual "OPEN" "$(docker-compose exec -T product-composite curl -s
http://product-composite:8080/actuator/health | jq -r .components.
circuitBreakers.details.product.details.state)"

assertCurl 200 "curl -k https://$HOST:$PORT/product-composite/$PROD_ID_REVS_
RECS?delay=3 $AUTH -s"
assertEqual "Fallback product$PROD_ID_REVS_RECS" "$(echo "$RESPONSE" | jq -r
.name)"

assertCurl 200 "curl -k https://$HOST:$PORT/product-composite/$PROD_ID_REVS_
RECS $AUTH -s"
assertEqual "Fallback product$PROD_ID_REVS_RECS" "$(echo "$RESPONSE" | jq -r
.name)"
```

TIP

필요한 경우 스크립트를 쉽게 수정할 수 있도록 $PROD_ID_REVS_RECS 변수에 제품 ID 1을 할당했다.

폴백 메서드에 있는 404 오류를 시뮬레이션하는 로직이 예상대로 작동하는지도 확인해보자. ID가 13인 제품을 조회하면 404(Not_Found) 상태 코드를 반환해야 한다.

```
assertCurl 404 "curl -k https://$HOST:$PORT/product-composite/$PROD_ID_NOT_
FOUND $AUTH -s"
assertEqual "Product Id: $PROD_ID_NOT_FOUND not found in fallback cache!"
"$(echo $RESPONSE | jq -r .message)"
```

TIP

$PROD_ID_NOT_FOUND 변수에 제품 ID 13을 할당했다.

구성한 대로 서킷 브레이커는 10초가 지나면 반열림 상태가 된다. 이를 확인하고자 10초 동안 테스트를 멈추고 대기한다.

```
echo "Will sleep for 10 sec waiting for the CB to go Half Open..."
sleep 10
```

446

반열림 상태로 전환된 것을 확인한 다음 정상 요청을 보내는 테스트를 세 번 실행한다. 실행이 끝나면 서킷 브레이커가 닫힘 상태가 됐는지 확인한다.

```
assertEqual "HALF_OPEN" "$(docker-compose exec -T product-composite
curl -s http://product-composite:8080/actuator/health | jq -r .components.
circuitBreakers.details.product.details.state)"

for ((n=0; n<3; n++))
do
    assertCurl 200 "curl -k https://$HOST:$PORT/product-composite/$PROD_ID_
REVS_RECS $AUTH -s"
    assertEqual "product name C" "$(echo "$RESPONSE" | jq -r .name)"
done

assertEqual "CLOSED" "$(docker-compose exec -T product-composite curl
-s http://product-composite:8080/actuator/health | jq -r .components.
circuitBreakers.details.product.details.state)"
```

테스트 코드는 또한 데이터베이스의 데이터를 바탕으로 응답 값을 확인하는데, 반환된 제품 이름과 데이터베이스에 저장된 값을 비교해 이를 수행한다. 제품 ID가 1인 제품의 이름은 "product name C"다.

TIP

> **구성 재확인:** 서킷 브레이커가 반열림 상태일 때는 처음 유입된 3개의 호출을 평가하도록 구성돼 있다. 따라서 50% 이상의 요청이 성공하도록 3개의 요청을 보낸다.

액추에이터 API(/actuator/circuitbreakerevents)로 서킷 브레이커의 상태 전이를 확인하면서 테스트를 마무리하자. 서킷 브레이커는 이 API를 사용해 상태 전이 등의 내부 이벤트를 드러낸다. 마지막 3개의 상태 전이는 다음과 같다.

- 첫 번째 상태 전이: 닫힘에서 열림

- 두 번째 상태 전이: 열림에서 반열림

- 세 번째 상태 전이: 반열림에서 닫힘

다음 커맨드로 확인한다.

```
assertEqual "CLOSED_TO_OPEN" "$(docker-compose exec -T product-composite curl
-s http://product-composite:8080/actuator/circuitbreakerevents/product/STATE_
TRANSITION | jq -r .circuitBreakerEvents[-3].stateTransition)"

assertEqual "OPEN_TO_HALF_OPEN" "$(docker-compose exec -T product-composite
curl -s http://product-composite:8080/actuator/circuitbreakerevents/product/
STATE_TRANSITION | jq -r .circuitBreakerEvents[-2].stateTransition)"

assertEqual "HALF_OPEN_TO_CLOSED" "$(docker-compose exec -T product-composite
curl -s http://product-composite:8080/actuator/circuitbreakerevents/product/
STATE_TRANSITION | jq -r .circuitBreakerEvents[-1].stateTransition)"
```

TIP

> jq 표현식인 circuitBreakerEvents[−1]는 서킷 브레이커 이벤트 배열의 마지막 항목을 뜻한다. [−2]는 끝에서 두 번째 이벤트를, [−3]은 끝에서 세 번째 이벤트를 뜻한다. 이런 방식으로 최신 이벤트 3개를 가져와서 확인했다.

테스트 스크립트에 여러 단계를 추가했다. 추가한 테스트를 이용하면 자동으로 서킷 브레이커가 제대로 동작하고 있는지를 확인할 수 있다. 다음 절에서는 서킷 브레이커를 시험해본다. 자동으로 테스트 스크립트를 실행하는 자동 테스트와 테스트 스크립트를 직접 실행하는 수동 테스트를 모두 사용할 것이다.

⠿ 서킷 브레이커 및 재시도 메커니즘 테스트

이제 서킷 브레이커 및 재시도 메커니즘을 시험해볼 차례다. 이전에 했던 것처럼 도커 이미지를 만들고 테스트 스크립트(test-em-all.bash)를 실행해 테스트를 시작한 다음 앞 절에서 설명한 수동 테스트를 실행해 상태를 확인한다. 다음과 같은 수동 테스트를 실행한다.

- 정상적인 상황에서의 서킷 브레이커 동작을 확인한다. 즉 정상적인 요청만 유입됐을 때 서킷이 닫혀 있는지 확인한다.

- 비정상적인 상황에서의 서킷 브레이커 동작을 확인한다. 즉 오류가 발생했을 때 서킷이 열리는지 확인한다.

- 오류가 해결돼 다시 정상 상태로 돌아오면 서킷 또한 닫힌 상태로 돌아오는지 확인한다.

- 무작위 오류를 생성해 재시도 메커니즘을 시험한다.

빌드 및 자동화 테스트 실행

다음과 같이 빌드 및 자동화 테스트를 실행한다.

1. 다음 커맨드로 도커 이미지를 빌드한다.

```
cd $BOOK_HOME/Chapter13
./gradlew build && docker-compose build
```

2. 다음 커맨드로 도커 시스템 환경을 시작하고 일반적인 테스트를 실행한다.

```
./test-em-all.bash start
```

> **TIP**
>
> 앞에서 설명한 대로 테스트를 실행하면 테스트 스크립트에서 **Start Circuit Breaker tests!**를 출력한다.

정상적인 요청만 유입될 때 서킷이 닫혀 있는지 확인

접근 토큰이 있어야 API를 호출할 수 있다. 다음 커맨드를 실행해 접근 토큰을 얻는다.

```
unset ACCESS_TOKEN
ACCESS_TOKEN=$(curl -k https://writer:secret@localhost:8443/oauth2/token -d
grant_type=client_credentials -s | jq -r .access_token)
echo $ACCESS_TOKEN
```

권한 부여 서버에서 발급한 접근 토큰은 1시간 동안만 유효하다. 따라서 테스트 중에 401 Unauthorized 오류가 발생한다면 새 접근 토큰을 얻어야 한다.

정상적인 요청을 보내고 HTTP 상태 코드 200이 반환되는지 확인한다.

```
curl -H "Authorization: Bearer $ACCESS_TOKEN" -k https://
localhost:8443/product-composite/1 -w "%{http_code}\n" -o /dev/null -s
```

HTTP 반환 상태를 출력하고자 -w "%{http_code}₩n" 스위치를 사용한다. 커맨드에서 200을 반환할 때는 응답 본문을 볼 필요가 없으므로 -o/dev/null 스위치를 사용해 출력을 생략한다.

health API를 이용해 서킷 브레이커가 닫혀 있는지 확인한다.

```
docker-compose exec product-composite curl -s http://product-composite:8080/
actuator/health | jq -r .components.circuitBreakers.details.product.details.state
```

앞의 커맨드는 CLOSED를 반환한다.

문제가 발생했을 때 서킷이 열리는지 확인

이제 임의로 오류를 발생시키고 문제가 생겼을 때 서킷이 열리는지 확인해보자. product 서비스 API를 세 번 호출하되 API 응답을 3초간 지연시켜서 시간 초과가 발생하게 한다. 세 번이면 서킷 브레이커를 트립시키기에 충분하다.

```
curl -H "Authorization: Bearer $ACCESS_TOKEN" -k https://localhost:8443/
product-composite/1?delay=3 -s | jq .
```

응답은 그림 13.3과 같다.

```
{
  "timestamp": "2021-03-12T18:29:01.477+00:00",
  "path": "/product-composite/1",
  "status": 500,
  "error": "Internal Server Error",
  "message": "Did not observe any item or terminal signal within 2000ms in 'onErrorResume' (and no fallback has been configured)",
  "requestId": "641e019c-136"
}
```

그림 13.3 시간 초과 발생 후의 응답

서킷 브레이커가 열림 상태로 전환되면 10초(`waitInterval`)가 지나기 전에 네 번째 호출을 보내서 빠른 실패 로직과 폴백 메서드가 작동하는지 확인한다. 2초 후에 시간 제한기가 작동되면 에러 메시지 대신 폴백 메서드가 만든 결과가 바로 반환된다.

```
{
  "productId": 1,
  "name": "Fallback product1",
  ...
}
```

그림 13.4 서킷 브레이커가 열린 후의 응답

`name` 필드의 값이 `Fallback product1`인 것을 보면 폴백 메서드에서 생성한 결과라는 것을 알 수 있다.

TIP

빠른 실패와 폴백 메서드는 서킷 브레이커의 핵심 기능이다. 열림 상태에서의 대기 시간을 10초로 짧게 구성했기 때문에 빠른 실패 로직과 폴백 메서드의 동작을 빠르게 확인할 수 있었다. 언제든 서킷이 반열림 상태에 있을 때 시간 초과를 유발하는 요청을 세 번 보내서 서킷을 연 다음 빠르게 네 번째 요청을 보내면 폴백 메서드가 만든 결과가 바로 반환된다. 대기 시간을 1분이나 2분으로 늘려도 되지만, 서킷이 반열림 상태로 전환되길 기다리는 것이 지루할 수 있다.

10초 동안 기다렸다가 서킷 브레이커가 반열림 상태로 전환되면 다음 커맨드를 실행해 서킷이 반열림 상태인지 확인한다.

```
docker-compose exec product-composite curl -s http://product-composite:8080/
actuator/health | jq -r .components.circuitBreakers.details.product.details.state
```

앞의 커맨드는 HALF_OPEN을 반환한다.

서킷 브레이커 다시 닫기

서킷 브레이커가 반열림 상태에 있을 때는 서킷을 다시 열지, 서킷을 닫아서 정상 상태로 되돌릴지를 판단하고자 세 번의 호출을 기다린다.

정상 요청을 세 번 보내서 서킷 브레이커를 닫는다.

```
curl -H "Authorization: Bearer $ACCESS_TOKEN" -k https://localhost:8443/
product-composite/1 -w "%{http_code}\n" -o /dev/null -s
```

실행 결과는 모두 200이다. health API를 사용해 서킷이 다시 닫혔는지 확인한다.

```
docker-compose exec product-composite curl -s http://product-composite:8080/
actuator/health | jq -r .components.circuitBreakers.details.product.details.state
```

앞의 커맨드는 CLOSED를 반환한다.

다음 커맨드로 마지막 이벤트 3개의 상태 전이를 확인하면서 마무리하자.

```
docker-compose exec product-composite curl -s http://product-composite:8080/
actuator/circuitbreakerevents/product/STATE_TRANSITION | jq -r
'.circuitBreakerEvents[-3].stateTransition, .circuitBreakerEvents[-2].
stateTransition, .circuitBreakerEvents[-1].stateTransition'
```

실행 결과는 그림 13.5와 같다.

그림 13.5 서킷 브레이커의 상태 전이

앞의 실행 결과를 보면 상태 다이어그램에서 확인한 모든 상태 전이 과정을 거치도록 서킷 브레이커를 시험했다는 것을 알 수 있다.

- 시간 초과 오류가 발생하면 요청을 받지 못하도록 닫힘 상태에서 열림 상태로 전환한다.

- 오류가 사라졌는지 확인하고자 열림 상태에서 반열림 상태로 전환한다.

- 오류가 사라지면 반열림 상태에서 닫힘 상태로 전환한다.

이것으로 서킷 브레이커 테스트를 모두 마쳤다. 다음 절에서는 재시도 메커니즘의 작동을 테스트한다.

무작위 오류로 재시도 메커니즘 테스트

product 서비스나 product 서비스와 통신하는 다른 서비스에서 일시적인 무작위 오류가 발생하는 상황을 시뮬레이션해보자.

faultPercent 매개 변수를 이용해 시뮬레이션을 수행한다. 이 값을 25로 설정하면 네 번째 요청마다 실패할 것이다. 요청이 실패하면 자동으로 재시도 메커니즘이 실행돼 실패한 요청을 다시 보내는데, curl 커맨드의 응답 시간을 측정하면 재시도 메커니즘의 실행 여부를 확인할 수 있다. 요청을 정상적으로 처리하면 약 100ms가 걸린다. 앞에서 waitDuration 매개 변수를 1000으로 설정해 1초간 대기하도록 재시도 메커니즘을 구성했으므로 재시도가 발생하면 응답 시간이 1초 증가한다. 다음 커맨드를 여러 번 실행해 무작위 오류를 발생시킨다.

```
time curl -H "Authorization: Bearer $ACCESS_TOKEN" -k https://localhost:8443/
product-composite/1?faultPercent=25 -w "%{http_code}\n" -o /dev/null -s
```

실행 결과는 요청이 성공했음을 나타내는 200이다. 접두사 real이 붙은 행을 보면 응답 시간을 알 수 있다. 예를 들어, real 0m0.078s가 출력됐다면 응답 시간은 0.078초(78ms)다. 재시도 없이 정상적으로 실행됐을 때는 그림 13.6과 같이 약 100ms가 걸린다.

그림 13.6 재시도가 없었을 때의 소요 시간

재시도가 한 번 있었을 때는 1초가 조금 넘게 소요되며 실행 결과는 그림 13.7과 같다.

그림 13.7 재시도가 한 번 있었을 때의 소요 시간

재시도가 발생해서 응답에 1초 이상이 걸린 요청을 찾았다면 다음 커맨드를 실행해 마지막 재시도 이벤트 2개를 살펴본다.

```
docker-compose exec product-composite curl -s http://product-composite:8080/
actuator/retryevents | jq '.retryEvents[-2], .retryEvents[-1]'
```

실패한 요청과 성공한 요청이 연이어 출력된다. 타임스탬프인 creationTime 필드를 살펴보면 1초 정도 차이가 난다. 실행 결과는 그림 13.8과 같다.

```
{
  "retryName": "product",
  "type": "RETRY",
  "creationTime": "2021-03-12T13:31:30.462655100Z[GMT]",
  "errorMessage": "org.springframework.web.reactive.function.client.WebCl
ientResponseException$InternalServerError: 500 Internal Server Error from
 GET http://de68d277780d:8080/product/1?delay=0&faultPercent=25",
  "numberOfAttempts": 1
}
{
  "retryName": "product",
  "type": "SUCCESS",
  "creationTime": "2021-03-12T13:31:31.475549100Z[GMT]",
  "errorMessage": "org.springframework.web.reactive.function.client.WebCl
ientResponseException$InternalServerError: 500 Internal Server Error from
 GET http://de68d277780d:8080/product/1?delay=0&faultPercent=25",
  "numberOfAttempts": 1
}
```

그림 13.8 재시도가 발생한 요청의 실행 결과

이로써 13장을 마친다. 구성 매개 변수를 다양하게 조정해 테스트해보면 복원력 메커니즘에 대해 더 잘 알 수 있을 것이다.

다음 커맨드로 시스템 환경을 종료해 테스트를 마무리한다.

```
docker-compose down
```

요약

13장에서는 Resilience4j, 서킷 브레이커, 시간 제한기, 재시도 메커니즘의 작동 방식을 살펴봤다.

서킷 브레이커는 서킷이 열려 있을 때 빠른 실패 로직과 폴백 메서드를 작동시킨다. 이를 사용하면 마이크로서비스가 의존하는 동기 서비스가 정상적으로 응답하지 않을 때도 서비스가 응답 불능 상태에 빠지지 않게 할 수 있다. 또한 서킷이 반열림 상태에 있을 때는 장애가 발생한 서비스가 다시 정상 상태로 돌아왔는지 확인하고, 다시 요청을 처리할 수 있도록 서킷을 닫아서 마이크로서비스의 복원력을 높인다. 시간 제한기는 응답하지 않는 서비스를 처리하는 서킷 브레이커를 지원하며 서킷 브레이커의 작동 전 대기 시간을 최대화한다.

재시도 메커니즘은 일시적인 네트워크 결함처럼 가끔씩 발생하는 문제 때문에 전송하지 못한 요청을 재전송한다. 재시도 메커니즘은 멱등성이 있는 서비스에만 적용할 수 있다. 즉 재시도 메커니즘을 사용하는 서비스는 같은 요청을 여러 번 보내도 문제없이 처리할 수 있어야 한다.

서킷 브레이커와 재시도 메커니즘은 스프링 부트의 관례에 따라 의존성과 애노테이션, 구성을 추가해 구현한다. Resilience4j는 서킷 브레이커와 재시도 메커니즘에 대한 정보를 런타임에 액추에이터 상태 점검 엔드포인트를 통해 공개한다. 서킷 브레이커에 대해서는 상태, 이벤트, 메트릭에 대한 정보를 제공하고 재시도에 대해서는 이벤트 및 메트릭에 대한 정보를 제공한다.

13장에서 상태 점검 및 이벤트 엔드포인트를 배우긴 했지만, 메트릭은 다루지 않았다. 메트릭과 관련된 내용은 20장에서 살펴본다.

14장에서는 스프링 클라우드로 수행하는 마지막 남은 부분을 다룬다. 스프링 클라우드 슬루스와 집킨을 사용해 공조 마이크로서비스 집합을 가로지르는 호출 체인을 추적하는 방법을 배울 것이다. 이제 14장으로 이동하자!

⫶ 질문

1. 서킷 브레이커에는 어떤 상태가 있는가? 각 상태의 용도는 무엇인가?

2. 서킷 브레이커의 시간 초과 오류는 어떻게 처리해야 하는가?

3. 서킷 브레이커에서 빠른 실패 로직이 실행될 때 폴백 로직을 적용하려면 어떻게 해야 하는가?

4. 재시도 메커니즘과 서킷 브레이커는 어떤 경우에 서로 간섭하는가?

5. 재시도 메커니즘을 적용할 수 없는 서비스의 예를 하나 들어라.

14

분산 추적

14장에서는 분산 추적을 사용해 마이크로서비스의 연동 방식을 파악하는 방법을 배운다. 예를 들어, 외부에서의 API 호출이 어떻게 처리되는지 알아본다. 공조 마이크로서비스 시스템 환경을 관리하려면 분산 추적을 활용해야 하는데, 8장에서 설명했듯이 스프링 클라우드 슬루스로 추적 정보를 수집하고 집킨을 사용해 추적 정보를 저장 및 시각화한다.

14장에서는 다음과 같은 내용을 다룬다.

- 스프링 클라우드 슬루스와 집킨을 사용한 분산 추적

- 소스 코드에 분산 추적 추가

- 분산 추적 수행 방법에 대해 알아보고 정상적인 API 요청 및 비정상적인 API 요청을 시각화 한다. 또한, 동기 방식의 API 요청 및 비동기 방식의 API 요청을 시각화하는 방법을 살펴본다.

- RabbitMQ나 카프카를 사용해 집킨 서버로 마이크로서비스의 추적 이벤트를 전송한다.

기술 요구 사항

이 책에서 사용하는 도구의 설치 방법과 이 책의 소스 코드를 다운로드하는 방법은 다음을 참고한다.

- 21장, 맥OS용 설치 지침

- 22장, 윈도우용 설치 지침

14장의 모든 소스 코드 예제는 $BOOK_HOME/Chapter14 폴더에 있다.

14장에서 스프링 클라우드 슬루스와 집킨을 사용한 분산 추적을 하고자 변경한 부분을 확인하고 싶다면 13장의 소스 코드와 비교하면 된다. 선호하는 파일 비교 도구를 사용해 $BOOK_HOME/Chapter13 폴더와 $BOOK_HOME/Chapter14 폴더를 비교해보자.

스프링 클라우드 슬루스와 집킨을 사용한 분산 추적

8장의 '스프링 클라우드 슬루스와 집킨을 사용한 분산 추적' 절을 요약하면 다음과 같다.

전체 워크플로workflow에 대한 추적 정보는 **추적**trace 혹은 **추적 트리**trace tree라고 부르고, 기본 작업 단위라고 할 수 있는 트리의 일부분은 **스팬**span이라고 부르며, 스팬은 하위 스팬으로 구성돼 추적 트리를 형성한다. 집킨 UI는 그림 14.1과 같이 추적 트리와 스팬을 시각화한다.

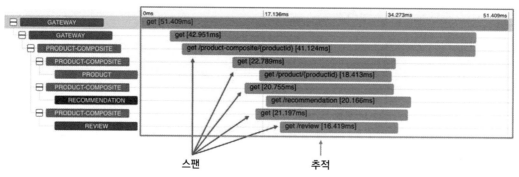

그림 14.1 추적 트리와 스팬을 이용한 시각화

스프링 클라우드 슬루스는 HTTP를 이용하는 동기 방식이나 RabbitMQ, 카프카 등의 메시지 브로커를 이용하는 비동기 방식으로 집킨에 추적 정보를 전송한다. 마이크로서비스가 집킨 서버에 대한 런타임 의존성을 갖지 않게 하려면 RabbitMQ나 카프카를 사용해 비동기 방식으로 집킨에 추적 정보를 전송하는 것이 좋다. 그림 14.2의 다이어그램을 참고한다.

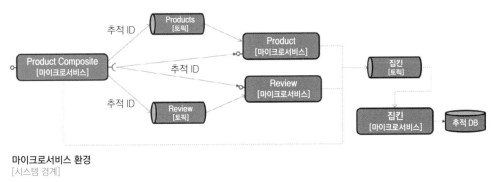

그림 14.2 메시지 브로커를 사용해 집킨으로 추적 정보 전송

집킨은 메모리나 아파치 카산드라^{Apache Cassandra}, 일래스틱서치, MySQL 등의 데이터베이스에 추적 정보를 저장할 수 있다. 다양한 확장 모듈도 제공하는데 이에 대한 자세한 내용은 다음 링크(https://zipkin.io/pages/extensions_choices)를 참고한다. 14장에서는 메모리에 추적 정보를 저장한다.

집킨을 도입해 시스템 환경에 배치했다면 소스 코드를 변경해 분산 추적을 활성화할 차례다.

⫶ 소스 코드에 분산 추적 추가

이 절에서는 스프링 클라우드 슬루스 및 집킨을 사용한 분산 추적을 활성화하고자 소스 코드를 업데이트하는 방법을 배운다. 다음 단계를 수행한다.

1. 스프링 클라우드 슬루스를 활용해 집킨으로 추적 정보를 전송하고자 빌드 파일에 의존성을 추가한다.

2. 이전에는 RabbitMQ 및 카프카 의존성을 추가하지 않았던 스프링 클라우드 프로젝트(authorization-server, eureka-server, gateway)에 RabbitMQ 및 카프카 의존성을 추가한다.

3. RabbitMQ나 카프카로 집킨 서버에 추적 정보를 보내도록 마이크로서비스를 구성한다.

4. 도커 컴포즈 파일에 집킨 서버를 추가한다.

5. docker-compose-kafka.yml 파일에 정의된 kafka 스프링 프로필을 스프링 클라우드 프로젝트(authorization-server, eureka-server, gateway)에 추가한다.

집킨 프로젝트에서 제공하는 도커 이미지를 사용해 집킨 서버를 도커 컨테이너로 실행한다. 자세한 내용은 다음 링크(https://hub.docker.com/r/openzipkin/zipkin)를 참고한다.

빌드 파일에 의존성 추가

스프링 클라우드 슬루스를 활용해 집킨으로 추적 정보를 전송하려면 그래들 프로젝트 빌드파일(build.gradle)에 의존성을 추가해야 한다.

빌드 파일에 다음 두 줄을 추가한다.

```
implementation 'org.springframework.cloud:spring-cloud-starter-sleuth'
implementation 'org.springframework.cloud:spring-cloud-sleuth-zipkin'
```

이전에는 RabbitMQ 및 카프카를 사용하지 않았던 그래들 프로젝트, 즉 스프링 클라우드프로젝트(authorization-server, eureka-server, gateway)에 다음의 의존성을 추가한다.

```
implementation 'org.springframework.cloud:spring-cloud-starter-stream-rabbit'
implementation 'org.springframework.cloud:spring-cloud-starter-stream-kafka'
```

스프링 클라우드 슬루스 및 집킨에 대한 구성 추가

스프링 클라우드 슬루스 및 집킨을 사용하기 위한 구성을 공통 구성 파일인 config-repo/application.yml에 추가한다. 기본 프로필에서는 RabbitMQ를 사용해 집킨으로 추적 정보를 보낸다.

```
spring.zipkin.sender.type: rabbit
```

기본적으로 스프링 클라우드 슬루스는 10%의 추적 정보만 집킨으로 보내므로 전체 추적 정보를 집킨으로 보내고자 기본 프로필에 다음 속성을 추가한다.

```
spring.sleuth.sampler.probability: 1.0
```

카프카를 사용해 집킨으로 추적 정보를 보내려면 kafka 스프링 프로필을 사용한다. kafka 프로필에서는 카프카를 사용해 집킨으로 추적 정보를 전송하도록 기본 프로필의 설정을 재정의한다.

```
---
spring.config.activate.on-profile: kafka

spring.zipkin.sender.type: kafka
```

끝으로 슬루스가 추적 ID를 올바르게 추적할 수 있도록 게이트웨이 서비스의 구성 파일 (config-repo/gateway.yml)에 매개 변수를 추가한다.

```
spring.sleuth.reactor.instrumentation-type: decorate-on-last
```

자세한 내용은 다음 링크(https://docs.spring.io/spring-cloud-sleuth/docs/3.0.1/reference/html/integrations.html#sleuth-reactor-integration)를 참고한다.

도커 컴포즈 파일에 집킨 추가

앞에서 언급했듯이 집킨 프로젝트에서 배포한 openzipkin/zipkin 도커 이미지를 사용하는 집킨 서버를 도커 컴포즈 파일에 추가한다. RabbitMQ를 사용하도록 docker-compose. yml과 docker-compose-partitions.yml 파일을 구성한다. 이 파일의 집킨 서버 정의는 다음과 같다.

```
zipkin:
  image: openzipkin/zipkin:2.23.2
  mem_limit: 1024m
  environment:
    - RABBIT_ADDRESSES=rabbitmq
    - STORAGE_TYPE=mem
  ports:
    - 9411:9411
  depends_on:
    rabbitmq:
      condition: service_healthy
```

앞의 소스 코드를 설명하면 다음과 같다.

- openzipkin/zipkin 도커 이미지를 사용하며 버전은 2.23.2다.

- RABBIT_ADDRESSES=rabbitmq 환경 변수는 집킨이 RabbitMQ를 사용해 추적 정보를 수신하고 rabbitmq 호스트 이름을 사용해 RabbitMQ에 연결하게 한다.

- STORAGE_TYPE=mem 환경 변수는 집킨이 모든 추적 정보를 메모리에 유지하게 한다.

- 다른 컨테이너의 메모리 제한은 512MB였지만 집킨은 1,024MB로 늘렸다. 모든 추적 정보를 메모리에 유지하도록 구성해서 다른 컨테이너에 비해 메모리 소비가 많기 때문이다.

- 웹 브라우저로 웹 사용자 인터페이스에 접근할 수 있도록 9411 HTTP 포트를 공개한다.

- 도커는 RabbitMQ 서비스가 정상임을 보고할 때까지 집킨 서버를 시작하지 않고 기다린다.

> 개발 및 테스트 환경에서는 집킨 추적 정보를 메모리에 저장해도 되지만, 상용 환경에서는 아파치 카산 드라나 일래스틱서치, MySQL 등의 데이터베이스에 추적 정보를 저장하도록 집킨을 구성해야 한다.

카프카를 사용하도록 구성된 docker-compose-kafka.yml 파일의 집킨 서버 정의는 다음 과 같다.

```
zipkin:
  image: openzipkin/zipkin:2.23.2
  mem_limit: 1024m
  environment:
    - STORAGE_TYPE=mem
    - KAFKA_BOOTSTRAP_SERVERS=kafka:9092
  ports:
    - 9411:9411
  depends_on:
    - kafka
```

앞의 소스 코드를 설명하면 다음과 같다.

- 집킨을 카프카와 함께 사용하는 구성은 집킨을 RabbitMQ와 함께 사용할 때의 구성과 비슷하다.

- 주요 차이점은 KAFKA_BOOTSTRAP_SERVERS=kafka:9092 환경 변수를 사용한다는 점이다. 이 환경 변수는 집킨이 카프카를 사용해 추적 정보를 수신하고, kafka 호스트 이름을 사용 해 카프카에 연결하게 한다.

- 도커는 카프가 서비스가 시작할 때까지 집킨 서버를 시작하지 않고 기다린다.

docker-compose-kafka.yml 파일에 정의된 스프링 클라우드 서비스(eureka, gateway, auth-server)의 스프링 프로필에 kafka를 추가한다.

```
environment:
  - SPRING_PROFILES_ACTIVE=docker,kafka
```

스프링 클라우드 슬루스와 집킨을 사용한 분산 추적 구성이 끝났다. 다음 절에서는 분산 추적을 수행해본다.

⁝⁝ 분산 추적 수행

분산 추적을 수행하려면 소스 코드 변경이 필요하다. 다음 단계를 수행한다.

1. RabbitMQ를 대기열^{queue} 관리자로 사용해 시스템 환경을 빌드, 시작, 검증한다.

2. 정상적인 API 요청을 보낸 후 이 API 요청과 관련된 추적 정보를 집킨에서 찾아본다.

3. 비정상적인 API 요청을 보낸 후 이 API 요청과 관련된 오류 정보를 집킨에서 찾아본다.

4. 비동기 처리를 유발하는 정상적인 API 요청을 보낸 후 이 요청과 관련된 추적 정보를 찾아본다.

5. RabbitMQ에서 집킨으로 전송된 추적 정보를 모니터링하는 방법을 알아본다.

6. 대기열 관리자를 카프카로 전환하고 이전 단계를 반복한다.

자세한 수행 방법은 이어지는 절에서 살펴본다.

RabbitMQ를 대기열 관리자로 사용해 시스템 환경 시작

시스템 환경을 시작해보자. 다음 커맨드로 도커 이미지를 빌드한다.

```
cd $BOOK_HOME/Chapter14
./gradlew build && docker-compose build
```

다음 커맨드로 도커 시스템 환경을 시작하고 일반적인 테스트를 실행한다.

```
./test-em-all.bash start
```

API를 호출하려면 접근 토큰이 필요하다. 다음 커맨드를 실행해 접근 토큰을 얻는다.

```
unset ACCESS_TOKEN
ACCESS_TOKEN=$(curl -k https://writer:secret@localhost:8443/oauth2/token -d
grant_type=client_credentials -s | jq -r .access_token)
echo $ACCESS_TOKEN
```

TIP

앞에서 언급했듯이 권한 부여 서버에서 발급한 접근 토큰은 1시간 동안만 유효하다. 따라서 테스트 중에
401 Unauthorized 오류가 발생한다면 새 접근 토큰을 얻어야 한다.

정상적인 API 요청 전송

이제 API에 요청을 보낼 준비가 완료됐다. 다음 커맨드를 실행한다.

```
curl -H "Authorization: Bearer $ACCESS_TOKEN" -k https://localhost:8443/
product-composite/1 -w "%{http_code}\n" -o /dev/null -s
```

커맨드의 실행 결과로 HTTP 상태 코드 200이 반환된다.

이제 집킨 UI에 접속해 집킨으로 전송된 추적 정보를 확인한다.

1. 웹 브라우저에서 다음 URL(http://localhost:9411/zipkin/)을 연다.

2. 요청에 대한 추적 정보를 검색하려면 gateway 서비스를 거친 추적을 검색해야 한다. 다음 단계를 수행한다.

   a. 큰 더하기 기호(글꼴 색은 흰색이고 바탕색은 빨간색)를 클릭하고 **serviceName**을 선택한 다음 **gateway**를 선택한다.

   b. **RUN QUERY** 버튼을 클릭한다.

   c. **Start Time** 헤더를 클릭하면 최근순으로 정렬된 결과를 볼 수 있다. **Start Time** 헤더의 왼쪽에 아래쪽으로 향한 화살표가 표시된다.

추적 정보의 검색 결과는 그림 14.3과 같다.

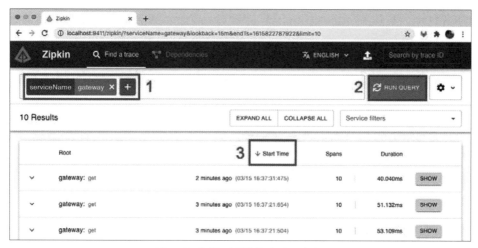

그림 14.3 집킨을 사용한 추적 정보 검색

3. 앞에서 실행한 API 호출에 대한 추적 정보가 목록의 첫 번째 행에 나타나는데, **SHOW** 버튼을 클릭하면 자세한 추적 정보를 볼 수 있다.

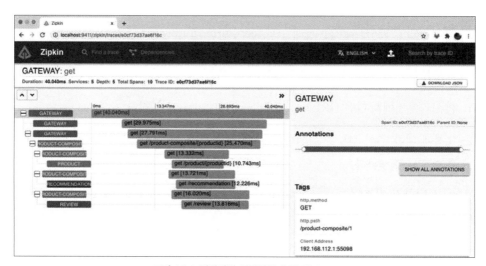

그림 14.4 집킨에서 시각화한 추적 정보

자세한 추적 정보에서 다음 사항을 확인할 수 있다.

a. gateway 서비스가 요청을 수신한다.

b. gateway 서비스는 요청의 처리를 product-composite 서비스로 위임한다.

c. product-composite 서비스는 병렬로 세 가지 핵심 서비스(product, recommendation, review)에 요청을 보낸다.

d. product-composite 서비스는 세 가지 핵심 서비스에서 받은 결과로 복합 응답을 생성하고 gateway 서비스를 통해 호출자에게 전송한다.

e. 화면 오른쪽의 상세 정보에서 우리가 보낸 요청(/product-composite/1)의 HTTP 경로를 확인할 수 있다.

비정상적인 API 요청 전송

비정상적인 API 요청을 보냈을 때의 추적 정보를 살펴보자. 존재하지 않는 제품을 검색해 본다.

1. ID가 12345인 제품을 조회하는 API를 호출하고, 404(Not_Found) 상태 코드를 반환하는지 확인한다.

```
curl -H "Authorization: Bearer $ACCESS_TOKEN" -k https://localhost:8443/
product-composite/12345 -w "%{http_code}\n" -o /dev/null -s
```

2. 집킨 UI의 검색 페이지로 이동한 후(웹 브라우저의 뒤로 가기 버튼 이용), **RUN QUERY** 버튼을 다시 클릭한다. **Start Time** 헤더를 클릭해 결과를 최근순으로 정렬한다. 결과는 그림 14.5와 유사할 것이다.

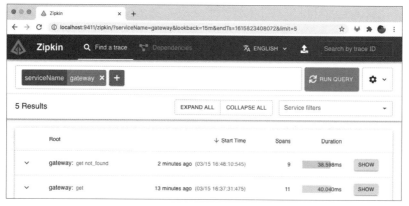

그림 14.5 집킨에서 실패한 요청 검색

3. 결과 목록의 최상단에 실패한 요청이 표시된다. 지속 시간 표시줄(duration bar)의 빨간색
   은 오류가 발생했음을 나타낸다. **SHOW** 버튼을 클릭해 상세 정보를 보자.

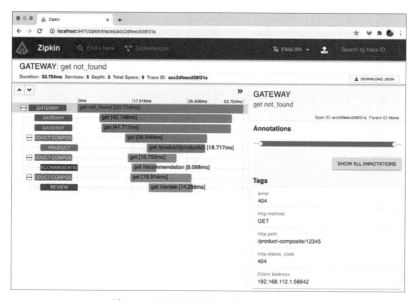

그림 14.6 집킨에서 실패한 요청의 상세 정보 확인

상세 정보에서 오류를 일으킨 요청 경로(/product-composite/12345)와 오류 코드, 404(Not_
Found)를 확인할 수 있으며 빨간색으로 표시된 product 서비스 호출에서 오류가 발생했음
을 알 수 있다. 이런 정보를 바탕으로 문제의 근본 원인을 찾는다.

비동기 처리를 유발하는 API 요청 전송

집킨 UI에서 일부 요청이 비동기로 처리되는 상황을 확인하고자 삭제 요청을 보내자. 핵심 서비스의 삭제는 비동기 방식으로 수행된다. product-composite 서비스는 메시지 브로커를 통해 세 가지 핵심 서비스로 삭제 이벤트를 보내며, 각 핵심 서비스는 비동기로 삭제 이벤트를 처리한다. 스프링 클라우드 슬루스 덕분에 추적 정보를 추가한 이벤트가 메시지 브로커로 전송되며, 삭제 요청의 전체 처리 과정을 일관된 방식으로 볼 수 있다.

다음 커맨드로 ID가 12345인 제품을 삭제하고, HTTP 상태 코드 200이 반환되는지 확인한다.

```
curl -X DELETE -H "Authorization: Bearer $ACCESS_TOKEN" -k https://
localhost:8443/product-composite/12345 -w "%{http_code}\n" -o /dev/null -s
```

> **TIP**
>
> 삭제 작업에는 멱등성이 있다는 점에 유의한다. 즉 제품이 없더라도 삭제 작업은 성공한다.

집킨 UI의 검색 페이지로 이동한 후(웹 브라우저의 뒤로 가기 버튼 이용), **RUN QUERY** 버튼을 다시 클릭한다. **Start Time** 헤더를 클릭해 결과를 최근순으로 정렬한다. 결과는 그림 14.7 과 유사할 것이다.

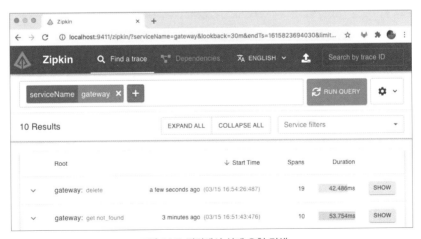

그림 14.7 집킨에서 삭제 요청 검색

결과 목록의 최상단에 삭제 요청이 표시된다. **gateway** 서비스의 이름 옆에 HTTP 메서드 이름(delete)이 붙어 있다. **SHOW** 버튼을 클릭해 상세 정보를 보자.

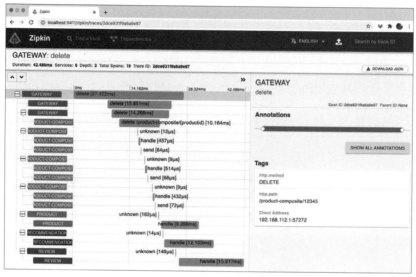

그림 14.8 집킨에서 삭제 요청의 상세 정보 확인

삭제 요청의 처리 과정은 다음과 같다.

1. gateway 서비스가 요청을 수신한다.

2. gateway 서비스는 요청의 처리를 product-composite 서비스로 위임한다.

3. product-composite 서비스는 3개의 이벤트를 메시지 브로커(RabbitMQ)로 보낸다.

4. 처리를 완료한 product-composite 서비스는 gateway 서비스를 통해 호출자에게 HTTP 상태 코드 200을 반환한다.

5. 삭제 이벤트를 수신한 각 핵심 서비스(product, recommendation, review)는 독자적인 비동기 방식으로 이벤트를 처리한다.

메시지 브로커와의 연계를 확인하고자 첫 번째 product 스팬을 클릭한다.

그림 14.9 집킨에서 이벤트의 비동기 처리 관련 정보 확인

선택한 스팬의 이름이 **unknown**이므로 정보가 부족한 것 같다. 하지만 화면 오른쪽의
Tags 영역을 보면 필요한 정보를 확인할 수 있다. 입력 채널인 **products** 채널을 통해 메시
지가 전달됐고 이를 수신한 product 서비스에서 요청을 처리했다는 것도 알 수 있다. 또한
Broker Address 필드를 보면 메시지 브로커의 이름이 **broker**라는 것을 알 수 있다.

TIP

집킨 UI에는 매우 다양한 추적 기능이 있다.

집킨 UI를 충분히 활용하려면 더하기 기호를 클릭하고 **tagQuery**를 선택해 쿼리 기능을 사용해보자. 예를 들
어, 404 – not found 오류로 인해 실패한 요청을 찾으려면 tagQuery=error 및 http.status_code=404로
설정해 실패한 추적을 검색한다. 또한 조회 범위(시작 및 종료 시간) 및 최대 조회 수에 대한 제한을 **RUN
QUERY** 버튼 오른쪽에 있는 톱니바퀴 아이콘을 클릭해 설정해본다.

RabbitMQ를 통해 집킨으로 전달된 추적 정보 모니터링

RabbitMQ의 웹 UI를 사용하면 RabbitMQ를 통해 집킨으로 전송된 추적 정보를 모니터
링할 수 있다. 추적 메시지는 이름이 zipkin인 대기열을 사용해 집킨으로 전송된다. 이 대기
열을 통해 전송되는 메시지를 모니터링하려면 웹 브라우저에서 http://localhost:15672/#/
queues/%2F/zipkin에 접속한다. 로그인을 요구하면 사용자 이름과 암호에 guest를 입력
하고 로그인한다. 웹 UI 화면은 그림 14.10과 같다.

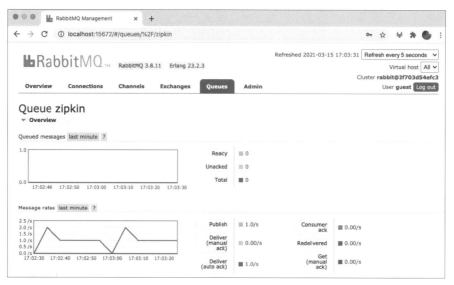

그림 14.10 RabbitMQ를 통해 전송된 추적 레코드

Message Rates라는 그래프를 보면 평균적으로 초당 1.2개의 추적 메시지가 집킨으로 전

송된다는 것을 알 수 있다.

다음 커맨드로 시스템 환경을 종료해 RabbitMQ를 사용한 분산 추적 테스트를 마친다.

```
docker-compose down
```

카프카를 메시지 브로커로 사용

RabbitMQ 대신 카프카를 사용해 집킨으로 추적 정보를 보내자.

다음 커맨드로 시스템 환경을 시작한다.

```
export COMPOSE_FILE=docker-compose-kafka.yml
./test-em-all.bash start
```

앞 절에서 RabbitMQ를 사용해 수행했던 커맨드를 다시 실행한 후 집킨 UI에서 같은 추적
정보를 볼 수 있는지 확인한다.

카프카에는 RabbitMQ와 같은 웹 UI가 없으므로 카프카 커맨드를 실행해 추적 이벤트가 카프카를 통해 집킨 서버로 전달됐는지 확인한다.

> **TIP**
>
> 카프카를 도커 컨테이너로 실행했으나 카프카 커맨드를 실행하는 방법이 생각나지 않는다면 7장의 '토픽당 2개의 파티션으로 카프카 사용' 절을 참고한다.

1. 먼저 카프카에 있는 토픽 목록을 조회한다.

```
docker-compose exec kafka /opt/kafka/bin/kafka-topics.sh --zookeeper
zookeeper --list
```

이름이 zipkin인 토픽이 있는지 확인한다.

그림 14.11 카프카에서 zipkin 토픽 확인

2. zipkin 토픽으로 전송된 추적 이벤트를 조회한다.

```
docker-compose exec kafka /opt/kafka/bin/kafka-console-consumer.
sh --bootstrap-server localhost:9092 --topic zipkin --from-beginning
--timeout-ms 1000
```

다음과 같이 많은 이벤트가 나타난다.

[{"traceId":"a8513bbaa6fda9a5","id":"a8513bbaa6fda9a5","kind":"SERVER","name":"put","time stamp":1615825022963688,"duration":826,"localEndpoint":{"serviceName":"eureka-server","ip v4":"192.168.128.2"},"remoteEndpoint":{"ipv4":"192.168.128.14","port":34048},"tags":{"htt p.method":"PUT","http.path":"/eureka/apps/REVIEW/6a886b52e7a5:review:8080"}},{"traceId": "388362c1c97e48d5","id":"388362c1c97e48d5","kind":"SERVER","name":"get","timestamp":161582 5022963728,"duration":899,"localEndpoint":{"serviceName":"eureka-server","ipv4":"192.168. 128.2"},"remoteEndpoint":{"ipv4":"192.168.128.14","port":34056},"tags":{"http.method":"GE T","http.path":"/eureka/apps/delta"}}]
[{"traceId":"d43b635eeb0ec259","id":"d43b635eeb0ec259","kind":"SERVER","name":"put","time stamp":1615825023951371,"duration":848,"localEndpoint":{"serviceName":"eureka-server","ip v4":"192.168.128.2"},"remoteEndpoint":{"ipv4":"192.168.128.16","port":40736},"tags":{"htt p.method":"PUT","http.path":"/eureka/apps/GATEWAY/cdcf713b3914:gateway:8443"}},{"traceId" :"83075c37b5d5075a","id":"83075c37b5d5075a","kind":"SERVER","name":"put","timestamp":1615 825024105469,"duration":800,"localEndpoint":{"serviceName":"eureka-server","ipv4":"192.16 8.128.2"},"remoteEndpoint":{"ipv4":"192.168.128.17","port":54914},"tags":{"http.method":" PUT","http.path":"/eureka/apps/PRODUCT-COMPOSITE/dbba2a27b9d5:product-composite:8080"}},{ "traceId":"579a5aee1740cf42","id":"579a5aee1740cf42","kind":"SERVER","name":"get","timest amp":1615825024105439,"duration":930,"localEndpoint":{"serviceName":"eureka-server","ipv4 ":"192.168.128.2"},"remoteEndpoint":{"ipv4":"192.168.128.17","port":55072},"tags":{"http. method":"GET","http.path":"/eureka/apps/delta"}},{"traceId":"37f19238e1eddb2e","id":"37f1 9238e1eddb2e","kind":"SERVER","name":"get","timestamp":1615825024109622,"duration":739,"l ocalEndpoint":{"serviceName":"eureka-server","ipv4":"192.168.128.2"},"remoteEndpoint":{"i pv4":"192.168.128.11","port":44122},"tags":{"http.method":"GET","http.path":"/eureka/apps /delta"}},{"traceId":"7ce1385828e3f218","id":"7ce1385828e3f218","kind":"SERVER","name":"p ut","timestamp":1615825024198515,"duration":1446,"localEndpoint":{"serviceName":"eureka-s erver","ipv4":"192.168.128.2"},"remoteEndpoint":{"ipv4":"192.168.128.11","port":44122},"t ags":{"http.method":"PUT","http.path":"/eureka/apps/PRODUCT/e0626cb567eb:product:8080"}}]
[{"traceId":"7f0029dda01ddefa","id":"7f0029dda01ddefa","kind":"SERVER","name":"get","time stamp":1615825025014871,"duration":670,"localEndpoint":{"serviceName":"eureka-server","ip v4":"192.168.128.2"},"remoteEndpoint":{"ipv4":"192.168.128.16","port":40736},"tags":{"htt p.method":"GET","http.path":"/eureka/apps/delta"}}]
[2021-03-15 16:17:06,873] ERROR Error processing message, terminating consumer process: (kafka.tools.ConsoleConsumer$)
org.apache.kafka.common.errors.TimeoutException
Processed a total of 677 messages
$

그림 14.12 카프카의 zipkin 토픽에서 다수의 이벤트 확인

집킨 서버가 알아서 분류한 이벤트 정보는 집킨 UI에서 확인할 수 있다. 추적 이벤트의 세부 사항은 중요하지 않으며, 이벤트가 카프카를 통해 집킨 서버로 전송된 것을 확인했다는 점이 중요하다.

이제 시스템 환경을 종료하고 COMPOSE_FILE 환경 변수를 해제하자.

```
docker-compose down
unset COMPOSE_FILE
```

이로써 분산 추적 장을 마친다.

⫷ 요약

14장에서는 분산 추적을 사용해 마이크로서비스의 공조 방식을 파악하는 방법을 배웠다. 스프링 클라우드 슬루스를 사용해 추적 정보를 수집하는 방법과 집킨을 사용해 추적 정보를 저장하고 시각화하는 방법을 배웠다.

런타임 컴포넌트 사이의 의존성을 낮추고자 비동기 방식을 사용해 집킨 서버로 추적 정보를 전송하도록 마이크로서비스 환경을 구성하는 방법을 배웠고, 마이크로서비스에 스프링 클라우드 슬루스를 추가하고자 빌드 파일에 의존성을 추가하고 몇 가지 구성 매개 변수를 설정하는 방법도 배웠다. 또한 집킨 UI를 사용해 복잡한 워크플로에서 비정상적으로 응답을 느리게 하거나 오류를 유발하는 부분을 찾는 방법과 동기 및 비동기 워크플로를 시각화하는 방법을 배웠다.

15장에서는 컨테이너 오케스트레이터^{container orchestrator}인 쿠버네티스를 배운다. 쿠버네티스를 사용해 마이크로서비스를 배포하고 관리하는 방법과 확장성, 고가용성, 복원력과 같은 중요한 런타임 특성을 개선하는 방법을 배운다.

⫷ 질문

1. 추적 정보가 집킨으로 전송되는 방법을 설정하는 구성 매개 변수는 무엇인가?

2. `spring.sleuth.sampler.probability` 구성 매개 변수의 사용 목적은 무엇인가?

3. `test-em all.bash` 테스트 스크립트를 실행한 후 실행 시간이 가장 긴 요청을 찾으려면 어떻게 해야 하는가?

4. 타임아웃으로 인해 중단된 요청을 찾으려면 어떻게 해야 하는가?

5. 서킷 브레이커가 열렸을 때 전송된 API 요청을 추적하려면 어떻게 해야 하는가?

6. 호출자에게 수행 권한이 없어서 실패한 API 요청을 찾으려면 어떻게 해야 하는가?

3부

쿠버네티스를 사용한 경량 마이크로서비스 개발

3부에서는 컨테이너 방식의 워크로드를 위한 런타임 플랫폼인 쿠버네티스의 중요성을 설명한다. 로컬 개발 환경에 쿠버네티스를 설치한 후 마이크로서비스를 배포하는 방법을 배운다. 끝으로 쿠버네티스의 주요 기능으로 스프링 클라우드를 대체해 보다 가볍고 유지보수성 좋은 마이크로서비스 시스템을 만드는 방법을 학습한다.

3부는 다음 장으로 이뤄진다.

- **15장,** 쿠버네티스 소개

- **16장,** 쿠버네티스에 마이크로서비스 배포

- **17장,** 쿠버네티스로 기존 시스템 환경 대체

- **18장,** 서비스 메시를 사용해 관찰 가능성 및 관리 편의성 개선

- **19장,** EFK 스택을 사용한 로깅 중앙화

- **20장,** 마이크로서비스 모니터링

15

쿠버네티스 소개

15장에서는 일반적으로 널리 사용되는 컨테이너 오케스트레이터인 쿠버네티스를 알아본다. 컨테이너 오케스트레이터와 쿠버네티스는 15장에서 모두 다루기에는 너무 큰 주제라서 내가 지난 몇 년간 쿠버네티스를 사용하면서 알게 된 가장 중요한 부분을 중심으로 소개한다.

15장에서는 다음과 같은 내용을 다룬다.

- 쿠버네티스 개념 소개

- 쿠버네티스 API 객체 소개

- 쿠버네티스 런타임 컴포넌트 소개

- 로컬 쿠버네티스 클러스터 생성

- 샘플 디플로이먼트 생성 및 쿠버네티스의 CLI 도구인 kubectl 사용

- 로컬 쿠버네티스 클러스터 관리

⠿ 기술 요구 사항

이 책에서 사용하는 도구의 설치 방법과 이 책의 소스 코드를 다운로드하는 방법은 다음을 참고한다.

- 21장, 맥OS용 설치 지침
- 22장, 윈도우용 설치 지침

15장의 모든 소스 코드 예제는 $BOOK_HOME/Chapter15 폴더에 있다. 15장에서 사용하는 샘플 디플로이먼트의 소스 코드는 $BOOK_HOME/Chapter15/kubernetes/first-attempts 폴더에 있다.

⠿ 쿠버네티스 개념 소개

쿠버네티스는 컨테이너를 실행하는 서버(물리 혹은 가상) 클러스터를 하나의 커다란 논리 서버로 만드는 컨테이너 오케스트레이터다. 작업자가 쿠버네티스 API로 객체를 생성해 **원하는 상태**를 클러스터에 선언하면 쿠버네티스는 지정한 상태와 현재 상태를 지속적으로 비교한다. 차이를 감지하면 현재 상태가 지정한 상태와 일치하도록 조치를 취한다.

쿠버네티스 클러스터의 주요 목적 중 하나는 컨테이너를 배포 및 실행하면서 블루/그린 배포나 카나리아 배포 등의 기술을 사용해 무중단 롤링 업그레이드를 지원하는 것이다. 쿠버네티스는 하나 혹은 다수의 컨테이너가 배치된 **포드**pod를 클러스터의 가용 노드에 스케줄링할 수 있다. 쿠버네티스는 실행 중인 컨테이너의 상태를 모니터링할 수 있도록 컨테이너가 **라이브니스 프로브**liveness probe를 구현한다고 가정한다. 라이브니스 프로브가 비정상 컨테이너를 보고하면 쿠버네티스는 해당 컨테이너를 다시 시작한다. 수평 오토스케일러horizontal autoscaler를 사용해 자동이나 수동으로 컨테이너를 스케일링할 수 있다. 메모리 및 CPU와 같은 클러스터의 가용 하드웨어 자원을 최적화하려면 **할당량**quota을 사용해 컨테이너를 구성해 컨테이너에 필요한 자원 양을 지정할 수 있다. 컨테이너가 소비할 수 있는 자원 양에 대한 제한은 **네임스페이스**namespace 수준에서 포드나 포드 그룹에 대해 지정할 수 있다. 뒤에서 소개할 네임스페이스는 여러 팀이 쿠버네티스 클러스터를 공유하는 경우에 매우 중요하다.

쿠버네티스의 다른 주요 목적은 실행 중인 포드와 컨테이너를 위한 서비스 검색을 제공하는 것이다. 쿠버네티스의 **서비스** 객체를 정의하면 요청을 가용 포드로 로드 밸런싱하고 서비스를 검색할 수 있다. 서비스 객체를 쿠버네티스 클러스터 외부로 공개할 수도 있지만, 서비스 그룹으로 들어오는 외부 트래픽을 처리하는 데는 **인그레스** 객체가 더 적합하다. 컨테이너가 **레디니스 프로브**readiness probe를 구현하면 들어오는 요청을 수락할 준비가 됐는지 쿠버네티스가 안다.

내부적으로 클러스터는 각 포드에 IP 주소를 할당하고 포드를 실행하는 노드와 관계없이 다른 포드에 접근할 수 있게 하는 하나의 플랫 IP 네트워크flat IP network를 제공한다. 여러 네트워크 벤더를 지원하고자 쿠버네티스는 **CNI**Container Network Interface 사양(https://github.com/containernetworking/cni)을 준수하는 네트워크 플러그인의 사용을 허용한다. 기본적으로 포드는 격리되지 않으며 들어오는 모든 요청을 수락한다. 네트워크 정책을 정의할 수 있는 CNI 플러그인을 사용하면 포드에 대한 접근을 제한할 수 있다. 예를 들어, 동일한 네임스페이스에 있는 포드에서 오는 트래픽만 허용할 수 있다.

여러 팀이 하나의 쿠버네티스 클러스터에서 안전하게 작업할 수 있도록 **역할 기반 접근 제어**RBAC, Role-Based Access Control(https://kubernetes.io/docs/reference/access-authn-authz/rbac/)를 적용할 수 있다. 예를 들어, 관리자에게는 클러스터 수준의 리소스에 접근할 수 있는 권한을 부여하고, 팀 구성원에게는 팀 소유의 네임스페이스에 생성된 리소스에만 접근할 수 있도록 제한할 수 있다.

쿠버네티스는 앞에서 설명한 개념을 바탕으로 확장성 있고 안전하며 가용성이 높고 탄력적인 컨테이너 실행 플랫폼을 제공한다.

다음 절에서는 쿠버네티스의 API 객체와 쿠버네티스 클러스터를 구성하는 런타임 컴포넌트에 대해 살펴본다.

⠿ 쿠버네티스 API 객체 소개

쿠버네티스는 여러 유형의 객체나 리소스를 관리할 때 사용하는 API를 정의한다. API에서 가장 많이 참조해 사용하는 유형^{kind}은 다음과 같다.

- **노드**^{Node}: 노드는 클러스터에 속한 가상 혹은 물리 서버를 의미한다.

- **포드**: 포드는 쿠버네티스에 배포할 수 있는 컴포넌트의 최소 단위로, 하나 혹은 여러 개의 컨테이너를 포함한다. 컨테이너는 같은 IP 주소와 포트 범위를 공유한다. 따라서 같은 포드 인스턴스에 있는 컨테이너는 localhost를 바탕으로 서로 통신할 수 있으며 포트 충돌이 발생하지 않도록 조심해야 한다. 일반적으로 포드는 하나의 컨테이너로 구성되지만, 주 컨테이너의 기능 확장을 위해 보조 컨테이너를 사용하기도 한다. 18장에서는 포드에서 사이드카^{sidecar} 역할을 하는 보조 컨테이너를 사용해 주 컨테이너를 서비스 메시^{mesh}에 연결한다.

- **디플로이먼트**^{Deployment}: 포드를 배포하고 업그레이드한다. 디플로이먼트 객체는 포드 생성과 모니터링을 레플리카셋이 담당하도록 위임한다. 디플로이먼트를 처음 생성했을 때 디플로이먼트 객체가 수행하는 작업은 레플리카셋 객체를 생성하는 데 그치지만, 디플로이먼트를 롤링 업그레이드할 때는 큰 역할을 수행한다.

- **레플리카셋**^{ReplicaSet}: 지정한 수의 포드가 항상 실행되게 한다. 포드가 삭제되면 레플리카셋이 대체할 포드를 실행한다.

- **서비스**^{Service}: 하나 혹은 여러 개의 포드에 연결하고자 사용하는 안정적인 네트워크 엔드포인트다. 서비스에는 쿠버네티스 클러스터의 내부 네트워크 IP 주소와 DNS 이름이 할당된다. 서비스의 IP 주소는 서비스가 살아 있는 동안 동일하게 유지된다. 서비스로 전송된 요청은 라운드 로빈 방식의 로드 밸런싱을 사용해 사용 가능한 포드 중 하나로 전달된다. 기본적으로 서비스는 클러스터 IP 주소를 사용해 클러스터 내부에만 노출된다. 클러스터에 있는 각 노드의 전용 포트나 쿠버네티스와 연결된 외부 로드 밸런서를 통해 클러스터 외부로 서비스를 노출할 수도 있다. 로드 밸런서를 사용하면 공인 IP나 DNS 이름을 자동으로 프로비저닝할 수 있다. 관리형 쿠버네티스 서비스를 제공하는 클라우드 공급자는 보통 이런 유형의 로드 밸런서를 지원한다.

- **인그레스**^{Ingress}: 쿠버네티스 클러스터의 서비스에 대한 HTTP 및 HTTPS 기반의 외부 접근을 관리한다. 예를 들면 URL 경로나 호스트 이름 등의 HTTP 헤더를 기반으로 트래픽을 클러스터의 서비스로 라우팅한다. 노드 포트^{node port}나 로드 밸런서를 사용해 서비스를 외부로 노출하는 대신 서비스 앞에 인그레스를 설정하는 것이 더 편리하다. 인그레스 객체로 정의한 통신을 실제로 처리하려면 클러스터에서 인그레스 컨트롤러를 실행하고 있어야 한다. 나중에 인그레스 컨트롤러의 예를 소개할 것이다.

- **네임스페이스**^{Namespace}: 쿠버네티스 클러스터의 리소스를 모으고 특정 수준으로 격리하고자 사용한다. 네임스페이스에 속한 리소스는 이름이 고유해야 하지만, 네임스페이스가 다른 경우에는 이름이 같을 수 있다.

- **컨피그맵**^{ConfigMap}: 컨테이너에서 사용하는 구성을 저장할 때 사용한다. 실행 중인 컨테이너에 환경 변수나 파일 형식으로 매핑할 수 있다.

- **시크릿**^{Secret}: 자격 증명 등의 컨테이너에서 사용하는 민감한 정보를 저장할 때 사용한다. 시크릿은 컨피그맵과 같은 방식으로 컨테이너에 사용할 수 있다. API 서버 읽기 권한이 있는 사람은 누구나 시크릿의 내용을 볼 수 있으므로 이름이 의미하는 것처럼 안전하진 않다.

- **데몬셋**^{DaemonSet}: 클러스터 노드 집합의 각 노드마다 하나의 포드가 실행되게 한다. 19장에서 각 워커 노드에서 데몬셋으로 실행되는 로그 수집기인 플루언티드를 소개할 것이다.

쿠버네티스 v1.20에서 다루는 전체 리소스 객체 목록은 다음 링크(https://typeoverflow.com/developer/docs/kubernetes~1.20/)를 참고한다.

그림 15.1의 다이어그램은 들어오는 요청을 처리할 때 필요한 쿠버네티스 리소스를 보여준다.

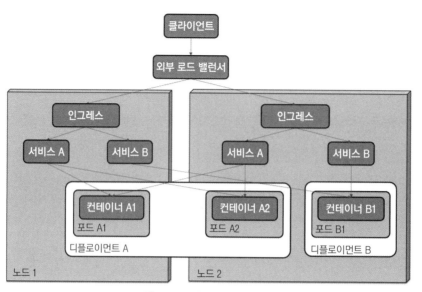

그림 15.1 쿠버네티스 리소스 개괄

앞의 다이어그램에서는 다음과 같은 사항을 확인할 수 있다.

- **노드 1**과 **노드 2**가 있는 클러스터에 **디플로이먼트 A**와 **디플로이먼트 B**를 배포했다.

- **디플로이먼트 A**는 **포드 A1**과 **포드 A2**를 포함하고 있다.

- **디플로이먼트 B**는 **포드 B1**을 포함하고 있다.

- **포드 A1**을 **노드 1**에 스케줄링했다.

- **포드 A2**와 **포드 B1**을 **노드 2**에 스케줄링했다.

- 각 디플로이먼트와 연결된 **서비스 A**와 **서비스 B**를 배포했으며, 전체 노드에서 서비스를 사용할 수 있다.

- **인그레스**를 정의해 각 서비스로 들어오는 요청을 라우팅한다.

- 클라이언트는 일반적으로 **외부 로드 밸런서**를 통해 클러스터에 요청을 보낸다.

이런 객체는 직접 컴포넌트를 실행하는 것이 아니라 여러 가지 원하는 상태를 정의하는 방식으로 사용한다. 현재의 클러스터 상태에 원하는 상태를 반영하고자 쿠버네티스는 다양한 런타임 컴포넌트로 구성된 아키텍처를 갖고 있다. 런타임 컴포넌트는 다음 절에서 설명한다.

:::: 쿠버네티스 런타임 컴포넌트 소개

쿠버네티스 클러스터는 **마스터 노드**master node와 **워커 노드**worker node로 구성된다. 마스터 노드는 클러스터를 관리하며, 워커 노드는 실제 워크로드workload(예: 클러스터에 배포한 컨테이너)를 실행한다. 쿠버네티스는 여러 런타임 컴포넌트로 구성되며, 주요 컴포넌트는 다음과 같다.

- 다음은 **컨트롤 플레인**control plane에 속하는, 마스터 노드에서 실행되는 컴포넌트다.

  ○ **API 서버**: 컨트롤 플레인의 진입점이다. 쿠버네티스의 CLI 도구인 kubectl 등이 사용하는 RESTful API를 제공한다.

  ○ **etcd**: 가용성이 높은 키/값 저장소로 클러스터의 모든 데이터를 저장하는 데이터베이스로 사용한다.

  ○ **컨트롤러 매니저**controller manager: etcd 데이터베이스에 정의된 객체의 현재 상태와 원하는 상태를 비교해 지속적으로 평가하는 여러 컨트롤러를 포함한다.

  원하는 상태나 현재 상태가 변경될 때마다 해당 상태 유형을 담당하는 컨트롤러가 원하는 상태와 현재 상태를 맞추는 작업을 수행한다. 예를 들어, 포드를 관리하는 레플리케이션 컨트롤러replication controller는 API 서버를 통해 포드가 추가되거나 실행 중이던 포드가 삭제되면 새 포드를 시작한다. 노드 컨트롤러node controller는 사용할 수 없는 노드가 생기면 해당 노드에서 실행 중이던 포드를 클러스터의 다른 노드로 다시 스케줄링한다.

  ○ **스케줄러**scheduler: 새로 생성된 컨테이너를 사용 가능한 메모리, CPU 등을 고려해 적절한 노드에 할당한다. **어피니티**affinity 규칙을 사용해 포드를 어떤 노드로 보낼지 결정한다. 예를 들어, 많은 양의 디스크 I/O 오퍼레이션이 필요한 포드는 빠른 SSD 디스크를 가진 워커 노드에 할당한다. 안티 어피니티anti-affinity 규칙을 사용해 포드를 분류

할 수도 있다. 이를테면 한 디플로이먼트에 속한 포드를 같은 노드에 스케줄링하지 못하도록 안티 어피니티 규칙을 정의할 수 있다.

- 다음은 **데이터 플레인**^{data plane}에 속하는, 전체 노드에서 실행되는 컴포넌트다.

  - **kubelet**: 컨테이너로 실행되지 않고 노드의 운영체제에서 직접 실행되는 노드 에이전트다. kubelet은 노드에 스케줄링된 포드가 소속 컨테이너를 실행하게 하고 정상 상태인지 확인한다. kubelet은 노드의 컨테이너 런타임과 API 서버 사이의 통로 역할을 한다.

  - **kube-proxy**: 쿠버네티스의 서비스 개념을 구현하는 네트워크 프록시다. 적절한 포드로 요청을 전달하며, 서비스를 위한 포드가 둘 이상인 경우에는 보통 라운드 로빈 방식을 사용한다. kube-proxy는 데몬셋으로 배포된다.

  - **컨테이너 런타임**^{container runtime}: 노드에서 컨테이너를 실행하는 소프트웨어다. 예전에는 도커를 사용했지만 요즘에는 쿠버네티스 **컨테이너 런타임 인터페이스**^{CRI, Container Runtime Interface} 구현이라면 모두 사용할 수 있다. 구현의 예로는 **cri-o**(https://cri-o.io), **containerd**(https://containerd.io/)가 있다.

    > **TIP**
    >
    > containerd는 도커의 컨테이너 엔진이다. 2017년에 도커에서 분리됐으며 지금은 CNCF 프로젝트를 졸업했다.

  - **쿠버네티스 DNS**^{Kubernetes DNS}: 클러스터 내부 네트워크에서 사용하는 DNS 서버다. 서비스와 포드에 DNS 이름을 할당하며, 포드는 이 DNS 서버를 사용해 내부 DNS 이름을 찾도록 구성된다. DNS 서버는 디플로이먼트 객체와 서비스 개체로 배포된다.

그림 15.2의 다이어그램에서 쿠버네티스 런타임 컴포넌트를 설명하고 있다.

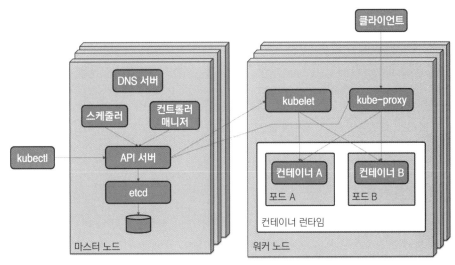

그림 15.2 쿠버네티스 런타임 컴포넌트 개괄

그림 15.2의 다이어그램을 바탕으로 다음과 같은 일련의 이벤트를 상상해볼 수 있다.

1. 사용자는 **kubectl**을 사용해 원하는 상태를 담은 매니페스트^{manifest}를 쿠버네티스로 보낸다. 이 매니페스트는 새 디플로이먼트, 서비스, 인그레스 객체에 관해 기술한다. 인그레스는 서비스 객체로 향하는 경로를 정의하고 서비스 객체는 디플로이먼트 객체로 구성한 포드를 선택하도록 정의한다.

2. **kubectl**은 **api-server**와 통신하고 새로 원하는 상태를 etcd 데이터베이스에 객체로 저장한다.

3. 다양한 **컨트롤러**가 새로 생성한 객체에 반응해 다음 작업을 수행한다.

   a. 디플로이먼트 객체

      i. 새로운 **레플리카셋**과 **포드** 객체를 api-server에 등록한다.

      ii. **스케줄러**는 새 포드를 확인하고 적절한 워커 노드에 스케줄링한다.

      iii. 각 워커 노드의 **kubelet** 에이전트는 포드 정의에 맞춰 컨테이너를 시작한다. kubelet은 워커 노드의 **컨테이너 런타임**을 사용해 컨테이너를 관리한다.

b. 서비스 객체

    i. 서비스 개체의 DNS 이름은 내부 DNS 서버에 등록된다. **kube-proxy**는 DNS 이름을 사용해 유입된 요청을 사용 가능한 포드 중 하나로 라우팅한다.

> **TIP**
>
> 클러스터의 모든 노드에서 포드에 접근할 수 있으므로 요청을 전달할 포드와 kube-proxy가 같은 노드에 있을 필요는 없다.

c. 인그레스 객체

    i. **인그레스 컨트롤러**는 인그레스 객체에 맞춰 경로를 설정하고 쿠버네티스 클러스터 외부의 요청을 수락할 준비를 마친다. 인그레스 객체에 정의된 경로와 일치하는 외부 요청은 인그레스 컨트롤러에 의해 서비스 객체에 전달된다. 앞에서 설명한 바와 같이 이런 요청은 kube-proxy가 포드로 전달한다.

지금까지 쿠버네티스 런타임 컴포넌트의 역할과 실행 위치를 살펴봤다. 다음 절에서는 미니큐브를 사용해 쿠버네티스 클러스터를 생성한다.

⁝⁝ 미니큐브를 사용해 쿠버네티스 클러스터 생성

이제 쿠버네티스 클러스터를 생성할 준비가 됐다. 미니큐브를 사용해 로컬 단일 노드 클러스터를 생성해보자.

맥OS에서는 **HyperKit**(https://minikube.sigs.k8s.io/docs/drivers/hyperkit/)을 사용해 경량 리눅스 VM을 실행한다. HyperKit은 맥OS 내장 **하이퍼바이저**^Hypervisor 프레임워크를 사용하며 맥용 도커 데스크톱이 설치하므로 별도로 설치할 필요는 없다.

윈도우에서는 **WSL 2**(리눅스용 윈도우 하위 시스템 v2)에서 실행되는 리눅스 서버에서 미니큐브를 실행한다. WSL 2에서 미니큐브를 실행하는 가장 쉬운 방법은 미니큐브를 도커 컨테이너로 실행하는 것이다.

TIP

도커와 컨테이너는 이미 별도의 WSL 2 인스턴스에서 실행 중이다. 22장의 '윈도우용 도커 데스크톱 설치' 절을 참고한다.

미니큐브를 도커에서 컨테이너로 실행하면 도커를 실행하는 호스트에서만 미니큐브가 노출하는 포트에 접근할 수 있다는 문제가 있다. WSL 2를 이용해 구성한 리눅스 서버 등의 도커 클라이언트에서 포트에 접근할 수 있게 하려면 미니큐브 클러스터를 생성할 때 포트 매핑을 구성하면 된다.

쿠버네티스 클러스터를 생성하려면 먼저 쿠버네티스의 CLI 도구인 kubectl 사용법과 kubectl 콘텍스트 사용법, 미니큐브 프로필[profile] 사용법을 배워야 한다.

미니큐브 프로필 사용

여러 개의 쿠버네티스 클러스터를 로컬에서 실행하고자 미니큐브는 **프로필**이라는 개념을 제공한다. 예를 들어, 여러 버전의 쿠버네티스를 사용하고자 미니큐브로 여러 개의 쿠버네티스 클러스터를 만들 수 있다. 각 클러스터에는 별도의 미니큐브 프로필을 할당한다. 대부분의 미니큐브 커맨드가 적용할 클러스터를 지정할 때 사용하는 --profile 플래그(혹은 -p)를 허용한다. 특정 프로필로 작업해야 한다면 다음과 같은 커맨드를 사용해 원하는 프로필을 지정하면 편리하다.

```
minikube profile my-profile
```

앞의 커맨드는 my-profile 프로필을 현재 프로필로 설정한다.

현재 프로필을 확인하려면 다음 커맨드를 실행한다.

```
minikube config get profile
```

프로필을 지정하지 않으면, 즉 minikube profile 커맨드나 --profile 스위치를 사용하지 않으면 이름이 minikube인 기본 프로필을 사용한다.

기존 프로필에 관한 정보는 `minikube profile list` 커맨드로 확인할 수 있다.

쿠버네티스의 CLI 도구인 kubectl 사용

kubectl은 쿠버네티스의 CLI 도구다. 클러스터를 구축한 후 클러스터를 관리할 때 일반적으로 사용하는 도구가 kubectl이다.

앞에서 설명한 API 객체를 관리하려면 `kubectl apply` 커맨드를 사용해야 한다. 이 커맨드는 **선언적** 방식으로 동작하는데, 객체 정의를 쿠버네티스로 전달한 후 적용을 요청한다. 실제로 무엇을 해야 할지 파악하고 동작하는 것은 쿠버네티스에 달려 있다.

> **TIP**
>
> 선언형 커맨드의 다른 예를 하나 들면 여러 데이터베이스 테이블의 정보를 조회할 때 사용하는 SQL SELECT 문이 있다. SQL 쿼리는 예상하는 결과만 선언하며, 테이블에 접근하는 순서와 가장 효율적인 방식의 데이터 검색을 위해 사용할 인덱스를 파악하는 것은 데이터베이스 쿼리 최적화 프로그램에 달려 있다.

쿠버네티스가 무엇을 해야 하는지 **명시적**으로 지시하는 명령형 커맨드가 필요한 경우도 있다. 예를 들면 `kubectl delete` 커맨드는 쿠버네티스에게 일부 API 객체를 삭제하도록 명시적으로 지시한다. 네임스페이스 객체를 만들 때도 명시적으로 `kubectl create namespace` 커맨드를 사용한다.

`kubectl delete` 커맨드를 사용해 같은 API 객체를 두 번 삭제하거나 `kubectl create`를 사용해 같은 네임스페이스를 두 번 생성하면 실행되지 않는다. 즉 반복적으로 명령형 커맨드를 사용하면 실패한다. 선언형 커맨드인 `kubectl apply`는 반복적으로 사용해도 실패하지 않으며, 아무런 조치 없이 이전 상태를 유지한 채로 종료된다.

다음은 쿠버네티스 클러스터의 정보를 검색할 때 자주 사용하는 커맨드다.

- `kubectl get`: 지정한 API 객체의 정보를 보여 준다.

- `kubectl describe`: 지정한 API 객체의 자세한 정보를 보여 준다.

- `kubectl logs`: 컨테이너의 로그를 출력한다.

15장과 16장에서 다양한 kubectl 커맨드의 예를 보게 될 것이다.

kubectl 사용법을 알고 싶다면 kubectl help와 kubectl <커맨드> --help 커맨드를 사용해 유용한 정보를 얻을 수 있다. 쿠버네티스 객체를 선언할 때 사용할 수 있는 필드를 보여주는 kubectl explain 커맨드도 유용하다. 예를 들어, 디플로이먼트 객체의 템플릿에 컨테이너를 기술할 때 사용할 수 있는 필드를 보고 싶다면 다음 커맨드를 실행하면 된다.

```
kubectl explain deployment.spec.template.spec.containers
```

kubectl 콘텍스트 사용

2개 이상의 쿠버네티스 클러스터를 대상으로 작업하는 경우 예를 들어, 로컬 미니큐브와 온프레미스나 클라우드에 설치된 쿠버네티스 클러스터를 모두 사용해야 하는 경우를 위해 kubectl은 **콘텍스트**context라는 개념을 제공한다. 콘텍스트는 다음과 같은 요소로 구성된다.

- 쿠버네티스 클러스터

- 사용자 자격 증명

- 기본 네임스페이스

기본적으로 콘텍스트는 ~/.kube/config 파일에 저장되지만 KUBECONFIG 환경 변수를 사용해 변경할 수 있다. 이 책에서는 기본 위치를 사용하므로 unset KUBECONFIG 커맨드를 사용해 KUBECONFIG 환경 변수를 해제한다.

미니큐브로 쿠버네티스 클러스터를 생성하면 미니큐브 프로필과 동일한 이름의 콘텍스트가 생성되며, 이 콘텍스트가 현재 콘텍스트로 설정된다. 따라서 미니큐브로 클러스터를 생성한 후 실행한 kubectl 커맨드는 미니큐브 클러스터로 전송된다.

다음 커맨드를 실행하면 사용할 수 있는 콘텍스트를 볼 수 있다.

```
kubectl config get-contexts
```

실행 결과는 그림 15.3과 같다.

그림 15.3 kubectl 콘텍스트 목록

첫 번째 열에 있는 와일드카드(*)로 현재 콘텍스트를 표시한다.

현재 콘텍스트를 다른 콘텍스트로 전환해 다른 쿠버네티스 클러스터에서 작업하려면 다음
커맨드를 실행한다.

```
kubectl config use-context my-cluster
```

앞의 커맨드를 실행하면 현재 콘텍스트가 my-cluster로 변경된다.

kubectl에서 사용하는 기본 네임스페이스 변경과 같은 콘텍스트 업데이트 작업이 필요하다
면 kubectl config set-context 커맨드를 사용한다.

예를 들어, 현재 콘텍스트의 기본 네임스페이스를 my-namespace로 변경하려면 다음 커맨드
를 사용한다.

```
kubectl config set-context $(kubectl config current-context)
--namespace my-namespace
```

앞의 커맨드에서는 현재 콘텍스트의 이름을 가져오고자 kubectl config current-context
커맨드를 사용했다.

쿠버네티스 클러스터 생성

미니큐브를 사용해 쿠버네티스 클러스터를 만들려면 몇 가지 커맨드를 실행해야 한다.

- `kubectl` 콘텍스트가 기본 구성 파일(~/.kube/config)에 생성되도록 `KUBECONFIG` 환경 변수를 해제한다.

- `minikube start` 커맨드로 클러스터를 생성할 때 쿠버네티스 버전과 클러스터에 할당할 하드웨어 자원을 지정할 수 있다.

  - 이후 장들에서 예제를 완료하려면 클러스터에 10GB(10,240MB)의 메모리를 할당한다. 6GB(6,144MB)만 할당해도 동작하긴 하지만 느리다.

  - 적절한 CPU 코어 수와 디스크 공간을 할당한다. 다음 예에서는 4개의 CPU 코어와 30GB의 디스크 공간을 사용한다.

  - 마지막으로 사용할 쿠버네티스 버전을 지정한다. 이 책에서는 v1.20.5를 사용한다.

- 앞으로 `minikube` 커맨드에서 사용할 미니큐브 프로필을 지정한다. 프로필 이름은 `handson-spring-boot-cloud`다.

- 클러스터를 생성한 후에는 미니큐브의 애드온add-on 관리자를 사용해 인그레스 컨트롤러와 미니큐브에 내장된 메트릭 서버를 활성화한다. 인그레스 컨트롤러와 메트릭 서버는 이후의 장들에서 사용한다.

맥OS에서는 다음 커맨드를 실행해 쿠버네티스 클러스터를 생성한다.

```
unset KUBECONFIG

minikube start \
  --profile=handson-spring-boot-cloud \
  --memory=10240 \
  --cpus=4 \
  --disk-size=30g \
  --kubernetes-version=v1.20.5 \
  --driver=hyperkit
```

```
minikube profile handson-spring-boot-cloud

minikube addons enable ingress
minikube addons enable metrics-server
```

윈도우의 WSL 2에서는 HyperKit 드라이버를 도커 드라이버로 교체하고 이후의 장들에서 접근할 포트를 지정한다. WSL 2에서 다음 커맨드를 실행한다.

```
unset KUBECONFIG

minikube start \
  --profile=handson-spring-boot-cloud \
  --memory=10240 \
  --cpus=4 \
  --disk-size=30g \
  --kubernetes-version=v1.20.5 \
  --driver=docker \
  --ports=8080:80 --ports=8443:443 \
  --ports=30080:30080 --ports=30443:30443

minikube profile handson-spring-boot-cloud

minikube addons enable ingress
minikube addons enable metrics-server
```

앞의 커맨드가 끝난 후에는 클러스터와 통신할 수 있어야 한다. kubectl get nodes 커맨드를 실행한다. 실행 결과는 그림 15.4와 유사할 것이다.

그림 15.4 쿠버네티스 클러스터의 노드 목록

클러스터가 생성되면 백그라운드에서 kube-system 네임스페이스에 여러 시스템 포드를 실행해 자체 초기화를 진행한다. 다음 커맨드로 진행 상황을 모니터링할 수 있다.

```
kubectl get pods --namespace=kube-system
```

앞의 커맨드를 실행했을 때 모든 포드가 **Running** 상태이고 **READY** 열의 값이 **1/1**이면, 즉 포드에 속한 모든 컨테이너가 시작됐다면 클러스터가 시작된 것이다.

```
                                              -bash                                    ⌥⌘1
$ kubectl get pods --namespace=kube-system
NAME                                               READY   STATUS      RESTARTS   AGE
coredns-74ff55c5b-96zrd                            1/1     Running     0          19m
etcd-handson-spring-boot-cloud                     1/1     Running     0          19m
ingress-nginx-admission-create-kphht               0/1     Completed   0          8m27s
ingress-nginx-admission-patch-qxpts                0/1     Completed   0          8m15s
ingress-nginx-controller-65cf89dc4f-7nls7          1/1     Running     0          6m30s
kube-apiserver-handson-spring-boot-cloud           1/1     Running     0          19m
kube-controller-manager-handson-spring-boot-cloud  1/1     Running     0          19m
kube-proxy-r2cg5                                   1/1     Running     0          19m
kube-scheduler-handson-spring-boot-cloud           1/1     Running     0          19m
metrics-server-56c4f8c9d6-slb7d                    1/1     Running     0          12m
storage-provisioner                                1/1     Running     1          19m
$
```

그림 15.5 실행 중인 시스템 포드 목록

포드 목록의 포드 중 2개는 **Running**이 아닌 **Completed** 상태다. 이 두 포드는 일괄 작업 batch job과 같이 고정된 수의 컨테이너를 실행하고자 할 때 사용하는 **잡**Job 객체가 생성한 포드다. kubectl get jobs --namespace=kube-system 커맨드를 실행하면 2개의 잡 객체를 확인할 수 있다.

이제 쿠버네티스를 사용해보자.

샘플 디플로이먼트 생성

다음과 같은 작업을 수행해보자.

- 쿠버네티스 클러스터에 NGINX 기반의 간단한 웹 서버를 배포한다.

- 디플로이먼트를 약간 변경한다.

  - 포드를 삭제해 현재 상태를 변경하고 레플리카셋이 새 포드를 생성하는지 확인한다.

  - 웹 서버가 3개의 포드를 사용하도록 원하는 상태를 변경하고 레플리카셋이 2개의 새 포드를 시작해 지정한 상태를 만족하는지 확인한다.

- 노드 포트 유형의 서비스를 사용해 외부 트래픽을 웹 서버로 라우팅한다.

먼저 first-attempts 네임스페이스를 생성한 후 kubectl 콘텍스트의 기본 네임스페이스로 지정한다.

```
kubectl create namespace first-attempts
kubectl config set-context $(kubectl config current-context)
--namespace=first-attempts
```

kubernetes/first-attempts/nginx-deployment.yaml 파일을 사용하면 네임스페이스에 NGINX 디플로이먼트를 생성할 수 있다. 소스 코드는 다음과 같다.

```
apiVersion: apps/v1
kind: Deployment
metadata:
  name: nginx-deploy
spec:
  replicas: 1
  selector:
    matchLabels:
      app: nginx-app
  template:
    metadata:
      labels:
        app: nginx-app
    spec:
      containers:
      - name: nginx-container
        image: nginx:latest
        ports:
        - containerPort: 80
```

앞의 소스 코드를 설명하면 다음과 같다.

- 디플로이먼트 객체를 선언하고자 kind와 apiVersion 속성을 사용한다.

- metadata 항목에서는 디플로이먼트 객체를 설명한다. 예를 들어, 앞의 코드에서는 객체의 이름을 nginx-deploy로 지정했다.

> **TIP**
>
> 쿠버네티스 객체에 일반적으로 사용하는 메타데이터에는 객체가 속한 네임스페이스의 이름, 레이블(label), 애노테이션 등이 있다. 15장과 이후의 장들에서 사용 예를 볼 수 있다.

- 이어지는 spec 항목에서는 디플로이먼트 객체의 상태를 지정한다.

  - replicas의 값을 1로 설정해 포드를 하나만 실행한다고 지정한다.

  - selector 항목에서는 디플로이먼트가 대상 포드를 찾는 방법을 지정한다. 앞의 코드에서는 app 레이블의 값이 nginx-app인 포드를 찾도록 지정하고 있다.

  - template 항목에서는 포드 생성 방법을 지정한다.

    - metadata 항목은 포드 식별에 사용하는 레이블(app: nginx-app)을 지정하며 이는 selector와 같다.

    - spec 항목에서는 포드가 생성할 컨테이너에 대한 세부 사항(이름, 이미지, 포트)을 지정한다.

다음 커맨드로 디플로이먼트를 생성한다.

```
cd $BOOK_HOME/Chapter15
kubectl apply -f kubernetes/first-attempts/nginx-deployment.yaml
```

kubectl get all 커맨드로 생성된 객체를 확인한다.

```
8. bash
$ kubectl get all
NAME                                 READY   STATUS    RESTARTS   AGE
pod/nginx-deploy-59b8c5f7cd-mt6pg    1/1     Running   0          8s

NAME                           READY   UP-TO-DATE   AVAILABLE   AGE
deployment.apps/nginx-deploy   1/1     1            1           8s

NAME                                      DESIRED   CURRENT   READY   AGE
replicaset.apps/nginx-deploy-59b8c5f7cd   1         1         1       8s
$
```

그림 15.6 샘플 디플로이먼트로 생성한 쿠버네티스 객체

예상대로 디플로이먼트, 레플리카셋, 포드 객체를 확인할 수 있다. 잠시 기다리면 포드가 실행되며 **READY** 열의 값이 **1/1**이 된다. 즉 지정한 상태와 현재 상태가 일치하게 된다.

이제 포드를 삭제해 현재 상태를 변경한다. 포드를 삭제하기 전에 다른 터미널에서 `kubectl get pod --watch` 커맨드를 실행한다. `--watch` 옵션을 사용하면 현재 네임스페이스에 있는 포드의 상태 변경을 기다리고자 커맨드가 대기한다. 다음 커맨드로 포드를 삭제한다.

```
kubectl delete pod --selector app=nginx-app
```

그림 15.6을 보면 포드 이름이 `nginx-deploy-59b8c5f7cd-mt6pg`다. 이처럼 포드 이름이 무작위로 지정되기 때문에 `app` 레이블을 기반으로 포드를 선택한다. 포드의 레이블 값은 `nginx-app`이다.

`kubectl get pod --watch` 커맨드는 현재 포드를 종료하고 거의 동시에 새 포드를 시작하는 상황을 보여준다. 이렇게 현재 상태와 원하는 상태의 차이점을 알아채고 바로 새 포드를 시작해 차이를 메운 것은 레플리카셋이다. 해당 커맨드가 보고한 이벤트는 그림 15.7과 같다.

그림 15.7을 보면 이름이 `d69ln`으로 끝나는 포드가 삭제 커맨드에 의해 중지됐고, 레플리카셋이 이름이 `ptbkf`로 끝나는 새 포드를 바로 시작했음을 알 수 있다.

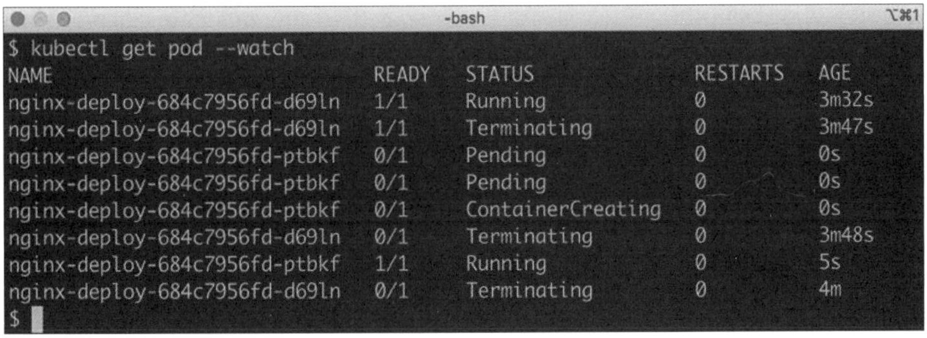

그림 15.7 kubectl get pod —watch 커맨드가 보고한 포드의 상태 변경 내용

이제 kubernetes/first-attempts/nginx-deployment.yaml 파일에서 replica 값을 3으로 설정해 3개의 포드를 원하는 상태로 변경하자. 앞에서 언급했듯이 변경한 상태를 적용하려면 kubectl apply 커맨드를 다시 실행하면 된다.

kubectl get pod --watch 커맨드는 새롭게 지정한 포드가 3개인 상태를 만들기 위해 레플리카셋이 새 포드를 추가해 포드 수가 3개로 변경되는 상황을 보여줄 것이다. 몇 초가 지나면 2개의 새 NGINX 포드가 실행되는 것을 볼 수 있다. **Ctrl+C**로 커맨드를 중지한다.

kubectl get all 커맨드를 실행한다. 결과는 그림 15.8과 유사할 것이다.

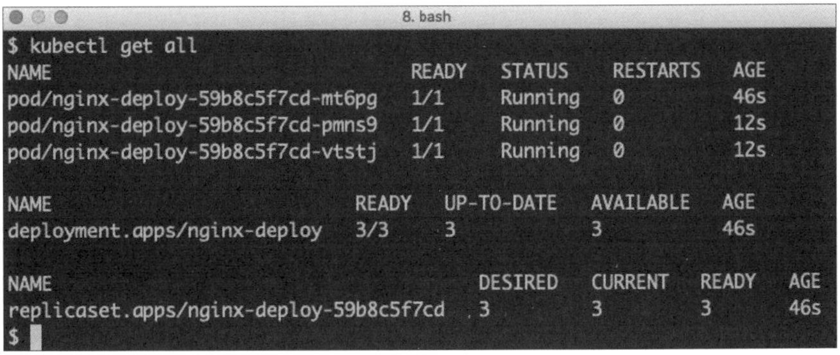

그림 15.8 쿠버네티스는 원하는 상태에 맞춰 새 포드를 시작한다

포드는 3개가 됐고 디플로이먼트의 **READY** 열 값은 **3/3**이 됐다. 즉 원하는 포드 수에 맞는 3개의 포드가 모두 준비돼서 사용할 수 있다는 것을 의미한다.

웹 서버가 외부와 통신할 수 있게 하려면 kubernetes/first-attempts/nginx-service.yaml 파일을 사용해 서비스를 생성한다.

```
apiVersion: v1
kind: Service
metadata:
  name: nginx-service
spec:
  type: NodePort
  selector:
    app: nginx-app
  ports:
    - targetPort: 80
      port: 80
      nodePort: 30080
```

kind와 apiVersion 속성을 사용해 서비스 객체를 선언한다.

metadata 항목에서는 서비스 객체를 설명한다. 예를 들어, 앞의 코드에서는 객체의 이름을 nginx-deploy로 지정한다.

이어지는 spec 항목에서는 서비스 객체의 상태를 지정한다.

- type 필드의 값은 NodePort로 지정한다. NodePort 유형의 서비스는 외부에서 클러스터 노드에 접근하기 위한 전용 포트를 가진다. 외부 호출자는 포드가 실제로 실행되는 노드에 상관없이 이 포트를 사용해 서비스 뒤의 포드에 접근할 수 있다.

- selector 항목에서는 서비스가 대상 포드를 찾는 방법을 지정한다. 앞의 코드에서는 app 레이블의 값이 nginx-app인 포드를 찾도록 지정하고 있다.

- ports 항목은 포트 관련 내용을 지정한다.

  ○ port: 80 – 클러스터 내부에서는 80 포트를 사용해 서비스에 접근하도록 지정한다.

  ○ targetPort: 80 – 요청이 전달될 포드의 포트를 80으로 지정한다.

  ○ nodePort: 30080 – 외부에서 서비스에 접근할 때는 클러스터 노드 30080 포트를 사용하도록 지정한다. 포트 번호는 30000-32767 범위 내에서 지정해야 한다.

TIP

> 포트 범위는 사용 중인 다른 포트와 충돌할 위험을 최소화하고자 사용한다. 보통 상용 시스템에서는 로드 밸런서를 쿠버네티스 클러스터 앞에 배치해 쿠버네티스 클러스터에 속한 노드의 IP와 포트에 대한 정보를 외부 사용자에게서 보호한다. 로드 밸런싱된 쿠버네티스 서비스를 사용하는 방법은 18장의 '이스티오 서비스에 대한 접근 설정' 절을 참고한다.

다음 커맨드로 서비스를 생성한다.

```
kubectl apply -f kubernetes/first-attempts/nginx-service.yaml
```

`kubectl get svc` 커맨드로 생성된 객체를 확인한다. 실행 결과는 그림 15.9와 같다.

```
8. bash
$ kubectl get svc
NAME            TYPE       CLUSTER-IP      EXTERNAL-IP   PORT(S)        AGE
nginx-service   NodePort   10.111.232.48   <none>        80:30080/TCP   56m
$
```

그림 15.9 생성한 노드 포트 서비스

TIP

> kubectl은 API 객체의 전체 이름을 대신해 사용할 수 있는 짧은 이름을 지원한다. 예를 들어, 앞의 커맨드에서는 전체 이름인 service 대신 svc를 사용한다. kubectl api-resources 커맨드를 실행하면 사용할 수 있는 모든 짧은 이름을 볼 수 있다.

서비스의 노드 포트를 이용해 웹 서버에 접근하려면 사용 중인 클러스터 노드의 IP 주소나 호스트 이름을 알아야 한다.

맥OS에서는 HyperKit에서 관리하는 VM에서 미니큐브 클러스터를 실행한다. 따라서 `minikube ip` 커맨드를 사용해 미니큐브 VM의 IP 주소를 요청하면 된다. 내 컴퓨터에서는 192.168.99.116이 나왔다.

윈도우에서는 미니큐브 클러스터를 도커 컨테이너로 실행한다. 노드 포트(`30080`)는 `minikube start` 커맨드를 실행할 때 사용한 `--ports` 옵션에 의해 도커 엔진에서 WSL 2 리눅스 서버로 전달forward된다. 자세한 내용은 '쿠버네티스 클러스터 생성' 절을 참고한다. 따라서 WSL 2 안에서는 `localhost`를 사용해 노드 포트에 접근할 수 있으며 이는 윈도우에서도 마찬가지다. 즉 윈도우에서 실행한 웹 브라우저에서 localhost와 30080 포트를 사용해 노드 포트에 접근할 수 있다.

이제 앞에서 배포한 웹 서버에 웹 브라우저로 접속해보자. 맥OS에서는 http://192.168.99.116:30080로 접속한다. 윈도우에서는 http://localhost:30080로 접속한다. 접속 결과는 그림 15.10과 같다.

그림 15.10 NGINX 기본 웹 페이지

그런데 클러스터 내부에서는 어떤 IP 주소와 포트로 서비스에 접속해야 할까?

curl을 실행할 수 있는 작은 포드를 하나 생성해 클러스터 내부에서도 웹 서버에 접근할 수 있는 지 확인해보자. 이 포드에서는 내부 클러스터 IP 주소와 포트를 사용해 curl 커맨드를 실행할 수 있다. IP 주소 대신 내부 DNS 서버에서 서비스용으로 생성한 DNS 이름을 사용해도 된다. 짧은 DNS 이름은 서비스 이름(nginx-service)과 같다.

다음 커맨드를 실행한다.

```
kubectl run -i --rm --restart=Never curl-client --image=curlimages/curl
--command -- curl -s 'http://nginx-service:80'
```

약간 복잡해 보이는 이 커맨드는 다음 작업을 수행한다.

1. curl 커맨드가 있는 curlimages/curl 도커 이미지 기반의 작은 컨테이너로 포드를 생성한다.

2. 컨테이너 안에서 `curl -s 'http://nginx-service:80'` 커맨드를 실행하고 `-i` 옵션을 사용해 출력을 터미널로 리다이렉션한다.

3. `--rm` 옵션을 사용해 포드를 삭제한다.

실행한 커맨드의 출력을 확인하면 그림 15.11과 같은 정보를 볼 수 있다. 그림 15.11에서는 응답의 일부만 표시하고 있다.

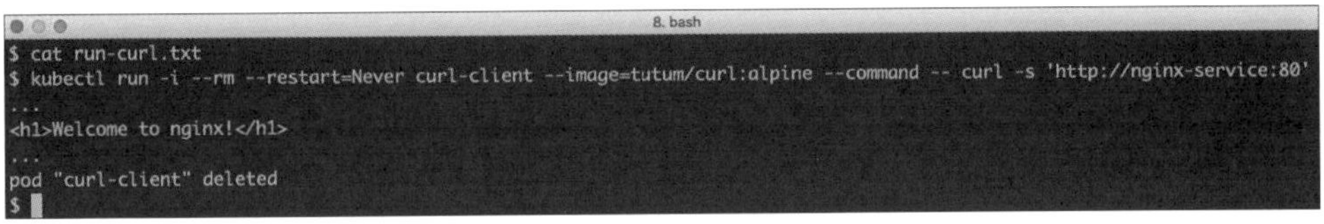

```
8. bash
$ cat run-curl.txt
$ kubectl run -i --rm --restart=Never curl-client --image=tutum/curl:alpine --command -- curl -s 'http://nginx-service:80'
...
<h1>Welcome to nginx!</h1>
...
pod "curl-client" deleted
$
```

그림 15.11 쿠버네티스 클러스터 내부에서 NGINX 접근

그림 15.11의 결과를 통해 클러스터 내부에서도 웹 서버에 접근할 수 있다는 것을 알 수 있다.

지금까지 시스템 환경을 배포하는 데 알아야 하는 기본적인 사항을 알아봤다.

`nginx` 디플로이먼트를 배포한 네임스페이스를 제거하고 마무리하자.

```
kubectl delete namespace first-attempts
```

다음 절에서는 쿠버네티스 클러스터를 관리하는 방법을 배운다.

로컬 쿠버네티스 클러스터 관리

쿠버네티스 클러스터는 많은 자원을 소비하며, 특히 메모리를 많이 소비한다. 이 절에서는 미니큐브로 생성한 쿠버네티스 클러스터를 사용한 후 할당된 리소스를 반환하고자 일시 정지하는 방법과 클러스터 작업을 재개하고자 다시 시작하는 방법을 배운다. 클러스터가 필요 없어졌을 때 영구적으로 제거하는 방법도 배운다.

미니큐브의 stop 커맨드를 사용하면 쿠버네티스 클러스터를 일시 정지할 수 있으며, 쿠버네티스 클러스터를 생성할 때 사용한 start 커맨드로 클러스터를 다시 시작할 수 있다. 클러스터를 영구적으로 제거하려면 delete 커맨드를 사용하면 된다.

쿠버네티스 클러스터 중지 및 시작

다음 커맨드로 쿠버네티스 클러스터를 중지한다.

```
minikube stop
```

다시 쿠버네티스 클러스터를 시작하려면 다음 커맨드를 실행한다.

```
minikube start
```

TIP

> start 커맨드를 사용해 기존 클러스터를 시작하는 경우에는 클러스터를 생성할 때 사용한 스위치를 무시한다.

쿠버네티스 클러스터를 다시 시작하면 이 클러스터를 사용하도록 kubectl 콘텍스트가 변경되고 현재 네임스페이스는 default로 설정된다. 만약 16장에서 사용하는 hands-on 네임스페이스에서 작업해야 한다면 다음 커맨드로 kubectl 콘텍스트를 변경하면 된다.

```
kubectl config set-context $(kubectl config current-context)
--namespace=hands-on
```

이후의 kubectl 커맨드는 hands-on 네임스페이스에 적용된다.

TIP

> 미니큐브는 stop, start 커맨드를 대신할 수 있는 pause, unpause 커맨드도 제공한다. 이 커맨드를 사용하면 컨트롤 플레인의 컴포넌트를 중지하지 않고 일시 중지하며 클러스터의 CPU 사용량을 최소로 줄인다. 하지만 문제가 발생하는 경우가 있으므로 start, stop 커맨드 사용을 권장한다.

쿠버네티스 클러스터 종료

쿠버네티스 클러스터를 종료^{terminate}하고 싶다면 다음 커맨드를 사용한다.

```
minikube delete --profile handson-spring-boot-cloud
```

프로필을 지정하지 않고 delete 커맨드를 실행해도 되지만, 프로필을 명시적으로 지정하고 delete 커맨드를 실행해야 안전하다. 명시적으로 프로필을 지정하지 않으면 실수로 다른 쿠버네티스 클러스터를 삭제할 수 있다.

지금까지 미니큐브로 생성한 쿠버네티스 클러스터를 관리하는 방법을 살펴봤다. 클러스터를 일시 정지한 후 다시 시작하는 방법과 용도가 끝난 클러스터를 완전히 제거하는 방법도 배웠다.

⚡ 요약

15장에서는 컨테이너 오케스트레이터인 쿠버네티스를 소개했다.

쿠버네티스는 컨테이너를 실행하는 서버 클러스터를 하나의 커다란 논리 서버로 취급한다. 우리가 원하는 상태를 클러스터에 선언하면 쿠버네티스는 클러스터가 사용할 수 있는 하드웨어 자원만 충분하다면 원하는 상태와 실제 상태가 일치하게 한다.

원하는 상태를 선언하고자 쿠버네티스 API 서버를 사용해 리소스를 생성하면 쿠버네티스의 컨트롤러 관리자와 컨트롤러는 API 서버가 생성한 다양한 리소스에 반응해 원하는 새 상태에 맞춰 현재 상태를 조정한다. 스케줄러는 새로 생성한 하나 혹은 다수의 컨테이너를 감싼 포드를 노드에 할당한다. 각 노드에는 해당 노드에 할당된 포드를 동작하게 하는 에이전트인 kubelet이 실행된다. 네트워크 프록시로 작동하는 kube-proxy는 서비스를 추상화해 서비스로 전송된 요청을 클러스터 안에서 동작하는 포드로 전달한다. 외부 요청은 쿠버네티스와 연결돼 서비스의 공인 IP 주소나 DNS 이름을 프로비저닝하는 로드 밸런서나 클러스터의 모든 노드에서 접근 가능한 노드 포트, 전용 인그레스 리소스가 처리한다.

미니큐브로 로컬 단일 노드 클러스터를 만들어서 쿠버네티스를 사용해봤다. 미니큐브 클러스터는 맥OS에서는 HyperKit을 사용해 실행되고, 윈도우에서는 WSL 2에서 도커 컨테이너로 실행된다. 쿠버네티스의 CLI 도구인 kubectl을 사용해 NGINX 기반의 간단한 웹 서버를 배포해보기도 했다. 복원력을 시험하고자 웹 서버를 삭제하고 자동으로 재생성되는 것을 관찰했으며, 3개의 포드로 웹 서버를 실행하도록 수동으로 확장해봤다. 노드 포트 유형의 서비스를 생성해 외부 및 클러스터 내부에서 접근할 수 있는지도 확인했다.

마지막으로, 쿠버네티스 클러스터의 관리 방법을 배우고자 미니큐브로 생성한 쿠버네티스 클러스터를 중지, 시작, 종료해봤다.

이제 앞서 구축한 시스템 환경을 쿠버네티스에 배포할 준비가 됐다. 16장에서는 마이크로 서비스를 쿠버네티스에 배포하는 방법을 살펴본다.

⁞⁞ 질문

1. 동일한 kubectl create 커맨드를 두 번 실행하면 어떻게 되는가?

2. 동일한 kubectl apply 커맨드를 두 번 실행하면 어떻게 되는가?

3. 1번과 2번 문제의 두 번째 실행 결과가 다른 이유는 무엇인가?

4. 레플리카셋의 사용 목적은 무엇인가? 레플리카셋을 생성하는 다른 리소스는 무엇인가?

5. 쿠버네티스 클러스터에서 etcd의 기능은 무엇인가?

6. 컨테이너는 동일한 포드에서 실행되는 다른 컨테이너의 IP 주소를 어떻게 알아내는가?

7. 이름이 같지만 네임스페이스가 다른 2개의 디플로이먼트를 생성하면 어떻게 되는가?

8. 이름이 같지만 네임스페이스가 다른 2개의 서비스를 실패하게 하려면 어떻게 구성하면 되는가?

16

쿠버네티스에
마이크로서비스 배포

16장에서는 지금까지 구현한 마이크로서비스를 쿠버네티스에 배포하고 쿠버네티스의 핵심 기능을 배운다. 또한 다양한 런타임 환경에 배포할 수 있도록 마이크로서비스를 준비하고 구성하기 위해 패키지 관리자인 **헬름**^{Helm}을 사용한다. 먼저 서비스 검색 방법을 검토한 다음 마이크로서비스 배포를 진행할 것이다. 쿠버네티스는 서비스 검색 기능을 내장하고 있기 때문에 지금까지 사용한 넷플릭스 유레카는 배포할 필요가 없다. 쿠버네티스에 마이크로서비스를 손쉽게 배포할 수 있도록 돕는 스프링 부트의 기능도 살펴본다.

16장에서는 다음과 같은 내용을 다룬다.

- 넷플릭스 유레카를 쿠버네티스 서비스 객체와 kube-proxy로 대체해 서비스 검색 지원

- 쿠버네티스 사용 방법 학습

- 스프링 부트의 지원 기능인 단계적 종료, 라이브니스 프로브^{liveness probe}, 레디니스 프로브^{readiness probe} 사용

- 헬름을 사용해 다양한 환경에 맞는 마이크로서비스 패키징, 구성, 배포

- `test-em-all.bash` 테스트 스크립트를 사용해 디플로이먼트 테스트

⁑ 기술 요구 사항

이 책에서 사용하는 도구의 설치 방법과 이 책의 소스 코드를 다운로드하는 방법은 다음을 참고한다.

- 21장, 맥OS용 설치 지침
- 22장, 윈도우용 설치 지침

16장의 모든 소스 코드 예제는 $BOOK_HOME/Chapter16 폴더에 있다.

16장에서 쿠버네티스에 마이크로서비스를 배포하고자 변경한 부분을 확인하고 싶다면 15장의 소스 코드와 비교하면 된다. 선호하는 파일 비교 도구를 사용해 $BOOK_HOME/Chapter15 폴더와 $BOOK_HOME/Chapter16 폴더를 비교해보자.

⁑ 넷플릭스 유레카를 쿠버네티스 서비스로 대체

15장에서 봤듯이 쿠버네티스는 서비스 객체와 kube-proxy 기반의 검색 기능을 내장하고 있다. 따라서 앞서 사용한 넷플릭스 유레카와 같은 별도의 검색 서비스는 배포할 필요가 없다. 쿠버네티스의 검색 서비스를 사용하면 지금까지 넷플릭스 유레카와 함께 사용한 스프링 클라우드 로드 밸런서와 같은 클라이언트 라이브러리가 필요 없다는 장점이 있다.

따라서 마이크로서비스의 기반 언어나 프레임워크와 상관없이 쿠버네티스 검색 서비스를 쉽게 사용할 수 있다. 쿠버네티스 환경에서만 작동한다는 단점이 있지만, 서비스 객체의 DNS 이름 및 IP 주소에 대한 요청의 처리는 kube-proxy 기반이므로 유사한 검색 서비스로 쉽게 대체할 수 있다. 예를 들면 다른 컨테이너 오케스트레이터에 내장된 검색 서비스로 대체할 수 있다.

앞으로 그림 16.1에서 보여주듯이 넷플릭스 유레카 기반의 검색 서버를 마이크로서비스 환경에서 제거할 것이다.

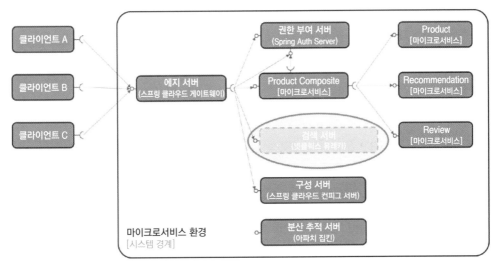

그림 16.1 넷플릭스 유레카를 쿠버네티스에 내장된 검색 서비스로 대체

넷플릭스 유레카 기반의 검색 서버를 쿠버네티스에 내장된 검색 서비스로 대체하려면 빌드 파일과 구성 파일을 약간 변경해야 한다. 일부 테스트 클래스에서 필요 없게 된 속성을 제거하는 것 이외의 자바 소스 코드 변경은 없다. 다음과 같이 소스 코드를 변경해야 한다.

- 넷플릭스 유레카, 스프링 클라우드 로드 밸런서와 관련된 클라이언트 및 서버 구성을 구성 저장소인 config-repo에서 제거한다.

- 유레카 서버로의 라우팅 규칙을 게이트웨이 서비스의 config-repo/gateway.yml 파일에서 제거한다.

- 유레카 서버 프로젝트를 제거한다. 즉 spring-cloud/eureka-server 폴더를 제거한다.

- 도커 컴포즈 파일과 그래들 파일(setting.gradle)에서 유레카 서버를 제거한다.

- 모든 유레카 클라이언트의 빌드 파일(build.gradle)에서 spring-cloud-starter-netflix-eureka-client에 대한 의존성을 제거한다.

- 모든 유레카 클라이언트 통합 테스트에서 eureka.client.enabled=false 속성을 제거한다.

- lb 프로토콜을 사용하는 스프링 클라우드 로드 밸런서의 클라이언트 측 로드 밸런서 기반 라우팅을 게이트웨이 서비스 구성에서 제거한다. 예를 들면 config-repo/gateway.yml 파일에 정의한 lb://product-composite은 http://product-composite으로 대체한다.

- 마이크로서비스 및 권한 부여 서버에서 사용하는 HTTP 포트를 8080(권한 부여 서버는 9999)에서 기본 HTTP 포트인 80으로 변경한다. 다음과 같이 영향을 받는 각 서비스의 config-repo 구성을 변경한다.

```
spring.config.activate.on-profile: docker
server.port: 80
```

넷플릭스 유레카를 쿠버네티스 서비스로 대체해도 사용하던 HTTP 주소에는 영향이 없다. 예를 들어, product-composite 서비스에서 사용하는 주소는 변함이 없다.

```
private final String productServiceUrl = "http://product";
private final String recommendationServiceUrl = "http://recommendation";
private final String reviewServiceUrl = "http://review";
```

앞서 설명했듯이 마이크로서비스 및 권한 부여 서버에서 사용하는 HTTP 포트를 기본 HTTP 포트인 80으로 변경하기만 하면 된다.

TIP

> 넷플릭스 유레카를 제거해도 도커 컴포즈는 여전히 작동한다. 따라서 쿠버네티스에 마이크로서비스를 배포하지 않더라도 마이크로서비스의 기능 테스트를 할 수 있다. 즉 이전에 했던 것처럼 도커 데스크톱으로 test-em-all.bash를 실행할 수 있다. 하지만 넷플릭스 유레카를 제거한 후에는 도커나 도커 컴포즈에선 검색 서비스를 사용할 수 없다. 따라서 스케일링이 필요한 경우에는 쿠버네티스에 배포해야만 한다.
>
> 17장에서는 마이크로서비스의 소스 코드가 쿠버네티스 플랫폼에 종속되는 벤더 종속을 피하는 방법을 살펴본다.

지금까지 넷플릭스 유레카를 쿠버네티스 서비스로 대체하는 방법에 대해 알아봤다. 이제 앞으로 사용할 다른 쿠버네티스 객체에 대해 알아보자.

쿠버네티스 객체 소개

16장의 뒷부분에서는 다양한 쿠버네티스 객체를 이용해 마이크로서비스와 마이크로서비스가 의존하는 자원 관리자(예: 데이터베이스, 대기열 관리자)를 배포하는 방법을 자세히 알아볼 것이다. 먼저 앞으로 사용할 쿠버네티스 객체를 살펴보자.

- 쿠버네티스에 배포할 마이크로서비스, 데이터베이스, 대기열 관리자별로 디플로이먼트 객체 하나와 서비스 객체를 생성한다. 에지 서버(gateway)를 제외한 모든 컴포넌트의 서비스 객체는 ClusterIP 유형이다. 에지 서버의 서비스 객체는 NodePort 유형이며 30433 포트로 외부 HTTPS 요청을 받는다.

- 컨피그 서버는 config-repo의 구성 파일이 포함된 컨피그맵을 사용한다.

- 컨피그 서버가 사용하는 자격 증명credential을 보관할 시크릿 객체와 컨피그 서버의 클라이언트가 사용하는 자격 증명을 보관할 시크릿 객체를 생성한다.

어떤 쿠버네티스 객체를 생성할 것인지 확인했다. 이제 쿠버네티스에 손쉽게 배포할 수 있도록 돕는 스프링 부트의 기능을 살펴보자.

스프링 부트의 지원 기능 사용

스프링 부트 v2.3에는 쿠버네티스 배포를 지원하는 몇 가지 유용한 기능이 추가됐다.

- **단계적 종료**

  롤링 업그레이드를 수행할 때와 같이 마이크로서비스 인스턴스를 중지해야 하는 상황에서는 활성 요청이 영향을 받을 위험이 있다. 이러한 위험을 최소화하기 위해 스프링 부트에 단계적 종료graceful shutdown에 대한 지원이 추가됐다. 단계적 종료를 적용하면 마이크로서비스는 새 요청 수락을 중지하고 구성한 대기 시간까지 활성 요청이 완료되는 것을 기다린 후 애플리케이션을 종료한다. 종료 대기 시간 안에 완료하지 못한 요청은 종료 과정에서 처리할 수 없는 예외적인 상황으로 간주하고 중단한다.

config-repo 폴더의 공통 구성 파일(application.yml)에 다음 구성을 추가하면 모든 마이크로서비스에 단계적 종료가 적용되고 10초로 종료 대기 시간이 설정된다.

```
server.shutdown: graceful
spring.lifecycle.timeout-per-shutdown-phase: 10s
```

자세한 내용은 다음 링크(https://docs.spring.io/spring-boot/docs/2.5.2/reference/htmlsingle/#features.graceful-shutdown)를 참고한다.

- **라이브니스 프로브와 레디니스 프로브**

15장에서 설명했듯이 쿠버네티스가 포드를 잘 관리할 수 있게 하려면 라이브니스 프로브와 레디니스 프로브를 적절히 구현해야 한다. 간단히 요약하면 라이브니스 프로브는 포드를 교체해야 하는지를 알려주고 레디니스 프로브는 포드가 요청을 처리할 준비가 됐는지를 알려준다. 이런 라이브니스 프로브와 레디니스 프로브의 구현에 대한 지원이 스프링 부트에 추가됐다. 이를 이용하면 /actuator/health/liveness 및 /actuator/health/readiness URL로 프로브를 노출하게 된다. 구성 파일에 관련 항목을 추가해 프로브를 만들 수 있으며 구성만으로는 부족한 경우에는 소스 코드로 직접 구현할 수 있다. 구성 파일에 프로브를 선언할 때는 각 프로브의 **상태 그룹**health group에서 사용할 상태 표시기 health indicator를 지정할 수 있다. 예를 들어, 마이크로서비스에서 MongoDB 데이터베이스에 접근할 수 없게 되면 레디니스 프로브는 DOWN을 보고해야 하는데, 이를 위해서는 레디니스 프로브의 상태 그룹에 mongo 상태 표시기를 추가해야 한다. 사용할 수 있는 상태 표시기의 목록은 다음 링크(https://docs.spring.io/spring-boot/docs/2.5.2/reference/htmlsingle/#actuator.endpoints.health.auto-configured-health-indicators)를 참고한다.

15장에서는 config-repo 폴더의 공통 구성 파일(application.yml)에 다음 구성을 추가한다.

```
management.endpoint.health.probes.enabled: true
management.endpoint.health.group.readiness.include: rabbit, db, mongo
```

구성의 첫 번째 줄은 라이브니스 프로브와 레디니스 프로브를 활성화한다. 두 번째 줄에서는 레디니스 프로브를 위한 상태 표시기(RabbitMQ, SQL 데이터베이스, MongoDB)를 지정하고 있다. 라이브니스 프로브를 위한 상태 표시기는 추가하지 않았다. 15장에서는 스프링 애플리케이션이 실행 중일 때 라이브니스 프로브가 UP을 보고하는 것으로 충분하다.

자세한 내용은 다음 링크(https://docs.spring.io/spring-boot/docs/2.5.2/reference/htmlsingle/#actuator.endpoints.kubernetes-probes)를 참고한다.

뒤에서 쿠버네티스에 마이크로서비스를 배포하고 이런 기능을 시험해볼 것이다. 다음 절에서는 헬름을 사용해 마이크로서비스를 준비 및 구성하고 쿠버네티스로 배포하는 방법을 알아본다.

⠿ 헬름 소개

앞에서 설명했듯이 마이크로서비스를 쿠버네티스에 배포하려면 원하는 상태를 기술한 디플로이먼트 및 서비스 객체의 매니페스트manifest 파일을 작성해야 한다. 마이크로서비스에 대한 구성을 추가해야 하는 경우에는 컨피그맵 및 시크릿에 대한 매니페스트도 추가해야 한다. 원하는 상태를 선언한 다음 실제 상태를 원하는 상태에 맞추는 책임을 쿠버네티스가 지게 하는 접근 방식은 매우 유용하다.

하지만 이런 매니페스트 파일을 작성하고 유지 관리하기는 쉽지 않다. 매니페스트 파일의 코드 대부분이 반복적으로 사용된다. 즉 모든 마이크로서비스의 매니페스트 파일이 매우 유사하다. 전체 매니페스트 파일을 복제하는 대신 일부 콘텐츠만 변경해 환경별 설정을 처리하더라도 번거롭긴 마찬가지다.

테스트, QA, 상용 환경에 적은 수의 마이크로서비스를 배포하는 경우에는 크게 신경 쓸 필요가 없지만, 마이크로서비스가 수십, 수백 개로 증가하고 다양한 테스트, QA, 사용 환경에 다수의 마이크로서비스를 묶어서 배포해야 하는 상황이 되면 금세 관리하기 어려운 유지보수 문제가 발생한다.

오픈 소스 기반의 패키지 관리자인 헬름(https://helm.sh)을 사용하면 이런 문제를 해결할 수 있다. 헬름이 지원하는 템플릿 언어를 사용하면 마이크로서비스나 환경에 맞춰 다양한 쿠버네티스 객체를 설정할 수 있다.

TIP

> 디플로이먼트 객체가 몇 개밖에 안 되는 소규모 시스템 환경이라면 간단한 템플릿 도구를 사용하는 것도 괜찮다. 예를 들어, **앤서블**(Ansible)이나 **Jinja2** 템플릿에 익숙하다면 헬름 대신 사용할 수 있다. 또한 kubectl이 기본 지원하는 **Kustomize**를 사용하면 템플릿 없이 쿠버네티스 매니페스트 파일을 사용자 정의할 수 있다.

헬름에서는 패키지를 **차트**chart라고 부른다. 차트에는 템플릿, 템플릿 기본값, 다른 차트에 대한 의존성 관련 내용이 들어간다. 차트는 배포해야 하는 컴포넌트별로 따로 구성한다. 즉 각 마이크로서비스와 마이크로서비스가 의존하는 자원 관리자(데이터베이스, 대기열 관리자) 별로 배포 방법을 설명하는 차트를 만든다.

컴포넌트 차트에서 반복 사용되는 상용구를 추출해 특수한 유형의 차트인 **라이브러리 차트** library chart를 만든다. 라이브러리 차트에는 디플로이먼트, 서비스, 컨피그맵, 시크릿과 같은 쿠버네티스 객체 매니페스트의 템플릿이 담겨 있다. 다른 차트는 라이브러리 차트의 템플릿을 사용하게 된다.

개발, 테스트, 스테이징, 상용 환경과 같은 다양한 유형의 환경에 전체 컴포넌트를 배포하고자 할 때는 **상위 차트**parent chart와 **하위 차트**subchart 개념을 사용한다. 여기에서는 dev-env와 prod-env 환경을 정의하고 환경별 상위 차트를 구현한다. 환경별 상위 차트는 서로 다른 하위 차트 세트(예: 마이크로서비스 차트)에 의존하며 포드 수, 도커 이미지 버전, 자격 증명, 자원 요청, 자원 제한 등에 대한 기본값을 제공한다.

정리하면, common 폴더에는 재사용 가능한 라이브러리 차트가 있고, components 폴더에는 마이크로서비스와 자원 관리자별 차트 폴더가 있다. environments 폴더에는 환경별 상위 차트 폴더가 있다. 폴더 구조는 다음과 같다.

```
|-- common
|   |-- Chart.yaml
|   |-- templates
```

```
|   |-- templates_org
|   `-- values.yaml
|-- components
|   |-- auth-server
|   |-- config-server
|   |-- gateway
|   |-- mongodb
|   |-- mysql
|   |-- product
|   |-- product-composite
|   |-- rabbitmq
|   |-- recommendation
|   |-- review
|   `-- zipkin-server
`-- environments
    |-- dev-env
    `-- prod-env
```

관련 파일은 $BOOK_HOME/Chapter16/kubernetes/helm 폴더에 있다.

헬름 차트를 헬름 **차트 저장소**^{chart repository}에 게시하면 다른 사람과 공유할 수 있다. 이 책에서는 차트를 게시하지 않지만 17장에서 차트 저장소에 있는 헬름 차트를 사용해 **cert-manager**라는 컴포넌트를 설치한다.

다음 절에서는 사용이 빈번한 헬름 커맨드와 실행 방법을 학습한 후 차트의 구조를 알아본다.

헬름 커맨드 실행

헬름으로 뭔가를 하려면 CLI 도구인 helm을 사용해야 한다.

가장 많이 사용하는 헬름 커맨드는 다음과 같다.

- create: 새 차트를 만든다.

- dependency update(축약형 dep up): 다른 차트에 대한 의존성을 해결한다. 차트 폴더에 차트를 저장하고 Chart.lock 파일을 업데이트한다.

- `dependency build`: Chart.lock 파일의 내용을 바탕으로 종속성을 다시 빌드한다.

- `template`: 템플릿을 이용해 만든 정의 파일을 렌더링한다.

- `install`: 차트를 설치한다. 이 커맨드를 사용할 때 `--set` 플래그를 사용하면 단일 값을 재정의할 수 있으며, `--values` 플래그를 사용해 값이 입력된 yaml 파일을 지정하면 여러 값을 재정의할 수 있다.

- `install --dry-run`: 배포를 시뮬레이션하며 실제로 배포하지는 않는다. 배포를 실행하기 전에 확인하는 데 유용하다.

- `list`: 현재 네임스페이스에 있는 모든 릴리스[release]를 나열한다.

- `upgrade`: 릴리스를 업데이트한다.

- `uninstall`: 릴리스를 제거한다.

헬름이 제공하는 커맨드에 대한 자세한 내용은 다음 링크(https://helm.sh/docs/helm/)를 참고한다.

헬름 커맨드를 배웠으니 이제 어떤 파일로 차트를 구성하는지 살펴볼 차례다.

헬름 차트의 구조

헬름 차트에는 정해진 파일 구조가 있다. 다음과 같은 파일로 헬름 차트를 만든다.

- Chart.yaml: 차트에 대한 일반 정보와 차트가 의존하는 다른 차트의 목록을 입력한다.

- templates: 이 폴더에 차트를 배포할 때 사용하는 템플릿을 넣는다.

- values.yaml: 템플릿에서 사용하는 변수의 기본값을 입력한다.

- Chart.lock: Chart.yaml 파일에 입력된 의존성을 해결할 때 헬름이 생성하는 파일로 실제로 의존성을 사용하는 방법에 대해 자세히 기술한다. 헬름이 전체 종속성 트리를 추적할 때 사용하며 이 파일을 바탕으로 마지막으로 차트가 작동했을 때와 같은 의존성 트리를 다시 만들 수 있다.

- charts: 헬름은 차트의 의존성을 해결한 다음에 차트가 의존하는 다른 차트를 이 폴더에 넣는다.

- .helmignore: .gitignore 파일과 비슷한 기능을 한다. 차트를 빌드할 때 제외할 파일의 목록을 입력한다.

헬름 차트의 내부 구조를 살펴봤다. 다음 절에서는 헬름의 핵심 기능 중 하나인 템플릿 메커니즘과 값 전달 방법에 대해 알아본다.

헬름 템플릿과 전달 값

헬름은 템플릿을 사용해 쿠버네티스 매니페스트 파일을 매개 변수화한다. 템플릿을 사용하면 각 마이크로서비스를 위한 장황한 디플로이먼트 매니페스트를 유지할 필요가 없다. 대신 공통 템플릿을 정의해 사용한다. 공통 템플릿에 값이 들어갈 자리 표시자를 배치하고 각 마이크로서비스를 위한 매니페스트를 렌더링할 때 값을 삽입한다. 다음 예는 kubernetes/helm/common/templates/_deployment.yaml 파일에서 가져왔다.

```
apiVersion: apps/v1
kind: Deployment
metadata:
  name: {{ include "common.fullname" . }}
spec:
  replicas: {{ .Values.replicaCount }}
  template:
    spec:
      containers:
        - name: {{ .Chart.Name }}
```

마이크로서비스별 값을 삽입하고자 {{ ... }} 구문을 사용하는 것 외에는 15장에서 본 디플로이먼트 매니페스트와 매우 유사하다. {{ include "common.fullname" . }}은 다른 템플릿을 호출하는 구문이고 다른 두 구문은 헬름의 **내장 객체**built-in object를 사용해 값을 삽입한다. 가장 빈번히 사용하는 내장 객체는 다음과 같다.

- **Values**: 차트의 values.yaml 파일에 있는 값이나 헬름 커맨드(예: `install`)를 실행할 때 제공한 값을 참조하고자 사용한다.

- **Release**: 설치된 현재 릴리스와 관련된 메타데이터를 참조하고자 사용한다. 다음과 같은 필드가 있다.

  - **Name**: 릴리스 이름

  - **Namespace**: 설치를 수행한 네임스페이스의 이름

  - **Service**: 설치 서비스의 이름. 항상 `Helm`을 반환한다.

- **Chart**: Chart.yaml 파일의 정보에 접근할 때 사용한다. 다음과 같은 필드는 디플로이먼트의 메타데이터로 사용하기에 적합하다.

  - **Name**: 차트 이름

  - **Version**: 차트 버전

- **Files**: 차트의 파일에 접근할 때 사용하는 함수를 갖고 있다. 16장에서는 다음 두 함수를 사용한다.

  - **Glob**: **glob 패턴**을 사용해 걸러낸 차트 파일을 반환한다. 예를 들어, `"config-repo/*"` 패턴을 사용하면 config-repo 폴더에 있는 전체 파일을 반환한다.

  - **AsConfig**: 컨피그맵의 값 선언 형식에 맞는 YAML 맵으로 파일 내용을 반환한다.

- **Capabilities**: 설치를 수행하는 쿠버네티스 클러스터에 대한 정보를 찾고자 할 때 사용한다. 예를 들어, 템플릿은 이 객체에서 쿠버네티스 클러스터가 지원하는 API 버전을 찾고 이를 바탕으로 매니페스트를 구성할 수 있다. 16장에서는 이 객체를 사용하지 않는다.

내장 객체에 대한 자세한 내용은 다음 링크(https://helm.sh/docs/chart_template_guide/builtin_objects)를 참고한다.

모든 객체는 대개 루트 콘텍스트root context 트리에서 접근할 수 있으며, **마침표**dot(`.`)로 표시하는 현재 범위를 사용해 객체에 접근한다. 앞의 예를 보면 마침표를 사용한 부분이 있다.

예를 들어, `.Values.replicaCount`와 `.Chart.Name`를 보면 현재 범위에서 내장 객체인 Values 와 Chart에 직접 접근하고 있음을 알 수 있다. 또한 앞의 `include` 지시문을 보면 마침표를 매개 변수로 사용해 전체 트리를 `common.fullname` 템플릿으로 전달하고 있다. 전체 트리 대신 하위 트리를 템플릿으로 전달하는 것도 가능하다.

루트 콘텍스트를 가리키지 않도록 현재 범위를 변경하는 헬름 함수도 있다. 값 컬렉션을 반복하는 데 사용하는 range 함수가 그렇다. 이 함수의 실행 범위 안에서 루트 콘텍스트에 접근해야 할 때는 미리 정의된 변수인 `$`를 사용한다.

헬름 템플릿에서는 다른 객체를 참조하는 변수도 선언할 수 있다. 예를 들면 다음과 같이 선언한다.

```
$name := .Release.Name
```

앞의 예에서 사용한 name 변수에는 현재 처리 중인 헬름 릴리스의 값을 보관한다. 변수의 사용 방법에 대해서는 나중에 고급 구문을 설명할 때 알아본다.

TIP

> `{{ ... }}` 구문의 형식이 kubectl에서 사용하는 것과 유사하다고 생각했다면 맞았다. kubectl과 helm은 모두 Go 템플릿에 기반한다. 자세한 내용은 다음 링크(https://golang.org/pkg/text/template/)를 참고한다.

이제 템플릿 메커니즘을 도입해 세 가지 유형의 차트를 구성하는 방법을 알아보자. 가장 중요한 차트인 common 차트를 먼저 살펴보고, components 차트와 environments 차트를 살펴본다.

common 라이브러리 차트

common 차트에는 16장에서 사용할 네 가지 유형의 쿠버네티스 매니페스트(디플로이먼트, 서비스, 컨피그맵, 시크릿)를 생성하는 템플릿이 들어 있다. 이 재사용 가능한 템플릿은 **명명된 템플릿**named template이라고 부른다. common 차트의 구조와 내용은 `helm create` 커맨드로 생성한 것을 바탕으로 한다. 특히 _helpers.tpl 템플릿 파일에서는 다음과 같이 명명 규칙에 관한 모범 사례를 따른다.

- `common.name`: 차트 이름을 기반으로 한다.

- `common.fullname`: 릴리스 이름과 차트 이름의 조합을 기반으로 한다. 이 책에서는 이 명명 규칙을 무시하고 차트 이름만 사용한다.

- `common.chart`: 차트 이름과 버전을 기반으로 한다.

자세한 내용은 _helpers.tpl 파일의 구현을 참고한다.

다른 템플릿에서 참조해서만 사용하고 매니페스트를 생성하는 데에는 사용하지 않는 명명된 템플릿은 밑줄 '_'로 시작하는 이름을 가져야 한다. 이렇게 해야 헬름이 명명된 템플릿을 사용해 매니페스트를 생성하는 것을 방지할 수 있다.

앞에서 언급한 쿠버네티스 매니페스트를 위한 명명된 템플릿에는 헬름 차트의 복잡도를 높이는 주요 로직이 포함돼 있으므로 하나씩 살펴보도록 하자.

컨피그맵 템플릿

이 템플릿은 config-repo 폴더에 있는 파일로 컨피그맵을 생성하도록 설계됐다. 각 컨피그맵에는 특정 디플로이먼트에서 사용하는 일반적인 구성 정보가 들어간다. 디플로이먼트 매니페스트는 컨피그맵의 콘텐츠를 포드 템플릿의 볼륨으로 매핑한다. 결국 디플로이먼트가 생성한 포드는 로컬 파일 시스템의 파일로서 구성에 접근하게 된다. 자세한 내용은 뒤에 나오는 '디플로이먼트 템플릿' 절을 참고한다. config-repo 폴더는 common 차트를 사용하는 차트에서 접근할 수 있는 곳에 둬야 한다.

TIP

> 16장에서는 components 폴더의 구성 서버 차트에서만 컨피그맵 템플릿을 사용한다. 구성 서버를 제거하는 이후의 장들에서는 모든 마이크로서비스가 이 템플릿을 사용해 자체 컨피그맵을 정의한다.

템플릿 파일의 이름은 _configmap_from_file.yaml이며 내용은 다음과 같다.

```
{{- define "common.configmap_from_file" -}}
apiVersion: v1
kind: ConfigMap
```

```
metadata:
  name: {{ include "common.fullname" . }}
  labels:
    app.kubernetes.io/name: {{ include "common.name" . }}
    helm.sh/chart: {{ include "common.chart" . }}
    app.kubernetes.io/managed-by: {{ .Release.Service }}
data:
{{ (.Files.Glob "config-repo/*").AsConfig | indent 2 }}
{{- end -}}
```

템플릿에 관해 설명하면 다음과 같다.

- 첫 줄의 {{- define "common.configmap_from_file " -}} 구문에서는 재사용할 수 있도록 템플릿의 이름을 선언한다. 이 템플릿의 범위는 마지막 줄의 {{- end -}} 구문까지다.

- _helpers.tpl 파일의 common.fullname 템플릿을 사용해 컨피그맵의 이름을 설정한다.

- 나중에 컨피그맵을 쉽게 식별할 수 있도록 여러 개의 레이블을 정의한다. 여기에서도 _helpers.tpl 파일의 템플릿을 사용해 이름을 설정하고 어떤 차트를 사용하는지 명시한다. 헬름으로 이 컨피그맵을 생성했음을 표시하고자 app.kubernetes.io/managed-by 레이블의 값을 .Release.Service로 설정한다. 앞 절에서 Release 객체에 관해 설명할 때 언급했듯이 .Release.Service는 항상 "Helm"을 반환한다.

- data 항목은 컨피그맵의 핵심이다. Files 객체의 Glob 함수를 사용해 config-repo 폴더의 모든 구성 파일을 가져오고 AsConfig 함수를 사용해 형식에 맞는 YAML 맵으로 변환한다. 끝으로 indent 함수를 사용해 2칸 들여쓰기한다.

{{- and -}} 구문의 붙임표('-')는 중괄호 안의 지시문을 처리한 후 앞뒤 공백을 제거하고자 사용한다.

컨피그맵 템플릿의 사용 예

16장에서는 구성 서버만 컨피그맵을 사용한다. 이 템플릿의 사용 방법에 대해서는 'components 차트' 절을 참고한다.

다음 커맨드를 실행해 헬름이 이 템플릿을 사용해 생성하는 컨피그맵을 확인한다.

```
cd $BOOK_HOME/Chapter16/kubernetes/helm/components/config-server
helm dependency update .
helm template . -s templates/configmap_from_file.yaml
```

`helm template` 커맨드의 실행 결과는 다음과 같다.

```
---
# Source: config-server/templates/configmap_from_file.yaml
apiVersion: v1
kind: ConfigMap
metadata:
  name: config-server
  labels:
    app.kubernetes.io/name: config-server
    helm.sh/chart: config-server-1.0.0
    app.kubernetes.io/managed-by: Helm
data:
  application.yml: |-
    app:
      auth-server: localhost
  ...
  auth-server.yml: |-
    server.port: 9999
  ...
```

config-repo 폴더에 있는 모든 파일의 내용이 data 필드에 들어간다.

시크릿 템플릿

이 템플릿은 dev-env 및 prod-env 환경에서 사용하는 자격 증명을 보관하는 시크릿을 생성하도록 설계됐다. 포드에서는 시크릿을 환경 변수에 매핑한다. 자세한 내용은 '디플로이먼트 템플릿' 절을 참고한다. 환경별로 다수의 시크릿을 정의해야 하므로 헬름의 range 함수를 사용해 여러 개의 시크릿 매니페스트를 생성한다. 템플릿 파일의 이름은 _secrets.yaml이며 내용은 다음과 같다.

```
{{- define "common.secrets" -}}
{{- range $secretName, $secretMap := .Values.secrets }}
apiVersion: v1
kind: Secret
metadata:
  name: {{ $secretName }}
  labels:
    app.kubernetes.io/name: {{ $secretName }}
    helm.sh/chart: {{ include "common.chart" $ }}
    app.kubernetes.io/managed-by: {{ $.Release.Service }}
type: Opaque
data:
{{- range $key, $val := $secretMap }}
  {{ $key }}: {{ $val | b64enc }}
{{- end }}
---
{{- end -}}
{{- end -}}
```

템플릿에 관해 설명하면 다음과 같다.

- 첫 줄에서는 템플릿을 선언하고 두 번째 줄에서는 range 함수를 사용한다. 이 함수는 .Values.secrets 필드에 시크릿 이름을 키로 시크릿의 키/값 쌍 맵이 담겨 있다고 가정한다. values.yaml 파일에 들어가는 시크릿 필드의 예는 다음과 같다.

```
secrets:
  a-secret:
    key-1: secret-value-1
    key-2: secret-value-2
  another-secret:
    key-3: secret-value-3
```

앞의 예에서는 이름이 a-secret, another-secret인 2개의 시크릿을 정의한다. range 함수에서는 시크릿 이름은 $secretName 변수에 할당하고, 맵은 $secretMap 변수에 할당한다.

- range 함수는 현재 범위를 변경하기 때문에 점 표기법을 사용해 common.chart 템플릿에 루트 콘텍스트를 전달할 수 없다. 대신 $ 변수를 사용한다.

- data 섹션에서 range 함수를 다시 사용해 현재 시크릿의 키/값 쌍을 순회한다. range 함수는 각 키/값 쌍을 $key 및 $val 변수에 할당한다.

- 끝으로 시크릿의 키/값 쌍은 data 섹션의 맵 항목이 된다. $val 변수 값은 b64enc 함수로 파이프돼 시크릿 매니페스트에서 요구하는 **Base64**로 인코딩된다.

---은 렌더링된 시크릿 매니페스트를 분리해 별도의 YAML 문서로 처리하고자 사용한다.

시크릿 템플릿의 사용 예

시크릿은 dev-env, prod-env environments 차트에서 정의하며 환경별 자격 증명을 만드는데 사용한다. 템플릿의 사용 방법에 대해서는 'environments 차트' 절을 참고한다.

다음 커맨드를 실행하면 헬름이 dev-env 환경에 맞춰서 앞의 템플릿을 사용해 생성하는 시크릿을 볼 수 있다.

```
cd $BOOK_HOME/Chapter16/kubernetes/helm
for f in components/*; do helm dependency update $f; done
helm dependency update environments/dev-env
helm template environments/dev-env -s templates/secrets.yaml
```

helm template 커맨드의 실행 결과는 다음과 같다.

```
---
# Source: dev-env/templates/secrets.yaml
apiVersion: v1
kind: Secret
metadata:
  name: config-client-credentials
  labels:
    app.kubernetes.io/name: config-client-credentials
    helm.sh/chart: dev-env-1.0.0
    app.kubernetes.io/managed-by: Helm
type: Opaque
data:
  CONFIG_SERVER_PWD: ZGV2LXB3ZA==
  CONFIG_SERVER_USR: ZGV2LXVzcg==
---
```

```
# Source: dev-env/templates/secrets.yaml
apiVersion: v1
kind: Secret
metadata:
  name: config-server-secrets
  labels:
    app.kubernetes.io/name: config-server-secrets
    helm.sh/chart: dev-env-1.0.0
    app.kubernetes.io/managed-by: Helm
type: Opaque
data:
  ENCRYPT_KEY: bXktdmVyeS1zZWN1cmUtZW5jcnlwdC1rZXk=
  SPRING_SECURITY_USER_NAME: ZGV2LXVzcg==
  SPRING_SECURITY_USER_PASSWORD: ZGV2LXB3ZA==
```

서비스 템플릿

common 차트를 사용하는 서비스 템플릿의 일부 차트에선 특정 값으로 common 차트의 기본값을 재정의한다. 예를 들어, common 차트는 서비스 유형^{type}과 서비스가 노출할 포트에 관한 기본값을 제공한다. 이런 기본값은 대부분의 마이크로서비스가 유용하게 사용하지만 기본값을 사용하지 않는 마이크로서비스는 자체 values.yaml 파일에서 기본값을 재정의할 수 있어야 한다.

템플릿 파일의 이름은 _service.yaml이며 다른 명명된 템플릿과 마찬가지로 이름을 먼저 정의한 다음 재정의 메커니즘을 구현한다. 구현 코드는 다음과 같다.

```
{{- define "common.service" -}}
{{- $common := dict "Values" .Values.common -}}
{{- $noCommon := omit .Values "common" -}}
{{- $overrides := dict "Values" $noCommon -}}
{{- $noValues := omit . "Values" -}}
{{- with merge $noValues $overrides $common -}}
```

앞의 템플릿 코드를 설명하면 다음과 같다.

- 마이크로서비스는 _service.yaml 템플릿을 사용해 서비스 매니페스트를 렌더링한다. 이때 마이크로서비스의 values.yaml 파일에 있는 값은 .Values 객체에서 얻으며 common 차트의 값은 .Values.common 필드에서 얻는다.

- 변수 $common은 Values의 키로 dict 함수를 사용해 생성한 사전을 참조하며 common 차트에서 온 기본값이 사전의 값이 된다. .Values 객체의 common 키를 사용해 common 차트의 값을 가져온다.

- $noCommon 변수에 common 키 하위 값을 제외한 마이크로서비스의 값을 담는다.

- $overrides 변수 역시 Values 키로 생성한 사전을 참조하지만, common 값을 제외한 마이크로서비스의 값만 담긴다. 앞서 선언한 $noCommon 변수에서 값을 가져온다.

- $noValues 변수는 .Values 객체를 제외한 다른 모든 내장 객체를 담는다.

- merge 함수는 $noValues, $overrides, $common 변수가 참조하는 사전을 기반으로 하나의 사전을 생성한다. $overrides 사전에 있는 값이 $common 사전에 있는 값에 우선하므로 해당 값을 재정의한다.

- 끝으로 with 함수는 이어지는 템플릿 코드의 범위를 {{- end -}} 구문에 도달할 때까지로 변경한다. 따라서 이제 현재 범위(.)는 병합된 사전을 참조한다.

템플릿이 어떻게 작동하는지 예를 들어 알아보자. common 차트의 values.yaml 파일에는 다음과 같이 서비스 유형과 노출할 포트에 대한 기본 설정이 들어 있다.

```
service:
  type: ClusterIP
  ports:
  - port: 80
    targetPort: http
    protocol: TCP
    name: http
```

이 설정은 ClusterIP 유형의 서비스 객체를 렌더링한다. 서비스 객체는 포트 80을 노출하고 포드의 http라는 이름의 포트로 요청을 전달한다.

게이트웨이 서비스는 NodePort를 노출하므로 포트 설정을 변경해야 한다. 앞의 기본값을 재정의하고자 차트의 values.yaml 파일에 다음과 같이 선언한다.

```
service:
  type: NodePort
  ports:
  - port: 443
    targetPort: 8443
    nodePort: 30443
```

게이트웨이의 values.yaml 파일은 $BOOK_HOME/Chapter16/kubernetes/helm/components/gateway/values.yaml 폴더에 있다.

서비스 템플릿 파일의 남은 부분은 다음과 같다.

```
apiVersion: v1
kind: Service
metadata:
  name: {{ include "common.fullname" . }}
  labels:
    app.kubernetes.io/name: {{ include "common.name" . }}
    helm.sh/chart: {{ include "common.chart" . }}
    app.kubernetes.io/managed-by: {{ .Release.Service }}
spec:
  type: {{ .Values.service.type }}
  ports:
{{ toYaml .Values.service.ports | indent 4 }}
  selector:
    app.kubernetes.io/name: {{ include "common.name" . }}
{{- end -}}
{{- end -}}
```

앞의 템플릿을 설명하면 다음과 같다.

- metadata 필드의 name, labels는 앞의 템플릿에서 본 것과 같은 방식으로 정의한다.

- 서비스 유형은 .Values.service.type 필드로 설정한다.

- 서비스가 노출하는 포트는 .Values.service.ports 필드를 사용해 지정한다. 내장 함수인 toYaml을 사용해 값을 yaml로 형식으로 변경하며, 그 결과는 indent 함수로 파이프돼 4글 자만큼 들여쓰기한다.

- 끝으로 포드 selector를 정의한다. app.kubernetes.io/name 레이블을 키로 하며 common. name 템플릿으로 값을 지정한다.

서비스 템플릿의 사용 예

각 컴포넌트는 서비스 템플릿을 사용해 서비스 매니페스트를 만든다. 앞에서 설명한 것처럼 핵심 마이크로서비스는 common 차트의 values.yaml 파일의 구성을 재사용하는 반면다른 컴포넌트는 자체 values.yaml 파일로 이런 값을 재정의한다.

product 마이크로서비스를 대상으로 다음 커맨드를 실행하면 핵심 컴포넌트의 서비스 매니페스트를 생성해 살펴볼 수 있다.

```
cd $BOOK_HOME/Chapter16/kubernetes/helm
helm dependency update components/product
helm template components/product -s templates/service.yaml
```

`helm template 커맨드의 실행 결과는 다음과 같다.

```
# Source: product/templates/service.yaml
apiVersion: v1
kind: Service
metadata:
  name: product
  labels:
    app.kubernetes.io/name: product
    helm.sh/chart: product-1.0.0
    app.kubernetes.io/managed-by: Helm
spec:
  type: ClusterIP
  ports:
    - name: http
      port: 80
      protocol: TCP
```

```
      targetPort: http
  selector:
    app.kubernetes.io/name: product
```

gateway 컴포넌트를 대상으로 다음 커맨드를 실행하면 common 차트의 설정을 재정의해 사용하는 컴포넌트의 서비스 매니페스트를 살펴볼 수 있다.

```
cd $BOOK_HOME/Chapter16/kubernetes/helm
helm dependency update components/gateway
helm template components/gateway -s templates/service.yaml
```

helm template 커맨드의 실행 결과는 다음과 같다.

```
---
# Source: gateway/templates/service.yaml
apiVersion: v1
kind: Service
metadata:
  name: gateway
  labels:
    app.kubernetes.io/name: gateway
    helm.sh/chart: gateway-1.0.0
    app.kubernetes.io/managed-by: Helm
spec:
  type: NodePort
  ports:
    - nodePort: 30443
      port: 443
      targetPort: 8443
  selector:
    app.kubernetes.io/name: gateway
```

디플로이먼트 템플릿

끝으로 디플로이먼트 매니페스트를 렌더링하는 템플릿에 대해 알아보자. 디플로이먼트 매니페스트는 많은 부분을 선택적으로 처리해야 하므로 가장 복잡한 템플릿이다. 디플로이먼트 매니페스트는 여러 부분에서 다른 컴포넌트를 사용한다. common 차트의 values.yaml

파일에 대부분의 컴포넌트에 적용할 수 있는 설정 기본값이 들어 있으므로 각 컴포넌트의
자체 values.yaml 파일에서는 최소한의 설정만 재정의하면 된다. 디플로이먼트 매니페스
트의 다음 항목은 각 컴포넌트에서 선택적으로 사용한다.

- 컨테이너를 시작할 때 적용할 인수

- 환경 변수

- 시크릿에서 가져온 환경 변수

- 라이브니스 프로브

- 레디니스 프로브

- 컨피그맵과 관련 볼륨

템플릿 파일의 이름은 _deployment.yaml이며 앞 부분의 몇 줄은 같은 방식의 재정의 메커
니즘을 사용하는 서비스 템플릿과 매우 유사하다.

```
{{- define "common.deployment" -}}
{{- $common := dict "Values" .Values.common -}}
{{- $noCommon := omit .Values "common" -}}
{{- $overrides := dict "Values" $noCommon -}}
{{- $noValues := omit . "Values" -}}
{{- with merge $noValues $overrides $common -}}
apiVersion: apps/v1
kind: Deployment
metadata:
  name: {{ include "common.fullname" . }}
  labels:
    app.kubernetes.io/name: {{ include "common.name" . }}
    helm.sh/chart: {{ include "common.chart" . }}
    app.kubernetes.io/managed-by: {{ .Release.Service }}
```

앞의 코드에 대해서는 서비스 템플릿에 관한 설명을 참고한다.

매니페스트 spec 부분의 시작은 다음과 같다.

```
spec:
  replicas: {{ .Values.replicaCount }}
  selector:
    matchLabels:
      app.kubernetes.io/name: {{ include "common.name" . }}
  template:
    metadata:
      labels:
        app.kubernetes.io/name: {{ include "common.name" . }}
    spec:
      containers:
        - name: {{ .Chart.Name }}
          image: "{{ .Values.image.repository }}/{{ .Values.image.name
}}:{{ .Values.image.tag }}"
          imagePullPolicy: {{ .Values.image.pullPolicy }}
```

앞의 코드를 보면 replicas의 개수, 포드 selector, 새 포드를 생성할 때 사용하는 template
등 spec 부분의 정의를 확인할 수 있다. template 항목에서는 selector와 일치하는 label을
정의하고 컨테이너를 시작할 때 사용할 name, 도커 image, imagePullPolicy를 정의한다.

다음 코드는 앞에서 설명한 선택적으로 사용하는 부분이다.

```
args:
  {{- toYaml . | nindent 12 }}
{{- end }}
{{- if .Values.env }}
env:
{{- range $key, $val := .Values.env }}
- name: {{ $key }}
  value: {{ $val }}
{{- end }}
{{- end }}
{{- if .Values.envFromSecretRefs }}
envFrom:
{{- range .Values.envFromSecretRefs }}
- secretRef:
    name: {{ . }}
{{- end }}
{{- end }}
{{- if .Values.livenessProbe_enabled }}
```

```
            livenessProbe:
{{ toYaml .Values.livenessProbe | indent 12 }}
        {{- end }}
        {{- if .Values.readinessProbe_enabled }}
            readinessProbe:
{{ toYaml .Values.readinessProbe | indent 12 }}
        {{- end }}
```

환경 변수와 환경 변수에 매핑되는 시크릿은 시크릿 템플릿에서 사용하는 것과 같은 방식으로 range 함수를 사용한다. 환경 변수는 용도에 따라 컴포넌트나 환경 수준에서 지정할 수 있다. 시크릿은 언제나 environments 차트에서 지정한다. 이어지는 'components 차트' 절과 'environments 차트' 절을 참고한다.

매니페스트의 끝부분에서는 컨테이너가 노출하는 ports 관련 정의와 resources 요청 및 제한 선언, 선택적인 컨피그맵 선언과 컨피그맵의 파일과 연결되는 볼륨에 대해 선언한다.

```
            ports:
{{ toYaml .Values.ports | indent 12 }}
            resources:
{{ toYaml .Values.resources | indent 12 }}
        {{- if .Values.configmap.enabled }}
            volumeMounts:
            - name: {{ include "common.fullname" . }}
              mountPath: {{ .Values.configmap.volumeMounts.mountPath }}
          volumes:
            - name: {{ include "common.fullname" . }}
              configMap:
                name: {{ include "common.fullname" . }}
        {{- end }}
{{- end -}}
{{- end -}}
```

common 차트의 values.yaml 파일에 있는 기본값 중에서 라이브니스 프로브와 레디니스 프로브와 관련된 기본값을 살펴보자.

```
livenessProbe_enabled: false
livenessProbe:
  httpGet:
    scheme: HTTP
```

```
      path: /actuator/health/liveness
      port: 80
    initialDelaySeconds: 10
    periodSeconds: 10
    timeoutSeconds: 2
    failureThreshold: 20
    successThreshold: 1

readinessProbe_enabled: false
readinessProbe:
  httpGet:
    scheme: HTTP
    path: /actuator/health/readiness
    port: 80
  initialDelaySeconds: 10
  periodSeconds: 10
  timeoutSeconds: 2
  failureThreshold: 3
  successThreshold: 1
```

앞의 선언을 보면 다음과 같은 내용을 알 수 있다.

- 모든 디플로이먼트에서 프로브를 사용하는 것은 아니므로 기본적으로 프로브는 비활성화돼 있다.

- 앞의 '스프링 부트의 지원 기능 사용' 절에서 설명했듯이 프로브는 스프링 부트가 노출하는 엔드포인트로 보내는 HTTP GET 요청을 바탕으로 한다.

  ○ 프로브는 엔드포인트가 2xx 또는 3xx 응답 코드로 응답하면 성공으로 간주한다.

- 다음 속성을 사용해 라이브니스 프로브 및 레디니스 프로브를 구성한다.

  ○ initialDelaySeconds: 컨테이너가 시작한 후 검사^{probe} 시작 전까지 쿠버네티스가 대기하는 시간

  ○ periodSeconds: 쿠버네티스의 검사 요청 간격

  ○ timeoutSeconds: 쿠버네티스가 검사를 실패한 것으로 처리하기 전에 응답을 기다리는 시간

- failureThreshold: 쿠버네티스가 검사에 몇 번 실패하면 포기할 것인지 지정한다. 이 경우 라이브니스 프로브는 포드를 다시 시작하며, 쿠버네티스는 레디니스 프로브가 성공할 때까지 컨테이너에 요청을 보내지 않는다.

- successThreshold: 쿠버네티스가 실패한 검사를 다시 성공으로 간주하게 하려면 검사에 몇 번 성공해야 하는지 지정한다. 이 항목은 레디니스 프로브에만 적용되며 라이브니스 프로브에 지정한다면 반드시 1로 지정해야 한다.

TIP

검사 설정을 최적화하는 것은 어려운 작업이다. 포드에 과도한 검사 요청을 보내지 않으면서도 포드의 가용성 변화에 쿠버네티스가 신속하게 반응할 수 있도록 균형을 맞추기가 쉽지 않다.

특히 라이브니스 프로브에 너무 적은 값을 지정하면 쿠버네티스는 시작 소요 시간이 조금만 지체돼도 재시작할 필요가 없는 포드를 재시작하게 된다. 즉 라이브니스 프로브에 적은 값을 설정한 포드가 많으면 불필요한 재시작 또한 많아진다.

successThreshold 이외의 검사 구성 값이 너무 크면 쿠버네티스가 더 느리게 반응하기 때문에 개발 환경에서는 곤란할 수 있다. 구성 값은 가용한 하드웨어에 따라 적정 값이 달라지며 포드의 시작 소요 시간에 영향을 준다. 이 책에서는 컴퓨터의 하드웨어 자원이 제한적일 때 발생하는 불필요한 재시작을 방지하고자 라이브니스 프로브의 failureThreshold 값을 20으로 설정한다.

디플로이먼트 템플릿의 사용 예

각 컴포넌트에서는 디플로이먼트 템플릿을 사용해 디플로이먼트 매니페스트를 만든다. 핵심 마이크로서비스는 common 차트의 values.yaml 파일에 있는 구성의 대부분을 재사용해 컴포넌트별 구성의 필요성을 최소화한다. 그 밖의 다른 컴포넌트는 자체 values.yaml 파일로 값을 재정의하는 경우가 많다.

product 마이크로서비스를 대상으로 다음 커맨드를 실행하면 핵심 컴포넌트의 디플로이먼트 매니페스트를 생성해 살펴볼 수 있다.

```
cd $BOOK_HOME/Chapter16/kubernetes/helm
helm dependency update components/product
helm template components/product -s templates/deployment.yaml
```

MongoDB 컴포넌트를 대상으로 다음 커맨드를 실행하면 common 차트의 설정을 재정의해 사용하는 컴포넌트의 서비스 매니페스트를 살펴볼 수 있다.

```
cd $BOOK_HOME/Chapter16/kubernetes/helm
helm dependency update components/mongodb
helm template components/mongodb -s templates/deployment.yaml
```

`helm template` 커맨드의 실행 결과는 다음과 같다.

```
---
# Source: mongodb/templates/deployment.yaml
apiVersion: apps/v1
kind: Deployment
metadata:
  name: mongodb
  labels:
    app.kubernetes.io/name: mongodb
    helm.sh/chart: mongodb-1.0.0
    app.kubernetes.io/managed-by: Helm
spec:
  replicas: 1
  selector:
    matchLabels:
      app.kubernetes.io/name: mongodb
  template:
    metadata:
      labels:
        app.kubernetes.io/name: mongodb
    spec:
      containers:
        - name: mongodb
          image: "registry.hub.docker.com/library/mongo:4.4.2"
          imagePullPolicy: IfNotPresent
          ports:
            - containerPort: 27017
          resources:
            limits:
              memory: 350Mi
```

이것으로 common 차트에 들어 있는 재사용 가능한 명명된 템플릿에 대한 설명을 마친다. 관련 파일은 $BOOK_HOME/Chapter16/kubernetes/helm/common 폴더에 있다.

다음 절에서는 components 차트에 대해 알아본다.

components 차트

마이크로서비스와 자원 관리자용 차트는 components 폴더에 있으며 파일 구조가 같다.

- Chart.yaml 파일에는 common 라이브러리 차트에 대한 의존성이 선언돼 있다.

- template 폴더에는 2개의 템플릿(deployment.yaml, service.yaml) 파일이 들어 있다. 두 템플릿 모두에 common 차트의 명명된 템플릿이 적용된다. 예를 들어, service.yaml 템플릿은 다음과 같다.

```
{{- template "common.service" . -}}
```

- values.yaml 파일에는 마이크로서비스와 관련된 설정이 들어 있다. 예를 들어, auth-server 차트의 값 파일은 다음과 같다.

```
fullnameOverride: auth-server

image:
  name: auth-server

env:
  SPRING_PROFILES_ACTIVE: "docker"
livenessProbe_enabled: true

readinessProbe_enabled: true
```

auth-server는 이름, 도커 이미지, 스프링 프로필 선언과 라이브니스 프로브, 레디니스 프로브 기본 구성을 사용한다.

구성 서버는 다른 모든 마이크로서비스에 대한 구성 파일이 들어 있는 config-repo를 컨피그맵에 저장한다는 점에서 다른 차트와 구별된다. 구성 서버의 templates 폴더에는 앞에서 소개한 common 차트의 명명된 템플릿 기반의 컨피그맵 템플릿이 들어 있다.

```
{{- template "common.configmap_from_file" . -}}
```

템플릿은 차트 폴더(config-repo)에서 구성 파일을 찾는다. $BOOK_HOME/Chapter16/ config-repo 폴더를 복사하지 않고 참조하고자 다음 커맨드를 사용해 **소프트 링크**^{soft link}(심벌릭 링크)를 생성한다.

```
cd $BOOK_HOME/Chapter16/kubernetes/helm/components/config-server
ln -s ../../../../config-repo config-repo
```

TIP

> 깃(Git)은 소프트 링크를 유지하므로 직접 소프트 링크를 생성하지 않아도 된다. git clone 커맨드를 사용하면 알아서 생성된다.

common 차트에 대해 설명할 때 언급했듯이 게이트웨이 서비스는 NodePort 유형의 서비스를 노출해야 한다는 점에서 마이크로서비스와 다르다.

components 폴더에는 마이크로서비스에 대한 차트만 있는 것이 아니라 데이터베이스, 메시지 브로커, 집킨 서버에 대한 차트도 들어 있다. 구성 방식은 마이크로서비스와 같다. 공통 템플릿은 마이크로서비스용 차트를 간소화하도록 설계됐으므로 이외의 차트는 마이크로서비스에 비해 더 많은 기본값을 values.yaml 파일에서 재정의해야 한다. 자세한 내용은 mongodb, mysql, rabbitmq, zipkin-server 폴더의 values.yaml 파일을 참고한다.

environments 차트

끝으로 environments 폴더의 dev-env, prod-env 차트는 모든 것을 함께 묶어 일반적인 개발/테스트 환경이나 스테이징/상용 환경을 위한 설치 패키지를 구성한다. Charts.yaml 파일에는 common 차트와 components 폴더에 있는 모든 차트에 대한 의존성이 포함돼 있으며,

template 폴더에는 환경별 자격 증명을 시크릿으로 생성하기 위한 secrets.yaml 템플릿이 들어 있다. 이 템플릿은 다음과 같이 common 차트의 명명된 템플릿 기반이다.

```
{{- template "common.secrets" . -}}
```

dev-env 차트의 values.yaml 파일을 살펴보면 config-server-secrets 시크릿에 대해 정의된 다음의 시크릿 값을 찾을 수 있다.

```
secrets:

  config-server-secrets:
    ENCRYPT_KEY: my-very-secure-encrypt-key
    SPRING_SECURITY_USER_NAME: dev-usr
    SPRING_SECURITY_USER_PASSWORD: dev-pwd
```

앞의 값을 사용하면 Base64로 인코딩된 3개의 시크릿 값을 포함한 config-server-secrets 시크릿이 생성된다. 매니페스트는 다음과 같다.

```
apiVersion: v1
kind: Secret
metadata:
  name: config-server-secrets
  labels:
    ...
type: Opaque
data:
  ENCRYPT_KEY: bXktdmVyeS1zZWN1cmUtZW5jcnlwdC1rZXk=
  SPRING_SECURITY_USER_NAME: ZGV2LXVzcg==
  SPRING_SECURITY_USER_PASSWORD: ZGV2LXB3ZA==
```

TIP

> 앞의 values.yaml 파일에는 구성 서버에서 사용하는 암호화 키와 구성 서버에 접근할 때 사용하는 비밀번호 등의 민감한 정보가 포함돼 있다. 이 파일은 안전한 방법으로 저장해야 한다. 만약 안전하게 저장하는 것이 어렵다면 파일에서 민감한 정보를 제거하고 helm install 커맨드를 실행할 때 민감한 정보를 제공하도록 하자.

구성 서버의 디플로이먼트 매니페스트에서 시크릿을 사용하고자 dev-env 차트의 values. yaml 파일에는 다음과 같은 내용이 들어 있다.

```
config-server:
  envFromSecretRefs:
    - config-server-secrets
```

이 값은 구성 서버에 대한 디플로이먼트 매니페스트의 환경 변수로 시크릿을 사용하고자 앞에서 설명한 디플로이먼트 템플릿에서 사용한다.

prod-env 차트는 dev-env 차트에 비해 더 많은 값을 재정의한다. 예를 들어, prod-env 차트의 values.yaml 파일에서는 추가로 사용할 prod 스프링 프로필과 도커 이미지 버전을 지정한다. product 마이크로서비스용 값은 다음과 같다.

```
product:
  image:
    tag: v1
  env:
    SPRING_PROFILES_ACTIVE: "docker,prod"
```

지금까지 여러 가지 차트의 내용을 살펴봤다. 다음 절에서는 헬름 커맨드와 차트를 이용해 쿠버네티스에 마이크로서비스를 배포해본다.

⁝⁝⁝ 개발 및 테스트 환경을 위한 쿠버네티스 배포

이 절에서는 개발 환경과 시스템 통합 테스트 등의 테스트를 수행하기 위한 환경에 마이크로서비스를 배포한다. 이런 유형의 환경은 주로 기능 테스트용이므로 시스템 자원을 적게 사용하고 최신 버전의 마이크로서비스 도커 이미지를 사용하도록 구성한다.

기능 테스트를 실행하기 위해 마이크로서비스와 필수 자원 관리자를 hands-on 네임스페이스에 함께 배포한다. 이렇게 하면 테스트 환경을 쉽게 설정할 수 있고 테스트가 끝나면 한 번에 제거할 수도 있다. 네임스페이스만 삭제하면 테스트 환경에서 사용하는 모든 리소스를 제거할 수 있다. 배포 시나리오는 그림 16.2를 참고한다.

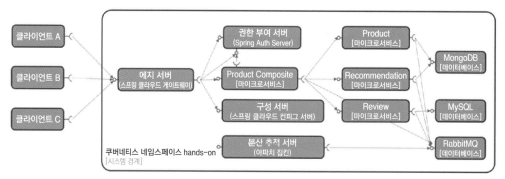

그림 16.2 개발 환경에서는 마이크로서비스와 자원 관리자를 같은 네임스페이스에 배포한다.

시스템 환경을 배포하려면 먼저 도커 이미지를 빌드하고 헬름 차트의 의존성을 해결해야
한다.

도커 이미지 빌드

일반적으로는 도커 레지스트리에 이미지를 올리고(push) 레지스트리에서 이미지를 가져오
도록(pull) 쿠버네티스를 구성해야 한다. 하지만 지금처럼 로컬 단일 노드 클러스터를 사용
하는 경우에는 도커 클라이언트가 미니큐브의 도커 엔진을 가리키도록 설정한 후 docker-
compose build 커맨드를 실행하는 것이 간편하다. 이렇게 하면 쿠버네티스에서 도커 이미
지를 바로 사용할 수 있다. 개발 환경용 마이크로서비스 도커 이미지는 latest 버전을 사용
한다.

다음 커맨드를 사용해 소스 코드로 도커 이미지를 빌드한다.

```
cd $BOOK_HOME/Chapter16
eval $(minikube docker-env)
./gradlew build && docker-compose build
```

eval $(minikube docker-env) 커맨드를 실행한 다음 도커 이미지를 빌드하면 미니큐브의
도커 엔진과 로컬 도커 클라이언트가 통신하게 된다.

docker-compose.yml 파일을 변경해 빌드할 도커 이미지의 이름을 지정한다. product 서비스를 예로 들면 다음과 같다.

```
product:
  build: microservices/product-service
  image: hands-on/product-service
```

도커 이미지 빌드를 마쳤다. 이제 헬름 차트를 빌드해보자.

헬름 차트의 의존성 해결

먼저 components 폴더의 의존성을 업데이트한다.

```
for f in kubernetes/helm/components/*; do helm dep up $f; done
```

다음으로, environments 폴더의 의존성을 업데이트한다.

```
for f in kubernetes/helm/environments/*; do helm dep up $f; done
```

마지막으로, dev-env 폴더의 의존성을 확인한다.

```
helm dep ls kubernetes/helm/environments/dev-env/
```

커맨드의 실행 결과는 그림 16.3과 같다.

```
-bash
NAME                VERSION REPOSITORY                              STATUS
common              1.0.0 file://../../common                         ok
rabbitmq            1.0.0 file://../../components/rabbitmq            ok
mongodb             1.0.0 file://../../components/mongodb             ok
mysql               1.0.0 file://../../components/mysql               ok
config-server       1.0.0 file://../../components/config-server       ok
gateway             1.0.0 file://../../components/gateway             ok
auth-server         1.0.0 file://../../components/auth-server         ok
product             1.0.0 file://../../components/product             ok
recommendation      1.0.0 file://../../components/recommendation      ok
review              1.0.0 file://../../components/review              ok
product-composite 1.0.0 file://../../components/product-composite ok
zipkin-server       1.0.0 file://../../components/zipkin-server       ok
$
```

그림 16.3 헬름 차트의 의존성 해결

도커 이미지를 빌드했고 헬름 차트의 의존성을 해결했다. 이제 쿠버네티스에 배포해보자.

쿠버네티스에 배포

쿠버네티스에 배포한다는 것은 쿠버네티스 객체를 만들거나 업데이트하는 것을 의미한다. 다음 단계에 따라 헬름을 사용해 배포를 수행한다.

1. 도커 이미지 다운로드 때문에 배포 프로세스가 느려지지 않도록 다음과 같이 `docker pull` 커맨드를 실행해 이미지를 미리 다운로드한다. 이미지 다운로드가 지체되면 앞 절에서 설명한 라이브니스 프로브가 포드를 재시작할 우려가 있다.

```
eval $(minikube docker-env)
docker pull mysql:5.7.32
docker pull mongo:4.4.2
docker pull rabbitmq:3.8.11-management
docker pull openzipkin/zipkin:2.23.2
```

2. 헬름 차트를 사용하기 전에 `helm template` 커맨드를 사용하고 템플릿을 렌더링해 생성될 매니페스트를 확인한다.

```
helm template kubernetes/helm/environments/dev-env
```

쿠버네티스 클러스터와 연동해 렌더링한 것은 아니므로 가상의 클러스터 정보가 나타나고 렌더링된 매니페스트를 클러스터에 적용할 수 있는지 확인하는 테스트도 실행되지 않는다는 점에 유의한다.

3. 렌더링된 매니페스트를 쿠버네티스 클러스터에 실제로 적용할 수 있는지 확인하려면 `helm install` 커맨드에 `--dry-run` 플래그를 전달해 설치 테스트를 실행해볼 수 있다. `--debug` 플래그를 전달하면 헬름이 매니페스트를 렌더링할 때 사용하는 사용자 제공 값과 계산 값도 표시한다. 다음 커맨드로 테스트를 수행한다.

```
helm install --dry-run --debug hands-on-dev-env \
    kubernetes/helm/environments/dev-env
```

4. 다음 커맨드를 실행해 hands-on 네임스페이스를 생성하고 전체 시스템 환경을 배포한다.

```
helm install hands-on-dev-env \
    kubernetes/helm/environments/dev-env \
    -n hands-on \
    --create-namespace
```

TIP

헬름으로 전체 시스템 환경 구성을 자동화한다. 헬름은 앞의 '헬름 소개' 절에서 살펴본 차트를 사용해 쿠버네티스 매니페스트를 렌더링하고 적용해 배포에 필요한 모든 쿠버네티스 객체를 생성한다.

5. 새로 생성한 네임스페이스를 kubectl의 기본 네임스페이스로 설정한다.

```
kubectl config set-context $(kubectl config current-context)
--namespace=hands-on
```

6. 다음 커맨드를 실행하면 포드 시작 과정을 볼 수 있다.

```
kubectl get pods --watch
```

이 커맨드로 새 포드가 **Running** 상태인지 확인할 수 있다. 문제가 발생하면 해당 상태(예: Error, CrashLoopBackOff)를 보고하며 잠시 후에 **gateway**, **product-composite**, **zipkin-server** 포드에 대한 오류 보고를 볼 수 있을 것이다. 그 이유는 시작하는 동안 접근해야 하는 외부 자원에 대한 의존성 때문이다. gateway 및 product-composite 서비스는 권한 부여 서버에 의존하고, 집킨 서버는 RabbitMQ에 의존한다. 보통 의존하는 자원보다 시작이 빠르면 이런 문제가 발생한다. 쿠버네티스는 충돌이 발생한 포드를 감지하고 다시 시작한다. 모든 관련 자원이 준비되면 포드가 정상 실행되며 **READY** 열에 **1/1**이 표시된다. 커맨드의 실행 결과는 그림 16.4와 같다.

```
product-composite-58744db6d4-2scsf   0/1   Error              0   69s
product-composite-58744db6d4-2scsf   0/1   Running            1   70s
gateway-768df96dcb-56qdq             0/1   Error              1   87s
gateway-768df96dcb-56qdq             0/1   CrashLoopBackOff   1   89s
auth-server-75bdb6949c-9mjkr         1/1   Running            0   99s
gateway-768df96dcb-56qdq             1/1   Running            2   113s
product-composite-58744db6d4-2scsf   1/1   Running            2   2m13s
```

그림 16.4 외부 자원이 준비될 때까지 계속 포드를 재시작한다

그림 16.4와 유사한 실행 결과를 확인했다면 **Ctrl+C**로 커맨드를 중단한다.

7. 다음 커맨드를 사용해 네임스페이스의 모든 포드가 준비될 때까지 기다린다.

```
kubectl wait --timeout=600s --for=condition=ready pod --all
```

커맨드를 실행하면 각 줄의 내용이 `pod/... condition met`인 11줄의 로그가 출력돼야 한다. 점 3개(...)는 각 포드의 이름을 뜻한다.

8. 다음 커맨드로 개발 환경의 도커 이미지를 확인한다.

```
kubectl get pods -o json | jq .items[].spec.containers[].image
```

실행 결과는 그림 16.5와 같다.

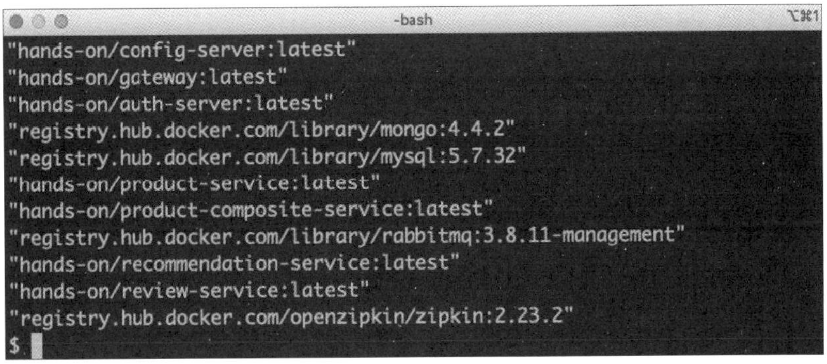

그림 16.5 테스트 환경에서 사용하는 도커 이미지

마이크로서비스에 대한 도커 이미지의 버전 태그가 **latest**로 설정돼 있다는 점에 유의한다.

이제 디플로이먼트를 테스트할 차례다. 쿠버네티스 환경에 맞게 테스트 스크립트를 수정한 후에 테스트를 수행할 것이다.

쿠버네티스 환경에 맞게 테스트 스크립트 수정

앞에서 했던 것처럼 테스트 스크립트(test-em-all.bash)를 실행해 디플로이먼트를 확인한다. 그런데 쿠버네티스 환경에서 실행하려면 서킷 브레이커 테스트를 약간 수정해야 한다. 서킷 브레이커 테스트는 product-service 서비스의 actuator 엔드포인트를 호출해 상태를 점검하고, 서킷 브레이커 이벤트에 접근한다. 액추에이터 엔드포인트는 외부로 노출되지 않으므로 도커 컴포즈나 쿠버네티스 환경에서는 다른 방식을 사용해 테스트 스크립트가 내부 엔드포인트에 접근해야 한다. 엔드포인트가 외부로 노출되지 않기 때문에 앞에서는 docker-compose exec 커맨드를 사용해 product-composite 서비스 내부에서 curl 커맨드를 실행해 테스트를 수행했다.

16장부터는 마이크로서비스를 도커 컴포즈에서 실행할 때는 docker-compose exec 커맨드를 사용하고, 쿠버네티스에서 실행할 때는 kubectl 커맨드(kubectl exec)를 사용해 테스트 스크립트를 실행한다.

어떤 명령을 사용할지 구분하고자 스크립트에 USE_K8S 매개 변수를 추가했다. 기본값은 false다. 자세한 내용은 테스트 스크립트의 testCircuitBreaker() 함수를 참고한다.

디플로이먼트 테스트

테스트 스크립트를 시작하려면 쿠버네티스를 실행하는 호스트의 주소, 즉 미니큐브 인스턴스의 IP와 게이트웨이 서비스가 외부 요청을 수신하는 노드 포트를 제공해야 한다. 게이트웨이는 30443 포트를 사용해 접근할 수 있다. 맥OS에서는 minikube ip 커맨드를 사용해 미니큐브 인스턴스의 IP 주소를 찾을 수 있다. 미니큐브 인스턴스를 도커 컨테이너로 실행하는 WSL 2에서는 localhost를 사용한다.

먼저 사용할 호스트 이름에 대한 환경 변수를 설정한다.

- 맥OS:

```
MINIKUBE_HOST=$(minikube ip)
```

- WSL 2:

```
MINIKUBE_HOST=localhost
```

이제 다음 커맨드로 테스트를 시작한다.

```
HOST=$MINIKUBE_HOST PORT=30443 USE_K8S=true ./test-em-all.bash
```

스크립트의 출력을 보면 미니큐브 인스턴스의 IP 주소를 어떻게 사용하는지 알 수 있다. 그 외에는 앞에서 도커 컴포즈를 사용해 테스트했을 때와 다르지 않다.

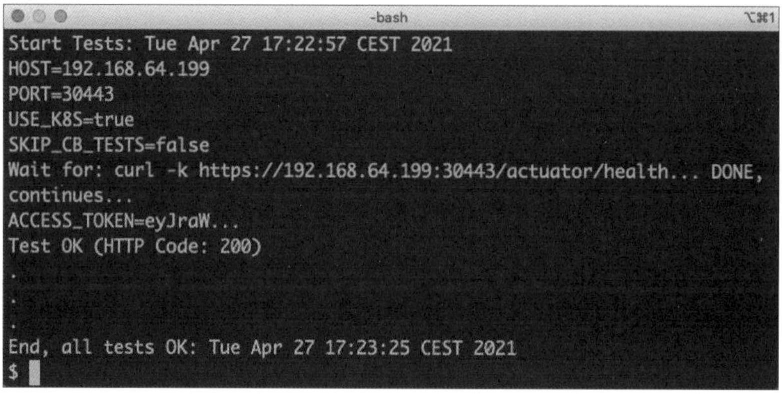

그림 16.6 자동화된 시스템 환경 테스트의 실행 결과

시스템 환경에 대한 유효성 검사를 마쳤다. 다음 절에서는 스프링 부트의 새로운 기능인 단계적 종료, 라이브니스 및 레디니스 프로브를 테스트하는 방법을 살펴본다.

스프링 부트의 지원 기능 테스트

이 절에서는 스프링 부트의 새 기능을 테스트하고 쿠버네티스 컴포넌트와 상호 작용하는 방법을 살펴본다.

먼저 스프링 부트의 지원 기능 중 하나인 단계적 종료에 대해 알아보자. 단계적 종료를 적용하면 애플리케이션은 구성한 대기 시간까지는 활성 요청을 모두 처리하고자 종료 단계에서 대기한다. 종료 단계에서는 새 요청을 수락하지 않는다.

product-composite 서비스에 지속적으로 요청을 보내는 클라이언트를 실행해 단계적 종료 메커니즘을 테스트한다. 먼저 대기 시간을 10초로 구성한 다음 종료 대기 시간보다 짧은 시간인 5초가 소요되는 요청을 보낸다. 다음으로 더 긴 시간인 15초가 소요되는 요청을 보내고 어떻게 처리되는지 확인한다. 테스트 클라이언트로는 커맨드라인 기반 부하 테스트 도구인 **Siege**를 사용한다.

완료에 시간이 오래 걸리는 요청을 테스트하려면 product-composite 서비스의 시간 초과를 일시적으로 늘려야 한다. 늘리지 않으면 서킷 브레이커가 작동해 긴 요청의 실행을 차단한다. 다음 단계를 수행해 product-composite 서비스의 시간 초과를 늘린다.

1. dev-env에 대한 값 파일(kubernetes/helm/environments/dev-env/values.yaml)의 product-composite 항목에 다음 내용을 추가한다.

```
env:
  RESILIENCE4J_TIMELIMITER_INSTANCES_PRODUCT_TIMEOUTDURATION: 20s
```

변경 후의 구성 파일은 다음과 같다.

```
product-composite:
  env:
    RESILIENCE4J_TIMELIMITER_INSTANCES_PRODUCT_TIMEOUTDURATION: 20s
```

```
envFromSecretRefs:
  config-client-credentials
```

TIP

test-em-all.bash의 서킷 브레이커 테스트는 시간 초과가 2초로 설정된 것을 가정하므로 앞의 설정이 활성화돼 있으면 작동하지 않는다.

2. 다음과 같이 헬름의 upgrade 커맨드를 사용해 헬름 설치를 완료한다. --wait 플래그를 사용하므로 업데이트가 완료돼야 커맨드가 끝난다.

```
helm upgrade hands-on-dev-env -n hands-on \
  kubernetes/helm/environments/dev-env --wait
```

이제 테스트를 실행하자. 다음 단계를 수행해 종료 대기 시간보다 짧은 요청을 테스트한다.

1. 접근 토큰을 가져온다.

```
ACCESS_TOKEN=$(curl -d grant_type=client_credentials \
  -ks https://writer:secret@$MINIKUBE_HOST:30443/oauth2/token \
  | jq .access_token -r)
```

echo $ACCESS_TOKEN 커맨드를 실행해 접근 토큰을 얻었는지 확인한다. 변수가 비어 있으면 앞의 curl 커맨드와 게이트웨이 서버, 권한 부여 서버의 로그를 확인한다.

2. delay 매개 변수를 사용해 5초 지연되는 테스트 요청을 보낸다.

```
time curl -kH "Authorization: Bearer $ACCESS_TOKEN" \
  https://$MINIKUBE_HOST:30443/product-composite/1?delay=5
```

응답이 정상적이고 time 커맨드의 결과가 응답에 5초가 걸린 것으로 나온다면 시간 초과 구성에 문제가 없는 것이다.

3. Siege를 사용해 완료에 5초가 걸리는 요청을 5명의 동시 사용자가 보내듯이 0~2초 사이의 지연 시간을 두고 분산해 전송한다.

```
siege -c5 -d2 -v -H "Authorization: Bearer $ACCESS_TOKEN" \
https://$MINIKUBE_HOST:30443/product-
```

완료된 각 요청의 출력은 다음과 같을 것이다.

```
HTTP/1.1 200 5.04 secs: 771 bytes ==> GET /product-composite/1?delay=5
```

4. 별도의 터미널 창에서 다음 커맨드를 실행해 product 서비스의 로그 출력을 확인한다.

```
kubectl logs -f --tail=0 -l app.kubernetes.io/name=product
```

5. 이제 쿠버네티스에 product 디플로이먼트를 다시 시작하도록 요청한다. 디플로이먼트를 다시 시작하면 이전 포드가 종료되기 전에 새 포드가 시작된다. 즉 다시 시작하더라도 Siege에서 보낸 요청은 영향을 받지 말아야 한다. 특히 관심을 둬야 할 부분은 이전 포드의 종료가 시작될 때 처리되는 몇몇 요청이다. 예상과 같이 정상적으로 종료가 진행됐다면 모든 활성 요청을 실패 없이 처리해야 한다. 별도의 창에서 다음 커맨드를 실행해 디플로이먼트를 다시 시작한다.

```
kubectl rollout restart deploy/product
```

6. 부하 테스트 도구(Siege)의 출력에 요청의 성공을 의미하는 **200(OK)** 메시지만 있는지 확인한다.

7. 이제 애플리케이션이 중지되기 전에 모든 요청을 잘 처리했는지 알아보자. 종료된 product 포드의 로그 출력을 확인한다. 로그 출력의 끝부분은 그림 16.7과 같을 것이다.

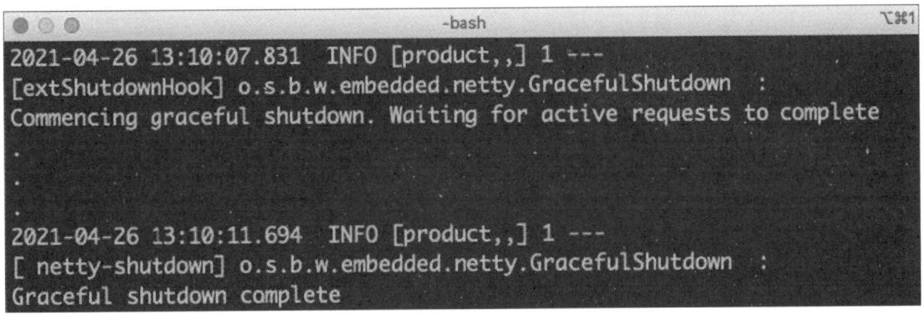

그림 16.7 모든 요청을 처리하는 단계적 종료

특히 종료 단계에서 마지막 요청이 완료될 때까지 대기했음을 나타내는 두 로그 메시지 사이의 시간(그림 16.7에서는 4초)에 유의한다.

두 번째 테스트를 수행해보자. 이번에는 완료에 걸리는 시간이 종료 대기 시간을 초과하는 요청을 보낸다.

1. 응답에 걸리는 시간이 내기 시간인 10초를 초과하는 요청을 보내도록 Siege를 구성하고 실행한다. 5명의 동시 사용자가 완료에 15초가 걸리는 요청을 0~5초 사이의 지연 시간을 두고 전송하게 된다. **Ctrl+C**로 Siege를 종료하고 다음 커맨드를 실행한다.

```
siege -c5 -d5 -v -H "Authorization: Bearer $ACCESS_TOKEN" \
    https://$MINIKUBE_HOST:30443/product-composite/1?delay=15
```

2. 다음 커맨드를 사용해 product 포드의 로그 출력을 확인한다.

```
kubectl logs -f --tail=0 -l app.kubernetes.io/name=product
```

3. product 디플로이먼트를 다시 시작한다.

```
kubectl rollout restart deploy/product
```

4. product 포드의 로그 출력을 살펴보자. 종료 단계에서 모든 요청을 처리하지 못하고 애플리케이션이 종료된다는 것을 알 수 있다. 로그 출력의 끝부분은 그림 16.8과 같을 것이다.

```
2021-04-26 13:48:59.664  INFO [product,,] 1 ---
[extShutdownHook] o.s.b.w.embedded.netty.GracefulShutdown   :
Commencing graceful shutdown. Waiting for active requests to complete
.
.
.
2021-04-26 13:49:09.672  INFO [product,,] 1 ---
[extShutdownHook] o.s.c.support.DefaultLifecycleProcessor
Failed to shut down 1 bean with phase value 2147483647 within timeout
of 10000ms: [webServerGracefulShutdown]
2021-04-26 13:49:09.684  INFO [product,,] 1 ---
[ netty-shutdown] o.s.b.w.embedded.netty.GracefulShutdown   :
Graceful shutdown aborted with one or more requests still active
```

그림 16.8 단계적 종료 중 처리 시간이 긴 요청의 처리 실패

'Graceful shutdown aborted with one or more requests still active'라는 로그 메시지는 하나 이상의 요청을 완료하지 못한 채로 애플리케이션을 종료한다는 것을 나타낸다.

5. 부하 테스트 도구(Siege)의 출력을 보면 그림 16.9와 같이 하나 이상의 요청이 실패했음을 나타내는 **500**(내부 서버 오류) 메시지가 있을 것이다.

그림 16.9 처리 시간이 긴 요청의 처리 실패

지금까지 구성된 대기 시간을 초과한 상황에서의 종료 절차가 어떻게 진행되는지 살펴봤다. 예상대로 처리 시간이 종료 대기 시간을 초과하는 요청은 중단됐다.

이로써 스프링 부트의 단계적 종료 메커니즘에 대한 테스트를 완료했다. 단계적 종료는 인스턴스 수 축소나 롤링 업그레이드 등으로 말미암은 포드 종료로 일반적인 사용자 요청이 중단되는 것을 방지하는 데 매우 유용하다.

테스트 후 정리:

1. **Ctrl+C**로 부하 테스트 도구(Siege) 중지

2. 헬름 릴리스 최신 버전으로 롤백해 시간 초과 값을 되돌린다.

> **TIP**
>
> helm rollback 커맨드는 실패한 업그레이드를 롤백할 때도 유용하다.

3. kubernetes/helm/environments/dev-env/values.yaml 파일의 시간 초과 값도 되돌린다.

4. test-em-all.bash를 실행해 구성이 롤백됐는지 확인한다.

```
HOST=$MINIKUBE_HOST PORT=30443 USE_K8S=true ./test-em-all.bash
```

끝으로 스프링 부트의 라이브니스 프로브 및 레디니스 프로브가 보고하는 정보를 살펴보자. 여기에서는 product 서비스만 살펴보지만 다른 서비스에 대한 프로브도 확인해보길 바란다.

1. 다음 커맨드를 실행해 product 서비스의 라이브니스 프로브의 출력을 가져온다.

```
kubectl exec -it deploy/product -- \
  curl localhost/actuator/health/liveness -s | jq .
```

응답은 그림 16.10과 같다.

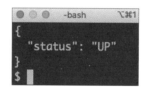

그림 16.10 라이브니스 프로브의 응답

2. 다음 커맨드를 실행해 product 서비스의 레디니스 프로브의 출력을 가져온다.

```
kubectl exec -it deploy/product -- \
  curl localhost/actuator/health/readiness -s | jq .
```

레디니스 프로브의 응답은 좀 더 풍부한 내용을 담고 있다.

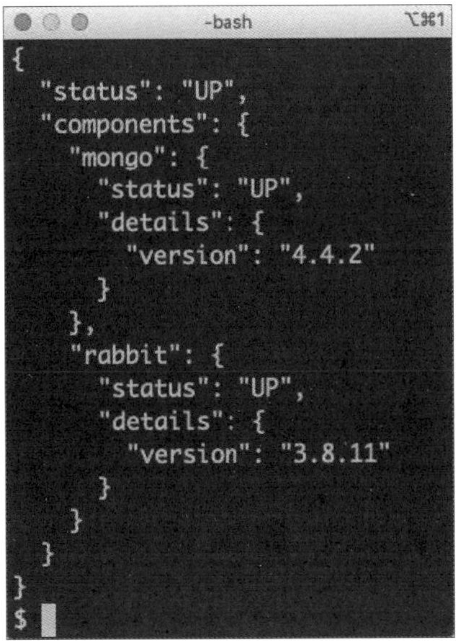

그림 16.11 레디니스 프로브의 응답

앞의 응답을 살펴보면 product 서비스는 MongoDB 및 RabbitMQ에 접근할 수 있어야 준비된 상태라는 것을 알 수 있다. RabbitMQ, MongoDB, SQL 데이터베이스의 상태를 확인하도록 레디니스 상태 그룹을 구성했으므로 결과는 예상한 바와 같다. 프로브의 구성에 대해서는 '스프링 부트의 지원 기능 사용' 절을 참고한다.

개발 환경에 설치한 것들을 정리한 후에 다음 절을 진행하자. 네임스페이스만 삭제하면 정리가 끝난다. 네임스페이스를 삭제하면 헬름 설치에 관한 정보와 네임스페이스에 있는 리소스가 재귀적으로 삭제된다.

다음 커맨드를 실행해 네임스페이스를 삭제한다.

```
kubectl delete namespace hands-on
```

TIP

helm install 커맨드로 설치한 것만 제거하고자 한다면 helm uninstall hands-on-dev-env 커맨드를 사용한다.

개발 환경을 제거했다. 이제 스테이징 및 상용 환경을 설정해보자.

⁝⁚⁝ 스테이징 및 상용 환경을 위한 쿠버네티스 배포

이 절에서는 마이크로서비스를 스테이징 환경과 상용 환경에 배포한다. 스테이징 환경은 새 버전을 상용 환경에 출시하기 전의 마지막 단계로 **품질 보증**^{QA, Quality Assurance}과 **사용자 인수 테스트**^{UAT, User Acceptance Test}를 수행하기 위한 환경이다. 스테이징 환경은 새 릴리스가 기능 요구 사항 및 비기능적 요구 사항(성능, 견고성, 확장성, 복원력 등)을 충족하는지 확인할 수 있도록 상용 환경과 최대한 비슷하게 구성한다.

스테이징 및 상용 환경에 배포할 때는 개발 및 테스트 환경에 배포할 때에 비해 변경할 부분이 많다.

- **쿠버네티스 클러스터 외부에서 자원 관리자를 실행해야 한다.** 기술적으로는 스테이트풀 셋^{StatefulSet}과 퍼시스턴트 볼륨^{PersistentVolume}을 사용해 상용 환경용 데이터베이스 및 대기열 관리자를 상태 저장^{stateful} 컨테이너로 실행할 수 있다. 하지만 현시점에서는 쿠버네티스의 상태 저장 컨테이너에 대한 지원이 비교적 새롭고 입증되지 않았다고 보기 때문에 사용하지 않는 것을 권한다. 대신 온프레미스에 있는 기존의 데이터베이스 및 대기열 관리자 서비스나 클라우드의 관리형 서비스를 사용하는 것이 좋다. 쿠버네티스는 상태 비저장 컨테이너를 실행하는 데 최적화돼 있으니 이런 특성에 맞게 사용하자. 이 책에서는 상용 환경을 시뮬레이션하고자 기존의 도커 컴포즈 파일로 MySQL과 MongoDB, RabbitMQ를 쿠버네티스 외부의 도커 컨테이너로 실행한다.

- 제한:

  - 상용 환경에서는 보안상의 이유로 actuator 엔드포인트 및 로그 레벨 등을 제한해야 한다.

  - 보안 관점에서 외부로 노출된 엔드포인트를 점검해야 한다. 예를 들어, 상용 환경에서는 구성 서버에 접근할 수 없어야 한다. 이 책에서는 편의를 위해 노출된 상태를 유지한다.

- 배포한 마이크로서비스의 버전을 추적할 수 있도록 도커 이미지에 태그를 지정해야 한다.

- **가용 리소스 확장**: 고가용성 및 고부하 요구 사항을 충족하려면 디플로이먼트당 최소 2개의 포드를 실행해야 한다. 또한 포드에서 사용할 수 있는 메모리와 CPU의 양을 늘리는 것도 고려해야 한다. 이 책에서는 미니큐브 인스턴스의 메모리 부족을 방지하고자 디플로이먼트당 하나의 포드를 유지하지만, 상용 환경에서는 최대 메모리를 늘려야 한다.

- **상용화 준비가 완료된 쿠버네티스 클러스터**: 이 책의 범위를 벗어나지만 가능하다면 주요 클라우드 공급자가 제공하는 관리형 쿠버네티스 서비스 중 하나를 사용하는 것이 좋다. 이 책에서는 로컬 미니큐브 인스턴스에 배포한다.

> **TIP**
>
> 위에 언급한 내용은 상용 환경을 설정할 때 고려해야 할 사항의 일부에 불과하다.

시뮬레이션한 상용 환경은 그림 16.12와 같다.

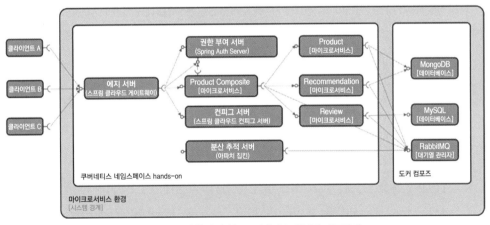

그림 16.12 자원 관리자는 쿠버네티스 외부에 배포된다.

소스 코드 수정

다음과 같이 소스 코드를 변경해 상용 환경을 위한 배포를 준비한다.

- prod라는 이름의 스프링 프로필을 config-repo 구성 저장소의 구성 파일에 추가한다.

  ```
  spring.config.activate.on-profile: prod
  ```

- prod 프로필에 다음 내용을 추가한다.

  - 일반 도커 컨테이너로 실행한 자원 관리자의 URL

    ```
    spring.rabbitmq.host: 172.17.0.1
    spring.data.mongodb.host: 172.17.0.1
    spring.datasource.url: jdbc:mysql://172.17.0.1:3306/review-db
    ```

    TIP

    > 미니큐브 인스턴스의 도커 엔진을 사용하고자 IP 주소 172.17.0.1을 사용하고 있다. 미니큐브 1.18
    > 버전까지는 172.17.0.1이 미니큐브를 사용해 도커 엔진을 생성했을 때의 기본 IP 주소다.
    >
    > 컨테이너를 실행하는 도커 호스트에 접근해야 하는 경우를 위해 컨테이너가 사용할 표준 DNS 이름
    > 을 설정할 수 있게 하는 작업이 진행 중이지만 현시점에서는 아직 완료되지 않았다.

  - 로그 레벨을 warning 이상(error, fatal)으로 설정한다. 예를 들면 다음과 같다.

    ```
    logging.level.root: WARN
    ```

  - HTTP를 통해 노출되는 actuator 엔드포인트는 쿠버네티스의 레디니스 프로브가 사
    용하는 info, health 엔드포인트와 테스트 스크립트(test-em-all.bash)에서 사용하는
    circuitbreakerevents 엔드포인트뿐이다.

    ```
    management.endpoints.web.exposure.include: health,info,circuitbreakerevents
    ```

쿠버네티스에 배포

상용화 환경을 시뮬레이션하고자 자원 관리자(MySQL, MongoDB, RabbitMQ)는 쿠버네티스 클러스터 외부에서 도커 컴포즈를 사용해 실행한다. 앞에서 했던 것처럼 도커 컴포즈를 시작한다.

```
eval $(minikube docker-env)
docker-compose up -d mongodb mysql rabbitmq
```

다음 커맨드로 기존 도커 이미지에 v1 태그를 지정한다.

```
docker tag hands-on/auth-server hands-on/auth-server:v1
docker tag hands-on/config-server hands-on/config-server:v1
docker tag hands-on/gateway hands-on/gateway:v1
docker tag hands-on/product-composite-service hands-on/productcomposite-
service:v1
docker tag hands-on/product-service hands-on/product-service:v1
docker tag hands-on/recommendation-service hands-on/recommendationservice:v1
docker tag hands-on/review-service hands-on/review-service:v1
```

지금부터는 개발 환경에 배포할 때와 유사한 커맨드를 사용한다.

1. 헬름을 사용해 배포한다.

```
helm install hands-on-prod-env \ kubernetes/helm/environments/prod-env \
-n hands-on --create-namespace
```

2. 디플로이먼트가 동작할 때까지 기다린다.

```
kubectl wait --timeout=600s --for=condition=ready pod --all
```

3. 다음 커맨드로 상용 환경의 도커 이미지를 확인한다.

```
kubectl get pods -o json | jq .items[].spec.containers[].image
```

결과는 그림 16.13과 같다.

```
● ● ●                        -bash                          ⌥⌘1
"hands-on/auth-server:v1"
"hands-on/config-server:v1"
"hands-on/gateway:v1"
"hands-on/product-service:v1"
"hands-on/product-composite-service:v1"
"hands-on/recommendation-service:v1"
"hands-on/review-service:v1"
"registry.hub.docker.com/openzipkin/zipkin:2.23.2"
$
```

그림 16.13 상용 환경의 도커 이미지

도커 이미지 버전이 v1이라는 점에 유의한다.

또한 MySQL과 MongoDB, RabbitMQ를 위한 자원 관리자 포드가 없어졌다. 자원 관리자는 docker-compose ps 커맨드로 확인할 수 있다.

4. 테스트 스크립트(test-em-all.bash)를 실행해 시뮬레이션한 상용 환경을 테스트한다.

```
CONFIG_SERVER_USR=prod-usr \
CONFIG_SERVER_PWD=prod-pwd \
HOST=$MINIKUBE_HOST PORT=30443 USE_K8S=true ./test-em-all.bash
```

TIP

MINIKUBE_HOST 환경 변수에 사용할 호스트 이름을 설정해야 한다. 다음 커맨드를 사용한다.

- **맥OS**: MINIKUBE_HOST=$(minikube ip)
- **WSL 2**: MINIKUBE_HOST=localhost

실행 결과는 개발 환경에서 테스트 스크립트를 실행했을 때와 비슷하다.

모든 테스트가 끝났다. 이제 17장을 진행할 수 있도록 쿠버네티스 환경을 정리하자.

정리

다음 커맨드를 실행해 사용한 리소스를 삭제한다.

1. 네임스페이스를 삭제한다.

```
kubectl delete namespace hands-on
```

2. 쿠버네티스 외부에서 실행 중인 자원 관리자를 종료한다.

```
eval $(minikube docker-env)
docker-compose down
```

앞에서 설명했듯이 `kubectl delete namespace` 커맨드는 네임스페이스의 모든 쿠버네티스 리소스를 재귀적으로 삭제하며, `docker-compose down` 커맨드는 MySQL, MongoDB, RabbitMQ를 중지한다. 상용화 환경을 제거하고 16장을 마무리하자.

⠿ 요약

16장에서는 헬름을 사용해 지금까지 구현한 마이크로서비스를 쿠버네티스에 배포하는 방법을 배웠다. 헬름으로 재사용 가능한 템플릿을 만들어서 쿠버네티스 매니페스트를 만드는 데 필요한 상용구 코드를 최소화하는 방법도 배웠다. 마이크로서비스별 차트는 각 마이크로서비스를 위한 구성 값만 제공하고 common 차트에 저장된 재사용 가능한 템플릿을 이용한다. 환경별 상위 차트는 마이크로서비스 차트 및 리소스 관리자용 차트를 이용해 개발/테스트 환경과 스테이징/상용 환경에 마이크로서비스를 배포한다.

쿠버네티스 환경에 유용한 스프링 부트의 지원 기능도 살펴봤다. 스프링 부트의 단계적 종료 기능을 사용하면 롤링 업그레이드와 같은 상황에서 활성 요청을 처리한 후에 스프링 부트 기반의 마이크로서비스를 중지할 수 있다. 라이브니스 프로브와 레디니스 프로브 지원 기능을 사용하면 마이크로서비스가 의존하는 외부 자원의 가용성을 확인하는 프로브를 쉽게 선언할 수 있다.

마지막으로, 마이크로서비스를 쿠버네티스에 배포하고자 넷플릭스 유레카를 쿠버네티스의 검색 서비스로 대체했다. 대체 과정에서 자바 소스 코드는 전혀 변경하지 않았고 빌드 의존성 및 구성만 변경했다.

17장에서는 쿠버네티스의 기능을 활용해 배포가 필요한 지원 서비스를 줄이는 방법을 살펴본다. 17장으로 이동해 구성 서버를 제거하고 에지 서버를 쿠버네티스 인그레스 컨트롤러로 대체하는 방법을 알아보자.

⁂ 질문

1. 마이크로서비스를 쿠버네티스에 배포할 때 유레카 서버를 제거하는 이유는 무엇인가?

2. 무엇으로 유레카 서버를 대체했는가? 이 과정에서 마이크로서비스의 소스 코드는 어떤 영향을 받았는가?

3. 라이브니스 프로브와 레디니스 프로브의 사용 목적은 무엇인가?

4. 스프링 부트의 단계적 종료 메커니즘이 유용한 이유는 무엇인가?

5. 다음 헬름 템플릿 지시문의 사용 목적은 무엇인가?

```
{{- $common := dict "Values" .Values.common -}}
{{- $noCommon := omit .Values "common" -}}
{{- $overrides := dict "Values" $noCommon -}}
{{- $noValues := omit . "Values" -}}
{{- with merge $noValues $overrides $common -}}
```

6. 다음의 명명된 헬름 템플릿이 실패하는 이유는 무엇인가?

```
{{- define "common.secrets" -}}
{{- range $secretName, $secretMap := .Values.secrets }}
apiVersion: v1
kind: Secret
metadata:
  name: {{ $secretName }}
  labels:
    app.kubernetes.io/name: {{ $secretName }}
type: Opaque
data:
{{- range $key, $val := $secretMap }}
  {{ $key }}: {{ $val | b64enc }}
{{- end }}
{{- end -}}
{{- end -}}
```

7. 다음의 매니페스트가 작동하지 않는 이유는 무엇인가?

```
apiVersion: v1
kind: Service
metadata:
  name: review
  labels:
    app.kubernetes.io/name: review
spec:
  type: ClusterIP
  ports:
    - name: http
      port: 80
      protocol: TCP
      targetPort: http
  selector:
    app.kubernetes.io/pod-name: review
---
apiVersion: apps/v1
kind: Deployment
metadata:
  name: review
  labels:
```

```
      app.kubernetes.io/name: review
  spec:
    replicas: 1
    selector:
      matchLabels:
        app.kubernetes.io/name: review
    template:
      metadata:
        labels:
          app.kubernetes.io/name: review
      spec:
        containers:
          - name: review
            image: "hands-on/review-service:latest"
            ports:
              - containerPort: 80
                name: http-port
                protocol: TCP
```

8. 어떤 일이 발생했는가?

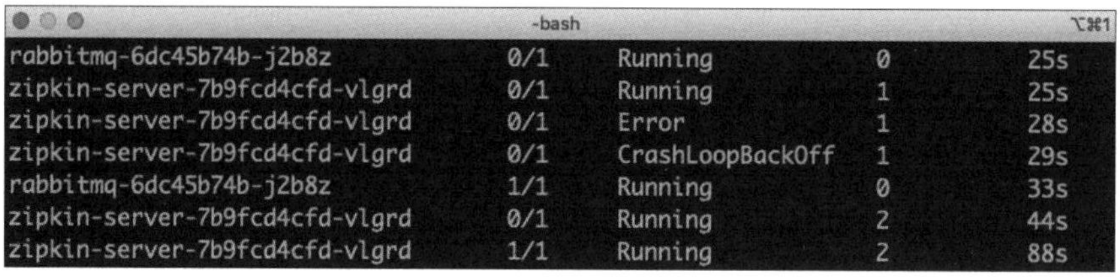

```
-bash
rabbitmq-6dc45b74b-j2b8z          0/1   Running            0   25s
zipkin-server-7b9fcd4cfd-vlgrd    0/1   Running            1   25s
zipkin-server-7b9fcd4cfd-vlgrd    0/1   Error              1   28s
zipkin-server-7b9fcd4cfd-vlgrd    0/1   CrashLoopBackOff   1   29s
rabbitmq-6dc45b74b-j2b8z          1/1   Running            0   33s
zipkin-server-7b9fcd4cfd-vlgrd    0/1   Running            2   44s
zipkin-server-7b9fcd4cfd-vlgrd    1/1   Running            2   88s
```

그림 16.14 어떤 일이 발생했는가?

17

쿠버네티스로
기존 시스템 환경 대체

현재의 마이크로서비스 환경에는 대용량 마이크로서비스 환경에 필요한 에지 서버, 구성 서버, 권한 부여 서버, 분산 추적 서비스 등 주요 디자인 패턴을 구현한 몇 가지 지원 서비스가 있다. 지원 서비스에 대한 자세한 내용은 1장을 참고한다. 16장에서는 서비스 검색 디자인 패턴을 구현한 넷플릭스 유레카를 쿠버네티스에서 제공하는 검색 서비스로 대체했다. 17장에서는 배포가 필요한 지원 서비스의 수를 줄여서 마이크로서비스 환경을 단순화하고 쿠버네티스에서 제공하는 기능으로 해당 디자인 패턴을 대신하게 할 것이다. 스프링 클라우드 컨피그 서버는 쿠버네티스 컨피그맵과 시크릿으로 대체한다. 스프링 클라우드 게이트웨이는 동일한 방식의 에지 서버로 동작하는 쿠버네티스 인그레스 객체로 대체한다.

11장에서는 인증서를 사용해 외부 API를 보호하는 방법을 소개했다. 인증서를 수동으로 프로비저닝하면 시간이 많이 걸리고 오류가 발생하기 쉬우며, 특히 만료 일자를 기억하고 있다가 인증서를 교체하는 데 어려움이 있다. 17장에서는 **cert-manager**를 사용해 인증서를 생성하고 프로비저닝 및 교체 프로세스를 자동화하는 방법을 배운다.

쿠버네티스와 같은 플랫폼의 기능을 많이 사용한다고 해서 마이크로서비스의 소스 코드가 플랫폼 의존적이어서는 안 된다. 마이크로서비스를 쿠버네티스에 배포하지 않고도 사용할 수 있어야 한다. 17장에서는 쿠버네티스에 배포하지 않고도 마이크로서비스를 사용할 수 있도록 도커 컴포즈를 사용해 마이크로서비스 환경을 배포하고 `test-em-all.bash` 테스트 스크립트를 실행해 쿠버네티스 없이도 마이크로서비스가 잘 작동하는지 확인할 것이다.

17장에서는 다음과 같은 내용을 다룬다.

- 스프링 클라우드 컨피그 서버를 쿠버네티스 컨피그맵과 시크릿으로 대체
- 스프링 클라우드 게이트웨이를 쿠버네티스 인그레스 객체로 대체
- cert-manager를 사용한 인증서 프로비저닝 자동화
- 쿠버네티스 환경에 마이크로서비스 배포 및 테스트
- 도커 컴포즈를 사용해 마이크로서비스 환경을 배포한 후 테스트해 소스 코드가 쿠버네티스에 의존하는 것은 아닌지 확인

⁘ 기술 요구 사항

이 책에서 사용하는 도구의 설치 방법과 이 책의 소스 코드를 다운로드하는 방법은 다음을 참고한다.

- 21장, 맥OS용 설치 지침
- 22장, 윈도우용 설치 지침

17장의 모든 소스 코드 예제는 $BOOK_HOME/Chapter17 폴더에 있다.

17장에서 스프링 클라우드 컨피그 서버와 스프링 클라우드 게이트웨이를 쿠버네티스 기능으로 대체하고 cert-manager를 사용해 인증서를 프로비저닝하고자 변경한 부분을 확인하고 싶다면 16장의 소스 코드와 비교하면 된다. 선호하는 파일 비교 도구를 사용해 $BOOK_HOME/Chapter16 폴더와 $BOOK_HOME/Chapter17 폴더를 비교해보자.

스프링 클라우드 컨피그 서버 대체

16장에서는 마이크로서비스 구성 정보를 컨피그맵과 시크릿에 저장했다. 스프링 클라우드 컨피그 서버를 사용하면 모든 구성 정보를 한 곳에 보관할 수 있고, 깃을 사용해 버전 관리를 하거나 민감한 정보를 암호화해 디스크에 저장하기도 하는 유용한 도구다. 그러나 대부분의 자바, 스프링 기반 애플리케이션과 마찬가지로 많은 양의 메모리를 소비하며 시작 비용 또한 상당하다.

예를 들어, 이 책에서 테스트 스크립트(test-em-all.bash)로 수행하는 것처럼 자동화된 통합 테스트를 실행하면 구성 서버를 포함한 모든 마이크로서비스가 동시에 시작된다. 마이크로서비스는 구성 서버에서 구성을 가져온 후에야 시작될 수 있어서 구성 서버가 작동될 때까지 기다려야 하는데 이 때문에 통합 테스트 실행에 상당한 지연이 발생한다. 쿠버네티스 컨피그맵과 시크릿을 사용하면 이런 지연이 없어서 더 빠르게 자동화된 통합 테스트를 실행할 수 있다. 따라서 사용 중인 기반 플랫폼에서 이런 기능을 제공하지 않을 때는 스프링 클라우드 컨피그 서버를 사용하는 것이 맞지만, 쿠버네티스에 배포할 때는 컨피그맵과 시크릿을 사용하는 것이 낫다.

스프링 클라우드 컨피그 서버를 쿠버네티스 컨피그맵과 시크릿으로 대체하면 마이크로서비스 환경이 더 빨리 시작되며 메모리도 덜 소비한다. 또한 지원 서비스 중 하나인 구성 서버를 제거해 마이크로서비스 환경을 단순화한다. 마이크로서비스의 소스 코드에 영향을 주지 않고도 플랫폼을 교체할 수 있게 하면 쿠버네티스에 대한 불필요한 종속성을 없앨 수 있다.

그림 17.1을 참고한다.

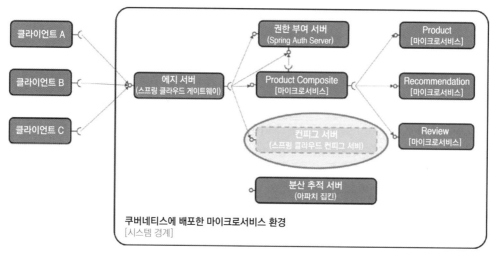

그림 17.1 스프링 클라우드 컨피그 서버를 쿠버네티스에 내장된 컨피그맵과 시크릿으로 대체

이제 스프링 클라우드 컨피그 서버를 쿠버네티스 컨피그맵과 시크릿으로 대체하는 데 필요한 사항을 알아보자.

TIP

구성만 변경하며 자바 소스 코드는 변경하지 않는다는 점에 유의한다.

스프링 클라우드 컨피그 서버를 대체하기 위한 변경 작업

스프링 클라우드 컨피그 서버를 쿠버네티스 컨피그맵과 시크릿으로 대체하고자 다음과 같이 구성 코드를 변경했다.

1. `spring-cloud/config-server` 프로젝트를 제거하고 settings.gradle 빌드 파일에서도 프로젝트를 제거했다.

2. 구성 서버에 대한 헬름 차트를 제거했다.

3. 테스트 스크립트(test-em-all.bash)에서 구성 서버용 테스트를 제거했다.

4. 모든 마이크로서비스에서 다음 구성을 제거했다.

   ○ build.gradle 빌드 파일에서 spring-cloud-starter-config 의존성을 제거했다.

   ○ 각 프로젝트의 src/main/resource 폴더에 있는 application.yml 파일에서 구성 서버 연결과 관련된 항목을 제거했다.

   ○ 통합 테스트 설정에서 이제 필요 없어진 spring.clod.config.enabled=false 속성을 삭제했다.

5. config-repo 폴더의 구성 파일을 변경했다.

   ○ MongoDB, MySQL, RabbitMQ 자격 증명이나 TLS 인증서 암호 등의 민감한 정보를 삭제했다. 앞으로는 쿠버네티스 시크릿으로 민감한 정보를 처리한다.

   ○ 에지 서버 구성에서 구성 서버 API에 대한 경로를 제거했다.

6. kubernetes/helm/components 폴더에 있는 마이크로서비스 헬름 차트를 다음과 같이 변경했다.

   ○ 각 차트에 config-repo 폴더를 추가했다. 공통 config-repo 폴더에 있는 필수 구성 파일을 참조하는 소프트 링크를 헬름 차트의 config-repo 폴더에 생성했다. 공통 구성 파일인 application.yaml 파일과 마이크로서비스별 구성 파일에 대한 소프트 링크를 각 마이크로서비스에 생성했다.

   > **TIP**
   >
   > 소프트 링크를 만드는 방법에 대해서는 16장의 'components 차트' 절을 참고한다.

   ○ values.yaml 파일에 다음 내용을 추가했다.

     - 사용할 구성 파일을 지정하는 스프링 환경 변수를 추가했다. 예를 들어, product 마이크로서비스용 변수는 다음과 같다.

     ```
     SPRING_CONFIG_LOCATION: file:/config-repo/application.yml,
     file:/config-repo/product.yml
     ```

- 마이크로서비스가 사용할 구성 파일의 위치를 지정하는 컨피그맵을 추가했다. 컨테이너 내부에서는 /config-repo 경로를 사용할 수 있게 된다. 선언은 다음과 같다.

```
configmap:
  enabled: true
  volumeMounts:
    mountPath: /config-repo
```

- 컨피그맵을 생성하고자 common 차트의 명명된 템플릿(common.configmap_from_file) 기반의 템플릿을 추가했다.

7. kubernetes/helm/environments 폴더에 있는 environments 헬름 차트를 다음과 같이 변경했다.

- 구성 서버 차트에 대한 의존성을 제거했다.

- values.yaml 파일을 변경했다.

   - 구성 서버와 해당 클라이언트에 대한 시크릿을 자원 관리자(MongoDB, MySQL, RabbitMQ)와 해당 클라이언트에 대한 시크릿으로 대체했다. 예를 들면 다음과 같다.

```
rabbitmq-zipkin-credentials:
  RABBIT_USER: rabbit-user-dev
  RABBIT_PASSWORD: rabbit-pwd-dev

mongodb-credentials:
  SPRING_DATA_MONGODB_AUTHENTICATION_DATABASE: admin
  SPRING_DATA_MONGODB_USERNAME: mongodb-user-dev
  SPRING_DATA_MONGODB_PASSWORD: mongodb-pwd-dev
```

TIP

16장에서도 지적했듯이 values.yaml 파일에는 앞의 예와 같이 암호 등의 민감한 정보가 포함되므로 안전하게 저장해야 한다. 만약 안전하게 저장하는 것이 어렵다면 파일에서 민감한 정보를 제거하고 helm install 커맨드를 실행할 때 민감한 정보를 제공하도록 하자.

– 각 컴포넌트에 필요한 시크릿을 할당했다.

예를 들어, product 서비스는 MongoDB와 RabbitMQ 모두에 접근해야 하므로 다음과 같이 2개의 시크릿을 할당했다.

```
product:
  envFromSecretRefs:
    - rabbitmq-credentials
    - mongodb-credentials
```

values.yaml 파일의 변경 사항 대부분은 디플로이먼트 객체에 대한 쿠버네티스 매니페스트에 관한 것이다. 예를 들어, product 마이크로서비스의 디플로이먼트 객체는 다음과 같다.

```
apiVersion: apps/v1
kind: Deployment
metadata:
  name: product
spec:
  template:
    spec:
      containers:
        - name: product
          env:
          - name: SPRING_CONFIG_LOCATION
            value: file:/config-repo/application.yml,file:/config-repo/
product.yml
          - name: SPRING_PROFILES_ACTIVE
            value: docker
          envFrom:
          - secretRef:
              name: rabbitmq-credentials
          - secretRef:
              name: mongodb-credentials
          volumeMounts:
```

```
        - name: product
          mountPath: /config-repo
    volumes:
      - name: product
        configMap:
          name: product
```

매니페스트의 변경하지 않은 부분은 가독성을 위해 생략했다.

컴포넌트의 쿠버네티스 매니페스트를 직접 렌더링하고자 한다면 해당 차트에 헬름의 template 커맨드를 적용하면 된다. 또한 해당 컴포넌트에 적합한 environments 차트의 values.yaml 파일에서 가져온 값을 제공해야 한다. 예를 들어, product 서비스에 대한 dev-env 차트의 values.yaml 파일에는 다음과 같은 설정 값이 있다.

```
product:
  envFromSecretRefs:
    - rabbitmq-credentials
    - mongodb-credentials
```

template 커맨드에 이런 설정 값을 적용하려면 --set 플래그를 사용하면 된다.

environments 차트에서 가져온 값을 적용할 때는 environments 차트가 컴포넌트 차트의 상위 차트임을 기억해야 한다. 즉 컴포넌트 차트를 직접 렌더링할 때는 컴포넌트 차트의 이름을 설정에서 제거해야 한다. 예를 들어, product 서비스 차트를 올바르게 렌더링하려면 template 커맨드에 다음과 같이 값을 제공해야 한다.

```
envFromSecretRefs:
  - rabbitmq-credentials
  - mongodb-credentials
```

앞서와 같은 YAML 배열을 --set 플래그를 사용해 제공하려면 중괄호 안에 요소를 나열 (예: "{a,b,c}")하면 된다. 예를 들어, product 차트는 다음 커맨드로 렌더링할 수 있다.

```
helm template kubernetes/helm/components/product \
  --set envFromSecretRefs= \
    "{rabbitmq-credentials, mongodb-credentials}"
```

실행 결과로 product 마이크로서비스에 대한 컨피그맵, 서비스, 디플로이먼트 매니페스트가 렌더링된다.

지금까지 스프링 클라우드 컨피그 서버를 쿠버네티스 컨피그맵과 시크릿으로 대체하는 데 필요한 사항을 살펴봤다. 다음 절에서는 스프링 클라우드 게이트웨이를 쿠버네티스 인그레스 객체로 대체하는 방법을 알아본다.

⁖ 스프링 클라우드 게이트웨이 대체

이 절에서는 마이크로서비스 환경을 더 단순화하고자 스프링 클라우드 게이트웨이를 쿠버네티스에서 제공하는 인그레스 객체로 대체해 배포가 필요한 지원 서비스의 수를 줄일 것이다.

15장에서 소개한 바와 같이 쿠버네티스는 인그레스 객체를 사용해 스프링 클라우드 게이트웨이와 같은 방식의 에지 서버로 동작할 수 있다. 스프링 클라우드 게이트웨이가 인그레스 객체에 비해 풍부한 라우팅 기능을 제공하긴 하지만, 인그레스는 쿠버네티스 플랫폼에서 기본 제공하는 기능이므로 추가로 배포할 필요가 없으며, Cert Manager를 사용해 인증서를 자동으로 프로비저닝하도록 확장할 수 있다는 장점이 있다.

우리는 스프링 클라우드 게이트웨이를 사용해 마이크로서비스를 비인증 요청으로부터 보호한다. 즉 마이크로서비스에 접근하려면 신뢰할 수 있는 OAuth 권한 부여 서버나 OIDC 공급자가 발급한 유효한 OAuth 2.0/OIDC 접근 토큰이 필요하다. 자세한 내용은 11장을 참고한다. 쿠버네티스 인그레스 객체가 이를 기본 지원하지는 않지만, 이를 지원하는 인그레스 컨트롤러 구현도 있다.

마지막으로, 10장에서 게이트웨이에 추가한 복합 상태 점검은 각 마이크로서비스의 디플로이먼트 매니페스트에 라이브니스 프로브와 레디니스 프로브를 정의해 대체할 수 있다.

사용하는 기반 플랫폼에서 이런 기능을 제공하지 않을 때는 스프링 클라우드 게이트웨이를 사용하는 것이 맞겠지만, 쿠버네티스에 배포할 때는 인그레스 객체를 사용하는 편이 낫다.

17장에서는 요청에 포함된 접근 토큰의 유효성 확인을 product-composite 마이크로서비스에 위임한다. 18장에서는 서비스 메시 개념과 JWT로 인코딩된 접근 토큰의 유효성을 검사하는 인그레스의 대체 구현을 소개할 것이다.

> **TIP**
>
> '쿠버네티스 없이도 마이크로서비스가 작동하는지 확인' 절에서 도커 컴포즈와 함께 스프링 클라우드 게이트웨이를 사용하므로 gateway 프로젝트는 제거하지 않는다.

그림 17.2는 쿠버네티스에 배포한 마이크로서비스 환경에서 스프링 클라우드 게이트웨이를 제거한 모습을 보여준다.

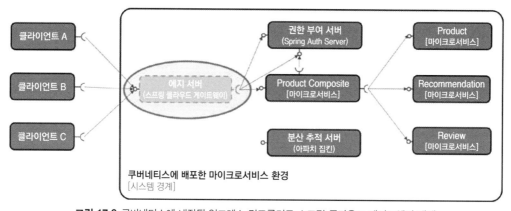

그림 17.2 쿠버네티스에 내장된 인그레스 컨트롤러로 스프링 클라우드 게이트웨이 대체

쿠버네티스 인그레스 객체로 스프링 클라우드 게이트웨이를 대체하는 방법을 알아보자.

> **TIP**
>
> 구성만 변경하며 자바 소스 코드는 변경하지 않는다는 점에 유의한다.

스프링 클라우드 게이트웨이를 대체하기 위한 변경 작업

스프링 클라우드 게이트웨이를 쿠버네티스 인그레스 객체로 대체하고자 다음과 같이 구성 코드를 변경했다.

1. 스프링 클라우드 게이트웨이 헬름 차트를 제거했다.

2. 인그레스 매니페스트에 대한 명명된 템플릿을 추가하고 common 차트에 인그레스에 대한 기본값을 추가했다.

   명명된 템플릿(kubernetes/helm/common/templates/_ingress.yaml)은 16장에 본 것과 유사한 선언문으로 시작한다.

```
{{- define "common.ingress" -}}
{{- $common := dict "Values" .Values.common -}}
{{- $noCommon := omit .Values "common" -}}
{{- $overrides := dict "Values" $noCommon -}}
{{- $noValues := omit . "Values" -}}
{{- with merge $noValues $overrides $common -}}
apiVersion: networking.k8s.io/v1
kind: Ingress
metadata:
  name: {{ include "common.fullname" . }}
  labels:
    app.kubernetes.io/name: {{ include "common.name" . }}
    helm.sh/chart: {{ include "common.chart" . }}
    app.kubernetes.io/managed-by: {{ .Release.Service }}
{{- with .Values.ingress.annotations }}
  annotations:
{{ toYaml . | indent 4 }}
{{- end }}
```

템플릿의 이름은 common.ingress이고 apiVersion은 networking.k8s.io/v1, kind는 Ingress로 설정돼 인그레스 매니페스트임을 나타낸다. 앞선 템플릿 내용의 대부분은 디플로이먼트 템플릿이나 서비스 템플릿처럼 매개 변수 재정의를 필요로 한다. 유일하게 새로운 부분은 values.yaml 파일의 ingress.annotations 필드를 사용해 필요한 경우 애노테이션을 추가한다는 점이다.

나머지 인그레스 템플릿에는 매니페스트의 주요 항목인 spec이 있다.

```
spec:
  tls:
    - hosts:
        - {{ .Values.ingress.host | quote }}
      secretName: {{ .Values.ingress.tls.secretName }}
  rules:
    - host: {{ .Values.ingress.host | quote }}
      http:
        paths:
        {{- range .Values.ingress.paths }}
          - path: {{ .path }}
            pathType: Prefix
            backend:
              service:
                name: {{ .service }}
                port:
                  name: http

        {{- end }}
  {{- end }}
  {{- end -}}
```

첫 부분의 tls 섹션에서는 인그레스가 HTTPS 트래픽만 허용하고 values.yaml 파일의 ingress.host 키로 허용하는 hostname을 지정한다고 선언한다. HTTPS 요청을 처리할 때 사용하는 인증서는 values.yaml 파일의 ingress.tls.secretName 키로 이름을 지정한 시크릿에 저장된다.

다음으로는 라우팅 규칙을 선언하는 rules 섹션이 나온다. 첫 항목에서는 라우팅에 사용할 호스트 이름을 선언하는데, 앞의 tls 섹션의 호스트 이름과 같다. 다음으로 라우팅 경로가 이어진다. 라우팅 경로는 values.yaml 파일의 ingress.paths 섹션을 사용해 채워진다. 각 경로 항목에는 요청이 라우팅될 서비스의 이름과 경로가 포함된다. 각 서비스의 포트 이름은 http로 설정된다.

common 차트의 values.yaml 파일에 있는 인그레스 매니페스트에 대한 기본값은 다음과 같다.

```
ingress:
  annotations:
    cert-manager.io/issuer: selfsigned
  tls:
    secretName: tls-certificate
```

인그레스 객체에 대한 애노테이션(cert-manager.io/issuer)이 첫 번째로 선언돼 있으며, cert-manager가 selfsigned 발급자를 사용해 이 인그레스 객체에 필요한 인증서를 관리함을 나타낸다. 이에 대해서는 뒤에 나오는 '인증서 프로비저닝 자동화' 절에서 살펴본다. 다음으로는 인증서를 보관하는 시크릿의 이름이 선언돼 있다. 기본값은 tls-certificate이다.

3. environments 차트(dev-env, prod-env)에 인그레스 매니페스트에 대한 템플릿과 추가 설정을 추가했다. 템플릿의 이름은 ingress.yml이며 앞에서 설명한 common 차트의 명명된 템플릿 기반이다.

```
{{- template "common.ingress" . -}}
```

4. 인그레스 매니페스트를 렌더링하는 데 필요한 호스트 이름과 라우팅에 사용하는 실제 경로 등의 나머지 값은 각 environments 차트의 values.yaml 파일에서 지정한다. 선언은 다음과 같다.

```
ingress:
  host: minikube.me
  paths:
    - path: /oauth2
      service: auth-server
    - path: /login
      service: auth-server
    - path: /error
      service: auth-server
    - path: /product-composite
      service: product-composite
    - path: /actuator/health
      service: product-composite
```

```
      - path: /openapi
        service: product-composite
      - path: /webjars
        service: product-composite
```

구성을 살펴보면 호스트 이름은 minikube.me를 사용하고 권한 부여 서버와 관련된 라우팅 경로 및 product-composite 서비스에 대한 라우팅 경로가 정의돼 있다는 것을 알 수 있다.

TIP

> 뒤에 나오는 '쿠버네티스 컨피그맵, 시크릿, 인그레스, cert-manager를 사용한 테스트' 절에서 로컬 /etc/hosts 파일에 호스트 이름(minikube.me)을 추가한다.

지금까지 인그레스 매니페스트를 렌더링하고자 변경한 부분을 살펴봤다. environments 차트에서만 인그레스 템플릿을 사용할 수 있으므로 인그레스 매니페스트를 출력하려면 environments 차트를 렌더링해야 한다.

다음 커맨드를 실행하면 dev-env 차트를 사용해 매니페스트를 렌더링한다.

```
helm template kubernetes/helm/environments/dev-env
```

출력에서 kind: Ingress를 찾으면 다음과 같은 인그레스 매니페스트를 확인할 수 있을 것이다.

```
apiVersion: networking.k8s.io/v1
kind: Ingress
metadata:
  name: RELEASE-NAME-dev-env
  labels:
    app.kubernetes.io/name: dev-env
    helm.sh/chart: dev-env-1.0.0
    app.kubernetes.io/managed-by: Helm
  annotations:
    cert-manager.io/issuer: selfsigned
spec:
  tls:
```

```
      - hosts:
          - "minikube.me"
        secretName: tls-certificate
    rules:
      - host: "minikube.me"
        http:
          paths:
            - path: /oauth2
              pathType: Prefix
              backend:
                service:
                  name: auth-server
                  port:
                    name: http
            - path: /product-composite
              pathType: Prefix
              backend:
                service:
                  name: product-composite
                  port:
                    name: http
            - path: /actuator/health
              pathType: Prefix
              backend:
                service:
                  name: product-composite
                  port:
                    name: http
```

가독성 향상을 위해 일부 라우팅 규칙을 제거했다.

다음 절에서는 인증서가 포함된 시크릿을 생성하는 방법을 알아본다.

⠿ 인증서 프로비저닝 자동화

cert-manager(https://cert-manager.io/docs/)는 쿠버네티스용 인증서 관리 컨트롤러다. cert-manager는 사용하면 손쉽게 인증서를 자동 생성, 프로비저닝, 교체할 수 있다. cert-manager는 다음과 같은 다양한 인증서를 지원한다.

- **Let's Encrypt**(https://letsencrypt.org) 등의 **RFC8555**(https://tools.ietf.org/html/rfc8555) 호환 **ACME** 서버

- 하시코프 볼트의 **PKI Secrets Engine**(https://www.vaultproject.io/docs/secrets/pki)

- cert-manager가 발급한 자체 서명 인증서

사용할 수 있는 발급자의 전체 목록은 다음 링크(https://cert-manager.io/docs/configuration/)를 참고한다.

자체 서명 인증서는 외부 리소스와의 통신이 필요 없으므로 개발 환경에서 사용하기 좋다. 이 책에서는 자체 서명 인증서를 사용한다.

TIP

> 상용 환경에서 cert-manager를 사용하려면 API 클라이언트(웹 브라우저, 외부 시스템)가 신뢰할 수 있는 외부 API에 대한 인증서를 발급하는 Let's Encrypt와 같은 발급자를 사용하는 것이 일반적이다.

쿠버네티스 클러스터에 cert-manager를 설치한 다음 하나 이상의 발급자를 등록해야 한다. 특정 네임스페이스나 전체 클러스터에 발급자를 등록한다. 이 책에서는 hands-on 네임스페이스에 로컬 발급자를 등록해 사용한다.

적절한 발급자를 등록하는 것은 environments 차트(dev-env, prod-env)의 책임이다. dev-env 와 prod-env 환경 모두 자체 서명 발급자를 사용한다. common 차트에 명명된 템플릿인 _issuer.yaml을 추가했다. 내용은 다음과 같다.

```
{{- define "common.issuer" -}}
apiVersion: cert-manager.io/v1
kind: Issuer
metadata:
  name: selfsigned
spec:
  selfSigned: {}
{{- end -}}
```

apiVersion 및 kind 필드로 cert-manager에서 정의한 발급자임을 명시한다. 이름은 selfsigned로 설정했다. 앞의 '스프링 클라우드 게이트웨이를 대체하기 위한 변경 작업' 절에서 본 인그레스 매니페스트의 애노테이션에서 같은 이름을 사용했다.

```
ingress:
  annotations:
    cert-manager.io/issuer: selfsigned
  tls:
    secretName: tls-certificate
```

앞에서 설명한 대로만 하면 cert-manager를 도입하고 인그레스 객체에 대한 인증서를 제공할 수 있다. cert-manager는 cert-manager.io/issuer 애노테이션이 붙은 인그레스 객체가 등록되면 애노테이션 값으로 지정한 발급자(앞의 예에서는 selfsigned)를 사용해 인증서를 발급한다. cert-manager는 발급자를 사용해 인증서를 생성하고 인그레스 객체에서 지정한 이름으로 생성한 시크릿에 저장한다. 앞의 예에서는 시크릿 이름을 tls-certificate로 지정했다.

같은 이름의 인증서 객체도 생성된다. 인증서 객체에는 cert-manager가 인증서를 갱신하는 시기와 같은 관리 정보가 들어간다.

명명된 템플릿(common.issuer)이 구성을 허용하지 않으므로 dev-env 및 prod-env 차트에서는 명명된 템플릿을 사용하는 각 차트에 템플릿을 추가하기만 하면 된다. 템플릿의 이름은 issuer.yaml이며 내용은 다음과 같다.

```
{{- template "common.issuer" . -}}
```

지금까지 스프링 클라우드 컨피그 서버와 게이트웨이를 쿠버네티스의 기본 컴포넌트와 cert-manager로 교체하는 데 필요한 내용을 살펴봤다. 다음 절에서는 이를 배포하고 테스트한다.

쿠버네티스 컨피그맵, 시크릿, 인그레스, cert-manager를 사용한 테스트

앞에서 설명한 변경 사항을 바탕으로 스프링 클라우드 컨피그 서버와 스프링 클라우드 게이트웨이를 쿠버네티스 컨피그맵, 시크릿, 인그레스 객체, cert-manager로 대체해 시스템 환경을 테스트할 준비를 마쳤다. 이전처럼 스프링 클라우드 게이트웨이를 에지 서버로 사용하면 외부 API가 HTTPS로 보호된다. 이번 배포에서는 cert-manager로 프로비저닝한 인증서를 사용하는 인그레스 컨트롤러로 HTTPS를 사용해 외부 API를 보호한다. 그림 17.3을 참고한다.

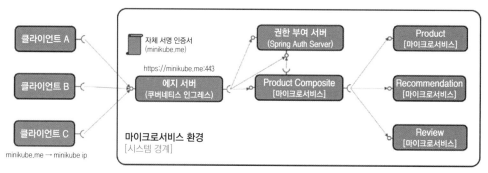

그림 17.3 HTTPS를 사용해 외부 접근으로부터 보호

맥OS에서는 미니큐브 인스턴스의 기본 HTTPS 포트인 443 포트로 인그레스 컨트롤러를 외부로 노출한다. WSL 2에서 도커 컨테이너로 미니큐브 인스턴스를 실행하는 윈도우에서는 localhost를 사용해 미니큐브 인스턴스와 통신한다. WSL 2에서 미니큐브 인스턴스를 생성할 때 localhost의 8443 포트와 미니큐브 인스턴스의 443 포트 사이에 포트 포워딩이 구성된다. 인그레스 컨트롤러는 minikube addons enable ingress 커맨드로 설치한다.

TIP

> 미니큐브 인스턴스의 설정에 대해서는 15장의 '쿠버네티스 클러스터 생성' 절을 참고한다.

어떻게 인그레스 컨트롤러는 미니큐브 인스턴스의 443 포트를 사용할 수 있을까? 앞에서 봤듯이 NodePort 유형의 서비스는 30000번 대의 포트만 할당받을 수 있다. 그렇다면 인그레스 컨트롤러가 HTTPS 표준 포트인 443 포트를 사용할 수 있는 이유는 무엇일까?

인그레스 컨트롤러는 kube-system 네임스페이스에 있는 `ingress-nginx-controller` 디플로이먼트로 구성되며, 이 디플로이먼트의 포드는 hostPort 속성을 사용해 호스트의 433 포트와 매핑된다. 즉 포드에서 실행되는 컨테이너의 포트가 미니큐브 인스턴스의 443 포트와 연결된다.

```
apiVersion: apps/v1
kind: Deployment
metadata:
  name: ingress-nginx-controller
spec:
  template:
    spec:
      containers:
        image: us.gcr.io/k8s-artifacts-prod/ingress-nginx/controller:v0.40.2
        ports:
        - containerPort: 443
          hostPort: 443
```

TIP

> 이 설정은 개발이나 테스트에 사용하는 단일 노드 쿠버네티스 클러스터에서만 유효하다. 다중 노드 쿠버네티스 클러스터에서는 고가용성과 확장성 확보를 위해 외부 로드 밸런서를 사용해 인그레스 컨트롤러를 노출한다.

16장에서 했듯이 헬름 커맨드를 사용해 배포한다. 16장의 '개발 및 테스트 환경을 위한 쿠버네티스 배포' 절을 참고한다. 이 절에서는 cert-manager를 설치하고 /etc/hosts 파일에 호스트 이름(minikube.me)을 추가한다.

다음 단계를 수행해 시스템 환경을 배포하고 예상대로 작동하는지 확인한다.

1. cert-manager 네임스페이스에 cert-manager를 설치하고 배포가 끝날 때까지 기다린다. 헬름 저장소를 추가한 후에 cert-manager를 설치해야 한다. 다음 커맨드를 실행한다.

```
helm repo add jetstack https://charts.jetstack.io
helm repo update
helm install cert-manager jetstack/cert-manager \
```

```
    --create-namespace \
    --namespace cert-manager \
    --version v1.3.1 \
    --set installCRDs=true \
    --wait
```

TIP

> cert-manager는 앞에서 소개한 Issuer 객체와 같은 쿠버네티스 **사용자 정의 리소스 정의**(CRD,
> Custom Resource Definition) 세트로 제공된다. CRD를 사용하면 쿠버네티스 API에 새 객체를 추가
> 해 API를 확장할 수 있다. cert-manager를 설치하는 앞선 커맨드에서는 ─set installCRDs=true 플
> 래그를 사용해 CRD를 설치한다.

다음 커맨드로 cert-manager 네임스페이스에 3개의 포드가 실행 중인지 확인한다.

```
kubectl get pods --namespace cert-manager
```

결과는 그림 17.4와 같다.

그림 17.4 cert-manager 네임스페이스의 포드 목록

2. 다음과 같이 /etc/hosts 파일에 행을 추가해 IP 주소와 minikube.me를 매핑한다. 이렇게
   해야 호스트 이름으로 미니큐브 인스턴스에 접근할 수 있다.

   a. 맥OS에서는 다음 커맨드를 실행해 행을 추가한다.

```
sudo bash -c "echo $(minikube ip) minikube.me | tee -a /etc/hosts"
```

   b. WSL 2를 사용하는 윈도우에서는 다음 커맨드를 실행해 행을 추가한다.

```
sudo bash -c "echo 127.0.0.1 minikube.me | tee -a /etc/hosts"
```

cat /etc/hosts 커맨드로 결과를 확인한다. 앞에서 설명한 IP 주소와 minikube.me가 한 줄에 연이어 나와야 한다(예: 192.168.64.199 minikube.me).

/etc/hosts 파일에 minikube.me에 관한 행이 여럿인 경우에는 이전 항목을 수동으로 제거해야 한다.

3. 다음 커맨드를 사용해 소스 코드로 도커 이미지를 빌드한다.

```
cd $BOOK_HOME/Chapter17
eval $(minikube docker-env)
./gradlew build && docker-compose build
```

4. 쿠버네티스의 도커 이미지 다운로드 때문에 배포 프로세스가 느려지는 것을 방지하고자 미리 도커 이미지를 가져온다.

```
eval $(minikube docker-env)
docker pull mysql:5.7.32
docker pull mongo:4.4.2
docker pull rabbitmq:3.8.11-management
docker pull openzipkin/zipkin:2.23.2
```

5. 헬름 차트의 의존성을 해결한다.

a. 먼저 components 폴더의 의존성을 업데이트한다.

```
for f in kubernetes/helm/components/*; do helm dep up $f; done
```

b. 다음으로 environments 폴더의 의존성을 업데이트한다.

```
for f in kubernetes/helm/environments/*; do helm dep up $f; done
```

6. hands-on 네임스페이스를 kubectl 기본 네임스페이스로 설정한다.

```
kubectl config set-context $(kubectl config current-context)
--namespace=hands-on
```

7. 별도의 터미널 창에서 다음 커맨드를 실행해 cert-manager의 인증서 객체 생성 과정을 모니터링한다.

```
kubectl get certificates -w --output-watch-events
```

8. 헬름을 사용해 시스템 환경을 배포하고 배포가 끝날 때까지 기다린다.

```
helm install hands-on-dev-env \
    kubernetes/helm/environments/dev-env \
    -n hands-on \
    --create-namespace \
    --wait
```

9. cert-manager가 배포 중에 인증서를 생성하는 과정을 살펴본다. kubectl get certificates 커맨드의 출력은 그림 17.5와 같다.

그림 17.5 인증서 프로비저닝 중에 발생한 cert-manager 이벤트

10. **Ctrl+C**로 kubectl get certificates 커맨드를 중지한다.

11. 테스트를 실행해 시스템 환경이 예상대로 작동하는지 확인한다.

    a. 맥OS에서는 다음 커맨드를 실행한다.

```
HOST=minikube.me PORT=443 USE_K8S=true ./test-em-all.bash
```

b. WSL 2를 사용하는 윈도우에서는 다음 커맨드를 실행한다.

```
HOST=minikube.me PORT=8443 USE_K8S=true ./test-em-all.bash
```

테스트 결과는 16장에서 본 것과 비슷할 것이다.

그림 17.6 dev-env 헬름 차트로 생성한 시스템 환경 확인

다음 절에서는 cert-manager로 생성한 인증서 객체를 시험해보고 인증서 보유 시간을 관리하는 방법을 알아본다.

인증서 갱신

다음 커맨드를 실행해 인증서 객체의 정보를 확인한다.

```
kubectl describe cert tls-certificate
```

출력 결과의 끝부분에서 그림 17.7과 같은 인증서 유효 기간에 대한 정보를 볼 수 있다.

그림 17.7 인증서 유효 기간 및 갱신 시간

인증서가 90일(Not After - Not Before) 동안 유효하다는 것과 cert-manager가 60일 (Renewal Time - Not Before) 후에 인증서를 갱신한다는 것을 알 수 있다. 우리가 사용하는 자체 서명 발급자는 구성을 허용하지 않으므로 기본값을 사용한다. 기본값에서는 cert-manager의 수명이 90일이고 수명의 2/3 지점에서 갱신 프로세스를 시작하게 된다.

하지만 인증서 갱신을 살펴보기 위해 60일을 기다릴 수는 없으므로 대안을 찾아야 한다. 다음 링크(https://cert-manager.io/docs/reference/api-docs/#cert-manager.io/v1.Certificate)에서 인증서 객체의 API 사양을 살펴보면 갱신 프로세스의 시작 시각을 지정하는 refreshBefore 필드를 찾을 수 있다. 인증서를 1분에 한 번 갱신하고자 한다면 renewBefore 필드값을 2159h59m으로 지정한다(90일 - 1분 = 90 * 24시간 - 1분 = 2160시간 - 1분 = 2159시간 59분).

먼저 별도의 터미널 창에서 kubectl get events -w 커맨드를 시작하고 다음과 같이 patch 커맨드를 실행해 인증서에 refreshBefore 필드를 추가한다.

```
kubectl patch certificate tls-certificate --type=json \
-p='[{"op": "add", "path": "/spec/renewBefore", "value": "2159h59m"}]'
```

1분 안에 get events 커맨드에서 인증서 갱신에 대한 내용이 출력된다. 인증서가 갱신될 때마다 get events 커맨드에서 그림 17.8과 같이 이벤트가 발생한다.

그림 17.8 cert-manager로 인증서를 갱신할 때 발생하는 이벤트

몇 분 정도 기다리면서 인증서가 1분에 한 번씩 갱신되는지 확인한다. 다음 커맨드를 실행하면 다음 갱신이 언제 발생하는지 확인할 수 있다.

```
kubectl get cert tls-certificate -o json | jq .status.renewalTime
```

날짜 형식(예: 2021-05-02T19:39:06Z)으로 결과가 출력된다.

사용자 지정한 인증서 보유 시간을 없애고 싶다면 다음 커맨드로 refreshBefore 필드를 제
거하면 된다.

```
kubectl patch certificate tls-certificate --type=json \
  -p='[{"op": "remove", "path": "/spec/renewBefore"}]'
```

이것으로 dev-env 차트를 사용해 배포한 시스템 환경에서의 테스트를 마친다. 시스템 환경
을 제거하려면 다음 커맨드를 사용한다.

```
kubectl delete namespace hands-on
```

다음 절에서는 prod-env 차트를 사용해 시스템 환경을 배포하는 방법을 알아본다.

스테이징 및 상용 환경을 위한 쿠버네티스 배포

prod-env 차트를 사용해 스테이징 및 상용 환경에 배포하는 작업은 16장의 '스테이징 및 상
용 환경을 위한 쿠버네티스 배포' 절에서 사용한 것과 같은 단계를 따른다. 다음과 같이 각
단계의 내용을 요약했다.

1. 쿠버네티스 외부에서 MySQL, MongoDB, RabbitMQ를 시작한다.

```
eval $(minikube docker-env)
docker-compose up -d mongodb mysql rabbitmq
```

2. 도커 이미지에 v1 버전 태그를 지정한다.

```
docker tag hands-on/auth-server hands-on/auth-server:v1
docker tag hands-on/product-composite-service hands-on/product-composite-
service:v1
docker tag hands-on/product-service hands-on/product-service:v1
docker tag hands-on/recommendation-service hands-on/ recommendation-
service:v1
docker tag hands-on/review-service hands-on/review-service:v1
```

3. prod-env 헬름 차트를 사용해 마이크로서비스를 배포한다.

```
helm install hands-on-prod-env \
   kubernetes/helm/environments/prod-env \
   -n hands-on --create-namespace \
   --wait
```

4. 테스트를 실행해 시스템 환경이 예상대로 작동하는지 확인한다.

   a. 맥OS에서는 다음 커맨드를 실행한다.

```
HOST=minikube.me PORT=443 USE_K8S=true ./test-em-all.bash
```

   b. WSL 2를 사용하는 윈도우에서는 다음 커맨드를 실행한다.

```
HOST=minikube.me PORT=8443 USE_K8S=true ./test-em-all.bash
```

작업을 마쳤으면 다음 커맨드를 실행해 쿠버네티스와 도커에서 생성한 리소스를 정리한다

1. kubectl get cert -w 및 kubectl get events -w 커맨드를 여전히 실행 중이라면 **Ctrl+C**
   로 중지한다.

2. 다음 커맨드로 쿠버네티스 네임스페이스를 삭제한다.

```
kubectl delete namespace hands-on
```

3. 다음 커맨드로 MySQL, MongoDB, RabbitMQ를 중지한다.

```
eval $(minikube docker-env)
docker-compose down
```

이것으로 쿠버네티스에서 실행하는 모든 테스트를 끝냈다. 다음 절에서는 쿠버네티스 없이
도 마이크로서비스가 작동하는지 확인하는 방법을 살펴본다.

쿠버네티스 없이도 마이크로서비스가 작동하는지 확인

17장과 16장에서는 컨피그맵, 시크릿, 서비스, 인그레스 객체 등의 쿠버네티스 플랫폼 기능을 이용해 공조 마이크로서비스 환경을 구축해봤다. 하지만 기능적 관점에서는 마이크로서비스의 소스 코드가 플랫폼에 의존하지 않는 것이 중요하다. 이런 록인[lock-in]을 피하면 소스 코드 변경 없이 마이크로서비스 구성만 변경하면 되므로 최소한의 노력으로 플랫폼을 변경할 수 있다.

마이크로서비스가 기능적 관점에서 잘 작동하는지 확인하고자 도커 컴포즈와 `test-em-all.bash` 테스트 스크립트를 실행해 테스트할 수 있다. 쿠버네티스 없이 마이크로서비스를 실행하면 쿠버네티스가 제공하는 모니터링, 스케일링, 컨테이너 재시작 등의 비기능적 요소는 사용할 수 없다.

도커 컴포즈를 사용할 때는 다음과 같이 쿠버네티스 기능을 대체한다.

- 컨피그맵: 호스트 파일 시스템의 구성 파일에 매핑한 볼륨을 사용한다.

- 시크릿: 자격 증명과 같은 민감한 정보는 도커 컴포즈의 .env 파일에 보관한다.

- 인그레스: 스프링 클라우드 게이트웨이를 사용한다.

- 서비스: 클라이언트가 컨테이너의 호스트 이름을 직접 사용하도록 매핑한다. 즉 서비스 검색과 컨테이너 스케일링을 할 수 없다.

쿠버네티스 대신 도커 컴포즈를 사용하는 것은 비기능적 관점에서 매우 불리하다. 하지만 기능 테스트 실행 목적으로는 도커 컴포즈도 쓸 만하다.

도커 컴포즈로 테스트를 실행하기 전에 docker-compose*.yml 파일의 변경 사항을 살펴보자.

도커 컴포즈 파일의 수정 사항

쿠버네티스 대신 도커 컴포즈를 사용해 마이크로서비스를 실행하기 위해 다음과 같이 docker-compose*.yml 파일을 수정했다.

- 구성 서버 정의를 제거했다.

- CONFIG_SERVER_USR, CONFIG_SERVER_PWD 등의 구성 서버 환경 변수를 사용하는 코드를 제거했다.

- config-repo 폴더를 구성 저장소에서 구성 파일을 읽어야 하는 각 컨테이너의 볼륨으로 매핑했다.

- 구성 저장소에 있는 구성 파일 위치를 지정하는 SPRING_CONFIG_LOCATION 변수를 정의했다.

- 자격 증명 및 암호 같은 민감한 정보를 도커 컴포즈 .env 파일에 저장했다.

- 자원 관리자 접근을 위한 자격 증명 환경 변수를 .env 파일에 변수로 정의했다.

예를 들어, product 마이크로서비스의 구성 정보는 다음과 같이 docker-compose.yml 파일에 정의한다.

```
product:
  build: microservices/product-service
  image: hands-on/product-service
  environment:
    - SPRING_PROFILES_ACTIVE=docker
    - SPRING_CONFIG_LOCATION=file:/config-repo/application.yml,file:/
config-repo/product.yml
    - SPRING_RABBITMQ_USERNAME=${RABBITMQ_USR}
    - SPRING_RABBITMQ_PASSWORD=${RABBITMQ_PWD}
    - SPRING_DATA_MONGODB_AUTHENTICATION_DATABASE=admin
    - SPRING_DATA_MONGODB_USERNAME=${MONGODB_USR}
    - SPRING_DATA_MONGODB_PASSWORD=${MONGODB_PWD}
  volumes:
    - $PWD/config-repo:/config-repo
```

앞의 소스 코드를 설명하면 다음과 같다.

- config-repo 폴더는 컨테이너 볼륨으로 /config-repo에 매핑된다.

- SPRING_CONFIG_LOCATION 환경 변수를 사용해 스프링 속성 파일의 경로(/config-repo/application.yml, config-repo/product.yml)를 지정한다.

- .env 파일의 내용을 기반으로 RabbitMQ와 MongoDB 접근을 위한 자격 증명을 환경 변수로 설정한다.

앞의 소스 코드에서 참조하는 자격 증명은 .env 파일에서 다음과 같이 정의하고 있다.

```
RABBITMQ_USR=rabbit-user-prod
RABBITMQ_PWD=rabbit-pwd-prod
MONGODB_USR=mongodb-user-prod
MONGODB_PWD=mongodb-pwd-prod
```

도커 컴포즈로 테스트

도커 컴포즈로 테스트하고자 미니큐브 대신 도커 데스크톱을 사용한다. 다음 단계를 수행한다.

1. 도커 클라이언트가 미니큐브 대신 도커 데스크톱을 사용하도록 다음 커맨드를 실행한다.

```
eval $(minikube docker-env --unset)
```

2. 메모리를 절약하려면 미니큐브 인스턴스를 중지한다.

```
minikube stop
```

3. 도커 데스크톱을 시작하지 않았다면 시작한다.

4. 다음 커맨드를 사용해 도커 데스크톱에서 도커 이미지를 빌드한다.

```
docker-compose build
```

5. RabbitMQ를 사용해 테스트를 실행한다. 토픽당 파티션은 하나다.

```
COMPOSE_FILE=docker-compose.yml ./test-em-all.bash start stop
```

6. 전체 컨테이너를 실행하면서 테스트가 시작되고 테스트를 마친 후에 전체 컨테이너를 중지하면서 끝나야 한다. 실행 결과는 앞에서 본 것과 비슷하다(가독성을 위해 일부 출력을 생략했다).

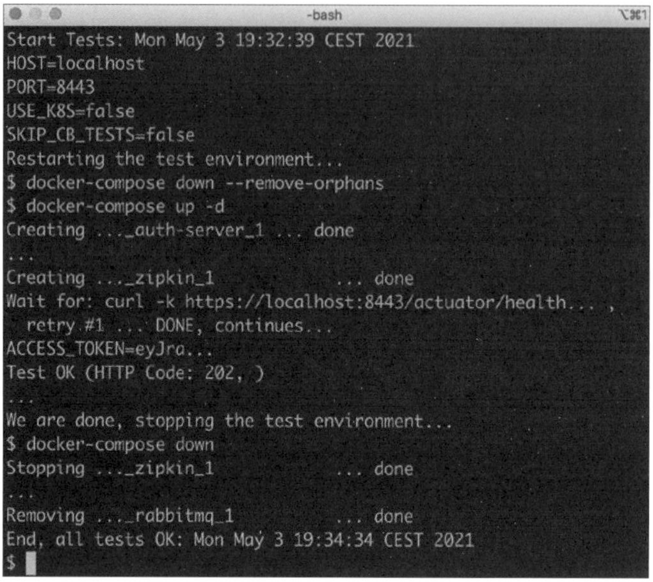

그림 17.9 쿠버네티스를 사용하지 않는 시스템 환경의 기능 확인

7. RabbitMQ의 토픽당 파티션을 여러 개로 설정하고 테스트를 실행할 수도 있다.

```
COMPOSE_FILE=docker-compose-partitions.yml ./test-em-all.bash start stop
```

실행 결과는 앞의 테스트와 비슷하다.

8. 혹은 카프카를 사용해 토픽당 파티션을 여러 개로 설정하고 테스트를 실행할 수 있다.

```
COMPOSE_FILE=docker-compose-kafka.yml ./test-em-all.bash start stop
```

실행 결과는 앞의 테스트와 비슷하다.

9. 필요하다면 메모리 절약을 위해 도커 데스크톱을 중지한다.

10. 미니큐브 인스턴스를 중지했다면 시작한 후 hands-on을 기본 네임스페이스로 설정한다.

```
minikube start
kubectl config set-context $(kubectl config current-context)
--namespace=handson
```

11. 도커 클라이언트가 다시 미니큐브 쿠버네티스 클러스터를 사용하도록 다음 커맨드를 실행한다.

```
eval $(minikube docker-env)
```

테스트가 성공적으로 끝났다면 쿠버네티스 없이도 마이크로서비스가 작동한다는 것이 확인된 것이다.

⁞⁞ 요약

17장에서는 마이크로서비스와 함께 개발하고 배포해야 하는 지원 서비스의 수를 줄이고 쿠버네티스 기능을 사용해 마이크로서비스 환경을 단순화하는 방법을 살펴봤다. 쿠버네티스 컨피그맵과 시크릿을 사용해 스프링 클라우드 컨피그 서버를 대체하는 방법과 쿠버네티스 인그레스 객체를 사용해 스프링 클라우드 게이트웨이를 대체하는 방법도 살펴봤다.

cert-manager를 사용하면 인그레스 컨트롤러가 노출하는 HTTPS 엔드포인트에 대한 인증서를 자동으로 프로비저닝할 수 있어서 번거로운 수동 작업이 필요 없다.

마이크로서비스의 소스 코드를 다른 플랫폼에서 실행할 수 있는지, 즉 쿠버네티스에 록인된 것인지 확인하고자 도커 컴포즈에 마이크로서비스를 배포하고 test-em-all.bash 테스트 스크립트를 실행했다.

18장에서는 서비스 메시 개념을 소개하고 서비스 메시 제품인 **이스티오**를 사용해 쿠버네티스에 배포한 공조 마이크로서비스 환경에서 관찰 가능성, 복원력, 보안, 라우팅을 개선하는 방법을 알아본다.

이제 18장으로 이동하자!

⠿ 질문

1. 쿠버네티스 리소스로 스프링 클라우드 컨피그 서버를 대체하려면 어떻게 해야 하는가?

2. 쿠버네티스 리소스로 스프링 클라우드 게이트웨이를 대체하려면 어떻게 해야 하는가?

3. cert-manager로 인그레스 객체에 대한 인증서를 자동으로 프로비저닝하게 하려면 무엇이 필요한가?

4. 인증서 보유 시간을 확인하고 업데이트하려면 어떻게 해야 하는가?

5. 인증서가 실제로 저장되는 곳은 어디인가?

6. 도커 컴포즈를 사용해 테스트를 진행한 이유는 무엇인가?

18

서비스 메시를 사용해
관찰 가능성 및 관리 편의성 개선

18장에서는 서비스 메시 개념을 소개하고 서비스 메시 기능을 이용해 마이크로서비스 시스템 환경의 보안, 정책 시행, 복원력, 트래픽 관리 등의 문제를 처리하는 방법을 살펴본다. 또한 마이크로서비스 사이의 트래픽 흐름을 시각화하는 서비스 메시 기능을 이용해 관찰 가능성을 개선하는 방법도 살펴본다.

서비스 메시의 기능은 앞에서 배운 스프링 클라우드 및 쿠버네티스와 겹치는 부분이 있지만, 18장에서 살펴볼 서비스 메시 기능의 대부분은 스프링 클라우드 및 쿠버네티스를 보완한다.

18장에서는 다음과 같은 내용을 다룬다.

- 서비스 메시 개념과 인기 있는 오픈 소스 구현인 이스티오 소개

- 쿠버네티스에 이스티오 배포

- 서비스 메시 생성, 관찰, 보안

- 서비스 메시 복원력 확보

- 무중단 배포

- 마이크로서비스 소스 코드가 쿠버네티스나 이스티오에 의존성이 있는 것은 아닌지 확인하고자 도커 컴포즈로 마이크로서비스 환경 테스트

⁘ 기술 요구 사항

이 책에서 사용하는 도구의 설치 방법과 이 책의 소스 코드를 다운로드하는 방법은 다음을 참고한다.

- 21장, 맥OS용 설치 지침
- 22장, 윈도우용 설치 지침

18장의 모든 소스 코드 예제는 $BOOK_HOME/Chapter18 폴더에 있다.

18장에서 이스티오 기반의 서비스 메시를 생성하면서 변경한 부분을 확인하고 싶다면 17장의 소스 코드와 비교하면 된다. 선호하는 파일 비교 도구를 사용해 $BOOK_HOME/Chapter17 폴더와 $BOOK_HOME/Chapter18 폴더를 비교해보자.

⁘ 이스티오를 이용한 서비스 메시 소개

서비스 메시는 마이크로서비스와 같은 서비스 간의 통신을 제어하고 관찰하는 인프라 계층이다. 서비스 메시는 마이크로서비스 사이의 전체 내부 통신을 제어하고 모니터링해 관찰 가능성, 보안, 정책 시행, 복원력, 트래픽 관리 등의 기능을 구현한다.

서비스 메시에 속한 모든 마이크로서비스에 삽입되는 경량 **프록시** 컴포넌트가 서비스 메시의 핵심 컴포넌트며, 마이크로서비스 안팎의 모든 트래픽은 프록시 컴포넌트를 통과하도록 구성된다. 서비스 메시의 **컨트롤 플레인**은 프록시의 공개 API를 사용해 런타임에 프록시 컴포넌트를 구성하고 원격 측정^{telemetry} 데이터를 수집하며, 수집한 데이터를 이용해 서비스 메시의 트래픽 흐름을 시각화한다.

서비스 메시에는 **데이터 플레인**도 포함된다. 데이터 플레인은 외부에서 들어오는 트래픽을 처리하는 **인그레스 게이트웨이**, 서비스 메시에서 나가는 트래픽을 처리하는 **이그레스 게이트 웨이**^{egress gateway} 등 별도 컴포넌트와 프록시 컴포넌트로 구성된다. 게이트웨이 컴포넌트는 프록시 컴포넌트를 사용해 컨트롤 플레인과도 통신한다. 그림 18.1의 다이어그램을 참고한다.

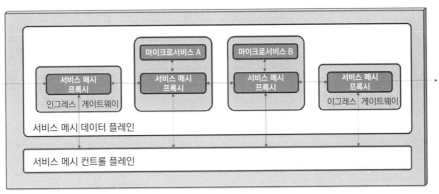

그림 18.1 서비스 메시의 컨트롤 플레인과 데이터 플레인

첫 번째로 공개된 서비스 메시 구현은 Buoyant에서 관리하는 오픈 소스 프로젝트인 Linkerd(https://linkerd.io)다. Linkerd는 트위터(현 X)의 Finagle 프로젝트(http://twitter.github.io/finagle)를 기반으로 2016년에 시작됐고, 1년 후인 2017년에는 IBM, 구글, 리프트^{Lyft}가 기여하는 오픈 소스 프로젝트인 **이스티오**(https://istio.io)가 시작됐다. 그 이후로 여러 서비스 메시 프로젝트가 시작됐다. 사용 가능한 구현에 대한 개요는 CNCF의 클라우드 네이티브 랜드스케이프 맵(https://landscape.cncf.io/?view-mode=card&classify=category&sort-by=name&sort-direction=asc#orchestration-management--service-mesh)에서 서비스 메시 카테고리를 참고한다. 이 책에서는 이스티오를 사용한다.

이스티오 소개

다음 링크(https://istio.io/docs/setup)에서 소개하는 다양한 설치 도구를 사용하면 여러 쿠버네티스 배포본과 플랫폼에 이스티오를 배포할 수 있다. 우리는 이스티오의 CLI 도구인 `istioctl`을 사용해 미니큐브 기반의 단일 노드 쿠버네티스 클러스터에 이스티오를 설치한다.

앞에서 설명했듯이 이스티오는 컨트롤 플레인과 데이터 플레인으로 나뉜다. 운영자는 원하는 상태를 정의하고자 라우팅 규칙 등을 선언한 이스티오 객체를 만들며, 이를 위해 쿠버네티스 API 서버를 이용한다. 컨트롤 플레인은 이런 객체를 확인하고 라우팅 규칙 구성 등의 원하는 상태에 따른 작업 수행을 위해 데이터 플레인 프록시로 커맨드를 전송한다. 프록시는 마이크로서비스 간의 통신을 처리하며, 원격 측정 데이터를 컨트롤 플레인으로 전송한다. 서비스 메시에서 진행 중인 작업을 컨트롤 플레인에서 시각화할 때 원격 측정 데이터를 사용한다.

이스티오를 쿠버네티스에 배포하면 대부분의 런타임 컴포넌트가 별도의 쿠버네티스 네임스페이스인 istio-system에 배포된다. 이 책의 구성을 사용하면 이 네임스페이스에 다음과 같은 디플로이먼트가 배포된다.

1. istiod: 전체 컨트롤 플레인을 운영하는 이스티오 데몬daemon이다.

> **TIP**
>
> **재미있는 사실:** v1.4까지의 이스티오는 공조 마이크로서비스 집합으로 컨트롤 플레인이 분할돼 있었다. 하지만 v1.5부터는 istiod에서 실행하는 단일 바이너리로 통합돼 컨트롤 플레인을 런타임에 설치 및 구성하는 작업을 단순화했다. 또한 시작 시간, 자원 사용량, 응답성 등의 런타임 특성을 향상했다. 이스티오 컨트롤 플레인이 세분화된 마이크로서비스에서 단일 바이너리로 변경됐다는 것은 시사점을 남긴다.

2. istio-ingressgateway 및 istio-egressgateway: 이스티오의 인그레스, 이그레스 게이트웨이 컴포넌트는 데이터 플레인의 일부다.

3. 이스티오는 컨트롤 플레인에 추가 기능을 제공하기 위해 다양한 유명 오픈 소스 프로젝트와의 통합을 지원한다. 이 책에서는 다음 컴포넌트를 통합한다.

   ○ **키알리**Kiali: 서비스 메시에 관찰 가능성을 제공하고 메시에서 진행 중인 작업을 시각화한다. 자세한 내용은 다음 링크(https://www.kiali.io)를 참고한다.

   ○ **트레이싱**Tracing: 예거Jaeger나 집킨 기반으로 분산 추적 정보를 처리하고 시각화한다. 이 책에서는 예거를 사용한다. 자세한 내용은 다음 링크(https://www.jaegertracing.io)를 참고한다.

- **프로메테우스**[Prometheus]: 성능 메트릭 등의 시계열 기반 데이터를 수집 및 저장한다. 자세한 내용은 다음 링크(https://prometheus.io)를 참고한다.

- **그라파나**[Grafana]: 프로메테우스에서 수집한 성능 메트릭 및 기타 시계열 관련 데이터를 시각화한다. 자세한 내용은 다음 링크(https://grafana.com)를 참고한다.

TIP

20장에서는 프로메테우스와 그라파나를 사용해 성능을 모니터링한다.

4. 이스티오가 지원하는 통합에 대한 자세한 내용은 다음 링크(https://istio.io/latest/docs/ops/integrations/)를 참고한다.

이스티오 컴포넌트 중 프록시 컴포넌트만 **istio-system** 네임스페이스에 배포되지 않는다. 프록시 컴포넌트는 서비스 메시를 구성하는 마이크로서비스에 삽입된다. 프록시 컴포넌트는 리프트의 엔보이 프록시[Envoy Proxy](https://www.envoyproxy.io) 기반이다.

그림 18.2의 다이어그램은 이스티오의 컨트롤 플레인 및 데이터 플레인의 런타임 컴포넌트를 요약해 보여준다.

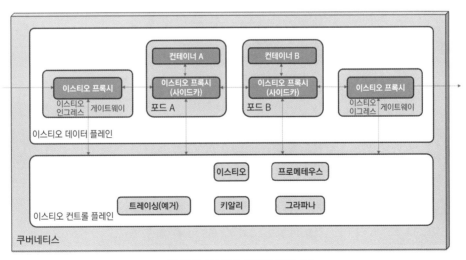

그림 18.2 이스티오 런타임 컴포넌트

이것으로 소개를 마친다. 다음 절에서는 프록시 객체를 마이크로서비스에 삽입하는 방법을 알아본다.

마이크로서비스에 이스티오 프록시 삽입

15장에서 쿠버네티스에 배포한 마이크로서비스는 단일 컨테이너로 구성된 쿠버네티스 포드로 실행됐다(15장의 '쿠버네티스 API 객체 소개' 절 참고). 마이크로서비스 포드를 이스티오 기반의 서비스 메시에 합류시키려면 이스티오 프록시를 실행하는 컨테이너를 포드에 추가해 이스티오 프록시를 삽입해야 한다.

TIP

> 이스티오 프록시처럼 기본 컨테이너를 지원할 목적으로 포드에 추가되는 컨테이너를 **사이드카**(sidecar)라고 한다.

그림 18.3의 다이어그램은 사이드카인 이스티오 프록시를 샘플 포드(포드 A)에 삽입했을 때의 예다.

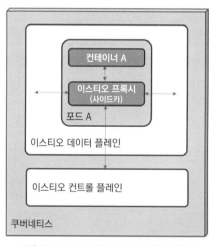

그림 18.3 포드 A에 이스티오 프록시 삽입

포드의 기본 컨테이너인 **컨테이너 A**는 모든 트래픽을 이스티오 프록시를 통해 라우팅하도록 구성된다.

이스티오 프록시는 디플로이먼트 객체를 만들 때 자동으로 삽입되며, istioctl을 사용해 수동으로 삽입할 수도 있다. 18장에서는 수동으로 이스티오 프록시를 삽입하는데, 이는 이스티오 프록시가 MySQL, MongoDB, RabbitMQ 등이 사용하는 프로토콜을 지원하지 않으므로 HTTP 프로토콜을 사용하는 포드에만 이스티오 프록시를 삽입하기 위해서다.

다음 커맨드를 사용하면 기존 디플로이먼트 객체의 포드에 수동으로 이스티오 프록시를 삽입할 수 있다.

```
kubectl get deployment sample-deployment -o yaml | istioctl kube-inject -f - |
kubectl apply -f -
```

처음 이 커맨드를 봤을 때는 다소 어려워 보일 수 있지만, 실제로는 커맨드 3개를 연결한 것일 뿐이다. 첫 번째 커맨드와 두 번째 커맨드의 출력은 파이프(|)를 통해 다음 커맨드의 입력이 된다. 각 커맨드를 살펴보자.

1. kubectl get deployment: 이 커맨드는 쿠버네티스 API 서버에서 sample-deployment라는 이름의 디플로이먼트 정의를 가져와서 YAML 형식으로 반환한다.

2. istioctl kube-inject: 이 커맨드는 kubectl get deployment 커맨드에서 전달받은 디플로이먼트에서 제어하는 포드에 이스티오 프록시 컨테이너를 추가하며, 디플로이먼트에 포함된 기존 컨테이너의 수신 및 발신 트래픽이 이스티오 프록시를 통과하도록 구성을 업데이트한다.

   istioctl 커맨드는 이스티오 프록시 컨테이너를 추가한 새 디플로이먼트 정의를 반환한다.

3. kubectl apply: 이 커맨드는 istioctl kube-inject 커맨드로 업데이트한 구성을 받아서 이를 적용한다. 디플로이먼트에 속한 포드의 업그레이드는 이전과 같은 방식으로 수행된다(15장의 '샘플 디플로이먼트 생성' 절 참고).

이 책에서는 이스티오 프록시를 자동으로 삽입하기 위해 hands-on 네임스페이스에 다음 정의를 적용한다.

```
apiVersion: v1
kind: Namespace
metadata:
  name: hands-on
  labels:
    istio-injection: enabled
```

앞의 정의를 보면 내임스페이스에 값이 enabled인 istio-injection 레이블이 적용된 것을 알 수 있다.

현시점에서는 이스티오가 MySQL, MongoDB, RabbitMQ에 대한 프록시 역할을 제대로 수행한다고 볼 수 없다. 따라서 헬름 차트의 values.yaml 파일에 다음과 같은 애노테이션을 추가해 서비스 메시에서 제외한다.

```
annotations:
  sidecar.istio.io/inject: "false"
```

지금까지 포드에 이스티오 프록시를 삽입하는 방법을 살펴봤다. 다음 절에서는 이 책에서 사용하는 이스티오 API 객체에 대해 배운다.

이스티오의 API 객체 소개

이스티오는 쿠버네티스 **사용자 정의 리소스 정의** 세트로 제공된다. CRD를 사용하면 쿠버네티스 API에 새 객체를 추가해 API를 확장할 수 있다. 15장의 '쿠버네티스 API 객체 소개' 절을 참고한다. 이 책에서는 다음과 같은 이스티오 객체를 사용한다.

- **게이트웨이**Gateway: 서비스 메시로 들어오는 트래픽과 나가는 트래픽의 처리 방법을 구성한다. 게이트웨이는 버추얼 서비스에 의존해 쿠버네티스 서비스로 들어오는 트래픽을 라우팅한다. HTTPS 통신을 통해 minikube.me 및 하위 도메인으로 들어오는 트래픽을 허용할 때도 게이트웨이 객체를 사용한다. 이스티오의 게이트웨이 객체는 앞에서 사용한 인그레스 객체를 대체한다. 자세한 내용은 '이스티오 인그레스 게이트웨이로 쿠버네티스 인그레스 컨트롤러 대체' 절을 참고한다.

- **VirtualService**: 서비스 메시의 라우팅 규칙을 정의한다. 이스티오 게이트웨이로 들어오는 트래픽을 쿠버네티스 서비스로 라우팅하는 방법과 서비스 간의 라우팅 방법을 구성하고자 버추얼 서비스를 사용한다. 서비스 메시의 안정성과 복원력을 테스트하고자 오류나 지연을 삽입하기도 한다.

- **DestinationRule**: 버추얼 서비스에 의해 특정 서비스(대상)로 라우팅되는 트래픽에 대한 정책, 규칙을 정의한다. 내부 HTTP 트래픽 암호화에 대한 암호화 정책을 구성하며, 사용 가능한 서비스 버전별로 서비스 서브셋을 정의한다. 서비스 서브셋은 기존 마이크로서비스를 새 버전으로 전환하고자 무중단 블루/그린 배포를 수행할 때 사용한다.

> **TIP**
>
> 처음에는 VirtualService와 DestinationRule 사이의 책임 분할이 다소 불분명해 보일 수 있다. VirtualService 객체는 서비스의 라우팅을 구성하는 데 사용하며 DestinationRule은 선택한 서비스에 대한 트래픽을 처리하는 방법을 구성하는 데 사용한다. 즉 먼저 VirtualService를 사용해 어디로 요청을 보낼지 결정한 다음, 수신 서비스에 DestinationRule을 적용한다.

- **PeerAuthentication**: 서비스 메시 내에서 서비스 간 인증을 제어하는 데 사용한다. 이스티오는 전송 인증을 위해 **상호 인증**mTLS, mutual Transport Layer Security를 자동으로 프로비저닝해 서비스 메시 내부 서비스 간의 통신을 보호한다. 클라이언트 서비스 인증은 이스티오에서 제공하는 클라이언트 인증서를 사용해 이뤄진다. 쿠버네티스가 비보안 HTTP로 라이브니스 프로브와 레디니스 프로브를 호출할 수 있도록 상호 인증과 비보안 HTTP를 모두 허용하는 PERMISSIVE 모드로 이스티오를 구성한다.

- **RequestAuthentication**: 요청에서 제공하는 자격 증명을 바탕으로 최종 사용자를 인증한다. 이스티오는 일반적인 JWTJSON Web Token와 OIDCOpenID Connect 사양을 따르는 JWT를 지원한다. 이스티오는 OIDC의 디스커버리 엔드포인트를 사용해 JWT 서명을 확인할 때 사용하는 JSON 웹 키 세트JWKS, JSON Web Key Set의 위치를 지정하도록 지원한다. 외부 요청을 인증할 때 자체 JWKS 디스커버리 엔드포인트로 지정한 인증 서버를 사용하도록 이스티오를 구성한다. 자세한 내용은 11장을 참고한다.

- **AuthorizationPolicy**: 이스티오에서 접근 제어를 할 때 사용한다. 이 책에서는 이스티오의 접근 제어를 사용하지 않는다. 대신 product-composite 마이크로서비스에 구현된

기존 접근 제어를 재사용한다. 따라서 인증된 모든 사용자(OIDC 형식의 유효한 JWT가 있는 요청)의 `product-composite` 마이크로서비스 접근을 허용하도록 `AuthorizationPolicy` 객체를 구성한다.

> **TIP**
>
> API 객체에 대한 자세한 내용은 다음 링크(https://istio.io/v1.9/docs/reference/config/networking/)(https://istio.io/v1.9/docs/reference/config/security/)를 참고한다.

지금까지 앞으로 사용할 API 객체에 대해 배웠다. 다음 절에서는 이스티오 도입으로 인한 마이크로서비스 환경의 변경 사항을 살펴본다.

마이크로서비스 환경 단순화

앞 절에서 봤듯이 이스티오가 제공하는 컴포넌트는 마이크로서비스 환경에서 사용 중인 컴포넌트와 기능이 중복된다.

- 이스티오 인그레스 게이트웨이를 에지 서버로 사용해 쿠버네티스의 인그레스 컨트롤러를 대체할 수 있다.
- 이스티오가 제공하는 예거 컴포넌트로 마이크로서비스와 함께 배포한 집킨 서버를 대체해 분산 추적을 수행할 수 있다.

이어지는 절에서는 쿠버네티스 인그레스 컨트롤러를 이스티오 인그레스 컨트롤러로 대체하는 이유와 방법, 이스티오에 통합된 예거 컴포넌트로 집킨 서버를 대체하는 이유와 방법에 대해 알아본다.

이스티오 인그레스 게이트웨이로 쿠버네티스 인그레스 컨트롤러 대체

17장에서는 쿠버네티스 인그레스 컨트롤러를 에지 서버로 사용했다(17장의 '스프링 클라우드 게이트웨이 대체' 절 참고). 이스티오 인그레스 게이트웨이는 쿠버네티스 인그레스 컨트롤러에 비해 여러 가지 장점이 있다.

- 컨트롤 플레인을 통해 흐르는 트래픽에 대한 원격 측정 데이터를 컨트롤 플레인에서 수집할 수 있다.

- 라우팅을 보다 세분화할 수 있다.

- 서비스 메시로 요청을 라우팅하기 전에 인증 및 권한 부여를 수행할 수 있다.

이러한 장점을 활용하기 위해 쿠버네티스 인그레스 컨트롤러를 이스티오 인그레스 게이트웨이로 교체한다. '이스티오의 API 객체 소개' 절에서 설명한 게이트웨이와 VirtualService 객체를 생성해서 이스티오 인그레스 게이트웨이를 사용하게 된다.

kubernetes/helm/environments 폴더에 있는 dev-env 및 prod-env 헬름 차트에서 앞에서 사용한 인그레스 객체 정의를 제거했다. 이스티오의 게이트웨이와 VirtualService 객체에 대해서는 '서비스 메시 생성' 절에서 설명할 것이다.

이스티오 인그레스 게이트웨이에 접근하기 위해서는 쿠버네티스 인그레스 컨트롤러에 접근할 때 사용한 IP 주소가 아닌 다른 IP 주소를 사용해야 한다. 따라서 테스트를 실행할 때 사용하는 호스트 이름(minikube.me)에 매핑된 IP 주소도 업데이트해야 한다. 이 작업은 '이스티오 서비스에 대한 접근 설정' 절에서 수행한다.

이스티오 예거 컴포넌트로 집킨 서버 대체

'이스티오 소개' 절에서 언급했듯이 이스티오는 예거를 사용한 분산 추적을 기본 지원한다. 14장에서 도입한 집킨 서버를 예거로 대체하면 마이크로서비스 환경이 단순해진다.

소스 코드를 다음과 같이 변경해 집킨 서버를 제거한다.

- 모든 마이크로서비스의 빌드 파일(build.gradle)에서 org.springframework.cloud:spring-cloud-starter-zipkin에 대한 의존성을 제거한다.

- 3개의 도커 컴포즈 파일(docker-compose.yml, docker-compose-partitions.yml, docker-compose-kafka.yml)에서 집킨 서버 정의를 제거한다.

- 집킨 서버용 헬름 차트를 제거한다.

- 집킨 전용 속성인 `spring.zipkin.sender.type`을 공통 구성 파일(config-repo/application.yml)에서 제거한다.

뒤에 나오는 '쿠버네티스 클러스터에 이스티오 배포' 절에서 예거를 설치한다.

지금까지 마이크로서비스 환경을 단순화하는 방법에 대해 설명했다. 이제 쿠버네티스 클러스터에 이스티오를 배포할 차례다.

쿠버네티스 클러스터에 이스티오 배포

이 절에서는 쿠버네티스 클러스터에 이스티오를 배포하는 방법과 이스티오 서비스에 접근하는 방법에 대해 알아본다.

이스티오의 CLI 도구인 istioctl로 데모demo 구성을 사용해 이스티오를 설치한다. 즉 개발 환경에서 이스티오를 테스트하기에 적합하도록 대부분의 기능을 사용하지만 자원은 최소한으로 사용하도록 구성한다.

> **TIP**
>
> 상용 환경이나 성능 테스트 환경에는 적합하지 않은 구성이다.

다른 설치 옵션은 다음 링크(https://istio.io/docs/setup/kubernetes/install)를 참고한다.

다음 단계를 수행해 이스티오를 배포한다.

1. 다음 커맨드로 미니큐브 인스턴스가 동작 중인지 확인한다.

```
minikube status
```

실행 결과가 그림 18.4와 같다면 정상 동작 중인 것이다.

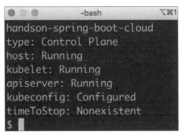

그림 18.4 미니큐브 상태 확인

2. precheck를 실행해 쿠버네티스 클러스터가 이스티오를 설치할 준비가 됐는지 확인한다.

```
istioctl experimental precheck
```

그림 18.5와 같이 몇 가지 항목에 대한 검사 결과를 보여준다(가독성을 위해 일부 출력을 생략했다).

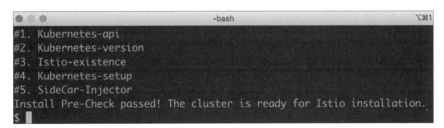

그림 18.5 이스티오를 설치할 준비가 됐는지 확인

3. 다음 커맨드로 데모 프로필을 사용해 이스티오를 설치한다.

```
istioctl install --skip-confirmation \
  --set profile=demo \
  --set meshConfig.accessLogFile=/dev/stdout \
  --set meshConfig.accessLogEncoding=JSON
```

accessLog 매개 변수를 사용해 이스티오 프록시가 처리한 요청을 기록하게 한다. 이스티오 프록시를 설치한 후 포드를 실행했다면 kubectl logs <MY-POD> -c istio-proxy 커맨드를 사용해 접근 로그를 확인할 수 있다.

4. 다음 커맨드를 실행하고 디플로이먼트 객체와 포드를 사용할 수 있을 때까지 기다린다.

```
kubectl -n istio-system wait --timeout=600s --for=condition=available
deployment --all
```

5. 다음 커맨드를 실행해 '이스티오 소개' 절에서 설명한 키알리, 예거, 프로메테우스, 그라
파나 등의 추가 김포넌트를 설치한다.

```
istio_version=$(istioctl version --short --remote=false)
echo "Installing integrations for Istio v$istio_version"

kubectl apply -n istio-system -f https://raw.githubusercontent.com/istio/
istio/${istio_version}/samples/addons/kiali.yaml

kubectl apply -n istio-system -f https://raw.githubusercontent.com/istio/
istio/${istio_version}/samples/addons/jaeger.yaml

kubectl apply -n istio-system -f https://raw.githubusercontent.com/istio/
istio/${istio_version}/samples/addons/prometheus.yaml

kubectl apply -n istio-system -f https://raw.githubusercontent.com/istio/
istio/${istio_version}/samples/addons/grafana.yaml
```

TIP

실패한 커맨드가 있다면 실패한 커맨드를 다시 실행해본다. 타이밍 문제로 오류가 발생할 수 있는데 이
런 오류는 커맨드를 다시 실행하면 해결된다. 특히 키알리를 설치할 때 unable to recognize로 시작하
는 오류 메시지가 나타나는 경우가 있다. 커맨드를 다시 실행하면 오류 메시지가 사라질 것이다.

6. 다음 커맨드를 실행하고 추가 컴포넌트를 사용할 수 있을 때까지 기다린다.

```
kubectl -n istio-system wait --timeout=600s --for=condition=available
deployment --all
```

7. 끝으로 다음 커맨드를 실행해 설치한 항목을 확인한다.

```
kubectl -n istio-system get deploy
```

결과는 그림 18.6과 유사할 것이다.

```
                                    -bash                          ⌥⌘1
NAME                    READY   UP-TO-DATE   AVAILABLE    AGE
grafana                 1/1     1            1            19s
istio-egressgateway     1/1     1            1            2d5h
istio-ingressgateway    1/1     1            1            2d5h
istiod                  1/1     1            1            2d5h
jaeger                  1/1     1            1            2d5h
kiali                   1/1     1            1            2d5h
$
```

그림 18.6 이스티오 네임스페이스의 디플로이먼트 확인

쿠버네티스에 이스티오를 배포했다. 이어지는 절에서는 미니큐브 환경에서 이스티오 서비스에 접근하는 방법을 살펴보고 서비스 메시를 생성한다.

이스티오 서비스에 대한 접근 설정

앞 절에서 이스티오를 설치할 때 사용한 데모 구성에는 연결성과 관련된 문제가 있다. 이스티오 인그레스 게이트웨이는 유형이 **LoadBalancer**인 쿠버네티스 서비스로 구성된다. 게이트웨이에 접근하려면 쿠버네티스 클러스터 앞단에서 로드 밸런서를 실행해야 한다.

미니큐브의 `minikube tunnel` 커맨드로 로컬 로드 밸런서를 시뮬레이션할 수 있다. 이 커맨드를 사용하면 **LoadBalancer** 유형의 쿠버네티스 서비스 및 이스티오 인그레스 게이트웨이에 외부 IP 주소를 할당한다. 테스트에서 사용하는 호스트 이름(minikube.me)은 이스티오 인그레스 게이트웨이의 외부 IP 주소로 변환해야 한다. 키알리, 예거와 같은 컴포넌트의 웹 UI에 쉽게 접근할 수 있도록 이런 서비스용 호스트 이름(예: kiali.miniube.met)도 추가한다.

'서비스 메시 관찰' 절에서 설명하는 외부 상태 점검 엔드포인트용 호스트 이름도 등록한다. 이후 장에서 설치하고 사용하는 키바나, 일래스틱서치, 메일 서버 등의 서비스에서 사용하는 호스트 이름 또한 여기에서 등록한다. 따라서 이후 장에서는 새로 호스트 이름을 추가할 필요가 없다.

호스트 이름을 사용해 외부에서 이스티오 서비스에 접근할 수 있도록 구성하는 헬름 차트를 만들었다. 헬름 차트는 kubernetes/helm/environments/istio-system 폴더에 있다. 차

트에는 각 이스티오 컴포넌트에 대한 게이트웨이, VirtualService, DestinationRule 객체가 들어 있다. 호스트 이름을 사용해 들어오는 요청이 도청당하지 않도록 보호하기 위해 HTTPS 요청만 허용한다. 차트에서는 17장에서 소개한 cert-manager를 사용해 호스트 이름에 대한 TLS 인증서를 자동으로 프로비저닝하고 이를 hands-on-certificate 시크릿에 저장한다. 모든 게이트웨이 객체의 HTTPS 프로토콜 구성에서 이 시크릿을 사용한다. 모든 정의 파일은 헬름 차트의 templates 폴더에 있다.

API 객체의 사용 방법에 대해서는 뒤에 나오는 '서비스 메시 생성' 절과 'HTTPS와 인증서로 외부 엔드포인트 보호' 절에서 자세히 설명한다.

다음 커맨드를 실행해 헬름 차트를 적용한다.

```
helm upgrade --install istio-hands-on-addons kubernetes/helm/environments/
istio-system -n istio-system --wait
```

이제 게이트웨이는 다음과 같은 호스트 이름으로 들어오는 요청을 알맞은 쿠버네티스 서비스로 라우팅하게 된다.

- kiali.minikube.me로 들어오는 요청은 kiali:20001로 라우팅된다.

- tracing.minikube.me로 들어오는 요청은 tracing:80로 라우팅된다.

- prometheus.minikube.me로 들어오는 요청은 prometheus:9000로 라우팅된다.

- grafana.minikube.me로 들어오는 요청은 grafana:3000로 라우팅된다.

다음 커맨드로 인증서와 시크릿 객체가 잘 생성됐는지 확인한다.

```
kubectl -n istio-system get secret hands-on-certificate
kubectl -n istio-system get certificate hands-on-certificate
```

출력은 그림 18.7과 같다.

그림 18.7 cert-manager가 생성한 TLS 시크릿과 인증서

그림 18.8의 다이어그램은 어떻게 컴포넌트에 접근하는지 요약해 보여준다.

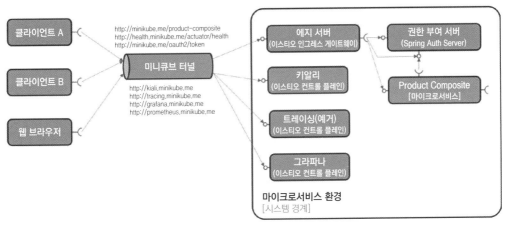

그림 18.8 호스트 이름을 사용해 미니큐브 터널을 거쳐 컴포넌트에 접근

다음 단계를 수행해 미니큐브 터널을 설정하고 호스트 이름을 등록한다.

1. 별도의 터미널 창에서 다음 커맨드를 실행한다. 커맨드가 터미널 창을 잠그므로 터널이 동작하는 동안에는 터미널을 사용할 수 없다.

```
minikube tunnel
```

TIP

> 앞의 커맨드를 실행하려면 사용자에게 sudo 권한이 있어야 하며, 시작 및 종료 시에 암호를 입력해야 한다. 몇 초가 지난 후에야 커맨드에서 암호를 요구하므로 놓치기 쉽다.

터널이 시작되면 노출되는 서비스의 목록을 출력하는데 istio-ingressgateway 하나만 있을 것이다.

2. 이스티오 인그레스 게이트웨이의 IP 주소와 호스트 이름을 연결한다. minikube tunnel 커맨드에서 가져온 이스티오 인그레스 게이트웨이의 IP 주소를 INGRESS_IP 환경 변수에 저장한다.

```
INGRESS_IP=$(kubectl -n istio-system get service istio-ingressgateway -o
jsonpath='{.status.loadBalancer.ingress[0].ip}')

echo $INGRESS_IP
```

echo 커맨드는 IP 주소를 출력한다(예: 10.102.72.36).

TIP

> WSL 2를 사용하는 윈도우에서는 미니큐브의 도커 드라이버를 사용하므로 IP 주소가 항상 127.0.0.1이다.

3. 모든 minikube.me 호스트 이름이 이스티오 인그레스 게이트웨이의 IP 주소를 가리키도록 /etc/hosts를 업데이트한다.

```
MINIKUBE_HOSTS="minikube.me grafana.minikube.me kiali.minikube.me
prometheus.minikube.me tracing.minikube.me kibana.minikube.me elasticsearch.
minikube.me mail.minikube.me health.minikube.me"
echo "$INGRESS_IP $MINIKUBE_HOSTS" | sudo tee -a /etc/hosts
```

4. 윈도우에서는 윈도우용 호스트 파일도 업데이트해야 한다.

   a. 윈도우에서 파워셸^{PowerShell} 터미널을 연다.

   b. 다음 커맨드로 비주얼 스튜디오 코드에서 윈도우용 호스트 파일을 연다.

```
code C:\Windows\System32\drivers\etc\hosts
```

   c. 윈도우용 호스트 파일에 다음 내용을 추가한다.

```
127.0.0.1 minikube.me grafana.minikube.me kiali.minikube.me
prometheus.minikube.me tracing.minikube.me kibana.minikube.me
elasticsearch.minikube.me mail.minikube.me health.minikube.me
```

d. 저장을 시도하면 권한 부족 오류가 발생한다. **Retry as Admin...** 버튼을 클릭해 관리
   자 권한으로 호스트 파일을 업데이트한다.

e. 업데이트가 잘 됐는지 확인한다.

```
cat C:\Windows\System32\drivers\etc\hosts
```

TIP

> 기본적으로 WSL을 다시 시작하면 윈도우용 호스트 파일의 내용으로 /etc/hosts 파일을 덮어쓴다.
> WSL을 다시 시작하면 도커도 다시 시작되기 때문에 시간이 오래 걸린다. 또한 도커를 다시 시작하면 미
> 니큐브 인스턴스도 중지되므로 수동으로 다시 시작해야 한다. 두 파일을 함께 업데이트한 것은 이 느리
> 고 지루한 재시작 프로세스를 피하기 위해서다.

5. /etc/hosts 파일에서 minikube.me와 미니큐브 인스턴스의 IP 주소(minikube ip)를 연결하
   는 줄을 제거한다. /etc/hosts에 minikube.me와 관련된 행이 하나만 있고 이스티오 인그
   레스 게이트웨이의 IP 주소($INGRESS_IP 값)와 연결됐는지 확인한다.

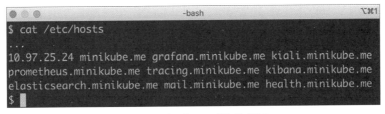

그림 18.9 /etc/hosts 파일 업데이트

6. 다음 커맨드를 사용해 터널을 통해 키알리, 예거, 그라파나, 프로메테우스에 연결할 수
   있는지 확인한다.

```
curl -o /dev/null -sk -L -w "%{http_code}\n" https://kiali.minikube.me/kiali/
curl -o /dev/null -sk -L -w "%{http_code}\n" https://tracing.minikube.me
```

```
curl -o /dev/null -sk -L -w "%{http_code}\n" https://grafana.minikube.me
curl -o /dev/null -sk -L -w "%{http_code}\n" https://prometheus.minikube.
me/graph#/
```

각 커맨드가 200(OK)를 반환해야 한다. 키알리에 보낸 요청이 200을 반환하지 않으면 내부 초기화가 완료되지 않기 때문인 경우가 많다. 이런 경우 잠시 기다렸다가 다시 시도한다.

> **TIP**
>
> 컴퓨터나 미니큐브 인스턴스가 일시 중지되거나 다시 시작돼서 minikube tunnel 커맨드의 실행이 중지되면 수동으로 다시 시작해야 한다. 따라서 minikube.me 호스트 이름을 사용한 API 호출에 실패했다면 미니큐브 터널이 실행 중인지 확인하고 필요하다면 다시 시작한다.

지금까지 미니큐브 터널에 대해 알아봤다. 이제 서비스 메시를 생성할 차례다.

⁙ 서비스 메시 생성

이스티오 배포를 완료했으니 이제 서비스 메시를 생성해보자. 서비스 메시 생성에 필요한 절차는 기본적으로 17장의 '쿠버네티스 컨피그맵, 시크릿, 인그레스, cert-manager를 사용한 테스트' 절에서 사용한 것과 같다. 서비스 메시 설정을 위해 헬름 템플릿에 추가되는 내용을 살펴본 후 서비스 메시를 생성한다.

소스 코드 변경

이스티오가 관리하는 서비스 메시에서 마이크로서비스를 실행하기 위해 dev-env 헬름 차트에서는 common 차트에 새로 추가된 명명된 템플릿인 _istio_base.yaml과 _istio_dr_mutual_tls.yaml을 사용한다. 하나씩 살펴보자.

_istio_base.yaml 템플릿

_istio_base.yaml 템플릿은 environments 차트(dev-env, prod-env)에서 사용하는 여러 가지 쿠버네티스 매니페스트를 정의한다. 먼저 이스티오 보안과 관련된 매니페스트를 정의한다.

- AuthorizationPolicy 매니페스트: 이름은 product-composite-require-jwt다.

- PeerAuthentication 매니페스트: 이름은 default다.

- RequestAuthentication 매니페스트: 이름은 product-composite-request-authentication다.

앞의 매니페스트 3개에 대해서는 뒤에 나오는 '서비스 메시 보안' 절에서 설명한다.

나머지 4개의 매니페스트에 대해서는 여기에서 설명한다. 이 4개의 매니페스트는 두 쌍의 게이트웨이 매니페스트 및 VirtualService 매니페스트로 minikube.me, health.minikube.me 호스트 이름에 대한 접근 및 라우팅을 구성한다. 게이트웨이 객체는 외부 트래픽을 수신하는 방법을 정의하며 VirtualService 객체는 유입된 트래픽을 서비스 메시 내부에서 라우팅하는 방법을 설명한다.

minikube.me에 대한 접근을 제어하는 게이트웨이 매니페스트는 다음과 같다.

```yaml
apiVersion: networking.istio.io/v1beta1
kind: Gateway
metadata:
  name: hands-on-gw
spec:
  selector:
    istio: ingressgateway
  servers:
  - hosts:
    - minikube.me
    port:
      name: https
      number: 443
      protocol: HTTPS
    tls:
      credentialName: hands-on-certificate
      mode: SIMPLE
```

앞의 소스 코드를 설명하면 다음과 같다.

- 게이트웨이 이름은 hands-on-gw다. 버추얼 서비스에서 이 이름을 참조한다.

- selector 필드로 기본 이스티오 인그레스 게이트웨이가 게이트웨이 객체를 처리하도록 지정한다.

- hosts 및 port 필드로 게이트웨이가 IITTPS 포트(443)로 들어오는 minikube.me 호스트 이름에 대한 수신 요청을 처리하도록 지정한다.

- tls 필드로 이스티오 인그레스 게이트웨이가 HTTPS 통신에 사용하는 인증서 및 개인 키가 저장된 TLS 시크릿(hands-on-certificate)을 지정한다. 이런 인증서 파일의 작성 방법은 'HTTPS와 인증서로 외부 엔드포인트 보호' 절을 참고한다. SIMPLE 모드를 사용하면 일반 TLS 기능이 적용된다.

minikube.me에 대한 라우팅 요청을 처리하는 VirtualService 매니페스트는 다음과 같다.

```
apiVersion: networking.istio.io/v1beta1
kind: VirtualService
metadata:
  name: hands-on-vs
spec:
  gateways:
  - hands-on-gw
  hosts:
  - minikube.me
  http:
  - match:
    - uri:
        prefix: /oauth2
    route:
    - destination:
        host: auth-server
  - match:
    ...
```

앞의 매니페스트를 설명하면 다음과 같다.

616

- gateways 및 hosts 필드는 가상 서비스가 minikube.me 호스트 이름으로 전송되는 요청을 hands-on-gw 게이트웨이를 통해 라우팅하도록 지정한다.

- http 요소 하위에는 URL 경로와 포워딩 대상 쿠버네티스 서비스를 연결하는 match, route 요소 쌍의 배열이 있다. 앞의 매니페스트에서는 첫 번째 match, route 요소 쌍만 보여주고 있는데, minikube.me의 /oauth2 경로로 보내는 요청을 인증 서버 서비스와 매핑하고 있다. 이 매핑은 앞에서 스프링 클라이언트 게이트웨이 및 인그레스 객체에 지정한 라우팅 규칙과 크게 다를 바 없다. 나머지 match, route 요소 쌍도 스프링 클라우드 게이트웨이 및 인그레스 객체에 적용했던 것과 같은 라우팅 규칙을 구성한다.

  - /login → auth-server

  - /error → auth-server

  - /product-composite → product-composite

  - /openapi → product-composite

  - /webjars → product-composite

자세한 내용은 kubernetes/helm/common/templates/_istio_base.yaml을 참고한다.

> **TIP**
>
> 앞의 소스 코드에서는 짧은 이름(예: product-composite)을 사용해 대상 호스트를 지정한다. 앞 코드의 쿠버네티스 정의는 같은 네임스페이스를 기반으로 하기 때문에 잘 작동한다. 이스티오 문서에 따르면 네임스페이스가 같지 않은 경우에는 호스트의 **전체 주소 도메인 이름**(FQDN, Fully Qualified Domain Name)을 사용하는 것이 좋다. product-composite 서비스의 FQDN은 product-composite.hands-on.svc.cluster.local이다.

_istio_dr_mutual_tls.yaml 템플릿

_istio_dr_mutual_tls.yaml 템플릿으로는 여러 개의 DestinationRule 객체를 생성한다. DestinationRule 객체를 사용하면 요청을 서비스로 라우팅할 때 상호 인증을 사용하도록 지정할 수 있다. 서브셋^{subset}을 선택적으로 지정할 수도 있는데, 뒤에 나오는 '비가동 시간

없이 업데이트 수행' 절의 prod-env 차트에서 사용해볼 것이다. 템플릿 코드는 다음과 같다.

```
{{- define "common.istio_dr_mutual_tls" -}}
{{- range $idx, $dr := .Values.destinationRules }}
apiVersion: networking.istio.io/v1beta1
kind: DestinationRule
metadata:
  name: {{ $dr.name }}
spec:
  host: {{ $dr.name }}
{{- if $dr.subsets }}
{{- with $dr.subsets }}
  subsets:
{{ toYaml . | indent 2 }}
{{- end }}
{{- end }}
  trafficPolicy:
    tls:
      mode: ISTIO_MUTUAL
---
{{- end -}}
{{- end -}}
```

앞의 템플릿 코드를 설명하면 다음과 같다.

- range 지시문으로 destinationRules 변수에 담긴 요소를 반복한다.

- 매니페스트의 spec 섹션에 있는 host 필드로 이 DestinationRule이 적용되는 쿠버네티스 서비스의 이름을 지정한다.

- subsets 섹션은 해당 destinationRules 요소($dr)에 subsets 요소가 존재할 때만 정의한다.

- trafficPolicy는 항시 상호 인증을 사용하도록 지정한다.

dev-env 헬름 차트는 다음과 같은 destinationRules 변수를 values.yaml 파일에 정의해 템플릿을 사용한다.

```
destinationRules:
  - name: product-composite
  - name: auth-server
  - name: product
  - name: recommendation
  - name: review
```

파일은 다음 경로에서 찾을 수 있다.

- kubernetes/helm/common/templates/_istio_dr_mutual_tls.yaml

- kubernetes/helm/environments/dev-env/values.yaml

소스 코드 변경 사항을 살펴봤다. 다음 절에서는 서비스 메시를 생성한다.

커맨드를 실행해 서비스 메시 생성

다음 커맨드를 실행해 서비스 메시를 생성한다.

1. 다음 커맨드를 사용해 소스 코드로 도커 이미지를 빌드한다.

```
cd $BOOK_HOME/Chapter18
eval $(minikube docker-env)
./gradlew build && docker-compose build
```

2. hands-on 네임스페이스를 다시 생성하고 기본 네임스페이스로 설정한다.

```
kubectl delete namespace hands-on
kubectl apply -f kubernetes/hands-on-namespace.yml
kubectl config set-context $(kubectl config current-context)
--namespace=hands-on
```

hands-on-namespace.yml 파일은 istio-injection: enabled 레이블이 지정된 hands-on 네임스페이스를 생성한다. 따라서 이 네임스페이스에 생성된 포드에는 자동으로 istio-proxy 컨테이너가 사이드카로 삽입된다.

3. 다음 커맨드로 헬름 차트의 의존성을 해결한다.

   a. 먼저 environments 폴더의 의존성을 업데이트한다.

   ```
   for f in kubernetes/helm/components/*; do helm dep up $f;
   done
   ```

   b. 다음으로 environments 폴더의 의존성을 업데이트한다.

   ```
   for f in kubernetes/helm/environments/*; do helm dep up $f;
   done
   ```

4. 헬름을 사용해 시스템 환경을 배포하고 완료될 때까지 기다린다.

   ```
   helm install hands-on-dev-env \
      kubernetes/helm/environments/dev-env \
      -n hands-on --wait
   ```

5. 배포가 완료되면 각 마이크로서비스 포드에 속한 컨테이너가 2개인지 확인한다.

   ```
   kubectl get pods
   ```

실행 결과는 그림 18.10과 같다.

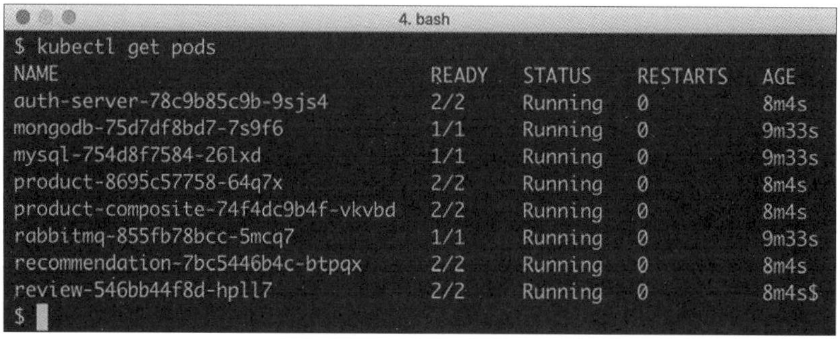

그림 18.10 실행 중인 포드 확인

620

각 마이크로서비스 포드에 속한 컨테이너가 2개라는 것을 확인할 수 있다. 즉 이스티오 프록시가 사이드카로 삽입됐다.

6. 다음 커맨드로 일반적인 테스트를 실행한다.

```
./test-em-all.bash
```

TIP

미니큐브에서 실행되는 쿠버네티스에서 실행하고자 test-em-all.bash 스크립트의 기본값을 변경했다.

실행 결과는 17장에서 본 것과 유사하다.

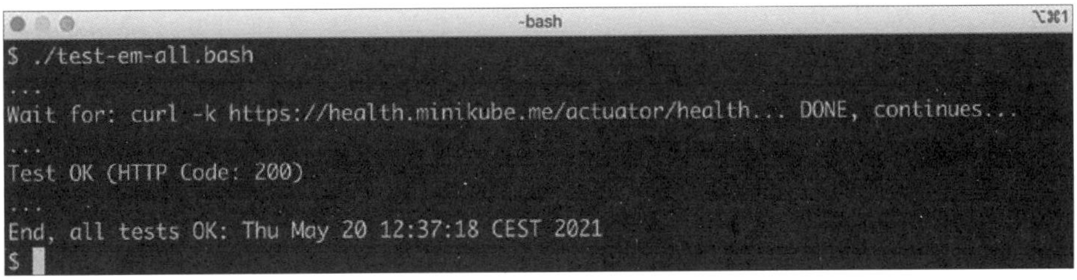

그림 18.11 테스트 실행 결과

7. 다음과 같이 커맨드를 사용해 수동으로 API를 실행할 수 있다.

```
ACCESS_TOKEN=$(curl -k https://writer:secret@minikube.me/oauth2/token -d
grant_type=client_credentials -s | jq .access_token -r)

echo ACCESS_TOKEN=$ACCESS_TOKEN

curl -ks https://minikube.me/product-composite/1 -H "Authorization:
Bearer $ACCESS_TOKEN" | jq .productId
```

요청한 대로 제품 ID가 1인 응답이 와야 한다.

서비스 메시가 동작 중이라면 키알리를 사용해 서비스 메시에서 무슨 일이 일어나고 있는 지 관찰할 수 있다!

⫶⫶ 서비스 메시 관찰

이 절에서는 키알리, 예거를 사용해 서비스 메시에서 진행 중인 작업을 관찰한다.

관찰을 진행하기 전에 쿠버네티스에서 라이브니스 프로브와 레디니스 프로브로 수행하는 상태 점검과 관련된 문제의 해결 방법부터 알아보자. 지금까지는 상태 점검에서 사용하는 포트와 API 요청에서 사용하는 포트가 같았다. 따라서 이스티오는 상태 점검과 API 요청에 대한 원격 측정 데이터를 함께 수집하며, 이로 인해 키알리가 보여주는 그래프가 불필요하게 복잡해진다. 키알리로 관심 밖의 트래픽을 필터링할 수 있긴 하지만, 더 간단한 해결책은 상태 점검용 포트를 따로 두는 것이다.

마이크로서비스 구성을 변경하면 상태 점검용 액추에이터 엔드포인트(/actuator/health)의 포트를 변경할 수 있다. 모든 마이크로서비스를 위한 공통 구성 파일인 config-repo/application.yml 파일에 다음 행을 추가한다.

```
management.server.port: 4004
```

이제 모든 마이크로서비스는 4004 포트로 상태를 공개하게 된다. 기본 라이브니스 프로브와 레디니스 프로브가 4004 포트를 사용하도록 common 헬름 차트의 value.yaml 파일을 업데이트했다. kubernetes/helm/common/values.yaml을 참고한다.

product-composite 마이크로서비스는 관리 포트를 쿠버네티스 프로브로만 노출하는 것이 아니라 상태 확인을 수행하는 test-em-all.bash 등의 클라이언트를 위해 외부로도 노출한다. 이스티오 인그레스 게이트웨이를 통해 포트를 노출하므로 product-composite 마이크로서비스의 디플로이먼트와 서비스 매니페스트에 4004 포트를 추가했다. kubernetes/helm/components/product-composite/values.yaml 파일의 ports, service.port 정의를 참고한다.

도커 컴포즈 테스트를 위해 유지 중인 스프링 클라우드 게이트웨이는 여전히 같은 포트로 상태 점검과 API 요청을 처리한다. 같은 포트를 사용하도록 config-repo/gateway.yml 구성 파일에 다음 행을 추가한다.

```
management.server.port: 8443
```

product-composite 마이크로서비스의 상태를 외부에서 쉽게 확인할 수 있도록 health.minikube.me 호스트 이름으로 product-composite 마이크로서비스의 관리 포트에 접근할 수 있도록 경로를 구성한다. 앞에서 본 _istio_base.yaml 템플릿에 대한 설명을 참고한다.

상태 점검 엔드포인트와 관련된 문제를 해결했다. 이제 서비스 메시로 요청을 보내자.

16장에서 사용해본 부하 테스트 도구인 siege를 사용해 가벼운 부하 테스트를 수행하고, 웹 브라우저에서 서비스 메시를 관찰하는 데 필요한 키알리의 핵심 기능을 알아본다. 예거로 분산 추적을 수행하는 방법 또한 살펴본다.

> **TIP**
>
> 우리가 사용하는 자체 서명 인증서는 웹 브라우저에서 수락하지 않는다. 하지만 사용자가 보안 위험을 감수할 것을 확인하면 대부분의 웹 브라우저가 자체 서명 인증서를 사용한 웹 페이지를 방문할 수 있게 해준다. 그래도 웹 브라우저에서 거부하는 경우에는 시크릿 창을 사용하는 것이 도움이 될 수도 있다.
>
> 크롬(Chrome) 브라우저에서 웹 페이지를 방문을 거부당했다면 숨겨진 기능을 사용해 보안 위험을 감수할 것을 확인할 수 있다. 오류 페이지의 아무 곳이나 클릭한 후 다음 단어 중 하나를 입력하면 웹 페이지를 방문할 수 있을 것이다.
>
> - 65 이상 버전에서는 'thisisunsafe'를 입력한다.
> - 62-64 버전에서는 'badidea'를 입력한다.
> - 62 이전 버전에서는 'danger'를 입력한다.
>
> 현시점에서는 크롬에서 이런 기능을 처리하는 소스 코드를 다음 링크(https://chromium.googlesource.com/chromium/src/+/refs/heads/main/components/security_interstitials/core/browser/resources/interstitial_large.js)에서 볼 수 있다. Base64로 인코딩된 BYPASS_SEQUENCE 필드의 값은 'dGhpc2lzdW5zYWZl'이다. 다음 커맨드를 실행하면 크롬 최신 버전에서 사용하는 우회 코드를 확인할 수 있다.
>
> ```
> echo dGhpc2lzdW5zYWZl | base64 -d
> ```
>
> 결과는 다음과 같다.
>
> ```
> thisisunsafe.
> ```

다음 커맨드로 테스트 클라이언트를 실행한다.

```
ACCESS_TOKEN=$(curl -k https://writer:secret@minikube.me/oauth2/token -d
grant_type=client_credentials -s | jq .access_token -r)

echo ACCESS_TOKEN=$ACCESS_TOKEN

siege https://minikube.me/product-composite/1 -H "Authorization:
Bearer $ACCESS_TOKEN" -c1 -d1 -v
```

두 번째 커맨드에서 siege를 사용해 초당 하나의 HTTP 요청을 product-composite API로
보낼 때 첫 번째 커맨드로 가져온 OAuth 2.0/OIDC 접근 토큰을 사용한다.

siege 커맨드의 실행 결과는 그림 18.12와 같다.

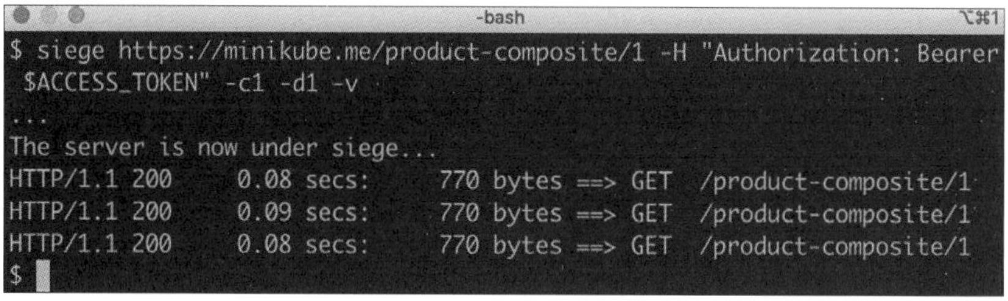

그림 18.12 siege 커맨드의 실행 결과

자체 서명 인증서를 허용하는 웹 브라우저를 사용해 다음 단계를 진행한다.

1. 웹 브라우저에서 URL(http://kiali.minikube.me)에 접속해 키알리 웹 UI를 열고, 사용자
   이름과 암호에 admin을 입력한 후 로그인한다. 그림 18.13과 같은 화면이 나타난다.

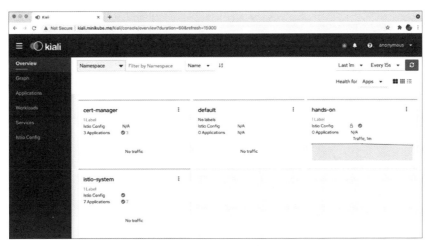

그림 18.13 키알리 웹 UI

2. 다른 메뉴에 있다면 **Overview** 메뉴를 클릭해 이동한다.

3. **hands-on** 상자의 메뉴(우측 상단에 있는 세로 점 3개)를 클릭하고 **Graph**를 선택하면 그림 18.14와 같이 서비스 메시를 통과하는 트래픽의 흐름을 선으로 표현한 그래프가 나타난다.

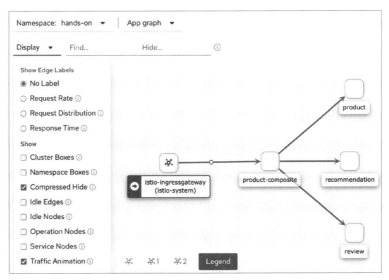

그림 18.14 키알리 UI에서 hands-on 네임스페이스 관찰

4. **Display** 버튼을 클릭한 후 **Service Nodes**를 선택 해제하고 **Traffic Animation**을 선택한다.

    키알리 화면에 서비스 메시를 통해 전송되는 요청을 표현한 그래프가 나타난다. 화살표를 따라 이동하는 작은 원으로 진행 중인 요청을 나타낸다.

    이 그래프로 서비스 메시에서 진행 중인 작업을 개괄할 수 있다.

5. 이제 예거로 분산 추적을 해보자. 다음 URL(https://tracing.minikube.me)에 접속해 웹 UI를 열고 왼쪽 메뉴에 있는 **Service** 드롭다운을 클릭한 다음 **product-composite** 서비스를 선택한다.

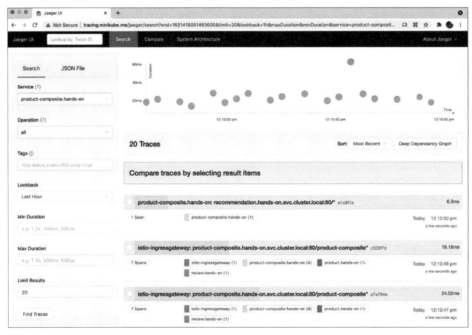

그림 18.15 예거로 분산 추적 시각화

6. 추적 목록에서 **8 Spans**라는 표시가 붙은 추적을 클릭해 확인해보자. 웹 페이지는 그림 18.16과 같을 것이다.

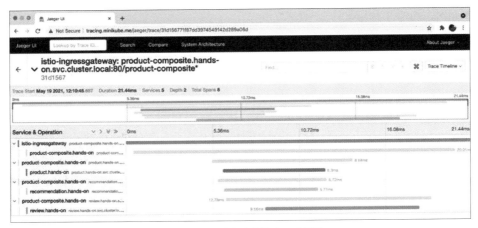

그림 18.16 예거에서 전체 추적 트리 확인

14장에서 집킨 UI를 이용해 살펴본 추적 정보와 비슷하다.

살펴볼 만한 부분이 많이 남아 있지만, 소개는 이 정도로 마친다. 자유롭게 키알리, 예거 웹 UI를 살펴보길 바란다.

다음 절에서는 이스티오를 사용해 서비스 메시의 보안을 향상하는 방법을 알아본다.

⠿ 서비스 메시 보안

이 절에서는 이스티오를 사용해 서비스 메시의 보안을 향상하는 방법을 배우고, 다음과 같은 내용을 다룬다.

- HTTPS와 인증서로 외부 엔드포인트를 보호하는 방법

- OAuth 2.0/OIDC 접근 토큰을 사용해 외부 요청을 인증하는 방법

- 상호 인증을 사용해 내부 통신을 보호하는 방법

이어지는 절에서 각 항목을 살펴본다.

HTTPS와 인증서로 외부 엔드포인트 보호

'이스티오 서비스에 대한 접근 설정' 절과 '_istio_base.yaml 템플릿' 절에서는 게이트웨이 객체가 hands-on-certificate 시크릿에 저장된 TLS 인증서로 HTTPS 엔드포인트를 구성한다는 것을 배웠다.

시크릿은 istio-system 헬름 차트의 구성을 기반으로 cert-manager가 생성한다. 차트에 있는 selfsigned-issuer.yaml 템플릿을 사용해 내부 자체 서명 CA를 정의한다. 템플릿의 내용은 다음과 같다.

```yaml
apiVersion: cert-manager.io/v1
kind: Issuer
metadata:
  name: selfsigned-issuer
spec:
  selfSigned: {}
---
apiVersion: cert-manager.io/v1
kind: Certificate
metadata:
  name: ca-cert
spec:
  isCA: true
  commonName: hands-on-ca
  secretName: ca-secret
  issuerRef:
    name: selfsigned-issuer
---
apiVersion: cert-manager.io/v1
kind: Issuer
metadata:
  name: ca-issuer
spec:
  ca:
    secretName: ca-secret
```

앞의 매니페스트에서 다음 내용을 알 수 있다.

- 발급자의 이름은 selfsigned-issuer다.

- 이 발급자를 사용해 이름이 ca-cert인 자체 서명 인증서를 만든다.

- 인증서의 일반 이름^{CN, Common Name}은 hands-on-ca다.

- ca-cert 루트 인증서로 사용해 자체 서명 CA인 ca-issuer를 정의한다. 이 CA로 게이트웨이 객체가 사용하는 인증서를 발급하게 된다.

인증서는 hands-on-certificate.yaml 차트 템플릿에서 다음과 같이 정의하고 있다.

```yaml
apiVersion: cert-manager.io/v1
kind: Certificate
metadata:
  name: hands-on-certificate
spec:
  commonName: minikube.me
  subject:
    ...
  dnsNames:
  - minikube.me
  - health.minikube.me
  - dashboard.minikube.me
  - kiali.minikube.me
  - tracing.minikube.me
  - prometheus.minikube.me
  - grafana.minikube.me
  - kibana.minikube.me
  - elasticsearch.minikube.me
  - mail.minikube.me
  issuerRef:
    name: ca-issuer
  secretName: hands-on-certificate
```

앞의 매니페스트에서 다음 내용을 알 수 있다.

- 인증서의 이름은 hands-on-certificate다.

- 일반 이름은 `minikube.me`다.

- `subject`에 관한 상세 정보 몇 가지를 추가로 지정하고 있다(가독성을 위해 생략했다).

- 다른 모든 호스트 이름은 인증서에 **주체 대체 이름**^{SAN, Subject Alternative Name}으로 선언된다.

- 앞에서 본 `ca-issuer`라는 발급자를 사용한다.

- `cert-manager`는 TLS 인증서를 `hands-on-certificate` 시크릿에 저장한다.

`istio-system` 헬름 차트를 설치하면 이런 템플릿을 사용해 적절한 API 객체를 쿠버네티스에 생성하며 `cert-manager`가 인증서와 시크릿을 생성하도록 트리거한다.

템플릿 파일은 kubernetes/helm/environments/istio-system/templates 폴더에 있다.

다음 커맨드를 실행해 이스티오 인그레스 게이트웨이가 이 인증서를 사용하고 있는지 확인한다.

```
keytool -printcert -sslserver minikube.me | grep -E "Owner:|Issuer:"
```

실행 결과는 그림 18.17과 같다.

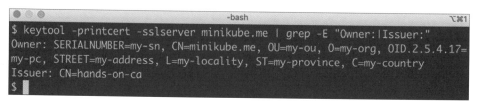

그림 18.17 minikube.me의 인증서 확인

실행 결과를 보면 인증서의 일반 이름이 `minikube.me`고 자체 CA에서 일반 이름이 `hands-on-ca`인 루트 인증서를 사용해 발급했다는 것을 알 수 있다.

17장의 '인증서 프로비저닝 자동화' 절에서 언급했듯이 상용 환경에서는 `cert-manager`가 Let's Encrypt 등의 신뢰할 수 있는 인증서를 발급하는 CA를 사용하도록 구성해야 한다.

인증서 구성을 완료했다. 다음 절에서는 이스티오 인그레스 게이트웨이를 사용해 인증되지 않은 요청으로부터 마이크로서비스를 보호하는 방법을 알아본다.

OAuth 2.0/OIDC 접근 토큰을 사용한 외부 요청 인증

이스티오 인그레스 게이트웨이는 JWT 기반 OAuth 2.0/OIDC 접근 토큰을 요구하고 검증한다. 즉 인증되지 않은 외부 요청에서 서비스 메시의 마이크로서비스를 보호한다. JWT, OAuth 2.0, OIDC에 대해서는 11장의 'OAuth 2.0과 OpenID Connect를 사용한 API 보안' 절을 참고한다.

이스티오가 권한 부여를 수행하도록 구성할 수도 있지만 '이스티오의 API 객체 소개' 절에서 언급했듯이 이 책에서는 사용하지 않는다.

common 헬름 차트의 _istio_base.yaml 템플릿에서 인증 방법을 구성한다. 다음의 매니페스트 2개를 살펴보자.

```
apiVersion: security.istio.io/v1beta1
kind: RequestAuthentication
metadata:
  name: product-composite-request-authentication
spec:
  jwtRules:
  - forwardOriginalToken: true
    issuer: http://auth-server
    jwksUri: http://auth-server.hands-on.svc.cluster.local/oauth2/jwks
  selector:
    matchLabels:
      app.kubernetes.io/name: product-composite

---

apiVersion: security.istio.io/v1beta1
kind: AuthorizationPolicy
metadata:
  name: product-composite-require-jwt
spec:
  action: ALLOW
  rules:
  - {}
  selector:
    matchLabels:
      app.kubernetes.io/name: product-composite
```

앞의 매니페스트에서 다음 내용을 알 수 있다.

- 이름이 `product-composite-request-authentication`인 RequestAuthentication을 사용해 JWT로 인코딩된 유효한 접근 토큰이 있는 요청만 product-composite 서비스로 전송되도록 제한한다.
  - 레이블 셀렉터(app.kubernetes.io/name: product-composite)로 요청 인증 대상 서비스를 선택한다.
  - http://auth-server 발급자의 토큰을 허용한다.
  - http://auth-server.hands-on.svc.cluster.local/oauth2/jwks URL에서 JWKS를 가져온다. JWKS를 사용해 접근 토큰의 디지털 서명을 확인한다.
  - 접근 토큰을 대상 서비스(product-composite 마이크로서비스)로 전달한다.
- 이름이 `product-composite-require-jwt`인 AuthorizationPolicy는 product-composite 서비스에 대한 모든 요청을 허용하고 권한 부여 규칙을 적용하지 않도록 구성된다.

이스티오의 RequestAuthentication이 접근 토큰의 유효성을 검사하는지, product-composite 서비스에 대해 유효성 검사를 수행하고 있는지 확인할 필요가 있다. 모든 접근 토큰을 거부하도록 RequestAuthentication의 구성을 변경하면 이스티오가 제대로 작동하는지 확인할 수 있다.

1. 일반적인 요청을 보낸다.

```
ACCESS_TOKEN=$(curl -k https://writer:secret@minikube.me/oauth2/token -d
grant_type=client_credentials -s | jq .access_token -r)

echo ACCESS_TOKEN=$ACCESS_TOKEN

curl -k https://minikube.me/product-composite/1 -H "Authorization:
Bearer $ACCESS_TOKEN" -i
```

200(OK) 상태 코드를 반환하는지 확인한다.

2. RequestAuthentication 객체를 편집해 발급자(issuer)를 잠시 변경한다(예: http://auth-server-x).

```
kubectl edit RequestAuthentication product-composite-request-authentication
```

3. 변경 사항을 확인한다.

```
kubectl get RequestAuthentication product-composite-request-authentication
-o yaml
```

발급자가 업데이트됐는지 확인한다(예: http://auth-server-x).

4. 다시 요청을 보낸다. HTTP 응답 상태 코드 401(Unauthorized) 및 'Jwt issuer is not configured' 오류 메시지를 반환하면서 실패한다.

```
curl -k https://minikube.me/product-composite/1 -H "Authorization:
Bearer $ACCESS_TOKEN" -i
```

이스티오가 발급자 변경에 대해 전파하는 데 몇 초 정도 걸리므로 요청이 실패하려면 커맨드를 몇 번 반복해야 할 수 있다.

이로써 이스티오가 접근 토큰을 검사하고 있다는 것을 확인했다.

5. 변경했던 발급자 이름을 http://auth-server로 되돌린다.

```
kubectl edit RequestAuthentication product-composite-request-authentication
```

6. 이제 요청이 성공하는지 확인해보자. 변경 사항이 전파될 때까지 몇 초 정도 기다린 후 다음 커맨드를 실행한다.

```
curl -k https://minikube.me/product-composite/1 -H "Authorization:
Bearer $ACCESS_TOKEN"
```

> **추가 학습:** 11장의 'Auth0를 OpenID Connect 공급자로 사용해 테스트 스크립트 실행' 절을 참고해 Auth0를 OIDC 공급자로 사용해보자. Auth0 공급자 정보를 jwt-authentication-policy.yml 파일에 추가한다. 나는 다음과 같이 구성했다.
>
> ```
> - jwtRules:
>     issuer: "https://dev-magnus.eu.auth0.com/"
>     jwksUri: "https://dev-magnus.eu.auth0.com/.well-known/jwks.json"
> ```

이제 마지막 이스티오 보안 메커니즘을 알아볼 차례다. 다음 절에서는 상호 인증을 사용해 서비스 메시 내부 통신을 자동으로 보호하는 방법을 살펴본다.

상호 인증을 사용한 내부 통신 보호

이 절에서는 **상호 인증**을 사용해 자동으로 서비스 메시의 내부 통신을 보호하도록 구성하는 방법을 알아본다. 상호 인증을 사용하면 서비스에서 인증서를 노출해 신원을 증명해야 할 뿐만 아니라 클라이언트도 서버에서 신원을 확인할 수 있도록 클라이언트 측 인증서를 제출해야 한다. 이는 서버의 신원만 확인하는 일반적인 **TLS/HTTPS** 방식에 비해 높은 수준의 보안을 제공하지만 상호 인증을 사용하는 경우는 드물다. 상호 인증 설정 및 유지보수 작업, 즉 상호 인증을 위한 인증서를 클라이언트에게 발급하고 만료된 인증서를 교체하는 작업이 매우 복잡하기 때문이다. 이스티오는 서비스 메시 내부 통신을 위한 상호 인증용 인증서의 프로비저닝 및 교체를 완전히 자동화하므로 수동 설정에 비하면 훨씬 쉽게 상호 인증을 사용할 수 있다.

HTTPS, OAuth 2.0/OIDC 접근 토큰으로 공개 API를 보호하는 것으로도 충분할 것 같은데 상호 인증까지 사용해야 하는 이유는 무엇일까?

공개 API를 통해서만 공격이 들어온다면 기존 방식으로도 충분하다. 그러나 쿠버네티스 클러스터 내부의 포드가 오염된 경우라면 얘기가 달라진다. 공격자가 포드의 제어권을 확보하면 쿠버네티스 클러스터의 포드 사이에서 오가는 트래픽을 엿볼 수 있고, 내부 통신이 일반 텍스트로 이뤄지는 경우에는 공격자가 클러스터의 포드 간에 전송된 중요한 정보에 쉽게 접근할 수 있다. 이런 침입으로 발생한 피해를 최소화하고, 공격자가 내부 네트워크 트래픽을 도청하는 것을 방지하고자 상호 인증을 사용한다.

이스티오가 관리하는 상호 인증을 활성화하려면 서버 측에서는 PeerAuthentication 정책을 사용하고, 클라이언트 측에서는 DestinationRule을 사용해 이스티오를 구성해야 한다.

common 헬름 차트의 _istio_base.yaml 템플릿에서 정책을 구성한다. 매니페스트는 다음과 같다.

```
apiVersion: security.istio.io/v1beta1
kind: PeerAuthentication
metadata:
  name: default
spec:
  mtls:
    mode: PERMISSIVE
```

'이스티오의 API 객체 소개' 절에서 언급했듯이 PeerAuthentication 정책은 PERMISSIVE 모드를 사용해 mTLS와 비보안 HTTP 요청을 모두 허용하도록 구성한다. 이렇게 구성해야 쿠버네티스에서 비보안 HTTP를 사용해 라이브니스 프로브와 레디니스 프로브를 호출할 수 있다.

'_istio_dr_mutual_tls.yaml 템플릿' 절에서 DestinationRule 매니페스트를 살펴봤었다. DestinationRule 매니페스트의 핵심은 상호 인증을 사용하도록 지정하는 부분이다.

```
trafficPolicy:
  tls:
    mode: ISTIO_MUTUAL
```

다음 단계를 수행해 내부 통신이 보호되고 있는지 확인한다.

1. '서비스 메시 관찰' 절에서 시작한 부하 테스트가 여전히 실행 중이고 200(OK)를 반환하는지 확인한다.

2. 웹 브라우저에서 키알리 UI(http://kiali.minikube.me)에 접속한다.

3. **Display** 버튼을 클릭하고 **Security** 항목을 활성화하면 다음과 같이 이스티오가 자동화된 상호 인증으로 보호하고 있는 통신 링크에 자물쇠 아이콘이 표시된다.

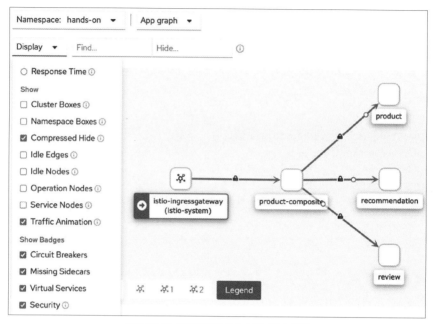

그림 18.18 키알리에서 상호 인증 설정 확인

모든 링크에 자물쇠 아이콘이 표시된다.

TIP

> RabbitMQ, MySQL, MongoDB에 대한 호출은 이스티오 프록시에서 처리하지 않으므로 필요하다면 수동으로 TLS를 구성해 보호해야 한다.

지금까지 이스티오의 세 가지 보안 메커니즘을 살펴봤다. 이제 이스티오로 서비스 메시의 복원력을 확보하는 방법을 알아볼 차례다.

⁝⁝⁝ 서비스 메시의 복원력 확보

이 절에서는 이스티오를 사용해 서비스 메시의 탄력성을 확보하는 방법을 배운다. 즉 이스티오로 서비스 메시의 일시적인 결함을 처리한다. 이스티오는 스프링 프레임워크에서 제공하는 것과 유사한 시간 초과, 재시도 등의 메커니즘과 서킷 브레이커의 일종인 **이상 탐지** outlier detection 기능을 제공한다. 나는 언어 고유의 메커니즘으로 일시적인 오류를 처리할지 이스티오와 같은 서비스 메시에 위임할지를 결정해야 하는 경우, 13장에서 소개한 언어 고유 메커니즘을 사용하는 쪽을 선호한다. 서킷 브레이커를 위한 대체 방안 제공과 같은 오류 처리 로직을 마이크로서비스의 다른 비즈니스 로직과 함께 유지하는 것도 중요하다.

이스티오가 제공하는 메커니즘이 큰 도움이 되는 경우도 있다. 예를 들어, 마이크로서비스가 배포된 상용 환경에서 가끔씩 발생하는 일시적인 오류를 처리할 수 없는 경우에는 오류 처리를 위해 새 마이크로서비스 릴리스를 기다리는 대신 이스티오로 시간 초과나 재시도 메커니즘을 삽입하는 것이 편리하다.

이스티오가 제공하는 탄력성과 관련된 기능 중에는 기존 서비스 메시에 결함fault이나 지연 delay을 삽입하는 기능이 있다. 어째서 이런 기능이 필요할까?

마이크로서비스의 복원 기능이 예상대로 작동하는지 확인할 때 결함이나 지연을 삽입하는 기능이 매우 유용하다. 이 절에서는 product-composite 마이크로서비스에서 재시도, 시간 초과, 서킷 브레이커가 제대로 작동하는지 확인한다.

> **TIP**
>
> 13장의 '프로그래밍 방식으로 지연 및 무작위 오류 추가' 절에서 마이크로서비스의 소스 코드에 결함 및 지연을 삽입하는 기능을 추가했었다. 이 기능을 런타임에 결함 및 지연을 삽입하는 이스티오 기능으로 대체할 수 있다. 이어지는 절에서 이스티오 기능을 설명한다.

다음 절에서는 product-composite 마이크로서비스의 재시도 메커니즘이 예상대로 작동하는지 확인하고자 결함을 삽입하고, 서킷 브레이커가 예상대로 지연을 처리하는지 확인하고자 product 서비스의 응답을 지연시킨다.

결함을 삽입해 탄력성 테스트

product 서비스에서 임의의 오류를 발생시킨 후 마이크로서비스 환경에서 이를 잘 처리하는지 확인해보자. product-composite 마이크로서비스의 재시도 메커니즘이 관여해 성공하거나 최대 재시도 한계에 도달할 때까지 요청을 반복해서 보낼 것으로 예상한다. 이렇게 하면 재시도에 따른 지연은 있겠지만 일시적인 오류가 최종 사용자에게 미치는 영향이 줄어든다. product-composite 마이크로서비스의 재시도 메커니즘에 대한 자세한 내용은 13장의 '재시도 메커니즘 추가' 절을 참고한다.

kubernetes/resilience-tests/product-virtual-service-with-faults.yml 파일에 정의된 버추얼 서비스를 사용해 결함을 삽입한다. 코드는 다음과 같다.

```
apiVersion: networking.istio.io/v1beta1
kind: VirtualService
metadata:
  name: product
spec:
  hosts:
    - product
  http:
  - route:
    - destination:
        host: product
    fault:
      abort:
        httpStatus: 500
        percentage:
          value: 20
```

앞의 파일에서는 product 서비스로 전송된 요청의 20%가 HTTP 상태 코드 500(Internal Server Error)에 의해 중단되도록 정의하고 있다.

다음 단계를 수행해 이를 테스트한다.

1. '서비스 메시 관찰' 절에서 실행한 siege가 아직 실행 중인지 확인한다.

2. 다음 커맨드로 결함을 삽입한다.

```
kubectl apply -f kubernetes/resilience-tests/product-virtual-service-with-
   faults.yml
```

3. 부하 테스트 도구(siege)의 출력을 모니터링한다. 출력은 그림 18.19와 같다.

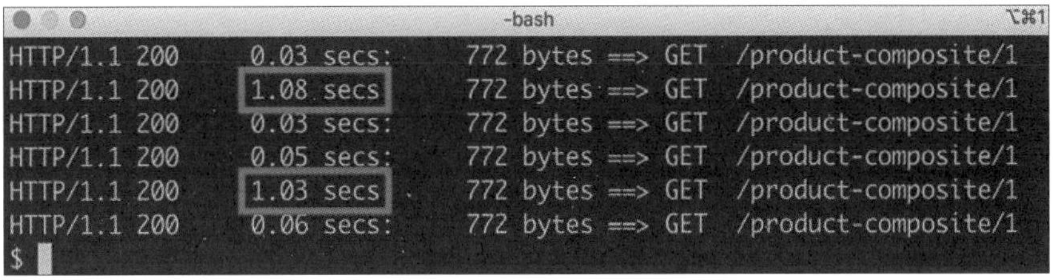

그림 18.19 재시도 메커니즘 관찰

출력을 보면 여전히 모든 요청이 상태 코드 200(OK)을 반환하면서 성공하고 있지만, 요청의 20%는 완료하는 데 1초 정도 더 걸리고 있다. 이는 product-composite 마이크로서비스의 재시도 메커니즘이 발동해서 실패한 product 서비스에 대한 요청을 재시도했다는 것을 나타낸다.

4. 다음 커맨드로 삽입했던 결함을 제거하고 테스트를 마친다.

```
kubectl delete -f kubernetes/resilience-tests/product-virtual-service-with-
   faults.yml
```

다음 절에서는 서킷 브레이커를 작동시키고자 지연을 삽입한다.

지연을 삽입해 복원력 테스트

13장에서는 요청을 받은 서비스가 전혀 응답하지 않거나 느린 응답으로 인한 문제를 방지하고자 서킷 브레이커를 사용한다는 것을 배웠다.

product-composite 서비스의 서킷 브레이커가 예상대로 작동하는지 확인하고자 이스티오로 product 서비스에 지연을 삽입해보자. 버추얼 서비스를 사용해 지연을 삽입한다.

kubernetes/resilience-tests/product-virtual-service-with-delay.yml 파일에 정의된 버추얼 서비스를 사용하며, 코드는 다음과 같다.

```yaml
apiVersion: networking.istio.io/v1beta1
kind: VirtualService
metadata:
  name: product
spec:
  hosts:
    - product
  http:
  - route:
    - destination:
        host: product
    fault:
      delay:
        fixedDelay: 3s
        percent: 100
```

앞의 정의는 product 서비스로 전송되는 모든 요청을 3초간 지연시킨다.

product-composite 서비스에서 product 서비스로 전송되는 요청은 2초가 지나면 시간 초과에 걸리도록 구성되며, 서킷 브레이커는 연속된 세 번의 요청이 실패하면 서킷을 열도록 구성된다. 서킷이 열리면 요청은 바로 실패한다. 즉 하위 서비스 호출 없이 바로 예외를 던지며, product-composite 마이크로서비스에 있는 비즈니스 로직에서 이 예외를 잡아 폴백 fallback 로직을 적용한다. 자세한 내용은 13장의 '서킷 브레이커 및 시간 제한기 추가' 절을 참고한다.

다음 단계를 수행해 지연을 삽입해 서킷 브레이커를 테스트한다.

1. siege를 실행 중인 터미널 창에서 **Ctrl+C**를 눌러 부하 테스트를 중지한다.

2. 다음 커맨드로 product 서비스를 지연시킨다.

```
kubectl apply -f kubernetes/resilience-tests/product-virtual-service-with-
delay.yml
```

3. 다음 커맨드로 접근 토큰을 얻는다.

```
ACCESS_TOKEN=$(curl -k https://writer:secret@minikube.me/oauth2/token -d
grant_type=client_credentials -s | jq .access_token -r)

echo ACCESS_TOKEN=$ACCESS_TOKEN
```

4. 연속으로 6개의 요청을 보낸다.

```
for i in {1..6}; do time curl -k https://minikube.me/product-composite/1 -H
"Authorization: Bearer $ACCESS_TOKEN"; done
```

결과는 다음과 같다.

　　a. 처음 세 번의 호출이 실패하고 서킷이 열린다.

　　b. 마지막 세 번의 호출에 대해서 서킷 브레이커의 빠른 실패 로직이 적용된다.

　　c. 마지막 세 번의 호출에 대해서 폴백 응답이 반환된다.

처음 세 번의 호출에 대해서는 시간 초과와 관련된 오류 메시지가 제한 시간인 2초 후에 반환된다. 처음 세 번의 호출에 대한 응답은 그림 18.20과 같다.

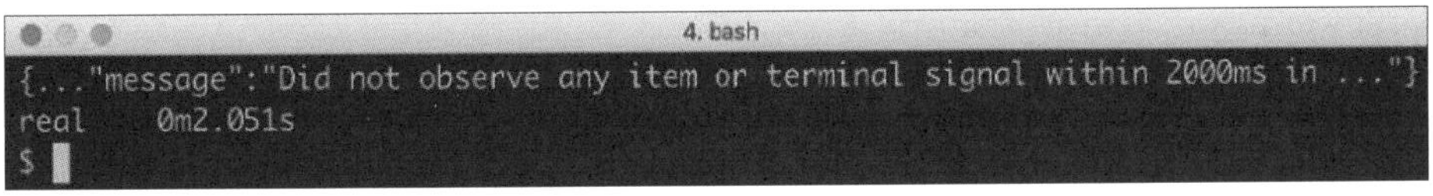

그림 18.20 시간 초과 관찰

이후의 호출에 대해서는 폴백 로직에 따른 응답이 바로 반환된다. 마지막 세 번의 호출에 대한 응답은 그림 18.21과 같다.

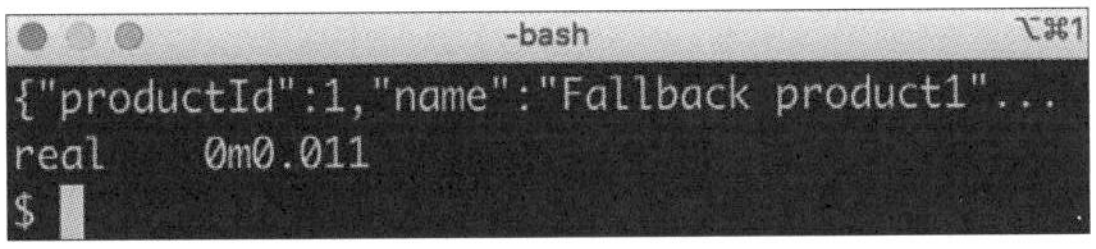

그림 18.21 폴백 메서드 관찰

5. 다음 커맨드로 임시로 삽입한 지연을 제거한 후 지연이 사라진 이후의 상황을 시뮬레이션한다.

```
kubectl delete -f kubernetes/resilience-tests/product-virtual-service-with-
delay.yml
```

6. 4단계에서 사용한 for 루프 커맨드를 다시 실행해 새 요청을 보내고, 지연 없이 정상적인 응답을 반환하는지 확인한다.

> **TIP**
>
> 서킷 브레이커의 상태를 확인하고 싶다면 다음 커맨드를 수행한다.
>
> ```
> curl -ks https://health.minikube.me/actuator/health | jq -r .components.
> circuitBreakers.details.product.details.state
> ```
>
> 상태에 따라 CLOSED나 OPEN, HALF_OPEN을 반환할 것이다.

이스티오를 사용해 지연을 삽입했을 때 서킷 브레이커가 예상대로 반응한다는 것을 앞서의 테스트로 확인했다. 이스티오가 마이크로서비스 환경의 탄력성을 보장하는지 검증하는 테스트는 이것으로 마친다. 다음 절에서는 이스티오로 비가동 시간 없이 배포를 수행하는 방법과 이스티오의 트래픽 관리 기능을 살펴본다.

⠿ 비가동 시간 없이 업데이트 수행

16장에서 언급했듯이 개별적으로 업데이트되는 자율적인 마이크로서비스가 증가하는 환경에서는 비가동 시간 없이 업데이트를 배포하는 기능이 중요하다.

이 절에서는 이스티오의 트래픽 관리, 라우팅 기능, 비가동 시간 없이 새 버전의 마이크로서비스를 배포하는 방법을 알아본다. 15장에서는 비가동 시간 없이 쿠버네티스로 롤링 업그레이드를 수행하는 방법을 살펴봤다. 쿠버네티스의 롤링 업그레이드 메커니즘을 사용하면 전체 프로세스를 자동화할 수는 있지만, 새 버전을 테스트하려면 모든 사용자를 새 버전으로 라우팅해야만 한다.

이스티오로 새 버전을 배포하면 처음에는 기존 버전(이하 '이전 버전')으로 모든 사용자를 라우팅하게 되지만, 이후에는 이스티오의 세분화된 라우팅 메커니즘을 사용해 사용자를 새 버전과 이전 버전으로 라우팅하는 방식을 제어할 수 있다. 널리 사용되는 두 가지 업그레이드 전략을 이스티오로 구현하는 방법을 살펴보자.

- **카나리아 배포**^{canary deploy}: 카나리아 배포는 선택된 테스트 사용자 그룹만 새 버전으로 라우팅하고 그 외의 사용자는 이전 버전으로 라우팅하는 배포 방식이다. 테스트에 참여한 사용자가 새 버전을 승인하면 블루/그린 배포를 사용해 일반 사용자도 새 버전으로 라우팅할 수 있다.

- **블루/그린 배포**^{blue/green deploy}: 블루/그린 배포는 일반적으로 모든 사용자를 블루 버전이나 그린 버전으로 전환하는 것을 의미하는데, 두 버전 중 하나는 새 버전이고 다른 하나는 이전 버전이다. 새 버전으로 전환한 후 문제가 발생했을 때 이전 버전으로 다시 전환하는 것이 매우 간단한다. 이스티오를 사용하면 점진적으로 사용자를 새 버전으로 전환하는 개선된 전략을 사용할 수 있다. 예를 들어, 처음에는 20%의 사용자만 새 버전으로 보내다가 사용자 비율을 천천히 증가시킬 수 있다. 새 버전에서 치명적인 오류가 발견됐을 때 모든 사용자를 이전 버전으로 되돌리는 것도 매우 간단하다.

16장에서 언급한 바와 같이 이런 유형의 업그레이드 전략에는 이전 버전과 업그레이드 버전 사이의 **호환성**이 전제 조건이라는 점을 명심해야 한다. 이런 전략을 사용할 때는 다른 서비스와 통신할 때 사용하는 API 및 메시지 형식과 데이터베이스 구조가 서로 호환돼야 한다. 새 버전의 마이크로서비스가 이전 버전에서 처리할 수 없는 외부 API 및 메시지 형식이나 데이터베이스 구조의 변경을 요구하는 경우에는 이런 업그레이드 전략을 적용할 수 없다.

이어지는 절에서는 다음과 같은 배포 시나리오를 살펴본다.

- 먼저 v1 및 v2 버전의 마이크로서비스를 배포하고, 모든 요청을 v1 버전의 마이크로서비스로 보내도록 라우팅을 구성한다.

- 카나리아 배포를 적용해 테스트 사용자 그룹을 v2 버전의 마이크로서비스로 라우팅한다.

테스트를 간략화하고자 새 버전의 핵심 마이크로서비스(product, review, recommendation)만 배포하고 테스트 사용자를 라우팅한다.

- 끝으로 블루/그린 배포를 사용해 일반 사용자를 새 버전으로 전환한다. 처음에는 적은 수의 사용자만 전환하고 점차 사용자 수를 늘리다가 결국에는 전체 사용자를 새 버전으로 라우팅한다. v2 버전에서 치명적인 오류가 발생했을 때 v1 버전으로 빠르게 전환하는 방법도 살펴본다.

v1 및 v2 버전의 핵심 마이크로서비스를 배포하고 트래픽을 전달하기 위해 소스 코드에 적용해야 할 변경 사항에 대해 알아보자.

소스 코드 변경

여러 버전의 마이크로서비스를 동시에 실행하려면 디플로이먼트 객체와 포드의 이름을 달리해야 한다(예: product-v1, product-v2). 또한 쿠버네티스 서비스 객체는 마이크로서비스별로 하나만 있어야 한다. 즉 특정 마이크로서비스에 대한 모든 트래픽은 요청을 수신하는 포드 버전과 관계없이 항상 같은 서비스 객체를 통과해야 한다. 카나리아 테스트 및 블루/그린 배포를 위한 라우팅 규칙은 이스티오의 VirtualService와 DestinationRule 객체를 사용해 구성한다. 상용 환경에서 사용할 각 마이크로서비스의 버전은 prod-env 헬름 차트의 values.yaml 파일을 사용해 지정한다.

이어지는 하위 절에서는 다음과 같은 내용을 다룬다.

- VirtualService와 DestinationRule

- 디플로이먼트와 서비스

- prod-env 헬름 차트 구성 방법

VirtualService와 DestinationRule

두 가지 버전의 마이크로서비스 사이로 트래픽을 분산하려면 발신자 측의 VirtualService에서 각 버전의 가중치를 지정해야 한다. VirtualService는 이름이 old 및 new인 2개의 서브셋 사이로 트래픽을 분산한다. old 및 new 서브셋에 대해서는 수신자 측의 DestinationRule 에서 정의하며, 결국 레이블^{label}을 사용해 이전 버전 포드와 새 버전 포드를 구분하게 된다.

카나리아 테스트를 지원하려면 카나리아 테스터를 new 서브셋으로 라우팅하는 라우팅 규칙을 VirtualService에 추가해야 한다. 카나리아 테스터를 식별하기 위해, 카나리아 테스터가 보내는 요청에는 이름이 X-group이고 값이 test인 HTTP 헤더가 있다고 가정한다.

두 가지 버전의 마이크로서비스 사이로 트래픽을 분산하는 VirtualService 생성용 템플릿을 common 헬름 차트에 추가했다. 템플릿의 이름은 _istio_vs_green_blue_deploy.yaml이며 코드는 다음과 같다.

```
{{- define "common.istio_vs_green_blue_deploy" -}}
{{- range $name := .Values.virtualServices }}
apiVersion: networking.istio.io/v1beta1
kind: VirtualService
metadata:
  name: {{ $name }}
spec:
  hosts:
  - {{ $name }}
  http:
  - match:
    - headers:
        X-group:
          exact: test
    route:
    - destination:
        host: {{ $name }}
        subset: new
  - route:
    - destination:
        host: {{ $name }}
        subset: old
      weight: 100
    - destination:
        host: {{ $name }}
        subset: new
      weight: 0
---
{{- end -}}
{{- end -}}
```

앞의 템플릿에서 다음 내용을 알 수 있다.

- range 지시문으로 virtualServices 변수에 담긴 요소를 반복한다.

- 매니페스트의 spec 섹션에 있는 hosts 필드로 VirtualService가 적용될 쿠버네티스 서비스의 이름을 지정한다.

- http 섹션에서는 3개의 라우팅 대상을 선언하고 있다.

  - 이름이 X-group이고 값이 test인 HTTP 헤더가 있는지 찾는 route는 카나리아 테스터를 위한 것이다. 이 route는 항상 new 서브셋으로 요청을 보낸다.

  - 나머지 두 route는 각각 old 서브셋과 new 서브셋을 위한 것이다.

  - weight로 백분율을 지정한다. weight 값의 합은 항상 100이다.

  - 처음에는 모든 트래픽이 old 서브셋으로 라우팅된다.

헤더 기반 라우팅을 사용해 카나리아 테스터를 새 버전으로 라우팅하고자 HTTP 헤더 (X-group)를 전달하도록 product-composite 마이크로서비스를 업데이트했다. 자세한 내용은 se.magnus.microservices.composite.product.services.ProductCompositeServiceImpl 클래스의 getCompositeProduct() 메서드를 참고한다.

DestinationRule은 앞선 '_istio_dr_mutual_tls.yaml 템플릿' 절에서 본 템플릿을 재사용해 생성한다. 사용할 마이크로서비스의 버전을 지정하고자 prod-env 헬름 차트에서 이 템플릿을 사용한다. 이에 대해서는 뒤에 나오는 'prod-env 헬름 차트' 절에서 설명한다.

디플로이먼트와 서비스

DestinationRule이 포드 레이블을 이용해 포드의 버전을 식별할 수 있게 하고자 common 헬름 차트의 디플로이먼트용 템플릿(_deployment.yaml)에 version 레이블을 추가했다. 이 레이블의 값은 포드용 도커 이미지의 태그로 설정된다. 우리는 도커 이미지의 태그로 v1 및 v2를 사용하므로 결국 이 값이 version 레이블의 값이 된다. 다음 줄을 labels 섹션에 추가했다.

```
version: {{ .Values.image.tag }}
```

포드와 디플로이먼트 객체의 이름에 버전 정보를 추가하고자 prod-env 차트에서 기본 이름을 재정의했다. values.yaml 파일에 추가된 fullnameOverride 필드로 버전 정보가 포함된 이름을 지정한다. 세 가지 핵심 마이크로서비스의 이름을 재정의하며 값 정의는 다음과 같다.

```
product:
  fullnameOverride: product-v1

recommendation:
  fullnameOverride: recommendation-v1

review:
  fullnameOverride: review-v1
```

이름 재정의의 부작용은 해당 서비스 객체의 이름에도 버전 정보가 반영된다는 것이다. 앞에서 설명했듯이 여러 버전의 포드로 요청을 라우팅하는 서비스는 하나만 있어야 한다. 이런 이름 관련 문제를 방지하기 위해 17장에서 사용했던 common.fullname 템플릿 대신 common.name 템플릿을 사용하도록 common 헬름 차트의 서비스 템플릿(_service.yaml)을 업데이트했다.

마지막으로, 세 가지 핵심 마이크로서비스의 여러 버전을 배포할 수 있도록 kubernetes/helm/components 폴더에 각 마이크로서비스의 헬름 차트를 복사했다. 복사한 차트의 이름 뒤에 -green을 붙였다. 기존 차트와 비교했을 때의 유일한 차이점은 핵심 마이크로서비스별 서비스 객체가 2개 생성되는 것을 방지하고자 common 차트의 서비스 템플릿을 제외했다는 점이다. 새 차트의 이름은 product-green, recommendation-green, review-green이다.

prod-env 헬름 차트

prod-env 헬름 차트에서는 common 헬름 차트의 _istio_vs_green_blue_deploy.yaml 템플릿과 dev-env 차트에서 참조해 사용하는 템플릿을 모두 사용한다. '서비스 메시 생성' 절을 참고한다.

새로 추가한 3개의 핵심 마이크로서비스 관련 헬름 차트(*-green)를 Chart.yaml 파일에 의존성으로 추가했다.

values.yaml 파일에 차트에 필요한 모든 정보가 들어 있다. 앞 절에서는 이름을 이용해 각 핵심 마이크로서비스의 v1 버전에 버전 정보를 추가하는 방법을 살펴봤다.

v2 버전은 새로 추가된 3개의 *-green 헬름 차트를 사용해 만든다. 사용하는 값은 이름과 도커 이미지의 태그 외에는 v1 버전과 같다. 예를 들어, product 마이크로서비스 v2 버전의 구성은 다음과 같다.

```
product-green:
  fullnameOverride: product-v2
  image:
    tag: v2
```

다음과 같이 세 가지 핵심 마이크로서비스에 대한 버추얼 서비스를 선언한다.

```
virtualServices:
    product
    recommendation
    review
```

DestinationRule은 dev-env 헬름 차트와 유사한 방식으로 선언한다. 주요 차이점은 트래픽이 버추얼 서비스가 old나 new 서브셋으로 라우팅할 때 사용할 실제 버전을 선언하고자 subsets 섹션을 추가했다는 것이다. 예를 들어, product 마이크로서비스에 대한 DestinationRule 선언은 다음과 같다.

```
destinationRules:
    ...
    name: product
    subsets:
    - labels:
        version: v1
      name: old
      labels:
        version: v2
```

```
      name: new
  ...
```

앞의 선언을 보면 old 서브셋으로 전송된 트래픽은 product 마이크로서비스의 v1 포드로 전달되고 new 서브셋으로 전송된 트래픽은 v2 포드로 전달된다는 것을 알 수 있다.

자세한 내용은 kubernetes/helm/environments/prod-env 폴더에 있는 prod-env 차트를 참고한다.

TIP

> 상용 환경의 이전 버전(old)과 새 버전(new)이 시나리오에서는 각각 v1, v2 버전이 된다. 앞으로 v2를 v3으로 업그레이드하는 새로운 시나리오가 나온다면 old 서브셋은 v2를 사용하도록 업데이트하고 new 서브셋은 v3를 사용하도록 업데이트해야 한다.

모든 소스 코드 변경 사항을 살펴봤다. 다음 절에서는 v1 및 v2 버전의 마이크로서비스를 배포한다.

v1 및 v2 버전의 마이크로서비스 배포

v1 및 v2 버전을 테스트하려면 앞에서 사용한 개발 환경을 제거하고, v1 및 v2 버전의 마이크로서비스를 배포할 수 있는 상용 환경을 생성해야 한다.

다음 커맨드로 상용 환경을 생성한다.

1. 개발 환경을 제거한다.

```
helm uninstall hands-on-dev-env
```

2. 다음 커맨드를 'No resources found in hands-on namespace' 메시지가 출력될 때까지 실행해 개발 환경의 모든 포드가 종료됐는지 모니터링한다.

```
kubectl get pods
```

3. 쿠버네티스 외부에서 MySQL, MongoDB, RabbitMQ를 시작한다.

```
eval $(minikube docker-env)
docker-compose up -d mongodb mysql rabbitmq
```

4. 도커 이미지에 v1, v2 버전 태그를 지정한다.

```
docker tag hands-on/auth-server hands-on/auth-server:v1
docker tag hands-on/product-composite-service hands-on/product-composite-
service:v1
docker tag hands-on/product-service hands-on/product-service:v1
docker tag hands-on/recommendation-service hands-on/recommendation-service:v1
docker tag hands-on/review-service hands-on/review-service:v1

docker tag hands-on/product-service hands-on/product-service:v2
docker tag hands-on/recommendation-service hands-on/recommendation-service:v2
docker tag hands-on/review-service hands-on/review-service:v2
```

TIP

> 이 테스트에서는 v1, v2 버전의 마이크로서비스가 같은 도커 이미지 사용하지만, 이스티오에서는 문제
> 될 것이 없으므로 간편하게 이스티오의 라우팅 기능을 테스트할 수 있다.

5. 헬름을 사용해 시스템 환경을 배포하고 배포가 끝날 때까지 기다린다.

```
helm install hands-on-prod-env \
   kubernetes/helm/environments/prod-env \
   -n hands-on --wait
```

6. 배포가 끝나면 다음 커맨드를 사용해 핵심 마이크로서비스의 v1, v2 포드가 실행 중인지
확인한다.

```
kubectl get pods
```

결과는 그림 18.22와 같다.

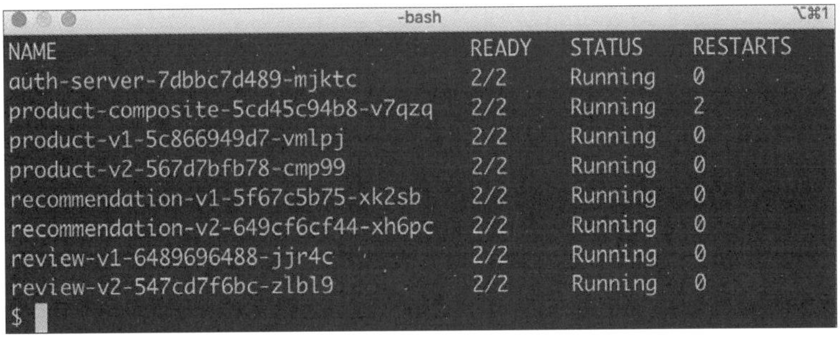

그림 18.22 v1, v2 포드 동시 배포

7. 다음 커맨드로 일반적인 테스트를 실행해 모든 것이 잘 작동하는지 확인한다.

```
./test-em-all.bash
```

불행히도 테스트는 시작 단계에서 다음과 같은 오류 메시지와 함께 실패한다.

```
Response Body: Jwks doesn't have key to match kid or alg from Jwt
```

이 오류는 이스티오 데몬인 istiod가 개발 환경 인증 서버의 JWKS를 캐싱해 발생한다. istiod가 상용 환경의 인증 서버에 있는 새 JWKS를 사용하지 않고 ID가 같은 이전 JWKS를 재사용하려고 하므로 이런 오류가 발생한다. 이스티오는 20분 동안 JWKS를 캐싱하므로 잠시 커피를 마시면서 휴식을 취하고 돌아오면 문제가 사라질 것이다. 혹은 istiod를 2~3회 다시 시작해 캐시를 비워도 된다. 다음 커맨드를 실행해 istiod 포드를 다시 시작한다.

```
kubectl -n istio-system delete pod -l app=istiod
```

JWKS 캐싱 문제를 해결한 후에도 다음과 같은 오류로 테스트가 실패할 수 있다.

```
Test FAILED, EXPECTED VALUE: 3, ACTUAL VALUE: 0, WILL ABORT
```

이럴 때는 커맨드를 다시 실행하면 정상적으로 실행된다. 이 오류는 JWKS 캐시 문제 때문에 발생한 오류와 관련된 2차 오류다.

이전의 장들에서는 본 것과 유사한 내용이 출력된다.

```
$ ./test-em-all.bash
...
Wait for: curl -k https://health.minikube.me/actuator/health...
DONE, continues...
...
Test OK (HTTP Code: 200)
...
End, all tests OK: Thu May 20 14:09:30 CEST 2021
$
```

그림 18.23 성공적으로 테스트 완료

이제 **무중단 배포**^{zero-downtime deploy}를 실행할 준비가 완료됐다. 다음 절에서는 모든 트래픽이 v1 버전의 마이크로서비스로 전달되는지 확인한다.

모든 트래픽이 v1 버전의 마이크로서비스로 전달되는지 확인

모든 요청이 v1 버전의 마이크로서비스로 라우팅되는지 확인하고자 부하 테스트 도구 (siege)를 시작한 후 키알리로 서비스 메시의 트래픽 흐름을 관찰한다.

다음 단계를 수행한다.

1. 다음 커맨드로 새 접근 토큰을 가져오고 부하 테스트 도구 siege를 시작한다.

```
ACCESS_TOKEN=$(curl -k https://writer:secret@minikube.me/oauth2/token -d
grant_type=client_credentials -s | jq .access_token -r)

echo ACCESS_TOKEN=$ACCESS_TOKEN

siege https://minikube.me/product-composite/1 -H "Authorization:
Bearer $ACCESS_TOKEN" -c1 -d1 -v
```

2. 키알리 웹 UI(http://kiali.minikube.me)의 **Graph** 메뉴로 이동한다.

   a. **Display** 메뉴 버튼을 클릭하고 **Service Nodes**를 선택 해제한다.

   b. **App graph** 메뉴 버튼을 클릭하고 **Versioned app graph**를 선택한다.

c. 그림 18.24와 같이 v1 버전의 마이크로서비스로만 트래픽이 전달될 것이다.

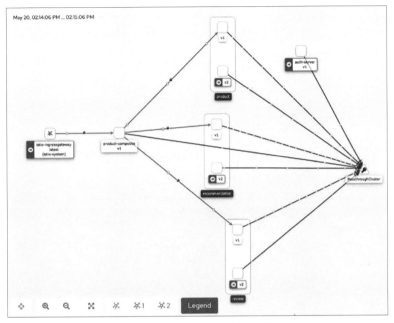

그림 18.24 v1 포드로 모든 요청 전달

v2 버전의 마이크로서비스를 배포했으나, 이쪽으로는 트래픽이 라우팅되지 않는다. 다음 절에서는 선택된 테스트 그룹이 v2 버전의 마이크로서비스를 테스트할 수 있도록 카나리아 배포를 수행한다.

카나리아 테스트 실행

카나리아 테스트를 실행해 선택된 특정 사용자만 새 버전의 마이크로서비스로 라우팅하고 다른 사용자는 이전 버전으로 라우팅하려면, 외부 API로 전송되는 요청에 값이 test인 X-group HTTP 헤더를 추가해야 한다.

어떤 버전의 마이크로서비스가 요청을 처리했는지 확인하고자 응답의 serviceAddresses 필드를 검사한다. serviceAddresses 필드에는 응답 생성에 참여한 각 서비스의 호스트 이름이 있다. 호스트 이름은 포드 이름과 동일하므로 호스트 이름으로 버전을 알 수 있다. 예를 들어, 버전이 v1인 product 서비스는 호스트 이름이 product-v1-...로 시작하며, 버전이 v2인 product 서비스는 product-v2-...로 시작한다.

먼저 일반 요청을 전송해 요청에 응답하는 마이크로서비스의 버전이 v1인지 확인한다. 그런 다음 X-group HTTP 헤더의 값을 test로 설정해 요청을 보내고 새 버전(v2)의 마이크로서비스가 응답하는지 확인한다.

이를 위해 다음 단계를 수행한다.

1. 일반 요청을 전송한 후 jq로 응답의 serviceAddresses 필드를 필터링해 v1 버전의 마이크로서비스로 요청이 라우팅되는지 확인한다.

```
ACCESS_TOKEN=$(curl -k https://writer:secret@minikube.me/oauth2/token -d
grant_type=client_credentials -s | jq .access_token -r)

echo ACCESS_TOKEN=$ACCESS_TOKEN

curl -ks https://minikube.me/product-composite/1 -H "Authorization:
Bearer $ACCESS_TOKEN" | jq .serviceAddresses
```

응답은 그림 18.25와 같다.

그림 18.25 v1 포드로 모든 요청 전달

예상했듯이 핵심 마이크로서비스의 v1 버전에서 요청을 처리한다.

2. X-group=test 헤더를 추가하면 핵심 마이크로서비스의 v2 버전에서 요청을 처리하게 된다. 다음 커맨드를 실행한다.

```
curl -ks https://minikube.me/product-composite/1 -H "Authorization:
Bearer $ACCESS_TOKEN" -H "X-group: test" | jq .serviceAddresses
```

응답은 그림 18.26과 같다.

그림 18.26 HTTP 헤더(X-group=test)를 설정해 v2 포드로 요청 전달

예상했듯이 세 가지 핵심 마이크로서비스의 v2 버전에서 요청을 처리했다. 즉 카나리아 테스터는 새 버전인 v2 버전으로 라우팅된다.

예상했던 대로 카나리아 테스트를 잘 진행했다. 다음 절에서는 블루/그린 배포를 사용해 일반 사용자를 새 버전으로 라우팅한다.

블루/그린 배포 실행

v2 버전의 마이크로서비스로 일부 일반 사용자를 라우팅하려면 버추얼 서비스의 가중치 비율을 수정해야 한다. 현재는 100/0으로 설정돼 있으므로 모든 트래픽이 v1 버전으로 라우팅된다. 앞에서 했던 것처럼 버추얼 서비스의 매니페스트 파일을 편집한 후 kubectl apply 커맨드로 변경 사항을 적용하면 된다. 또는 kubectl patch 커맨드로 쿠버네티스 API 서버에 있는 버추얼 서비스 객체의 가중치 비율을 직접 변경한다.

라우팅 규칙의 가중치 비율을 변경할 때처럼 같은 객체를 여러 번 변경해야 할 때는 patch 커맨드가 유용하다. 이 절에서는 kubectl patch 커맨드를 사용해 v1 및 v2 버전의 마이크로서비스에 대한 라우팅 규칙의 가중치 비율을 빠르게 변경한다. kubectl patch 커맨드를 여러 번 실행한 후에 버추얼 서비스의 상태를 확인하려면 kubectl get vs NNN -o yaml 커맨드를 사용한다. 예를 들어, product 마이크로서비스를 위한 버추얼 서비스의 상태를 확인하려면 kubectl get vs product -o yaml 커맨드를 실행한다.

kubectl patch 커맨드는 앞에서는 사용하지 않았던 처음 사용해보는 커맨드다. 이해가 잘 안 될 수 있으므로 작동 방식부터 간략하게 소개한 후 그린/블루 배포를 수행한다.

kubectl patch 커맨드 소개

kubectl patch 커맨드를 사용해 쿠버네티스 API 서버에 있는 기존 객체의 특정 필드를 업데이트할 수 있다. review 마이크로서비스를 위한 버추얼 서비스인 review를 대상으로 patch 커맨드를 사용해보자. review의 정의 중 다음과 같은 부분이 변경 대상이다.

```
spec:
  http:
    match:
    ...
    route:
      destination:
        host: review
        subset: old
      weight: 100
      destination:
        host: review
        subset: new
      weight: 0
```

전체 소스 코드는 kubernetes/services/overlays/prod/istio/review-routing-virtual-service.yml 파일을 참고한다.

다음과 같은 patch 커맨드로 review 마이크로서비스의 v1 및 v2 포드를 위한 라우팅 규칙의 가중치 비율을 변경한다.

```
kubectl patch virtualservice review --type=json -p='[
  {"op": "add", "path": "/spec/http/1/route/0/weight", "value": 80},
  {"op": "add", "path": "/spec/http/1/route/1/weight", "value": 20}
]'
```

이 커맨드는 요청의 80%를 이전 버전으로 라우팅하고, 20%를 새 버전으로 라우팅하도록 review 마이크로서비스의 라우팅 규칙을 구성한다.

review 버추얼 서비스의 weight를 변경하고자 /spec/http/1/route/0/weight 경로와 /spec/http/1/route/1/weight 경로를 사용했는데, 전자는 이전 버전을 후자는 새 버전의 weight 값을 가리킨다.

경로에 사용된 0과 1은 버추얼 서비스 정의에 있는 배열 요소의 인덱스를 지정한다. 예를 들어, http/1은 http 요소 하위 배열의 두 번째 요소를 의미한다. 앞에서 본 review 버추얼 서비스 정의를 참고한다.

서비스 정의에서 첫 번째 요소(인덱스 0)인 match 요소는 변경하지 않고 두 번째 요소인 route 요소만 변경하게 된다.

kubectl patch 커맨드를 알아봤다. 다음 절에서는 블루/그린 배포를 수행한다.

블루/그린 배포 수행

이제 블루/그린 배포를 사용해 점진적으로 더 많은 사용자를 새 버전으로 옮길 차례다. 다음 단계를 실행해 배포를 수행한다.

1. '모든 트래픽이 v1 버전의 마이크로서비스로 전달되는지 확인' 절에서 실행한 부하 테스트 도구인 siege가 아직 실행 중인지 확인한다.

2. 사용자의 20%를 v2 버전의 review 마이크로서비스로 라우팅하고자 다음 커맨드로 버추얼 서비스를 패치해 가중치를 변경한다.

```
kubectl patch virtualservice review --type=json -p='[
  {"op": "add", "path": "/spec/http/1/route/0/weight", "value": "80"},
  {"op": "add", "path": "/spec/http/1/route/1/weight", "value": "20"}
]'
```

3. 라우팅 규칙의 변경 사항을 확인하려면 키알리 UI(http://kiali.minikube.me)에 접속한 후 **Graph** 메뉴로 이동한다.

4. **Display** 메뉴를 클릭한 후 에지 레이블edge label을 **Requests Distribution**으로 변경한다.

5. 몇 분 정도 키알리의 메트릭이 업데이트되길 기다렸다가 변경 사항을 관찰한다. 변경된 키알리 그래프는 그림 18.27과 같다.

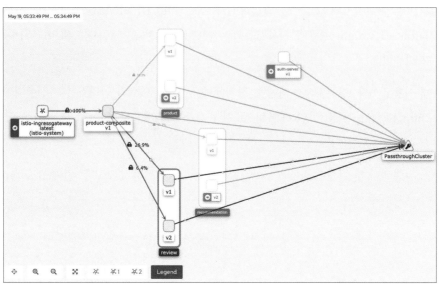

그림 18.27 20%는 v1 서비스로 라우팅, 80%는 v2 서비스로 라우팅

그래프는 대기 시간에 따라 다르게 보일 수 있다. 그림 18.27을 보면 이스티오는 v1과 v2 버전의 review 마이크로서비스 모두로 트래픽을 라우팅하고 있다.

product-composite 마이크로서비스에서 review 마이크로서비스로 전송되는 33%의 트래픽 중 6.4%는 새 포드(v2)로 라우팅되며, 26.9%는 이전 포드(v1)로 라우팅된다. 즉 6.4/33 =19%의 요청이 v2 포드로 라우팅되고, 26.9/33 = 81%의 요청이 v1 포드로 라우팅되는데, 이는 앞에서 정의한 20/80의 비율에 근접한다.

앞에서 사용한 kubectl patch 커맨드로 다른 핵심 마이크로서비스(product, recommendation)의 라우팅 규칙도 변경해보자.

./kubernetes/routing-tests/split-traffic-between-old-and-new-services.bash 스크립트를 사용하면 간편하게 세 가지 핵심 마이크로서비스의 가중치 비율을 변경할 수 있다. 예를 들어, 모든 트래픽을 전체 마이크로서비스의 v2 버전으로 라우팅하려면 가중치 비율을 0 100으로 설정해 스크립트를 실행한다.

```
./kubernetes/routing-tests/split-traffic-between-old-and-new-services.bash 0 100
```

변경한 라우팅 규칙은 바로 반영되지만 키알리가 통계 정보를 수집하고 시각화할 때까지 몇 분 정도 기다려야 한다.

잠시 후 그래프를 확인하면 v2 버전의 마이크로서비스로만 요청이 라우팅된다.

기다린 시간에 따라 그래프가 다르게 보일 수 있다.

v2 버전으로 업그레이드한 후에 심각한 문제가 발생했다면 다음 커맨드로 전체 마이크로서비스의 모든 트래픽을 v1 버전으로 되돌릴 수 있다.

```
./kubernetes/routing-tests/split-traffic-between-old-and-new-services.bash 100 0
```

잠시 후에 확인하면 '모든 트래픽이 v1 버전의 마이크로서비스로 전달되는지 확인' 절에서 봤던 것과 비슷하게 키알리 그래프가 변경됐을 것이다. 즉 모든 요청이 v1 버전의 마이크로서비스로 향하고 있는 것으로 나타난다.

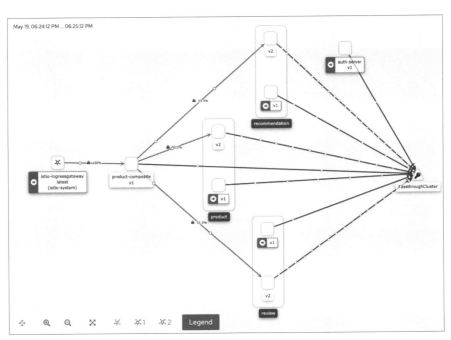

그림 18.28 모든 트래픽을 v2 서비스로 라우팅

이로써 서비스 메시 개념과 이를 구현한 이스티오에 대한 소개를 마친다.

18장을 마무리하기 전에 도커 컴포즈에서 테스트를 실행해 마이크로서비스의 소스 코드가 이스티오에 의존하지 않고 쿠버네티스에 배포하지 않아도 작동하는지 확인한다.

⁞⁞⁞ 도커 컴포즈로 테스트 실행

여러 번 이야기했듯이 기능적 관점에서 마이크로서비스의 소스 코드가 쿠버네티스나 이스티오와 같은 플랫폼에 의존하지 않는 것이 중요하다.

쿠버네티스 및 이스티오 없이도 마이크로서비스가 제대로 작동하는지 확인하려면 17장의 '쿠버네티스 없이도 마이크로서비스가 작동하는지 확인' 절에서 설명한 대로 테스트를 실행한다. '커맨드를 실행해 서비스 메시 생성' 절에서 설명했듯이 테스트 스크립트(test-em-all. bash)의 기본값이 변경됐으므로 도커 컴포즈를 사용할 때는 USE_K8S=false HOST=localhost PORT=8443 HEALTH_URL=https://localhost:8443를 매개 변수로 설정해야 한다. 예를 들어, 기본 도커 컴포즈 파일인 docker-compose.yml로 테스트를 실행하려면 다음과 같이 커맨드를 실행한다.

```
USE_K8S=false HOST=localhost PORT=8443 HEALTH_URL=https://localhost:8443
./test-em-all.bash start stop
```

이전과 같이 모든 컨테이너를 시작하면서 테스트 스크립트가 시작되며, 테스트 실행이 완료되면 모든 컨테이너를 중지하면서 테스트가 종료된다. 테스트 실행 결과에 대한 자세한 내용은 17장의 '쿠버네티스 없이도 마이크로서비스가 작동하는지 확인' 절을 참고한다.

도커 컴포즈를 사용해 성공적으로 테스트를 실행했으며, 기능적 관점에서 마이크로서비스가 쿠버네티스나 이스티오에 의존하지 않는다는 것을 확인했다.

요약

18장에서는 서비스 메시 개념과 이를 구현한 오픈 소스 구현인 이스티오에 대해 배웠다. 서비스 메시는 마이크로서비스의 시스템 환경의 보안, 정책 시행, 복원력, 트래픽 관리 등의 문제 처리를 위한 기능을 제공한다. 또한 마이크로서비스의 시스템 환경을 관찰할 수 있도록 마이크로서비스 사이의 트래픽 흐름을 시각화하는 기능을 제공한다.

이스티오는 키알리, 예거, 그라파나와 통합돼 관찰 가능성을 제공한다(자세한 내용은 20장 참고). 이스티오는 인증서 및 HTTPS로 공개 API를 보호하도록 구성되며, 유효한 JWT 기반의 OAuth 2.0/OIDC 접근 토큰이 포함된 외부 요청만 허용한다. 또한 상호 인증을 사용해 내부 통신을 자동으로 보호하도록 이스티오를 구성할 수 있다.

이스티오는 복원력과 견고성을 보장하고자 서킷 브레이커와 유사한 이상 감지 메커니즘과 시간 초과, 재시도 메커니즘을 제공한다. 물론 이런 복원력과 관련된 기능은 가능한 한 마이크로서비스의 소스 코드에서 구현하는 것이 더 바람직하다. 이스티오의 결함 및 지연 삽입 기능을 사용하면 서비스 메시 안의 마이크로서비스가 탄력적이고 강력한 시스템 환경을 구성하면서 함께 작동하고 있는지 확인하는 데 많은 도움이 된다. 또한 이스티오의 세분된 라우팅 규칙을 활용하면 카나리아 및 블루/그린 배포 기반의 무중단 배포가 가능하다.

모든 마이크로서비스 인스턴스에서 생성되는 로그 파일의 수집과 분석에 대해서는 아직 다루지 않았으나 매우 중요한 영역이다. 19장에서는 널리 사용되는 도구인 일래스틱서치, 플루언티드, 키바나로 구성된 EFK 스택을 사용해 로그를 수집 및 분석하는 방법을 살펴본다.

질문

1. 서비스 메시에서 프록시 컴포넌트를 사용하는 목적은 무엇인가?

2. 서비스 메시 컨트롤 플레인과 데이터 플레인의 차이점은 무엇인가?

3. istioctl kube-inject 커맨드의 사용 목적은 무엇인가?

4. minikube tunnel 커맨드의 사용 목적은 무엇인가?

5. 이스티오와 통합돼 관찰 가능성을 제공하는 도구는 무엇인가?

6. 상호 인증을 사용해 서비스 메시의 내부 통신을 보호하려면 이스티오를 어떻게 구성해야 하는가?

7. 버추얼서비스의 abort 및 delay 요소는 어떤 용도로 사용하는가?

8. 블루/그린 배포를 수행하려면 이스티오를 어떻게 구성해야 하는가?

19

EFK 스택을 사용한
로깅 중앙화

19장에서는 마이크로서비스 인스턴스에서 로그를 수집하고 저장하는 방법과 로그 레코드를 검색하고 분석하는 방법을 배운다. 1장에서 언급했듯이 각 마이크로서비스 인스턴스의 로컬 파일 시스템에 로그 레코드를 저장하면 전체 시스템 환경에서 발생하는 상황을 개괄하기 힘들다. 따라서 마이크로서비스의 로컬 파일 시스템에서 로그 레코드를 수집하고, 분석과 검색, 시각화를 위해 중앙 데이터베이스에 저장하는 컴포넌트가 필요하다. 이런 목적으로 다음과 같은 오픈 소스 기반 도구를 많이 사용한다.

- **일래스틱서치**^{Elasticsearch}: 대규모 데이터셋 검색과 분석을 위한 주요 기능을 갖춘 분산 데이터베이스

- **플루언티드**^{Fluentd}: 다양한 소스에서 로그 레코드를 수집하고, 수집한 정보를 필터링 및 변환한 후 일래스틱서치 등의 다양한 데이터 소비자에게 보내는 데이터 수집기

- **키바나**^{Kibana}: 검색 결과를 시각화하고 수집한 로그 레코드를 분석할 때 사용하는 일래스틱서치의 그래픽 프론트엔드

위 도구의 이름 첫 글자를 따고 조합해서 **EFK 스택**이라고 부른다.

19장에서는 다음과 같은 내용을 다룬다.

- 플루언티드 구성

- 개발 및 테스트에 사용하고자 쿠버네티스에 EFK 스택 배포

- 수집한 로그 레코드 분석

- 마이크로서비스의 로그 레코드 검색 및 관련 로그 레코드 추적

- 근본 원인 분석

⁝⁝▸ 기술 요구 사항

이 책에서 사용하는 도구의 설치 방법과 이 책의 소스 코드를 다운로드하는 방법은 다음을 참고한다.

- 21장, 맥OS용 설치 지침

- 22장, 윈도우용 설치 지침

19장의 모든 소스 코드 예제는 $BOOK_HOME/Chapter19 폴더에 있다.

19장에서 EFK 스택을 사용해 로그 분석을 중앙화하면서 변경한 부분을 확인하고 싶다면 18장의 소스 코드와 비교하면 된다. 선호하는 파일 비교 도구를 사용해 $BOOK_HOME/Chapter18 폴더와 $BOOK_HOME/Chapter19 폴더를 비교해 보자.

⁝⁝▸ 플루언티드 소개

이 절에서는 기본적인 플루언티드 구성 방법을 배운다. 먼저 플루언티드에 대한 배경 지식과 대략적인 작동 방식을 알아보자.

플루언티드 개요

예전에는 일래스틱서치, 로그스태시^{Logstash}(로그 수집과 변환에 사용), 키바나를 기반으로 하는 일래스틱(https://www.elastic.co)의 ELK 스택이 로그 레코드 처리에 가장 많이 사용하는 오픈 소스 스택이었다. 로그스태시는 자바 VM에서 실행되기 때문에 비교적 많은 양의 메모리를 사용한다. 수년 동안 로그스태시보다 메모리 소비가 훨씬 적은 여러 가지 오픈 소스 솔루션이 개발됐으며, 그중 하나가 플루언티드(https://www.fluentd.org)다.

플루언티드는 쿠버네티스 프로젝트를 관리하는 **클라우드 네이티브 컴퓨팅 재단**^{CNCF}에서 관리한다. 따라서 자연스럽게 쿠버네티스용 오픈 소스 기반 로그 수집기로 플루언티드가 선택됐다. 플루언티드는 일래스틱서치, 키바나와 함께 EFK 스택을 구성한다.

> **TIP**
>
> CNCF는 로깅과 같은 다양한 카테고리의 제품 목록을 유지 관리한다. 플루언티드와 같은 카테고리의 CNCF 제품 목록은 다음 링크(https://landscape.cncf.io/?view-mode=card&classify=category&sort-by=name&sort-direction=asc#observability-and-analysis—observability)를 참고한다.

플루언티드는 C와 루비^{Ruby} 언어를 함께 사용해 만들었다. 성능이 중요한 부분에는 C를 사용했으며, 유연성이 필요한 부분에는 루비를 사용했기 때문에 루비의 `gem install` 커맨드로 간편하게 서드파티 플러그인을 설치할 수 있다.

플루언티드의 로그 레코드 이벤트는 다음과 같은 요소로 구성된다.

- `time` 필드: 로그 레코드의 작성 일시를 설명한다.

- `tag` 필드: 로그 레코드 유형을 식별하며 플루언티드 라우팅 엔진에서 로그 레코드 처리 방법을 결정할 때 사용한다.

- `record` 필드: JSON 객체 형태로 저장된 실제 로그 정보를 담는다.

플루언티드가 로그 레코드를 수집 및 처리하고 일래스틱서치 등의 다양한 대상에 전송하는 방법은 플루언티드 구성 파일에서 정의한다. 구성 파일은 다음과 같은 핵심 요소로 구성된다.

- `<source>`: 플루언티드가 어디에서 로그 레코드를 수집하는지 설명하고지 source 요소를 사용한다. 도커 컨테이너에서 쓴 테일링^{tailing} 로그 파일이 수집처의 한 예다.

  > **TIP**
  >
  > 로그 파일을 추적한다는 것은 로그 파일에 기록된 내용을 모니터링한다는 것이다. 유닉스(Unix)/리눅스(Linux) 환경에서는 주로 tail을 사용해 파일에 추가되는 내용을 모니터링한다.

  source 요소는 보통 로그 레코드에 태그를 붙인다. 예를 들어, 태그를 지정해 쿠버네티스에서 실행 중인 컨테이너에서 온 로그 레코드라는 것을 표시할 수 있다.

- `<filter>`: 로그 레코드를 처리하고자 filter 요소를 사용한다. 예를 들어, 스프링 부트 기반 마이크로서비스에서 온 로그 레코드를 구문 분석한 후 관심 있는 로그 메시지 일부를 로그 레코드의 별도 필드로 추출할 수 있다. 로그 레코드 정보를 별도 필드로 추출하면 이를 일래스틱서치에서 검색할 수 있다. filter 요소는 태그를 기반으로 처리할 로그 레코드를 선택한다.

- `<match>`: 로그 레코드를 어디로 보낼지 결정하며 output 요소로 작동한다. 다음과 같은 두 가지 주요 작업을 수행한다.

  - 처리한 로그 레코드를 일래스틱서치 등으로 보낸다.

  - 라우팅으로 로그 레코드 처리 방법을 결정한다. 라우팅 룰을 사용해 태그를 재작성하고 추가 처리를 위해 플루언티드 라우팅 엔진으로 로그 레코드를 재전송할 수 있다. `<match>` 요소 안의 `<rule>` 요소로 라우팅 룰을 표현한다. output 요소가 필터처럼 동작해 로그 레코드의 태그를 바탕으로 처리할 로그 레코드를 결정한다.

플루언티드는 source, filter, output 요소에서 사용할 수 있는 다양한 내장 플러그인과 서드파티 플러그인을 제공한다. 다음 절에서 구성 파일을 살펴보면서 플러그인을 써볼 것이다. 사용할 수 있는 플러그인에 대한 자세한 정보는 다음 링크(https://docs.fluentd.org)를 참고한다.

지금까지 플루언티드를 개괄했다. 이제 마이크로서비스의 로그 레코드 처리를 위해 플루언티드를 구성하는 방법을 살펴보자.

플루언티드 구성

깃허브의 `fluentd-kubernetes-daemonset` 프로젝트에 있는 구성 파일을 바탕으로 플루언티드를 구성한다. 이 프로젝트에 쿠버네티스에서 실행 중인 컨테이너에서 로그 레코드를 수집하고, 로그 레코드를 처리한 후 일래스틱서치로 보내기 위한 플루언티드 구성 파일이 있다. 빠르게 구성을 완료하고자 이 구성 파일을 변경하지 않고 재사용할 것이다. 플루언티드 구성 파일은 다음 링크(https://github.com/fluent/fluentd-kubernetes-daemonset/tree/master/archived-image/v1.4/debian-elasticsearch/conf)에 있다.

앞에서 설명한 기능은 kubernetes.conf 구성 파일과 fluent.conf 구성 파일에서 제공한다. kubernetes.conf 구성 파일은 다음과 같은 정보를 담고 있다.

- source 요소: 컨테이너 로그 파일과 `kubelet` 및 도커 데몬처럼 쿠버네티스 외부에서 실행되는 프로세스의 컨테이너 로그 파일을 테일링한다. 또한 쿠버네티스 로그 파일명의 '/'를 '.'으로 대체하고 접두어 kubernetes를 붙인다. 태그는 파일명을 기반으로 하기 때문에 이름에 네임스페이스, 포드, 컨테이너 이름 등이 포함된다. 따라서 태그와 매칭하면 관심 있는 로그 레코드를 수월하게 찾을 수 있다. 예를 들어, `product-composite` 마이크로서비스의 태그가 `kubernetes.var.log.containers.product-composite-7...s_hands-on_comp-e...b.log`인 경우 같은 포드에 있는 `istio-proxy`의 태그는 이에 부합하는 `kubernetes.var.log.containers.product-composite-7...s_hands-on_istio-proxy-1...3.log`일 것이다.

- filter 요소: 컨테이너 이름이나 소속 네임스페이스와 같은 쿠버네티스 관련 정보로 쿠버네티스에서 실행 중인 컨테이너에서 수집한 로그 레코드를 보강한다.

기본 구성 파일인 fluent.conf는 다음과 같은 정보를 담고 있다.

- @include 문: 앞에서 설명한 kubernetes.conf 파일 등의 다른 구성 파일을 포함한다. 특정 폴더에 있는 사용자 정의 파일도 포함할 수 있기 때문에 변경 없이 구성 파일을 쉽게 재사용하고, 자체 로그 레코드와 관련된 처리만 수행하는 자체 구성 파일을 제공할 수 있다. 사용자는 fluent.conf 파일에서 지정한 폴더에 구성 파일을 두기만 하면 된다.

- output 요소: 로그 레코드를 일래스틱서치로 전송한다.

'플루언티드 배포' 절에서 설명하겠지만, 이 두 구성 파일은 플루언티드용 도커 이미지에 포함된다.

자체 구성 파일에서는 다음과 같은 내용을 다룬다.

- 마이크로서비스에서 온 스프링 부트 형식의 로그 레코드를 감지하고 구문 분석한다.

- 여러 줄로 된 스택 추적을 처리한다. 스택 추적은 여러 줄로 로그 파일에 기록되기 때문에 플루언티드가 단일 로그 레코드로 처리하기 어렵다.

- 같은 포드에서 실행 중인 마이크로서비스에서 생성한 로그 레코드에서 istio-proxy 사이드카의 로그 레코드를 분리한다. istio-proxy에서 생성한 로그 레코드는 스프링 부트 기반 마이크로서비스와 동일한 패턴을 따르지 않는다. 따라서 플루언티드가 스프링 부트 형식의 로그 레코드로 구문 분석하지 않도록 별도 처리해야 한다.

위 항목을 처리하고자 rewrite_tag_filter를 기반으로 구성 파일을 작성한다. 이 플러그인은 태그 이름을 변경한 후 플루언티드 라우팅 엔진으로 로그 레코드를 재전송하는 방식으로 로그 레코드를 라우팅할 수 있다.

이런 처리 과정은 그림 19.1의 UML 활동 다이어그램으로 요약할 수 있다.

개괄적으로 구성 파일을 설명하면 다음과 같다.

- istio-proxy를 포함한 모든 이스티오 로그 레코드에 istio를 접두어로 하는 태그를 붙여서 스프링 부트 기반 로그 레코드와 구분한다.

- istio-proxy에서 온 로그 레코드를 제외한 모든 hands-on 네임스페이스의 로그 레코드에는 spring-boot를 접두어로 하는 태그를 붙인다.

- 스프링 부트 로그 레코드는 여러 줄의 스택 추적을 포함하고 있는지 확인한다. 여러 줄의 스택 추적을 포함하고 있다면 서드파티 플러그인인 detect-exceptions 플러그인으로 스택 추적을 재구성한다. 스택 추적이 없는 로그 레코드는 정규식을 사용해 주요 정보를 추출한다. 서드파티 플러그인에 대한 자세한 정보는 '플루언티드 배포' 절을 참고한다.

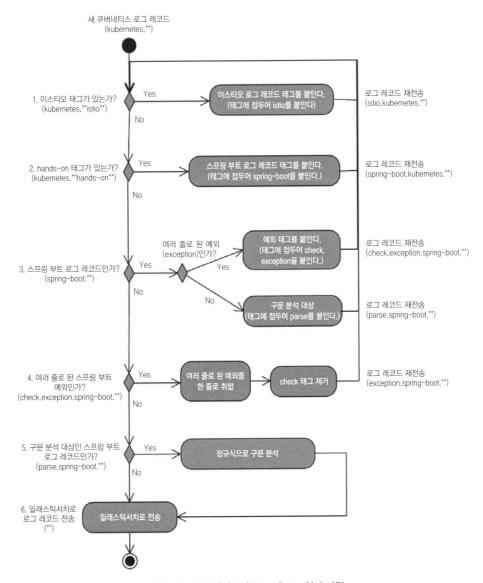

새 쿠버네티스 로그 레코드
(kubernetes.**)

1. 이스티오 태그가 있는가?   Yes   이스티오 로그 레코드 태그를 붙인다.   로그 레코드 재전송
(kubernetes.**istio**)   (태그에 접두어 istio를 붙인다)   (istio.kubernetes.**)
                                   No

2. hands-on 태그가 있는가?   Yes   스프링 부트 로그 레코드 태그를 붙인다.   로그 레코드 재전송
(kubernetes.**hands-on**)   (태그에 접두어 spring-boot를 붙인다.)   (spring-boot.kubernetes.**)
                                   No

                                   여러 줄로 된 예외   예외 태그를 붙인다.   로그 레코드 재전송
                                   (exception)인가?   (태그에 접두어 check.   (check.exception.spring-boot.**)
3. 스프링 부트 로그 레코드인가?   Yes   Yes   exception을 붙인다.)
(spring-boot.**)
                                   No   구문 분석 대상   로그 레코드 재전송
                                                    No   (태그에 접두어 parse를 붙인다.)   (parse.spring-boot.**)

4. 여러 줄로 된 스프링 부트   Yes   여러 줄로 된 예외를   check 태그 제거   로그 레코드 재전송
   예외인가?   한 줄로 취합   (exception.spring-boot.**)
(check.exception.spring-boot.**)
                                   No

5. 구문 분석 대상인 스프링 부트   Yes   정규식으로 구문 분석
   로그 레코드인가?
(parse.spring-boot.**)   No

6. 일래스틱서치로   일래스틱서치로 전송
   로그 레코드 전송
   (**)

그림 19.1 플루언티드의 로그 레코드 처리 과정

fluentd-hands-on.conf 구성 파일은 앞선 활동 다이어그램에서 표현한 것을 구현한다. 이
구성 파일은 쿠버네티스 컨피그맵 안에 있다(kubernetes/efk/fluentd-hands-on-configmap.
yml 참고). 이제 단계별로 살펴보자.

1. 먼저 컨피그맵에서 구성 파일의 파일명(fluentd-hands-on.conf)을 어떻게 정의하고 있는 지 살펴보자. 소스 코드는 다음과 같다.

```
apiVersion: v1
kind: ConfigMap
metadata:
  name: fluentd-hands-on-config
  namespace: kube-system
data:
  fluentd-hands-on.conf: |
```

앞의 소스 코드를 보면 data 요소에 플루언티드 구성이 들어간다는 것을 알 수 있다. 파일명을 필드 이름으로 사용하고 있으며 버티컬 바^{vertical bar}(|)로 플루언티드 구성 파일이 시작됨을 표시한다.

2. 첫 번째 <match> 요소는 kubernetes로 시작하고 네임스페이스나 컨테이너 이름에 istio 문자열이 있는 태그를 검색해 이스티오 로그 레코드를 찾는다. 소스 코드는 다음과 같다.

```
<match kubernetes.**istio**>
  @type rewrite_tag_filter
  <rule>
    key log
    pattern ^(.*)$
    tag istio.${tag}
  </rule>
</match>
```

앞의 소스 코드를 설명하면 다음과 같다.

○ <match> 요소: kubernetes.**istio 패턴에 맞는 모든 태그를 찾는다. 즉 태그 이름이 kubernetes로 시작하고 중간에 istio라는 문자열이 있는지 찾는다. istio 문자열은 태그의 일부인 네임스페이스나 컨테이너 이름이다.

○ <match> 요소 안의 <rule> 요소에서는 태그 앞에 istio 문자열을 붙인다. ${tag} 변수는 현재 태그 값을 담고 있다.

- ◦ \<match\> 요소 안의 \<rule\> 요소는 전체 로그 레코드와 일치하도록 구성된다.

  - 쿠버네티스에서 온 모든 로그 레코드에 log 필드가 있으므로 로그 레코드에서 log 필드를 찾도록 key 필드를 log로 설정한다.

  - log 필드의 모든 문자열과 일치하도록 pattern 필드를 정규식 ^(.*)으로 설정한다. ^는 문자열 시작을 의미하며 $는 문자열 끝을 의미한다. (.*)는 줄 바꿈 문자를 제외한 모든 문자열과 일치한다.

  - 로그 레코드는 플루언티드 라우팅 엔진으로 다시 전송된다. 구성 파일 안의 다른 요소는 istio로 시작하는 태그를 찾지 않으므로 로그 레코드는 앞에서 설명한 fluent. conf 파일에 정의된 일래스틱서치 output 요소로 직접 전송된다.

3. 두 번째 \<match\> 요소는 hands-on 네임스페이스에서 온 모든 로그 레코드, 즉 마이크로서비스에서 온 로그 레코드를 찾는다. 소스 코드는 다음과 같다.

```
<match kubernetes.**hands-on**>
    @type rewrite_tag_filter
    <rule>
      key log
      pattern ^(.*)$
      tag spring-boot.${tag}
    </rule>
</match>
```

소스 코드에서 다음과 같은 내용을 알 수 있다.

- ◦ 마이크로서비스에서 온 로그 레코드는 스프링 부트에서 정의한 로그 메시지 형식을 사용하므로 태그 앞에 spring-boot 문자열을 붙인 후 추가 처리를 위해 재전송한다.

- ◦ \<match\> 요소는 앞에서 본 \<match kubernetes.**istio**\> 요소와 같은 방식으로 전체 로그 레코드와 일치하도록 구성된다.

4. 세 번째 \<match\> 요소는 spring-boot 로그 레코드를 찾아서 일반 스프링 부트 로그 레코드인지 여러 줄로 된 스택 추적인지 판별한다. 소스 코드는 다음과 같다.

```
<match spring-boot.**>
  @type rewrite_tag_filter
  <rule>
    key log
    pattern /^\d{4}-\d{2}-\d{2}\s\d{2}:\d{2}:\d{2}\.\d{3}.*/
    tag parse.${tag}
  </rule>
  <rule>
    key log
    pattern /^.*/
    tag check.exception.${tag}
  </rule>
</match>
```

소스 코드를 보면 `<rule>` 요소 2개를 사용해 판별하고 있다.

- 첫 번째 `<rule>` 요소는 정규식을 사용해 로그 레코드의 log 필드가 타임스탬프로 시작하는지 확인한다.

- log 필드가 타임스탬프로 시작하면 로그 레코드를 일반 스프링 부트 로그 레코드로 취급하고 태그 앞에 parse 문자열을 붙인다.

- log 필드가 타임스탬프로 시작하지 않으면 두 번째 `<rule>` 요소와 매칭해 여러 줄로 된 스택 추적 로그 레코드로 처리한다. 태그 앞에는 check.exception 문자열을 붙인다.

- 두 경우 모두 로그 레코드가 재전송되며, 태그는 check.exception.spring-boot.kubernetes나 parse.spring-boot.kubernetes로 시작한다.

5. 네 번째 `<match>` 요소는 check.exception.spring-boot로 시작하는 로그 레코드, 즉 여러 줄로 된 스택 추적 로그 레코드를 찾는다. 소스 코드는 다음과 같다.

```
<match check.exception.spring-boot.**>
  @type detect_exceptions
  languages java
  remove_tag_prefix check
  message log
  multiline_flush_interval 5
</match>
```

detect_exceptions 플러그인은 다음과 같이 동작한다.

- 여러 줄로 된 예외를 스택 추적을 포함하는 한 줄의 로그 레코드로 취합하고자 detect_exceptions 플러그인을 사용한다.

- 로그 레코드를 라우팅 엔진으로 다시 전송하기 전에 로그 레코드 처리의 무한 루프 방지를 위해 태그에서 check 접두어를 제거한다.

6. 구성 파일의 끝에는 스프링 부트 로그 메시지를 정규식으로 구문 분석하고 주요 정보를 추출하는 filter 요소가 있다. 소스 코드는 다음과 같다.

```
<filter parse.spring-boot.**>
  @type parser
  key_name log
  time_key time
  time_format %Y-%m-%d %H:%M:%S.%N
  reserve_data true
  format /^(?<time>\d{4}-\d{2}-
\d{2}\s\d{2}:\d{2}:\d{2}\.\d{3})\s+
(?<spring.level>[^\s]+)\s+
(\[(?<spring.service>[^,]*),(?<spring.trace>[^,]*),(?
<spring.span>[^\]]*)]*\])\s+
(?<spring.pid>\d+)\s+---\s+\[\s*(?<spring.thread>[^\]]+)\]\s+
(?<spring.class>[^\s]+)\s*:\s+
(?<log>.*)$/
</filter>
```

filter 요소는 로그 레코드를 재전송하지 않으며, 로그 레코드 태그와 일치하는 구성 파일 안의 다음 요소로 전달한다.

로그 레코드의 log 필드에 저장된 스프링 부트 로그 메시지에서 다음 필드를 추출한다.

- <time>: 로그 레코드의 타임스탬프

- <spring.level>: FATAL, ERROR, WARN, INFO, DEBUG, TRACE와 같은 로그 레코드의 로그 레벨

- <spring.service>: 마이크로서비스 이름

- ○ `<spring.trace>`: 분산 추적을 위해 사용하는 추적 ID^{trace ID}

- ○ `<spring.span>`: 마이크로서비스에서 실행해 분산 처리한 부분의 ID인 스팬 ID^{span ID}

- ○ `<spring.pid>`: 프로세스 ID

- ○ `<spring.thread>`: 스레드 ID

- ○ `<spring.class>`: 자바 클래스 이름

- ○ `<log>`: 실제 로그 메시지

> **TIP**
>
> 스프링 부트 기반 마이크로서비스의 이름은 spring.application.name 속성으로 지정한다. 이 속성은 구성 저장소의 config-repo 폴더에 있는 각 마이크로서비스의 속성 파일에 있다.

정규식을 올바르게 쓰는 것은 꽤 어렵다. 다행히 몇몇 웹사이트에서 도움을 받을 수 있다. 플루언티드 구성 때문에 정규식을 사용해야 한다면 다음 링크(https://fluentular.herokuapp.com/)를 추천한다.

지금까지 플루언티드의 작동 방식 및 구성 파일 구조를 소개했다. 이제 EFK 스택을 배포할 차례다.

쿠버네티스에 EFK 스택 배포

쿠버네티스에 EFK 스택을 배포하는 작업은 디플로이먼트, 서비스, 컨피그맵 등을 정의한 쿠버네티스 매니페스트 파일을 사용해 마이크로서비스 배포와 같은 방식으로 수행한다.

EFK 스택 배포는 세 부분으로 나눠서 진행한다.

- 일래스틱서치와 키바나 배포

- 플루언티드 배포

- 일래스틱서치와 키바나에 대한 접근 설정

하지만 마이크로서비스 빌드 및 배포가 우선이다.

마이크로서비스 빌드 및 배포

test-em-all.bash 테스트 스크립트를 이용한 빌드, 배포, 검증은 18장의 '커맨드를 실행해
서비스 메시 생성' 절에서 한 것과 동일한 방법으로 수행한다. cert-manager와 이스티오는
17장과 18장에서 설명한 대로 설치된 상태여야 한다.

다음과 같이 커맨드를 실행한다.

1. 먼저 다음 커맨드를 사용해 소스 코드로 도커 이미지를 빌드한다.

```
cd $BOOK_HOME/Chapter19
eval $(minikube docker-env)
./gradlew build && docker-compose build
```

hands-on 네임스페이스를 다시 생성하고 기본 네임스페이스로 설정한다.

```
kubectl delete namespace hands-on
kubectl apply -f kubernetes/hands-on-namespace.yml
kubectl config set-context $(kubectl config current-context)
--namespace=hands-on
```

2. 다음 커맨드로 헬름 차트 종속성을 해결한다.

components 폴더의 의존성을 먼저 업데이트한다.

```
for f in kubernetes/helm/components/*; do helm dep up $f; done
```

다음으로 environments 폴더의 의존성을 업데이트한다.

```
for f in kubernetes/helm/environments/*; do helm dep up $f; done
```

3. 헬름을 사용해 시스템 환경을 배포히고 배포기 끝날 때끼지 기디린다.

```
helm install hands-on-dev-env \
  kubernetes/helm/environments/dev-env \
  -n hands-on --wait
```

4. 미니큐브 터널을 실행하고 있지 않다면 별도의 터미널 창에서 미니큐브 터널을 시작한다. 미니큐브 터널에 대한 자세한 내용은 18장의 '이스티오 서비스에 대한 접근 설정' 절을 참고한다.

```
minikube tunnel
```

이 커맨드를 실행하려면 sudo 권한이 있어야 하므로 터널을 시작하거나 종료할 때 암호를 입력해야 한다. 몇 초 정도 있다가 암호를 요구하므로 깜박하기 쉽다.

5. 배포 검증을 위해 다음 커맨드로 테스트를 실행한다.

```
./test-em-all.bash
```

실행 결과는 이전의 장들에서 본 것과 같다.

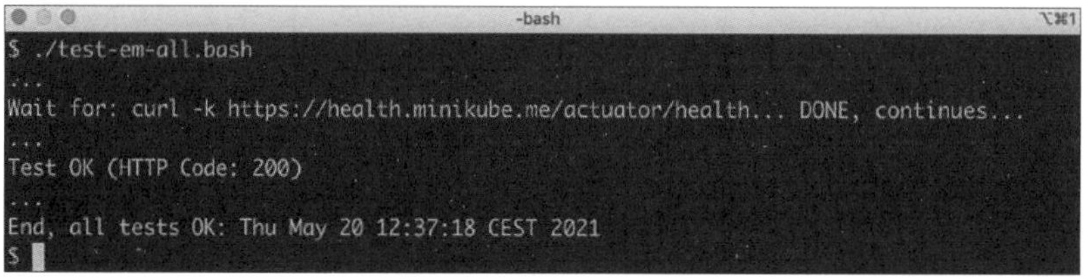

그림 19.2 테스트 성공

6. 다음과 같이 커맨드를 사용해 수동으로 API를 실행할 수 있다.

```
ACCESS_TOKEN=$(curl -k https://writer:secret@minikube.me/oauth2/token -d
grant_type=client_credentials -s | jq .access_token -r)

echo ACCESS_TOKEN=$ACCESS_TOKEN
```

```
curl -ks https://minikube.me/product-composite/1 -H "Authorization:
Bearer $ACCESS_TOKEN" | jq .productId
```

요청한 대로 제품 ID가 1인 응답이 와야 한다.

마이크로서비스 배포를 완료했다. 이제 일래스틱서치와 키바나를 배포하는 방법을 알아
보자.

일래스틱서치와 키바나 배포

일래스틱서치와 키바나는 logging 네임스페이스에 배포한다. 또한 일래스틱서치와 키바나
모두 쿠버네티스 디플로이먼트와 서비스 객체를 사용해 개발 및 테스트 용도로 배포한다.
쿠버네티스 클러스터 내부에서는 일래스틱서치와 키바나 서비스 모두 표준 포트를 노출
한다. 즉 일래스틱서치는 9200 포트를 사용하며, 키바나는 5601 포트를 사용한다.

일래스틱서치와 키바나에 외부에서 HTTP로 접속할 수 있게 하고자 18장의 '이스티오 서
비스에 대한 접근 설정' 절에서 키알리와 예거를 위해 수행한 것처럼 이스티오 객체를 생성
한다. 그러면 다음 링크(https://elasticsearch.minikube.me)(https://kibana.minikube.me)에 접속
해 일래스틱서치와 키바나를 사용할 수 있다.

매니페스트 파일은 kubernetes/helm/environments/logging 폴더에 있는 헬름 차트에 들
어 있다.

TIP

> 일래스틱서치와 키바나의 쿠버네티스 상용 환경용 권장 배포 옵션에 대해선 다음 링크(https://www.
> elastic.co/kr/elastic-cloud-kubernetes)를 참고한다.

19장을 쓸 때 사용한 각 도구의 버전은 다음과 같다.

- 일래스틱서치: 7.12.1

- 키바나: 7.12.1

헬름 차드의 템플릿 폴더에 있는 매니페스트 파일의 주요 항목을 먼저 살펴본 후 배포를 수행하겠다.

매니페스트 파일 분석

일래스틱서치의 매니페스트 파일인 elasticsearch.yml은 15장의 '샘플 디플로이먼트 생성' 절을 비롯한 여러 곳에서 봤던 쿠버네티스 표준 디플로이먼트 객체와 서비스 객체를 정의하고 있다. 매니페스트 파일의 중요한 부분은 다음과 같다.

```
apiVersion: apps/v1
kind: Deployment
...
    containers:
    - name: elasticsearch
      image: docker.elastic.co/elasticsearch/elasticsearch:7.12.1
      resources:
        limits:
          cpu: 500m
          memory: 2Gi
        requests:
          cpu: 500m
          memory: 2Gi
```

앞의 매니페스트를 설명하면 다음과 같다.

- docker.elastic.co에 있는 일래스틱의 공식 도커 이미지를 사용한다. 이미지 버전은 7.12.1이다.

- 쿼리 실행 성능을 높이고자 일래스틱서치 컨테이너에 비교적 많은 양의 메모리(2GB)를 할당하고 있다. 메모리가 많을수록 성능이 향상된다.

키바나 매니페스트 파일인 kibana.yml 또한 쿠버네티스 표준 디플로이먼트 객체와 서비스 객체를 정의하고 있다. 매니페스트 파일의 중요한 부분은 다음과 같다.

```
apiVersion: apps/v1
kind: Deployment
```

```
...
      containers:
      - name: kibana
        image: docker.elastic.co/kibana/kibana:7.12.1
        env:
        - name: ELASTICSEARCH_URL
          value: http://elasticsearch:9200
```

앞의 매니페스트를 설명하면 다음과 같다.

- 키바나 또한 docker.elastic.co에 있는 일래스틱의 공식 도커 이미지를 사용한다. 이미지 버전은 7.12.1이다.

- 키바나를 일래스틱서치 포드와 연결하고자 ELASTICSEARCH_URL 환경 변수에 일래스틱서치 서비스의 주소(http://elasticsearch:9200)를 지정하고 있다.

마지막으로 외부에서 접속할 수 있게 하고자 설정하는 이스티오 매니페스트는 expose-elasticsearch.yml 및 expose-kibana.yml 파일에 있다. Gateway, VirtualService, DestinationRule 객체의 사용 방법에 대해서는 18장의 '서비스 메시 생성' 절을 참고한다. 다음과 같이 외부 요청을 전달하게 된다.

- https://elasticsearch.minikube.me → http://elasticsearch:9200

- https://kibana.minikube.me → http://kibana:5601

매니페스트 파일을 살펴봤다. 이제 일래스틱서치와 키바나를 배포해보자.

배포 커맨드 실행

다음 단계를 수행해 일래스틱서치 및 키바나를 배포한다.

1. 배포를 빠르게 실행하고자 다음 커맨드로 일래스틱서치와 키바나 도커 이미지를 미리 끌어온다.

```
eval $(minikube docker-env)
docker pull docker.elastic.co/elasticsearch/elasticsearch:7.12.1
docker pull docker.elastic.co/kibana/kibana:7.12.1
```

2. 헬름 차트를 사용해 logging 네임스페이스를 생성하고 일래스틱서치와 키바나를 배포한 다음 포드가 준비되길 기다린다.

```
helm install logging-hands-on-add-on kubernetes/helm/
environments/logging \
    -n logging --create-namespace --wait
```

3. 다음 커맨드로 일래스틱서치가 작동 중인지 확인한다.

```
curl https://elasticsearch.minikube.me -sk | jq -r .tagline
```

응답으로 'You Know, for Search'가 와야 한다.

TIP

> 하드웨어 사양에 따라 일래스틱서치가 응답하는 데 1~2분 정도 걸릴 수 있다.

4. 다음 커맨드로 키바나가 작동 중인지 확인한다.

```
curl https://kibana.minikube.me \
  -kLs -o /dev/null -w "%{http_code}\n"
```

응답으로 200이 와야 한다.

TIP

> 이번에도 키바나가 초기화되고 200으로 응답하는 데 1~2분 정도 걸릴 수 있다.

일래스틱서치와 키바나 배포를 마쳤다. 이제 플루언티드를 배포해보자.

플루언티드 배포

플루언티드 배포는 일래스틱서치와 키바나에 비해 약간 복잡하다. 플루언티드 프로젝트에서 도커 허브에 올린 도커 이미지(fluent/fluentd-kubernetes-daemonset)와 깃허브의 플루언티드 프로젝트(fluentd-kubernetes-daemonset)에 있는 매니페스트 파일을 사용해 플루언티드를 배포한다. 깃허브 프로젝트는 다음 링크(https://github.com/fluent/fluentd-kubernetes-daemonset)에 있다. 프로젝트 이름에서 유추할 수 있듯이 플루언티드는 노드마다 하나의 포드를 실행하는 데몬셋으로 배포된다. 각 플루언티드 포드는 동작 중인 노드에서 실행되는 프로세스 및 컨테이너에서 로그 출력을 수집한다. 미니큐브는 단일 노드 클러스터이므로 플루언티드 포드를 하나만 실행한다.

예외 스택 추적이 포함된 여러 줄의 로그 레코드를 처리하고자 구글에서 제공하는 서드파티 플루언티드 플러그인 fluent-plugin-detect-exceptions를 사용한다. 이 플러그인은 다음 링크(https://github.com/GoogleCloudPlatform/fluent-plugin-detect-exceptions)에 있다. 이 플러그인을 사용하고자 fluent-plugin-detect-exceptions 플러그인을 설치한 도커 이미지를 빌드할 것이다. fluentd-kubernetes-daemonset 도커 이미지를 기본 이미지로 사용한다.

사용하는 각 도구의 버전은 다음과 같다.

- 플루언티드 버전: 1.4.2

- fluent-plugin-detect-exceptions 버전: 0.0.12

매니페스트 파일의 주요 항목을 먼저 살펴본 후 배포를 수행하겠다.

매니페스트 파일 분석

도커 이미지 빌드에 사용하는 Dockerfile(kubernetes/efk/Dockerfile)의 내용은 다음과 같다.

```
FROM fluent/fluentd-kubernetes-daemonset:v1.4.2-debian-elasticsearch-1.1

RUN gem install fluent-plugin-detect-exceptions -v 0.0.12 \
 && gem sources --clear-all \
 && rm -rf /var/lib/apt/lists/* \
        /home/fluent/.gem/ruby/2.3.0/cache/*.gem
```

앞의 코드를 설명하면 다음과 같다.

- 기본 이미지는 플루언티드의 도커 이미지인 fluentd-kubernetes-daemonset이다. v1.4.2-debian-elasticsearch-1.1 태그로 버전이 1.4.2며, 로그 레코드를 일래스틱서치로 보내기 위한 지원 기능 패키지가 포함됐다는 것을 알 수 있다. 기본 도커 이미지에는 '플루언티드 구성' 절에서 언급한 플루언티드 구성 파일이 포함돼 있다.

- 구글에서 제공하는 fluent-plugin-detect-exceptions 플러그인은 루비 언어용 패키지 관리자인 gem을 사용해 설치한다.

데몬셋 매니페스트 파일(kubernetes/efk/fluentd-ds.yml)은 fluentd-kubernetes-daemonset 프로젝트의 샘플 매니페스트 파일을 기반으로 한다. 이 파일은 다음 링크(https://github.com/fluent/fluentd-kubernetes-daemonset/blob/master/fluentd-daemonset-elasticsearch.yaml)에 있다. 이 파일은 약간 복잡하므로 주요 항목을 따로 살펴보자.

1. 다음과 같이 데몬셋을 선언한다.

```
apiVersion: apps/v1
kind: DaemonSet
metadata:
  name: fluentd
  namespace: kube-system
```

kind 키로 데몬셋임을 지정한다. namespace 키로 일래스틱서치와 키바나를 설치한 logging 네임스페이스가 아닌, kube-system 네임스페이스에 데몬셋을 생성한다고 지정한다.

2. 다음 섹션에서는 데몬셋에서 생성하는 포드의 템플릿을 지정한다. 주요 항목은 다음과 같다.

```
spec:
  template:
    spec:
      containers:
```

```
- name: fluentd
  image: hands-on/fluentd:v1
  env:
    - name:  FLUENT_ELASTICSEARCH_HOST
      value: "elasticsearch.logging"
    - name:  FLUENT_ELASTICSEARCH_PORT
      value: "9200"
```

포드에서 사용하는 도커 이미지는 hands-on/fluentd:v1이다. 매니페스트 파일 분석을 마친 후 앞에서 설명한 Dockerfile을 사용해 이 도커 이미지를 빌드한다.

이 도커 이미지는 사용자가 정의할 수 있는 여러 가지 환경 변수를 지원한다. 다음의 두 변수가 가장 중요하다.

○ FLUENT_ELASTICSEARCH_HOST: 일래스틱서치 서비스의 호스트 이름(elasticsearch. logging)을 지정한다.

○ FLUENT_ELASTICSEARCH_PORT: 일래스틱서치와의 통신에 사용하는 포트(9200)를 지정한다.

TIP

플루언티드 포드는 일래스틱서치와 다른 네임스페이스에서 실행되므로 짧은 형식의 호스트 이름 (elasticsearch)은 사용할 수 없으며, 네임스페이스 부분을 포함한 DNS 이름(elasticsearch. logging)을 사용해야 한다. 혹은 **전체 주소 도메인 이름**(FQDN, Fully Qualified Domain Name)인 elasticsearch.logging.svc.cluster.local을 사용해도 된다. 그러나 FQDN의 마지막 부분(svc. cluster.local)은 클러스터 내의 모든 DNS 이름을 공유하므로 굳이 지정할 필요는 없다.

3. 마지막으로, 다음과 같이 여러 개의 볼륨, 즉 파일 시스템을 포드에 매핑한다.

```
  volumeMounts:
- name: varlog
  mountPath: /var/log
- name: varlibdockercontainers
  mountPath: /var/lib/docker/containers
  readOnly: true
- name: journal
  mountPath: /var/log/journal
  readOnly: true
```

```
          - name: fluentd-extra-config
            mountPath: /fluentd/etc/conf.d
      volumes:
      - name: varlog
        hostPath:
          path: /var/log
      - name: varlibdockercontainers
        hostPath:
          path: /var/lib/docker/containers
      - name: journal
        hostPath:
          path: /run/log/journal
      - name: fluentd-extra-config
        configMap:
          name: "fluentd-hands-on-config"
```

앞의 소스 코드를 설명하면 다음과 같다.

- 호스트(노드)의 폴더 3개를 플루언티드 포드에 매핑한다. 이 폴더에 플루언티드가 테일
  링 및 수집할 로그 파일이 있다. 대상 폴더는 /var/log, /var/lib/docker/containers,
  /run/log/journal이다.

- 플루언티드가 마이크로서비스의 로그 레코드를 처리하는 방법을 지정한 구성 파일은 이
  름이 fluentd-hands-on-config인 컨피그맵을 사용해 /fluentd/etc/conf.d 폴더에 매핑
  된다. 기본 도커 이미지는 /fluentd/etc/conf.d 폴더에 있는 모든 구성 파일을 포함하도
  록 플루언티드를 구성한다. 자세한 정보는 '플루언티드 구성' 절을 참고한다.

데몬셋 매니페스트 파일의 전체 소스 코드는 kubernetes/efk/fluentd-ds.yml 파일을 참고
한다.

매니페스트 파일 분석을 마쳤다. 이제 플루언티드를 배포해보자.

배포 커맨드 실행

플루언티드를 배포하려면 도커 이미지를 빌드한 다음 컨피그맵을 생성하고 데몬셋을 배포
해야 한다. 다음과 같이 커맨드를 실행해 배포를 진행한다.

1. 다음 커맨드로 도커 이미지를 빌드하고 hands-on/fluentd:v1 태그를 붙인다.

```
eval $(minikube docker-env)
docker build -f kubernetes/efk/Dockerfile -t hands-on/fluentd:v1 kubernetes/efk/
```

2. 다음 커맨드로 컨피그맵을 생성하고 플루언티드 데몬셋을 배포한 후 포드가 준비되길 기다린다.

```
kubectl apply -f kubernetes/efk/fluentd-hands-on-configmap.yml
kubectl apply -f kubernetes/efk/fluentd-ds.yml
kubectl wait --timeout=120s --for=condition=Ready pod -l app=fluentd -n
kube-system
```

3. 다음 커맨드로 플루언티드 포드가 작동하는지 확인한다.

```
kubectl logs -n kube-system -l app=fluentd --tail=-1 | grep "fluentd worker
is now running worker"
```

실행 결과로 '2021-05-22 14:59:46 +0000 [info]: #0 fluentd worker is now running worker=0'이 출력된다.

TIP

일래스틱서치, 키바나와 마찬가지로 플루언티드도 응답에 1~2분 정도 걸릴 수 있다.

4. 플루언티드는 미니큐브 인스턴스의 다양한 컨테이너에서 많은 양의 로그 레코드를 수집하기 시작한다. 1분 정도 지나면 다음 커맨드로 수집된 로그 레코드가 얼마나 되는지 일래스틱서치에서 확인한다.

```
curl https://elasticsearch.minikube.me/_all/_count -sk | jq .count
```

5. 이 커맨드를 처음 실행했을 때는 조금 오래 걸릴 것이며, 반환된 로그 레코드의 수는 수천 개 이상일 것이다. 내 경우에는 55607을 반환했다.

EFK 스택 배포를 마쳤다. 이제 직접 사용해보면서 수집한 로그 레코드를 분석해보자.

⠿ EFK 스택 실습

EFK 스택을 사용하기 전에 일래스틱서치에서 사용할 인덱스를 인지하도록 키바나를 초기화해야 한다.

> **TIP**
>
> 일래스틱서치의 **인덱스**(index)는 **데이터베이스**의 SQL 개념과 유사하다. SQL 개념에서의 **table, row, column**은 일래스틱서치의 **type, document, property**에 해당한다.

초기화가 완료되면 다음과 같은 일반적인 작업을 수행해볼 수 있다.

1. 먼저 플루언티드가 수집해 일래스틱서치에 저장한 로그 레코드의 유형을 분석해본다. 키바나에는 이런 작업에 적합한 뛰어난 시각화 기능이 있다.

2. 다음으로는 마이크로서비스가 외부에서 유입된 API 호출을 처리하면서 생성한 로그 레코드를 검색하는 방법을 알아본다. 로그 레코드에 있는 **추적 ID**를 상관 **ID**correlation ID로 사용해 관련된 로그 레코드를 찾아본다.

3. 끝으로 키바나를 사용해 **근본 원인 분석**root cause analysis을 수행하는 방법, 즉 오류의 원인을 찾는 방법을 학습한다.

키바나 초기화

키바나를 사용하기 전에 일래스틱서치에서 사용할 검색 인덱스와 로그 레코드의 타임스탬프를 담을 인덱스 필드를 지정해야 한다.

> **TIP**
>
> 웹 브라우저에서 신뢰하지 않는 자체 CA에서 만든 인증서를 사용하고 있다는 점을 상기하기 바란다. 웹 브라우저가 인증서를 수락하도록 하는 방법에 대해서는 18장의 '서비스 메시 관찰' 절을 참고한다.

다음 단계를 수행해 키바나를 초기화한다.

1. 웹 브라우저에서 다음 링크(https://kibana.minikube.me/)에 접속해 키바나 웹 UI를 연다.

2. 시작 페이지 Welcome to Kibana에서 Explore on my own 버튼을 클릭한다.

3. **Your data is not secure** 팝업이 나타나면 **Don't show again**을 클릭하고 **Dismiss** 버튼을 클릭한다. 실습 중에 생성된 데이터를 보호할 필요는 없다.

4. 왼쪽 상단 모서리에 있는 '햄버거 메뉴'(가로줄 3개)를 클릭하고 왼쪽 메뉴에서 **Visulize Library**를 클릭한다. 로그 레코드를 검색할 일래스틱서치 인덱스를 식별하고자 키바나에서 사용할 인덱스 패턴을 정의하라는 메시지가 표시된다. **Create index pattern** 버튼을 클릭한다.

5. 인덱스 패턴 이름으로 `logstash-*`를 입력하고 **Next Step** 버튼을 클릭한다.

   > **TIP**
   >
   > 플루언티드로 로그를 수집하지만 역사적인 이유 때문에 logstash를 기본 인덱스 이름으로 사용한다.

6. 다음 페이지에서는 타임스탬프가 담긴 로그 레코드 필드를 지정하라는 메시지가 표시될 것이다. 드롭다운 목록에서 **Time**을 클릭한 후 `@timestamp`를 선택한다.

7. **Create index pattern** 버튼을 클릭한다.

   선택한 인덱스에서 사용할 수 있는 필드를 요약한 페이지가 나타난다.

키바나 초기화를 마쳤다. 이제 수집한 로그 레코드를 분석해보자.

로그 레코드 분석

플루언티드를 배포하면 즉시 많은 양의 로그 레코드를 수집하기 시작한다. 사용자는 플루언티드가 일래스틱서치에서 수집하고 저장하는 로그 레코드 유형을 잘 알고 있어야 적절히 활용할 수 있다.

키바나의 시각화 기능을 사용하면 쿠버네티스 네임스페이스별로 로그 레코드를 나눈 후 각 네임스페이스의 컨테이너 유형별로 로그 레코드를 다시 나눌 수 있다. 이런 유형의 분석에는 원형 차트가 적합하다. 다음 단계를 수행해 원형 차트를 생성한다.

1. 키바나 웹 UI의 햄버거 메뉴를 클릭하고 메뉴에서 **Visualize Library**를 선택한다.

2. **Create new visualization** 버튼을 클릭하고 다음 페이지에서 **Lens** 유형을 선택한다. 그림 19.3과 같은 웹 페이지가 나타난다.

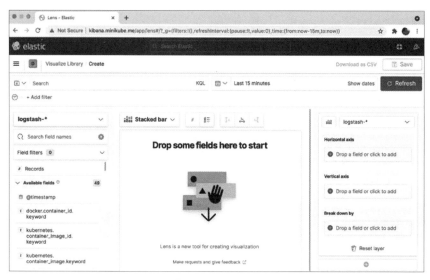

그림 19.3 로그 분석 시작

3. 왼쪽 상단 드롭다운 메뉴에서 **logstash-*** 인덱스 패턴이 선택돼 있는지 확인한다.

4. 인덱스 패턴 옆에 있는 **Stacked bar** 드롭다운 메뉴에서 시각화 유형으로 **Pie**를 선택한다.

5. 원형 차트 위에 있는 날짜 간격 선택기^{time picker}로 검색 대상 로그 레코드를 모두 포함하도록 날짜 간격을 설정한다. 다음 그림에서는 **Last 15 minutes**로 설정하고 있다. 달력 아이콘을 클릭하면 날짜 간격을 조정할 수 있다.

6. 인덱스 패턴 아래의 **Search field names** 필드에 kubernetes.namespace_name.keyword를 입력한다.

7. 이제 **Available fields** 목록에 **kubernetes.namespace_name.keyword** 필드가 나타났을 것이다. 이 필드를 페이지 중앙에 있는 **Drop some fields here to start** 문구가 있는 큰 상자로 드래그한다. 그 즉시 키바나는 로그 레코드를 분석하고 쿠버네티스 네임스페이스별로 나뉜 원형 차트를 렌더링한다. 내가 수행한 결과는 그림 19.4와 같다.

그림 19.4 쿠버네티스 네임스페이스별로 로그 레코드 분석

18장에서 작업했던 네임스페이스(kube-system, istio-system, logging, hands-on)별로 로그 레코드를 구분해 차트에 표시하고 있다. 네임스페이스별로 로그 레코드를 생성한 컨테이너를 확인하려면 두 번째 필드를 추가해야 한다.

8. **Search field names** 필드에 kubernetes.container_name.keyword를 입력한다.

9. **Available fields** 목록에 kubernetes.container_name.keyword 필드가 나타났을 것이다. 이 필드를 페이지 중앙에 있는 원형 차트가 있는 큰 상자로 드래그한다. 그 즉시 키바나는 로그 레코드를 분석하고 쿠버네티스 네임스페이스와 컨테이너별로 나뉜 원형 차트를 렌더링한다. 내가 수행한 결과는 그림 19.5와 같다.

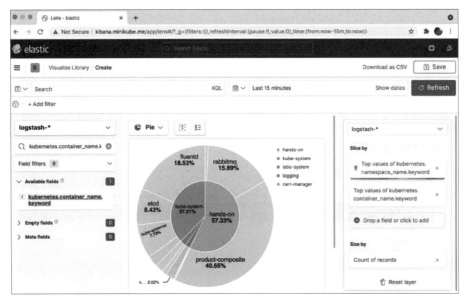

그림 19.5 쿠버네티스 네임스페이스와 컨테이너별로 로그 레코드 분석

이제 마이크로서비스에서 온 로그 레코드를 볼 수 있다. 대부분의 로그 레코드는 product-composite 마이크로서비스에서 가져온 것이다.

10. 지금까지 수집한 로그 레코드를 유형별로 분석하는 방법을 알아봤다. 원형 차트를 대시 보드에 저장하고 마무리하자. 오른쪽 상단 모서리에 있는 **Save** 버튼을 클릭한다.

11. **Save Lends visualization** 페이지에서 다음을 수행한다.

    a. **Title**(제목)을 입력한다(예: `hands-on-visualization`).

    b. **Description**(설명)을 입력한다(예: `This is my first visualization in Kibana`).

    c. **Add to dashboard** 상자에서 **New**를 선택한다. 페이지는 그림 19.6과 같을 것이다.

그림 19.6 키바나 대시보드 생성 화면

d. **Save and go to Dashboard** 버튼을 클릭한다. 그림 19.7과 같이 대시보드가 표시
될 것이다.

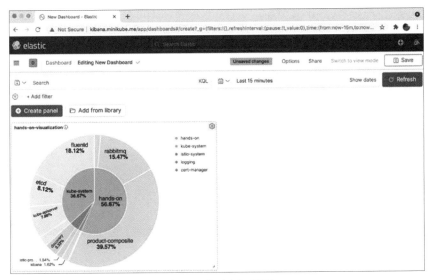

그림 19.7 새 키바나 대시보드

12. 오른쪽 상단 모서리에 있는 **Save** 버튼을 클릭하고 대시보드의 이름(예: hands-on-dashboard)을 입력한 다음 **Save** 저장 버튼을 클릭한다.

이제 햄버거 메뉴에서 Dashboard를 선택하면 언제든지 이 대시보드로 돌아올 수 있다.

키바나는 로그 레코드 분석을 위한 수많은 기능을 갖고 있다. 자유롭게 사용해보자. 보다 자세한 내용은 다음 링크(https://www.elastic.co/guide/en/kibana/7.12/dashboard.html)를 참고한다. 다음 절에서는 마이크로서비스에서 온 로그 레코드를 검색해본다.

마이크로서비스의 로그 레코드 검색

이 절에서는 로깅 중앙화의 주요 기능 중 하나인 마이크로서비스의 로그 레코드 검색 방법을 학습한다. 또한 외부에서 공개 API를 호출하는 요청을 처리하는 등의 다른 마이크로서비스가 관련된 작업의 로그 레코드를 로그 레코드에 있는 추적 ID를 이용해 찾는 방법을 알아본다.

키바나로 검색할 수 있도록 로그 레코드를 몇 개 생성해보자. 먼저 API를 사용해 고유한 제품 ID를 가진 제품을 생성한 다음 제품 정보를 조회할 것이다. 그 후 제품 정보를 조회할 때 생성된 로그 레코드를 검색한다.

마이크로서비스의 로그 레코드 생성 방식을 이전과는 다르게 조금 변경했다. product-composite와 핵심 마이크로서비스(product, recommendation, review)는 조회get 요청을 처리할 때 로그 레벨을 INFO로 설정한 로그 레코드를 작성한다. 각 마이크로서비스에 추가한 소스 코드를 살펴보자.

- product-composite 마이크로서비스의 로그 생성 코드

```
LOG.info("Will get composite product info for product.id={}", productId);
```

- product 마이크로서비스의 로그 생성 코드

```
LOG.info("Will get product info for id={}", productId);
```

- recommendation 마이크로서비스의 로그 생성 코드

```
LOG.info("Will get recommendations for product with id={}", productId)
```

- review 마이크로서비스의 로그 생성 코드

```
LOG.info("Will get reviews for product with id={}", productId);
```

자세한 내용은 microservices 폴더의 소스 코드를 참고한다.

다음 단계를 수행해 API로 로그 레코드를 생성한 다음 키바나로 로그 레코드를 검색한다.

1. 다음 커맨드로 접근 토큰을 가져온다.

```
ACCESS_TOKEN=$(curl -k https://writer:secret@minikube.me/oauth2/token -d
grant_type=client_credentials -s | jq .access_token -r)

echo ACCESS_TOKEN=$ACCESS_TOKEN
```

2. 이 절을 시작하면서 언급했듯이 먼저 고유한 제품 ID를 가진 제품을 생성해보자. 다음 커맨드를 실행해 productId가 1234인 제품을 추천과 리뷰 없이 생성한다.

```
curl -X POST -k https://minikube.me/product-composite \
  -H "Content-Type: application/json" \
  -H "Authorization: Bearer $ACCESS_TOKEN" \
  --data '{"productId":1234,"name":"product name 1234","weight":1234}'
```

다음 커맨드로 제품을 조회한다.

```
curl -H "Authorization: Bearer $ACCESS_TOKEN" -k 'https://minikube.me/
product-composite/1234'
```

응답은 그림 19.8과 같다.

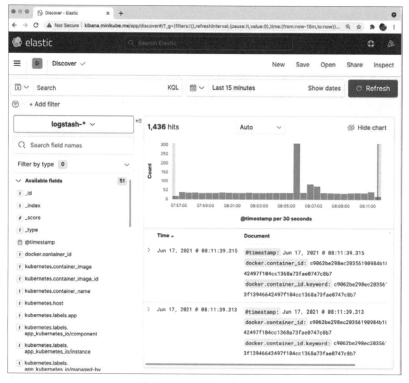

```
4. bash
$ curl -H "Authorization: Bearer $ACCESS_TOKEN" -k 'https://minikube.me/product-composite/1234'
{"productId":1234,"name":"product name 1234","weight":1234,"recommendations":[],"reviews":[],
"serviceAddresses":{"cmp":"product-composite-74f4dc9b4f-4s9bk/172.17.0.39:80","pro":"product-869
5c57758-ttmsg/172.17.0.40:80","rev":"","rec":""}}
$
```

그림 19.8 productId가 1234인 제품 검색

API를 호출했으니 로그 레코드가 생성됐을 것이다. 키바나로 검색해보자.

3. 키바나 웹 UI의 햄버거 메뉴에서 **Discover**를 클릭한다. 그림 19.9와 같은 화면이 나타난다.

그림 19.9 키바나 웹 UI의 검색 화면

왼쪽 상단을 보면 키바나가 **1,436**개의 로그 레코드를 찾았다는 것을 알 수 있다. 날짜 간격 선택기는 **최근 15분**으로 설정돼 있다. 히스토그램^{histogram}을 보면 시간이 지남에 따라 로그 레코드가 쌓이고 있다는 것을 알 수 있다. 히스토그램 하단의 표는 쿼리로 찾은 가장 최근의 로그 이벤트를 보여준다.

4. 날짜 간격을 변경하려면 날짜 간격 선택기를 사용한다. 달력 아이콘을 클릭해 날짜 간격을 조정한다.

5. 로그 레코드를 보다 자세히 살펴보고 싶다면 로그 레코드 필드를 히스토그램 하단의 표에 열로 추가하면 된다.

6. 왼쪽에 있는 **Available fields** 목록에서 필드를 선택하고, 원하는 필드를 찾을 때까지 목록을 스크롤한다. **Search field names**라는 필드로 사용할 수 있는 필드의 이름을 필터링하면 쉽게 필드를 찾을 수 있다.

   필드 위에 커서를 올리면 + 버튼(파란 색 원 안에 흰색 십자가)이 나타나는데, 이 버튼을 클릭해 테이블의 열로 필드를 추가한다. 다음의 필드를 순서대로 선택한다.

   a. **spring.level**: 로그 레벨

   b. **kubernetes.namespace_name**: 쿠버네티스 네임스페이스 이름

   c. **kubernetes.container_name**: 컨테이너 이름

   d. **spring.trace**: 분산 추적에 사용하는 추적 ID

   e. **log**: 실제 로그 메시지

   공간을 넓게 쓰고 싶다면 인덱스 패턴 필드(logstash-* 문자열이 있는 영역) 옆의 축소^{collapse} 아이콘을 클릭해 필드 목록을 숨길 수 있다.

   그림 19.10과 같은 화면이 나타난다.

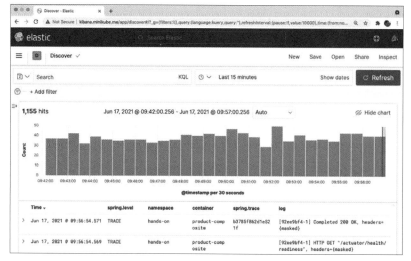

그림 19.10 키바나 웹 UI의 로그 레코드 화면

테이블에는 로그 레코드 관련 정보가 표시된다.

7. GET API 호출에 대한 로그 레코드를 찾으려면 키바나로 **product.id=1234** 문자열이 포함된 로그 레코드를 검색하면 된다. 이 문자열을 사용하면 앞에서 본 product-composite 마이크로서비스의 로그 출력을 찾을 수 있다.

왼쪽 상단의 **Search** 필드에 log:"product.id=1234"를 입력하고 **Update** 버튼(또는 Refresh 버튼)을 클릭해 로그 레코드를 검색한다. 하나의 로그 레코드가 검색된다.

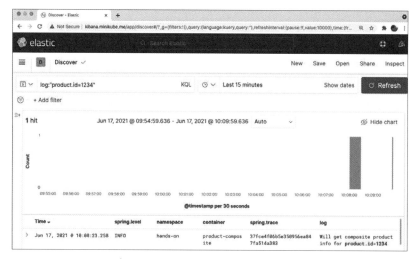

그림 19.11 productId = 1234로 로그 레코드 검색

8. GET API를 호출한 시간과 타임스탬프가 일치하는지 확인하고 product-composite 마이크로서비스에서 보낸 로그 레코드가 맞는지 확인하고자 로그 레코드를 생성한 마이크로서비스 이름이 **product-composite**인지 확인한다.

9. 이제 ID가 1234인 제품의 정보 검색에 관여한 다른 마이크로서비스의 로그 레코드를 찾아보자. 즉 **추적 ID**가 같은 로그 레코드를 찾으면 된다. 로그 레코드의 **spring.trace** 필드 위에 커서를 올린다. 필드 오른쪽에 2개의 작은 돋보기가 나타나는데, 하나는 + 기호가 있고 다른 하나는 - 기호가 있다. + 기호가 있는 돋보기를 클릭해 추적 ID를 필터에 추가한다.

10. 추적 ID만 필터로 사용하도록 **Search** 필드를 비운다. 이제 **Refresh** 버튼을 클릭하고 결과를 확인한다. 그림 19.12와 같은 화면이 나타난다.

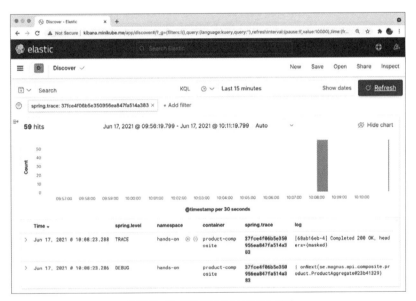

그림 19.12 추적 ID로 로그 레코드 검색

너무 많은 양의 디버그 및 추적 메시지로 화면이 가득 찬다. 디버그 및 추적 메시지를 제거해보자.

11. **TRACE** 값 위에 커서를 올리고 - 기호가 있는 돋보기를 클릭해 로그 레벨이 **TRACE**인 로그 레코드를 걸러낸다.

12. 같은 작업을 DEBUG 로그 레코드에도 반복한다.

이제 제품 ID가 1234인 제품 정보 조회와 관련된 로그 레코드를 볼 수 있다. 각 마이크로
서비스당 하나씩, 총 4개의 로그 레코드만 남는다.

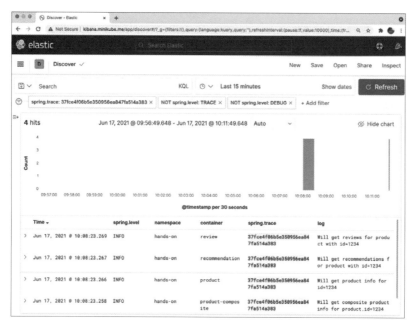

그림 19.13 추적 ID와 INFO 로그 레벨로 로그 레코드 검색

또한 추적 ID로 검색한 로그 레코드 중 로그 레벨이 DEBUG나 TRACE인 로그 레코드는
제외됐다.

원하는 로그 레코드를 찾는 방법을 알았으므로 다음 단계로 넘어갈 준비가 됐다. 이제 예상
치 못한 로그 레코드, 즉 오류 메시지를 찾는 방법과 오류의 원인을 찾기 위해 근본 원인 분
석을 수행하는 방법을 알아보자.

근본 원인 분석 수행

로깅 중앙화를 사용하면 다양한 소스에서 온 로그 레코드를 사용해 오류를 분석하고 이를
바탕으로 근본 원인 분석을 수행해 오류 메시지의 실제 원인을 찾을 수 있다.

이 절에서는 오류를 시뮬레이션한 후 오류 관련 정보를 찾는 방법을 알아본다. 오류를 유발한 시스템 환경의 마이크로서비스를 찾고, 오류를 유발한 소스 코드의 줄 번호까지 추적한다. 오류를 시뮬레이션하고자 13장의 '프로그래밍 방식으로 지연 및 무작위 오류 추가' 절에서 소개한 결함 매개 변수(faultPercent)를 다시 사용한다. 이 매개 변수를 사용해 product 마이크로서비스에서 예외가 발생하게 할 것이다. 다음 단계를 수행한다.

1. 제품 ID가 1234인 제품 정보를 조회하는 동안 예외가 발생하도록 다음 커맨드를 실행한다.

```
curl -H "Authorization: Bearer $ACCESS_TOKEN" -k https://minikube.me/
product-composite/1234?faultPercent=100
```

응답으로 그림 19.14와 같은 오류가 나타난다.

그림 19.14 요청 처리 중 오류 발생

이제 이 오류의 원인이 무엇인지 모른다고 가정하자. 그래야 흥미롭게 근본 원인 분석을 수행할 수 있다.

우리는 지원 조직에서 일하고 있으며, 제품 ID가 1234인 제품 정보를 조회했을 때 발생한 어떤 문제의 원인을 조사해달라는 요청을 받았다고 가정해보자.

2. 문제를 분석하기 전에 키바나 웹 UI에서 이전 검색 필터를 삭제해 초기화하고 시작하자. 이전 절에서 정의한 각 필터의 닫기 아이콘(X)을 클릭해 삭제한다.

3. 먼저 날짜 간격 선택기를 사용해 문제가 발생한 시점을 포함하는 날짜 간격을 선택한다. 최근 15분 동안에 발생한 문제라면 최근 15분을 선택한다.

4. 다음으로는 해당 기간에 속하면서 로그 레벨이 **ERROR**인 로그 레코드를 검색해야 한다. 먼저 필드 목록에서 **spring.level** 필드를 클릭한다. 목록을 축소했다면 확장expand 아이콘을 클릭해 목록을 펼친다. 필드를 클릭하면 자주 사용하는 값이 필드 아래에 표시

된다. + 기호를 클릭해 **ERROR** 값을 필터에 추가한다. 이제 키바나는 선택한 기간에 속하면서 로그 레벨이 **ERROR**인 로그 레코드를 표시한다.

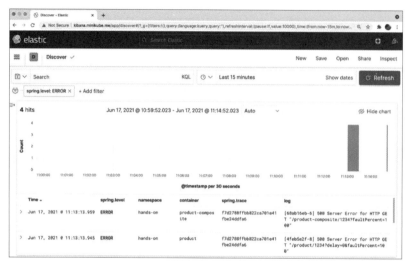

그림 19.15 ERROR 로그 레벨로 로그 레코드 검색

이제 제품 ID가 1234인 제품과 관련된 에러 메시지를 볼 수 있다. 상단에 있는 로그 항목의 추적 ID가 같으므로 이 추적 ID를 사용해 추가 조사를 하면 된다.

5. 앞 절에서 했던 것처럼 첫 번째 로그 레코드의 추적 ID를 필터에 추가한다.

6. 추적 ID로 검색한 모든 로그 레코드를 볼 수 있도록 **ERROR** 로그 레벨의 필터를 제거한다. 많은 양의 로그 레코드가 키바나 화면에 나타날 것이다. 가장 오래된 로그 레코드부터 로그 레벨이 WARN이나 ERROR인지, 수상한 로그 메시지가 있는 것은 아닌지 살펴보자. 기본 정렬 순서는 가장 최근의 로그 레코드를 가장 위에 표시하므로 스크롤을 끝까지 내린 후 역순으로 검토한다. 혹은 **Time** 열 헤더에 있는 작은 위/아래 화살표를 클릭해 가장 오래된 로그 레코드가 맨 위에 오도록 정렬 순서를 변경한다.

Bad luck, and error occurred를 출력하는 WARN 로그 메시지가 문제의 근본 원인 같아 보이는데 더 자세히 조사해보자.

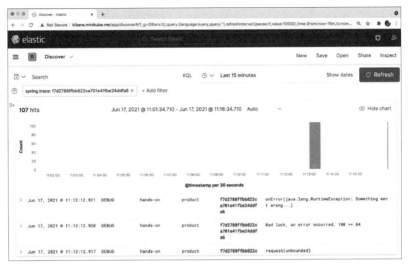

그림 19.16 키알리 웹 UI로 근본 원인 조사

7. 문제의 근본 원인으로 보이는 로그 레코드를 발견했다면 어떤 소스 코드에서 예외를 던
   졌는지 알려주는 스택 추적을 찾는 것이 매우 중요하다. 불행히도 여러 줄로 된 예외를
   수집할 때 사용하는 플루언티드 플러그인(fluent-plugin-detect-exceptions)은 추적 ID와
   스택 추적을 연관 짓지 못한다. 따라서 추적 ID로 검색하더라도 스택 추적은 나타나지
   않는다. 대신 키바나를 이용해 특정 로그 레코드와 비슷한 시기에 발생한 주변 로그 레
   코드를 찾아보자.

8. 로그 레코드의 왼쪽에 있는 화살표를 클릭해 **Bad luck** 로그 레코드를 확장하면 이 로그
   레코드에 대한 자세한 정보가 나타난다.

그림 19.17 로그 레코드 확장

9. **View surrounding documents**라는 링크도 보이는데 이 링크를 클릭하면 주변 로그 레코드를 볼 수 있다. 화면은 그림 19.18과 비슷할 것이다.

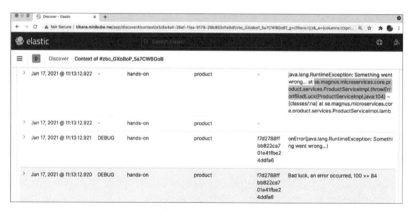

그림 19.18 근본 원인 탐색

10. **Bad luck** 로그 레코드 위쪽에 있는 **Something went wrong...** 오류 메시지에 대한 스택 추적을 담고 있는 로그 레코드가 눈에 띈다. **Bad luck** 로그 레코드보다 3밀리 초 늦게 product 마이크로서비스에서 기록한 로그 레코드인데, 이 두 로그 레코드는 관련이 있어 보인다. 로그 레코드의 스택 추적은 ProductServiceImpl.java의 104행을 가리

킨다. 소스 코드(microservices/product-service/src/main/java/se/magnus/microservices/core/product/services/ProductServiceImpl.java)에서 104행을 찾아보면 다음과 같다.

```
throw new RuntimeException("Something went wrong...");
```

이 코드가 오류의 근본 원인이다. 이미 알고 있는 사실이지만 위의 과정을 바탕으로 원인을 분석하는 방법을 배웠다.

TIP

> 앞의 문제는 API 요청에서 faultPercent 매개 변수를 빼면 간단히 해결된다. 하지만 다른 문제가 발생한다면 근본 원인 해결이 쉽지 않을 것이다.

11. 이로써 근본 원인 분석을 마친다. 웹 브라우저에서 뒤로 가기 버튼을 클릭해 메인 페이지로 돌아간다.

12. 키바나에 검색 조건과 테이블 레이아웃 구성을 저장해 재사용할 수 있다. 예를 들면 hands-on 네임스페이스의 로그 레코드에 대한 검색 조건을 저장할 수 있다. 오른쪽 상단 메뉴에서 **Save** 링크를 클릭한다. 검색 정의의 이름을 입력하고 **Save** 버튼을 클릭한다. 검색 정의를 재사용하려면 메뉴의 **Open** 링크를 클릭해 검색 정의를 복원하면 된다.

EFK 스택을 사용한 로깅 중앙화 장을 마친다.

⋮⋮⋮ 요약

19장에서는 로그 레코드의 분석 및 검색을 수행하도록 시스템 환경에 있는 마이크로서비스의 로그 레코드를 수집해 중앙 집중식 데이터베이스에 저장하는 것의 중요성을 배웠다. 또한 일래스틱서치, 플루언티드, 키바나로 구성된 EFK 스택을 사용해 로그 레코드를 수집, 처리, 저장, 분석, 검색해봤다.

플루언티드를 사용해 미이그로서비스와 디양한 지원 컨데이너의 로그 레코드를 수집했다. 일래스틱서치는 텍스트 검색 엔진으로 사용했고, 수집한 로그 레코드를 손쉽게 분류하고자 키바나를 사용했다.

또한 키바나를 사용해 공조 마이크로서비스와 관련된 로그 레코드를 검색하는 방법과 오류 메시지를 바탕으로 실제 원인을 밝히는, 근본 원인 분석을 수행하는 방법을 배웠다.

상용 환경에서는 로그 레코드를 수집하고 분석하는 기능이 중요하지만, 이런 유형의 활동은 언제나 로그 레코드를 수집한 뒤에야 수행할 수 있다. 상용 환경에서는 마이크로서비스의 현재 상태를 모니터링하는 기능 또한 중요하다. 즉 하드웨어 자원 사용량과 응답 시간 등의 런타임 메트릭을 수집하고 시각화할 수 있어야 한다. 18장에서 잠시 다뤘던 이 주제는 마이크로서비스의 모니터링을 다루는 20장에서 더 자세히 알아본다.

⁘ 질문

1. 사용자가 그림 19.19에 표시된 검색 조건을 사용해 hands-on 네임스페이스에서 지난 30 일간의 ERROR 로그 메시지를 검색했지만, 아무것도 나오지 않았다. 이유는 무엇인가?

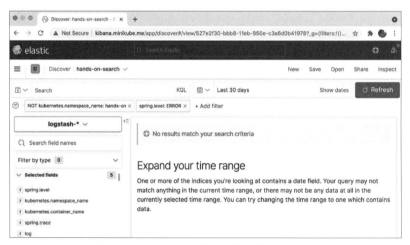

그림 19.19 로그 레코드 검색 결과가 예상한 바와 다르다.

2. 사용자가 관심이 가는 로그 레코드를 발견했다(그림 19.20). 외부에서 공개 API를 호출하는 요청을 처리하는 등의 다른 마이크로서비스와 연관된 로그 레코드를 찾으려면 어떻게 해야 하는가?

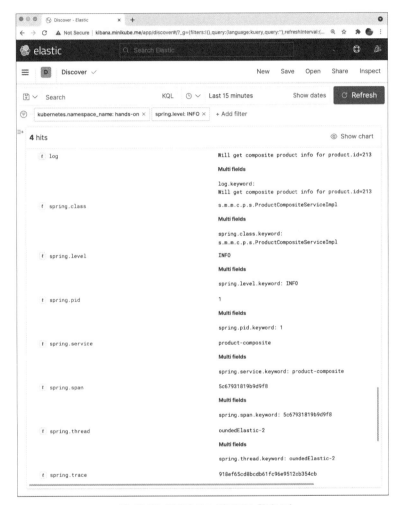

그림 19.20 연관된 로그 레코드를 찾아보자.

3. 사용자가 문제의 근본 원인으로 보이는 로그 레코드를 찾았다. 오류를 유발한 소스 코드를 알려주는 스택 추적을 찾으려면 어떻게 해야 하는가?

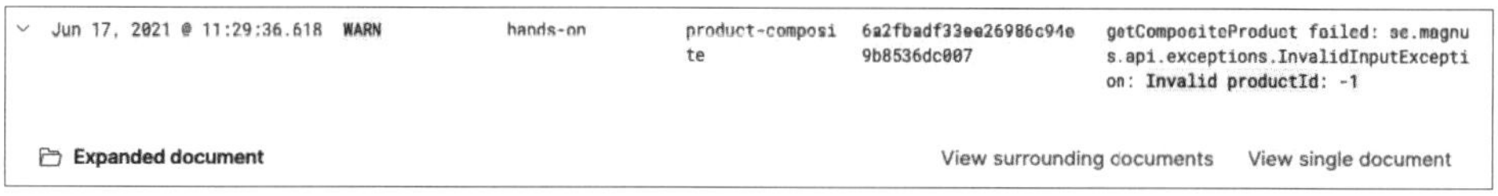

Jun 17, 2021 @ 11:29:36.618   WARN   hands-on   product-composi   6a2fbadf33ee26986c94e   getCompositeProduct failed: se.magnu
                                                           te   9b8536dc007   s.api.exceptions.InvalidInputExcepti
                                                                                                    on: Invalid productId: -1

📁 Expanded document   View surrounding documents   View single document

그림 19.21 근본 원인을 찾아보자.

4. 다음의 플루언티드 구성이 작동하지 않는 이유는 무엇인가?

```
<match kubernetes.**hands-on*>
  @type rewrite_tag_filter
  <rule>
    key log
    pattern ^(.*)$
    tag spring-boot.${tag}
  </rule>
</match>
```

5. 일래스틱서치가 작동 중인지 확인하려면 어떻게 해야 하는가?

6. 갑자기 웹 브라우저와 키바나의 연결이 끊겼다. 이 문제의 원인은 무엇인가?

20

마이크로서비스 모니터링

20장에서는 프로메테우스와 그라파나를 사용한 모니터링, 성능 메트릭 수집, 경고 설정 방법을 배운다. 1장에서 언급했듯이 상용 환경에서는 애플리케이션 성능 및 하드웨어 자원 사용량에 대한 메트릭 수집이 중요하다. 이런 메트릭을 모니터링해야 API나 프로세스 요청에 대한 응답이 지연되거나 중단되지 않게 할 수 있다.

효율적이며 능동적으로 마이크로서비스 시스템 환경을 모니터링하려면 미리 설정한 한계치를 초과했을 때 자동으로 작동하도록 경고를 정의할 수 있어야 한다.

20장에서는 다음과 같은 내용을 다룬다.

- 프로메테우스와 그라파나를 사용한 성능 모니터링

- 애플리케이션 메트릭 수집을 위한 소스 코드 변경

- 마이크로서비스 빌드 및 배포

- 그라파나 대시보드를 사용한 마이크로서비스 모니터링

- 그라파나 경고 설정

기술 요구 사항

이 책에서 사용하는 도구의 설치 방법과 이 책의 소스 코드를 다운로드하는 방법은 다음을 참고한다.

- 21장, 맥OS용 설치 지침
- 22장, 윈도우용 설치 지침

20장의 모든 소스 코드 예제는 $BOOK_HOME/Chapter20 폴더에 있다.

20장에서 프로메테우스와 그라파나를 사용한 성능 모니터링 및 경고 설정을 위해 변경한 부분을 확인하고 싶다면 19장의 소스 코드와 비교하면 된다. 선호하는 파일 비교 도구를 사용해 $BOOK_HOME/Chapter19 폴더와 $BOOK_HOME/Chapter20 폴더를 비교해보자.

프로메테우스와 그라파나를 사용한 성능 모니터링

20장에서는 18장의 '쿠버네티스 클러스터에 이스티오 배포' 절에서 사용한 디플로이먼트를 재사용한다. 해당 절에서는 성능 메트릭과 같은 시계열 데이터를 수집하고 저장하는 오픈 소스 데이터베이스인 프로메테우스와 성능 메트릭을 시각화하는 오픈 소스 도구인 그라파나를 소개했다. 그라파나를 배포하면 이스티오 대시보드를 사용할 수 있다. 그라파나 없이 키알리를 사용해 성능 관련 그래프를 렌더링할 수도 있다. 20장에서는 이런 도구를 사용해 실습을 진행한다.

18장에서 배포한 이스티오 구성에는 자동으로 쿠버네티스 포드의 메트릭을 수집하는 프로메테우스 구성이 포함돼 있다. 프로메테우스에서 요구하는 형식에 맞춰 메트릭을 생성하는 엔드포인트를 설정해야 하며, 프로메테우스가 엔드포인트 주소를 찾을 수 있도록 쿠버네티스 포드에 애노테이션을 붙여야 한다. 자세한 설정 방법은 '애플리케이션 메트릭 수집을 위한 소스 코드 변경' 절을 참고한다. 그라파나의 경고 발생 기능을 보여주고자 로컬 메일 서버도 설치한다.

위에서 설명한 런타임 컴포넌트 간의 관계를 그림으로 표현하면 그림 20.1과 같다.

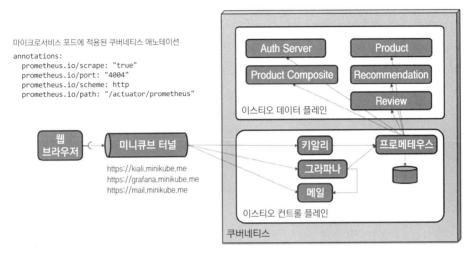

마이크로서비스 포드에 적용된 쿠버네티스 애노테이션

```
annotations:
  prometheus.io/scrape: "true"
  prometheus.io/port: "4004"
  prometheus.io/scheme: http
  prometheus.io/path: "/actuator/prometheus"
```

https://kiali.minikube.me
https://grafana.minikube.me
https://mail.minikube.me

그림 20.1 시스템 환경에 프로메테우스와 그라파나 추가

그림 20.1을 보면 프로메테우스가 쿠버네티스 포드에 적용한 애노테이션을 사용해 마이크로서비스의 메트릭을 수집한다는 것을 알 수 있다. 프로메테우스는 수집한 메트릭을 데이터베이스에 저장하며, 사용자는 브라우저로 키알리 및 그라파나의 웹 UI에 접속해 메트릭을 모니터링할 수 있다. 18장의 '이스티오 서비스에 대한 접근 설정' 절에서 소개한 **미니큐브** 터널을 사용해 **웹 브라우저**로 키알리, 그라파나에 접근하고 메일 서버의 웹 페이지에 접근해 그라파나에서 보낸 경고를 확인한다.

TIP

> 18장에서 이스티오를 배포할 때 사용한 구성은 상용 환경이 아닌 개발 및 테스트 환경을 위한 것임을 기억하자. 예를 들어, 프로메테우스 데이터베이스에 저장한 성능 메트릭은 프로메테우스 포드를 재시작하면 사라진다.

다음 절에서는 프로메테우스가 수집할 성능 메트릭을 생성하고자 소스 코드를 변경한다.

⫶ 애플리케이션 메트릭 수집을 위한 소스 코드 변경

스프링 부트 2는 **마이크로미터**^{Micrometer} 라이브러리(https : //micrometer.io)를 사용해 프로메테우스 형식에 맞춘 성능 메트릭을 생성한다. 마이크로서비스의 소스 코드에서는 한 부분만 변경하면 된다. 다음과 같이 각 마이크로서비스의 그래들 빌드 파일(build.gradle)에 마이크로미터 라이브러리(micrometer-registry-prometheus)의 의존성을 추가한다.

```
implementation("io.micrometer:micrometer-registry-prometheus")
```

의존성을 추가한 마이크로서비스는 /actuator/prometheus URI 및 4004 포트로 프로메테우스 메트릭을 생성하게 된다.

TIP

> 18장에서는 마이크로서비스에서 노출하는 API 호출용 포트와 액추에이터가 사용하는 관리용 포트를 분리했다. '서비스 메시 관찰' 절을 참고한다.

프로메테우스가 엔드포인트를 인지할 수 있도록 다음과 같은 애노테이션을 각 마이크로서비스 포드에 적용한다.

```
annotations:
  prometheus.io/scrape: "true"
  prometheus.io/port: "4004"
  prometheus.io/scheme: http
  prometheus.io/path: "/actuator/prometheus"
```

TIP

> 각 컴포넌트 헬름 차트의 values.yaml 파일에 이 애노테이션을 추가했다. kubernetes/helm/components 를 참고한다.

메트릭을 어디에서 수집했는지 프로메테우스가 쉽게 식별할 수 있도록 메트릭을 생성한 마이크로서비스의 이름을 태그로 지정하자. 공통 구성 파일(config-repo/application.yml)에 다음과 같은 구성 항목을 추가한다.

```
management.metrics.tags.application: ${spring.application.name}
```

앞의 구성을 추가하면 생성된 각 메트릭에 application 레이블이 추가되며 표준 스프링 속성(spring.application.name) 값인 마이크로서비스의 이름이 레이블 값으로 설정된다.

메트릭 수집에 사용할 엔드포인트를 프로메테우스에 알리는 데 필요한 변경 작업과 마이크로서비스에서 성능 메트릭을 생성하는 데 필요한 모든 작업을 완료했다. 다음 절에서는 마이크로서비스를 빌드 및 배포한다.

⫶ 마이크로서비스 빌드 및 배포

test-em-all.bash 테스트 스크립트를 이용한 빌드, 배포, 검증은 19장의 '마이크로서비스 빌드 및 배포' 절에서 한 것과 똑같은 방법으로 수행한다. 다음과 같이 커맨드를 실행한다.

1. 다음 커맨드를 사용해 소스 코드로 도커 이미지를 빌드한다.

```
cd $BOOK_HOME/Chapter20
eval $(minikube docker-env)
./gradlew build && docker-compose build
```

2. hands-on 네임스페이스를 다시 생성하고 기본 네임스페이스로 설정한다.

```
kubectl delete namespace hands-on
kubectl apply -f kubernetes/hands-on-namespace.yml
kubectl config set-context $(kubectl config current-context)
--namespace=hands-on
```

3. 다음 커맨드로 헬름 차트의 의존성을 해결한다.

먼저 components 폴더의 의존성을 업데이트한다.

```
for f in kubernetes/helm/components/*; do helm dep up $f; done
```

다음으로 environments 폴더의 의존성을 업데이트한다.

```
for f in kubernetes/helm/environments/*; do helm dep up $f; done
```

4. 헬름을 사용해 시스템 환경을 배포하고 배포가 끝날 때까지 기다린다.

```
helm upgrade -install hands-on-dev-env-native \
   kubernetes/helm/environments/dev-env-native \
   -n hands-on --wait
```

5. 미니큐브 터널을 실행하고 있지 않다면 시작한다. 미니큐브 터널의 자세한 내용은 18장의 '이스티오 서비스에 대한 접근 설정' 절을 참고한다.

```
minikube tunnel
```

> **TIP**
>
> 이 커맨드를 실행하려면 sudo 권한이 있어야 하므로 터널을 시작하거나 종료할 때 암호를 입력해야 한다. 몇 초 정도 있다가 암호를 요구하므로 깜박하기 쉽다.

6. 배포 검증을 위해 다음 커맨드로 테스트를 실행한다.

```
./test-em-all.bash
```

실행 결과는 이전의 장들에서 본 것과 같다.

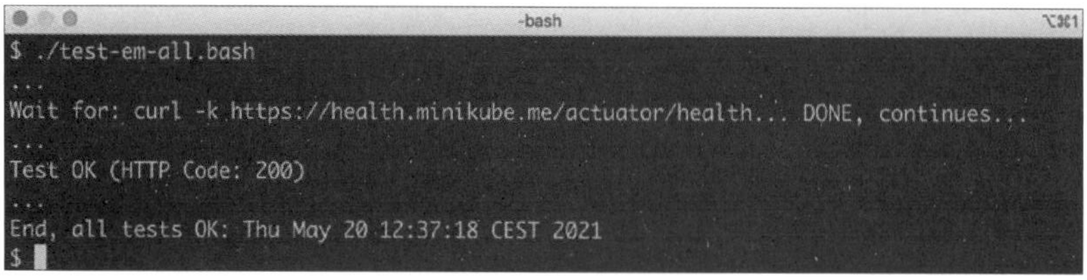

그림 20.2 전체 테스트 성공

마이크로서비스 배포를 완료했다. 이제 그라파나를 사용해 마이크로서비스를 모니터링하는 방법을 살펴보자.

⁝⁝ 그라파나 대시보드를 사용한 마이크로서비스 모니터링

앞서 언급했듯이 키알리는 유용한 대시보드를 제공한다. 일반적으로 대시보드는 초당 요청 수와 응답 시간, 요청 처리 중에 발생한 오류 비율과 같은 애플리케이션 수준의 성능 메트릭에 중점을 둔다. 곧 알게 되겠지만 애플리케이션 수준에서는 이런 메트릭이 매우 유용하다. 하지만 기반 하드웨어 자원의 사용량을 알고 싶다면 자바 VM에 대한 메트릭과 같은 더 자세한 메트릭이 필요하다.

그라파나는 재사용할 수 있는 대시보드를 활발하게 공유하는 커뮤니티를 갖고 있다. 이 절에서는 우리가 구현한 마이크로서비스와 같은 스프링 부트 2 애플리케이션에서 자바 VM과 관련된 메트릭을 얻을 때 사용할 수 있는 커뮤니티 대시보드를 시험하고 그라파나에 사용자 정의 대시보드를 만드는 방법을 살펴본다. 키알리와 그라파나에서 기본 제공하는 대시보드부터 살펴보자.

먼저 다음과 같은 준비 작업이 필요하다.

1. 테스트를 위해 로컬 메일 서버를 설치하고 그라파나가 경고 이메일을 보낼 수 있도록 구성한다. '그라파나 경고 설정' 절에서 여기서 설치한 메일 서버를 사용한다.
2. 메트릭 모니터링을 위해 이전의 장들에서 사용한 부하 테스트 도구를 시작한다.

테스트용 로컬 메일 서버 설치

이 절에서는 로컬 메일 서버를 설정하고 그라파나가 메일 서버로 경고 이메일을 보내도록 구성한다.

그라파나는 어떤 SMTP 메일 서버로도 이메일을 보낼 수 있지만, 로컬 테스트를 위해 maildev라는 테스트용 메일 서버를 설치한다. 다음 단계를 수행한다.

1. 다음 커맨드로 이스티오 네임스페이스에 테스트용 메일 서버를 설치한다.

```
kubectl -n istio-system create deployment mail-server --image maildev/
maildev:1.1.0
```

```
kubectl -n istio-system expose deployment mail-server --port=80,25
--type=ClusterIP
kubectl -n istio-system wait --timeout=60s --for=condition=ready pod -l
app=mail-server
```

2. 미니큐브 외부에서 메일 서버 웹 UI에 접근할 수 있게 하고자 이스티오 헬름 차트에 메일 서버에 대한 Gateway, VirtualService, DestinationRule 매니페스트 파일을 추가했다. kubernetes/helm/environments/istio-system/templates/expose-mail.yml 템플릿을 참고한다. helm upgrade 커맨드를 실행해 새 매니페스트 파일을 적용한다.

```
helm upgrade istio-hands-on-addons kubernetes/helm/environments/istio-system
-n istio-system
```

3. 웹 페이지(https://mail.minikube.me)에 접속해 테스트 메일 서버가 작동 중인지 확인한다. 다음과 같은 웹 페이지가 나타날 것이다.

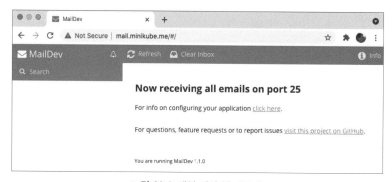

그림 20.3 메일 서버 웹 페이지

4. 테스트 메일 서버로 이메일을 보내도록 그라파나에 몇 가지 환경 변수를 설정해야 한다. 다음 커맨드를 실행한다.

```
kubectl -n istio-system set env deployment/grafana \
    GF_SMTP_ENABLED=true \
    GF_SMTP_SKIP_VERIFY=true \
    GF_SMTP_HOST=mail-server:25 \
    GF_SMTP_FROM_ADDRESS=grafana@minikube.me
```

```
kubectl -n istio-system wait --timeout=60s --for=condition=ready pod -l
  app=Grafana
```

ENABLE 변수로 그라파나가 이메일을 보낼 수 있도록 허용한다. SKIP_VERIFY 변수로 그라파나가 테스트 메일 서버의 SSL 검사를 건너뛰도록 지시한다. HOST 변수로 메일 서버의 주소를 지정하고 FROM_ADDRESS 변수로 메일의 '발신자' 주소를 지정한다.

TIP

메일 서버에 대한 자세한 정보는 다음 링크(https://hub.docker.com/r/maildev/maildev)를 참고한다.

이 절에서는 테스트 메일 서버를 작동하고 이메일을 보내도록 그라파나를 구성했다. 다음 절에서는 부하 테스트를 수행한다.

부하 테스트 실행

모니터링용 데이터를 생성하고자 이전의 장들에서 사용한 Siege를 사용해 부하 테스트를 시작한다. 다음 커맨드를 실행해 접근 토큰을 얻고 부하 테스트를 시작한다. 접근 토큰으로 권한을 부여한다.

```
ACCESS_TOKEN=$(curl -k https://writer:secret@minikube.me/oauth2/token -d
grant_type=client_credentials -s | jq .access_token -r)

echo ACCESS_TOKEN=$ACCESS_TOKEN

siege https://minikube.me/product-composite/1 -H "Authorization:
Bearer $ACCESS_TOKEN" -c1 -d1 -v
```

TIP

접근 토큰은 1시간 동안만 유효하다. 1시간이 지났다면 새로 받아야 한다.

이제 키알리 대시보드, 그라파나 대시보드와 이스티오의 그라파나 대시보드에 대해 알아보자.

키알리 내장 대시보드 사용

18장에서 키알리를 배웠지만, 키알리의 성능 메트릭은 다루지 않았다. 이 절에서 키알리의 성능 메트릭에 대해 알아본다.

다음 단계를 수행해 키알리 내장 대시보드에 대해 알아본다.

1. 웹 브라우저에서 다음 링크(http://kiali.minikube.me)에 접속해 키알리 웹 UI를 연다. 로그인을 요구하면 admin/admin으로 로그인한다.

2. 왼쪽 메뉴에서 **Workloads** 탭을 클릭해 워크로드 페이지로 이동한다.

3. **product-composite** 디플로이먼트를 클릭해 선택한다.

4. **product-composite** 페이지에서 **Outbound Metrics** 탭을 선택한다. 그림 20.4와 같은 화면이 나타난다.

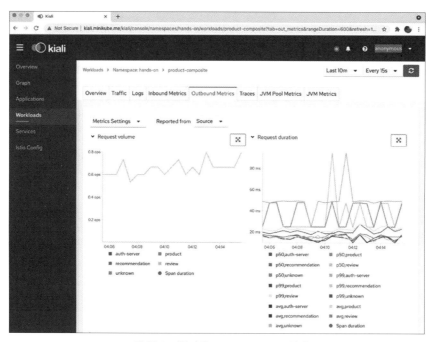

그림 20.4 키알리의 Outbound Metrics 화면

키알리는 전체 성능 그래프를 시각화해 보여주므로 매우 유용하다. 다양한 그래프가 있으니 자유롭게 살펴보길 바란다.

5. 그라파나에서 더 자세한 성능 메트릭을 볼 수 있다. 웹 브라우저에서 다음 링크(https://grafana.minikube.me)에 접속해 그라파나 웹 UI를 연다.

6. **Welcome to Grafana** 문구가 있는 환영 페이지가 나타날 것이다. 환영 문구 위의 **Home** 링크를 클릭하면 사용 가능한 여러 가지 대시보드를 볼 수 있다. Istio 폴더에는 18장에서 이스티오를 배포하면서 설치한 그라파나 대시보드가 있다. 이 폴더를 클릭해 확장하고 이름이 **Istio Mesh Dashboard**인 대시보드를 선택한다. 그림 20.5와 같은 웹 페이지가 나타날 것이다.

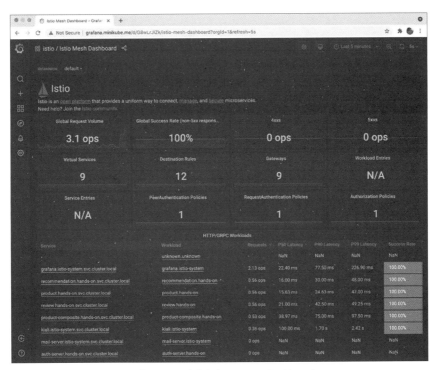

그림 20.5 그라파나의 Istio Mesh Dashboard

이 대시보드는 요청률, 응답 시간, 성공률 등 서비스 메시와 관련된 마이크로서비스에 대한 다양한 메트릭을 보여준다.

7. **product-composite** 서비스를 클릭해 사용할 수 있는 다양한 성능 메트릭 중 일부를 살펴보자. **product-composite** 서비스를 선택하면 이름이 **Istio Service Dashboard** 인 대시보드가 나타난다. 이 대시보드에는 메트릭 패널이 세 줄로 배열돼 있다. 이름이 **General**인 첫 줄을 확장해 서비스를 개괄하자. 웹 페이지는 그림 20.6과 같을 것이다.

그림 20.6 그라파나에서 다양한 마이크로서비스 메트릭 확인

나머지 두 줄을 확장하면 더 자세한 서비스 관련 메트릭을 살펴볼 수 있다. 자유롭게 살펴보자.

8. 이스티오가 제공하는 대시보드 목록으로 돌아가서 메트릭을 살펴보자. 사용 가능한 대시보드의 목록으로 돌아가려면 왼쪽 메뉴에서 대시보드 아이콘(사각형 4개)을 클릭한다.

앞서 언급했듯이 이스티오 대시보드는 애플리케이션 수준의 메트릭을 잘 개괄하지만 각 마이크로서비스의 하드웨어 사용량을 보여주지는 못한다. 다음 절에서는 기존 대시보드를 가져오는 방법을 배우며 스프링 부트 2 기반 애플리케이션의 자바 VM 메트릭을 보여주는 대시보드를 가져와 살펴본다.

기존 그라파나 대시보드 가져오기

앞에서 언급했듯이 재사용할 수 있는 대시보드를 공유하는 활동적인 그라파나 커뮤니티가 있으며, 다음 링크(https://grafana.com/grafana/dashboards)에 접속해 참여할 수 있다. 쿠버네티스 환경에서 실행 중인 스프링 부트 2 애플리케이션에서 다양한 JVM 관련 메트릭을 얻고자 이름이 **JVM (Micrometer) - Kubernetes - Prometheus by Istio**인 대시보드를 사용해보자. 이 대시보드는 다음 링크(https://grafana.com/grafana/dashboards/11955)에서 받을 수 있다. 다음 단계를 수행해 대시보드를 가져오자.

1. 다음 단계를 수행해 JVM(Micrometer) 대시보드를 가져온다.

    a. 그라파나 웹 페이지의 왼쪽 메뉴에서 + 기호를 클릭한 후 **Import**를 선택한다.

    b. **Import** 페이지의 **Import via grafana.com** 필드에 대시보드 ID인 11955를 입력하고 옆에 있는 **Load** 버튼을 클릭한다.

    c. **Import** 페이지가 나타나면 **Prometheus** 드롭다운 메뉴를 클릭한 다음 **Prometheus** 데이터 소스를 선택한다.

    d. **Import** 버튼을 클릭하면 JVM(Micrometer) 대시보드를 가져와 표시하게 된다.

2. 다음 단계를 수행해 JVM(Micrometer) 대시보드를 검토한다.

    a. 메트릭을 자세히 살펴보려면 오른쪽 상단의 시간 선택기에서 **Last 5 minutes**를 선택하고 오른쪽에 있는 드롭다운에서 새로 고침 빈도를 **5s**로 선택한다.

    b. 페이지 왼쪽 상단에 있는 **Application** 드롭다운 메뉴에서 **product-composite** 마이크로서비스를 선택한다.

    c. 백그라운드에서 Siege로 부하 테스트를 실행하고 있기 때문에 많은 양의 메트릭이 나타난다.

그림 20.7 그라파나에서 자바 VM 메트릭 검토

이 대시보드에서는 CPU, 메모리, 힙^{heap}, I/O 사용량과 같은 모든 유형의 자바 VM 관련 메트릭과 초당 요청 수, 평균 지속 시간, 오류율과 같은 HTTP 관련 메트릭을 볼 수 있다. 다양한 메트릭을 자유롭게 탐색해보자.

빨리 대시보드를 사용하고 싶을 때는 기존 대시보드를 가져오는 것이 매우 유용하지만, 사용자 정의 대시보드를 만드는 방법을 배우는 것이 더 중요하다. 다음 절에서는 대시보드를 만드는 방법을 배운다.

사용자 정의 그라파나 대시보드 개발

그라파나 대시보드 개발은 간단하게 시작할 수 있는데, 우선은 프로메테우스가 어떤 메트릭을 제공하는지 아는 것이 중요하다.

이 절에서는 사용할 수 있는 메트릭을 찾는 방법을 배우고, 이를 바탕으로 더욱 흥미로운 메트릭을 모니터링하는 대시보드를 만들 것이다.

프로메테우스 메트릭 검토

앞선 '애플리케이션 메트릭 수집을 위한 소스 코드 변경' 절에서 마이크로서비스의 메트릭을 수집하도록 프로메테우스를 구성했다. 이때 사용한 엔드포인트를 직접 호출하면 프로메테우스가 수집하는 메트릭을 확인할 수 있다. 다음 커맨드를 실행한다.

```
curl https://health.minikube.me/actuator/prometheus -ks
```

커맨드를 실행하면 그림 20.8과 같은 많은 양의 결과가 출력된다.

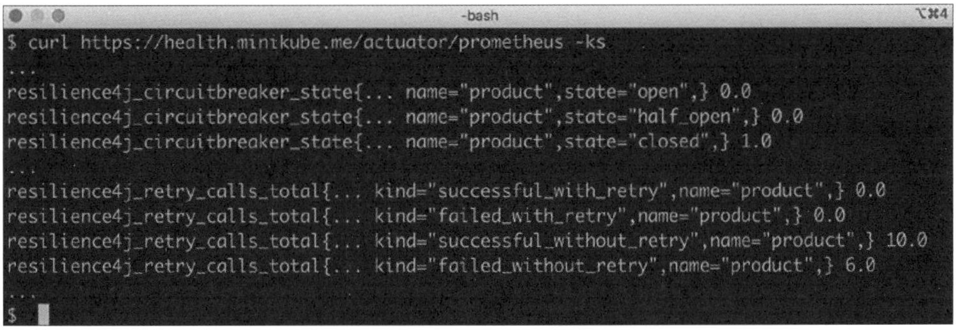

그림 20.8 프로메테우스 메트릭

출력된 모든 메트릭을 살펴보면 꽤 흥미로운 두 가지 메트릭을 찾을 수 있다.

- resilience4j_circuitbreaker_state: Resilience4j 서킷 브레이커의 상태를 보고한다.

- resilience4j_retry_calls: Resilience4j 재시도 메커니즘의 작동 내용을 보고한다. 이 메트릭은 재시도 후 성공 및 실패한 호출과 재시도 없이 성공 및 실패한 호출의 수를 보고한다.

각 메트릭에는 마이크로서비스의 이름이 `application`이라는 레이블이 있다. 이 레이블은 '애플리케이션 메트릭 수집을 위한 소스 코드 변경' 절에서 추가한 구성 항목(`management.metrics.tags.application`)에 의해 설정된 것이다.

지금까지 살펴본 대시보드 중에는 Resilience4j 메트릭을 이용한 것이 없었다. 다음 절에서는 Resilience4j 메트릭에 대한 대시보드를 만든다.

대시보드 생성

이 절에서는 앞 절에서 설명한 Resilience4j 메트릭을 시각화하는 대시보드를 만든다.

다음 단계를 수행해 대시보드를 설정한다.

- 빈 대시보드 생성

- 서킷 브레이커 메트릭을 위한 새 패널 생성

- 재시도 메트릭을 위한 새 패널 생성

- 패널 정렬

빈 대시보드 생성

다음 단계를 수행해 빈 대시보드를 생성한다.

1. 그라파나 웹 페이지의 왼쪽 메뉴에서 + 기호를 클릭한 후 **Dashboard**를 선택한다.

2. **New dashboard**라는 이름의 웹 페이지가 표시된다.

그림 20.9 그라파나에서 새 대시보드 생성

3. 그림 20.9에 표시된 메뉴에서 대시보드 설정 버튼(기어 모양 아이콘)을 클릭한 후 다음 단계를 수행한다.

a. **Name** 필드에 대시보드 이름으로 Hands-on Dashboard를 입력한다.

b. 웹 페이지 왼쪽 상단에 있는 뒤로 가기 버튼을 클릭한다(웹 브라우저의 뒤로 가기 버튼이 아니다).

4. 시간 선택기를 클릭해 **Last 5 minutes**를 선택한다.

5. 오른쪽에 있는 새로 고침 빈도 아이콘을 클릭하고 새로 고침 빈도를 **5s**로 설정한다.

서킷 브레이커 메트릭을 위한 새 패널 생성

다음 단계를 수행해 서킷 브레이커 메트릭을 위한 새 패널을 생성한다.

1. **+Add new panel** 버튼을 클릭한다.

   새 패널을 구성할 수 있는 페이지가 나타난다.

2. 오른쪽의 **Panel** 탭에 있는 **Panel title**에 Circuit Breaker를 입력한다.

3. 왼쪽 아래 **Query** 패널의 **A** 문자 아래의 쿼리 필드에 **닫힘** 상태의 서킷 브레이커 메트릭을 의미하는 쿼리를 입력한다. resilience4j_circuitbreaker_state{state="closed"}를 입력하면 된다.

4. **Legend** 필드에는 {{state}}를 입력한다. 이렇게 입력하면 관련 마이크로서비스의 이름과 네임스페이스가 패널에 범례로 표시된다.

   값을 입력한 화면은 그림 20.10과 같다.

그림 20.10 그라파나에서 서킷 브레이커 메트릭 지정

5. 하단의 **+ Query** 버튼을 클릭하고 **B** 문자 아래의 쿼리 필드에 **열림** 상태에 대한 쿼리를 입력한다. 쿼리 필드에 resilience4j_circuitbreaker_state{state="open"}를 입력하고 **Legend** 필드에는 {{state}}를 입력한다.

6. 하단의 **+ Query** 버튼을 클릭하고 **C** 문자 아래익 쿼리 필드에 **반열림** 상태에 대한 쿼리를 입력한다. 쿼리 필드에 `resilience4j_circuitbreaker_state{state="half_open"}`를 입력하고 **Legend** 필드에는 `{{state}}`를 입력한다.

7. 페이지 왼쪽 상단의 뒤로 가기 버튼을 클릭해 대시보드로 돌아간다.

재시도 메트릭을 위한 새 패널 생성

앞 절에서 서킷 브레이커 메트릭을 위한 패널을 추가했을 때와 같은 과정을 반복하며, 메트릭 이름만 재시도 메트릭 이름으로 변경한다.

1. 최상위 메뉴에서 **Add panel** 버튼(더하기 기호가 있는 차트 아이콘)을 클릭해 새 패널을 만들고 새 패널에서 **Add new panel**을 클릭한다.

2. **Panel title**에 `Retry`를 입력한다.

3. 쿼리 필드의 **A** 문자 아래에 `rate(resilience4j_retry_calls_total[30s])`를 입력한다.

   재시도 메트릭과 같이 값이 증가하기만 하는 카운터는 매력적인 모니터링 대상이 아니다. 재시도 메트릭을 초당 재시도율로 변환하고자 **rate** 함수를 사용하며, **rate** 함수에서 재시도율의 평균값을 계산할 때 사용할 시간 범위를 30초로 지정했다.

4. **Legend** 필드에는 `{{kind}}`를 입력한다.

   앞에서 확인한 재시도 메커니즘과 관련된 프로메테우스 엔드포인트가 4개이므로 메트릭도 4개다. 범례로 각 메트릭을 구분하고자 kind 속성을 추가했다.

5. 그라파나는 입력한 값을 바탕으로 바로 패널 편집기에 그래프를 그린다.

6. 뒤로 가기 버튼을 클릭해 대시보드로 돌아간다.

패널 정렬

다음 단계를 수행해 대시보드의 패널을 정렬한다.

1. 오른쪽 아래의 모서리를 원하는 크기로 드래그해 패널 크기를 조정할 수 있다.

2. 패널 헤더를 드래그해 패널을 이동할 수 있다.

그림 20.11과 같이 두 패널을 정렬하자.

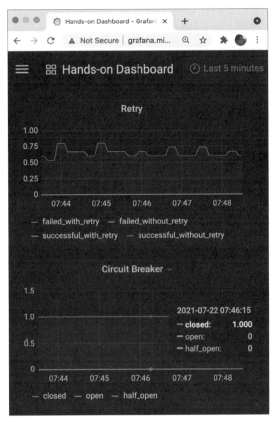

그림 20.11 그라파나에서 패널 이동 및 크기 조절

백그라운드에서 실행 중인 Siege가 생성한 메트릭이므로 **Retry** 패널은 **success_ without_retry** 메트릭을 보고하고 **Circuit Breaker** 패널은 닫힘 상태임을 보고(정상 동작 중, closed=1, open=0, half_open=0)하고 있다(다음 절에서는 바뀔 것이다).

3. 마지막으로, 페이지 상단의 **Save** 버튼을 클릭한다. **Save dashboard as...** 대화 상자가 나타나면 이름이 **Hands-on Dashboard**가 맞는지 확인하고 **Save** 버튼을 클릭한다.

생성한 대시보드는 바로 사용할 수 있다. 다음 절에서는 두 가지 메트릭을 테스트해본다.

새 대시보드 테스트

부하 테스트 도구(Siege)를 중지한 후에 새 대시보드를 테스트해야 한다. Siege를 중지하려면 Siege를 실행하고 있는 커맨드라인에서 **Ctrl+C**를 누른다.

먼저 서킷 브레이커 메트릭을 테스트하고 재시도 메트릭을 테스트하자.

서킷 브레이커 메트릭 테스트

서킷 브레이커를 강제로 열면 서킷 브레이커의 상태는 **closed**에서 **open**으로 바뀌며, 결국 **half-open**으로 바뀐다. 이런 상태 변화를 서킷 브레이커 패널에서 확인해보자.

13장의 '서킷 브레이커 및 재시도 메커니즘 테스트' 절에서 했던 것처럼 오류를 발생시키는 API를 연속으로 여러 번 호출해 서킷을 열자. 다음 커맨드를 실행한다.

```
ACCESS_TOKEN=$(curl -k https://writer:secret@minikube.me/oauth2/token
-d grant_type=client_credentials -s | jq .access_token -r)

echo ACCESS_TOKEN=$ACCESS_TOKEN

for ((n=0; n<4; n++)); do curl -o /dev/null -skL -w "%{http_code}\n"
https://minikube.me/product-composite/1?delay=3 -H "Authorization:
Bearer $ACCESS_TOKEN" -s; done
```

500으로 세 번 응답한 후 200으로 응답할 것이다. 오류가 연속으로 세 번 발생했으므로 서킷 브레이커가 열린다. 마지막 200 응답은 product-composite 마이크로서비스에서 서킷이 열린 것을 감지하고 **빠른 실패** 로직을 적용한 결과다.

> **TIP**
>
> 드물지만 대시보드를 만든 직후에는 서킷 브레이커 메트릭이 그라파나에 표시되지 않을 수 있다. 1분 후에도 표시되지 않으면 앞의 커맨드를 재실행해 서킷 브레이커를 다시 연다.

closed 상태 값은 0이 되고 **open** 상태 값은 1이 됐을 것이다. 이는 서킷이 열린 상태라는 것을 나타낸다. 10초 후에는 서킷이 반열림 상태로 바뀐다. 즉 **half-open** 메트릭 값은 1이 되고 **open** 메트릭 값은 0이 된다. 이제 테스트용 요청을 보내서 서킷을 열리게 한 문제가 사라졌는지 확인할 수 있다.

다음 커맨드로 정상 응답하는 API를 연속으로 세 번 호출해 서킷 브레이커를 닫는다.

```
for ((n=0; n<4; n++)); do curl -o /dev/null -skL -w "%{http_code}\n"
https://minikube.me/product-composite/1?delay=0 -H "Authorization:
Bearer $ACCESS_TOKEN" -s; done
```

모두 200으로 응답할 것이다. 서킷이 닫혔기 때문에 서킷 브레이커 메트릭은 정상 상태로 돌아간다. 즉 **closed** 메트릭 값이 **1**이 된다.

테스트를 수행한 후 그라파나 대시보드를 보면 그림 20.12와 같을 것이다.

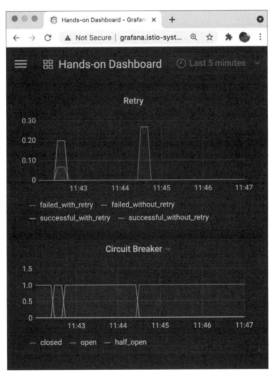

그림 20.12 그라파나에서 재시도 메트릭과 서킷 브레이커 메트릭 확인

그림 20.12를 보면 재시도 메커니즘 메트릭에서도 성공 및 실패를 확인할 수 있다. 예상한 바와 같이 서킷 브레이커가 열리면 재시도 없이 모든 요청이 실패하고 서킷 브레이커가 닫히면 모든 요청이 재시도 없이 성공한다.

지금까지 서킷 브레이커 메트릭의 동작을 확인했다. 이제 재시도 메트릭의 동작을 확인해 보자.

TIP

서킷 브레이의 상태를 확인하려면 다음 커맨드를 실행하면 된다.

```
curl -ks https://health.minikube.me/actuator/health
| jq -r .components.circuitBreakers.details.product.details.state
```

상태에 따라 CLOSED, OPEN, HALF_OPEN을 출력한다.

재시도 메트릭 테스트

이전의 장들에서 사용한 faultPercentage 매개 변수를 사용해 재시도 메커니즘을 트리거 trigger한다. 서킷 브레이커를 트리거하지 않으려면 매개 변수에 비교적 낮은 값을 사용해야 한다. 다음 커맨드를 실행한다.

```
while true; do curl -o /dev/null -s -L -w "%{http_code}\n" -H
"Authorization: Bearer $ACCESS_TOKEN" -k https://minikube.me/product-
composite/1?faultPercent=10; sleep 3; done
```

이 커맨드는 3초마다 한 번씩 API를 호출한다. 재시도 메커니즘이 동작해 실패한 요청을 재시도하도록 요청 실패율을 10%로 지정한다.

몇 분 후 대시보드를 확인하면 그림 20.13과 같은 메트릭을 볼 수 있다.

그림 20.13을 보면 대부분의 요청이 재시도 없이 잘 실행됐다는 것을 알 수 있다. 요청의 10% 정도가 재시도 메커니즘에 의해 재시도됐으며, 성공적으로 실행됐다. 다음 절로 이동하기 전에 재시도 테스트를 위해 실행했던 요청 루프를 중지한다.

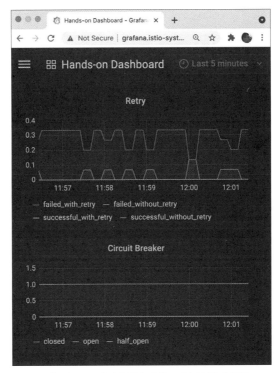

그림 20.13 그라파나에서 재시도 테스트 결과 확인

다음 절에서는 대시보드를 내보내고 가져오는 방법을 배운다.

그라파나 대시보드 내보내기 및 가져오기

보통 대시보드를 생성한 후에는 다음 두 가지 작업을 수행한다.

- 대시보드 정의를 깃 저장소에 소스 코드로 저장

- 대시보드를 다른 그라파나 인스턴스(예: QA 및 프로덕션 환경용 인스턴스)로 이동

이런 작업을 수행하고자 그라파나 API를 사용해 대시보드를 내보내고 가져오자. 그라파나 인스턴스가 하나뿐이므로 다음과 같은 과정을 거쳐보자.

1. 대시보드를 JSON 파일로 내보내기

2. 대시보드 삭제

3. JSON 파일에서 대시보드 가져오기

이 단계를 수행하기 전에 대시보드에서 사용하는 두 가지 유형의 ID를 이해해야 한다.

- id: 그라파나 인스턴스 안에서만 고유한 자동 증가^{auto-incremented} 식별자다.

- uid: 여러 그라파나 인스턴스에서 사용할 수 있는 고유 식별자다. 대시보드에 접근할 때 사용하는 URL의 일부가 된다. 즉 대시보드 uid가 같게 유지한다면 대시보드 링크 또한 유지된다. uid는 대시보드를 생성할 때 그라파나가 임의로 생성한다.

id 필드를 설정하고 대시보드를 가져오면 그라파나는 대시보드를 업데이트하려고 시도한다. 따라서 아직 대시보드를 설치하지 않은 그라파나 인스턴스에서 가져오기를 테스트하고자 한다면 id 필드를 null로 설정해야 한다.

다음 작업을 수행해 대시보드를 내보낸 후 다시 가져온다.

1. 대시보드의 uid를 식별한다.

   uid 값은 대시보드가 표시되는 웹 브라우저의 URL에서 찾을 수 있다. URL의 예는 다음과 같다.

   ```
   https://grafana.minikube.me/d/YMcDoBg7k/hands-on-dashboard
   ```

2. 위 URL에서 식별한 uid는 YMcDoBg7k다. 터미널 창에서 해당 값을 가진 변수를 만든다. 다음 커맨드를 실행한다.

   ```
   ID=YMcDoBg7k
   ```

3. 다음 커맨드를 사용해 대시보드를 JSON 파일로 내보낸다.

```
curl -sk https://grafana.minikube.me/api/dashboards/uid/$ID | jq
'.dashboard.id=null' > "Hands-on-Dashboard.json"
```

curl 커맨드는 대시보드를 JSON 형식으로 내보낸다. jq 커맨드로 id 필드를 null로 설정하고 jq 커맨드의 출력을 Hands-on-Dashboard.json 파일에 기록한다.

4. 대시보드 삭제

   왼쪽 메뉴에서 **Dashboards** 메뉴와 **Manage** 메뉴를 선택한다. 대시보드 목록에서 **Hands-on Dashboard** 대시보드를 찾은 후 체크박스를 클릭해 선택한다. 빨간색 **Delete** 버튼이 표시된다. **Delete** 버튼을 클릭하면 확인 대화 상자가 나타난다. 확인 대화 상자에 있는 **Delete** 버튼을 클릭해 대시보드를 삭제한다.

5. 다음 커맨드로 JSON 파일을 사용해 대시보드를 다시 생성한다.

```
curl -i -XPOST -H 'Accept: application/json' -H 'Content-Type:
application/json' -k \
    'https://grafana.minikube.me/api/dashboards/db' \
    -d @Hands-on-Dashboard.json
```

대시보드에 접근할 때 사용한 URL(https://grafana.minikube.me/d/YMcDoBg7k/hands-on-dashboard)은 여전히 유효하다.

6. 대시보드를 삭제한 후 다시 가져왔으므로 메트릭에서 볼 수 있는 내용이 이전과 같은지 확인한다. '재시도 메트릭 테스트' 절에서 시작한 요청 루프가 계속 실행 중이므로 해당 절에서 본 것과 같은 메트릭을 보고해야 한다.

   TIP

   > Grafana API에 대한 자세한 내용은 다음 링크(https://grafana.com/docs/grafana/v7.2/http_api/dashboard/#get-dashboard-by-uid)를 참고한다.

다음 절로 이동하기 전에, 요청 루프가 실행되는 터미널 창에서 **Ctrl + C**를 눌러 재시도 테스트를 위해 실행했던 요청 루프를 중지한다.

다음 절에서는 앞의 메트릭을 바탕으로 그라파나에 경고를 설정하는 방법을 배운다.

그라파나 경고 설정

서킷 브레이커 메트릭 및 재시도 메트릭을 모니터링하는 기능은 중요하다. 그러나 이런 메트릭에 대한 자동 경고를 정의하는 기능이 더 중요하다. 자동 경고를 사용하면 수동으로 메트릭을 모니터링할 필요가 없다.

그라파나는 경고를 정의하고 여러 채널로 알림을 보내는 기능을 기본 지원한다. 이 절에서는 서킷 브레이커에 경고를 정의하고 경고가 발생하면 테스트 메일 서버로 이메일을 보내도록 그라파나를 구성한다. 테스트용 로컬 메일 서버는 '테스트용 로컬 메일 서버 설치' 절에서 설치한 바 있다.

TIP

> 20장에서 사용하는 그라파나 버전에서 지원하는 다른 유형의 채널에 대해서는 다음 링크(https://grafana. com/docs/grafana/v7.2/alerting/notifications/#list-of-supported-notifiers)를 참고한다.

다음 절에서는, 이어지는 절에서 경고를 정의할 때 사용할 메일 기반 알림 채널을 정의한다.

메일 기반 알림 채널 정의

다음 단계를 수행해 그라파나에 메일 기반 알림 채널을 구성한다.

1. 그라파나 웹 페이지의 왼쪽 메뉴에서 알림 메뉴(아이콘이 종 모양인 버튼)를 선택한 후 **Notification channels**를 선택한다.

2. **Add channel** 버튼을 클릭한다.

3. **Name** 필드에 mail을 입력한다.

4. **Email** 유형을 선택한다.

5. 원하는 이메일 주소를 입력한다. 이메일은 입력한 이메일 주소와 상관없이 테스트 메일 서버로 전송된다.

6. Notification settings를 확장한 후 Default(Use this notification for all alerts)를 선택한다.

   알림 채널 구성은 그림 20.14와 같다.

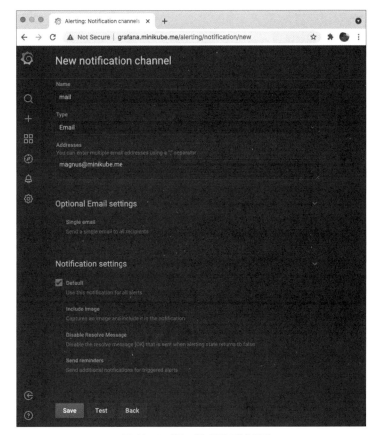

그림 20.14 메일 기반 알림 채널 정의

7. **Test** 버튼을 클릭해 테스트 메일을 보낸다.

8. **Save** 버튼을 클릭한다.

9. 왼쪽 메뉴에서 **Dashboard** 버튼을 클릭한 후 **Manage** 메뉴로 들어간다.

10. 목록에서 **Hands-on Dashboard**를 선택해 대시보드로 이동한다.

11. 테스트 메일 서버의 웹 페이지에 접속해 테스트 이메일이 왔는지 확인한다. 그림 20.15
    와 같이 이메일을 수신해야 한다.

그림 20.15 메일 서버의 웹 페이지에서 테스트 이메일 확인

알림 채널 설정을 완료했다. 이제 서킷 브레이커에 경고를 설정하자.

서킷 브레이커에 경고 설정

이 절에서는 서킷 브레이커를 위한 경고를 생성하고, 이후에 발생하는 경고 이벤트를 보기
위한 경고 목록을 대시보드에 추가한다.

다음 단계를 수행해 서킷 브레이커를 위한 경고를 생성한다.

1. **Hands-on Dashboard**에서 **Circuit Breaker** 패널의 헤더를 클릭하면 드롭다운 메뉴
   가 나타난다.

2. **Edit** 메뉴를 선택한다.

3. 탭 목록에서 **Alert** 탭(아이콘이 종 모양인 탭)을 선택한다.

4. **Create Alert** 버튼을 클릭한다.

5. **Evaluate every** 필드에 10s를 입력한다.

6. **For** 필드에 `0m`을 입력한다.

7. **Conditions** 항목에는 다음과 같은 값을 입력한다.

   ○ **WHEN** 필드에서 `max()`를 선택한다.

   ○ **OF** 필드에 `query(A, 10s, now)`를 입력한다.

   ○ **IS ABOVE**를 **IS BELOW**로 변경하고 값을 `0.5`로 설정한다.

   이렇게 설정하면 지난 10초 사이에 닫힘 상태(A 변수와 관련된)가 0.5 아래로 내려가면 경고가 발생한다. 서킷 브레이커가 닫히면 이 변수의 값은 1이고 그렇지 않으면 0이다. 따라서 서킷 브레이커가 닫힘 상태가 아니라면 경고가 발생한다.

8. **Notifications** 섹션까지 스크롤을 내린 후 알림이 기본 알림 채널, 즉 앞에서 정의한 메일 채널로 전송되는지 확인한다. 경고 정의는 그림 20.16과 같다.

그림 20.16 그라파나에서 경고 설정

9. 오른쪽 위의 **Save** 버튼을 클릭하고 메모로 `Added an alarm`을 입력한 다음 **Save** 버튼을 클릭한다.

10. 뒤로 가기 버튼을 클릭해 대시보드로 돌아간다.

이제 경고 목록을 생성해보자. 다음 단계를 수행한다.

1. 최상위 메뉴에서 **Add panel** 버튼을 클릭한다.

2. 새 패널에서 **Add new panel** 버튼을 클릭한다.

3. 오른쪽의 **Panel** 탭에서 **Settings** 행을 확장히고 페널 제목에 `Circuit Breaker Alerts`를 입력한다.

4. **Settings** 행 아래의 **Visualization** 행을 확장하고 **Alert list**를 선택한다.

5. **Options** 행 아래의 **Show** 필드를 **Recent state changes**로 설정하고 **Max items**에 `10`을 입력한다. 또한, **Alerts from this dashboard** 옵션을 활성화한다.

   설정은 그림 20.17과 같을 것이다(일부 관련 없는 정보는 생략했다).

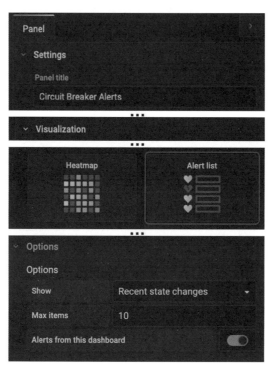

그림 20.17 그라파나에서 경고 목록 설정

6. 뒤로 가기 버튼을 클릭해 대시보드로 돌아간다.

7. 필요하다면 패널을 다시 정렬한다.

8. 메모로 `Added an alert list`를 입력한 다음 대시보드를 저장한다.

경고 목록을 추가한 후 대시보드를 확인하면 그림 20.18과 같다.

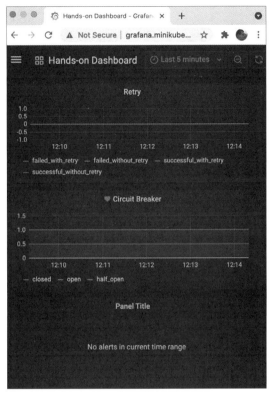

그림 20.18 재시도, 서킷 브레이커, 경고 패널 배치

서킷 브레이커 패널에서는 녹색 하트로 메트릭이 정상임을 표시하고 있으며, 경고 목록은 현재 비어 있다.

이제 경고를 테스트해보자.

서킷 브레이커 경고 테스트

이 절에서는 '서킷 브레이커 메트릭 테스트' 절에서 수행한 테스트를 다시 수행해 경고 발생 및 이메일 발송을 확인한다.

1. 필요하다면 새 접근 토큰을 획득한다(1시간 동안 유효).

```
ACCESS_TOKEN=$(curl -k https://writer:secret@minikube.me/oauth2/
token -d grant_type=client_credentials -s | jq .access_token -r)

echo ACCESS_TOKEN=$ACCESS_TOKEN
```

2. 앞에서 했던 것처럼 서킷 브레이커를 연다.

```
for ((n=0; n<4; n++)); do curl -o /dev/null -skL -w "%{http_
code}\n" https://minikube.me/product-composite/1?delay=3 -H
"Authorization: Bearer $ACCESS_TOKEN" -s; done
```

대시보드는 이전과 같이 서킷이 열려 있다고 보고할 것이며, 몇 초 후에는 경고가 발생하고 이메일이 전송될 것이다. 대시보드를 확인하면 그림 20.19와 같을 것이다.

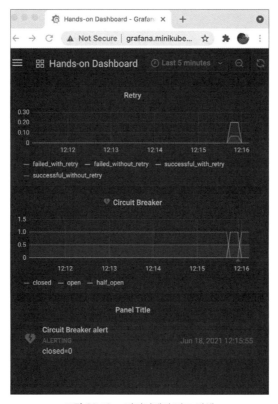

그림 20.19 그라파나에서 경고 발생

서킷 브레이커 패널의 헤더에 있는 경고 아이콘이 빨간색의 깨진 하트 모양으로 변경됐다. 빨간색 선으로 경고 이벤트가 발생한 시간과 경고 목록에 경고가 추가됐다는 것을 나타낸다.

3. 테스트 메일 서버에 접속해 다음 그림과 같이 이메일을 수신했는지 확인한다.

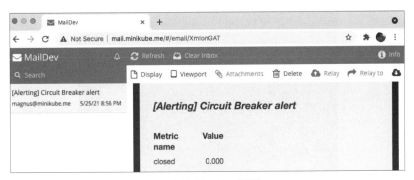

그림 20.20 경고 이메일

4. 예상대로 경고가 발생한 것을 확인했다. 이제 서킷을 닫아서 정상 상태로 되돌리자. 다음 커맨드를 실행한다.

```
for ((n=0; n<3; n++)); do curl -o /dev/null -skL -w "%{http_code}\n"
https:// minikube.me/product-composite/2?delay=0 -H "Authorization:
Bearer $ACCESS_ TOKEN" -s; done
```

closed 메트릭 값이 **1**로 변경되고 경고가 녹색으로 바뀌면 정상 상태로 돌아온 것이다.

대시보드를 확인하면 그림 20.21과 같다.

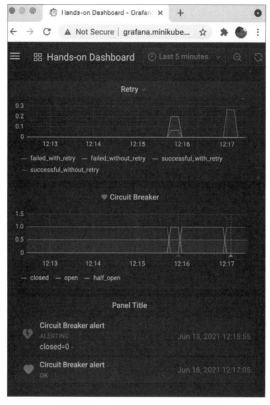

그림 20.21 그라파나에서 오류 해결 확인

서킷 브레이커 패널의 헤더에 있는 경고 아이콘이 녹색으로 돌아왔다. 녹색선으로 OK 이벤트가 발생한 시간과 경고 목록에 OK 이벤트가 추가됐다는 것을 나타낸다.

5. 테스트 메일 서버에 접속해 그림 20.22와 같이 이메일을 수신했는지 확인한다.

그림 20.22 오류가 해결됐음을 알리는 이메일

이것으로 프로메테우스 및 그라파나를 사용한 마이크로서비스 모니터링을 마무리한다.

⋮⋮⋮ 요약

20장에서는 프로메테우스와 그라파나를 사용해 성능 메트릭을 수집 및 모니터링하고 경고를 구성하는 방법을 배웠다.

프로메테우스를 사용해 쿠버네티스 환경의 성능 메트릭을 수집한다는 것을 배웠으며, 포드 정의에 몇 가지 프로메테우스 애노테이션을 추가해 프로메테우스가 자동으로 포드 메트릭을 수집하게 했다. 마이크로서비스의 메트릭을 생성하고자 마이크로미터를 사용하는 방법도 배웠다.

이스티오와 함께 설치한 키알리 대시보드 및 그라파나 대시보드를 사용해 수집된 메트릭을 모니터링하는 방법을 살펴봤다. 또한 그라파나 커뮤니티에서 공유하는 그라파나 대시보드를 사용하는 방법을 경험해봤으며 Resilience4j의 메트릭을 사용해 서킷 브레이커 및 재시도 메커니즘을 모니터링하는 사용자 정의 대시보드를 개발하는 방법을 배웠다. 그라파나 API를 사용하면 생성한 대시보드를 내보내고 다른 그라파나 인스턴스로 가져올 수 있다.

마지막으로, 그라파나 메트릭에 대한 경고를 정의하는 방법과 그라파나를 사용해 알림을 보내는 방법을 배웠으며, 테스트용 로컬 메일 서버를 사용해 그라파나가 이메일로 보낸 알림을 수신했다.

이미 잘 알고 있겠지만, 21장과 22장에서는 맥이나 윈도우 PC에 도구를 설치하는 방법에 대해 다루며 이 책의 마지막 23장에서는 아직 베타 단계에 있는 **스프링 네이티브** 프로젝트를 사용해 자바 기반 마이크로서비스를 바이너리 실행 파일로 컴파일하는 방법을 소개한다. 이 방법을 사용하면 1초 이내에 마이크로서비스를 시작할 수 있지만 복잡도가 높아지고 빌드 시간이 길어진다.

1. 메트릭을 생성해 프로메테우스가 수집하게 하려면 마이크로서비스의 소스 코드를 어떻게 변경해야 하는가?

2. `management.metrics.tags.application` 구성 매개 변수를 사용하는 이유는 무엇인가?

3. CPU 사용률이 높은 경우를 분석해야 한다면 어떤 대시보드를 참고할 것인가?

4. API 응답이 느린 경우를 분석해야 한다면 어떤 대시보드를 참고할 것인가?

5. Resilience4j의 재시도 메트릭과 같은 카운터 기반 메트릭의 문제점은 무엇인가? 더 간편한 모니터링 방법이 있다면 무엇인가?

6. 그림 20.23에서 무슨 일이 발생했는가?

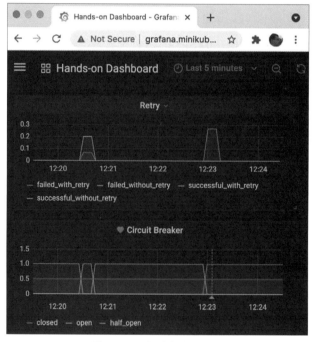

그림 20.23 무슨 일이 발생했는가?

흑백으로 인쇄된 그림으로는 메트릭의 내용을 파악하기 어려울 수 있다. 다음 내용을 참고하라.

a. 서킷 브레이커는 다음과 같이 상태 변화를 보고했다.

    1. 반열림 → 열림

    2. 열림 → 반열림

    3. 반열림 → 닫힘

b. 재시도 메커니즘은 다음과 같이 보고했다.

    1. 처음 요청 처리에 문제가 생겼을 때는 대부분이 failed_without_retry를 보고했고, 일부만 successful_without_retry를 보고했다.

    2. 두 번째로 요청 처리에 문제가 생겼을 때는 모두가 successful_without_retry를 보고했다.

21

맥OS용 설치 지침

21장에서는 이 책에서 사용하는 커맨드를 인텔 CPU 기반 맥OS에서 실행할 때 필요한 도구의 설정 방법과 소스 코드를 다운로드하는 방법을 배운다.

21장에서는 다음과 같은 내용을 다룬다.

- 기술 요구 사항

- 도구 설치

- 소스 코드 다운로드

TIP

윈도우 OS 사용자라면 22장을 참고한다.

⫶ 기술 요구 사항

이 책에서 설명하는 모든 커맨드는 맥OS 빅서^{Big Sur}가 설치된 맥북 프로^{MacBook Pro}에서 실행되며 **배시**^{bash} 셸^{shell}을 사용한다.

zsh 등의 셸을 사용하고 있다면 이 책의 커맨드를 실행하기 전에 배시로 전환하는 것을 권장한다. 다음 커맨드를 실행해 전환한다.

```
/bin/bash
```

TIP

21장에서 설명하는 커맨드는 애플 실리콘(Apple Silicon) 기반 맥OS에서도 실행된다. 실행되지 않는 경우에는 도구 설치 절의 다운로드 및 설치 지침 링크를 참고한다.

⫶ 도구 설치

이 절에서는 도구를 설치하고 구성하는 방법을 배운다. 설치해야 하는 도구 목록은 다음과 같다. 필요한 경우 다운로드 및 설치에 대한 추가 정보 링크를 참고한다.

- 깃: https://git-scm.com/downloads

- **맥용 도커 데스크톱**: https://hub.docker.com/editions/community/docker-ce-desktop-mac/

- **자바**: https://adoptopenjdk.net/installation.html

- curl: https://curl.se/download.html

- jq: https://stedolan.github.io/jq/download/

- **스프링 부트 CLI**: https://docs.spring.io/spring-boot/docs/2.5.2/reference/html/getting-started.html#getting-started.installing.cli

- Siege: https://github.com/JoeDog/siege#where-is-it

- **헬름**: https://helm.sh/docs/intro/install/

- **kubectl**: https://kubernetes.io/docs/tasks/tools/install-kubectl-macos/

- **미니큐브**: https://minikube.sigs.k8s.io/docs/start/

- **Istioctl**: https://istio.io/latest/docs/setup/getting-started/#download

이 책을 쓸 때 사용한 각 도구의 버전은 다음과 같다.

- **깃**: v2.24.3

- **맥용 도커 데스크톱**: v3.3.1

- **자바**: v16.0.1

- **curl**: v7.64.1

- **jq**: v1.6

- **스프링 부트 CLI**: v2.5.2

- **Siege**: 4.0.7

- **헬름**: 3.4.2

- **kubectl**: 1.20.5

- **미니큐브**: 1.18.1

- **Istioctl**: 1.9.3

대부분의 도구는 **홈브루**^{Homebrew} 패키지 관리자(https://brew.sh/)로 설치할 수 있으므로 먼저 홈브루를 설치하자. 홈브루를 사용해 대부분의 도구를 설치한 다음 나머지 도구를 설치하고 마무리한다.

최신 버전만 설치하면 될 경우 홈브루로도 충분하지만 버전 제어가 필요한 도구는 홈브루로 관리하기 어렵다. 미니큐브나 kubectl, istioctl은 서로 호환되는 버전을 설치하는 것이 중요하며 특히 어떤 쿠버네티스 버전을 지원하는지가 중요하다. 그냥 최신 버전으로 설치하기나 업그레이드하면 서로 호환되지 않는 미니큐브나 쿠버네티스, 이스티오 버전을 사용하는 상황이 발생할 수 있다.

이스티오가 지원하는 쿠버네티스 버전에 대해서는 다음 링크(https://istio.io/latest/docs/releases/supported-releases/#support-status-of-istio-releases)를 참고한다. 미니큐브에 대해서는 다음 링크(https://minikube.sigs.k8s.io/docs/handbook/config/#selecting-a-kubernetes-version)를 참고한다.

홈브루 설치

아직 홈브루를 설치하지 않았다면 다음 커맨드로 설치한다.

```
/bin/bash -c "$(curl -fsSL https://raw.githubusercontent.com/Homebrew/install/master/install.sh)"
```

TIP

> 홈브루를 설치하면 Xcode용 커맨드라인 도구도 함께 설치된다. 아직 Xcode용 커맨드라인 도구를 설치하지 않았다면 설치에 시간이 좀 걸린다.

다음 커맨드로 홈브루 설치를 확인한다.

```
brew --version
```

실행 결과는 다음과 비슷할 것이다.

```
Homebrew 3.1.1
```

홈브루로 도구 설치

curl은 맥OS에 기본 설치돼 있으며, 깃은 Xcode용 커맨드라인 도구를 설치할 때 함께 설치된다. 다음 커맨드로 홈브루를 실행해 도커, 자바, jq, 스프링 부트 CLI, 헬름, Siege 등의 도구를 설치한다.

```
brew tap spring-io/tap && \
brew tap AdoptOpenJDK/openjdk && \
brew install --cask adoptopenjdk16 && \
brew install jq && \
brew install spring-boot && \
brew install helm && \
brew install siege && \
brew install --cask docker
```

TIP

v2.6 이전 버전의 홈브루를 사용한다면 brew install --cask 커맨드를 brew cask install로 대체한다.

홈브루 없이 도구 설치

적절한 버전을 설치하기 위해 minikube, kubectl, istioctl은 brew를 사용하지 않고 설치한다.

다음 커맨드를 실행해 이 책에서 사용하는 kubectl 버전을 설치한다.

```
curl -LO "https://dl.k8s.io/release/v1.20.5/bin/darwin/amd64/kubectl"
sudo install kubectl /usr/local/bin/kubectl
rm kubectl
```

다음 커맨드를 실행해 이 책에서 사용하는 미니큐브 버전을 설치한다.

```
curl -LO https://storage.googleapis.com/minikube/releases/v1.18.1/
minikube-darwin-amd64
sudo install minikube-darwin-amd64 /usr/local/bin/minikube
rm minikube-darwin-amd64
```

다음 커맨드를 실행해 이 책에서 사용하는 Istioctl 버전을 설치한다.

```
curl -L https://istio.io/downloadIstio | ISTIO_VERSION=1.9.3
TARGET_ARCH=x86_64 sh -
sudo install istio-1.9.3/bin/istioctl /usr/local/bin/istioctl
rm -r istio-1.9.3
```

WARNING

> 호환되지 않는 버전을 설치하는 위험을 감수하더라도 최신 버전을 사용하고 싶다면 다음 커맨드로 홈브루
> 를 실행해 minikube, kubectl, istioctl을 설치한다.
>
> ```
> brew install kubernetes-cli && \
> brew install istioctl && \
> brew install minikube
> ```

도구를 다 설치했다면 몇 가지 설치 후 조처를 하고 설치가 잘 됐는지 확인하자.

설치 후 조처

자바와 도커는 설치 후 몇 가지 조처를 해야 제대로 작동한다.

1. 자바

로그인 스크립트에 JAVA_HOME 환경 변수를 설정하는 커맨드를 추가한다.

```
echo 'export JAVA_HOME=$(/usr/libexec/java_home -v16)' >> ~/.bash_profile
```

WARNING

> 로그인 스크립트로 ~/.bash_profile을 사용하지 않는다면 사용 중인 로그인 스크립트로 대체한다(예:
> ~/.zshrc).

현재 터미널 세션에 설정을 적용한다.

```
source ~/.bash_profile
```

2. 도커

이 책의 예제를 실행하려면 몇 개를 제외한 대부분의 CPU와 10GB의 메모리를 사용하도록 도커를 구성하는 것을 권장한다. 도커에 전체 CPU를 할당하면 테스트 실행 중에 컴퓨터가 응답하지 않을 수 있다. 책의 앞부분 실습은 메모리를 6GB 정도만 할당해도 잘 동작하지만 책의 뒷부분으로 진행할수록 더 많은 기능이 추가되므로 도커 호스트에 메모리를 더 많이 할당해야 전체 마이크로서비스를 원활하게 실행할 수 있다.

도커 데몬이 실행 중인지 확인한 후 도커를 구성한다. 맥OS에서 다른 애플리케이션을 시작할 때와 마찬가지 방법으로 도커를 실행할 수 있다. 예를 들어, **스포트라이트**Spotlight를 사용하거나 **파인더**Finder에서 애플리케이션 폴더를 열어서 도커를 실행한다.

도커를 구성하려면 상태 표시줄에서 도커 아이콘을 클릭하고 **Preferences...**을 선택하고 도커 환경 설정 창의 **Resources** 탭으로 이동해 그림 21.1과 같이 **CPU** 및 **메모리**를 설정한다.

그림 21.1 도커 데스크톱 Resources 구성

시스템을 시작할 때마다 도커를 수동으로 시작하는 것이 불편하다면 그림 21.2와 같이 **General** 탭으로 이동해 **Start Docker Desktop when you log in** 옵션을 선택한다.

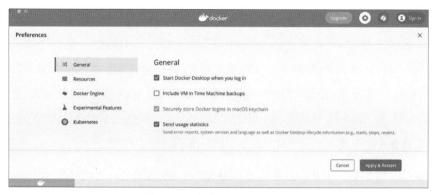
그림 21.2 도커 데스크톱 General 구성

Apply & Restart 버튼을 클릭해 구성을 완료한다.

설치 후 조처를 마쳤다. 이제 모든 도구가 예상대로 설치됐는지 확인해보자.

설치 확인

도구가 잘 설치됐는지 확인하기 위해서 다음 커맨드를 실행해 각 도구의 버전을 출력한다.

```
git version && \
docker version -f json | jq -r .Client.Version && \
java -version 2>&1 | grep "openjdk version" && \
curl --version | grep "curl" && \
jq --version && \
spring --version && \
siege --version 2>&1 | grep SIEGE && \
helm version --short && \
kubectl version --client --short && \
minikube version | grep "minikube" && \
istioctl version --remote=false
```

위 커맨드의 출력은 그림 21.3과 같다. 명확성을 위해 일부 버전 정보를 생략했다.

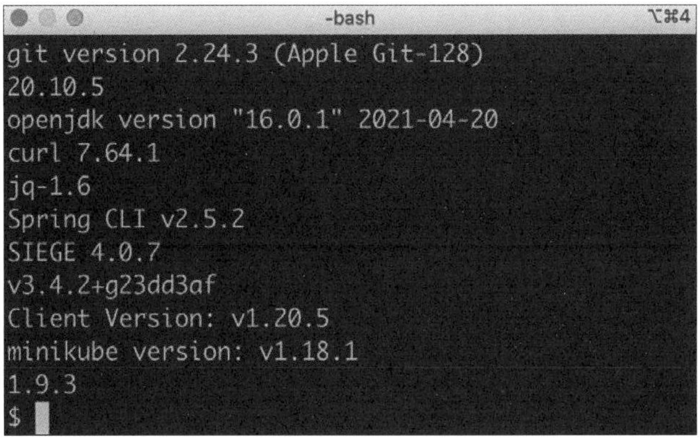

그림 21.3 버전 정보

지금까지 필요한 도구를 설치하고 검증했다. 다음 절에서는 소스 코드를 다운로드하는 방법을 살펴본다.

⁞ 소스 코드 다운로드

이 책의 소스 코드는 깃허브 저장소(https://github.com/PacktPublishing/Microservices-with-Spring-Boot-and-Spring-Cloud-2E)에서 다운로드할 수 있다.

소스 코드를 폴더에 다운로드한 후 해당 폴더를 가리키는 환경 변수 $BOOK_HOME을 설정해야, 책에서 설명하는 대로 커맨드를 실행할 수 있다. 다음 커맨드를 실행한다.

```
export BOOK_HOME=~/Documents/Microservices-with-Spring-Boot-and-Spring-
Cloud-2E
git clone https://github.com/PacktPublishing/Microservices-with-Spring-Boot-
and-Spring-Cloud-2E.git $BOOK_HOME
```

자바 소스 코드는 자바 8(Java SE 8)과 호환되도록 작성했으며, 도커 컨테이너에서 실행할 때는 자바 16(Java SE 16 JRE)을 사용한다. 다음과 같은 스프링 컴포넌트를 사용한다.

- 스프링 프레임워크: 5.3.8

- 스프링 부트: 2.5.2

- 스프링 클라우드: 2020.0.3

각 장의 모든 소스 코드 예제는 $BOOK_HOME/ChapterNN 폴더에 있다. 여기서 NN은 각 장의 번호다. 책에서는 코드 예제의 주석이나 임포트, 로그 코드 등을 손본 경우가 많다.

IDE 사용

비주얼 스튜디오 코드나 Spring Tool Suite, IntelliJ IDEA Ultimate Edition 등의 스프링 부트 애플리케이션 개발을 지원하는 IDE로 자바 코드를 작성하는 것을 권장한다. 하지만 이 책의 실습은 IDE가 없어도 문제없이 진행할 수 있다.

코드 구조

각 장의 소스 코드는 마이크로서비스와 스프링 클라우드 서비스, 다른 프로젝트에서 사용하는 몇몇 라이브러리 프로젝트 등 다수의 자바 프로젝트로 구성된다. 가장 많은 수의 프로젝트를 포함하는 14장의 프로젝트 구조는 다음과 같다.

```
├── api
├── microservices
│   ├── product-composite-service
│   ├── product-service
│   ├── recommendation-service
│   └── review-service
├── spring-cloud
│   ├── authorization-server
│   ├── config-server
│   ├── eureka-server
│   └── gateway
└── util
```

모든 프로젝트는 그래들을 사용해 빌드하며 그래들 표준 관례에 따른 파일 구조를 갖추고 있다.

```
├── build.gradle
├── settings.gradle
└── src
    ├── main
    │   ├── java
    │   └── resources
    └── test
        ├── java
        └── resources
```

그래들 프로젝트를 구성하는 방법에 대한 자세한 정보는 다음 링크(https://docs.gradle.org/current/userguide/organizing_gradle_projects.html)를 참고한다.

21장에서는 맥OS에서 필요한 도구를 설치하고 소스 코드를 다운로드하는 방법을 배웠다. 22장에서는 윈도우 환경에서 도구를 설정하는 방법을 살펴본다.

22

윈도우용 설치 지침

22장에서는 이 책에서 사용하는 커맨드를 마이크로소프트 윈도우에서 실행할 때 필요한 도구의 설정 방법과 소스 코드를 다운로드하는 방법을 배운다.

22장에서는 다음과 같은 내용을 다룬다.

- 기술 요구 사항
- 도구 설치
- 소스 코드 다운로드

TIP

맥OS 운영체제 사용자라면 21장을 참고한다.

⠶ 기술 요구 사항

이 책에서 설명하는 모든 커맨드는 **배시** 셸을 사용하는 맥북 프로에서 실행된다. 22장에서는 커맨드 변경 없이 마이크로소프트 윈도우에서 실행할 수 있도록 개발 환경을 설정하는 방법을 배운다. 로컬 쿠버네티스 클러스터에 접근하기 위해 호스트 및 포트 변경이 필요한 몇몇 특수한 경우에만 커맨드를 수정한다. 이런 때에는 해당 장에서 명확히 설명하며 윈도우 환경에서 사용할 대체 커맨드를 명시한다.

개발 환경은 **리눅스용 윈도우 하위 시스템 v2**$^{WSL\ 2}$을 기반으로 하며 **윈도우 10 1903**$^{Windows\ 10,\ version\ 1903}$ 이상 버전이 필요하다. WSL 2를 사용해 **우분투 20.04**$^{Ubuntu\ 20.04}$ 기반 리눅스 서버를 실행하고 여기에서 배시 커맨드 셸로 모든 커맨드를 실행한다.

마이크로소프트는 WSL 2에서 실행되는 리눅스 서버와 윈도우 사이의 통합을 지원한다. 윈도우에서 리눅스 파일에 접근할 수 있으며 그 반대도 마찬가지다. 뒤에서 윈도우에서 실행한 비주얼 스튜디오 코드에서 리눅스 서버 파일에 접근하는 방법을 배운다. 리눅스 서버에서 localhost로 접근 가능한 포트는 윈도우에서도 localhost로 접근할 수 있다. 이렇게 통합을 지원하기 때문에 리눅스 서버에서 실행한 웹 애플리케이션의 웹 페이지에 윈도우에서 실행한 웹 브라우저가 접근할 수 있다.

WSL 2에 대한 자세한 정보는 다음 링크(https://docs.microsoft.com/ko-kr/windows/wsl/)를 참고한다.

⠶ 도구 설치

이 절에서는 도구를 설치하고 구성하는 방법을 배운다. 설치해야 하는 도구 목록은 다음과 같다. 필요한 경우 다운로드 및 설치에 대한 추가 정보 링크를 참고한다.

윈도우에서는 다음 도구를 설치한다.

- 리눅스용 윈도우 하위 시스템 v2: https://docs.microsoft.com/ko-kr/windows/wsl/install

- WSL 2용 우분투 20.04 배포판: https://www.microsoft.com/ko-kr/p/ubuntu-2004-lts/9n6svws3rx71

- 윈도우 터미널^{Windows Terminal}: https://www.microsoft.com/ko-kr/p/windows-terminal/9n0dx20hk701

- 윈도우용 도커 데스크톱^{Docker Desktop for Windows}: https://hub.docker.com/editions/community/docker-ce-desktop-windows/

- 비주얼 스튜디오 코드 및 Remote WSL 확장 프로그램: https://code.visualstudio.com, https://marketplace.visualstudio.com/items?itemName=ms-vscode-remote.remote-wsl

리눅스 서버에서는 다음 도구를 설치한다.

- 깃: https://git-scm.com/downloads

- 자바: https://adoptopenjdk.net/installation.html

- curl: https://curl.se/download.html

- jq: https://stedolan.github.io/jq/download/

- 스프링 부트 CLI: https://docs.spring.io/spring-boot/docs/2.5.2/reference/html/getting-started.html#getting-started.installing.cli

- Siege: https://github.com/JoeDog/siege#where-is-it

- 헬름: https://helm.sh/docs/intro/install/#from-apt-debianubuntu

- kubectl: https://kubernetes.io/docs/tasks/tools/install-kubectl-linux/

- 미니큐브: https://minikube.sigs.k8s.io/docs/start/

- Istioctl: https://istio.io/latest/docs/setup/getting-started/#download

이 책을 쓸 때 사용한 각 도구의 버전은 다음과 같다.

- 윈도우 터미널: 1.7.1033

- 비주얼 스튜디오 코드: 1.55.0

- 윈도우용 도커 데스크톱: v3.3.1

- 깃: v2.25.1

- 윈도우용 도커 데스크톱: v3.3.1

- 자바: v16

- curl: v7.68.0

- jq: v1.6

- 스프링 부트 CLI: v2.5.2

- Siege: 4.0.4

- 헬름: 3.5.3

- kubectl: 1.20.5

- 미니큐브: 1.18.1

- Istioctl: 1.9.3

윈도우용 필수 도구를 먼저 설치한 다음 WSL 2 리눅스에서 사용하는 도구를 설치한다.

윈도우용 도구 설치

윈도우 환경에는 WSL 2용 리눅스 배포판, 윈도우 터미널, 도커 데스크톱, 비주얼 스튜디오 코드, Remote WSL 확장 프로그램을 설치한다.

WSL 2 설치

윈도우 10 최신 버전에선 `wsl -install` 커맨드만으로 WSL 2를 설치할 수 있다. 하지만 이 절에서는 이전 버전인 윈도우 10 v1903을 기준으로 진행하며 윈도우 10 v1909에서 테스트했다.

다음 단계를 수행해 WSL 2를 설치한다.

1. 리눅스용 윈도우 하위 시스템과 가상 머신 플랫폼Virtual Machine Platform을 활성화한다.

   파워셸PowerShell을 관리자 권한으로 열고 다음 커맨드를 실행한다.

```
dism.exe /online /enable-feature /featurename:Microsoft-Windows-Subsystem-
Linux /all /norestart
dism.exe /online /enable-feature /featurename:VirtualMachinePlatform /all /
norestart
```

2. PC를 다시 시작해 설치를 완료한다.

3. WSL 2 리눅스 커널을 업데이트한다.

   i. 다음 링크(https://wslstorestorage.blob.core.windows.net/wslblob/wsl_update_x64.msi)에서 파일을 다운로드한다.

   ii. 다운로드한 .msi 파일을 실행해 설치한다.

4. 파워셸을 열고 다음 커맨드를 실행해 WSL 2를 기본 버전으로 설정한다.

```
wsl --set-default-version 2
```

WSL 2에 우분투 20.04 설치

설치한 WSL 2에 리눅스 서버를 설치할 수 있다. 여기에서는 마이크로소프트 스토어Microsoft Store를 방문해 우분투 20.04를 설치한다.

- WSL 2에 설치할 수 있는 리눅스 배포판을 확인하고 싶다면 다음 링크(https://aka.ms/wslstore)로 이동한다.

- 우분투 20.04을 설치하려면 다음 링크(https://www.microsoft.com/store/apps/9n6svws3rx71)로 이동한다.

우분투 20.04를 다운로드한 후 실행해 설치한다. 콘솔 창이 열리고 1~2분이 지나면 리눅스 서버에서 사용할 사용자 이름과 암호를 묻는 메시지가 나타난다.

윈도우 터미널 설치

손쉽게 리눅스 서버에 접근하려면 윈도우 터미널을 설치하는 것이 좋다. 다음과 같은 기능이 있다.

- 여러 탭 지원

- 탭 안에서의 창 분할 지원

- 다양한 유형의 셸 지원(예: 윈도우 명령 프롬프트, 파워셸, WSL 2용 배시, Azure CLI)

- 윈도우 터미널에 대한 더 자세한 내용은 다음 링크(https://docs.microsoft.com/ko-kr/windows/terminal/)를 참고한다.

윈도우 터미널은 마이크로소프트 스토어에서 설치할 수 있다. 다음 링크(https://aka.ms/terminal)를 방문해 설치한다.

윈도우 터미널을 시작하고 메뉴에서 **아래쪽 화살표**를 클릭하면 미리 구성돼 있는 리눅스 서버용 터미널 실행 메뉴를 확인할 수 있다.

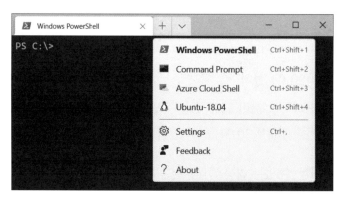

그림 22.1 미리 구성된 리눅스 서버용 터미널 실행 메뉴

Ubuntu-20.04를 클릭하면 배시 셸이 열린다. 기본 작업 디렉터리는 윈도우 홈 폴더로 설정된다(예: /mnt/c/Users/magnus). 리눅스 서버의 파일시스템에 들어왔다는 것을 확인하기 위해 cd 커맨드와 pwd 커맨드를 입력해 리눅스 서버 홈 폴더로 이동한다.

그림 22.2 배시를 사용해 윈도우 터미널에서 리눅스 서버의 파일에 접근

윈도우용 도커 데스크톱 설치

다음 단계를 수행해 윈도우용 도커 데스크톱을 설치 및 구성한다.

1. 다음 링크(https://hub.docker.com/editions/community/docker-ce-desktop-windows/)에서 윈도우용 도커 데스크톱을 다운로드해 설치한다.

2. 설치 중에 WSL 2 활성화 여부를 물으면 **yes**를 선택한다.

3. 설치가 완료되면 시작 메뉴에서 **Docker Desktop**을 실행한다.

4. 도커의 **Settings** 메뉴를 선택한 후 **Settings** 창에서 **General** 탭을 선택한다.

   ○ **Use the WSL 2 based engine** 항목이 선택돼 있는지 확인한다.

   ○ PC를 다시 시작할 때마다 도커 데스크톱을 수동으로 시작하는 것이 불편하다면 **Start Docker Desktop when you log in** 항목도 선택한다.

   다음과 같이 **General** 탭을 구성한다.

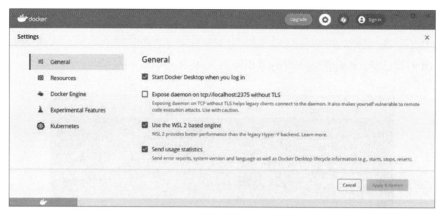

그림 22.3 도커 데스크톱 구성

5. **Apply & Restart** 버튼을 클릭해 구성을 마무리한다.

비주얼 스튜디오 코드 및 Remote WSL 확장 프로그램 설치

비주얼 스튜디오 코드를 사용하면 리눅스 서버 내부의 소스 코드를 간편하게 편집할 수
있다. 윈도우에서 실행한 비주얼 스튜디오 코드에서 리눅스 서버 내부의 소스 코드를 편집
하려면 **Remote WSL**이라는 WSL 2용 확장 프로그램을 사용하면 된다.

다음 단계를 수행해 비주얼 스튜디오 코드 및 Remote WSL 확장 프로그램을 설치 및 구성
한다.

1. 비주얼 스튜디오 코드는 다음 링크(https://code.visualstudio.com)에서 다운로드 및 설치할
   수 있다.

   ○ **Select Additional Tasks**(추가 작업을 선택)라는 메시지가 나타나면 **Add to PATH**
   옵션을 선택한다. 이렇게 해야 비주얼 스튜디오 코드에서 code 커맨드를 사용해 리눅
   스 서버 내부의 폴더를 열 수 있다.

2. 설치가 완료되면 시작 메뉴에서 **Visual Studio Code**를 실행한다.

3. 다음 링크(https://marketplace.visualstudio.com/items?itemName=ms-vscode-remote.
   remote-wsl)에서 Remote WSL 확장 프로그램을 설치한다.

WSL 2 리눅스 서버에 도구 설치

이제 WSL 2 리눅스 서버에 필요한 도구를 설치해보자.

시작 메뉴에서 **Windows Terminal**을 실행하고 '윈도우 터미널 설치' 절에서 설명한 대로 리눅스용 터미널을 시작한다.

git과 curl은 우분투에 이미 설치돼 있다. 나머지 도구는 apt install, sdk install 커맨드나 curl과 install 커맨드를 조합해 설치한다.

apt install 커맨드로 도구 설치

이 절에서는 java, jq, siege, helm과 다른 도구에 필요한 몇 가지 의존성을 설치한다.

다음 커맨드를 실행해 jq, zip, unzip, siege를 설치한다.

```
sudo apt update
sudo apt install -y jq
sudo apt install -y zip
sudo apt install -y unzip
sudo apt install -y siege
```

헬름은 다음 커맨드로 설치한다.

```
curl https://baltocdn.com/helm/signing.asc | sudo apt-key add -
sudo apt install -y apt-transport-https
echo "deb https://baltocdn.com/helm/stable/debian/ all main" \
  | sudo tee /etc/apt/sources.list.d/helm-stable-debian.list
sudo apt install -y helm
```

AdoptOpenJDK 배포판을 사용해 OpenJDK 16을 설치한다. 다음 키맨드를 실행해 AdoptOpenJDK 16을 설치한다.

```
wget -qO - https://adoptopenjdk.jfrog.io/adoptopenjdk/api/gpg/key/public \
  | sudo apt-key add -
sudo add-apt-repository \
  --yes https://adoptopenjdk.jfrog.io/adoptopenjdk/deb/
sudo apt install -y adoptopenjdk-16-hotspot
```

sdk install 커맨드로 스프링 부트 CLI 설치

SDKman(https://sdkman.io)을 사용해 스프링 부트 CLI를 설치한다. 다음 커맨드를 실행해 SDKman을 설치한다.

```
curl -s "https://get.sdkman.io" | bash
source "$HOME/.sdkman/bin/sdkman-init.sh"
```

다음 커맨드로 SDKman이 잘 설치됐는지 확인한다.

```
sdk version
```

실행 결과는 다음과 비슷할 것이다.

```
SDKMAN5.9.2+613
```

마지막으로, 스프링 부트 CLI를 설치한다.

```
sdk install springboot 2.5.2
```

curl 및 install 커맨드로 나머지 도구 설치

마지막으로, kubectl, minikube, istioctl의 설치 파일을 다운로드하기 위해 curl을 사용한다. 다운로드가 완료되면 install 커맨드를 사용해 파일 시스템의 적절한 위치로 파일을 복사하고 소유자 및 접근 권한이 올바르게 구성됐는지 확인한다. 이런 도구는 서로 호환되는 버전을 설치하는 것이 중요하며, 특히 어떤 쿠버네티스 버전을 지원하는지가 중요하다. 그냥 최신 버전으로 설치하거나 업그레이드하면 서로 호환되지 않는 미니큐브나 쿠버네티스, Istio 버전을 사용하는 상황이 발생할 수 있다.

이스티오가 지원하는 쿠버네티스 버전에 대해서는 다음 링크(https://istio.io/latest/docs/releases/supported-releases/#support-status-of-istio-releases)를 참고한다. 미니큐브에 대해서는 다음 링크(https://minikube.sigs.k8s.io/docs/handbook/config/#selecting-a-kubernetes-version)를 참고한다.

다음 커맨드를 실행해 이 책에서 사용하는 kubectl 버전을 설치한다.

```
curl -LO "https://dl.k8s.io/release/v1.20.5/bin/linux/amd64/kubectl"
sudo install -o root -g root -m 0755 kubectl /usr/local/bin/kubectl
rm kubectl
```

다음 커맨드를 실행해 이 책에서 사용하는 미니큐브 버전을 설치한다.

```
curl -LO https://storage.googleapis.com/minikube/releases/v1.18.1/
minikube-linux-amd64
sudo install -o root -g root -m 0755 minikube-linux-amd64 \
/usr/local/bin/minikube
rm minikube-linux-amd64
```

다음 커맨드를 실행해 이 책에서 사용하는 Istioctl 버전을 설치한다.

```
curl -L https://istio.io/downloadIstio | ISTIO_VERSION=1.9.3
TARGET_ARCH=x86_64 sh -
sudo install -o root -g root -m 0755 istio-1.9.3/bin/istioctl /usr/local/bin/
istioctl
rm -r istio-1.9.3
```

도구를 다 설치했다. 이제 모든 도구가 예상대로 설치됐는지 확인해보자.

설치 확인

도구가 잘 설치됐는지 확인하기 위해서 다음 커맨드를 실행해 각 도구의 버전을 출력한다.

```
git version && \
docker version -f json | jq -r .Client.Version && \
java -version 2>&1 | grep "openjdk version" && \
curl --version | grep "curl" && \
jq --version && \
spring --version && \
siege --version 2>&1 | grep SIEGE && \
helm version --short && \
kubectl version --client --short && \
minikube version | grep "minikube" && \
istioctl version --remote=false
```

출력된 버전 정보는 그림 22.4와 같다.

지금까지 필요한 도구를 설치하고 검증했다. 다음 절에서는 소스 코드를 다운로드하는 방법을 살펴본다.

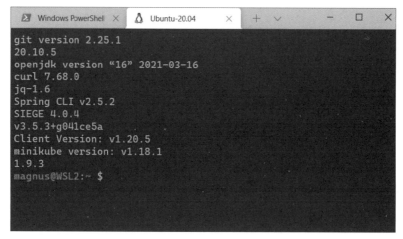

그림 22.4 WSL 2 리눅스 서버용 도구의 버전 정보

소스 코드 다운로드

이 책의 소스 코드는 깃허브 저장소(https://github.com/PacktPublishing/Microservices-with-Spring-Boot-and-Spring-Cloud-2E)에서 다운로드할 수 있다.

소스 코드를 폴더에 다운로드한 후 해당 폴더를 가리키는 환경 변수 $BOOK_HOME을 설정해야 WSL 2 리눅스 서버에서 커맨드를 실행할 수 있다. 다음 커맨드를 실행한다.

```
export BOOK_HOME=~/Microservices-with-Spring-Boot-and-Spring-Cloud-2E
git clone https://github.com/PacktPublishing/Microservices-with-Spring-Boot-
and-Spring-Cloud-2E.git $BOOK_HOME
```

비주얼 스튜디오 코드에서 WSL 2 리눅스 서버에 다운로드한 소스 코드에 접근할 수 있는지 확인하고자 다음 커맨드를 실행한다.

```
cd $BOOK_HOME
code .
```

소스 코드를 탐색할 수 있도록 비주얼 스튜디오 코드 창이 열린다. **Terminal > New Terminal** 메뉴를 선택해 리눅스 서버에서 배시 커맨드를 실행하기 위한 터미널 창을 시작할 수도 있다. 비주얼 스튜디오 코드 창은 그림 22.5와 같다.

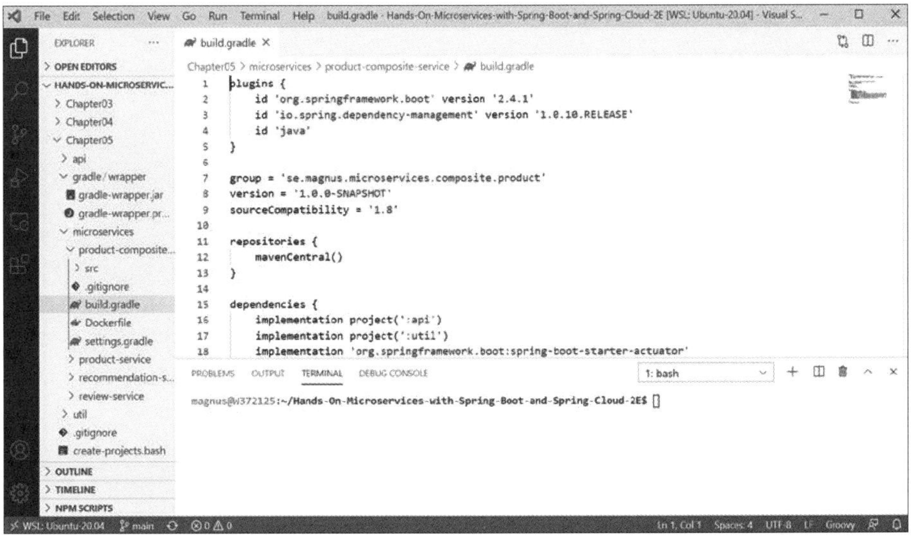

그림 22.5 비주얼 스튜디오 코드에서 리눅스 서버의 파일 접근

자바 소스 코드는 자바 8(Java SE 8)과 호환되도록 작성했으며, 도커 컨테이너에서 실행할 때는 자바 16(Java SE 16 JRE)을 사용한다. 다음과 같은 스프링 컴포넌트를 사용한다.

- 스프링 프레임워크: 5.3.8

- 스프링 부트: 2.5.2

- 스프링 클라우드: 2020.0.3

각 장의 모든 소스 코드 예제는 $BOOK_HOME/ChapterNN 폴더에 있다. 여기서 NN은 각 장의 번호다. 책에서는 코드 예제의 주석이나 임포트, 로그 코드 등을 손본 경우가 많다.

코드 구조

각 장의 소스 코드는 마이크로서비스와 스프링 클라우드 서비스, 다른 프로젝트에서 사용하는 몇몇 라이브러리 등 다수의 자바 프로젝트로 구성된다. 가장 많은 수의 프로젝트를 포함하는 14장의 프로젝트 구조는 다음과 같다.

```
├── api
├── microservices
│   ├── product-composite-service
│   ├── product-service
│   ├── recommendation-service
│   └── review-service
├── spring-cloud
│   ├── authorization-server
│   ├── config-server
│   ├── eureka-server
│   └── gateway
└── util
```

모든 프로젝트는 그래들을 사용해 빌드하며 그래들 표준 관례에 따른 파일 구조를 갖추고 있다.

```
├── build.gradle
├── settings.gradle
└── src
    ├── main
    │   ├── java
    │   └── resources
    └── test
        ├── java
        └── resources
```

그래들 프로젝트를 구성하는 방법에 대한 자세한 정보는 다음 링크(https://docs.gradle.org/current/userguide/organizing_gradle_projects.html)를 참고한다.

22장에서는 WSL 2와 윈도우에서 필요한 도구를 설치하고 소스 코드를 다운로드하는 방법을 배웠다. 마지막 장인 23장에서는 마이크로서비스를 네이티브 실행 파일로 컴파일해 1초 안에 실행하는 방법을 살펴본다.

23

자바 마이크로서비스의
네이티브 컴파일

23장에서는 마이크로서비스의 자바 소스 코드를 **네이티브 이미지**(바이너리 실행 파일)로 컴파일하는 방법을 알아본다. 네이티브 이미지는 자바 VM에 비해 매우 빠르게 실행되며 메모리를 적게 사용한다. **스프링 네이티브** 프로젝트, **그랄VM** 프로젝트, **그랄VM 네이티브 이미지 컴파일러**를 소개하고 사용 방법을 학습한다.

23장에서는 다음과 같은 내용을 다룬다.

- 자바 소스 코드의 네이티브 컴파일이 필요한 이유

- 스프링 네이티브 프로젝트와 그랄VM 프로젝트 소개

- 소스 코드를 네이티브 이미지로 컴파일하는 방법 학습

- 도커 컴포즈로 테스트

- 쿠버네티스로 테스트

기술 요구 사항

이 책에서 사용하는 도구의 설치 방법과 이 책의 소스 코드를 다운로드하는 방법은 다음을 참고한다.

- 21장, 맥OS용 설치 지침
- 22장, 윈도우용 설치 지침

23장의 모든 소스 코드 예제는 $BOOK_HOME/Chapter23 폴더에 있다.

23장에서 마이크로서비스를 네이티브 컴파일하기 위해 변경한 부분을 확인하고 싶다면 20장의 소스 코드와 비교하면 된다. 선호하는 파일 비교 도구를 사용해 $BOOK_HOME/Chapter20 폴더와 $BOOK_HOME/Chapter23 폴더를 비교해보자.

자바 소스 코드의 네이티브 컴파일이 필요한 이유

자바는 크로스 플랫폼 지원의 우수성을 나타내는 '한번 작성하면 어디서든 실행된다build-once-run-anywhere'라는 표어로 유명하다. 바이트 코드로 컴파일된 자바 소스 코드는 런타임에 자바 VM의 JIT^{Just in Time} 컴파일러에 의해 대상 플랫폼에 맞는 실행 코드로 변환된다. 이 작업에는 시간이 소요되므로 자바 프로그램의 시작 속도가 느려진다. 마이크로서비스의 시대가 오기 전에는 자바 EE 서버와 같은 애플리케이션 서버에서 자바 컴포넌트를 실행하는 것이 일반적이었다. 자바 컴포넌트는 배포된 후 오랫동안 실행되므로 시작 소요 시간이 길다는 점은 큰 문제가 아니었다.

이런 관점은 마이크로서비스가 도입되면서 바뀌기 시작했다. 마이크로서비스를 사용하면 업그레이드를 빈번하게 할 수 있고 사용량에 따라 마이크로서비스 인스턴스를 빠르게 늘리거나 줄일 수 있다. 마이크로서비스를 사용하지 않는 동안에는 인스턴스를 전혀 실행하지 않을 수도 있다. 사용하지 않는 마이크로서비스에는 하드웨어 리소스를 할당하지 않아야 하는데 특히 클라우드 환경에 배포했을 때는 런타임 비용을 줄여야 하므로 매우 중요하다. 이런 기대치를 충족하려면 마이크로서비스 인스턴스를 빠르게 시작할 수 있어야 한다. 또한 컨테이너 사용이 일반화되면서 크로스 플랫폼 지원의 중요성은 많이 줄어들고 있다. 물론 리눅스/x86 플랫폼이 지배적인 상황이라고 해도 다른 플랫폼에서 컨테이너를 실행해야 하는 경우는 여전히 있다.

따라서 이제는 크로스 플랫폼 지원보다 빠른 시작이 더 중요한 상황으로 가고 있다. 이런 요구 사항은 C나 Go 프로그램을 컴파일할 때와 같은 방식으로 빌드 시 대상 플랫폼에 맞는 바이너리 형식으로 자바 소스 코드를 컴파일해 충족할 수 있다. 이를 **AOT**$^{Ahead\ Of\ Time}$ 컴파일이라고 한다. 그랄VM 네이티브 이미지 컴파일러를 사용해 AOT 컴파일을 수행할 수 있다.

지금까지 어떤 때에 자바 소스 코드를 네이티브 컴파일할 필요가 있는지 알아봤다. 다음 절에서는 필요한 도구에 대해 알아볼 것이다. 먼저 그랄VM 프로젝트를 살펴보고 이어서 스프링 네이티브 프로젝트를 살펴보자.

그랄VM 프로젝트 소개

오라클^{Oracle}에서는 **그랄VM** 프로젝트(https://www.graalvm.org)로 알려진 고성능 자바 VM 및 관련 도구를 수년에 걸쳐 개발해 왔으며 2018년 4월에 출시했다(https://web.archive.org/web/20180418090202/https://blogs.oracle.com/developers/announcing-graalvm). 그랄VM의 역사를 거슬러 올라가보면 오라클 연구소$^{Oracle\ Labs}$에서 2013년에 작성한 'Maxine: An approachable virtual machine for, and in, java'라는 제목의 연구 논문을 찾을 수 있다. 자세한 내용은 다음 링크(https://dl.acm.org/doi/10.1145/2400682.2400689)를 참고한다.

> **TIP**
>
> **재미있는 사실:** Maxine VM은 **메타서큘러** 자바 VM(metacircular Java VM)이다. 즉 자바로 구현한 자바 VM이다.

그랄VM의 가상 머신은 자바, 코틀린^{Kotlin}, 스칼라^{Scala} 등 기존 자바 VM 언어뿐만 아니라 자바스크립트^{JavaScript}, C, C++ 등 다양한 언어를 지원한다. 우리가 주목하는 그랄VM 기능은, 특정 플랫폼용 바이너리 실행 코드를 담고 있는 **네이티브 이미지**로 자바 바이트 코드를 컴파일하는 네이티브 이미지 컴파일러다.

네이티브 이미지는 자바 VM 없이도 실행할 수 있다. 바이너리 컴파일된 애플리케이션 클래스와 애플리케이션의 의존성 클래스를 내장하며 가비지 컬렉션, 스레드 스케줄링 등을 처리하는 **Substrate VM**이라는 런타임 시스템도 내장한다.

네이티브 컴파일러에는 몇 가지 제한 사항이 있다. 예를 들면 네이티브 컴파일러는 정적 코드 분석을 기반으로 동작하므로 **리플렉션**과 **동적 프록시**를 지원하지 않는다. 자세한 내용은 다음 링크(https://www.graalvm.org/latest/reference-manual/native-image/metadata/Compatibility/)를 참고한다.

이런 제한을 극복하고자 그랄VM 프로젝트에서는 네이티브 컴파일러에 대한 구성 옵션을 제공하며 구성 정보를 간편하게 생성할 수 있도록 **추적 에이전트**$^{Tracing\ Agent}$라는 도구도 제공한다. 추적 에이전트로 실행 중인 자바 애플리케이션의 리플렉션과 동적 프록시 사용에 따른 동작을 관찰할 수 있으며 이를 기반으로 구성 파일을 생성할 수 있다. 네이티브 컴파일러는 이런 구성 파일을 이용해 리플렉션과 동적 프록시를 사용하는 애플리케이션을 지원하는 코드를 생성한다. '추적 에이전트 실행' 절에서 추적 에이전트의 사용 방법을 학습할 것이다. 보다 자세한 내용은 다음 링크(https://www.graalvm.org/latest/reference-manual/native-image/overview/BuildConfiguration/)를 참고한다.

스프링 네이티브 프로젝트 소개

스프링 팀은 스프링 애플리케이션의 네이티브 컴파일을 지원하고자 18개월 동안 개발을 진행했으며 2021년 3월에 **스프링 네이티브** 프로젝트의 베타 릴리스를 출시했다(https://spring.io/blog/2021/03/11/announcing-spring-native-beta).

스프링 네이티브를 사용하면 스프링 부트 기반 마이크로서비스를 네이티브 이미지로 컴파일할 수 있다. 스프링 네이티브 프로젝트에서는 네이티브 컴파일에 필요한 설정을 단순화하며 메이븐과 그레들을 모두 지원하는 빌드 플러그인인 **스프링 AOT**Spring AOT를 제공한다. 스프링 네이티브는 **그랄VM** 네이티브 이미지 컴파일러를 사용해 네이티브 컴파일을 수행한다.

스프링 AOT 플러그인은 네이티브 이미지를 포함하는 도커 이미지를 생성하며 기존 스프링 부트 기능을 사용해 도커 이미지를 생성한다. 그레들의 경우, `bootBuildImage`라는 그레들 태스크task로 이미지를 생성한다. 이 태스크는 Dockerfile이 아니라 **빌드팩**buildpack을 사용해 도커 이미지를 생성한다.

스프링 부트의 빌드팩 사용에 대한 자세한 내용은 다음 링크(https://docs.spring.io/spring-boot/docs/2.5.2/reference/html/features.html#features.container-images.building.buildpacks)를 참고한다. 스프링 부트는 OCI 이미지를 생성하고자 **파케토**^{Paketo} 프로젝트를 사용한다. 자세한 내용은 다음 링크(https://paketo.io/docs/builders)를 참고한다.

앞에서 설명했듯이 스프링 AOT 플러그인을 사용해 구성 파일을 생성하면 간편하게 그랄 VM 네이티브 컴파일러를 구성할 수 있나. 리플렉션을 사용해 JSON 문서를 직렬화하거나 스프링 네이티브 프로젝트에서 지원하지 않는 스프링 라이브러리를 사용할 때와 같이 스프링 AOT 플러그인으로는 해결할 수 없는 경우가 있다. 이럴 때를 위해 스프링 네이티브 프로젝트에서는 네이티브 컴파일러에게 힌트를 전달하는 애노테이션 세트를 제공한다. 스프링 AOT 플러그인은 이런 네이티브 힌트 애노테이션을 이용해 네이티브 컴파일러를 위한 구성을 구체화한다. '애노테이션으로 네이티브 힌트 제공' 절에서 애노테이션의 사용 방법을 학습할 것이다.

다수의 스프링 생태계 라이브러리와 프레임워크를 네이티브 이미지 컴파일러와 함께 사용할 수 있지만 아직 지원하지 않는 라이브러리도 있고 네이티브 힌트나 앞에서 설명한 추적 에이전트를 사용해야만 하는 라이브러리도 있다. 지원 현황에 대해서는 다음 링크(https://docs.spring.io/spring-native/docs/current/reference/htmlsingle/#support)를 참고한다.

지금까지 사용할 도구에 대해 알아봤다. 다음 절에서는 이런 도구를 사용해 마이크로서비스를 네이티브 컴파일하는 방법을 살펴본다.

⁝⁝⁝ 소스 코드를 네이티브 이미지로 컴파일

마이크로서비스의 자바 소스 코드를 실행 가능한 네이티브 이미지로 컴파일하기 전에 소스 코드를 조금 수정할 필요가 있다. 빌드 파일에 스프링 AOT 플러그인을 추가해야 하며 네이티브 컴파일러를 위한 힌트를 몇 가지 추가해야 소스 코드를 컴파일할 수 있다.

먼저 필수적인 코드를 변경한 후 그랄VM 네이티브 이미지 추적 에이전트를 실행해 스프링 네이티브 프로젝트에서 아직 지원하지 않는 라이브러리와 프레임워크에 대한 구성을 만드는 방법을 학습한다. 그런 다음 네이티브 실행 이미지를 빌드하는 방법을 살펴본다.

소스 코드 변경

마이크로서비스를 네이티브 컴파일할 수 있도록 소스 코드에 다음과 같은 변경 사항을 적용했다.

1. 그래들 빌드 파일인 build.gradle을 업데이트해 스프링 AOT 플러그인을 추가하고 일부 의존성을 조정했다.

2. 애노테이션을 사용해 네이티브 컴파일러를 위한 힌트를 추가했다.

3. 그랄VM 네이티브 이미지 추적 에이전트를 실행할 수 있도록 구성을 추가했다.

각 변경 사항을 살펴보자.

그래들 빌드 파일 업데이트

이 절에서 설명하는 변경 사항은 별도로 명시하지 않는 한 각 마이크로서비스 프로젝트의 build.gradle 파일에 적용된다.

스프링 네이티브를 활성화하기 위해 다음과 같이 스프링 AOT 플러그인을 추가했다.

```
plugins {
    ...
    id 'org.springframework.experimental.aot' version '0.10.1'
}
```

스프링 AOT 플러그인은 bootBuildImage 태스크를 사용해 도커 이미지를 생성하므로 bootBuildImage 태스크에서 플러그인을 구성한다. product 마이크로서비스의 구성은 다음과 같다.

```
bootBuildImage {
    builder = "paketobuildpacks/builder:tiny"
    imageName = "hands-on/native-product-service"
    environment = [
        "BP_NATIVE_IMAGE" : "true",
```

```
        "BP_NATIVE_IMAGE_BUILD_ARGUMENTS" : "--enable-url-protocols-http,https
  --initialize-at-build-time=sun.instrument.InstrumentationImpl"
    ]
  }
```

builder 및 imageName 속성으로 bootBuildImage 태스크를 구성하고 environment 섹션에서 스
프링 AOT 플러그인을 구성한다. 각 속성을 살펴보자.

- builder: 사용할 스프링 부트 빌드팩을 지정한다. 우리는 작은 공간만 차지하고 보안 공
  격에 대한 위협이 적은 tiny 빌더를 사용한다.

- imageName: 도커 이미지의 이름을 지정한다. 앞 장에서와 같은 명명 규칙을 사용하지만
  기존 도커 이미지와 구분하기 위해 이미지 이름 앞에 native-를 붙인다.

- "BP_NATIVE_IMAGE" : "true": 네이티브 이미지 컴파일러를 활성화한다.

- "BP_NATIVE_IMAGE_BUILD_ARGUMENTS" : "...": 네이티브 컴파일러에 인자를 전달한다. 사
  용 가능한 인자의 목록은 다음 링크(https://www.graalvm.org/22.0/reference-manual/
  native-image/Options/)를 참고한다.

TIP

> 각 마이크로서비스의 BP_NATIVE_IMAGE_BUILD_ARGUMENTS 인자에 적용된 값은 시행착오를 거쳐
> 선정된 것이다. 네이티브 컴파일된 코드를 실행해 검증한 후 인자를 추가해야 한다. 스프링 네이티브와 그
> 랄VM 프로젝트가 더 성숙해져서 이런 검증 과정이 필요 없어지길 바란다.

이 책에서 사용한 일부 라이브러리는 아직은 스프링 네이티브와 함께 사용할 수 없다. 따라
서 23장에서는 다루지 않는다.

- resilience4j: 서킷 브레이커, 재시도, 시간 제한기 사용에 영향을 준다.

- spring-cloud-binder-stream-rabbit: 카프카 바인더만 사용할 수 있다.

- spring-cloud-sleuth: 분산 추적을 생성할 수 없다.

스프링 클라우드 슬루스와 RabbitMQ용 스프링 클라우드 스트림 바인더에 대한 의존성을
빌드 파일에서 제거했다.

RabbitMQ용 스프링 클라우드 스트림 바인더를 제거했으므로 속성 파일 및 테스트 클래스의 기본 바인더 속성(spring.cloud.stream.defaultBinder)을 rabbit에서 kafka로 변경했다.

스프링 AOT 플러그인에 대한 의존성 해결을 위해 공통 settings.gradle 파일에 다음 내용을 추가했다.

```
pluginManagement {
    repositories {
        maven { url 'https://repo.spring.io/release' }
        gradlePluginPortal()
    }
}
```

이 절에서는 빌드 파일에 필요한 변경 사항을 적용했다. 다음 절에서는 사용자의 도움이 있어야 네이티브 컴파일러가 소스 코드를 컴파일할 수 있는 몇 가지 경우에 대해 알아본다.

애노테이션으로 네이티브 힌트 제공

23장의 소스 코드를 보면 그랄VM 네이티브 컴파일러가 소스 코드를 올바르게 컴파일할 수 있도록 우리가 도와야 하는 몇 가지 경우가 있다. 첫 번째 경우는 마이크로서비스가 사용하는 JSON 기반 API 및 메시지다. JSON 파서, 즉 잭슨Jackson은 마이크로서비스가 수신하는 JSON 문서를 기반으로 자바 객체를 생성할 수 있어야 한다. 잭슨은 리플렉션을 사용해 이 작업을 수행하므로 우리는 잭슨이 리플렉션을 적용해야 하는 클래스에 대해서 네이티브 컴파일러에 알려야 한다.

예를 들어, Product 클래스에 대한 네이티브 힌트는 다음과 같다.

```
@TypeHint(types = Product.class, fields = {
    @FieldHint(name = "productId", allowWrite = true),
    @FieldHint(name = "name", allowWrite = true),
    @FieldHint(name = "weight", allowWrite = true),
    @FieldHint(name = "serviceAddress", allowWrite = true)
})
```

JSON 파서가 JSON 문서를 이용해 Product 객체를 생성하게 하려면 앞의 코드와 같이 애노테이션을 붙여서 명시적으로 클래스 필드에 대한 쓰기 권한을 부여해야 한다.

인터페이스 대신 클래스로 스프링 빈 의존성을 주입하는 경우에도 사용자가 힌트를 제공해야 한다. 스프링 네이티브는 메서드 매개 변수^{method parameter}를 사용해 인터페이스로 스프링 빈 의존성을 주입하도록 지원한다. 인터페이스 대신 클래스를 주입하려면 ClassProxyHint 애노테이션을 붙여야 한다. 이 책의 소스 코드에는 클래스 주입을 사용하는 사례가 딱 하나 있다. 해당 사례는 product-composite 마이크로서비스에 있는 ProductCompositeServiceImpl 클래스에서 있는데 이 클래스의 생성자에서는 ProductCompositeIntegration 클래스의 인스턴스를 받는다. 코드는 다음과 같다.

```
public ProductCompositeServiceImpl(
    ServiceUtil serviceUtil,
    ProductCompositeIntegration integration) {
```

스프링 네이티브가 빌드 시 필요한 프록시를 생성할 수 있도록 다음과 같이 ClassProxyHint 애노테이션을 붙여야 한다.

```
@ClassProxyHint(targetClass = ProductCompositeIntegration.class,
interfaces = {
    ProductService.class,
    RecommendationService.class,
    ReviewService.class,
    org.springframework.aop.SpringProxy.class,
    org.springframework.aop.framework.Advised.class,
    org.springframework.core.DecoratingProxy.class
})
```

각 마이크로서비스 메인 클래스의 소스 코드에 필요한 힌트 애노테이션을 추가했다.

이 절에서는 마이크로서비스 소스 코드에 힌트를 제공하는 방법을 배웠다. 다음 절에서는 우리가 사용하는 라이브러리를 스프링 네이티브 프로젝트에서 지원하지 않는 경우에 처리하는 방법을 배운다.

네이티브 컴파일을 지원하지 않는 프레임워크 및 라이브러리 사용

프레임워크 및 라이브러리를 스프링 네이티브 프로젝트에서 지원하지 않는 경우 그랄VM 네이티브 이미지 추적 에이전트^{GraalVM native image tracing agent}를 사용할 수 있다. 추적 에이전트는 어떤 경우에나 사용할 수 있는 것은 아니므로 해당 라이브러리 및 사용 사례에 대한 테스트가 필요하다.

> **TIP**
>
> 스프링 네이티브 프로젝트가 진화해 스프링 생태계의 라이브러리를 더 많이 지원하면 이런 문제가 줄어들 것이다.

추적 에이전트가 JUnit 테스트의 실행을 관찰하게 하려면 build.gradle 파일의 test 섹션에 다음과 같이 jvmArgs를 추가하면 된다.

```
test {
    useJUnitPlatform()
    jvmArgs '-agentlib:native-image-agent=access-filter-file=src/test/
resources/access-filter.json,config-output-dir=native-image-agent-output'
```

native-image-agent=access-filter-file 매개 변수로 추적 에이전트가 배제해야 하는 자바 패키지와 클래스에 대한 정보를 담은 파일을 지정한다. 일반적으로 런타임에는 사용하지 않는 테스트 관련 클래스를 나열한다. 예를 들어, product 마이크로서비스의 src/test/resources/access-filter.json 파일은 다음과 같다.

```
{ "rules":
  [
    {"excludeClasses": "org.apache.maven.surefire.**"},
    {"excludeClasses": "net.bytebuddy.**"},
    {"excludeClasses": "org.apiguardian.**"},
    {"excludeClasses": "org.junit.**"},
    {"excludeClasses": "org.gradle.**"},
    {"excludeClasses": "org.mockito.**"},
    {"excludeClasses": "org.springframework.test.**"},
    {"excludeClasses": "org.springframework.boot.test.**"},
    {"excludeClasses": "org.testcontainers.**"},
    {"excludeClasses": "se.magnus.microservices.core.product.MapperTests"},
```

```
    {"excludeClasses": "se.magnus.microservices.core.product.MongoDbTestBase"},
    {"excludeClasses": "se.magnus.microservices.core.product.PersistenceTests"},
    {"excludeClasses": "se.magnus.microservices.core.product.
  ProductServiceApplicationTests"}
  ]
}
```

config-output-dir 매개 변수로 지정한 폴더에 구성 파일을 생성한다. 파일 내용을 검토한 후에는 직접 src/main/resources/META-INF/native-image 폴더로 파일을 옮겨야 그랄 VM 네이티브 컴파일러에서 사용할 수 있다.

핵심 마이크로서비스에 대해서는 앞서 작업을 수행했으므로 네이티브 컴파일러에 필요한 구성 파일이 이미 들어가 있다. product-composite 마이크로서비스는 추적 에이전트의 도움이 필요 없으므로 빌드 파일에서 jvmArgs 매개 변수를 주석 처리했다.

추적 에이전트 설치

추적 에이전트를 사용하려면 먼저 그랄VM JDK 네이티브 이미지 컴파일러와 함께 추적 에이전트를 설치해야 한다. 이어지는 절에서는 맥OS와 마이크로소프트 윈도우의 WSL 2 에서 실행되는 우분투에 추적 에이전트를 설치하는 방법을 안내한다.

맥OS에 추적 에이전트 설치

다음과 같이 추적 에이전트를 설치하고 구성한다.

1. 다음 커맨드로 홈브루를 사용해 그랄VM JDK를 설치한다.

```
brew install -cask graalvm/tap/graalvm-ce-java11
```

그랄VM JDK는 /Library/Java/JavaVirtualMachines 폴더에 설치된다. 설치 프로세스에서 이 폴더로 파일을 이동하고자 암호를 물으며 설치가 끝나면 그랄VM JDK의 전체 경로를 보고한다. 내 컴퓨터에서는 /Library/Java/JavaVirtualMachines/graalvm-ce-java11-21.1.0을 보고했다.

2. 그랄VM JDK를 사용하려면 다음과 같이 `JAVA_HOME` 및 `PATH` 환경 변수를 구성해야 한다. `brew install` 커맨드가 보고한 경로를 사용한다.

```
export JAVA_HOME=/Library/Java/JavaVirtualMachines/graalvm-ce-
java11-21.1.0/Contents/Home
export PATH=$JAVA_HOME/bin:"$PATH"
```

3. 다음 커맨드로 설치가 잘됐는지 확인한다.

```
java -version
```

실행 결과는 다음과 같다.

```
openjdk version "11.0.11" 2021-04-20
OpenJDK Runtime Environment GraalVM CE 21.1.0 (build 11.0.11+8-jvmci-
21.1-b05)
OpenJDK 64-Bit Server VM GraalVM CE 21.1.0 (build 11.0.11+8-jvmci-21.1-b05,
mixed mode, sharing)
```

다운로드한 파일의 손상이나 'the developer cannot be verified' 오류 메시지를 출력하면서 맥OS가 java 커맨드 실행을 거부한다면 설치한 JDK를 신뢰한다는 것을 맥OS에 알리기 위해 다음 커맨드를 실행한다.

```
sudo xattr -r -d com.apple.quarantine /Library/Java/JavaVirtualMachines/
graalvm-ce-java11-21.1.0
```

4. 그랄VM 업데이트 프로그램인 gu를 사용해 추적 에이전트를 포함한 그랄VM 네이티브 이미지 컴파일러를 설치하고 다음 커맨드를 사용해 버전을 확인한다.

```
gu install native-image
native-image --version
```

결과는 다음과 같다.

```
GraalVM 21.1.0 Java 11 CE ...
```

5. 그랄VM 및 추적 에이전트에 대한 Bash 시작 파일을 구성한다.

그래들은 별도 프로세스에서 테스트 태스크를 실행한다. 테스트 태스크에서 그랄VM 추적 에이전트를 찾을 수 있게 하려면 사용자 환경에 따른 Bash 시작 파일(예: ~/.bash_profile)의 구성을 변경해야 한다. Bash 시작 파일에 다음 내용을 추가한다.

```
export JAVA_HOME=/Library/Java/JavaVirtualMachines/graalvm-ce-
java11-21.1.0/Contents/Home
export PATH=$JAVA_HOME/bin:"$PATH"
```

6. 새 터미널 창을 시작하고 java -version 커맨드를 다시 실행하고 3단계에서와 같은 내용을 출력하는지 확인한다.

이제 그랄VM 추적 에이전트를 그래들 테스트 태스크에서 사용할 수 있다.

WSL 2 우분투에 추적 에이전트 설치

다음과 같이 추적 에이전트를 설치하고 구성한다.

1. 그랄VM을 설치할 폴더의 전체 경로(<MY_FOLDER_FULL_PATH>)를 사용해 폴더를 생성한다.

```
mkdir -p <MY_FOLDER_FULL_PATH>
cd <MY_FOLDER_FULL_PATH>
```

2. 다음 커맨드를 사용해 그랄VM JDK를 다운로드 및 설치한다.

```
graalvm_version=21.1.0
graalvm_archive=graalvm-ce-java11-linux-amd64-${graalvm_version}
graalvm_folder=graalvm-ce-java11-${graalvm_version}
curl -L https://github.com/graalvm/graalvm-ce-builds/releases/download/vm-
${graalvm_version}/${graalvm_archive}.tar.gz > ${graalvm_archive}.tar.gz
tar -xvf ${graalvm_archive}.tar.gz
rm ${graalvm_archive}.tar.gz
```

3. 그랄VM 네이티브 컴파일러를 설치하려면 다음과 같이 `JAVA_HOME` 및 `PATH` 환경 변수를 구성해야 한다.

```
export JAVA_HOME=$PWD/${graalvm_folder}
export PATH=$JAVA_HOME/bin:$PATH
```

4. 그랄VM 업데이트 프로그램인 `gu`를 사용해 추적 에이전트를 포함한 그랄VM 네이티브 이미지 컴파일러를 설치하고 다음 커맨드를 사용해 버전을 확인한다.

```
gu install native-image
native-image --version
```

결과는 다음과 같다.

```
GraalVM 21.1.0 Java 11 CE ...
```

5. 그랄VM 및 추적 에이전트에 대한 Bash 시작 파일을 구성한다.

그래들은 별도 프로세스에서 테스트 태스크를 실행한다. 테스트 태스크에서 그랄VM 추적 에이전트를 찾을 수 있게 하려면 사용자 환경에 따른 Bash 시작 파일(예: ~/.bash_profile)의 구성을 변경해야 한다. Bash 시작 파일에 다음 내용을 추가한다.

```
export graalvm_version=21.1.0
export graalvm_folder=graalvm-ce-java11-${graalvm_version}
export JAVA_HOME=<MY_FOLDER_FULL_PATH>/${graalvm_folder}
export PATH=$JAVA_HOME/bin:$PATH
```

6. 새 터미널 창을 시작하고 `java -version` 커맨드를 실행하고 결과가 다음과 같은지 확인한다. 최신 버전을 사용하고 있다면 출력이 다를 수 있다.

```
openjdk version "11.0.11" 2021-04-20
OpenJDK Runtime Environment GraalVM CE 21.1.0 (build 11.0.11+8-jvmci-
21.1-b05)
OpenJDK 64-Bit Server VM GraalVM CE 21.1.0 (build 11.0.11+8-jvmci-21.1-b05,
mixed mode, sharing)
```

이제 그랄VM 추적 에이전트를 그래들 테스트 태스크에서 사용할 수 있다.

추적 에이전트 실행

다음 단계를 수행해 추적 에이전트를 실행한다.

1. 선택한 마이크로서비스의 빌드 파일에서 jvmArgs 매개 변수 앞에 있는 주석 문자(//)를 제거해 jvmArgs 매개 변수를 활성화한다.

2. product 서비스를 선택했다면 다음과 같이 gradle test 커맨드를 실행한다.

```
cd $BOOK_HOME/Chapter23
./gradlew :microservices:product-service:test --no-daemon
```

일반적인 gradle test 커맨드 실행이지만 메모리 부족을 방지하기 위해 그래들 데몬을 비활성화했다. 그래들 데몬은 힙 메모리heap memory를 512MB까지만 사용할 수 있는데 추적 에이전트가 사용하기에는 충분치 않다.

3. 테스트가 완료된 후에는 microservices/product-service/native-image-agent-output 폴더에서 다음 파일을 찾는다.

```
jni-config.json
proxy-config.json
reflect-config.json
resource-config.json
serialization-config.json
```

생성된 파일을 탐색해보자. microservices/product-service/src/main/resources/META-INF/native-image/ 폴더에 있는 파일과 유사할 것이다.

빌드 파일의 jvmArgs 매개 변수 앞에 주석 문자를 추가해 추적 에이전트를 비활성화하고 마무리한다.

네이티브 이미지 생성

이제 실제로 네이티브 컴파일을 수행할 때가 됐다.

다음 단계를 수행한다.

1. 이 작업에는 많은 자원이 필요하다. 따라서 메모리 부족 오류를 방지하기 위해 도커 데 스크톱이 적어도 10GB 이상의 메모리를 사용할 수 있도록 구성한다.

   > **TIP**
   >
   > '⟨container-name⟩ exited with code 137' 오류 메시지와 함께 빌드가 실패하면 도커의 메모리가 부족한 것이다.

2. 컴퓨터의 메모리가 32GB 미만이라면 컴퓨터의 메모리 부족을 방지하기 위해 미니큐브 인스턴스를 중지하는 것이 좋다. 다음 커맨드를 사용한다.

   ```
   minikube stop
   ```

3. 도커 클라이언트가 미니큐브 인스턴스가 아닌 도커 데스크톱과 통신하는지 확인한다.

   ```
   eval $(minikube docker-env -u)
   ```

4. 다음 커맨드를 실행해 product 서비스를 컴파일한다.

   ```
   ./gradlew :microservices:product-service:bootBuildImage --no-daemon
   ```

   시간이 조금 걸릴 것이다. 이 커맨드는 네이티브 컴파일을 수행할 도커 컨테이너를 실행 한다. 첫 실행 시 도커에서 사용할 그랄VM 네이티브 컴파일러를 다운로드하므로 컴파 일 시간이 더 길어진다. 내 맥북에서는 첫 번째 컴파일에 20~30분이 걸렸으며 그 이후 에는 약 15분이 걸린다.

온갖 종류의 경고 및 오류 메시지를 포함해 컴파일하는 동안 출력되는 내용이 많을 것이다. 성공적으로 컴파일이 끝나면 다음과 같은 로그가 출력된다.

```
Successfully built image 'docker.io/hands-on/native-product-service:latest'
```

5. 다음 커맨드를 사용해 나머지 마이크로서비스 3개를 네이티브 컴파일한다.

```
./gradlew :microservices:product-composite-service:bootBuildImage --no-daemon
./gradlew :microservices:recommendation-service:bootBuildImage --no-daemon
./gradlew :microservices:review-service:bootBuildImage --no-daemon
```

6. 다음 커맨드를 실행해 도커 이미지가 성공적으로 빌드됐는지 확인한다.

```
docker images | grep "hands-on/native-.* latest"
```

출력은 그림 23.1과 같다.

그림 23.1 네이티브 컴파일된 실행 파일이 포함된 도커 이미지 목록

네이티브 컴파일된 실행 파일이 포함된 도커 이미지의 생성을 마쳤다. 이어지는 절에서는 도커 컴포즈와 쿠버네티스 환경에서 생성한 이미지를 사용해본다.

⁘ 도커 컴포즈로 테스트

이제 네이티브 컴파일된 마이크로서비스를 사용해보자.

네이티브 컴파일된 마이크로서비스가 포함된 도커 이미지를 사용하기 위해 docker-compose-kafka.yml 파일의 마이크로서비스 정의에서 빌드 옵션을 제거한 새 도커 컴포즈 파일(docker-compose-kafka-native.yml)을 만들었다.

또한 사용할 도커 이미지의 이름을 앞에서 생성한 native-로 시작하는 이미지 이름으로 변경했다.

카프카 토픽당 2개의 파티션을 사용하도록 도커 컴포즈 파일을 구성했으므로 각 핵심 마이크로서비스의 인스턴스는 2개씩 생성된다. product-compose 마이크로서비스의 인스턴스는 하나만 생성되므로 총 7개의 마이크로서비스 인스턴스가 생성된다. 잘 모르겠다면 7장의 '리액티브 마이크로서비스 환경의 수동 테스트' 절을 참고한다.

시작 소요 시간과 초기 메모리 사용량을 비교하기 위해 먼저 JVM 기반 마이크로서비스를 벤치마크한다. 그런 다음 네이티브 컴파일된 마이크로서비스가 포함된 도커 이미지를 사용해 같은 절차를 반복한다. 다음 단계를 수행해 JVM 기반 마이크로서비스를 테스트한다.

1. 먼저 도커 데스크톱에서 소스 코드를 컴파일한 후 JVM 기반 도커 이미지를 빌드한다.

```
cd $BOOK_HOME/Chapter23
eval $(minikube docker-env -u)
./gradlew build -x generateAot -x generateTestAot
docker-compose build
```

TIP

> 빌드 커맨드를 실행할 때 스프링 AOT 태스크인 generateAot와 generateTestAot를 비활성화했음에 유의한다. 23장의 앞 절에서 사용한 태스크로 여기에서는 사용하지 않는다.

2. 자바 VM 기반 마이크로서비스와 카프카를 위한 도커 컴포즈 파일을 지정한다.

```
export COMPOSE_FILE=docker-compose-kafka.yml
```

3. 마이크로서비스 컨테이너 이외의 모든 컨테이너를 시작한다.

```
docker-compose up -d mysql mongodb kafka zookeeper auth-server gateway
```

컨테이너가 시작되고 CPU 부하가 안정될 때까지 기다린다.

4. 자바 VM을 사용한 마이크로서비스를 시작한다.

```
docker-compose up -d
```

마이크로서비스가 시작될 때까지 기다렸다가 CPU 부하를 모니터링한다.

5. 마이크로서비스를 시작하는 데 걸린 시간을 알아보기 위해 : Started 문자열이 있는 로 그 출력을 살펴본다. 다음 커맨드를 실행한다.

```
docker-compose logs product-composite product review recommendation
product-p1 review-p1 recommendation-p1 | grep ": Started"
```

출력은 그림 23.2와 같다.

```
● ● ●                              -bash                                  ⌥⌘1
product-p1_1        | ... Started ProductServiceApplication in 26.813 seconds
product-composite_1 | ... Started ProductCompositeServiceApplication in 32.124 seconds
recommendation_1    | ... Started RecommendationServiceApplication in 24.416 seconds
product_1           | ... Started ProductServiceApplication in 26.915 seconds
recommendation-p1_1 | ... Started RecommendationServiceApplication in 26.204 seconds
review_1            | ... Started ReviewServiceApplication in 28.651 seconds
review-p1_1         | ... Started ReviewServiceApplication in 27.987 seconds
$
```

그림 23.2 자바 VM 기반 마이크로서비스의 시작 소요 시간

출력에서 시작 소요 시간이 24~32초 정도라는 것을 알 수 있다. 7개의 마이크로서비스 인스턴스를 동시에 시작했으므로 하나씩 시작하는 경우에 비해 시작 소요 시간이 길다.

6. 테스트를 실행해 시스템 환경이 예상대로 작동하는지 확인한다.

```
USE_K8S=false HOST=localhost PORT=8443 HEALTH_URL=https://localhost:8443
./test-em-all.bash
```

TIP

때때로 마이크로서비스와 카프카가 사용할 토픽과 파티션에 동의하는 데 1분 정도 걸릴 때가 있다. 이런 경우 test-em-all.bash 스크립트의 초기화 단계에서 다양한 오류 메시지가 표시된다. 예를 들면 'Dispatcher has no subscribers for channel 'unknown.channel.name''이라는 메시지가 출력된 다. 테스트 스크립트를 1분 후에 다시 실행하자.

스프링 네이티브에서 아직 Resilience4j를 지원하지 않으므로 서킷 브레이커 관련 테스트는 실행하지 않는다. 실행 결과는 앞 장에서 본 것과 비슷하다.

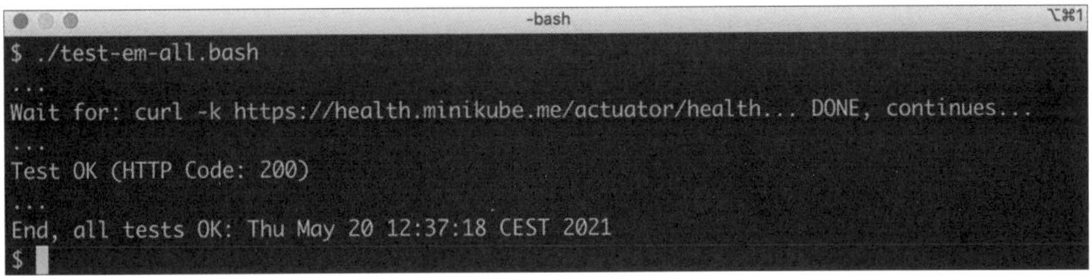

```
                                      -bash                              ⌥⌘1
$ ./test-em-all.bash
...
Wait for: curl -k https://health.minikube.me/actuator/health... DONE, continues...
...
Test OK (HTTP Code: 200)
...
End, all tests OK: Thu May 20 12:37:18 CEST 2021
$
```

그림 23.3 테스트 실행 결과

7. 끝으로 마이크로서비스를 시작하고 테스트를 실행한 후의 메모리 사용량을 확인하고자 다음 커맨드를 실행한다.

```
docker stats --no-stream
```

실행 결과는 그림 23.4와 같다.

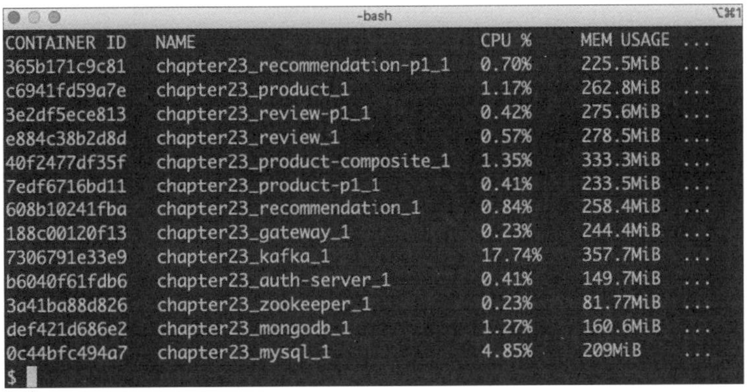

```
                                      -bash                              ⌥⌘1
CONTAINER ID   NAME                            CPU %    MEM USAGE   ...
365b171c9c81   chapter23_recommendation-p1_1   0.70%    225.5MiB    ...
c6941fd59a7e   chapter23_product_1             1.17%    262.8MiB    ...
3e2df5ece813   chapter23_review-p1_1           0.42%    275.6MiB    ...
e884c38b2d8d   chapter23_review_1              0.57%    278.5MiB    ...
40f2477df35f   chapter23_product-composite_1   1.35%    333.3MiB    ...
7edf6716bd11   chapter23_product-p1_1          0.41%    233.5MiB    ...
608b10241fba   chapter23_recommendation_1      0.84%    258.4MiB    ...
188c00120f13   chapter23_gateway_1             0.23%    244.4MiB    ...
7306791e33e9   chapter23_kafka_1               17.74%   357.7MiB    ...
b6040f61fdb6   chapter23_auth-server_1         0.41%    149.7MiB    ...
3a41ba88d826   chapter23_zookeeper_1           0.23%    81.77MiB    ...
def421d686e2   chapter23_mongodb_1             1.27%    160.6MiB    ...
0c44bfc494a7   chapter23_mysql_1               4.85%    209MiB      ...
$
```

그림 23.4 자바 VM 기반 마이크로서비스의 메모리 사용량

앞의 출력에서 마이크로서비스가 약 220~330MB를 소비한다는 것을 알 수 있다.

8. 시스템 환경을 제거한다.

```
docker compose down
```

이제 같은 절차를 반복해야 한다. 이번에는 네이티브 컴파일된 마이크로서비스가 포함된 도커 이미지를 사용한다.

1. 도커 컴포즈 파일을 새로 지정한다.

```
export COMPOSE_FILE=docker-compose-kafka-native.yml
```

2. 마이크로서비스 컨테이너 이외의 모든 컨테이너를 시작한다.

```
docker-compose up -d mysql mongodb kafka zookeeper auth-server gateway
```

컨테이너가 시작되고 CPU 부하가 안정될 때까지 기다린다.

3. 네이티브 컴파일된 마이크로서비스를 시작한다.

```
docker-compose up -d
```

마이크로서비스가 시작될 때까지 기다렸다가 CPU 부하를 모니터링한다.

4. 네이티브 컴파일된 마이크로서비스를 시작하는 데 걸린 시간을 알아보기 위해 이전에 실행했던 커맨드를 다시 실행한다.

```
docker-compose logs product-composite product review recommendation
product-p1 review-p1 recommendation-p1 | grep ": Started"
```

출력은 그림 23.5와 같다.

```
product_1               | ... Started ProductServiceApplication in 0.604 seconds
review_1                | ... Started ReviewServiceApplication in 0.802 seconds
review-p1_1             | ... Started ReviewServiceApplication in 0.583 seconds
product-p1_1            | ... Started ProductServiceApplication in 0.491 seconds
recommendation_1        | ... Started RecommendationServiceApplication in 0.535 seconds
product-composite_1     | ... Started ProductCompositeServiceApplication in 0.794 seconds
recommendation-p1_1     | ... Started RecommendationServiceApplication in 0.736 seconds
$
```

그림 23.5 네이티브 컴파일된 마이크로서비스의 시작 소요 시간

앞의 출력을 보면 시작 소요 시간이 0.4~0.8초 정도라는 것을 알 수 있다. 7개의 마이크로서비스 인스턴스를 동시에 시작했다는 점까지 고려하면 자바 VM 기반 마이크로서비스의 시작 소요 시간인 24~32초에 비해 상당히 인상적인 수치다.

5. 테스트를 실행해 시스템 환경이 예상대로 작동하는지 확인한다.

```
USE_K8S=false HOST=localhost PORT=8443 HEALTH_URL=https://localhost:8443
./test-em-all.bash
```

자바 VM 기반의 도커 이미지를 사용해 테스트했을 때와 출력이 같아야 한다.

6. 끝으로 마이크로서비스를 시작하고 테스트를 실행한 후의 메모리 사용량을 확인하고자 다음 커맨드를 실행한다.

```
docker stats --no-stream
```

출력은 그림 23.6과 같다.

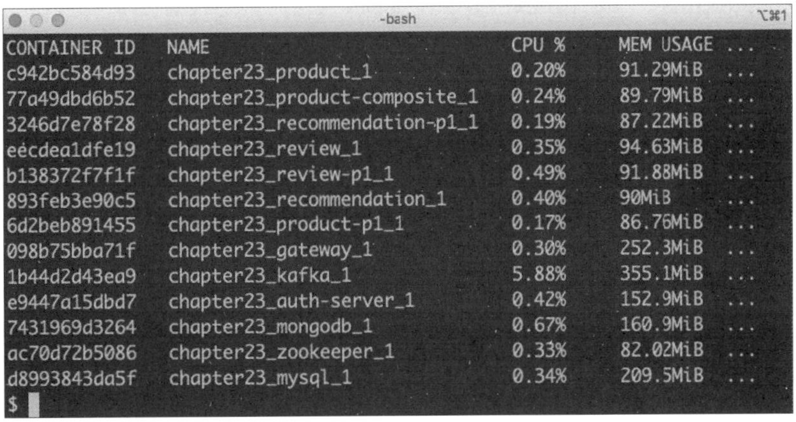

그림 23.6 네이티브 컴파일된 마이크로서비스의 메모리 사용량

앞의 출력에서 마이크로서비스가 약 80~100MB를 소비한다는 것을 알 수 있다. 역시 자바 VM 컨테이너가 사용하는 220~330MB에 비하면 눈에 띄게 줄어든 수치다.

7. 시스템 환경을 제거한다.

```
docker compose down
```

이 절에서는 네이티브 컴파일된 마이크로서비스가 자바 VM 기반 마이크로서비스에 비해 훨씬 빠르게 시작하고 메모리 사용량 또한 적다는 것을 확인했다. 다음 절에서는 쿠버네티스 환경에서 비교해본다.

쿠버네티스로 테스트

네이티브 컴파일된 마이크로서비스를 쿠버네티스에 배포하기 전에 쿠버네티스에서 사용해왔던 RabbitMQ를 카프카와 주키퍼로 교체해야 한다. 23장에서 카프카와 주키퍼용 헬름 차트를 추가했다. 네이티브 컴파일된 마이크로서비스가 포함된 도커 이미지를 사용하도록 구성한 새 environments 차트 또한 추가했다. 헬름 차트는 다음 폴더에 있다.

```
kubernetes/helm/
├── components
│   ├── kafka
│   └── zookeeper
└── environments
    └── dev-env-native
```

주키퍼 차트는 다른 차트와 마찬가지로 디플로이먼트와 서비스 객체 기반이지만 카프카 차트는 디플로이먼트 객체 대신 스테이트풀 셋을 사용한다. 카프카를 디플로이먼트 객체를 사용해 미니큐브에 배포하면 NodePort 유형의 서비스 사용과 관련된 문제 등 여러 가지 해결하기 어려운 문제가 있다.

스테이트풀 셋은 포드를 관리한다는 점에서는 디플로이먼트 객체와 비슷하지만, 포드의 고유성을 중시하는 **분산 상태 저장 워크로드**distributed stateful workloads에 대한 지원 측면에서 다르다. 대표적인 분산 상태 저장 워크로드의 예로는 분산 데이터베이스로인 MongoDB와 분산 스트리밍 플랫폼인 카프카가 있다. 스테이트풀 셋을 사용하면 각 포드가 고유한 DNS 이름을 가지며 서비스 객체는 **헤드리스**headless 서비스로 생성된다. 즉 서비스는 자체 IP 주소를 갖지 않는다. 대신 서비스의 DNS 이름이 스테이트풀 셋에서 관리하는 포드의 DNS 이름으로 변환된다.

> **TIP**
>
> 이 절의 뒷부분에서 스테이트풀 셋의 포드에 할당된 DNS 이름을 테스트해볼 것이다.

다음과 같이 clusterIP를 None으로 설정해 서비스 객체가 헤드리스임을 표시한다.

```
apiVersion: v1
kind: Service
metadata:
  name: kafka
spec:
  clusterIP: None
...
```

여기에서는 스테이트풀 셋을 사용해 노드가 3개인 카프카 클러스터를 생성한다.

> **TIP**
>
> PersistentVolumeClaim(이 책에서는 다루지 않음)을 사용해 포드에 디스크를 연결할 때도 디플로이먼트를 사용할 때와는 다르다. 스테이트풀 셋을 사용하면 각 포드별로 퍼시스턴트 볼륨이 생성된다. 따라서 각 포드는 영구적으로 자체 데이터를 저장할 수 있는 디스크를 갖게 된다. 반면 디플로이먼트는 모든 포드가 같은 퍼시스턴트 볼륨을 공유한다.

네이티브 컴파일된 마이크로서비스를 쿠버네티스에 배포하기 전에 고려해야 할 사항이 하나 더 있다. 바로 도커 이미지를 프로비저닝하는 방법이다. 미니큐브 인스턴스에 새 도커 이미지를 추가하고자 긴 네이티브 컴파일 명령을 다시 실행하고 싶진 않다. 도커 레지스트리를 사용하고 있다면 이미지를 레지스트리에 푸시해 사용하면 되겠지만 이 책에서는 사용하지 않는다. 도커 레지스트리를 사용하는 대신 도커 데스크톱에서 도커 이미지를 추출해 미니큐브 인스턴스로 가져오는 방법을 사용해보자.

다음 단계를 수행해 도커 이미지를 도커 데스크톱에서 미니큐브 인스턴스로 이동한다.

1. 도커 데스크톱에서 도커 이미지를 내보낸다.

```
docker save hands-on/native-product-composite-service:latest -o
native-product-composite.tar

docker save hands-on/native-product-service:latest -o native-product.tar

docker save hands-on/native-recommendation-service:latest -o
native-recommendation.tar

docker save hands-on/native-review-service:latest -o native-review.tar
```

2. 네이티브 이미지를 빌드하기 전에 미니큐브 인스턴스를 중지했다면 지금 시작한다.

```
minikube start
```

도커 데스크톱을 중지하면 메모리를 확보할 수 있다.

3. 도커 이미지를 미니큐브 인스턴스로 가져온다.

```
eval $(minikube docker-env)
docker load -i native-product-composite.tar
docker load -i native-product.tar
docker load -i native-recommendation.tar
docker load -i native-review.tar
```

4. 내보낸 .tar 파일을 삭제한다.

```
rm native-product-composite.tar native-product.tar native-recommendation.
tar native-review.tar
```

쿠버네티스에 배포하고 확인하는 작업은 앞에서와 같은 방식으로 수행한다. 다음 단계를 수행한다.

1. 다음 커맨드로 인증 서버의 도커 이미지를 빌드한다.

```
docker-compose build auth-server
```

2. 배포 단계를 빠르게 진행하기 위해 다음 커맨드로 카프카와 주키퍼의 도커 이미지를 미리 가져온다.

```
docker pull zookeeper:3.4.14
docker pull wurstmeister/kafka:2.12-2.5.0
```

3. hands-on 네임스페이스를 다시 만들고 기본 네임스페이스로 설정한다.

```
kubectl delete namespace hands-on
kubectl apply -f kubernetes/hands-on-namespace.yml
kubectl config set-context $(kubectl config current-context)
--namespace=hands-on
```

4. 다음 커맨드로 헬름 차트의 의존성을 해결한다. 먼저 components 폴더의 의존성을 업데이트한다.

```
for f in kubernetes/helm/components/*; do helm dep up $f; done
```

다음으로 environments 폴더의 의존성을 업데이트한다.

```
for f in kubernetes/helm/environments/*; do helm dep up $f; done
```

5. 이제 헬름을 사용해 시스템 환경을 배포할 준비가 됐다. 다음 커맨드를 실행하고 배포가 끝날 때까지 기다린다.

```
helm upgrade -install hands-on-dev-env-native \
    kubernetes/helm/environments/dev-env-native \
    -n hands-on --wait
```

TIP

> 앞에서는 helm install 커맨드를 사용했다. 여기에서 사용한 helm upgrade -install 커맨드는 차트가
> 설치돼 있지 않은 경우에는 install을 수행하고, 차트가 설치돼 있는 경우에는 업그레이드를 수행하므로
> 더 유용하다. 관계형 데이터베이스의 upsert 커맨드와 비슷하다고 보면 된다.

6. 미니큐브 터널을 실행하고 있지 않다면 시작한다. 미니큐브 터널에 대한 자세한 내용은
   18장의 '이스티오 서비스 접근 설정' 절을 참고한다.

```
minikube tunnel
```

TIP

> 이 커맨드를 실행하려면 sudo 권한이 있어야 하므로 터널을 시작하거나 종료할 때 암호를 입력해야 한
> 다. 몇 초 정도 있다가 암호를 요구하므로 깜박하기 쉽다.

7. 카프카 클러스터에서 각 파티션의 리더를 선정하는 데 시간이 걸리므로(내 컴퓨터에서는
   최대 2분 소요) 다음 커맨드로 진행 상황을 확인하는 것이 좋다.

```
kubectl logs -f -l app=kafka
```

그림 23.7과 같은 내용이 출력되면 **Ctrl + C**를 입력해 kubectl logs 커맨드를 중지한다.

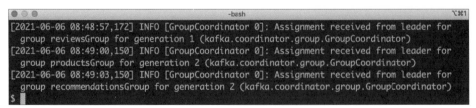

그림 23.7 카프카 클러스터의 시작 로그

8. 다음 커맨드로 일반적인 테스트를 실행해 모든 것이 잘 작동하는지 확인한다.

```
./test-em-all.bash
```

출력은 앞선 테스트에서 본 것과 같을 것이다.

9. 포드 중 하나의 시작 소요 시간을 확인한다.

```
kubectl logs -l app=product-composite --tail=-1 | grep ": Started"
```

결과는 그림 23.8과 같다.

그림 23.8 쿠버네티스에서 포드를 실행했을 때의 시작 소요 시간

앞에서 도커 컴포즈를 사용했을 때는 시작 소요 시간이 약 0.8초 정도였다. 이스티오 프록시를 사이드카로 시작하므로 약간의 추가 지연이 있을 수 있다.

10. 다음 커맨드로 사용 중인 도커 이미지를 확인한다.

```
kubectl get pods -o jsonpath="{.items[*].spec.containers[*].image}" | xargs
-n1 | grep hands-on
```

결과는 그림 23.9와 같다.

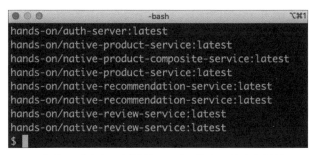

그림 23.9 네이티브 컴파일된 코드가 포함된 도커 이미지 목록

결과를 보면 auth-server 이외의 모든 컨테이너가 이름 앞에 native가 붙은 도커 이미지를 사용한다는 것을 알 수 있다. 즉 도커 컨테이너 안에서 네이티브 컴파일된 실행 파일을 실행하고 있다.

11. 디플로이먼트와 스테이트풀 셋 객체의 차이점을 확인해보고자 카프카 브로커 중 하나에 요청을 보내 헤드리스 서비스의 DNS 이름인 kafka.hands-on.svc.cluster.local의 IP를 확인한다. 다음 커맨드를 실행한다.

```
kubectl exec kafka-0 -it -- nslookup kafka.hands-on.svc.cluster.local
```

결과는 그림 23.10과 같다.

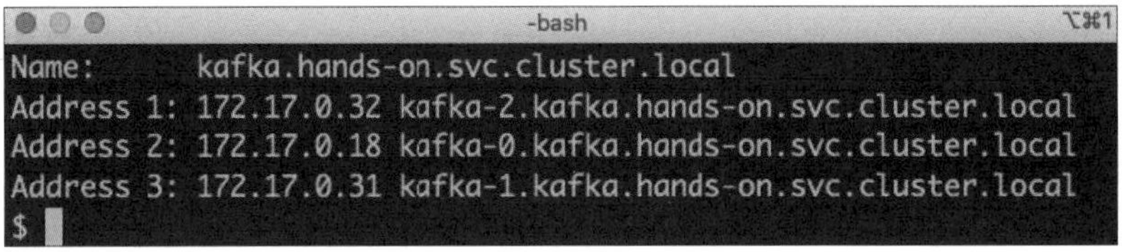

```
● ● ●                          -bash                        ⌥⌘1
Name:          kafka.hands-on.svc.cluster.local
Address 1: 172.17.0.32 kafka-2.kafka.hands-on.svc.cluster.local
Address 2: 172.17.0.18 kafka-0.kafka.hands-on.svc.cluster.local
Address 3: 172.17.0.31 kafka-1.kafka.hands-on.svc.cluster.local
$
```

그림 23.10 헤드리스 서비스의 DNS 이름으로 IP 확인

결과를 보면 헤드리스 서비스의 DNS 이름이 클러스터에 있는 각 브로커 포드의 DNS 이름으로 변환됐다는 것을 알 수 있다.

12. 브로커의 포드 중 하나의 DNS 이름으로 IP를 확인해볼 수도 있다. 세 번째 브로커의 DNS 이름인 kafka-2.kafka.hands-on.svc.cluster.local을 사용해 확인한다.

```
kubectl exec kafka-0 -it -- nslookup kafka-2.kafka.hands-on.svc.cluster.local
```

그림 23.11과 같이 세 번째 브로커 포드의 IP 주소를 확인할 수 있다.

```
● ● ●                          -bash                        ⌥⌘1
Name:          kafka-2.kafka.hands-on.svc.cluster.local
Address 1: 172.17.0.32 kafka-2.kafka.hands-on.svc.cluster.local
$
```

그림 23.11 브로커 포드 중 하나의 DNS 이름 확인

이로써 23장을 마친다. 23장에서는 스프링 네이티브와 그랄VM 프로젝트를 사용해 마이크로서비스를 네이티브 컴파일된 실행 파일로 만드는 방법을 배웠다.

⁘ 요약

23장에서는 네이티브 이미지 컴파일러와 스프링 네이티브 프로젝트, 그랄VM 프로젝트를 소개했다. 빌드 파일에 스프링 네이티브 플러그인을 선언하고 네이티브 이미지 컴파일러에 몇 가지 힌트를 제공해 네이티브 이미지를 생성한다. 스프링 네이티브 플러그인을 사용하면 독립형 실행 파일을 즉시 사용할 수 있는 도커 이미지로 패키징할 수 있다.

자바 기반 소스 코드를 네이티브 이미지로 컴파일하면 시작 소요 시간이 크게 단축되고 메모리 사용량이 줄어든다는 장점이 있다. 7개의 마이크로서비스 인스턴스를 동시에 시작한 테스트에서 네이티브 컴파일된 마이크로서비스의 시작 소요 시간이 1초 미만이지만, 자바 VM 기반 마이크로서비스를 테스트했을 때의 시작 소요 시간은 25초 이상이었다. 또한 네이티브 컴파일된 마이크로서비스는 테스트 스크립트(test-em-all.bash)로 테스트를 실행했을 때 자바 VM 기반 마이크로서비스와 비교하면 절반의 메모리를 사용했다.

스프링 네이티브는 이 책에서 사용하는 라이브러리 다수와 프레임워크를 지원하지만 일부는 아직 지원하지 않는다. 필요한 경우에는 그랄VM 네이티브 이미지 추적 에이전트를 사용해 네이티브 컴파일러를 지원하는 구성을 생성할 수 있다. 추적 에이전트는 JUnit 테스트와 함께 실행되도록 구성되며 테스트 실행 결과를 바탕으로 구성을 생성한다.

현시점에서 스프링 네이티브 프로젝트는 베타 릴리스만 제공한다. 프로젝트가 진화해 GA 릴리스를 출시하면 많은 부분이 개선될 것이다.

자바 VM 기반 도커 이미지를 네이티브 컴파일된 이미지가 포함된 도커 이미지로 손쉽게 교체하는 방법도 배웠다. 도커 컴포즈와 쿠버네티스 모두를 사용해 네이티브 컴파일된 이미지를 테스트했다. 쿠버네티스로 테스트할 때는 디플로이먼트 객체를 대신하는 스테이트풀 셋도 소개했다. 스테이트풀 셋은 카프카 클러스터와 같은 상태 저장 워크로드에 특히 유용하다.

드디어 이 책의 끝에 도달했다. 이 책이 스프링 부트, 스프링 클라우드, 쿠버네티스, 이스티오의 멋진 기능을 사용해 마이크로서비스를 개발하는 방법을 학습하는 데 도움이 되고 이런 도구들을 사용해보는 계기가 됐기를 바란다.

⠿ 질문

1. 스프링 네이티브와 그랄VM 프로젝트는 서로 어떻게 관련돼 있는가?

2. 추적 에이전트는 어떻게 사용하는가?

3. JIT와 AOT 컴파일의 차이점은 무엇인가?

4. 네이티브 힌트란 무엇인가?

5. 자바 코드를 네이티브 컴파일하면 메모리와 시작 소요 시간에 어떤 영향을 주는가?

6. 쿠버네티스 디플로이먼트 객체와 스테이트풀 셋 객체의 차이점은 무엇인가?

찾아보기

스프링으로 하는 마이크로서비스 구축 2/e

스프링 부트와 스프링 클라우드, 이스티오를 이용한 확장 가능한 마이크로서비스 구축

발   행 | 2024년 6월 27일

지은이 | 매그너스 라슨
옮긴이 | 박 규 태

펴낸이 | 옥 경 석
편집장 | 황 영 주
편   집 | 김 진 아
　　　　　임 지 원
　　　　　김 은 비
디자인 | 윤 서 빈

에이콘출판주식회사
서울특별시 양천구 국회대로 287 (목동)
전화 02-2653-7600, 팩스 02-2653-0433
www.acornpub.co.kr / editor@acornpub.co.kr